高等学校土木工程专业指导委员会推荐教材

高等学校土木工程本科指导性专业规划教材

总主编 何若全

路基路面工程

（第2版）

LUJI
LUMIAN
GONGCHENG

主　编　谢军

主　审　唐伯明

 重庆大学出版社

内容提要

本书为高等学校土木工程本科指导性专业规范配套系列教材,全书共 8 章,主要内容包括绪论、路基设计与施工、路基防护与加固、路面基层、沥青路面、水泥混凝土路面、路基路面排水、路基路面养护与管理。为便于学生学习和复习巩固,每章起始设置了导读和该章内容相关的典型工程,章末给出了相关思考题和练习题。

本书可作为高等学校土木工程、道路桥梁与渡河工程、城市道路工程、市政工程、桥梁隧道工程、机场工程、港口航道工程、交通工程等专业的主干专业课教材,也可供从事公路、城市道路、机场道路建设及交通行业人员学习参考。

图书在版编目(CIP)数据

路基路面工程 / 谢军主编. -- 2 版. -- 重庆 : 重庆大学出版社,2023.9
高等学校土木工程本科指导性专业规范配套系列教材
ISBN 978-7-5689-4182-2

Ⅰ. ①路… Ⅱ. ①谢… Ⅲ. ①路基工程—高等学校—教材②路面—道路工程—高等学校—教材 Ⅳ. ①U416

中国国家版本馆 CIP 数据核字(2023)第 187838 号

路基路面工程

(第 2 版)

主 编 谢 军

责任编辑:夏 雪 版式设计:夏 雪
责任校对:邹 忌 责任印制:赵 晟

＊

重庆大学出版社出版发行
出版人:陈晓阳
社址:重庆市沙坪坝区大学城西路 21 号
邮编:401331
电话:(023)88617190 88617185(中小学)
传真:(023)88617186 88617166
网址:http://www.cqup.com.cn
邮箱:fxk@ cqup.com.cn (营销中心)
全国新华书店经销
重庆天旭印务有限责任公司印刷

＊

开本:787mm×1092mm 1/16 印张:28 字数:736 千
2023 年 9 月第 2 版 2023 年 9 月第 2 次印刷
印数:3 001—5 000
ISBN 978-7-5689-4182-2 定价:69.00 元

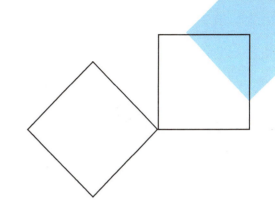

编委会名单

总 主 编: 何若全
副总主编: 杜彦良　　邹超英　　刘汉龙　　桂国庆

编　　委（以姓氏笔画为序）:

卜建清	王广俊	王连俊	王社良
王建廷	王雪松	王慧东	仇文革
文国治	龙天渝	代国忠	华建民
向中富	刘凡	刘建	刘东燕
刘尧军	刘俊卿	刘新荣	刘曙光
许金良	孙俊	何培斌	李宇峙
李建林	汪仁和	宋宗宇	张川
张忠苗	范存新	易思蓉	罗强
周志祥	郑廷银	孟丽军	柳炳康
段树金	施惠生	姜玉松	姚刚
袁建新	高亮	黄林青	崔艳梅
梁波	梁兴文	董军	覃辉
樊江	魏庆朝		

总　序

进入 21 世纪的第二个十年，土木工程专业教育的背景发生了很大的变化。"国家中长期教育改革和发展规划纲要"正式启动，中国工程院和国家教育部倡导的"卓越工程师教育培养计划"开始实施，这些都为高等工程教育的改革指明了方向。截至 2010 年底，我国已有 300 多所大学开设土木工程专业，在校生达 30 多万人，无疑是世界上该专业在校大学生最多的国家。如何培养面向产业、面向世界、面向未来的合格工程师，是土木工程界一直在思考的问题。

由住房和城乡建设部土建学科教学指导委员会下达的重点课题"高等学校土木工程本科指导性专业规范"的研制，是落实国家工程教育改革战略的一次尝试。"专业规范"为土木工程本科教育提供了一个重要的指导性文件。

由"高等学校土木工程本科指导性专业规范"研制项目负责人何若全教授担任总主编，重庆大学出版社出版的"高等学校土木工程本科指导性专业规范配套系列教材"力求体现"专业规范"的原则和主要精神，按照土木工程专业本科期间有关知识、能力、素质的要求设计了各教材的内容，同时对大学生增强工程意识、提高实践能力和培养创新精神做了许多有意义的尝试。这套教材的主要特色体现在以下方面：

（1）系列教材的内容覆盖了"专业规范"要求的所有核心知识点，并且教材之间尽量避免知识的重复；

（2）系列教材更加贴近工程实际，满足培养应用型人才对知识和动手能力的要求，符合工程教育改革的方向；

（3）教材主编们大多具有较为丰富的工程实践能力，他们力图通过教材这个重要手段实现"基于问题、基于项目、基于案例"的研究型学习方式。

据悉，本系列教材编委会的部分成员参加了"专业规范"的研究工作，而大部分成员曾为"专业规范"的研制提供了丰富的背景资料。我相信，这套教材的出版将为"专业规范"的推广实施，为土木工程教育事业的健康发展起到积极的作用！

中国工程院院士　哈尔滨工业大学教授

沈世钊

前　言
（第 2 版）

　　交通运输是国民经济基础性、先导性、战略性产业和重要服务性行业,是中国现代化的开路先锋。2022 年党的二十大报告中提出"坚持把发展经济的着力点放在实体经济上,推进新型工业化,推进实现建设制造强国、质量强国、交通强国、网络强国、数字中国的目标。"2023 年全国交通运输工作会议明确提出"在中国式现代化进程中率先实现交通运输现代化,在强国建设中率先建成交通强国。"因此,加快建设交通强国,是全面建设社会主义现代化国家、全面推进中华民族伟大复兴坚实有力的交通运输服务保障。

　　本书是高等学校土木工程专业指导委员会和重庆大学出版社共同组织编写的"高等学校土木工程本科指导性专业规范配套系列教材"之一。教材的编写按照《高等学校土木工程本科指导性专业规范》的精神和原则,遵循以行业企业需求为导向、以工程实际为背景、以工程技术为主线的思路,突出工程实践能力、工程设计能力和工程创新能力的培养,体现基于问题、基于项目、基于案例的学习。自 2017 年 6 月出版第 1 版以来,本书在多个高校用作专业教材,受到了同行和学生的广泛好评。

　　在第 1 版的基础上,结合当今交通行业和交通技术的最新发展对本教材进行修订。本次修订基本保留了原教材的结构体系,并以高等工程教育专业认证"学生中心、成果导向、持续改进"理念为引领、以一流课程建设标准为导向,多方融合课程思政内容,以全面落实立德树人的根本要求。

　　本次修订的内容主要包括:

　　(1)更新了我国交通基础设施发展基本数据,增加了近年来我国道路工程领域发展及取得成果的相关描述。

　　(2)根据近年来颁布的最新规范增加了相关内容,如路基工作区的计算、路基平衡湿度预估、相关设计参数确定、挡土墙验算、相关试验方法介绍、交通荷载分析、我国沥青路面设计方法、路面技术状况评定及路基、路面养护等,同时删除了原规范的有关内容。

　　(3)对部分章节的内容进行了顺序调整、合并或删减,如第 1 章路基干湿类型调整至第 2 章等。

　　(4)调整了每章的"学习要点",改为"学习导读"并提炼了章节内容的"重点""难点",同时对每章的部分习题进行了调整。

(5)结合道路工程的最新发展成果,每一章增加了典型工程简介。

(6)对教材相关图片及文字内容进行了修改和调整,增加了路基工作区算例,并对挡土墙设计、沥青路面设计和水泥路面设计三个工程示例进行了修改。

另外,本书提供了配套的电子课件、课后习题参考答案,以及试卷和答案等数字教学资源,以方便教学。

本教材第一版由长沙理工大学李宇峙教授担任主编。本次修订由谢军教授担任主编,周科峰副教授担任副主编。全书修订由谢军、周科峰执笔完成,其中谢军负责第 1、2、3、5、6、8 章,周科峰负责第 4、7 章。黄优老师完成了本教材典型工程案例的搜集、整理工作。全书由主编谢军教授统稿,由重庆交通大学唐伯明教授主审。

由于编者学识和能力所限,本书定有未完善之处,恳请使用本书的读者提出宝贵意见,以便及时修订完善,联系邮箱为 howardxj@ csust. edu. cn。

2022 年 10 月于长沙理工大学

前 言
（第 1 版）

2011 年 7 月，由重庆大学出版社组织召开了"高等学校土木工程本科指导性专业规范配套系列教材（第二批）研讨会"，针对土木工程本科指导性专业规范的主要内容，确定了土木工程本科指导性专业规范配套系列教材（第二批）的编写内容和编写要求。本系列教材的定位是：针对当前我国高等教育师资和学生的现状，面向 80% 的土木工程本科高校，满足应用型人才培养的需求，提供一套与土木工程专业规范配套、符合教育教学改革发展方向的教材。教材强调"导向、背景和主线"，即以行业企业需求为导向、以工程实际为背景、以工程技术为主线；注重"一个素养三个能力"的培养，即着力提升学生的工程素养、着力培养学生的工程实践能力、工程设计能力和工程创新能力；体现推动三个"基于"的学习，即基于问题的学习、基于项目的学习、基于案例的学习。

为此，为落实土木工程专业指导委员会对于土木工程专业人才培养的要求，按照住房和城乡建设部 2011 年土木工程专业指导委员会确定的《高等学校土木工程本科指导性专业规范》，遵循"多样性与规范性相统一、拓宽专业口径、规范内容最小化、核心内容最低标准"四项原则，并按照"面向产业、面向世界、面向未来"的宗旨，实施"基于问题、基于项目、基于案例"的学习，最大限度地贴近工程，回归工程教育的本质要求；同时要能够体现课程"覆盖核心的知识点和技能点"，以核心内容作为规范的最低标准进行本书的编写。

本课程是土木工程本科专业道路工程方向的主要专业课之一。按照《高等学校土木工程本科指导性专业规范》对于本课程的核心知识单元和知识点要求，本书主要内容包括路基土特性及行车荷载、路基设计、挡土墙设计、路基排水设计、路面工程概述、半刚性基层、沥青路面设计与施工、混凝土路面设计与施工等，学时为 48 学时。

本书在编写过程中，考虑了《路基路面工程》多年传承的经典，也考虑到结合道路发展的相关成果和最新规范的相关内容。每章安排了"学习要点"，并增加了"课后习题"，供学生课后训练与巩固课堂知识使用。另外,在部分章节安排了"工程实例",以突出课程的工程性和实践性。

　　本书由长沙理工大学李宇峙和谢军担任主编,由重庆交通大学凌天清教授主审。全书共 8 章,其中第 1 章由李宇峙编写,第 2 章、第 3 章由赵锋军、李宇峙编写,第 4 章、第 5 章由谢军编写,第 6 章由秦仁杰编写,第 7 章由周科峰编写,第 8 章由谢军、周科峰编写。全书由李宇峙、谢军统稿。

　　本书还免费提供了配套的电子课件、课后习题参考答案,以及两套试卷及答案,在重庆大学出版社教学资源网上供教师下载(网址:http://www.cqup.net/edusrc)。

　　本书定有未完善之处,恳请使用本书的读者提出宝贵意见,以便及时修订完善,联系邮箱为 howardxj@126.com。

李宇峙　　谢军

2016 年 12 月于长沙理工大学

目　录

1

绪论

本章导读：

● **内容及要求** 本章主要介绍道路工程的发展历史,路基路面工程的特点、要求及影响因素,公路自然区划,路面结构及分类,行车荷载等。通过本章的学习,要求了解和熟悉道路工程的发展历史,特别是我国公路交通建设事业从无到有、从有到强的发展历程,以及我国在道路工程领域取得的巨大成就,激发课程学习兴趣。

● **重点** 路基路面工程的要求及影响因素,公路自然区划,交通荷载特征与交通分析。

● **难点** 路基路面稳定性影响因素、交通荷载分析。

　　道路是供各种车辆(指无轨车辆)和行人通行的工程设施的总称,按其使用特点可分为城市道路、公路、厂矿道路、林区道路及乡村道路等。

　　公路是指连接城市、乡村和厂矿地区之间,主要供汽车行驶并具备一定技术标准和设施的道路,主要为区间交通联系服务。路基路面工程作为公路工程的主要组成部分,是本书的主要研究对象。

独库公路

1.1　道路工程的历史和发展

　　中国是一个具有五千多年文明历史的国家。在历史的长河中,我国勤劳、智慧的各族人民在道路、桥梁建设及车辆制造等方面取得了辉煌的成就,构成了我国古代灿烂文化的一部分,为经济的繁荣、文化的交流、维护民族团结及国家统一作出了巨大的贡献。中国古代道路和桥梁建筑曾处于世界领先地位,在世界土木工程史上留下了光辉的篇章。

　　人类最早的运输方式是步行搬运和畜力驮运,以人、牛、马作为主要的运输工具。按不同的运输工具发展历史划分,道路可分为步行道路、驮运道路、马车道路 3 个阶段。

我国是世界上最早记载修建道路的国家,大约公元前 4 000 年出现车轮,这是人类文明发展史上的大事。随着车轮的出现,以动物为牵引工具的轮式车辆开始被使用,它对道路提出了更高的要求,宽度较大和质量较好的马车道路出现了。

《古史考》记载:"黄帝作车,任重致远。少昊时略加牛,禹时奚仲驾马",这是对黄帝造车的描述。在唐尧时期,"天下广狭,险易远近,始有道里",并且出现管理道路的路政机构。商朝开始出现驿道传送。周朝开创了以都市为中心的道路体系及道路管理制度,形容道路质量的有"周道如砥,其直如矢";描述道路规划的有《周礼》记载的"匠人营国,方九里,旁三门。国中九经九纬,环涂七轨,野涂五轨";描述道路管理的有《周语》记载的"司空视途""列树以表道,立鄙食以守路""雨毕而除道,水涸而成梁"等。战国时期著名的金牛道是由陕西入四川的南栈道,它是在峭岩陡壁上凿孔架木、铺板而成。

秦代有驰道、直道和规模宏大的道路交通网,总里程约 1.2 万 km。《汉书》中记载"车同轨,书同文",作为统一天下的政策。以咸阳为中心,向各方辐射,设立了馆驿制度,十里设亭,三十里设驿。其中,秦直道被称为"世界最早的高速公路",早于罗马帝国兴修的罗马大道 200多年,也称为"皇上路""圣人条"。秦直道于公元前 212—210 年修建,南起秦都咸阳附近,自南向北,纵穿黄土高原,到达九原郡(今包头市九原区),全长 700 多 km,平均宽 30 m,最宽约60 m,是中国境内保存下来的为数极少的古代交通要道遗址之一。其修筑以"堑山"为主,先沿山脊一侧向下挖,再铺平路面,具有军事、贸易、文化等功能。西汉时期设驿亭 3 万处,道路交通呈现更加繁荣的景象。特别是开通于汉武帝建元二年(公元前 139 年)的丝绸之路,由张骞出使西域开辟的以长安(今西安)为起点,经甘肃、新疆,到中亚、西亚,并连接地中海各国的陆上通道,连接欧亚大陆。丝绸之路是亚洲道路发达的象征,为东西方文化经济交流作出了贡献。唐代设置了以长安城(今西安)为中心约 2.2 万 km 的驿道网。

该时期的道路发展特征有:①出现最早标有道路的地图(1973 年湖南省马王堆三号墓出土的古地图为湖南、广东、广西三省交界地形图);②开凿了最早的行车隧道(隧道建于东汉时期,位于连接川陕的褒斜栈道的七盘山下,长 15.75 m,宽 4.15 m,高 3.6 m),采用火烧水激法施工,出现中国最早的里程标志(用土堆作标志)。

元朝驿制盛行,共设置驿站 1 496 个。清代的道路网系统分为三等:①"官马大路",由北京辐射通往各省城,分成东北路、东路、西路和中路四大干线,共长 4 000 余华里(约 2 000 km);②"大路",自省城通往地方重要城市;③"小路",自大路或各地重要城市通往各市镇的支线。同时在各条道路的重要地点设驿站。

尽管中国曾经创造了领先于世的道路文明,但由于长期的封建制度和近百年帝国主义列强的侵略和掠夺,旧中国道路发展十分缓慢。中华人民共和国成立前,公路里程仅 13 万 km,且标准低、路况差;汽车保有量为 5 万辆,主要依靠人力及畜力运输。1913 年湖南省修筑了长沙—湘潭的军用公路,长 50.11 km,成为我国新式筑路法之始,施工历时 8 年,共耗资 90 万银圆,1921 年 11 月全线竣工,全线路基土石方约 56.9 万 m³,桥梁 31 座,涵洞 86 座,路基宽 7~9 m,路面宽 4.75 m,路面的平均厚度为 15 cm。另外还有广西龙州至水口公路(长 33 km,1919 年通车)、江苏南通唐闸至天生港公路(长 6 km)、南通至狼山公路(长 10.37 km)、广东的惠州—平山公路(长 33.2 km,1921 年通车)等。这些公路修建都较早,一般是从军路开始,由地方发动,经民间集资或商人集资方式修建。由于当时各省处于军阀割据和混战情况下,大都各自为政,互不联系,修建的公路既无规划,又无标准。

国民政府成立后,公路开始纳入国家建设规划阶段。1927年,国民政府的交通部和铁道部草拟了全国道路规划及公路工程标准。1932年,全国经济委员会筹备处奉命督造苏、浙、皖三省联络公路,仿照国外中央贷款筑路办法,筹集基金,贷给各省作为补助筑路之用。并组织三省道路专门委员会统筹规划工作。1932年冬在督造苏、浙、皖三省联络公路的基础上,在浙江溪口召开了苏、浙、皖、赣、鄂、湘、豫七省公路会议,除确定七省的督造路线外,还将陕、甘、青等省和赣、粤、闽边境的重要公路纳入督造之列。在西北地区,修筑西(安)兰(州)公路和西(安)汉(中)公路,使陕、甘、川三省交通得以连贯。

抗日战争初期,几条主要铁路(如平汉、粤汉等)运输干线几乎全被日本侵略军切断,上海、广州等口岸也被封锁。为沟通大后方交通和打通国际道路,公路成为陆上交通主要通道。为抗日战争急需而抢修了一些公路。在北战场抢修了以石家庄为中心的石德(州)、石保(定)、石沧(州)等军用公路,抢修了环绕北战场外围的太原至大同和晋南、豫中等公路。在南战场主要抢修了苏、浙、皖三省被破坏的桥梁。此后,随着战场的转移,赶筑或改善了汴(开封)洛(阳)、广(州)韶(关)、武(昌)长(沙)、汉(口)宜(昌)公路以及鄂省东北、东南通达皖赣各地的干线和支线,疏畅以武汉为中心的辐射线交通网。同时,在西北改善了西(安)兰(州)公路、兰(州)新(疆)公路,在西南修筑和改善了川陕公路、滇缅公路,整修了川湘公路和湘黔、黔桂、川黔、黔滇及湘桂公路。这一时期新建公路多数是远在地理与自然条件均较恶劣的边陲地区,不论勘测设计或施工,工程都是十分艰巨的,其使用多服务于军事,对标准和质量要求不高,而且时兴时废,往往修筑和破坏交替发生。

从近代道路的整个历史看,中国公路的发展从无到有,从少到多,并随着交通量和车辆载重量的增大,线路和桥梁标准逐有所提高。但因缺乏资金,缺乏公路建设的规划,即使有规划,也难以起到应有的作用,致使建成的公路在分布上很不合理。就公路工程技术而言,修建的公路多为泥结碎石路面。1933—1946年,先后在南京、重庆、昆明、乐山等地进行了水泥混凝土、块石、级配碎石、水泥稳定土、沥青表面处治、弹石等各种类型的路面试验,但因受到战争的影响,试验成果很少应用。这个时期只在滇缅公路上修筑了157 km的双层沥青表面处治路面和100 km的弹石路面;在乐(山)西(昌)公路修筑了62 km的级配碎石路面;水泥稳定土路面为数不多。筑路机械在抗战期间虽已在滇缅等公路的修筑中开始引进,然而机械配件和燃料供应困难,也难于推广使用。在桥涵结构方面,少数采用悬索吊桥、钢桁架(梁)桥、钢筋混凝土梁式桥(包括悬臂梁、T形梁、连续梁等),因建筑材料多需进口而建造不多。较普遍采用的是永久式或半永久式的圬工结构,可因地制宜、就地取材。在公路养护方面,抗日战争前多数地区的公路缺乏经常养护,只有少数路线建立了养路道班。1938年,当时的中央政府公布了一些有关养护管理的规章制度,但缺乏技术要求内容。由于路面多是泥结碎石或天然土路,而桥梁又多是木制或石(砖)砌的,各省制订的一些养护技术要求十分简单。

1949年中华人民共和国成立后,我国进入了社会主义建设的伟大时代。随着工农业迅速发展,人民生活逐步提高,尤其是建立和发展了我国的汽车工业和石油工业,我国公路交通事业得到了迅速发展。中华人民共和国成立后,建立了从上到下的公路管理机构,并建立了设计、施工和养护的专业队伍,进行了全国公路普查,各级公路部门补充完善了各项管理制度和技术规范,公路建设队伍进一步充实发展,使各项工作走上了正轨。在第一个五年计划期间(1952—1957年)完成的重要干线公路有青藏、康藏、青新、川黔、昆洛(打洛)、成阿(坝)等公路,其中以青藏、康藏公路最为艰巨而闻名于世。十一届三中全会以来,党的改革开放政策促使我国经济建设以前所未有的速度发展,交通运输事业也遇到了最好的时机,公路建设速度得到突飞猛进的发展,并取得了举世瞩目的成就。1988 年底公路总里程突破 100 万 km 大关。同年 10 月 31 日沪嘉高速公路(长 20.5 km)建成,成为我国大陆第一条完整的高速公路。

特别需要提到的是,在中央政府的关心支持下,2013 年墨脱公路通车仪式在西藏林芝地区波密至墨脱县 80km 处举行,宣告着中国最后一个未通公路的县正式通车。该公路自 1961 年 10 月首次线位踏勘到 2013 年实现通车,前后经历 52 年之久。它的建成具有重要的社会、经济和战略意义。

至 2021 年底,全国公路总里程为 528.07 万 km,公路密度为 55.01km/100km²,自 2016 年以来的全国公路总里程及公路密度变化如图 1.1 所示。其中,公路养护里程为 525.16 万 km,占公路总里程比重为 99.4%。全国高速公路里程为 16.91 万 km,占公路总里程比重为 3.2%,二级及以上等级公路里程为 72.36 万 km,占公路总里程比重为 13.7%,全国公路里程技术等级构成如图 1.2 所示。另外,至 2021 年末,国道里程为 37.54 万 km,省道里程为 38.75 万 km。农村公路里程为 446.60 万 km,其中县道里程为 67.95 万 km、乡道里程为 122.30 万 km、村道里程为 256.35 万 km。

图 1.1　2016—2021 年全国公路总里程及公路密度

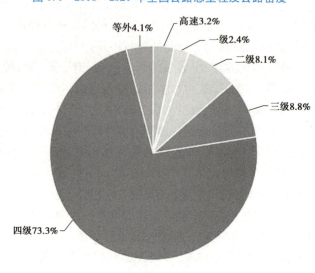

图 1.2　全国公路里程技术等级构成

2022 年我国《国家公路网规划》明确指出:统筹推进"五位一体"总体布局,协调推进"四个全面"战略布局,坚持以人民为中心,立足新发展阶段,完整、准确、全面贯彻新发展理念,服务构建新发展格局,以推动高质量发展为主题,以满足人民日益增长的美好生活需要为根本目的,统筹发展和安全,优化完善路网布局,构建覆盖广泛、功能完备、集约高效、绿色智能、安全可靠的现代化高质量国家公路网,为加快建设交通强国夯实基础,为全面建设社会主义现代化国家当好先行。到 2035 年,基本建成覆盖广泛、功能完备、集约高效、绿色智能、安全可靠的现代化高质量国家公路网,形成多中心网络化路网格局,实现国际省际互联互通、城市群间多路连通、城市群城际便捷畅通、地级城市高速畅达、县级节点全面覆盖、沿边沿海公路连续贯通。国家公路网规划总规模约 46.1 万公里,由国家高速公路网和普通国道网组成,其中国家高速公路约 16.2 万公里(含远景展望线约 0.8 万公里),普通国道约 29.9 万公里。

道路是国家经济和社会发展的重要基础设施,社会经济水平和交通运输需求决定着道路交通的发展进程。随着汽车工业和交通运输的不断发展,路基路面工程逐步形成了单独的学科领域,研究对象也从公路扩展至城市道路、机场道面等。

随着人类社会的进步与科技的飞速发展,道路工程领域的知识更新速度也越来越快,与路基路面工程相关的新的理论、方法、技术、工艺、结构及材料等不断涌现。同时,路基路面工程与不同学科之间的交叉融合更加突出,相关的学科领域主要包括信息技术、材料工程、机械工程、生物工程、力学工程、环境工程等。路基路面工程的内涵与外延正在不断扩大,知识体系更加丰富完善。

一方面,由于路基路面工程的复杂性、车辆荷载与环境因素变化的复杂性,以经验分析为主和以静态线弹性力学理论为基础的设计方法不能完全满足要求。考虑动态荷载的影响和结构的动力响应,材料的非线性、黏弹塑性特性,以及采用适应各种工况的数值计算分析方法和模型,已成为当今路基路面工程结构分析和结构设计的重要基础。特别是基于数值仿真方法的路面结构力学分析、路面多尺度力学试验与仿真、路面材料微观力学分析等方面的研究为道路结构与力学的性能分析提供了先进、可靠的手段。

另一方面,在路基路面工程发展过程中,每一项新技术的出现,首先都是在材料方面产生突破,如沥青材料的改性、土壤的改良与稳定技术等都与材料技术息息相关。现如今,对材料的微观、细观和复合材料的研究,以及材料再生技术的研究等许多成果在路基路面工程中得到了日益广泛的应用。

同时,路基路面工程属于系统工程,其过程包括规划、设计、施工、养护、维修、管理等各个环节,且持续时间长。因此需要利用现代管理科学的理念和方法,对全过程的各个阶段进行跟踪、数据采集、数据处理和科学分析;此外,还需要建立工程结构全寿命周期的理念,引入材料耐久性演化模型、建设与养护费用的经济学模型等进行全寿命周期费用分析,以节约投资、提高运输效率和保证路基路面工程具有良好的使用性能。

路基是路面的基础,稳定、坚实、耐久的路基是确保路面质量的关键。近年来,专家学者和工程技术人员围绕地基处理、路堤填料工程特性、多场耦合作用下路堤结构性能演变规律、路堑边坡的稳定性分析、路基防护与支挡等方面开展了深入研究,以期确保路基工程性能的稳定性与耐久性。

为车辆提供安全、快速、舒适、耐久的行驶表面,是对路面工程的最终要求。结合路面的使用需求及当今技术的发展,路面工程领域在以下方面取得了长足的进步:

①以自动净化、自感知、主动除冰雪、自动供能、透水降噪等路面为代表的智能环保路面技术;

②以自愈合材料、聚氨酯混合料、纤维改性沥青、高模量沥青混凝土等为代表的先进路面材料技术;

③以路面三维检测、北斗卫星定位、基于人工智能和大数据的智能养护、高性能预防性养护、超薄磨耗层等为代表的路面养护技术;

④以智能压实等为代表的先进施工技术;

⑤以工业废渣、建筑垃圾、废旧轮胎橡胶利用等为代表的固废综合利用技术及路面再生技术;

⑥以长寿命路面为代表的路面设计与建造技术等。

1.2 路基路面工程的特点、要求及影响因素

1.2.1 路基路面工程的特点及要求

公路是一种修筑在地面上供车辆行驶的线形工程构造物,主要承受车辆荷载的重复作用和经受各种自然环境因素的长期影响,这就要求公路不仅要有缓和的纵坡、平顺的线形,而且要有牢固的人工构造物(桥梁、涵洞、通道、隧道、支挡等)、稳定坚实的路基、平整耐用的路面,以及其他必要防护工程和附属设施。

路基是按照公路路线的位置和一定技术要求开挖或填筑而成的带状结构物。路面是在路基顶面的行车部分用各种混合料铺筑而成的层状结构物。路基是路面的基础,路基的强度与稳定性是保证路面强度与稳定性的基本条件。路基可为路面结构长期承受汽车荷载提供重要的保证,路面的存在又可以保护路基避免其直接经受车辆和大气、环境的破坏。因此,路基路面是公路的基本组成部分,是公路的主体,它们共同承受行车荷载与自然因素的作用。有了路基路面,车辆才能沿着预定的路线,通畅、快速、安全、舒适、经济地运行。二者是相辅相成、不可分离的整体。

路基路面工程是公路工程的主要组成部分,其工程数量十分可观,如微丘区的三级公路,每千米的土石方数量为 8 000~16 000 m^3,山岭重丘区三级公路每千米土石方数量为 20 000~60 000 m^3,对于高速公路,其数量更为可观。而路面结构在公路整体造价中所占比例较大,一般可达到 30% 左右。因此精心设计、精心施工,保证路基路面良好的工程质量和良好的长期使用性能,对于节约投资、提高运输效益具有十分重要的意义。

公路工程是一项线形工程,一般都绵延数百千米甚至上千千米。沿线地形起伏,地质、地貌、气象特征复杂多变,同时各段路面结构层的材料来源和施工状况也很难相同,再加上公路所经区域经济发达程度和交通繁忙程度不一、车辆荷载的作用也具有随机性,因此决定了路基路面工程复杂多变的特点。工程技术人员必须具备广博的专业知识,善于处理不同的复杂环境条件,以建造出坚固耐久的路基路面工程结构。

现代化的公路交通运输,不仅要求公路能够全天候通行车辆,还要求能够保证车辆以一定的速度,安全、舒适、经济地在公路上行驶,这就要求路面具有良好的使用性能,提供良好的行驶条件和服务水平。

为保证公路具有良好的使用性能、有利于提高车速、增强安全性和舒适性,同时降低运输成

本和延长公路的使用寿命,这就要求路基路面工程具有下述一系列基本功能。

(1)承载能力

路基路面直接承受车辆荷载的作用,在路面结构内部及路基会产生应力、应变及位移,如果路基路面结构不能承受荷载的作用或者不能抵抗这种变形,那么结构就会出现路面断裂、路面车辙、路基沉陷等,严重影响公路的服务水平。因此,要求路基路面结构具有良好的承载能力。

结构承载能力包括两方面:路面结构应该具有足够的强度以抵抗车轮荷载引起的各部位的各种应力,如压应力、拉应力、剪应力等,保证不发生压碎、拉断、剪切等破坏;路基路面整体结构应具有足够的刚度,在车轮荷载作用下不发生过量变形,面层不发生车辙、沉陷、波浪等病害。

(2)稳定性

在天然地表修建的公路结构,改变了地表原有的自然平衡状态,在达到新的平衡前需要一定的时间。而新建的公路结构直接暴露在各种自然因素的作用下,如大气、温度、降水等,是处于不稳定状态的。路基路面结构能否经受住这种不稳定状态而保持工程设计所要求的几何形态及物理力学性质,称为路基路面结构的稳定性。

在天然地表开挖或填筑路基,必然会改变原地面地层结构的受力状态。原来处于稳定状态的地层结构,有可能由于开挖或填筑而引起不平衡,导致路基失稳。如在软土层上修筑高路堤或在岩质或土质边坡上开挖深路堑时,有可能由于软土层承载能力不足,或者由于坡体失去支撑而出现路堤沉降或坡体坍塌。因此在选线、勘测、设计、施工中应密切注意,并采取必要的工程措施,以确保路基具有足够的稳定性。

大气降水会使路基路面结构内部的湿度发生变化,在低洼地带路基排水不良,长期积水,也会使路堤软化,失去承载能力。山坡路基有时因为排水不良,会引发滑坡或边坡坍塌。水泥混凝土路面,如果不能及时将水分排出结构层,会发生唧泥现象,冲刷基层。沥青混凝土路面中水分的侵蚀会引起沥青层剥落、结构松散。因此防水、排水是确保路基路面稳定性的重要方面。

大气温度周期性的变化对路面结构的稳定性有重要的影响。高温季节沥青路面软化,在车辆荷载作用下将产生永久变形;水泥路面在高温下会因结构变形而产生过大内应力,导致路面翘曲破坏。低温季节,水泥路面、沥青路面、半刚性基层由于低温收缩产生大量裂缝,最终失去承载能力。在严寒冰冻地区,低温引起的路基不稳定的原因是多方面的,在地下水丰富的地段,低温会引起冻胀,春天融冻季节,在交通繁忙路段,有时会引发翻浆,导致路基路面发生严重破坏。

(3)耐久性

路基路面工程的投资较大,从规划、设计到施工建成通车需要较长的时间,这样的大型工程都应有较长的使用年限。一般公路工程使用年限至少数十年,在车辆荷载和自然因素作用下,应保持较好的耐久性能。

路基路面结构在车辆荷载及环境因素的反复作用下,强度与刚度将逐年衰变,路面材料的各项性能也会因为老化而衰变。因此,要提高路基路面的耐久性,保持其强度、刚度、几何形态经久不衰,除要精心设计、精心施工、精选材料以外,还要把长期的养护、维修和恢复路面使用性能的工作放在重要位置。

(4)表面平整度

路面表面的平整度是影响行车安全、行车舒适性和运输效益的重要因素。特别是高速公路,它对路面平整度的要求更高。不平整的路面会增大行车阻力,使车辆产生附加的振动响应。

这种振动会造成行车颠簸,影响行车的速度和安全性、驾驶的平稳性和乘客的舒适度。同时,振动响应还会产生对路面的冲击力,从而加剧路面的破坏和对汽车机械的损坏,增大油料的消耗。不平整的路面还会积水,既对行车不利,也会加速路面的损坏。

优良的平整度,要依靠精良的施工设备、精细的施工工艺、严格的施工质量控制和及时的养护来保证。同时路面的平整度也和整个路面结构和路基顶面的强度和抗变形能力有关,强度和抗变形能力差的结构和材料,不能承受车辆荷载的反复作用,极易出现沉陷、车辙和推移破坏,从而形成不平整的路面。

(5)表面抗滑性能

路面要求平整度好,但不宜光滑,应保证汽车轮胎和路面之间有足够的附着力和摩擦力。特别在雨天,汽车在光滑的路面上行驶、制动和转弯时,车轮易发生空转或打滑,甚至引起严重的交通事故。通常用摩擦系数表征路面的抗滑性能。

路面表面的抗滑能力可以通过采用坚硬、耐磨和表面粗糙的材料修筑路面来实现,有时也可以采用一些工艺措施实现,如在水泥混凝土路面上刷毛或刻槽等。此外,路面的积雪、积水和污泥等,也会降低其抗滑性能,必须及时予以清除。

1.2.2 影响路基路面稳定的因素

路基路面结构直接裸露在大气之中,其稳定性在很大程度上受自然条件的影响,因此,必须了解和掌握公路沿线的自然条件,并掌握其规律,以及是如何影响路基路面结构稳定性的,从而因地制宜采取有效的工程措施,以确保路基路面具有足够的强度和稳定性。

路基路面的稳定性通常与以下因素有关:

(1)地理条件

公路沿线的地形、地貌和海拔高度不仅影响路线的选定,也影响路基路面结构的设计。平原、丘陵、山岭各区地势不同,结构的水温状况也不同。如平原区容易修筑路基,但地表易积水,排水困难,因而路基需保持一定的最小填土高度。在丘陵和山岭区,地形起伏很大,其排水也很重要,否则会引起稳定性下降,出现破坏现象。

(2)地质条件

公路沿线的岩石种类、成因、节理、风化程度和裂隙情况,岩石走向(倾向、倾角、层理)和岩层厚度,有无夹层及其状况,有无断层或不良地质现象(溶洞、冰川、泥石流、地震等),都对路基路面稳定性有一定的影响。

(3)气候条件

气候条件主要包括气温、降水、湿度、冰冻深度、日照、蒸发量、风向、风力等,都会影响到地下和地面水的变化并且影响路基路面的水温情况。

(4)水文和水文地质条件

水文条件,如沿线地表水的排泄、河流洪水位、常水位、地表积水、河岸的淤积情况;水文地质条件,如地下水位、地下水移动规律、有无层间水、裂隙水、泉水等。这些地面水和地下水都会影响路基路面的稳定性。

(5)土的类别

土是修筑路基路面的基本材料,不同的土具有不同的工程性质,直接影响路基路面的强度和稳定性。例如,巨粒土的强度和稳定性很高,是筑路的良好材料;级配良好的砾石混合料密实度、强度、稳定性好,除可用于填筑路基外,还可用于中级路面或路面基层或底基层;砂土无塑性,透水性强,内摩擦系数较大,强度与水稳性好,但黏结性小,易松散,压实困难;而砂性土既有一定数量粗颗粒,又有一定数量的细颗粒,级配适宜,强度、稳定性均好,是理想的路基填料;粉性土含有较多的粉土颗粒,干燥时易破碎,浸水时易呈流动状态,毛细作用强烈,易造成冻胀翻浆,属于不良公路用土;黏性土的内摩擦系数小而黏聚力大,透水性小而吸水性强,毛细现象显著,有较大的可塑性,干燥时较坚硬、不易破碎,浸润后能长期保持水分、不易挥发,因而承载能力小。

总之,地质条件是引起路基路面破坏的基本前提,水则是造成路基路面产生病害的主要原因。

1.3 公路自然区划

我国幅员辽阔,地理、地形、气候条件复杂,又是一个多山的国家,不同地区自然条件差异很大。从南到北气候上分为热带、温带和寒带,自东向西,东部沿海和青藏高原高程相差 4 000 m 以上。因此应体现不同地理区域自然条件对公路工程影响的差异性,以便在路基路面结构类型选择,以及设计、施工和养护中采取合适的设计参数和技术措施,保证路基路面的强度和稳定性。

1)公路自然区划原则

经过长期研究,我国制定了《公路自然区划标准》(JTJ 003—1986)。公路自然区划根据以下 3 个原则划分。

(1)道路工程特性相似性原则

道路工程特性相似性原则,即同一区划内,在同样自然因素下筑路具有相似性。例如北方不利季节主要是春融时期,有公路翻浆的病害;南方的不利季节在雨季,有冲刷、水毁等病害。

(2)地表气候区划差异性原则

地表气候区划差异性原则,即地表气候是地带性差异与非地带性差别的结果。通常,地表气候随当地纬度而变化,如北方寒冷、南方湿热,这称为地带性差异。除此之外,还与高程的变化有关,即沿垂直方向的变化,如青藏高原由于海拔高,与同纬度的其他地区相比,气候更加寒冷,这称为非地带性差异。

(3)自然气候因素既有综合又有主导作用的原则

自然气候既有综合又有主导作用的原则,即自然气候变化是多种因素作用结果,但其中又有某些因素起着主导作用。例如公路冻害是水和温度联合作用的结果,但在南方,只有水而没有寒冷气候的影响,说明温度起主要作用。西北干旱区和东北潮湿区,同样都有负温度,但前者冻害轻于后者,说明水起主导作用。

2)公路自然区划分级

公路自然区划分三级进行划分,即首先划分为多年冻土、季节冻土、全年不冻土 3 大地带。然后根据水热平衡和地理位置,以全年均温-2 ℃等值线,一月份均温 0 ℃等值线及 1 000 m 和 3 000 m 两条等高线作为标准,又考虑黄土地区筑路的特殊性,划分为 7 个一级自然大区如下:

Ⅰ—北部多年冻土区;

Ⅱ—东部温润季冻区；

Ⅲ—黄土高原干湿过渡区；

Ⅳ—东南湿热区；

Ⅴ—西南潮暖区；

Ⅵ—西北干旱区；

Ⅶ—青藏高寒区。

全国公路自然区划图详见《公路自然区划标准》(JTJ 003—1986)。

二级区划是在一级区划的基础上,以潮湿系数(年降雨量 R/年蒸发量 Z)为主要指标分为6个等级,潮湿系数等级见表1.1。

表 1.1　潮湿系数等级

潮湿系数	等　级	对应类型
$K>2.0$	1 级	过湿
$2.0 \geq K > 1.5$	2 级	中湿
$1.5 \geq K > 1.0$	3 级	润湿
$1.0 \geq K > 0.5$	4 级	润干
$0.5 \geq K > 0.25$	5 级	中干
$K<0.25$	6 级	过干

另外,再考虑气候特征、地貌类型、自然病害等因素,将全国划分为33个二级区划和19个副区,共52个二级区划。

三级区划是在二级区划基础上,由各地区根据当地具体情况再自行划定。一般有两种方法:一种是以水热、地理和地貌为依据进行划分;另一种是以地表的地貌、水文和土质为依据进行划分。

3)一级自然区划的路面结构设计特征

我国7个一级自然区划的路面结构设计侧重点各不相同,根据各地区经验,大致可归纳如下:

(1) Ⅰ区—北部多年冻土区

该区北部为连续分布多年冻土,南部为岛状分布多年冻土。对于多年冻土层,最重要的公路设计原则是保温,不可轻易挖去覆盖层,原保持冻结状态的土层若受大气热量影响融化,将后患无穷。对于非多年冻土层,则需将泥炭层全部或局部挖除,排干水分,然后再填筑路基。

(2) Ⅱ区—东部温润季冻区

该区路面结构的主要问题是防冻胀与翻浆。翻浆的严重程度取决于路基的潮湿状态,可根据不同的潮湿状态采取对应措施。

(3) Ⅲ区—黄土高原干湿过渡区

该区的主要特点是黄土对水分的敏感性,筑路的主要问题是防止黄土的冲蚀与遇水湿陷。

(4) Ⅳ区—东南湿热区

该区雨量充沛集中,季节性强,台风暴雨多,公路的主要病害是水毁、冲刷和滑坡。路面结构应结合排水系统进行设计。另外,该区气温高、热季长,要注意路面的高温稳定性能。

（5）Ⅴ区—西南潮暖区

该区山多、地形险要,筑路材料丰富。对于水文不良路段,应注意路基整体稳定性。

（6）Ⅵ区—西北干旱区

该区大部分地下水位很低,气候干燥,可采用沥青混凝土层解决砂石路面搓泥、松散的问题。另外,还应注意沙漠地区公路的风蚀和沙埋病害。

（7）Ⅶ区—青藏高寒区

该区局部路段有多年冻土,应注意保温设计。另外,该区日照时间长、紫外线强烈,且昼夜温差大,需注意沥青路面的老化病害。

1.4 路面结构与分类

1.4.1 路面结构及层位功能

由于行车荷载和自然因素对路面的影响随深度的增加而逐渐减弱。因此,对路面材料的强度、抗变形能力和稳定性的要求也随深度的增加而逐渐降低。所以路面结构常分层铺筑,按照使用要求、受力状况、路基支承条件和自然因素影响程度的不同分为若干层次。按照层位功能的不同,一般划分为面层、基层、功能层等,如图 1.3 所示。

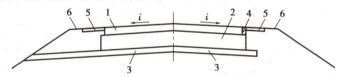

图 1.3 路面结构层次划分示意图

i—路拱横坡度;1—面层;2—基层(有时包括底基层);

3—功能层;4—路缘石;5—加固路肩(硬路肩);6—土路肩

（1）面层

面层是直接承受行车及自然因素作用的结构层,承受着较大的行车荷载,同时还受到降雨浸蚀和气温变化的影响,因此要求具有较高的结构强度、抗变形能力、较好的水温稳定性,且耐磨和抗滑。

修筑面层常用材料包括水泥混凝土、沥青混凝土、沥青碎石混合料、砂砾或碎石及块料等。

面层有时分两层或三层。如高速公路沥青面层总厚度为 10 ~ 20 cm,分上、中、下三层,并根据各分层的要求采用不同的级配类型。水泥混凝土路面也可分单层或双层铺筑,双层铺筑时可采用不同的水泥混凝土材料,有时也采用水泥板上加铺 4 ~ 10 cm 沥青混凝土的复合式结构。砂石路面上所铺 2 ~ 3 cm 的磨耗层或 1 cm 厚的保护层以及薄层沥青表处,不作为一个独立的层次,而看作面层的一部分。

（2）基层

基层主要承受由面层传来的车辆荷载,并将荷载扩散至下面的功能层和路基中,因此要求其具有足够的强度和刚度、良好的扩散应力的能力和水稳定性,且要求平整度好,以保证面层良好的工作性能。

修筑基层的材料包括各种结合料(石灰、水泥、沥青等)稳定碎砾石、贫混凝土、天然砂砾、各种工业废渣、砂石所组成的混合料等。

基层厚度大时,可分二或三层施工以保证质量。

(3)功能层

为保证面层和基层的强度、刚度和稳定性不受路基水温状况变化造成的不良影响,必要时应设置功能层。

功能层介于路基与基层之间,其功能是改善路基的水温状况,将基层传下的应力扩散,阻止路基土挤入基层。

修筑功能层的材料水稳定性和隔温性要好,强度不一定高,可以采用松散透水粒料,如砂、碎石、炉渣等。

(4)路拱

为及时排出雨水,减少雨水对路面的浸润和渗透而减弱路面结构强度,路面表面需做成直线形或抛物线形的路拱。对于高等级路面,常采用直线形或较小横坡度。对于低等级路面,一般采用抛物线形且伴有较大横坡度。表1.2所列为各类路面的平均横坡度。

表1.2　各类路面路拱的平均横坡度

路面类型	路拱平均横坡度/%
沥青混凝土、水泥混凝土	1～2
厂拌沥青碎石、路拌沥青碎砾石、沥青贯入碎砾石、沥青表面处治等	1.5～2.5
半整齐石块、不整齐石块	2～3
碎石、砾石等	2.5～3.5
炉渣土、砾石土、砂砾土等	3～4

选择路拱横坡度,应充分考虑有利于平稳行车和有利于横向排水两方面的要求。在干旱和有积雪、浮冰地区,应采用低值,多雨地区应采用高值。当公路纵坡较大或路面较宽,或行车速度较高,或交通量和车辆载重较大,或常有拖挂汽车行驶时,应采用低值,反之采用高值。

路肩横坡度一般比路面大1%,当高速公路、一级公路的硬路肩采用与路面行车道相同的结构时,应采用同一路面横坡度。

1.4.2　路面分类

路面类型可以从不同角度划分,如按照面层所用材料,可以分为水泥混凝土路面、沥青路面、砂石路面等。但在工程设计中,一般按路面结构的力学特性的相似性进行分类,分为柔性路面(沥青路面)、复合式路面和刚性路面(水泥混凝土路面)三类。根据基层材料类型及其组合的不同,又可以将沥青路面分为柔性基层沥青路面、半刚性基层沥青路面、组合式基层沥青路面等。

(1)柔性基层沥青路面

柔性基层沥青路面总体结构刚度较小,路面结构本身在车辆荷载作用下产生的弯沉变形较半刚性基层沥青路面大。但其可以通过合理的结构组合设计和厚度设计来保证路面结构层的承载能力。同时通过各结构层将车辆荷载传递给路基,使路基承受的压力控制在一定范围内。柔性基层沥青路面主要包括由各种未经处治的粒料基层和各类沥青层、碎砾石面层或块石面层组成的路面结构。

(2)半刚性基层沥青路面

半刚性基层指用水泥、石灰等无机结合料处治土或碎砾石,用含有水硬性结合料、工业废渣修筑的基层。这种材料前期具有柔性路面的力学性质,后期的强度、刚度均有较大幅度的增长,但最终的强度和刚度仍远小于水泥混凝土。由于这类材料的刚度处于柔性与刚性之间,因此把这类基层和铺筑在其上的沥青层统称为半刚性基层沥青路面。

(3)组合式基层沥青路面

此类路面基层包括无机结合料稳定材料、水泥混凝土等刚度较大的材料,但是在沥青层与刚度较大的材料之间设置有柔性材料结构层,如级配碎石、沥青碎石等。其目的主要是防止半刚性基层产生的反射裂缝对沥青路面结构层产生影响。

(4)复合式路面

此类路面是指在半刚性或柔性基层上设有刚性材料下面层(包括普通混凝土、纤维混凝土、钢筋混凝土、连续配筋混凝土等)和沥青混凝土组成的路面结构。复合式沥青路面中刚性材料结构层整体性好、承载能力强、使用寿命长、耐久性好,且便于沥青混凝土上面层养护维修。对于这种路面结构,有两个方面需要注意:一是沥青面层与刚性下面层应保证有效的黏结,需要采取必要措施消减层间的应力集中问题;二是应采取合理手段,延缓由于刚性下面层引起的反射裂缝问题。

(5)水泥混凝土路面

水泥混凝土路面是指用水泥混凝土(包括普通水泥混凝土、钢筋混凝土、连续配筋混凝土、钢纤维混凝土、预应力混凝土、装配式混凝土、碾压混凝土等)作为面层的路面结构。其抗弯拉强度高,弹性模量大,且刚度大。此类路面主要依靠水泥混凝土板承受车辆荷载,通过板体的扩散分布作用,传递给路基的压力较柔性路面要小得多。

1.5 行车荷载

汽车是路基路面的服务对象,路基路面的主要功能是长期保证车辆快速、安全、平稳地通行。汽车荷载又是造成路基路面结构损伤的主要成因。因此,为了保证设计的路基路面结构达到预期的功能,具有良好的性能,首先应对行驶的汽车作分析,包括汽车轮重与轴重的大小与特性;不同车型车轴的布置;设计期限内,汽车轴型的分布以及车轴通行量逐年增长的规律;汽车静态荷载与动态荷载特性等。

1.5.1 车辆的种类

按照《汽车、挂车及汽车列车的术语和定义 第1部分 类型》(征求意见稿)(GB/T 3730.1),道路上通行的汽车车辆主要分为乘用车与商用车两大类。

乘用车是在设计、制造和技术特性上主要用于载运乘客及其随身行李或临时物品,包括驾驶员座位在内最多不超过9个座位的汽车。一般其载重较轻、车速较高。按使用特性可分为轿车、运动型多功能乘用车、越野乘用车、多用途乘用车、专用乘用车;按车身型式可分为普通乘用车、活顶乘用车、高级乘用车、双门小轿车、敞篷车、仓背乘用车、旅行车和短头乘用车等。商用车是在设计、制造和技术特性上用于运送人员(乘用车除外)和(或)货物,或进行专用作业的汽车。包括客车、货车、专用作业车、挂车及汽车列车五类。

汽车的总重通过车轴与车轮传递给路面,所以路面结构的设计主要以轴重作为荷载标准,在道路上行驶的多种车辆的组合中,重型货车与大客车起决定作用,轻型货车与中、小客车影响很小,有时可以不计。但是在考虑路面表面特性要求时,如平整性、抗滑性等,需要以小汽车为主要考察对象,因为小车的行驶速度高,所以要求在高速行车条件下具有良好的平稳性与安全性。

1.5.2 汽车的轴型

无论是乘用车还是商用车,车身的全部重力都通过车轴上的车轮传给路面,因此,对于路面结构设计而言,需更加重视汽车的轴重。由于轴重的大小直接关系到路面结构的设计承载力与结构强度,为了统一设计标准和便于交通管理,各个国家对于轴重的最大限度均有明确的规定。据国际道路联合会 1989 年公布的统计数据,在 141 个国家和地区中,轴限最大的为 140 kN,近40% 执行 100 kN 轴限,我国设计规范中以 100 kN 作为设计标准轴重。通常认为我国的道路车辆轴限为 100 kN。

通常,整车型式的乘用车、商用车车轴分前轴和后轴。绝大部分车辆的前轴为 2 个单轮组成的单轴,轴载约为汽车总重的 1/3。极少数汽车的前轴由双轴单轮组成,双前轴的载重约为汽车总重的 1/2。汽车的后轴有单轴、双轴和三轴 3 种,大部分汽车后轴由双轮组组成,只有少量轻型商用车由单轮组组成后轴。每一根后轴的轴载大约为前轴轴载的两倍。目前,在我国公路上行驶的商用车的后轴轴载,一般为 60~130 kN。

由于汽车货运向大型重载方向发展,商用车的总重有增加的趋势,为了满足各个国家对汽车轴限的规定,趋向于增加轴数以提高汽车总重。因此出现了各种多轴的商用车。有些运输专用设备的平板拖车,采用多轴多轮,以减轻对路面的压力。路面设计中,车辆轴型根据轮组和轴组类型可分为 7 类(表 1.3),车辆类型根据轴型组合可分为 11 类(表 1.4),为了控制轴载增加对车辆行驶安全和路面的影响,《汽车、挂车及汽车列车外廓尺寸、轴荷及质量限值》(GB 1589—2016)规定了车辆外廓尺寸、轴载及质量限值(表 1.5、表 1.6)。表 1.7 给出了我国常用的汽车的路面设计参数。

表 1.3　车辆轮组和轴组类型

编　号	轴型说明	编　号	轴型说明
1	单轴(每侧单轮胎)	5	双联轴(每侧双轮胎)
2	单轴(每侧双轮胎)	6	三联轴(每侧单轮胎)
3	双联轴(每侧单轮胎)	7	三联轴(每侧双轮胎)
4	双联轴(每侧各一单轮胎、双轮胎)			

表 1.4　车辆类型分类

编　号	说　明	典型车型及图示		其他主要车型
1 类	2 轴 4 轮车辆	11 型车		
2 类	2 轴 6 轮及以上客车	12 型客车		15 型客车
3 类	2 轴 6 轮整体式货车	12 型货车		
4 类	3 轴整体式货车（非双前轴）	15 型	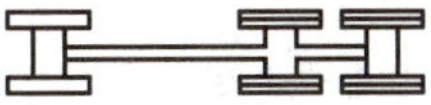	
5 类	4 轴及以上整体式货车（非双前轴）	17 型	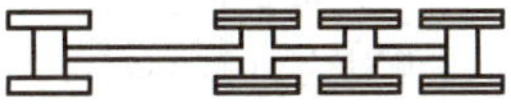	
6 类	双前轴整体式货车	112 型 115 型	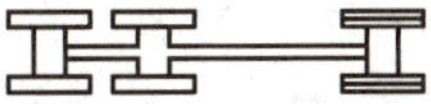	117 型
7 类	4 轴及以下半挂货车（非双前轴）	125 型	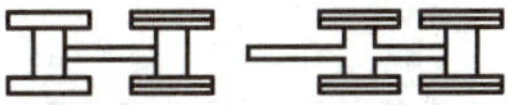	122 型
8 类	5 轴半挂货车（非双前轴）	127 型 155 型	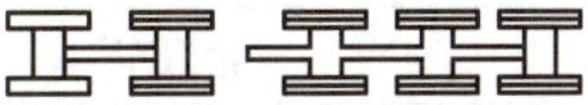	
9 类	6 轴及以上半挂货车（非双前轴）	157 型	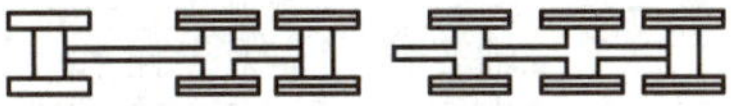	
10 类	双前轴半挂式货车	1127 型	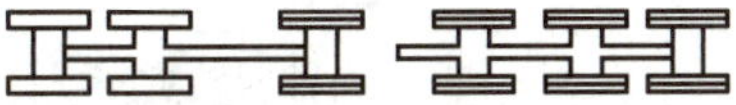	1122 型 1125 型 1155 型 1157 型
11 类	全挂货车	1522 型 1222 型		

表 1.5　汽车及挂车单轴、二轴组及三轴组的最大允许轴荷限值

类　　型			最大允许轴荷限值/kg
单轴	每侧单轮胎		7 000①
	每侧双轮胎	非驱动轴	10 000②
		驱动轴	11 500

续表

类　型		最大允许轴荷限值/kg
二轴组	轴距<1 000 mm	11 500③
	轴距≥1 000 mm,且<1 300 mm	16 000
	轴距≥1 300 mm,且<1 800 mm	18 000④
	轴距≥1 800 mm(仅挂车)	18 000
三轴组	相邻两轴之间距离≤1 300 mm	21 000
	相邻两轴之间距离>1 300 mm,且≤1 800 mm	24 000

注:①安装名义断面宽度不小于425 mm轮胎的单轴,最大允许轴荷限值为10 000 kg;驱动轴安装名义断面宽度不小于445 mm轮胎,则最大允许轴荷限值为11 500 kg;

②装备空气悬架时最大允许轴荷的最大限值为11 500 kg;

③二轴挂车最大允许轴荷限值为11 000 kg;

④汽车驱动轴为每轴每侧双轮胎且装备空气悬架时,最大允许轴荷的最大限值为19 000 kg。

表1.6　汽车、挂车及汽车列车最大允许总质量限值

车辆类型			最大允许总质量限值/kg
汽车	三轮汽车		2 000①
	乘用车		4 500
	二轴客车、货车及半挂牵引车		18 000②
	三轴客车、货车及半挂牵引车		25 000③
	单铰接客车		28 000
	双转向轴四轴货车		31 000③
挂车	半挂车	一轴	18 000
		二轴	35 000
		三轴	40 000
	牵引杆挂车	二轴,每轴每侧为单轮胎	12 000④
		二轴,一轴每侧为单轮胎,另一轴每侧为双轮胎	16 000
		二轴,每轴每侧为双轮胎	18 000
	中置轴挂车	一轴	10 000
		两轴	18 000
		三轴	24 000

续表

车辆类型		最大允许总质量限值/kg
汽车列车	三轴	27 000
	四轴	36 000[⑤]
	五轴	43 000
	六轴	49 000

注:①当采用方向盘转向、由传动轴传递动力、具有驾驶室且驾驶员座椅后设计有物品放置空间时,最大允许总质量限值为
    3 000 kg;
②低速货车最大允许总质量限值为 4 500 kg;
③当驱动轴为每轴每侧双轮胎且装备空气悬架时,最大允许总质量限值增加 1 000 kg;
④安装名义断面宽度不小于 425 mm 轮胎最大允许总质量限值为 18 000 kg;
⑤驱动轴为每轴每侧双轮胎并装备空气悬架、且半挂车两轴之间的距离大于或等于 1 800 mm 的铰接列车,最大允许总
    质量限值为 37 000 kg。

表 1.7 我国常用汽车的路面设计参数

序 号	汽车型号	总重力/kN	载重力/kN	前轴重力/kN	后轴重力/kN	后轴数	轮组数	轴距/cm	出产国
1	解放 CA10B	80.25	40.00	19.40	60.85	1	双		中国
2	解放 CA15	91.35	50.00	20.97	70.38	1	双		中国
3	解放 CA30A*	99.90	46.50	26.50	2×36.70	2	双		中国
4	解放 CA30A	103.00	46.50	29.50	2×36.75	2	双		中国
5	解放 CA50	92.90	50.00	28.70	68.20	1	双		中国
6	解放 CA340	78.70	36.60	22.10	56.60	1	双		中国
7	解放 CA390	105.15	60.15	35.00	70.15	1	双		中国
8	东风 EQ140	92.90	50.00	23.70	69.20	1	双		中国
9	黄河 JN150	150.60	82.60	49.00	101.60	1	双		中国
10	黄河 JN162	174.50	100.00	59.50	115.00	1	双		中国
11	黄河 JN162A	178.50	100.00	62.28	116.22	1	双		中国
12	黄河 JN253	187.00	100.00	55.00	2×66.00	2	双		中国
13	黄河 JN360	270.00	150.00	50.00	2×110.00	2	双		中国
14	黄河 QD351	145.65	70.00	48.50	97.15	1	双		中国
15	延安 SX161	237.00	135.00	54.64	2×91.25	2	双	135.0	中国
16	长征 XD160	213.00	120.00	42.60	2×85.20	2	双		中国
17	长征 XD250	189.00	100.00	37.80	2×72.60	2	双		中国
18	长征 XD980	182.40	100.00	37.10	2×72.65	2	双	122.0	中国
19	长征 CZ361	229.00	120.00	47.60	2×90.70	2	双	132.0	中国

续表

序　号	汽车型号	总重力/kN	载重力/kN	前轴重力/kN	后轴重力/kN	后轴数	轮组数	轴距/cm	出产国
20	交通 SH141	80.65	43.25	25.55	55.10	1	双		中国
21	交通 SH361	280.00	150.00	60.00	2×110.00	2	双	130.0	中国
22	南阳 351	146.00	70.00	48.70	97.30	1	双		中国
23	齐齐哈尔 QQ560	177.00	100.00	56.00	121.00	1	双		中国
24	太脱拉 111	186.70	102.40	38.70	2×74.00	2	双	120.0	捷克
25	太脱拉 111R	188.40	102.40	38.70	2×75.50	2	双	122.0	捷克
26	太脱拉 111S	188.40	102.40	38.50	2×78.20	2	双	122.0	捷克
27	太脱拉 138	211.40	120.00	51.40	2×80.00	2	双	132.0	捷克
28	太脱拉 130S	218.40	120.00	50.60	2×88.90	2	双	132.0	捷克
29	太脱拉 111	225.40	120.00	45.40	2×90.00	2	双	132.0	捷克
30	吉尔 130	85.25	40.00	25.75	59.50	1	双		俄罗斯

1.5.3　汽车对道路的静态压力

汽车在道路上可分为停驻状态和行驶状态。当汽车处于停驻状态下,对路面的作用力为静态压力,主要是由轮胎传给路面的垂直压力 p,它的大小受下述因素的影响:

①汽车轮胎的内压力 p_i;

②轮胎的刚度和轮胎与路面接触的形状;

③轮载的大小。

商用车轮胎的标准静内压力 p_i 一般为 0.4 ~ 0.7 MPa。通常轮胎与路面接触面上的压力 p 略小于内压力 p_i,为 $(0.8 ~ 0.9)p_i$。车轮在行驶过程中,内压力会因轮胎充气温度升高而增加,因此,滚动的车轮接触压力也有所增加,达到 $(0.9 ~ 1.1)p_i$。轮胎的刚度随轮胎的新旧程度而有不同,接触面的形状和轮胎的花纹也会影响接触压力的分布,一般情况下,接触面上的压力分布是不均匀的。不过在路面设计中,通常忽略上述因素的影响,而直接取内压力作为接触压力,并假定在接触面上压力是均匀分布的。

轮胎与路面的接触面形状如图 1.4 所示,它的轮廓近似于椭圆形,因其长轴与短轴的差别不大,在工程设计中可以圆形接触面积来表示。将车轮荷载简化成当量的圆形均布荷载,并采用轮胎内压力作为轮胎接触压力 p。当量圆的半径 δ 可以按式(1.1)确定。

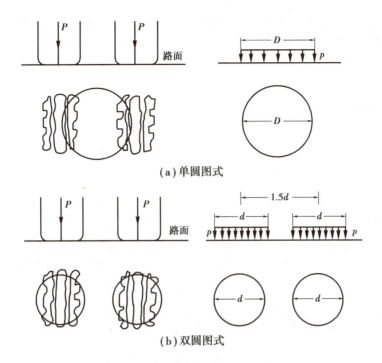

（a）单圆图式

（b）双圆图式

图 1.4　车轮荷载计算图式

$$\delta = \sqrt{\frac{P}{\pi p}} \tag{1.1}$$

式中　P——作用在车轮上的荷载，kN；

p——轮胎接触压力，kPa；

δ——接触面当量圆半径，m。

对于双轮组车轴，若每一侧的双轮用一个圆表示，称为单圆荷载；如用两个圆表示，则称为双圆荷载（图 1.4）。单圆荷载的当量圆直径 D 和双圆荷载的直径 d，分别按式（1.2）、式（1.3）计算。

$$d = \sqrt{\frac{4P}{\pi p}} \tag{1.2}$$

$$D = \sqrt{\frac{8P}{\pi p}} = \sqrt{2}\, d \tag{1.3}$$

我国现行路面设计规范中规定的标准轴载 BZZ-100 的 $P=100/4$ kN，$p=700$ kPa，用式（1.2）、式（1.3）计算，可分别得到相应的当量直径为：$d=0.213$ m，$D=0.302$ m。

1.5.4　运动车辆对道路的动态影响

行驶状态的汽车除了施加给路面垂直静压力之外，还给路面施加水平力、振动力。此外，由于汽车以较快的速度通过，这些动力影响还有瞬时性的特征。

汽车在道路上匀速行驶，车轮受到路面给它的滚动摩阻力，路面也相应受到车轮施加于它的一个向后的水平力；汽车在上坡行驶，或者在加速行驶过程中，为了克服重力与惯性力，需要给路面施加向后的水平力,相应在下坡行驶或者在减速行驶过程中,为了克服重力与惯性力的作用,需要给路面施加向前的水平力。汽车在弯道上行驶,为了克服离心力,保持车身稳定不产生侧滑,需要给路面施加侧向水平力。特别是在汽车启动和制动过程中,施加于路面的水平力相当大。

车轮施加于路面的各种水平力 Q 值与车轮的垂直压力 P,以及路面与车轮之间的附着系数 φ 有关(图1.5),其最大值 Q_{max} 不会超过 P 与 φ 的乘积,即

$$Q_{max} \leq P\varphi \tag{1.4}$$

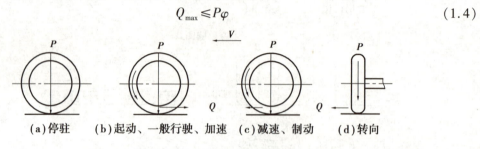

(a)停驻　(b)起动、一般行驶、加速　(c)减速、制动　(d)转向

图1.5　车轮作用于路面的垂直压力与水平力

若以 q 和 p 分别表示接触面上的单位水平力和单位垂直接触压力,则最大水平力 q_{max} 应满足式(1.5):

$$q_{max} \leq p\varphi \tag{1.5}$$

表1.8所列的 φ 值为实地测量的资料。由表列 φ 值可以看出,φ 的最大值一般不超过0.8,它同路面类型和湿度以及行车速度有关。相同的路面结构类型,干燥状态的 φ 值比潮湿状态大;路面结构类型与干燥状态相同的情况下,车速越高,φ 值越小。

表1.8　纵向滑移路面附着系数 φ

路面状况	路面类型	车速/(km·h⁻¹)		
		12	32	64
干燥	碎石	—	0.60	—
	沥青混凝土	0.70~1.00	—	0.50~0.65
	水泥混凝土	0.70~0.85	—	0.60~0.80
潮湿	碎石	—	0.40	—
	沥青混凝土	0.40~0.65	—	0.10~0.50
	水泥混凝土	0.60~0.70	—	0.35~0.55

路面表面必须保持足够的附着系数,这是保证正常行车的重要条件。但是从路面结构本身来看,附着系数的大小直接关系到结构层承受的水平力荷载的大小。在水平荷载的作用下,结构层将产生复杂的应力状态,特别是面层结构,直接遭受水平荷载作用,若是抗剪强度不足,将会导致推挤、拥包、波浪、车辙等破坏现象的产生。

汽车在道路上行驶,由于车身自身的振动和路面的不平整,其车轮实际上是以一定的频率和振幅在路面上跳动,作用在路面上的轮载时而大于静态轮载,时而小于静态轮载,呈波动状态,图1.6所示即为轴载波动的实例。

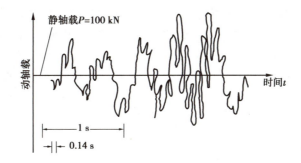

车速:60 km/h;路面平整度:中等;轮胎着地长:23 cm;通过时间:0.013 8 s

图 1.6 轴载的动态波动

轮载的这种波动,可近似看作呈正态分布,其变异系数(标准差与轮载静载之比)主要随下述 3 个因素而变化:

①行车速度。车速越高,变异系数越大。

②路面的平整度。平整度越差,变异系数越大。

③车辆的振动特性。轮胎的刚度低,减振装置的效果越好,变异系数越小。

正常情况下,变异系数一般小于 0.3。

振动轮载的最大峰值与静载之比称为冲击系数,在较平整的路面上,行车速度不超过 50 km/h 时,冲击系数不超过 1.30。车速增加,或路面平整性不良,则冲击系数还要增大。在设计路面时,有时以静轮载乘以冲击系数作为设计荷载。

行驶的汽车对路面施加的荷载有瞬时性,车轮通过路面上任一点,路面承受荷载的时间是很短的,只有 0.01~0.10 s。在路面以下一定深度处,应力作用的持续时间略长一点,但仍然是十分短暂的。由于路面结构中应力传递是通过相邻的颗粒来完成的,若应力出现的时间很短,则来不及传递分布,其变形特性便不能像静载般呈现得那样完全。美国各州公路工作者协会(AASHO)试验路曾对不同车速下沥青路面和水泥混凝土路面的变形进行量测(图 1.7),结果表明,当行车速度由 3.2 km/h 提高到 56 km/h,沥青路面的总弯沉减少 36%;当行车速度由 3.2 km/h 提高到 96.7 km/h,水泥混凝土路面的板角挠度和板边应变量减少 29% 左右。

动荷载作用下路面变形量的减少,可以理解为路面结构刚度的相对提高,或者是路面结构强度的相对增大。

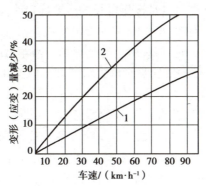

图 1.7 车速与路面变形的关系

1—刚性路面,板角挠度和板边应变量随车速的变化;2—柔性路面,表面总弯沉量随车速的变化

汽车荷载对路面的多次重复作用也是一项重要的动态影响。在行车繁密的道路上,路面结构每天将承受上千次,甚至数万次车轮荷载的作用,在路面的整个使用期限内,承受的轮载作用次数更为可观。路面承受一次轮载作用和承受多次重复轮载作用的效果并不一样。对于弹性材料,在重复荷载作用下呈现出材料的疲劳性质,也就是材料的强度将随荷载重复次数的增加而降低。对于弹塑性材料,如路基和柔性路面,在重复荷载作用下,将呈现出变形的逐渐增大,称为变形的累积,所以对于路面设计,不仅要重视轴重静力与动力的量值,道路通行的各类轴载的通行数量也是重要的因素。

1.5.5 交通分析

道路上通行的车辆不仅具有不同的类型和不同的轴重,而且通行的车辆数目也是变化的。路面结构设计中,要考虑在设计年限内车辆对路面的综合累计损伤作用,必须对现有的交通量、轴载组成及增长规律进行调查和预估,并通过适当的方式将它们换算成当量标准轴载的累计作用次数。

1)交通量

交通量是指一定时间间隔内各类车辆通过某一道路横断面的数量。它可以通过现有的交通流量观测站的调查资料,得到该道路设计的初始年平均日交通量,也可以根据需要,临时设站进行观测。当然这种观测只是短期的,仅为若干天,而且每天也可能仅观测若干小时。对此,可利用当地长期观测所得的时间分布规律,即月分布不均匀系数、日分布不均匀系数和小时分布换算系数,将临时观测结果按相应的换算系数换算成年平均日交通量。

在路面设计中,首先需通过现场调查获得不同车辆类型的混合交通量。接着需要确定其轴型和轴载组成,将各种轴载按照等效原则换算为标准轴载,从而获得当量设计轴载累计作用次数。为进行轴载换算,交通调查内容应包括交通量及其增长率、方向系数、车道系数、车辆类型组成、轴型组成和轴重等。

对于路面结构设计,不仅要收集交通总量,还必须区分不同的车型。有的交通量观测站配置有自动化的轴载仪,可直接记录通行车辆的轴数和轴载大小,然后按轴载大小分类统计累计轴载数,这种调查称为轴载谱的调查。轴载谱调查与交通量的统计可以相互进行校核与补充。

道路路面承受的年平均日交通量是逐年增长的。要确定路面设计年限内的总交通量,还需要预估该年限内交通的发展。通常,可根据最近若干年内连续观测的交通量资料,通过整理得出交通量年增长率的变化规律。而后,利用它外延得到所需年份的平均日交通量。表1.9所列为我国25条国道1980—1989年的交通量观测资料整理出的不同年限内交通量年平均增长率γ的变化范围,可供参考。

交通量年平均增长率γ大致符合几何级数增长规律,即在设计年限内,以固定的增长百分率γ逐年增加。γ值的变化幅度很大,不同地区,不同经济条件,不同时间,γ值都是不一样的。通常在发达国家的大城市附近,由于其经济基础已具相当规模,交通量的基数较大,所以增长率γ较小。对于发展中国家、新开发的经济区,γ值一般较大,若干年之后又逐步下降,趋向稳定。

表1.9 交通量年平均增长率 γ 变化范围

单位:%

公路等级	设计年限				
	10	15	20	30	40
高速公路	5~9	4~7	4~7	3~6	2~4
一级公路	6~11	4~9	3~9	2~6	2~4
二级公路	5~12	3~8	2~6	2~4	1~3
三级公路	3~24	2~18	2~13	1~8	1~6

注:初始交通量大的取下限,反之取上限。

路面结构设计中,通过调查分析确定初始年平均日交通量 $AADT$,按式(1.6)进行计算:

$$AADT = \frac{\sum_{i=1}^{365} N_i}{365} \tag{1.6}$$

式中　$AADT$——初始年平均日交通量;

　　　N_i——每日实际交通量。

我国路面设计规范中,一般是将初始年平均日交通量 $AADT$(双向),剔除2轴4轮及以下的客、货车交通量,得到2轴6轮及以上的交通量,作为设计初期双向年平均日交通量 $AADTT$,并考虑方向系数 DDF 和车道系数 LDF,即可得到设计车道的年平均日货车交通量,如式(1.7)所列。

$$Q_1 = AADTT \times DDF \times LDF \tag{1.7}$$

式中　Q_1——设计车道的年平均日货车交通量;

　　　$AADTT$——2轴6轮及以上车辆的设计初期双向年平均日交通量;

　　　DDF——方向系数;

　　　LDF——车道系数。

方向系数可根据实测不同方向的交通量确定,一般可取0.5~0.6。对于车道系数,沥青路面按照三个水平确定,水平一为根据现场实测数据分析得到,水平二为采用当地经验值,水平三为采用规范推荐值。车道系数按表1.10选取。

表1.10 车道系数

单向车道数	1	2	≥3	≥4
高速公路	—	0.70~0.85	0.45~0.60	0.40~0.50
其他等级公路	1.00	0.50~0.75	0.50~0.75	—

根据设计车道的年平均日货车交通量,以及交通量的年增长率,就可计算出设计年限内的累计交通量。

2)轴载组成与等效换算

不同重量的轴载给路面结构带来的损伤程度是不同的。对于路面结构设计,除了设计期限的累计交通量之外,另一个重要的交通因素便是各级轴载所占的比例,即轴载组成或轴载谱。

根据实测的通过轴载次数和相应的轴重,整理得到如图 1.8 所示的直方图,作为该道路通行的各级轴载的典型轴载谱。由交通调查得到某类车辆每日通行的轴载数,乘以相应的轴载谱百分率,即可推算出所有车辆各级轴载的作用次数。

道路上行驶的汽车轴载与通行次数可以按照等效原则换算为某一标准轴载的当量通行次数,我国水泥混凝土路面设计规范和沥青路面设计规范均选用双轮组单轴轴载 100 kN 作为标准轴载。

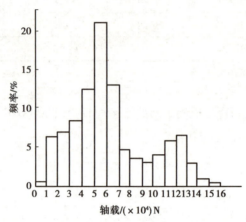

图 1.8　轴载谱

各种轴载的作用次数进行等效换算的原则是,同一种路面结构在不同轴载作用下达到相同的损伤程度。通过室内或道路现场的重复作用试验,可以建立荷载量级同达到相同程度损伤的作用次数之间的关系。依据这一关系,可以推算出不同轴载的作用次数等效换算成标准轴载当量作用次数的轴载换算系数公式(1.8)。

$$\eta_i = \frac{N_s}{N_i} = \alpha \left(\frac{P_i}{P_s} \right)^n \tag{1.8}$$

式中　η_i——i 级轴载换算为标准轴载的换算系数;

P_s——标准轴载重,kN;

N_s——标准轴载作用次数;

P_i——i 级轴载重,kN;

N_i——i 级轴载作用次数;

α——反映轴型(单轴、双轴或三轴)和轮组轮胎数(单轮或双轮)影响的系数;

n——同路面结构特性有关的系数。

沥青路面、水泥混凝土路面和半刚性路面的结构特性不同,损伤的标准也不相同,因而系数 α 和 n 取值各不相同。

3) 轮迹横向分布

车辆在道路上行驶时,车轮的轨迹总是在横断面中心线附近一定范围内左右摆动。由于轮迹的宽度远小于车道的宽度,因而总的轴载通行次数既不会集中在横断面上某一固定位置,也不可能平均分配到每一点上,而是按一定规律分布在车道横断面上,称为轮迹的横向分布。图1.9 所示为单向行驶时一个车道内的轮迹横向分布频率曲线,图 1.10 所示为混合行驶时双车道内轮迹横向分布频率曲线。

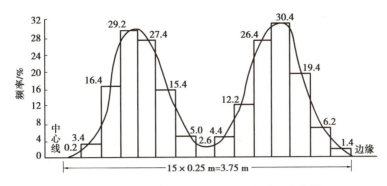

图 1.9　轮迹横向分布频率曲线(单向行驶一个车道)

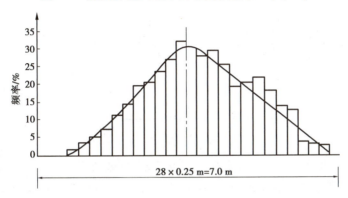

图 1.10　轮迹横向分布频率曲线(混合行驶双车道)

轴载通行次数分布频率曲线中的直方图条带宽为 25 cm,大约接近轮迹宽度,以条带上受到的车轮作用次数除以车道上受到的作用次数作为该条带的频率。由图 1.9 可知,对于单向行车的一个车道上,由于行车的渠化,频率曲线出现 2 个峰值,达到约 30%,而车道边缘处频率很低。由图 1.10 可见,混合行驶的双车道,车辆集中在双车道中央,频率曲线出现一个峰值,约为 30%,两侧边缘频率很低。

轮迹横向分布频率曲线随许多因素而变化,如交通量、交通组成、车道宽度、交通管理规则等。需分各种不同情况,通过实地调查才能确定。

在路面结构设计中,用横向分布系数 η 来反映轮迹横向分布频率的影响。通常取宽度为两个条带的宽度,即 50 cm(因为双轮组每个轮宽 20 cm,轮隙宽 10 cm)。这时的两个条带频率之和称为轮迹横向分布系数。

思考题

1.1　路基路面的性能要求主要包括哪几个方面?

1.2　为什么要特别重视路基路面工程的稳定性? 试分析不同因素是如何对路基路面工程稳定性产生影响的。

1.3　试简述路面结构层次的划分及各结构层次的功能。

1.4　结合工程实践,试分析沥青路面和水泥路面的主要特点及差别。

1.5　为什么要进行车辆类型和轴载类型的分类?

1.6　为什么要进行轴载换算? 其换算原则和方法是什么?

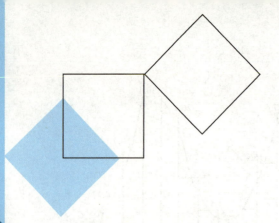

2 路基设计与施工

本章导读：

● **内容及要求**　本章主要介绍路基设计一般要求、路基力学强度特性与承载能力、路基平衡湿度、路基主要病害及防治、路基类型与构造、一般路基设计、特殊路基设计、路基边坡稳定性验算方法、路基附属设施、路基压实及路基施工等。通过本章的学习，要求熟悉和掌握路基设计的一般要求、路基的力学强度特性、路基主要病害及其防治措施、一般路基及特殊路基的设计方法、路基稳定性的验算方法、路基压实原理与压实标准、路基施工要求与施工方法等。

● **重点**　路基工作区、路基回弹模量定义及测试方法、CBR、路基平衡湿度定义及路基湿度预估方法、路基主要病害类型、不同路基类型的主要特点和设计要点、一般路基横断面设计、边坡稳定性分析方法及其适用条件、路基压实原理与控制指标、路基压实的影响因素、常用的路基施工方法等。

● **难点**　路基工作区的内涵与确定，路基土的非线性应力应变特性，路基回弹模量的确定，基质吸力确定路基土饱和度指标及路基湿度预估，简化 Bishop 法和不平衡推力法，路基边坡危险滑动面的判定，压实度的含义及确定方法等。

膨胀土治理

2.1　路基设计的一般要求

公路路基是按照路线位置和一定技术要求修筑的带状构造物，是路面的基础，承受由路面传来的行车荷载。因此路基是公路的承载主体。路基承受行车荷载作用，主要是在应力作用区，其深度一般在路基顶面以下 1.5 m 范围以内。

考虑到交通荷载的不同,在《公路路基设计规范》(JTG D30—2015)中,对路床有不同的定义,即轻、中及重交通条件下,路面底面以下 0.8 m 范围内的路基部分为路床,在结构上分为上路床(0~0.30 m)及下路床(0.30~0.80 m)两层;特重、极重交通条件下,路面底面以下 1.2 m 范围内的路基部分为路床,在结构上分为上路床(0~0.30 m)及下路床(0.30~1.20 m)两层,其强度与稳定性要求,应根据路基路面综合设计的原则确定。

为了确保路基的强度与稳定性,使路基在外界因素作用下不致产生过量的变形,在路基的整体结构中还必须包括各项附属设施,其中有路基排水、路基防护与加固,以及与路基工程直接相关的设施,如弃土堆、取土坑、护坡道、碎落台等。由于路基标高与原地面标高有差异,且各路段岩土性质的变化,各处附属设施的布置不尽相同,因此各路段的路基横断面形状差别很大。路基横断面形式的选定和各项附属设施的设计,都是路基设计的基本内容。

一般路基通常指在良好的地质与水文等条件下,填方高度和挖方深度不大的路基。通常认为一般路基可以结合当地的地形、地质情况,直接选用典型断面图或设计规定,不必进行个别论证和验算。路基设计宜避免高路堤与深路堑,当路基中心填方高度超过 20 m、土质挖方边坡高度大于 20 m 或岩石挖坡高度大于 30 m 时,宜结合路线方案与桥梁、隧道等构造物或分离式路基作方案比选。对于超过规范规定的高填、深挖路基,以及地质和水文等条件特殊的路基,为确保路基具有足够的强度与稳定性,需要进行单独的设计和验算。

路基设计应符合环境保护的要求,避免引发地质灾害,减少对生态环境的影响。进行路基设计之前,应做好全面调查研究,充分收集沿线地质、水文、地形、地貌、气象、地震等设计资料。改建公路设计时,还应收集历年路况资料及当地路基的翻浆、崩塌、水毁、沉降变形等病害的防治经验。

路基设计应根据当地自然条件和工程地质条件,选择适当的路基横断面形式和边坡坡率。河谷地段不宜侵占河床,可视具体情况设置其他结构物和防护工程。陡坡上的填挖结合路基,可根据地形、地质条件,采用护肩、砌石或挡土墙;当山坡高陡或稳定性差,不宜多挖时,可采用桥梁、悬出路台等构造物;三、四级公路的悬崖陡壁地段,当山体岩石整体性好时,可采用半山洞。

沿河路基边缘标高应满足不低于路基设计洪水频率的水位加壅水高、波浪侵袭高以及 0.5 m 的安全高度。各级公路路基设计洪水频率应符合表 2.1 的规定,并根据冲刷情况,设置必要的防护设施。沿河路基废方应妥善处理,以免造成河床堵塞、河流改道或冲毁沿线构造物、农田、房屋等不良后果。

表 2.1 路基设计洪水频率

公路等级	高速公路	一级公路	二级公路	三级公路	四级公路
路基设计洪水频率	1/100	1/100	1/50	1/25	按具体情况确定

水文及水文地质条件不良地段的路基设计最小填土高度不应小于路床处于中湿状态的临界高度;当路基设计标高受限制时,应对潮湿状态的路基进行处理,处理后的土基回弹模量应不小于设计规范规定的要求。

高速公路、一级公路高边坡路堤、陡坡路堤、挖方高边坡、滑坡、软土地区路基设计应采用动态设计法。动态设计必须以完整的施工设计图为基础,适用于路基施工阶段。应提出对施工方案的特殊要求和监测要求,应掌握施工现场的地质状况、施工情况和变形、应力监测的反馈信息,必要时对原设计作校核、修改和补充。路基工程设计提倡采用成熟的新技术、新结构、新材料和新工艺。

2.2 路基力学强度特性、承载能力与平衡湿度

2.2.1 路基受力状况

路基承受着路基自重和汽车轮重两种荷载,在路基上部靠近路面结构的一定深度范围内,路基主要承受车辆荷载的影响。正确的设计应使得路基所受的力在路基弹性限度范围内,而当车辆驶过后,路基能恢复原状,以保证路基相对稳定,路面不致引起破坏。

路基土在车轮荷载作用下产生的垂直荷载应力 σ_Z 可按式(2.1)计算,计算时假设车轮荷载为集中荷载,路基假定为弹性均质半空间体。

$$\sigma_Z = K \frac{P}{Z^2} \tag{2.1}$$

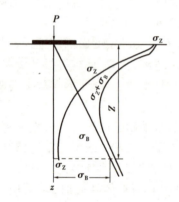

式中 P——一侧轮重荷载,取 50 kN;

K——系数,一般取 0.5;

Z——集中荷载下应力作用点的深度,m。

路基中的应力分布图如图 2.1 所示。

路基土自重在路基内深度为 Z 处所引起的垂直压应力 σ_B 按式(2.2)计算:

$$\sigma_B = \gamma Z \tag{2.2}$$

式中 γ——土的容重,kN/m³;

Z——应力作用点深度,m。

路基内任一点处的垂直应力包括由车轮荷载引起的 σ_Z 和由路基自重引起的 σ_B 的两者共同作用。

图 2.1 路基中的应力分布图

2.2.2 路基工作区

汽车荷载通过路面传递到路基的应力与路基土自重应力之比大于 0.1 的应力分布深度范围,称为路基工作区。路基工作区是路基工作区深度减去路面结构层厚度的区域,因此,路面结构和车轮荷载对工作区范围内的路基影响较大,对工作区范围以外的路基影响较小。

对于土路基(不考虑路面结构层),路基工作区深度可用式(2.3)计算。

$$Z_a = \sqrt[3]{\frac{KnP}{\gamma}} \tag{2.3}$$

式中 P——一侧车轮荷载,取 50 kN;

n——系数,取 $n = 10$;

Z_a——路基工作区深度,m;

K——系数,一般为 0.5;

γ——土的容重,kN/m^3。

　　由于路面结构和路基土不是均质体,通常路面材料的刚度和容重要比路基土大。因此,在计算时需将路面结构等效换算为和路基土相同性质材料的当量厚度,可采用式(2.4)计算(对半刚性基层沥青路面,按照经验其开方指数可取值为3.5)。

$$h_c = \sum h_i \sqrt[3.5]{\frac{E_i}{E_0}} \tag{2.4}$$

式中　h_i——沥青路面各结构层的厚度;

　　　　E_i——沥青路面各结构层模量;

　　　　E_0——路基顶面的综合模量;

　　　　h_c——当量厚度。

　　路基工作区内,路基的强度和稳定性对保证路面结构的强度和稳定性极为重要,因此应对工作区深度范围内的土质选择和路基的压实度提出较高的要求。当工作区深度大于路基填土高度时,行车荷载的作用不仅施加于路堤,而且还施加于天然地基的上部土层,因此,天然地基上部土层和路堤应同时满足工作区的要求,均应充分压实。

　　【例2.1】　已知某沥青路面结构为上面层4 cm AC-13+中面层6 cm AC-20+下面层8 cm AC-25+40 cm 水泥稳定碎石基层+20 cm 水泥稳定土底基层,路基模量为60 MPa,路基高度为3 m,试计算路基工作区深度。

　　【解】　通过查询规范,获取沥青路面结构层材料回弹模量、容重的经验值,分别利用式(2.1)及层状弹性体系程序(假定层间完全连续,采用单圆均布荷载)计算荷载应力,利用式(2.2)计算自重应力,结果如表2.2所示。

表2.2　荷载应力与自重应力计算结果

结构层	参　数			计算结果/MPa		
	厚度/cm	模量/MPa	容重/(kN·m^{-3})	自重应力	式(2.1)计算应力	层状弹性体系程序计算应力
沥青上面层	4	11 000	24.5	0.000 98	0.795 315	0.699 465
沥青中面层	6	9 000	24.3	0.002 438	0.136 206	0.596 608
沥青下面层	8	8 000	24.1	0.004 366	0.044 1876	0.406 336
水稳碎石基层	40	14 000	23.1	0.013 606	0.003 556	0.022 091
水泥土底基层	20	5 000	22.0	0.018 006	0.002 215	0.002 401
路基(0~5 cm)	5	60	16.2	0.018 816	0.002 150	0.002 281
路基(5~10 cm)	5	60	16.2	0.019 626	0.002 089	0.002 178
路基(10~14.6 cm)	4.6	60	16.2	0.020 371	0.002 035	0.002 095
路基(14.6~16.3 m)	1.7	60	16.2	0.020 647	0.002 015	0.002 067
路基(16.3~30 cm)	13.7	60	16.2	0.022 866	0.001 867	0.001 873

由表2.2可知,采用简化公式(2.1)计算的荷载应力与自重应力之比等于0.1的位置大约在路床顶面以下14.6 cm,采用层状弹性体系程序计算的荷载应力与自重应力之比等于0.1的位置大约在路床顶面以下16.3 cm。二者存在一定的差距,说明采用简化公式计算时可能存在一定的误差。另外,由于路面结构种类繁多,建议采用层状弹性体系程序计算荷载应力。

2.2.3 路基土的应力-应变特性及重复荷载影响

路基是路面结构的支承体,车轮荷载通过路面结构传至路基,所以路基土的应力-应变特性对路基路面结构的整体强度和刚度有很大影响。路面结构的损坏,除了它本身的原因之外,路基的变形过大是重要原因之一。路基土的变形包括弹性变形和塑性变形两部分。过大的塑性变形将导致沥青路面产生沉陷、网裂、车辙和纵向不平整,对于水泥混凝土路面,路基土的塑性变形将引起板块断裂。弹性变形过大将使得沥青面层和水泥混凝土面板产生疲劳开裂。在路面结构总变形中,路基的变形占很大部分,为70%~95%,因此提高路基土的抗变形能力是提高路基路面结构整体强度和刚度的重要方面。

理想的线性弹性体在一定的应力范围内,应力与应变的关系呈线性特性。而且当应力消失时,应变随之消失,恢复到初始状态。路基土的内部结构十分复杂,包括固相、液相和气相三部分。固相部分又由不同成分、不同粒径的颗粒组成。因此路基土在应力作用下呈现的变形特性同理想的线性弹性体有很大区别。

压入承载板试验是研究路基应力-应变特性最常用的一种方法。该方法适用于在现场路基表面,通过一定尺寸的刚性承载板对路基逐级加载、卸载,测出每级荷载下相应的路基回弹变形值,根据弹性力学理论,通过试验测得的回弹变形可以用式(2.5)计算路基的回弹模量 E。

$$E = \frac{pD(1-\mu^2)}{l} \tag{2.5}$$

式中　l——承载板的回弹变形,m;

　　　D——承载板的直径,m;

　　　E——路基土的回弹模量,kPa;

　　　μ——路基土的泊松比;

　　　p——承载板压强,kPa。

假如土体为理想的线性弹性体,则 E 应为常量,施加的荷载 P 与回弹变形 l 之间应呈直线关系。但是实际上 P 与 l 之间的曲线关系是非线性的,如图2.2所示。因此,路基的回弹模量 E 一般不是常数。

土体在内部应力作用下表现出的变形,从微观的角度看,是土的颗粒之间的相对移动。当移动的距离超出一定限度时,即使将应力解除,土体的颗粒已不再能恢复原位,从宏观角度看,路基将产生不可恢复的残余变形。因此,路基的应力-应变关系除了呈现非线性特性之外,还表现出弹塑性性质,如图2.3所示。

尽管路基的应力-应变关系较为复杂,但是在评定路基应力-应变状态以及设计路面时,通常仍然用模量值 E 来表征。最简单的方法是采用局部线性化的方法,即在曲线的某一个微小线段内,近似地将它视为直线,以它的斜率作为模量值。按照应力-应变曲线上应力取值方法的不同,模量有以下几种:

①初始切线模量:应力值为零时的应力-应变曲线的斜率,如图2.3中的①所示。

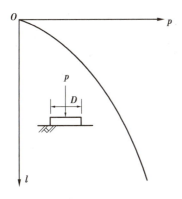

图 2.2　路基荷载-回弹变形关系图

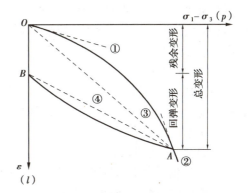

图 2.3　路基应力-应变曲线图
①—初始切线模量；②—切线模量；
③—割线模量；④—回弹模量

②切线模量：某一应力级位应力-应变曲线的斜率，如图 2.3 中的②所示，反映该级应力处应力-应变变化的精确关系。

③割线模量：以某一应力值对应的曲线上的点同起始点相连的割线的斜率，如图 2.3 中③所示，反映土基在工作应力范围内的应力-应变的平均状态。

④回弹模量：应力卸除阶段，应力-应变曲线的割线模量，如图 2.3 中④所示。

前 3 种模量中的应变值包含残余应变和回弹应变，而回弹模量则仅包含回弹应变，它部分地反映了路基土的弹性性质。

路基应力-应变的非线性特性还有另一种表示方法，即将回弹模量值以应力或应变的函数形式来表示。如根据试验结果，砂性土路基的回弹模量可以按式（2.6）计算确定：

$$E_R = K_1 \theta^{K_2} \tag{2.6}$$

式中　E_R——路基回弹模量，kPa；

θ——全应力，即三向主应力之和，$\theta = \sigma_1 + \sigma_2 + \sigma_3$，kPa；

K_1，K_2——回归系数。

对于黏性土，在一定的应力范围内，随着应力的增加，模量逐渐降低，超过一定范围后，模量又缓慢增大。典型的黏性土回弹模量与应力的函数关系如式（2.7）所示。

$$E_R = K_2 + K \left| K_1 - (\sigma_1 - \sigma_2) \right| \tag{2.7}$$

式中　E_R——路基回弹模量，kPa；

σ_1，σ_2——最大、最小主应力，kPa；

K_1，K_2——系数、回归常数，kPa；

K——系数，若 $(\sigma_1 - \sigma_2) < K_1$，则 $K = K_3$，若 $(\sigma_1 - \sigma_3) \geqslant K_1$，则 $K = K_4$；

K_3，K_4——回归常数。

路基土在车轮荷载作用下产生的应变，不仅与荷载应力的大小有关，而且与荷载作用的持续时间有关，这是由于土颗粒之间力的传递以及土粒与土粒之间的相对移动都需要一定的时间。通常在施加荷载的初期，变形量随荷载持续时间的延长而增大，以后逐渐趋向稳定，这又称为土的流变特性。试验表明，回弹应变与荷载的持续时间关系不大，土的流变特性主要同塑性应变有关。

汽车在公路上行驶，车轮对路基作用的时间很短，在这一瞬间，产生的塑性应变比静荷载长期作用下的塑性应变小得多，因此，一般情况下，路基的流变影响可以不予考虑。

　　路基承受着车轮荷载的多次重复作用。每一次荷载作用之后,回弹变形即时消失,而塑性变形不能消失,残留在路基之中。随着作用次数的增加,产生塑性变形的积累,总变形量逐渐增大。最终会导致两种不同的情况:一种情况是土体逐渐压密,土体颗粒之间进一步靠拢,每一次加载产生的塑性变形量越来越小,直至稳定,停止增长,这种情况不致形成路基的整体性剪切破坏;另一种情况是荷载的重复作用造成了土体的破坏,每一次加载作用在土体中产生了逐步发展的剪切变形,形成能引起土体整体破坏的剪裂面,最后达到破坏阶段。

　　路基在重复荷载作用下产生的塑性变形积累,最终将导致何种状况,主要取决于:

　　①土的性质(类型)和状态(含水率、密实度、结构状态);

　　②重复荷载的大小,以重复荷载同一次静载下达到的极限强度之比来表示,即相对荷载;

　　③荷载作用的性质,即重复荷载的施加速度、每次作用的持续时间以及重复作用的频率。

　　在重复应力低于临界值的范围内,总应变的累积规律在半对数(或对数)坐标上一般呈线性关系,可表示为式(2.8):

$$\varepsilon_1 = a + b \lg N \tag{2.8}$$

式中　ε_1——应力一次作用下的初始应变;

　　　a、b——应变增长回归系数;

　　　N——应力重复作用次数。

　　路基承受着车轮荷载的重复作用,为适应这一特点,可采用重复加载的三轴压缩试验来确定路基土的回弹模量值。

　　用于表征路基承载能力的指标主要有:路基回弹模量、路基土动态回弹模量、地基反应模量及加州承载比等。

2.2.4　路基回弹模量

　　以回弹模量表征路基的承载能力,可以反映路基在瞬时荷载作用下的可恢复变形性质,因而可以应用弹性理论公式描述荷载与变形之间的关系。以回弹模量作为表征路基承载能力的参数,可以在以弹性理论为基本体系的各种设计方法中得到应用。为了模拟车轮印迹的作用,通常都以圆形承载板压入路基的方法测定回弹模量。有两种承载板可以用于测定路基回弹模量,即柔性压板与刚性压板。柔性压板路基与压板之间的接触压力为常量,刚性压板下路基顶面的挠度为等值。

　　在实际测定中,通常采用刚性承载板,因其挠度易于测量,压力容易控制。试验时采用逐级加载-卸载方法,先加载待稳定后读数,然后卸载,待稳定后读数,即可得到该级荷载下的回弹变形值。然后继续施加下一级荷载,当回弹变形超过 1 mm 时停止加载,即可得到荷载-回弹变形曲线,如图 2.4 所示。

　　通常试验曲线呈非线性,在确定模量 E_0 时,可根据实际可能出现的最大荷载级位,或可能出现的最大变形范围,在曲线上选取合适的量值按式(2.9)进行计算。

$$E_0 = \frac{\pi a}{2} \cdot \frac{\sum p_i}{\sum l_i} (1 - \mu_0^2) \tag{2.9}$$

式中　p_i, l_i——各级荷载的单位压力与相对应的回弹变形值;

　　　a——承载板半径。

　　承载板的直径大小对测定结果有一定的影响,一般承载板的直径要与车轮的轮印当量圆对

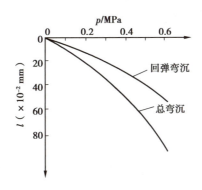

图 2.4 荷载-回弹变形曲线图

应。对于刚性路面下的路基,可以采用直径较大的承载板进行测定。

采用上述方法测得的是路基静态回弹模量。

2.2.5 路基土动态回弹模量

路基路面结构在实际交通作用下承受着行车荷载的动态重复作用,因此可以采用动态回弹模量来表征其承载能力及抗变形能力。

标准状态下,路基土及粒料的动态回弹模量应根据路基结构应力水平,采用重复加载三轴压缩试验方法获得,具体可参照《公路路基设计规范》(JTG D30—2015)中附录 A 进行。

主要试验步骤为:打开排水管阀门,连通围压供给管和三轴室,对试件施加 30.0 kPa 预载围压,并对试件施加至少 1 000 次、最大轴向应力为 66.0 kPa 的半正矢脉冲荷载。若试件总的垂直永久应变达到 5%,预载停止,应分析原因或重新制备试件。调整围压和半正矢脉冲荷载至目标设定值,以 10 Hz 的频率重复加载 100 次。试验采集最后 5 个波形的荷载及变形曲线,记录试验施加荷载、试件轴向可恢复变形。加载过程中,若试件总的垂直永久应变超过 5%,应停止试验并记录结果。

应力幅值按式(2.10)计算确定:

$$\sigma_0 = \frac{P_i}{A} \tag{2.10}$$

式中 σ_0——轴向应力幅值,MPa;

P_i——最后 5 次加载循环中轴向试验荷载的平均幅值,N;

A——试件径向横截面面积(可取试件上下端面面积均值),mm^2。

应变幅值按式(2.11)计算确定:

$$\varepsilon_0 = \frac{\Delta_i}{l_0} \tag{2.11}$$

式中 ε_0——可恢复轴向应变幅值,mm/mm;

Δ_i——最后 5 次加载循环中可恢复轴向变形的平均幅值,mm;

l_0——位移传感器的量测间距,mm。

路基土或粒料的动态回弹模量为:

$$M_R = \frac{\sigma_0}{\varepsilon_0} \tag{2.12}$$

规范规定:新建公路路基动态回弹模量设计值 E_0 可由标准状态下的路基动态回弹模量按

式(2.13)确定,并应满足式(2.14)的要求。

$$E_0 = K_s \cdot K_\eta \cdot M_R \tag{2.13}$$

$$E_0 \geqslant \left[E_0 \right] \tag{2.14}$$

式中 E_0——路基动态回弹模量设计值,MPa;

$\left[E_0 \right]$——路面结构设计的路基动态回弹模量要求值,MPa;

M_R——标准状态(最佳含水率、最大干密度)下的路基动态回弹模量值,MPa;

K_s——路基回弹模量湿度调整系数,为平衡湿度(含水率)状态下的回弹模量与标准状态下的回弹模量之比,可参照《公路路基设计规范》(JTG D30—2015)中附录 D 选取;

K_η——干湿循环或冻融循环条件下路基土模量折减系数,通过试验确定。初步设计时,非冰冻地区可根据土质类型、失水率确定,季节性冰冻区可根据冻结温度、含水率确定,折减系数可取 0.7~0.95。

受试验条件限制时,可参照《公路路基设计规范》(JTG D30—2015)中附录 B,按土组类别或粒料类型由表 B.1、表 B.2 查取路基动态回弹模量参考值。

初步设计阶段,也可参照式(2.15)、式(2.16)由路基土或粒料的 CBR 值(%)估算标准状态下路基土或粒料的回弹模量值:

$$M_R = 17.6 CBR^{0.64} \quad (2 < CBR \leqslant 12) \tag{2.15}$$

$$M_R = 22.1 CBR^{0.55} \quad (12 < CBR < 80) \tag{2.16}$$

当路基的湿度状态、回弹模量等不能满足要求时,应根据气候、土质、地下水赋存和材料等条件,采取如下处理措施:

①可采用粗粒土或低剂量无机结合料稳定土等进行换填,并合理确定换填深度。

②对细粒土可采用砂、砾石、碎石等进行掺和处治,或采用无机结合料进行稳定处治。细粒土处治设计应通过物理力学试验,确定处治材料及其掺量、处治后的路基性能指标等。

③水文地质条件不良的土质挖方路基或者潮湿状态填方路基,应采取设置排水层、毛细水隔离层、地下排水渗沟等措施。

④季节冻土地区各级公路的中湿、潮湿路段,应结合路面结构进行路基结构的防冻验算。必要时,应设置防冻层或保温层。

2.2.6 地基反应模量

用温克勒(E. Winkler)地基模型描述路基工作状态时,用地基反应模量 K 表征路基的承载力。根据温克勒地基假定,路基顶面任一点的弯沉 l,仅与作用于该点的垂直压力 p 成正比,而同其相邻点处的压力无关。符合这一假定的地基如同由许多各不相连的弹簧组成,如图 2.5 所示。压力 p 与弯沉 l 之比称为地基反应模量 K。

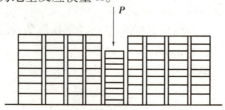

图 2.5 温克勒地基模型

温克勒地基又称为稠密液体地基。地基反应模量 K 值相当于该液体的相对密度,路面板受到的地基反力相当于液体产生的浮力。

地基反应模量 K 值用承载板试验确定。承载板的直径规定为 76 cm。测定方法与回弹模量测定方法类似,但是采取一次加载到位的方法,施加荷载的量值根据不同的工程对象,有两种方法供选用。当地基较为软弱时,用 0.127 cm 的弯沉量控制承载板的荷载,因为通常情况下混凝土路面板的弯沉不会超出这一范围。假如地基较为坚实,弯沉值难以达到 0.127 cm 时,则采用另一种控制方法,以单位压力 $p=70$ kPa 控制承载板的荷载,这也是考虑到混凝土路面下路基承受的压力通常不会超过这一范围。

承载板直径的大小对 K 值有一定影响,直径越小,K 值越大。但是由试验得知,当承载板直径大于 76 cm 时,K 值的变化很小,因此规定以直径为 76 cm 的承载板为标准。当采用直径为 30 cm 的承载板测定时,可按式(2.17)进行修正。

$$K_{76} = 0.4K_{30} \tag{2.17}$$

2.2.7　加州承载比

加州承载比(CBR,California Bearing Ratio)是表征路基土、粒料、稳定土强度的一种指标,即标准试件在贯入量为 2.54 mm 时所施加的试验荷载与标准碎石材料在相同贯入量时所施加的荷载之比值,以百分率(%)表示。

试验时,采用一个端部面积为 19.35 cm^2 的标准压头,以 0.127 cm/min 的速度压入土中,记录每贯入 0.254 cm 时的单位压力,直到压入深度达到 1.27 cm 为止。标准压力值采用高质量标准碎石由试验得到,见表2.3。

表2.3　标准压力值

贯入度/cm	0.254	0.508	0.762	1.016	1.270
标准压力/kPa	7 030	10 550	13 360	16 170	18 230

CBR 值按式(2.18)计算:

$$CBR = \frac{p}{p_s} \times 100 \tag{2.18}$$

式中　p——对应于某一贯入度的土基标准压力,kPa;

　　　p_s——相应贯入度的标准压力,kPa;

计算 CBR 值时,取贯入度为 0.254 cm,但如果贯入度为 0.254 cm 时的 CBR 值小于贯入度为 0.508 cm 时的 CBR 值,则应以后者为准。

采用 CBR 试验设备有室内试验与室外试验两种。室内用 CBR 试验装置的试件按路基施工时的含水率及压实度要求在试筒内制备,并在加载前浸泡在水中饱水 4 d。为了模拟路面结构对路基的附加压力,在浸水过程中及压入试验时,在试件顶面施加环形砝码,其质量应根据预计的路面结构重力来确定。

CBR 值野外试验方法基本上与室内试验相同,但其压入试验直接在路基顶面进行。有时,野外试验结果与室内试验结果不完全相同,这主要是由于土壤含水率不一样,室内试验时,试件处于饱水状态;野外试验时,路基处于施工时的湿度状态。所以对野外试验结果必须加以修正,换算成饱水状态的 CBR 值。

路床和路基填料最小强度要求(CBR 值)见表2.4。

表 2.4 路床、路基填料最小强度要求

填料应用部位（路面底面以下深度）/m				填料最小承载比 CBR/%			填料最大粒径/mm
				高速、一级公路	二级公路	三、四级公路	
填方路基		上路床	0～0.30	8	6	5	100
	下路床	轻、中及重交通	0.30～0.80	5	4	3	100
		特重、极重交通	0.30～1.20				
	上路堤	轻、中及重交通	0.8～1.5	4	3	3	150
		特重、极重交通	1.2-1.9				
	下路堤	轻、中及重交通	>1.5	3	2	2	150
		特重、极重交通	>1.9				
零填及挖方路基		上路床	0-0.30	8	6	5	100
	下路床	轻、中及重交通	0.30～0.80	5	4	3	100
		特重、极重交通	0.30～1.20				

注：①表中 CBR 是根据路基不同填筑部位的要求，按照《公路土工试验规程》（JTG 3430—2020）试验方法规定浸水 96h 确定的 CBR 值。
②当三、四级公路铺筑沥青混凝土和水泥混凝土路面时，应采用二级公路的规定。

2.2.8 路基水温状况及干湿类型

1)路基湿度的来源

路基的强度、稳定性很大程度上与路基湿度以及大气温度引起的路基水温状况有着密切的关系。路基在运营过程中，受到外界因素的影响，其湿度发生变化。

路基湿度的水源主要有：

①大气降水——降雨时雨水通过路面、路肩边坡和边沟渗入路基。

②地面水——边沟流水、地表径流等渗入路基。

③地下水——路基下一定范围内的地下水浸入路基。

④毛细水——路基下的地下水通过毛细作用上升到路基。

⑤水蒸气凝结水——土体空隙中流动的水蒸气，遇冷凝结成水。

⑥薄膜移动水——土体中水以薄膜的形式从含水率较高处向较低处流动，或者由温度较高处向冻结中心周围流动。

上述导致路基湿度变化的各种水源，其影响程度和当地自然气候条件、所采取的工程措施密切相关。

2)大气温度及其对路基水温状况的影响

路基湿度除水的来源以外，另一个重要因素就是受到大气温度的影响。由于湿度和温度变化对路基产生的共同影响称为路基的水温状况。沿路基深度方向出现较大的温度梯度时，水分在温差的影响下以液态或气态由热处向冷处移动，并积聚在该处。这种现象尤其在季节性冰冻

地区尤为严重。

我国的华北、东北和西北地区为季节性冰冻地区,这些地区的路基在冬季冻结过程中会在负温度坡降的情况下,出现湿度积聚现象。气温下降到零度以下时,路基内部温度也随之由上而下逐渐降低至零下。在负温度区,自由水、毛细水和弱结合水相继冻结,造成土体颗粒水膜减薄,剩余较多的自由表面能,土的吸湿能力加强,促使水分由高温处向上移动,以补充低温处失去的水分。由试验得知,在温度下降到−3 ℃以下时,土中未冻结的水分在负温差的影响下实际上已不可能向温度更低处移动,因此,负温度区的水分移动一般发生在0 ℃ ~ −3 ℃等温线之间。在正温度区内,因零度等温线附近土中自由水和毛细水的冻结,形成了与深层次土层之间的温度坡差,从而促使下面的水分向零度等温线附近移动。而这部分上移的水分便又成了负温度区水分移动的补给来源,这就造成了上层路基湿度的大量积聚。

积聚的水冻结后体积增大,使路基隆起而造成面层开裂,即冻胀现象。春暖化冻时,路面和路基结构由上而下逐渐解冻。而积聚在路基上层的水分先融解,水分难以迅速排出,造成路基上层的湿度增加,路面结构的承载能力大大降低。若是在交通繁忙的地区,经重车反复作用,路基路面结构会产生较大的变形,严重时,路基土以泥浆的形式从路面缝隙中冒出,形成翻浆。冻胀和翻浆的出现,使路面遭受严重损坏。

在季节性冰冻地区,并非所有的道路都会产生冻胀与翻浆,对于渗透性较高的砂类土以及渗透性很低的黏质土,水分都不容易积聚,因此不易发生冻胀与翻浆,而对于粉质土和极细砂,由于毛细水活动力强,则极易发生冻胀与翻浆。

3)路基土的饱和度与基质吸力

在以往的规范中,我国采用平均稠度来划分路基的干湿类型,其中稠度定义为土的含水率与其液限之差与塑限和液限之差的比值。

采用平均稠度作为路基湿度评价指标,虽然综合了土的塑性特性,包含了液限与塑限,也能反映土的软硬程度,但是对于塑性指数为零或接近于零的土组,土的平均稠度不能全面反映路基土的工作状态。同时,采用稠度指标来表征路基的湿度,一方面无法反映非黏性土的湿度状态,另一方面单以含水率表征湿度,难以正确反映其对回弹模量的影响。

因此,《公路路基设计规范》(JTG D30—2015)规定采用饱和度来表征路基土的湿度状态。土的饱和度既反映了含水率,也反映了密实度的影响。

若土粒的相对密度G_s和土的干密度γ_d已经确定,根据含水率ω,饱和度S和体积含水率ω_v之间的关系,只要测定ω、S和γ_d变量中的中任何一个值,就可得出另外两个值。如果在吸湿过程或干燥过程中土样体积没有变化或者变化较小,则采用其中任何一个变量表征土体湿度状况已经足够。但是大多数情况下,土体体积随着湿度变化而变化,这样即使含水率不变,体积含水率和饱和度都会变化,因而表征湿度时,需要考虑土体密度和含水率两个因素,而饱和度和体积含水率均包含了含水率和密度这两个参数,故可以选择饱和度和体积含水率中的任一个参数来表征土体湿度状况。

饱和度可用式(2.19)计算:

$$S = \frac{\omega_v}{1 - \frac{\gamma_d}{G_s \gamma_d}} \text{或} S = \frac{\omega}{\frac{\gamma_W}{\gamma_d} - \frac{1}{G_s}} \tag{2.19}$$

式中　S——饱和度,%;

ω——土的含水率,%;

ω_v——土的体积含水率,$\omega_v=\omega\dfrac{\gamma_d}{\gamma_w}$,%;

γ_s,γ_w——土的密度和水的密度,kg/m^3;

G_s——土的相对密度,$G_s=\dfrac{\gamma_s}{\gamma_w}$;

γ_d——土的干密度,kg/m^3;

基质吸力 h_m 定义为孔隙气压力与孔隙水压力的差值,计算如式(2.20):

$$h_m=u_a-u_w \tag{2.20}$$

式中　u_a——孔隙气压力,kPa;

u_w——孔隙水压力,kPa。

路面竣工后,路基在整个使用期内处于非饱和状态,其湿度状况主要由基质吸力决定。根据土力学理论,非饱和状态土的含水率与基质吸力的关系就是土-水特性曲线,只要知道路基土的基质吸力,就可以由土-水特性曲线(图2.6)预估路基湿度状况(饱和度)。

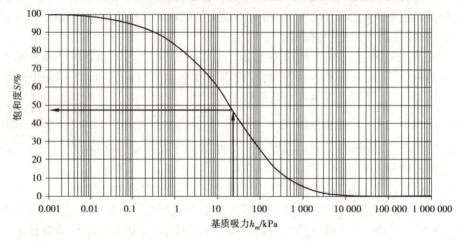

图2.6　土-水的特性曲线预估含水率

基质吸力主要受地下水、土组类型、气候等因素影响。表征气候因素的参数有降雨量、蒸发量、降雨天数、相对湿度、年均温度、日照时间及湿度指数 TMI 等;土组表征参数主要有 0.075 mm 筛的通过率 $P_{0.075}$ 和塑性指数 PI。

《公路路基设计规范》(JTG D30—2015)规定:路基平衡湿度的预估主要基于非饱和土力学的土-水特征曲线(饱和度或含水率-基质吸力关系曲线)。受地下水控制的,采用地下水位模型预估路基基质吸力;受气候因素控制的,采用湿度指数 TMI 模型预估路基基质吸力。湿度指数值包括各月降雨量及降雨天数、蒸发量、温度、典型土组参数、纬度等因素,也包含地理位置因素,从而能量化一个地区干旱或者潮湿的程度。

某年度湿度指数 TMI 由式(2.21)计算:

$$TMI=\dfrac{100R-60DF}{PE} \tag{2.21}$$

式中　R——某年度径流量,cm;

DF——某年度缺水量,cm;

PE——某年度蒸发蒸腾总量,cm。

TMI 也可查表得到,不同自然区划的 TMI 值是由全国 400 多个气象站的气象资料计算、统计和归并后得到的,如表 2.5 所列。

表 2.5　各公路自然区划的 TMI 参考值

区划	亚区		TMI 范围	区划	亚区	TMI 范围
I	I_1		$-5.0 \sim -8.1$	V	V_1	$-25.1 \sim 6.9$
	I_2		$0.5 \sim -9.7$		V_2	$0.9 \sim 30.1$
II	II_1	黑龙江	$-0.1 \sim -8.1$		V_{2a}	$39.6 \sim 43.7$
		辽宁、吉林	$8.7 \sim 35.1$		V_3	$12.0 \sim 88.3$
	II_{1a}		$-3.6 \sim -10.8$		V_{3a}	$-7.6 \sim 47.2$
	II_2		$-7.2 \sim -12.1$		V_4	$-2.6 \sim 50.9$
	II_{2a}		$-1.2 \sim -10.6$		V_5	$39.8 \sim 100.6$
	II_3		$-9.3 \sim -26.9$		V_{5a}	$24.4 \sim 39.2$
	II_4		$-10.7 \sim -22.6$	VI	VI_1	$-15.3 \sim -46.3$
	II_{4a}		$-15.5 \sim 17.3$		VI_{1a}	$-40.5 \sim -47.2$
	II_{4b}		$-7.9 \sim 9.9$		VI_2	$-39.5 \sim -59.2$
	II_5		$-1.7 \sim -15.6$		VI_3	-41.6
	II_{5a}		$-1.0 \sim -15.6$		VI_4	$-19.3 \sim -57.2$
III	III_1		$-21.2 \sim -25.7$		VI_{4a}	$-34.5 \sim -37.1$
	III_{1a}		$-12.6 \sim -29.1$		VI_{4b}	$-2.6 \sim -37.2$
	III_2		$-9.7 \sim -17.5$	VII	VII_1	$-3.1 \sim -56.3$
	III_{2a}		-19.6		VII_2	$-49.4 \sim -58.1$
	III_3		$-19.1 \sim -26.1$		VII_3	$-22.5 \sim 82.8$
	III_4		$-10.8 \sim -24.1$		VII_4	$-5.1 \sim -5.7$
IV	IV_1		$21.8 \sim 25.1$		VII_5	$-20.3 \sim 91.4$
	IV_{1a}		23.2		VII_{6a}	$-10.6 \sim -25.8$
	IV_2		$-6.0 \sim 34.8$			
	IV_3		$34.3 \sim 40.4$			
	IV_4		$32.0 \sim 67.9$			
	IV_5		$45.2 \sim 89.3$			
	IV_6		$27.0 \sim 64.7$			
	IV_{6a}		$41.2 \sim 97.4$			
	IV_7		$16.0 \sim 69.3$			
	IV_{7b}		$-5.4 \sim -23.0$			

路基土的基质吸力预估模型如式(2.22)所示。

$$\begin{cases} h_m = y \cdot \gamma_w & \text{地下水位控制的基质吸力预估模型} \\ h_m = \alpha \left\{ e^{[\beta/(TMI+\gamma)]} + \delta \right\} & \text{气候因素控制的基质吸力预估模型} \end{cases} \quad (2.22)$$

式中 y——计算点与地下水位之间的距离,cm;

γ_w——水的密度,kg/m^3;

TMI——湿度指数;

$\alpha,\beta,\gamma,\delta$——回归参数,与 $PI_w = P_{0.075} \times PI$ 有关,$P_{0.075}$ 为 0.075 mm 筛的通过率,PI 为塑性指数(表2.6)。

表2.6 路基土的基质吸力预估模型回归参数

PI_w	α	β	γ	δ
0	0.300	419.07	133.45	15.0
0.5	0.300	521.50	137.30	16.0
5	0.300	663.50	142.50	17.5
10	0.300	801.00	147.60	25.0
20	0.300	975.00	152.50	32.0
50	0.300	1 171.20	157.50	27.8

利用预估的路基土基质吸力结合土-水特性曲线,就可以预估路基土饱和度。

4)毛细水上升高度

毛细水上升的最大高度与毛细管的直径成反比,不同类型的土由于其颗粒组成的差异,形成的毛细孔径也有较大差别,因而毛细水上升的最大高度与土的类型有密切关系。

毛细水在不同土质条件下的上升高度可采用海森公式进行估算,如式(2.23)所示。

$$h_0 = \frac{C}{ed_{10}} \quad (2.23)$$

式中 h_0——毛细水上升高度,m;

e——土的孔隙比;

d_{10}——土的有效粒径,m;

C——系数,与土的颗粒形状及表面洁净情况有关,一般取 $1 \times 10^{-5} \sim 5 \times 10^{-5}$,$m^2$。

由于影响毛细水上升高度的因素复杂,用于计算的土质物理参数往往不准确,由经验公式计算得到的毛细水上升高度与现场实测结果有时相差较大。因此不少学者根据现场测试或室内试验的结果,对于不同类型的土质,分别给出了相应的毛细水上升高度推荐值(表2.7)。

表2.7 不同土质毛细水上升高度推荐值

土组名称	颗粒粒径 d_{10}/mm	孔隙比 e	毛细水/cm	
			上升高度	饱和毛细水头
粗砾	0.82	0.27	5 ~ 10	6
砂砾	0.20	0.45	10 ~ 50	20

土组名称	颗粒粒径 d_{10}/mm	孔隙比 e	毛细水/cm	
			上升高度	饱和毛细水头
细粒质砾	0.30	0.29	20 ~ 80	20
粉质土砾	0.06	0.45	50 ~ 150	68
粗砂	0.11	0.27	60 ~ 160	60
中砂	0.03	0.36	80 ~ 200	112
细粒土质砂	0.02	0.48 ~ 0.66	100 ~ 250	120
粉质土	0.006	0.93 ~ 0.95	200 ~ 400	180
黏质土	0.002	0.94 ~ 0.96	300 ~ 800	190

5)路基平衡湿度状况及预估方法

路基湿度状况受大气降水和蒸发、地下水、温度和路面结构及其透水程度等多种因素的影响。大量观测资料表明,在路面完工后的 2 ~ 3 年内,路基的湿度变化逐渐趋近于某种平衡湿度状态。

根据《公路路基设计规范》(JTG D30—2015),路基平衡湿度状况可依据路基的湿度来源分为潮湿、中湿、干燥三类。

①潮湿类路基:地下水或地表长期积水的水位高,路基工作区均处于地下水毛细润湿影响范围内,路基平衡湿度由地下水或地表长期积水的水位升降控制。

②干燥类路基:地下水位很低,路基工作区处于地下水毛细润湿面之上,路基平衡湿度由气候因素控制。

③中湿类路基:其湿度兼受地下水和气候因素影响,路基工作区被地下水毛细润湿面分为上、下两部分,下部受地下水毛细润湿的影响,上部则受气候因素影响,如图 2.7 所示。

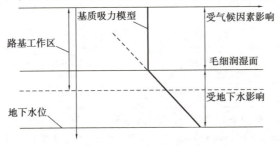

图 2.7　中湿类路基的湿度状况

路基设计时根据路基工作区深度 Z_a、路床顶面至地下水位的相对高度 h、地下水位高度 h_w、毛细水上升高度 h_0 及路基填土高度 h_t 的关系确定湿度状况类型,如图 2.8 所示。

潮湿类路基的平衡湿度(饱和度)可根据路基土组类别及地下水高度,按表 2.8 确定距地下水位不同高度处的饱和度。

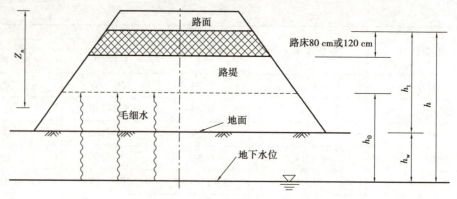

图2.8　路基湿度划分示意图

h_t—路堤填土高度,$h_t \geq 0$ 时为路堤,$h_t < 0$ 为路堑;h_w—地下水位高度;

h_0—毛细水上升高度;h—路基相对高度;Z_a—路基工作区深度

表2.8　各路基土组距地下水位处的饱和度

单位:%

土 组	计算点距地下水位或地表长期积水水位的距离/m						
	0.3	1.0	1.5	2.0	2.5	3.0	4.0
粉土质砾 CM	69～84	55～69	50～65	49～62	45～59	43～57	—
黏土质砾 GC	79～96	64～83	60～79	56～75	54～73	52～71	—
砂 S	80～95	50～70	—	—	—	—	—
粉土质砂 SM	79～93	64～77	60～72	56～68	54～66	52～64	—
黏土质砂 SC	90～99	77～87	72～83	68～80	66～78	64～76	—
低液限粉土 ML	94～100	80～90	76～86	73～83	71～81	69～80	—
低液限黏土 CL	93～100	80～93	76～90	73～88	70～86	68～85	66～83
高液限粉土 MH	100	90～95	86～92	83～90	81～89	80～87	—
高液限黏土 CH	100	93～97	90～93	88～91	86～90	85～89	83～87

注:①对于砂(含级配好的砂 SW、级配差的砂 SP),D_{60} 大时,平衡湿度取低值,D_{60} 小时,平衡湿度取高值。

②对于其他含细粒的土组,通过 0.075 mm 筛的颗粒含量高和塑性指数大时,取低值,反之,取高值。

干燥类路基的平衡湿度(饱和度)可根据路基所在的自然区划的湿度指标 TMI 和路基土组类别确定。即先根据表2.5查取相应的 TMI 值,再根据路基所在地区的 TMI 值和路基土组类别,通过表2.9插值计算得到该地区的路基饱和度。

表 2.9　各路基土组在不同 TMI 值时的饱和度

单位:%

土　组	TMI					
	−50	−30	−10	10	30	50
砂	S20 ~ 50	25 ~ 55	27 ~ 60	30 ~ 65	32 ~ 67	35 ~ 70
粉土质砂 SM	45 ~ 48	62 ~ 68	73 ~ 80	80 ~ 86	84 ~ 89	87 ~ 90
黏土质砂 SC						
低液限粉土 ML	41 ~ 46	59 ~ 64	75 ~ 77	84 ~ 86	91 ~ 92	92 ~ 93
低液限黏土 CL	39 ~ 41	57 ~ 64	75 ~ 76	86	91	92 ~ 94
高液限粉土 MH	41 ~ 42	61 ~ 62	76 ~ 79	85 ~ 88	90 ~ 92	92 ~ 95
高液限黏土 CH	39 ~ 51	58 ~ 69	85 ~ 74	86 ~ 92	91 ~ 95	94 ~ 97

　　中湿类路基的平衡湿度(饱和度)可参照图 2.7,先分路基工作区上部和下部,分别确定其平衡湿度,再以厚度加权平均计算路基的平衡湿度。其中,毛细湿润面以上的路基工作区为路基工作区上部,按照土组类别和 TMI 值确定其平衡湿度。毛细湿润面以下的路基工作区称为路基工作区下部,按土组类别和距地下水位高度分别确定毛细湿润面最上部及路基工作区最下部各自的平衡湿度,取其平均值作为路基工作区下部的平衡湿度。

2.3　路基的主要病害及防治

2.3.1　路基主要病害

　　路基在自然因素及荷载的作用下,将产生不断累积的变形,变形发展到一定程度将导致路基病害的发生,甚至会使路基产生破坏而丧失使用功能。路基病害的形状多种多样,原因错综复杂,其中导致路基产生病害的自然因素有:

　　①地理,如沿线的地形、地貌、海拔高度、植被等。

　　②地质,如沿线土的种类、成因、含水率、有机质及可溶性盐的含量等。

　　③气候,如该地区的气温、降雨量、降雪、温度、冰冻深度等。

　　④水文,包括河道的洪水位、常水位、河岸的冲刷和淤积情况、沿线地表水的排泄条件,有无积水等。

　　⑤水文地质,如地下水位、地下水移动的规律、有无泉水、层间水,以及各种水的流量等。

　　常见的路基病害现象有:路基沉陷,路基边坡破坏(滑坡或滑塌),剥落、碎落和崩塌,路基沿山坡滑动,以及因不良的地质水文条件造成的路基破坏等。

　　(1)路基沉陷

　　路基下沉导致断面尺寸改变的现象称为路基沉陷,主要包括三种情况:路基均匀沉陷、路基不均匀沉陷和土基沉陷。其中,路基均匀沉陷是指路基表面在垂直方向产生的沉落,一般沉降量不大,如图 2.9(a)所示。路基不均匀沉陷是由于路基填料选择不当或填筑方法不合理或压实度不足,在路基堤身内部形成过湿的夹层等因素,在荷载和水温综合作用下引起的变形,如图2.9(b)所示。土基沉陷是指路基下部天然地基承载能力不足、在路基自重的作用下引起下陷或向两侧挤出,如图2.9(c)所示。

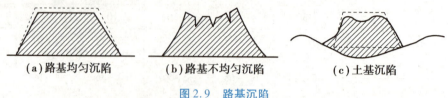

(a)路基均匀沉陷　　　(b)路基不均匀沉陷　　　(c)土基沉陷

图2.9　路基沉陷

(2)路基边坡破坏(滑坡或滑塌)

滑坡是指一部分土体在重力作用下沿某一滑动面滑动,主要是由于土体的稳定性不足所引起的。图2.10(a)所示为路堤滑坡,图2.10(b)所示为路堑滑坡。

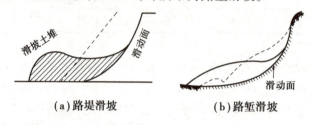

(a)路堤滑坡　　　　　(b)路堑滑坡

图2.10　路基边坡破坏(滑坡)

路堤滑坡产生原因是边坡坡度过陡,或坡脚被冲刷淘空,或填土层次安排不当。路堑滑坡产生原因是边坡高度和坡度与天然岩土层次的性质不相适应。黏性土层和蓄水的砂石层交替分层,特别是有倾向于路堑方向的斜坡层理存在。

(3)剥落、碎落和崩塌

剥落是指边坡表面由于胀缩导致的零星剥落现象,常见于填土不均匀土层或松软岩层。

碎落是指路堑边坡风化岩层表面在大气温度与湿度的交替作用以及雨水冲刷和动力作用下,表面岩土从坡面上剥落下来。其主要危害是碎落材料的堆积会堵塞边沟和侵占部分路基,如图2.11(a)所示。

崩塌是指大的石块或土块脱离原有岩体或土体而沿边坡滚落,其明显特征是无固定滑动面,如图2.11(b)所示。

(4)路基沿山坡滑动

较陡的山坡路基,若路基底部被雨水浸湿形成滑动面,而坡脚未设支撑或支撑不足,则路基将在自重和行车荷载作用下沿倾斜的原地面向下滑动,如图2.11(c)所示。

(5)不良的地质水文条件造成的路基破坏

不良的地质水文条件,如巨型滑坡、泥石流、地震、特大暴雨等,都可以导致路基的大规模毁坏。在公路勘测中,要求尽可能避开这些地区或采取相应的技术措施,保证公路的正常使用。

2.3.2　路基病害防治

路基病害防治必须针对其成因进行分析,为提高路基的稳定性,防止各种病害的发生,主要有以下途径:

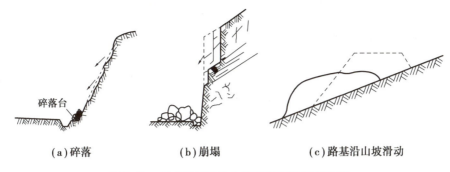

（a）碎落　　　　　　（b）崩塌　　　　　　（c）路基沿山坡滑动

图2.11　不良的地质水文条件造成的路基破坏

①正确设计路基横断面。

②选择良好的路基用土填筑路基，必要时对路基上层填土作稳定处理。

③采取正确的填筑方法，充分压实路基，保证达到规定的压实度。

④适当提高路基，防止水分从侧面渗入或从地下水位上升进入路基工作区范围。

⑤正确进行排水设计（包括地面排水、地下排水、路面结构排水以及地基的特殊排水）。

⑥必要时设置隔离层隔绝毛细水上升，设置隔温层减少路基冰冻深度和水分累积，设置砂垫层以疏干土基。

⑦采取边坡加固、修筑挡土结构物、土体加筋等防护技术措施，以提高其整体稳定性。

其中，路基病害处治的关键在于限制水分侵入路基，或使已侵入路基的水分得以迅速排除，保持路基干燥，从而提高路基的整体强度与稳定性。

2.4　路基类型与构造

通常，根据公路路线设计确定的路基标高与天然地面标高是不同的，路基设计标高低于天然地面标高时，需进行挖掘；路基设计标高高于天然地面标高时，需进行填筑。由于填挖情况的不同，路基横断面的典型形式可归纳为路堤、路堑和填挖结合三种类型。

2.4.1　路堤

路堤是指高于原地面的填方路基。按路堤的填土高度不同，路堤可划分为低路堤、高路堤和一般路堤。填土高度小于路基工作区的属于低路堤；填土边坡高度大于20 m的路堤属于高路堤；填土高度介于低路堤与高路堤之间的为一般路堤。随其所处的条件和加固类型的不同，还有浸水路堤、护脚路堤及挖沟填筑路堤等形式。路堤常见的几种横断面形式如图2.12所示。

低路堤常在平坦地区取土困难时选用。平坦地区地势低，水文条件较差，易受地面水和地下水的影响，设计时应注意满足最小填土高度的要求，力求不低于规定的临界高度，使路基处于干燥或中湿状态。路基两侧均应设边沟。低路堤的高度通常接近或小于路基工作区的深度，除填方路堤本身要求满足规定的施工要求外，天然地面也应按规定进行压实，达到规定的压实度，必要时进行换土或加固处理，以保证路基路面的强度和稳定性。

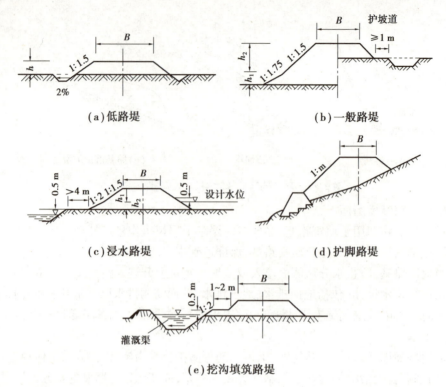

图 2.12　路堤常见的几种横断面形式

填方高度不大,h = 2 ~ 3 m 时,填方数量较少,全部或部分填方可以在路基两侧设置取土坑,使之与排水沟渠结合。为保护填方坡脚不受流水侵害,保证边坡稳定,可在坡脚与沟渠之间预留 1 ~ 2 m,甚至大于 4 m 宽度的护坡道。地面横坡较陡时,为防止填方路堤沿山坡向下滑动,应将天然地面挖成台阶,或设置石砌护脚。

高路堤的填方数量大,占地多,为使路基稳定和横断面经济合理,需进行单独设计和验算。高路堤和浸水路堤的边坡可采用上陡下缓的折线形式或台阶形式,如在边坡中部设置护坡道。为防止水流侵蚀和冲刷坡面,高路堤和浸水路堤的边坡需采取适当的坡面防护和加固措施,如铺草皮、砌石等。

2.4.2　路堑

路堑是指低于原地面的挖方路基。按开挖深度的不同,可分为深路堑和一般路堑,其中深路堑是指土质挖方边坡高度大于 20 m 或石质挖方边坡高度大于 30 m 的路堑。路堑的常见横断面形式(图 2.13)有全挖路基、台口式路基及半山洞路基。挖方边坡可视高度和岩土层情况设置成直线或折线。挖方边坡的坡脚处设置边沟,以汇集和排除路基范围内的地表径流。路堑的上方应设置截水沟,以拦截和排除流向路基的地表径流。边坡坡面易风化时,在坡脚处设置不宜小于 1.0 m 的碎落台,坡面可采用防护措施。

设置台阶式边坡时,边坡中部应设置边坡平台,宽度不宜小于 2 m。

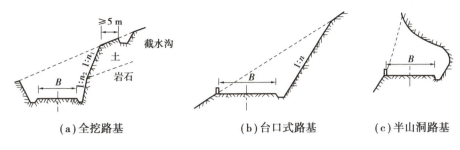

(a) 全挖路基　　　　　　(b) 台口式路基　　　　　　(c) 半山洞路基

图 2.13　路堑常见的几种横断面形式

　　挖方路基处土层地下水文状况不良时,可能导致路面的破坏,所以对挖方路堑以下的天然地基,要人工压实至规定的压实程度,必要时还应翻挖,重新分层填筑、换土或进行加固处理,加铺隔离层或设置必要的排水设施。

2.4.3　填挖结合路基

　　位于山坡上的路基,通常取路中心的标高接近原地面标高,以便减少土石方数量,保持土石方数量横向平衡,形成填挖结合路基。若处理得当,路基稳定可靠,是比较经济的断面形式。

　　填挖结合路基兼有路堤和路堑两者的特点,上述对路堤和路堑的要求均应满足。填方部分的局部路段,如遇原地面的短缺口,可采用砌石护肩。如果填方量较大,也可就近利用废石方,砌筑护坡或护墙,石砌护坡和护墙相当于简易挡土墙,承受一定的侧向压力。有时填方部分需要设置路肩(或路堤)挡土墙,确保路基稳定,进一步压缩用地宽度,如石砌护肩、护坡与护墙及挡土墙等。如果填方部分悬空,而纵向又有适当的基岩时,则可以沿路基纵向建成半山桥路基。

　　上述几类典型路基横断面形式(图 2.14)各具特点,分别在一定条件下使用。由于地形、地质、水文等自然条件差异性很大,且路基位置、横断面尺寸及要求等,亦应服从于路线、路面及沿线结构物的要求,所以路基横断面类型的选择必须因地制宜,综合设计。

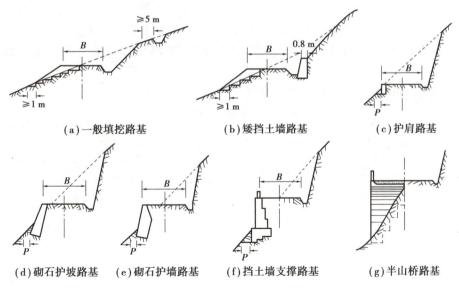

(a) 一般填挖路基　　　　(b) 矮挡土墙路基　　　　(c) 护肩路基

(d) 砌石护坡路基　　(e) 砌石护墙路基　　(f) 挡土墙支撑路基　　(g) 半山桥路基

图 2.14　填挖结合路基常见的几种横断面形式

2.5　一般路基设计

在做好工程地质勘察工作、查明水文地质和工程地质条件、获取设计所需要的岩土物理力学参数的基础上,在工程地质和水文地质条件良好的地段修筑的一般路基设计包括以下内容:

①选择路基断面形式,确定路基宽度与路基高度。

②选择路堤填料与压实标准。

③确定边坡形状与坡率。

④路基排水系统布置和排水结构设计。

⑤坡面防护与加固设计。

⑥附属设施设计。

2.5.1　路基宽度

公路路基宽度为车道宽度及路肩宽度之和。当设有中间带、加(减)速车道、爬坡车道、紧急停车带、超车道、错车道、慢车道、侧分隔带、非机动车道、人行道时,应计入这些部分的宽度。

根据《公路工程技术标准》(JTG B01—2014),车道宽度应符合表 2.10 的要求。

表 2.10　车道宽度

设计速度/(km·h⁻¹)	120	100	80	60	40	30	20
车道宽度/m	3.75	3.75	3.75	3.50	3.50	3.25	3.00

高速公路、一级公路各路段的车道数应根据设计交通量、设计通行能力确定,当车道数为双车道以上时,应按双数增加,而且其整体式断面必须设置中间带。中间带由两条左侧路缘带和中央分隔带组成。其中,对高速公路和作为干线的一级公路,中央分隔带宽度应根据公路项目中央分隔带功能确定,作为集散的一级公路,中央分隔带的宽度应根据中间隔离设施的宽度确定。

左侧路缘带宽度不应小于表 2.11 的规定。

表 2.11　左侧路缘带宽度

设计速度/(km·h⁻¹)	120	100	80	60
左侧路缘带宽度/m	0.75	0.75	0.50	0.50

路肩宽度应符合表 2.12 的要求。

表 2.12　路肩宽度

公路等级(功能)		高速公路			一级公路(干线功能)	
设计速度/(km·h⁻¹)		120	100	80	100	80
右侧硬路肩宽度/m	一般值	3.00 (2.50)	3.00 (2.50)	3.00 (2.50)	3.00 (2.50)	3.00 (2.50)
	最小值	1.50	1.50	1.50	—	—
土路肩宽度/m	一般值	0.75	0.75	0.75	0.75	0.75
	最小值	0.75	0.75	0.75	0.75	0.75
公路等级(功能)		一级公路(集散功能)和 二级公路		三级公路、四级公路		
设计速度/(km·h⁻¹)		80	60	40	30	20
右侧硬路肩宽度/m	一般值	1.50	0.75	—		
	最小值	0.75	0.25			
土路肩宽度/m	一般值	0.75	0.75	0.75	0.50	0.25(双车道) 0.50(单车道)
	最小值	0.50	0.50			

注:①在正常情况下,应采用一般值;在爬坡车道、变速车道及超车道路段,受地形、地物等条件限制路段及多车道公路特大桥,可论证采用最小值。

②高速公路和作为干线的一级公路以通行小客车为主时,右侧硬路肩宽度可采用括号内数值。

高速公路、一级公路应在右侧硬路肩宽度内设右侧路缘带,其宽度为 0.50 m。高速公路、一级公路采用分离式断面时,应设置左侧硬路肩,其宽度应符合表 2.13 的要求。左侧硬路肩宽度包含左侧路缘带宽度。

表 2.13　分离式断面高速公路、一级公路左侧路肩宽度

设计速度/(km·h⁻¹)	120	100	80	60
左侧硬路肩宽度/m	1.25	1.00	0.75	0.75
左侧土路肩宽度/m	0.75	0.75	0.75	0.50

八车道以上的高速公路宜设置左侧硬路肩,其宽度应不小于 2.50 m。左侧硬路肩宽度内含左侧路缘带宽度。高速公路、作为干线的一级公路的右侧硬路肩宽度小于 2.50 m 时,应设置紧急停车带。紧急停车带宽度应为 3.50 m,有效长度不应小于 40 m,间距不宜大于 500 m;互通式立体交叉、服务区、停车区、公共汽车停靠站、管理设施等的出入口处,高速和一级公路应设置加(减)速车道,二级公路应设置过渡段。高速公路、一级公路及二级公路的连续上坡路段,当通行能力、运行安全受到影响时,应设置爬坡车道。爬坡车道宽度应不小于 3.50 m。在连续长陡下坡路段,危及运行安全处应设置避险车道。

二级公路货车比例较高时,可根据需要局部设置超车道,其宽度根据相应路段的车道宽度确定。二级公路慢行车辆较多时,可根据需要采用加宽硬路肩的方式设置慢车道,并应增加必

要的交通安全设施,加强交通组织管理。

四级公路采用单车道时,应设置错车道。设置错车道路段的路基宽度应不小于双车道的路基宽度。

2.5.2　路基高度

路基高度是指路堤的填筑高度和路堑的开挖深度,是路基设计标高和地面标高之差。由于原地面沿横断面方向往往不是水平的,因此在路基宽度范围内的两侧高差常有差别。路基高度是指路基中心线处设计标高与原地面标高之差,而路基两侧边坡的高度是指填方坡脚或挖方坡顶与路基边缘的相对高差,所以路基高度有中心高度与边坡高度之分。

路基的填挖高度,是在路线纵断面设计时,综合考虑路线纵坡要求、路基稳定性和工程经济等因素确定的。从路基的强度和稳定性要求出发,路基上部土层应处于干燥或中湿状态,路基高度应根据临界高度并结合公路沿线具体条件和排水及防护措施确定路堤的最小填土高度。

现行规范规定将路基边坡高度值作为划分高低深浅的依据。通常将路基填土边坡高度大于 20 m 的路堤视为高路堤,将土质挖方边坡高度大于 20 m 或岩石挖方边坡高度大于 30 m 的称为深路堑。

高路堤和深路堑的土石方数量大,占地多,施工困难,边坡稳定性差,行车不利,应尽量避免使用,不得已一定要用时,应视为独立工点进行单独设计和验算。

路基高度设计,应使路肩边缘高出路基两侧地面积水高度,同时考虑地下水、毛细水和冰冻的作用,不使其影响路基的强度和稳定性。沿河及受水浸淹的路基边缘标高,应不低于规定设计洪水频率的计算水位加壅水高、波浪侵袭高和 0.5 m 的安全高度。各级公路路基设计洪水频率应符合表 2.1 的要求。

为保证路基稳定,应尽量满足路基临界高度的要求,若路基高度低于按地下水位或地面积水位计算的临界高度,可视为低路堤。低路堤通常处于行车荷载应力作用区范围内,同时经受着地面和地下水不利水温状况影响。有时为了增强路基路面的综合强度与稳定性,需要采取措施加强路面结构或增设地下排水设施。究竟如何合理确定路基的高度,需要进行综合比较后才可择优取用。通常需要满足如下要求:

①满足公路等级所对应的路基设计洪水频率及其设计洪水位要求;

②路堤高度不宜小于中湿状态路基临界高度;

③季节冻土地区,路堤高度不宜小于当地路基冻深。

路堤的合理高度宜按照式(2.24)计算确定:

$$H_{OP} = \max\{(h_{sw}-h_0)+h_w+h_{bw}+\Delta h, h_I+h_p, h_{wd}+h_p, h_f+h_p\} \qquad (2.24)$$

式中　H_{OP}——路堤合理高度,m;

　　　h_{sw}——设计洪水位,m;

　　　h_0——地面高程,m;

　　　h_w——波浪侵袭高度,m;

　　　h_{bw}——壅水高度,m;

　　　Δh——安全高度,m;

　　　h_I——中湿状态路基临界高度,m;

h_p——路面厚度,m;

h_{wd}——路基工作区深度,m;

h_f——季节冻土地区道路冻结深度,m。

2.5.3　路基边坡坡率

路基边坡坡率对路基稳定十分重要,确定路基边坡坡率是路基设计的重要任务。公路路基的边坡坡率,可用边坡高度 H 与边坡宽度 b 之比值表示,并取 $H=1$,如图 2.15 所示。

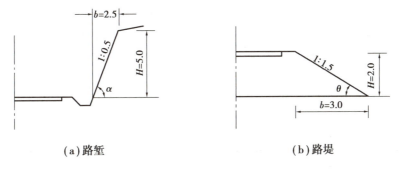

(a)路堑　　　　　　　　　　　　　　(b)路堤

图 2.15　路基边坡坡率示意图

$H:b=1:0.5$(路堑边坡)或 $1:1.5$(路堤边坡),通常用 $1:n$(路堑)或 $1:m$(路堤)表示其坡率,称为边坡坡率。

路基边坡坡率的大小,取决于边坡的土质、岩石的性质及水文地质条件等自然因素和边坡的高度。在陡坡或填挖较大的路段,边坡坡率不仅影响到土石方工程量和施工的难易,而且是路基整体稳定性的关键。因此,确定边坡坡率对于路基的稳定性和工程的经济合理性至关重要。一般路基的边坡坡率可根据多年工程实践经验和设计规范推荐的数值采用。

路堤边坡坡率和形式应根据填料的物理力学性质、边坡高度和工程地质条件确定。

(1)路堤边坡

当地质条件良好、边坡高度不大于 20 m 时,其边坡坡率不宜陡于表 2.14 的规定值。

表 2.14　路堤边坡坡率

填料类别	边坡坡率	
	上部高度($H \leqslant 8$ m)	下部高度($H \leqslant 12$ m)
细粒土	1:1.5	1:1.75
粗粒土	1:1.5	1:1.75
巨粒土	1:1.3	1:1.5

对边坡高度超过 20 m 的路堤,边坡形式宜采用阶梯形,边坡坡率应由稳定性分析计算确定,并应进行单独工点设计。

浸水路堤在设计水位以下的边坡坡率不宜陡于 $1:1.75$,若在设计水位以下,视填料情况可采用 $1:1.75 \sim 1:20$,在常水位以下部分可采用 $1:2.0 \sim 1:3.0$。

对于地基表层处理,应符合如下要求:

①稳定的斜坡上,地面横坡缓于1∶5时,清除地表草皮、腐殖土后,可直接填筑路堤。

②地面横坡为1∶5~1∶2.5时,原地面应挖台阶,台阶宽度不应小于2 m。当基岩面上的覆盖层较薄时,宜先清除覆盖层再挖台阶;当覆盖层较厚且稳定时,可予保留。

③地面横坡陡于1∶2.5地段的陡坡路堤,必须验算路堤整体沿基底及基底下软弱层滑动的稳定性,抗滑稳定系数应满足要求,否则应采取改善基底条件或设置支挡结构物等防滑措施。

(2)路堑边坡

路堑是从天然地层中开挖出来的路基结构物,设计路堑边坡时,首先应从地貌和地质构造上判断其整体稳定性。在遇到工程地质或水文地质条件不良的地层时,应尽量使路线避绕它;而对于稳定的地层,则应考虑开挖后,是否会由于减少支承,坡面风化加剧而引起失稳。

影响路堑稳定的因素较为复杂,除了路堑深度和坡体土石的性质之外,还和地质构造特征、岩石风化和破碎程度、土层成因类型、地面水和地下水的影响、坡面的朝向及当地的气候条件等有关,在边坡设计时需综合考虑。

土质路堑边坡高度不大于20m时,边坡的坡率可参照表2.15选用,土的密实程度的划分见表2.16。

表2.15　土质挖方边坡坡率表

土的类别		边坡坡率
黏土、粉质黏土、塑性指数大于3的粉土		1∶1
中密以上的中砂、粗砂、砂砾		1∶1.5
卵石土、碎石土、圆砾土、角砾土	胶结和密实	1∶0.75
	中密	1∶1

表2.16　土的密实程度划分

分　级	试坑开挖情况
较松	铁锹很容易进入土中,试坑坑壁容易坍塌
中密	天然坡面不易陡立,试坑坑壁有掉块现象,部分需用镐开挖
密实	试坑坑壁稳定,开挖困难,土块用手使力才能破碎,从坑壁取出大颗粒处保持凹面形状
胶结	细粒土密实度很高,粗颗粒之间呈弱胶结,试坑用镐开挖很困难,天然坡面可以陡立

岩质路堑边坡形式及坡率应根据工程地质与水文地质条件、边坡高度、排水防护措施、施工方法等,结合自然稳定边坡和人工边坡的调查综合确定,必要时可采用稳定分析方法予以验算。

岩石路堑边坡高度不大于30 m时,无外倾软弱结构面的边坡按《公路路基设计规范》(JTG D30—2015)附录E确定岩体类型,边坡坡率可按表2.17确定。

表 2.17 岩质路堑边坡坡率

边坡岩体类型	风化程度	边坡坡率	
		$H<15\ \text{m}$	$15\ \text{m}\leqslant H<30\ \text{m}$
I 类	未风化、微风化	1:0.1~1:0.3	1:0.1~1:0.3
	弱风化	1:0.1~1:0.3	1:0.3~1:0.5
II 类	未风化、微风化	1:0.1~1:0.3	1:0.3~1:0.5
	弱风化	1:0.3~1:0.5	1:0.5~1:0.75
III 类	未风化、微风化	1:0.3~1:0.5	—
	弱风化	1:0.5~1:0.75	—
IV 类	弱风化	1:0.5~1:1	—
	强风化	1:0.75~1:1	—

注:①有可靠的资料和经验时,可不受本表限制;
②IV类强风化包括各类风化程度的极软岩。

对有外倾软弱结构面的岩质边坡、坡顶边缘附近有较大荷载的边坡、边坡高度超过表 2.17 范围的边坡,边坡坡率应按有关规定通过稳定性分析计算确定。

当挖方边坡较高时,可根据不同的土质、岩石性质和稳定要求开挖成折线式或台阶式边坡,边沟外侧应设置碎落台,其宽度不宜小于 1.0 m;台阶式边坡中部应设置边坡平台,其宽度不宜小于2m。同时在边坡坡顶、坡面、坡脚和边坡中部平台应设置排水系统。

2.6 特殊路基设计

《公路路基设计规范》(JTG D30—2015)规定:高路堤、深路堑、陡坡路堤(地面斜坡陡于 1:2.5)及不良地质、特殊岩土路段等特殊路基,应作为独立工点进行勘察设计。

高路堤和陡坡路堤的地基勘察应符合《公路工程地质勘察规范》(JTG C20—2011)的要求,查明地基土的土质类别、层位、厚度、分布特征和物理力学性质、地下水埋深及分布特征,以确定地基承载力。

对于深路堑和不良地质路段的工程勘探,宜采用钻探、坑(井、槽)探与物探相结合的综合方法,必要时可辅以硐探,并应查明下列内容:地形地貌特征;岩土体类型、成因、性状、风化程度、完整程度、分层厚度;岩土体天然和饱水状态下物理力学性质(如容重 γ,强度参数 c、φ 等);主要结构面(特别是软弱结构面)特征、组合关系、力学属性及其与临空面的关系;气象、水文和水文地质条件;不良地质现象及范围、性质和分布规律;坡顶邻近建筑物的荷载、结构、基础形式、埋深及稳定状态;地表径流形态及其对边坡的影响。

对于高填方路基与陡坡路堤稳定性分析,其强度参数应根据填料来源与场地情况选择有代表性的土样,根据分析工况的需要进行室内试验,并结合现场情况确定,其中:

①路基填土强度参数 c、φ 值,可采用直剪快剪或三轴不排水剪试验获得。不同工况下试样制备要求见表 2.18。当路基填料为粗粒土或填石料时,应采用大型三轴试验仪或大型直剪试验仪进行试验。

②地基土的强度参数 c、φ 值,宜采用直剪的固结快剪或三轴剪的固结不排水剪试验获得。

③分析高填方路基沿斜坡地基或软弱层带滑动的稳定性时,应结合场地条件,选择控制性层面的土层试验获得强度参数 c、φ 值,可采用直剪快剪或三轴剪的不固结不排水剪试验获得。当存在地下水影响时,应采用饱水试件进行试验。

表 2.18　路堤填土强度参数试验试样制备要求

分析工况	试样要求	适用范围
正常工况	采用填筑含水率和填筑密度。当难以获得填筑含水率和填筑密度时,或进行初步稳定分析时,密度采用要求达到的密度,含水率采用击实曲线上要求密度对应的较大含水率	用于新建路堤
	取路基原状土	用于已建路堤
非正常工况 I	同正常工况试件要求,但要预先饱和	用于降雨入渗影响范围内的填土
非正常工况 II	同正常工况试件要求	—

对于深路堑边坡,边坡岩土体的力学参数应按照下列方法确定:岩体和结构面抗剪强度指标宜根据现场原位试验确定,试验应符合现行《工程岩体试验方法标准》(GB/T 50266)的规定。当无条件进行试验时,可采用现行《工程岩体分级标准》(GB/T 50218)及表 2.19 和反算分析等方法综合确定。

表 2.19　结构面抗剪强度指标标准值

结构面类型		结构面结合程度	内摩擦角 φ/(°)	黏聚力 c/MPa
硬性结构面	1	结合好	>35	>0.13
	2	结合一般	35~27	0.13~0.09
	3	结合差	27~18	0.09~0.05
软弱结构面	4	结合很差	18~12	0.05~0.02
	5	结合极差(泥化层)	根据地区经验确定	

注:①表中数值已考虑结构面的时间效应。
②极软岩、软岩取表中低值。
③岩体结构面连通性差时,取表中的高值。
④岩体结构面浸水时取表中的低值。

岩体结合面的结合程度参照表 2.20 确定。

表 2.20　结合面的结合程度

结合程度	结构面特征
结合好	张开度小于 1 mm,胶结良好,无充填;张开度 1~3 mm,硅质或铁质胶结
结合一般	张开度 1~3 mm,钙质胶结;张开度大于 3 mm,表面粗糙,钙质胶结
结合差	张开度 1~3 mm,表面平直,无胶结;张开度大于 3 m,岩屑充填或岩屑夹泥质充填
结合很差、结合极差(泥化层)	表面平直光滑,无胶结;泥质充填或泥夹岩屑充填,充填物序度大于起伏度;分布连续的泥化夹层;未胶结的或强风化的小型断层破碎带

岩体内摩擦角可由岩块内摩擦角标准值按岩体裂隙发育程度与表 2.21 所列的折减系数的乘积确定。

表 2.21　边坡岩体内摩擦角折减系数

边坡岩体特性	内摩擦角的折减系数	边坡岩体特性	内摩擦角的折减系数
裂隙不发育	0.90 ~ 0.95	裂隙发育	0.80 ~ 0.85
裂隙较发育	0.85 ~ 0.90	碎裂结构	0.75 ~ 0.80

土体的力学参数宜采用原位剪切试验、原状土样室内剪切试验及反算分析等方法综合确定。

土质边坡按水土合算原则计算时,地下水位以下的土宜采用三轴试验土的自重固结不排水抗剪强度指标;按水土分算原则计算时,地下水位以下的土宜采用土的有效抗剪强度指标。

高路堤与陡坡路堤、路堑边坡及滑坡的稳定安全系数要求见表 2.22—表 2.24。

表 2.22　高填方路基与陡坡路堤稳定安全系数

分析内容	地基强度指标	分析工况	安全系数	
			二级及以上公路	三、四级公路
路堤的堤身稳定性、路堤和地基的整体稳定性	采用直剪的固结快剪或三轴剪的固结不排水剪指标	正常工况	1.45	1.35
		非正常工况 I	1.35	1.25
		非正常工况 II	1.30	1.20
	采用快剪指标	正常工况	1.35	1.30
		非正常工况 I	1.25	1.15
		非正常工况 II	1.20	1.10
路堤沿斜坡地基或软弱层滑动的稳定性	—	正常工况	1.30	1.25
		非正常工况 I	1.20	1.15
		非正常工况 II	1.15	1.05

表 2.23　路堑边坡稳定安全系数

分析工况	路堑边坡稳定安全系数	
	高速、一级公路	二级及以下公路
正常工况	1.20 ~ 1.30	1.15 ~ 1.25
非正常工况 I	1.10 ~ 1.20	1.05 ~ 1.15

表 2.24　滑坡边坡稳定安全系数

公路等级	滑坡稳定安全系数	
	正常工况	非正常工况 I
高速公路、一级公路	1.20 ~ 1.30	1.10 ~ 1.20

续表

公路等级	滑坡稳定安全系数	
	正常工况	非正常工况 I
二级公路	1.15 ~ 1.20	1.10 ~ 1.15
三、四级公路	1.10 ~ 1.15	1.05 ~ 1.10

注:①滑坡地质条件复杂或危害程度严重时,稳定安全系数可取大值;地质条件简单或危害程度较轻时,稳定安全系数可取小值。
　　②滑坡影响区域内有重要建筑物(桥梁、隧道、高压输电塔、油气管道等)、村庄和学校时,稳定安全系数可取大值。
　　③水库区域公路滑坡防治,周期性库水位升降变化频繁、高水位与低水位间落差大时,稳定安全系数可取大值。
　　④临时工程或抢险应急工程,滑坡防治工程设计按照正常工况考虑,稳定安全系数可取 1.0 s。

表 2.22—表 2.24 中,正常工况是指路基投入运营后经常发生或持续时间较长的工况(路堤),或边坡处于天然状态下的工况(路堑);非正常工况 I 是指处于暴雨或连续降雨下的工况;非正常工况 II 是指处于地震等荷载作用状态下的工况。

2.6.1　路基稳定性验算方法

岩土质路基边坡的稳定是土力学与岩体力学的重要研究课题,长期以来各国已经提出多种计算原理与方法。计算技术的发展为边坡稳定计算开辟了新的途径。

土坡稳定性分析的方法按失稳土体的滑动面特征,大体可归纳为直线、曲折和折线三大类,而且均以土的抗剪强度为理论基础,按力的极限平衡原理建立相应的计算式。

岩石路堑边坡的稳定性很大程度上取决于岩石产状与结构,边坡失稳岩体的滑动面主要是地质构造上的软弱面。边坡稳定分析应首先进行定性分析,确定失稳岩体的范围和软弱面(滑动面),然后进行定量力学计算。

路基边坡稳定性的分析计算方法,还可以分成工程地质类比法、力学分析法和图解分析法。工程地质法属于实践经验的对比,力学分析法是数解方法,对于某些比较复杂的数解方法,也可运用图解加以简化。任何一种方法,都带有某种针对性和局限性,为了便于工程上实际运用,采取某些假定条件,将主要因素加以简化,次要因素忽略不计,因此现有的各种方法均属于近似解。合理地选定岩土计算参数,如黏结力、内摩擦角及单位体积重力等,比选择何种计算方法更为重要,因此在路基设计前要加强地质勘察测试工作。

路基边坡稳定的力学计算,其基本方法是分析失稳滑动体沿滑动面的下滑力 T 与抗滑力 R,按静力极限平衡原理,取两者之比值为稳定系数 K,即

$$K = \frac{R}{T} \qquad (2.25)$$

式中　T——滑动体沿滑动面上的下滑力;
　　　　R——滑动体沿滑动面上的抗滑力。

$K = 1$ 时,表示下滑力与抗滑力相等,边坡处于极限平衡状态;$K < 1$ 时,边坡不稳定;$K > 1$ 时,边坡稳定。考虑一些意外因素,为安全可靠起见,工程上一般规定采用 $K \geqslant 1.15 \sim 1.45$ 作为路基边坡稳定的界限值。

行车荷载是边坡稳定的主要作用力之一,计算时将其换算成相当于路基岩土层厚度,计入滑动体的重力中。换算时可按荷载的最不利布置条件,取单位长度路段,如图2.16所示。

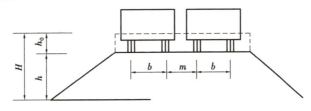

图2.16　计算荷载换算示意图

行车荷载换算高度按式(2.26)确定:

$$h_0 = \frac{NQ}{BL\gamma} \tag{2.26}$$

式中　h_0——行车荷载换算高度,m;

　　　L——前后轮最大轴距,《公路工程技术标准》(JTG B01—2014)规定,对于标准车辆荷载,取12.8 m;

　　　Q——车的重力(标准车辆荷载为550 kN);

　　　N——并列车辆数;

　　　γ——路基填料的容重,kN/m³;

　　　B——荷载横向分布宽度,表示如下:

$$B = Nb + (N-1)m + d$$

其中　b——后轮轮距,取1.8 m;

　　　m——相邻两辆车后轮的中心间距,取1.3 m;

　　　d——轮胎着地宽度,取0.6 m。

行车荷载对较高路基边坡的稳定性影响较小,高度换算后,可以近似分布于路基全宽上,以简化滑动体的重力计算。采用近似方法(如图解或表解等)计算时,亦可以不计算荷载。

边坡稳定性验算方法,考虑到边坡类型及可能的破坏形式,可按下列方法确定:

①规模较大的碎裂结构岩质边坡和土质边坡,宜采用简化 Bishop 法计算。

②对可能产生直线形破坏的边坡,宜采用平面滑动面解析法进行计算。

③对可能产生折线形破坏的边坡,宜采用不平衡推力法计算。

④对结构复杂的岩质边坡,可配合采用赤平投影法和实体比例投影法分析及楔形滑动面法进行计算。

⑤当边坡破坏机制复杂时,宜结合数值分析方法进行分析。

2.6.2　直线滑动面验算法

砂类土路基边坡渗水性强、黏性差,边坡稳定主要靠其内摩擦力,失稳土体的滑动面近似呈直线形态。原地面为近似直线的陡坡路堤,如果接触面的摩擦力不足,整个路堤也可能沿原地面呈直线形态下滑。直线滑动面验算法包括试算法和解析法。

如图2.17所示,假定 AD 为直线滑动面,并通过坡脚点 A,土质均匀,取单位长度路段,不计纵向滑移时土基的作用力,则可简化成平面问题求解。

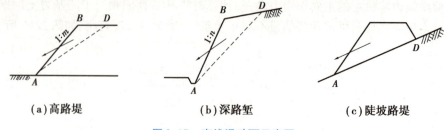

(a)高路堤   (b)深路堑   (c)陡坡路堤

图 2.17 直线滑动面示意图

假设:

①不考虑滑动土体本身内应力的分布(滑动土体为刚体);

②认为平衡状态只在滑动面上达到,滑动时土体呈整体下滑;

③极限滑动面位置要通过试算确定。

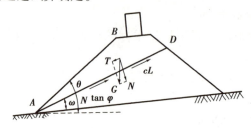

图 2.18 直线滑动面上的力学示意图

该方法的缺点是不能分析下滑体中的真实内力和反力,不能得到其中的应力和变形。

根据静力平衡原理,可得式(2.27):

$$K=\frac{N \tan \varphi+cL}{T}=\frac{G \cos \omega \tan \varphi+cL}{G \sin \omega} \tag{2.27}$$

式中　N——沿破裂面的法向分力,kN;

　　　　T——沿破裂面的下滑力,kN;

　　　　G——土楔重量及路基顶面换算土柱的荷载之和,kN;

　　　　ω——破裂面对于水平面的倾斜角(°);

　　　　φ——路堤土体的内摩擦角(°);

　　　　c——路堤土体的单位黏聚力,kPa;

　　　　L——破裂面 AD 的长度,m。

由于砂类土的黏聚力 c 很小,若取 $c=0$,则上式为:$K=\dfrac{\tan \varphi}{\tan \omega}$。

由此可知,K 是 ω 的函数,选择 4~5 个滑动面计算 K,得到 $K_{\min}$ 及相应的极限破裂角 ω_0,当 $K_{\min}$ 满足要求时,则路基边坡稳定,否则需重新进行断面设计和验算。

2.6.3 曲线滑动面验算法

一般来说,土均具有一定的黏结力,因此边坡滑动面多数呈现曲面,通常假定为圆弧滑动面。圆弧滑动面的边坡稳定计算方法很多,如瑞典法(条分法)、Bishop 法、Spencer 法、Janbu 法及 Morgenstern-Price 法等。这些方法的主要区别在于,计算时对于土条及其之间作用力的假定不同,在实际工程中可以根据不同行业的要求选用合适的验算方法。

理想的圆弧滑动面并不完全符合实际情况,因此也有运用复合曲线的计算方法,如对数曲线、对数螺旋线及组合曲线等。由于计算繁杂,多数应用有限单元法和计算机完成分析计算工作。

本节主要介绍条分法及简化 Bishop 法。

(1)条分法

条分法是圆弧滑动面稳定性计算方法中具有代表性的方法。该方法的基本原理是静力平衡。同样假定土质均匀,不计滑动面以外的土体位移所产生的作用力,计算时取单位长度,将滑动体划分为若干土条,分别计算各土条对于滑动圆心的滑动力矩 M_{oi} 和抗滑力矩 M_{yi},取两力矩之比值为稳定系数 K,据以判别边坡是否稳定。此时 K 值为:

$$K = \frac{\sum M_{yi}}{\sum M_{oi}} \tag{2.28}$$

式中　M_{oi}——各土条对滑动圆心的滑动力矩;

　　　M_{yi}——各土条对滑动圆心的抗滑力矩。

条分法可以使计算结果较为精确。稳定系数最小值 K_{min} 是通过多道圆弧曲面试算而得,计算工作量较大,所以分条也不宜过多。条分法要求作图准确,尽量减少量取尺寸的误差。

图 2.19 为圆弧滑动面的计算图式,首先确定圆心 O 和半径 OA。一般情况下,圆心的位置是在圆心辅助线 EF 的延长线上移动,E 点和 F 点的位置可用以下的 4.5H 法确定。

图 2.19 中,边坡计算高度 $H=h_1+h_0$,由 A 点作垂直线,取深度为 H 确定 G 点,由 G 点作水平线,取距离为 4.5H 确定 E 点,即 4.5H 法。F 点位置由角度 β_1 和 β_2 的边线相交而定,其中 β_1 以 AB' 平均边坡线为准,β_2 以 B' 点的水平线为准,如果不计荷载,则 $h_0=0$,B' 由 B 代替。β_1 和 β_2 取决于路基的边坡率,见表 2.25。

表 2.25　辅助线的作图角值表

边坡坡率	边坡角	β_1	β_2
1:0.5	60°00′	29°	40°
1:1	45°00′	28°	37°
1:1.5	30°40′	26°	35°
1:2	26°34′	25°	35°
1:3	18°26′	25°	35°
1:4	14°03′	25°	36°
1:5	11°19′	25°	37°

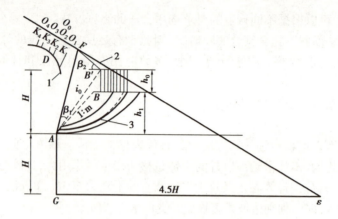

图 2.19   4.5H 法确定圆心位置图式

1—K 值曲线；2—圆心辅助线；3—最危险滑动面

大量计算证明，如果路基边坡为单斜线，坡顶为水平，当 $\varphi = 0$ 时，最危险滑动面的圆心就在 EF 线上。当 $\varphi > 0$ 时，圆心在辅助线上向左上方向移动，φ 值越大，OF 间距越大。通常取 4~5 点为圆心，分别求 K 值，并绘制 K 值曲线，据此解得 $K_{\min}$ 值及相应的圆心 O_0。

圆心辅助线亦可用 36° 线法绘制，如图 2.20 所示。36° 线法比较简便，但计算结果误差较大，可在试算中使用。

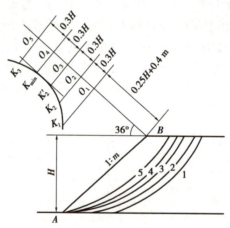

图 2.20   36° 线法确定圆心位置图式

图 2.19 将滑动体分成若干土条，分条计算作用力和力矩，采用下式计算稳定系数 K 值。

$$K = \frac{f \cdot \sum N_i + cL}{\sum T_i} \qquad (2.29)$$

式中 N_i——各土条的法向分力，$N_i = Q_i \cos \alpha_i$；

T_i——各土条的切向分力，$T_i = Q_i \sin \alpha_i$，有正负之分；

α_i——各土条重心与圆心连接线对竖轴 y 的夹角，由于水平间距 x_i 与半径 R 而定，$\alpha_i = \arcsin \dfrac{x_i}{R}$，$y$ 轴之右侧取正值，左侧取负值；

L——滑动面圆弧 AD 全长，$L = \sum L_i = \dfrac{\pi}{180} \cdot R\alpha_0$；

α_0——圆心角，$\alpha_0 = \arcsin\dfrac{x_a}{R} + \arcsin\dfrac{x_d}{R}$。

式(2.29)中半径 R 已经消去，分母为代数和，条分法计算宜列表进行。各土条的法向分力 N_i 和切向分力 T_i 可绘制曲线，如图 2.21、图 2.22 所示。

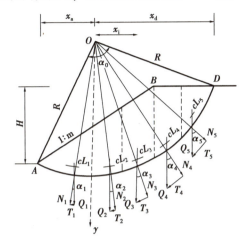

图 2.21　条分法计算式

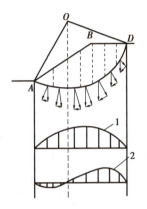

图 2.22　条分法分力曲线示意图

1—法向力曲线；2—切向力曲线

（2）简化 Bishop 法

条分法是进行路基边坡稳定性验算分析的经典方法，其缺点是计算精度不高。《公路路基设计规范》(JTG D30—2015)对其进行了改进，推荐采用简化 Bishop 法。主要区别在于其安全系数采用了传统的抗剪强度指标折减的定义，将安全系数隐于抗剪强度指标和传递系数中。同时，该方法具有足够的精度且可以满足工程需要。

采用简化 Bishop 方法时，路堤堤身稳定性、路堤和地基的整体稳定性的稳定安全系数计算式为式(2.30)，计算图示如图 2.23 所示。

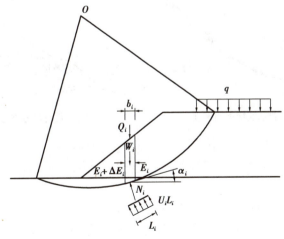

图 2.23　路堤堤身稳定性、路堤和地基的整体稳定性计算图示

$$F_s = \frac{\sum \left[c_i b_i + (W_i + Q_i) \tan \varphi_i \right]/m_{\alpha i}}{\sum (W_i + Q_i) \sin \alpha_i}$$

(2.30)

式中　F_s——路堤稳定系数;

　　　b_i——第 i 个土条宽度,m;

　　　α_i——第 i 个土条底滑面的倾角;

　　　c_i,φ_i——第 i 个土条滑弧所在土层的黏结力和内摩擦角,依滑弧所在位置,取对应土层的黏结力和内摩擦角;

　　　$m_{\alpha i}$——系数,按式(2.31)计算,式中各符号的意义同前;

$$m_{\alpha i} = \cos \alpha_i + \frac{\sin \alpha_i \tan \varphi_i}{F_s}$$

(2.31)

　　　W_i——第 i 个土条重力,kN;

　　　Q_i——第 i 个土条垂直方向外力,kN。

由此可知,计算时需要采用试算迭代的方法进行。

对包含多级边坡的路堤边坡坡率取值,可采用各级边坡坡率的平均值作为综合坡率,也可采用坡脚与坡顶的连线作为综合坡率。

2.6.4　斜坡地基或软弱层上路堤稳定性分析

1)剩余下滑力法

陡坡路堤是指原地面横坡大于 1:2.5 的路堤。陡坡路堤应同时满足路堤边坡稳定性和沿着原地面滑动的稳定性要求。

陡坡路堤滑动形式主要为路堤沿着基底接触面滑动和路堤连同基底下山坡覆盖层沿着某一软弱面滑动两种,如图 2.24 所示。

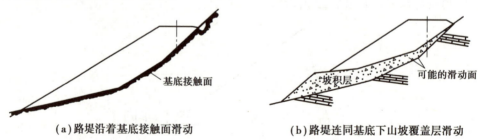

(a)路堤沿着基底接触面滑动　　　　　　(b)路堤连同基底下山坡覆盖层滑动

图 2.24　陡坡路堤滑动形式

滑动原因主要是原地面横坡较陡、基底土层软弱或强度不均匀以及地面水和地下水的影响。

对于滑动面强度指标的确定,包括以下两种情况:

①基底开挖台阶时:c 和 φ 应选择填土和基底土中较小的一组,并按滑动面受水浸湿程度予以降低。

②基底不设台阶时:考虑到水的渗流影响,c 可忽略不计,基底摩擦系数 $f = \tan \varphi$ 一般为 0.25~0.60。

首先应根据基底形状和土质情况判断滑动位置和形状。滑动面形状一般有直线形和折线形两种,相应的稳定性验算方法采用直线法和折线法。

(1)直线法

当基底为单一坡面(图2.25),土体沿直线滑动面整体下滑时,可用直线滑动面法进行分析。稳定系数按式(2.32)计算:

$$E=(Q+P)\sin \alpha-\frac{1}{K}[(Q+P)\cos \alpha \tan \varphi+cL] \qquad (2.32)$$

上式也可以改写为以下形式:

$$K=\frac{(Q+P)\cos \alpha \tan \varphi+cL}{(Q+P)\sin \alpha} \qquad (2.33)$$

式中 E——剩余下滑力,kN。$E>0$,路堤不稳定;$E\leqslant 0$,路堤稳定。

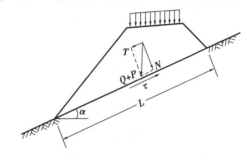

图2.25 斜坡地基或软弱层上路堤稳定性计算图示

(2)折线法

当滑动面为多个坡度的折线倾斜面时(图2.26),可将滑动面上土体按折线段划分为若干条块,自上而下分别计算各土体的剩余下滑力,根据最后一块的剩余下滑力的数值判断路堤的整体稳定性。

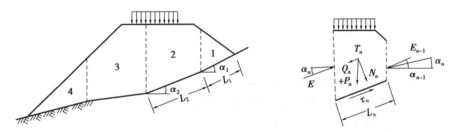

图2.26 斜坡地基或软弱层上路堤稳定性计算图示

稳定分析过程如下:

$$E_i=W_i\sin \alpha_i-\frac{1}{K}(W_i\cos \alpha_i \tan \varphi_i+c_iL_i) \qquad (2.34)$$

$$E_n=[P_n\sin \alpha_n+E_{n-1}\cos(\alpha_{n-1}-\alpha_n)]-\frac{1}{K}\{[(P_n)\cos \alpha_n+E_{n-1}\sin(\alpha_{n-1}-\alpha_n)]\tan \varphi_n+c_nL\} \qquad (2.35)$$

注意:

①若算得第 n 块土体的 $E_n\leqslant 0$,则 E_n 不应列入下一土块的计算,即令 $E_n=0$。

②E_n 平行于各相应土块的滑动面。最后一块土体的下滑力大于零时,则认为路堤不稳定;

否则,认为路堤是稳定的。

2)不平衡推力法

剩余下滑力法是旧版规范推荐的验算方法,《公路路基设计规范》(JTG D30—2015)推荐采用不平衡推力法,和简化 Bishop 法类似,其安全系数也采用了传统的抗剪强度指标折减的定义,将安全系数隐于抗剪强度指标和传递系数中。

路堤沿斜坡地基或软弱层带滑动的稳定系数 F_s 按式(2.36)和式(2.37)计算,如图2.27所示。

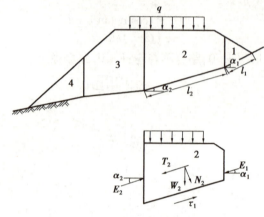

图2.27　路堤沿斜坡地基或软弱层带滑动稳定性计算图示

$$E_i = W_{Q_i}\sin\alpha_i - \frac{1}{F_s}\left[c_i l_i + W_{Q_i}\cos\alpha_i\tan\varphi_i\right] + E_{i-1}\psi_{i-1} \qquad (2.36)$$

$$\psi_{i-1} = \cos(\alpha_{i-1}-\alpha_i) - \frac{\tan\varphi_i}{F_s}\sin(\alpha_{i-1}-\alpha_i) \qquad (2.37)$$

式中　W_{Qi}——第 i 个土条的重力与外加竖向荷载之和;

α_i——第 i 个土条底滑面的倾角;

c_i、φ_i——第 i 个土条底的黏结力和内摩擦角;

l_i——第 i 个土条底滑面的长度;

α_{i-1}——第 i-1 个土条底滑面的倾角;

E_{i-1}——第 i-1 个土条传递给第 i 个土条的下滑力。

其余符号及其意义同前。

用式(2.36)和式(2.37)逐条计算,直到第 n 条的剩余推力为零,由此确定稳定系数 F_s。

3)传递系数法

当路堑边坡土层与基岩间存在软弱层时,滑坡地段的稳定性验算采用传递系数法,计算过程见式(2.38)和式(2.39)。

$$E_i = F_s W_{Q_i}\sin\alpha_i + \psi_i E_{i-1} - W_{Q_i}\cos\alpha_i\tan\varphi_i - c_i L_i \qquad (2.38)$$

$$\psi_i = \cos(\alpha_{i-1}-\alpha_i) - \sin(\alpha_{i-1}-\alpha_i)\tan\varphi_i \qquad (2.39)$$

式中　W_{Qi}——第 i 个滑块的自重力;

α_i——第 i 个滑块滑面的倾角;

α_{i-1}——第 i-1 个滑块滑面的倾角;

c_i, φ_i——第 i 个滑块的黏结力和内摩擦角；

l_i——第 i 个滑块滑面的长度；

E_{i-1}——第 $i-1$ 个滑块的剩余下滑力；

ψ_i——传递系数；

F_S——稳定安全系数。

计算时，当 $E_i < 0$ 时，应取 $E_i = 0$。当滑坡体最后一个条块的剩余下滑力小于或等于 0 时，滑坡稳定；当 E_i 大于 0 时，滑坡不稳定。

2.6.5　浸水路堤稳定性验算

浸水路堤除承受自重和行车荷载作用外，还受到水浮力和渗透动水压力的作用。水的浮力取决于浸水深度，渗透动水压力则视水的落差（坡降）而定。

水位变化对路堤的影响如图 2.28、图 2.29 所示。其中，对路基边坡不利的为水流向外，如果落水迅猛，渗透流速高，坡降大，则易带出路堤内的细土粒，动水压力使边坡失稳。

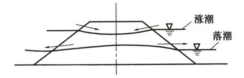

图 2.28　双侧渗水路堤水位变化示意图

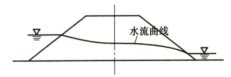

图 2.29　单侧浸水路堤水位变化示意图

浸水路堤的边坡稳定性计算，通常亦假定滑动面为圆弧，最危险的滑动面通过坡脚，圆心位置的确定与条分法相似。稳定性计算方法有多种，常用方法有假想摩擦角法、悬浮法和条分法。

（1）假想摩擦角法

此法基本点是适当改变填料的内摩擦角，利用非浸水时的常用方法，进行浸水时的路堤稳定性计算。

由库伦定律，滑动土体的总强度为：

$$S = Q \tan \varphi + cL \qquad (2.40)$$

路堤浸水时，土基的抗剪强度有所降低，表示为 S_B，其中部分原因是浮力作用下重力减轻，Q 降为 Q_B，假想相当于 φ 减小为 φ_B。此时如果其他条件不变，浸水后的土基总强度有两种数值相等的表示方法，即 $Q_B \cdot \tan \varphi + cL = Q \cdot \tan \varphi_B + cL$，得：

$$\tan \varphi_B = \frac{Q_B}{Q} \tan \varphi \qquad (2.41)$$

同一滑动体浸水前后的重力之比，实际上就相当于干容重与湿容重之比，所以：

$$\tan \varphi_B = \frac{\gamma_B}{\gamma} \tan \varphi \qquad (2.42)$$

以 φ_B 代替 φ 值，代入有关圆弧滑动面的稳定性计算式，即可求得稳定系数。此法适用于全浸水路堤，是一种简易方法，可供粗略估算参考。

（2）悬浮法

此法基本点是假想用水的浮力作用，间接抵消动水压力对边坡的影响，即在计算抗滑力矩时，用降低后的内摩擦角 φ' 反映浮力的影响（抗滑力矩相应减小），而在计算滑动力矩时，不考虑浮力作用,滑动力矩没有减小,用以抵偿动水压力的不利影响。

图 2.30 中,未浸水时的作用力:

$$Q = \gamma F = \gamma (F_1 + F_2) \tag{2.43}$$

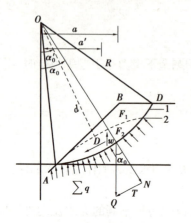

$$\left.\begin{array}{l} N = Q \cdot \cos \alpha_0 \\ T = Q \cdot \sin \alpha_0 \\ \alpha = \arcsin \dfrac{a}{R} \end{array}\right\} \tag{2.44}$$

路堤浸水后的附加作用力:

浮力:

$$\sum q = W = F_2 \cdot \gamma_0 \tag{2.45}$$

水重的法向力:

$$N' = W \cdot \cos \alpha_0', \quad \alpha' = \arcsin \frac{a'}{R} \tag{2.46}$$

浸水后抗滑力矩 M_y,由两者组成:

浸水前:

$$M_{y1} = (Q \cdot \cos \alpha_0 \tan \varphi + cL) R \tag{2.47}$$

图 2.30 悬浮法计算图式
1—滑动面;2—降水曲线

浸水后附加:

$$M_{y2} = -(W \cdot \cos \alpha_0' \tan \varphi + c'L) R \tag{2.48}$$

水的浮力作用向上,M_{y2} 取负值,近似取 φ,c 及 α_0 不变,所以:

$$M_y = [(Q-W) \cos \alpha_0 \tan \varphi + cL] R \tag{2.49}$$

对于滑动力矩 M_0:

浸水前:

$$M_{01} = (F_1 + F_2) \gamma a \tag{2.50}$$

浸水后附加浮力作用和动水压力作用,前者为负值:

$$M_{02} = D \cdot d - F_2 \cdot \gamma_0 a \tag{2.51}$$

为简化计算,本法取 $M_{02} = 0$,即假想相互抵消,则:

$$K = \frac{M_y}{M_{01}} = \frac{[(Q-W) \cos \alpha_0 \tan \varphi + cL] R}{(F_1 + F_2) \gamma \cdot a} \tag{2.52}$$

式中 M_{01} 即 $Q \cdot \cos \alpha_0 R$,因此本式与式(2.29)仅仅是在 M_y 的 Q 中扣除水重 W 而已。此法亦较粗略,适用于方案比较时估算参考。

(3)条分法

该法的基本原理和计算步骤与非浸水时的条分法相同,但需要将土条分成浸水与干燥两部分,直接计入浸水后的浮力和动水压力作用。这样显然比上述两法更符合实际条件,当需要比较精确的计算时,可采用此法。

2.6.6 路基边坡抗震稳定性分析

地震会导致软弱地基沉陷、液化,挡土墙等结构物破坏,还会造成路基边坡失稳。路基边坡遭受震害的程度,除了地震烈度之外,主要取决于岩土的稳定状况,其中包括岩土的结构与组成等,同时还与路基的形式与强度有关,其中包括路基的高度、边坡坡率及土基的压实程度等。

《公路工程抗震规范》(JTG B02—2013)规定,应根据工程所在地的地震动峰值加速度进行路基的抗震稳定性验算,需进行验算的情况如表2.26所示。峰值加速度根据《中国地震动参数区划图》(GB 18306—2015)确定,如表2.27所示。

表2.26 路基抗震稳定性验算范围

项 目			基本地震动峰值加速度			
			高速公路、一级公路、二级公路			三、四级公路
			$0.10g(0.15g)$	$0.20g(0.30g)$	$\geq 0.40g$	$\geq 0.40g$
岩石、非液化土及非软土地基上的路堤	非浸水	用岩块及细粒土(粉性土、有机质土除外筑填)	不验算	$H>20$ m 验算	$H>15$ m 验算	$H>20$ m 验算
		用粗粒土(极细砂、细砂除外)填筑	不验算	$H>12$ m 验算	$H>6$ m 验算	$H>12$ m 验算
	浸水	用渗水性土填筑	不验算	$H_w>3$ m 验算	$H_w>2$ m 验算	水库地区 $H_w>3$ m 验算
	地面横坡度大于1:3的路基		不验算	验算	验算	验算
路堑	黏性土、黄土碎石类土		一般不验算	$H>20$ m 验算	$H>15$ m 验算	$H>20$ m 验算

注:H 为路基高度(m);H_w 为浸水常水位的深度(m)。

表2.27 地震基本烈度和设计基本地震动峰值加速度对应表

地震基本烈度	6	7		8		9
水平向	$\geq 0.05g$	$0.10g$	$0.15g$	$0.20g$	$0.30g$	$\geq 0.40g$
竖向	0	0		$0.10g$	$0.17g$	$0.25g$

地震时,地震波的加速度有水平和竖向之分。根据观测资料分析,地震波的最大水平加速度为最大竖向加速度的1.0~1.5倍,设计时以此为准。

可以采用静力法进行路基的抗震稳定性验算,验算时考虑地震产生的水平和竖向加速度的影响。计算路基边坡的抗震稳定系数时,将地震力施加在条分后土条的重心位置。对高速、一级和二级公路的边坡高度大于20 m的,抗震稳定系数不应小于1.15,边坡高度小于20 m的,不应小于1.1,三级、四级公路的抗震稳定系数不应小于1.05。

作用于各土体条块重心处的地震作用应按式(2.53)和式(2.54)计算:

水平地震作用:

$$E_{hsi}=\frac{C_i C_z A_h \psi_j W_{si}}{g} \tag{2.53}$$

竖向地震作用:

$$E_{vsi}=\frac{C_i C_z A_v W_{si}}{g} \tag{2.54}$$

式中 E_{hsi}——作用于路基计算土体重心处的水平地震作用,kN;

E_{vsi}——作用于路基计算土体重心处的水平地震作用,kN;

C_i——抗震重要性修正系数,按表 2.28 采用;

C_z——综合影响系数,取 0.25;

A_h——路基所处地区的水平向设计基本地震动峰值加速度;

W_{si}——路基计算第 i 条土体重力,kN;

A_v——路基所处地区的竖向设计基本地震动峰值加速度,根据表 2.27 确定,作用方向取最不利于稳定的方向;计算时向上取负,向下取正;

ψ_j——水平地震作用沿路堤边坡高度增大系数,计算如下:

$$\psi_j = \begin{cases} 1.0\,(H \leqslant 20\ \text{m}) \\ 1.0 + \dfrac{0.6}{H-20}(h_i - 20)\,(H > 20\ \text{m}) \end{cases}$$

h_i——路基计算第 i 条土体的高度,m;

H——路基边坡高度,m。

表 2.28 路基抗震重要性修正系数

公路等级	构筑物重要程度	抗震重要性修正系数 C_i
高速公路、一级公路	抗震重点工程	1.7
	一般工程	1.3
二级公路	抗震重点工程	1.3
	一般工程	1.0
三级公路	抗震重点工程	1.0
	一般工程	0.8
四级公路	抗震重点工程	0.8

土质路基边坡抗震稳定系数计算(图 2.31):

$$K_c = \frac{\sum_{i=1}^{n} \{ c_i b_i \sec \alpha_i + [(W_{si} + E_{vsi})\cos\alpha_i - E_{hsi}\sin\alpha_i] \tan\varphi_i \}}{\sum_{i=1}^{n} [(W_{si} + E_{vsi})\sin\alpha_i + M_{hi}/R]} \tag{2.55}$$

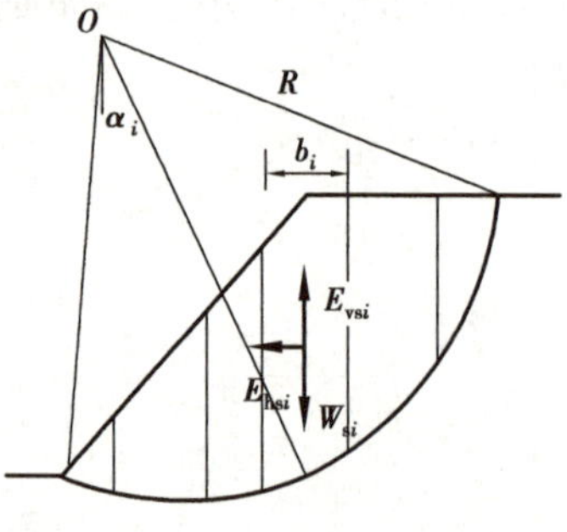

式中 K_c——抗震稳定系数;

R——圆弧半径,m;

b_i——滑动体条块宽度,m;

α_i——条块底面中点切线与水平线的夹角(°);

M_{hi}——作用在条块重心处的水平向地震惯性力代表值 F_{hi},kN/m,对圆心的力矩,F_{hi} 作用方向取不利于稳定的方向;

C_i——土石填料在地震作用下的黏聚力,kPa;

φ_i——土石填料的在地震作用下的摩擦角(°)。

图 2.31 地震作用下路基稳定性计算示意图

2.7 路基附属设施

2.7.1 取土坑与弃土堆

路基土石方的挖填平衡,是公路路线设计的基本原则,但往往难以做到完全平衡。土石方数量经过合理调配后,仍然会有部分借方和弃方(又称废方)。路基土石方的借弃,首先要合理选择地点,即确定取土坑或弃土堆的位置。选点时要兼顾土质、数量、用地及运输条件等因素,还必须结合沿线区域规划、因地制宜、综合考虑,维护自然平衡,防止水土流失,做到借之有利、弃之无害。借弃所形成的坑或堆,要求尽量结合当地地形,充分加以利用,并注意外形规整,弃堆稳固,避免造成水土流失,或对周边结构建筑、环境等造成显著影响和安全隐患。

取土应不占或少占耕地,取土深度应结合地下水等因素综合考虑,原地面耕植土应先集中存放。取土场与路基之间的距离,应满足路基边坡稳定的要求。对因取土造成的裸露面应采取整治或防护措施。

平坦地区,如果用土量较少,可以沿路两侧设置取土坑,与路基排水和农田灌溉相结合。路旁取土坑(图 2.32),深度约 1.0 m 或稍大一些,宽度依用土数量和用地允许而定。为防止坑内积水危害路基,当堤顶与坑底高差不足 2.0 m 时,在路基坡脚与坑之间须设宽度不小于 1.0 m 的护坡平台,坑底设纵横排水坡及相应设施。

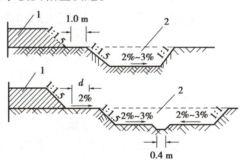

图 2.32 路旁取土坑示意图
1—路堤;2—取土坑

河水淹没地段的桥头引道近旁,一般不设取土坑,如设取土坑要距河流中水位边界 10 m 以外,并与导治结构物位置相适应。此类取土坑要求水流畅通,不得长期积水危及路基或构造物的稳定。

取土坑应有正确的形状,以保证路基排水。取土坑的长、宽、深视填土数量和施工方法及保证排水而定,在平原地区其深度一般为 1 m。取土坑的底面可做成向外倾斜的单向横坡,坡率为 2% ~3%。取土坑积水应有一定的处治措施,以保证路基强度不受影响。

路基开挖的废方,应尽量加以利用,如作为加宽路基或加固路基用,或填补坑洞及洼地,也可兼顾农田水利或基建所需,做到变废为用、弃而不乱。

废方一般选择路旁低洼地带,就近弃堆。弃土宜集中堆放,并与周边环境相协调。严禁在贴近桥梁墩台、涵洞口处弃土。不得向水库、湖泊、岩溶漏斗及暗河口处弃土。在地面横坡陡于

1:5的路段,路堑顶部高侧不得设置弃土场。

弃土堆应堆成规则形状,分层填筑,分层压实,其边坡不应陡于1:1.5,顶面应做成向外倾斜的单向横坡,坡率不小于2%。弃土堆高度不宜高于3 m。路堑旁的弃土堆,其内侧坡脚与路堑坡顶之间的距离,对于干硬土不应小于3 m,对于湿软土不应小于路堑深度加5 m。弃土堆呈带状沿路堆置时,上坡方面应连续而不中断,并在弃土堆前设置截水沟;在下坡方面应每隔50~100 m设不小于1 m宽的缺口,以利排水。

当沿河弃土时,不得阻塞河流、挤压桥孔或造成河岸冲刷。同时不得干扰正常交通,并应防止对灌溉沟渠及天然水流的污染和淤塞。弃土场应及时施作防护和排水工程,坡脚应按设计要求进行加固,避免水土流失,符合水土保持和环保要求。

2.7.2　护坡道与碎落台

为保证路基稳定,当路基边缘与取土坑底的高差大于2 m时,一般应根据填土高度、土质及水文情况等,设置宽1~2 m的护坡道。护坡道的宽度设计要兼顾边坡稳定性和经济合理性,通常可视边坡高度而定。

护坡道一般设置在路基坡脚处,边坡较高时也可设在边坡上方及挖方边坡的变坡处。浸水路基的护坡道,可设在浸水线以上的边坡上。

在易风化岩石、粗砂、中砂、黄土和其他不良土质的路堑中,应视边坡高度和土的性质设置一般不小于1 m宽的碎落台,并做成向路侧倾斜2%的单向横坡,可供零星土石碎块下落时堆积。如边坡较低或已适当加固时,可不设碎落台。碎落台上的堆积物应定期清理。

2.7.3　堆料坪与错车道

路面养护用矿质材料,可就近选择路旁合适地点堆置备用。也可在路肩外缘设堆料坪,其面积可结合地形与材料数量而定,例如每隔50~100 m设置一个堆料坪,长5~8 m,宽2 m。高级路面或采用机械化养路的路段,可以不设,或另设集中备用料场,以维护公路外形的视觉平顺和景观优美。

单车道公路,由于双向行车会车和相互避让的需要,通常应每隔200~500 m设置错车道一处。按规定,错车道的长度不得短于30 m,两端各有长度为10 m的出入过渡段,中间10 m供停车用。单车道的路基宽度为4.5 m,而错车道地段的路基宽度为6.5 m。错车道是单车道路基的一个组成部分,应与路基同时设计施工。

2.8　路基压实

2.8.1　路基压实机理

路基施工破坏了土体的天然状态,致使其结构松散,颗粒重新组合。为使路基具有足够的强度、刚度与稳定性,必须进行压实,以提高其密实程度。因此,路基的压实工作是路基施工过程中一个重要工序,也是提高路基强度与稳定性的根本技术措施之一。

土是三相体,土粒为骨架,颗粒之间的孔隙为水分和气体所占据。压实的目的在于使土粒重新组合,彼此挤紧,孔隙缩小,土的单位质量提高,形成密实整体,最终导致强度增加,稳定性提高。

土的压实效果和压实时的含水率有关。存在一最佳含水率 ω_0,在此含水率条件下,采用一定的压实功能可以达到最大密实度,获得最经济的压实效果。最佳含水率是一相对值,随压实功能的大小和土的类型而变化。所施加的压实功能越大,压实土的细粒含量越少,最佳含水率则越小,而最大密实度越高。

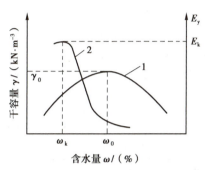

图 2.33　土基的 E、γ 与 ω 关系示意图
1—γ 与 ω 的关系;2—E 与 ω 的关系

图 2.33 中曲线 1 的驼峰曲线,表明干容重 γ 随含水率 ω 而变的规律。在同等条件下,一定含水率之前,γ 随 ω 增加而提高,主要原因在于水起润滑作用,土粒间阻力减小,施加外力后,孔隙减小,土粒易于被挤紧,γ 得以提高。γ 值至最大值后,ω 再继续增大,土粒孔隙被水分占据,而水一般不为外力所压缩,因而 ω 增大,γ 随之降低。通常,在一定压实条件下干容重的最大值称为最大干容重 γ_0(驼峰曲线的最高点),相应的含水率称为最佳含水率 ω_0。由此可见,压实时如能控制土的湿度为最佳值 ω_0,则压实效果为最高,耗费的压实功能为最经济。

大量试验和工程实践证明:土基压实后,路基的塑性变形、渗透系数、毛细水作用及隔温性能等均有明显改善。

2.8.2　路基压实标准

衡量路基的压实程度是工地实际达到的干容重与室内标准击实试验所得的最大干容重的比值,即压实度或称压实系数。

路基受到的荷载应力随深度而减少,所以路基上部的压实度应该高一些;另外,公路等级高,其路面等级也高,对路基强度的要求相应提高,所以对路基压实度的要求也应该高一些。

在确定压实标准时,最大干容重要用室内标准击实试验求得。长期以来使用的室内标准击实仪和方法是 20 世纪 30 年代初期形成的,它模拟当时的运输工具和碾压设备,即汽车质量一般不超过 4 t,压路机低于 6 t。50 年代后,特别是近年来,载重汽车和碾压机械的重力已经大大提高,如仍沿用原击实标准,势必造成路基强度过低,不能适应行车要求,故将击实试验改为"重型击实试验法"。

所谓重型击实试验法,是与原来的击实试验法(现称轻型击实试验法)相比较而言的。重型击实法增大了击实功能,从而提高了路基的压实标准。其所得最大干容重,对砂性土提高6%~10%,黏性土提高10%~18%;而最佳含水率则有所降低,砂性土为1%~3%,黏性土为3%~9%。重型击实试验法的原理和基本规律与轻型击实试验法相仿,但击实功能提高了4.5倍。

路堤、路床及路堤基底均应进行压实。压实质量用压实度 K 表示,即筑路材料压实后的干密度 γ 与标准最大干密度 γ_0 之比,以百分率表示,如式(2.56)所示。

$$K = \frac{\gamma}{\gamma_0} \qquad (2.56)$$

路床、土质路基压实度应符合表2.29的规定。压实度通常可以采用环刀法、灌砂法、核子密度仪等进行测定,具体可参考相关规范。

表2.29 路床、土质路基压实度标准

填筑部位(路面底面以下深度)/m				压实度/%		
				高速、一级公路	二级公路	三、四级公路
填方路基	上路床		0~0.30	≥96	≥95	≥94
	下路床	轻、中及重交通	0.30~0.80	≥96	≥95	≥94
		特重、极重交通	0.30~1.20			—
	上路堤	轻、中及重交通	0.8~1.5	≥94	≥94	≥93
		特重、极重交通	1.2~1.9			—
	下路堤	轻、中及重交通	>1.5	≥93	≥92	≥90
		特重、极重交通	>1.9			
零填及挖方路基	上路床		0~0.30	≥96	≥95	≥94
	下路床	轻、中及重交通	0.30~0.80	≥96	≥95	—
		特重、极重交通	0.30~1.20			

注:①表列压实度以《公路土工试验规程》(JTG 3430—2020)重型击实试验法为准;
②当三、四级公路铺筑沥青混凝土和水泥混凝土路面时,应采用二级公路的规定值;
③路堤采用特殊填料或处于特殊气候地区时,压实度标准在保证路基强度要求的前提下根据试验路段和当地工程经验确定。
④特殊干旱地区的压实度标准可降低2~3个百分点。

填石路堤(采用粒径大于40 mm且含量超过总质量的70%的石料填筑的路堤)的压实度质量宜采用施工参数(压实功率、碾压速度、压实遍数、铺筑层厚等)与压实质量检测联合控制。其压实质量可以采用压实沉降差、孔隙率,或者固体体积率等指标进行检测。

2.8.3 路基压实主要影响因素

对于细粒土路基,影响压实效果的因素有内因和外因两方面。内因指土质和湿度,外因指压实功能(如机械性能、压实时间与速度、土层厚度)及压实时的外界自然和人为的其他因素等。

（1）土的性质

不同土质的压实性能差别较大。一般来说，非黏性土的压实效果较好，其最佳含水率较小、最大干密度较大，在静力作用下，压缩性较小；在动力作用下（特别是在振动作用下）很容易被压实。黏性土、粉性土等分散性土的压实效果较差，主要是由于这些分散性的土颗粒的比表面积大、黏聚力大、土粒表面水膜需水量大，最佳含水率偏高，而最大干密度反而偏小。

（2）土的含水率

不同湿度下的土质，用同样压实功能来挤压，将获得不同的密实度和不同的强度。土中水分在压实过程中起到重要的作用。压实开始时，原状土相对湿度低，土颗粒之间的内摩阻力大，因而外力难以克服，故压实的干密度小，表现出土的强度高，密度低；当相对湿度缓慢增加时，水分在土粒间起润滑作用，压实的结果使被压材料（土粒）得以重新调整排列位置，达到较紧密的程度，表现出密度增大，但与此同时，由于水的作用，内摩阻力有所减小，因而强度继续下降。当含水率继续增加，达到一定值（最佳值）时，水的润滑作用已经足够。若水分过多，使起润滑作用以外的多余水分进入土粒孔隙中，反而促使土粒分离而不易得到良好压实效果，从而降低了土的干密度；又由于土粒间距增大，内摩阻力与黏结力减小，使土的强度也随之减小。也就是说，在一定功能的压实作用下，含水率的变化会导致土的干密度随之变化，在某一含水率（最佳含水率）下，干密度达到最大值（最大干密度）。各种土的最佳含水率大小不同，一般地，土在天然状态下的含水率值较接近于最佳含水率，因此在施工作业中，新卸填土应当立即推平压实。达不到最佳含水率的路基填筑用土，宜翻晒或洒水。

（3）碾压时的温度

在路基碾压过程中，温度升高可使被压土中的水黏滞度降低，从而在土粒间起润滑作用，易于压实。但气温过高时，又会由于水分蒸发太快而不利于压实。温度低于 0 ℃时，因部分水结冰，产生的阻力更大，起润滑作用的水更少，因而也得不到理想的压实效果。

（4）地基或下承层强度

在填筑路堤时，若地基没有足够的强度，路堤的第一层难以达到较高的压实度，即使采用重型压路机或增加碾压遍数，也只能是事倍功半，甚至使碾压土层呈现出"弹簧"现象。因此，对于地基或下承层强度不足的情况，填筑路堤时通常采取以下措施处理：

①填筑路堤之前，应先碾压地基。

②若地基有软弱层，则应用砂砾（碎石）层处理地基。

③路堑处路槽的碾压，先应铲除 30～40 cm 原状土层并碾压地基后，再分层填筑压实。

（5）压实功能

压实功能是由碾压（或锤击）的次数及其单位压力（或荷重）所决定的。若在一定限度内增加压实功，则可降低含水率数值，提高最佳密实度的数值。土在不同压实功能作用下的压实性质，是选择压实机具、选择施工方法的依据。事实上，对任何一种土，当密实度超过某一限值时，欲继续提高它的密实度、降低含水率值，往往需要增加很大的压实功能（甚至过分加大压实功能），且不仅密实度增加幅度小，还往往因所加荷载超过土的抗力（即土受压部位承受压力超过土的极限强度）而导致土体破坏。因此，对路基填土的压实，在工艺方法上要注意不使压实功能太大。

（6）压实土层的厚度

土受压时，有效压实深度近似等于两倍的压模直径或两倍的压模与土接触表面的最小横向尺寸。超过这个范围,土受到的压力急剧变小,并逐渐趋于零作用,可认为此时土的密实度没有变化,不起压实作用。

由此可知,土所受的外力作用,随深度增加而逐渐减弱,当超过一定范围时,土的密实度将与未碾压时相同,这个有效的压实深度(产生均匀变化的深度)与土质、含水率、压实机械的构造特征等因素有关,所以正确控制碾压铺层厚度,对于提高压实机械生产率和路基填筑质量十分重要。

(7)压实机具和方法

压实机具和方法对压实的影响反映在以下几个方面:

①压实机具不同,压力传播的有效深度也不同。一般地,夯击式机具的压力传播最深,振动式次之,碾压式最浅。根据这一特性即可确定各种机具的最佳压实厚度。然而,同一种机具的压实作用深度在压实过程中并不是固定不变的。如钢筒式压路机,开始碾压时,因土体松软,压力传播较深,但随着碾压次数的增加,上部土层逐渐密实,土的强度相应提高,其作用深度就逐渐减小了。

②压实机具的质量较小时,碾压遍数越多(即时间越长),土的密实度越高,但密实度的增长速度则随碾压遍数的增加而减小。并且密实度的增长有一个限度,达到这个限度后,继续以原来的施压机具对土质增加压实遍数则只能引起弹性变形,而不能进一步提高密实度。从工程实践来看,一般碾压遍数在6遍以前,密实度增大明显,6～10遍增长较慢,10遍以后稍有增长,20遍后基本不增长。

③碾压速度越高,压实效果越差。应力作用速度越高,变形量越小,土的黏性越大,影响就越显著。因此,为了提高压实效果,必须合理规定碾压的行驶速度。

2.8.4　路基压实方法

土基压实机具的类型较多,大致分为碾压式、夯击式和振动式三大类型。碾压式(又称静力碾压式),包括光面碾(普通的两轮和三轮压路机)、羊角碾和气胎碾等几种。夯击式中除人工使用的石碾、木夯外,机动设备中有夯锤、夯板、风动夯及蛙式夯机等。振动式中有振动器、振动压路机等。此外,运土工具中的汽车、拖拉机以及土方机械等,也可以用于路基压实。

不同压实机具,适用于不同土质及不同土层厚度等条件,这也是选择压实机具的主要依据。正常条件下,对于砂质土的压实效果,振动式较好,夯击式次之,碾压式较差;对于黏质土,则宜选用碾压式或夯击式,振动式较差甚至无效。不同压实机具,在最佳含水率条件下,适应于一定的最佳压实厚度以及通常的压实遍数。

压实土层的密实度随深度递减,表面5 cm的密实度最高。填土分层的压实厚度和压实遍数与压实机械类型、土的种类和压实度要求有关,应通过试验路来确定。同样质量的振动压路机要比光轮静碾压路机的压实有效深度大1.5～2.5倍。如果压实遍数超过10遍仍达不到压实度要求,则继续增加遍数的效果很小,不如减小压实层厚。

碾压时,横向接头的轮迹应有一部分重叠,对振动压路机一般重叠40～50 cm,对三轮压路机一般重叠1/2后轮宽;前后相邻两区段亦宜纵向重叠1～1.5 m。应做到无漏压、无死角和确保碾压均匀。

压路机行驶速度过慢则影响生产率,行驶过快则与土的接触时间过短,压实效果较差。一般光轮静碾压路机的最佳速度为 2 ~ 5 km/h,振动压路机为 3 ~ 6 km/h,各种压路机械的最大速度不宜超过 4 km/h。对压实度要求高,以及铺土层较厚时,行驶速度更要慢些。碾压开始宜用慢速,随着土层的逐步密实,速度逐步提高。压实时的单位压力不应超过土的强度极限,否则土体将会遭到破坏。开始时土体较疏松,强度低,故宜先轻压,随着土体密度的增加,再逐步提高压强。所以,推运摊铺土料时,应力求机械车辆均匀分布行驶在整个路堤宽度内,以便填土得到均匀预压。否则要采用轻型光轮压路机(6 ~ 8 t)进行预压。正式碾压时,若为振动压路机,第一遍应静压,然后由弱振至强振。碾压时,在直线路段和大半径曲线路段,应先压边缘,后压中间;小半径曲线路段因有较大的超高,碾压顺序宜先低(内侧)后高(外侧)。

路堤边缘往往压实不到,仍处于松散状态,雨后容易滑坍,故两侧可多填宽度 40 ~ 50 cm,压实工作完成后再按设计宽度和坡度予以刷齐整平。也可以采用卷扬机牵引的小型振动压路机从坡脚向上碾压,或采用人工拍实。坡度不陡于 1∶1.75 时,可用履带式推土机从下向上压实。

不同的填料和场地条件要选择不同的压实机械。一般来说,轻型光轮压路机(6 ~ 8 t)适用于各种填料的预压整平;重型光轮压路机(12 ~ 15 t)适用于细粒土、砂类土和砾石土;重型轮胎压路机(30 t 以上)适用于各种填料(尤其是细粒土),其气胎压力应根据填料种类进行调整,土颗粒越细气压越高;羊角碾(包括格式的和条式的)适用于细粒土,也适用于压实粉土质与黏土质砂,羊角碾需有光轮压路机配合对被翻松的表层进行补压;振动压路机具有滚压和振动的双重作用,用于砂类土、砾石土和巨粒土时其效果远远优于其他压实机械,但对细粒土的压实效果不理想。

牵引式碾压机械结构质量大,爬坡能力强,生产率高,适合于广阔工作场地,可以采用螺旋形运行路线;自行式碾压机械结构质量较小,灵活机动,适合于一般工作场地,宜采用穿梭式直线运行,在尽头回转;夯实机械在路基压实中不是主要设备,仅用于狭窄工作场地的作业。

压实质量要求高的路基,宜选用压实效果较好的碾压机械,如重型轮胎压路机和振动压路机。

2.9 路基施工

2.9.1 路基施工要求

理想的设计必须通过施工来实现,路基工程涉及范围广,影响因素多,灵活性也较大,尤其是岩土内部结构复杂多变,设计阶段难以尽善,施工过程中必须进一步完善。精心设计,精心施工是一个完整的过程,就人力、资源和财力的耗费,以及快速、高效与安全的要求而言,施工比设计更为重要,更为复杂。

路基工程的项目较多(如土方、石方及圬工砌体等),在施工方法与技术操作方面各具特点,本节以土质路基施工为主,阐明路基施工的全过程,包括施工准备及施工组织管理等。

路基施工的基本方法,按其技术特点大致可分为人工及简易机械化、综合机械化、水力机械化和爆破方法等。人力施工是传统方法,使用手工工具,劳动强度大、功效低、进度慢、工程质量也难以保证。机械化施工和综合机械化施工,是保证高等级公路施工质量和施工进度的重要条件。单机作业的效率比人力及简易机械施工要高得多,但需要大量的人力与之配合,由于机械和人力的效率悬殊,难以协调配合,因此单机效率受到限制,势必造成停机待料,机械生产率很低,要对主机配以辅机,相互协调,共同形成主要工序的综合机械化作业,工效才能大大提高。水力机械化施工是运用水泵、水枪等水力机械,喷射强力水流,冲散土层并流运至指定地点沉积;爆破法是石质路基开挖的基本方法,如果采用钻岩机钻孔与机械清理,也是岩石路基机械化施工的必备条件。除石质路堑开挖外,爆破法还可用于冻土、泥沼等特殊路基施工,以及清除路面、开石取料与石料加工等。

路基开工前,应在全面理解设计要求和设计交底的基础上,进行现场调查和核对。在详尽的现场调查后,应根据设计要求、合同、现场情况等,编制实施性施工组织设计,并按管理规定报批。路基开工前必须建立健全质量、环保、安全管理体系和质量检测体系,并对各类施工人员进行岗位培训和技术、安全交底。

临时工程应满足正常施工需要,应保证路基施工影响范围内原有道路、结构物及农田水利等设施的使用功能。

路基施工应做好施工期临时排水总体规划和建设,临时排水设施应与永久性排水设施综合考虑,并与工程影响范围内的自然排水系统相协调,避免冲刷边坡,勿使路基附近积水。

路基开工前,应进行路段中线放样并固定路线主要控制桩,高速公路、一级公路宜采用坐标法进行测量放样。中线放样时,应注意路线中线与结构物中心、相邻施工段的中线闭合,发现问题应及时查明原因,进行处理。

路基施工应遵守国家环境保护的有关法律法规,节约用地,少占农田,减少污染,保护环境。完工后应按要求对取土坑和弃土场进行修整。

路堤施工前应对原地表进行处理,清除地表植被、杂物、积水、淤泥和表土,并按规范和设计要求对基底进行压实。地基表层碾压处理压实度控制标准为:二级及二级以上公路一般土质应不小于90%;三、四级公路应不小于85%。低路堤应对地基表层土进行超挖,分层回填压实,其处理深度应不小于路床厚度。原地面坑、洞、穴等,应在清除沉积物后,用合格填料分层回填、分层压实。存在泉眼或地下水时,应设置有效导排措施。

路基施工前,应按照有关规定和要求建立试验室,对路基填料及基底土进行相关试验,同时应及时对来源不同、性质不同的拟作为路堤填料的材料进行复查和取样试验。土的试验项目包括天然含水率、液限、塑限、标准击实试验、CBR试验等,必要时应做颗粒分析、相对密度、有机质含量、易溶盐含量、冻胀和膨胀量等试验。

路基施工时,土的压实应在接近最佳含水率时进行。含水率过大时,应将土摊开晾晒至要求的含水率时再整平压实。土过干需要加水时,可在前一天于取土地点浇洒,使水均匀渗入土中;也可将土运至现场再用水浇洒,并拌和均匀。此外还应补充碾压时的水分蒸发消耗量。

在路基压实过程中,应经常检查压实度是否符合要求。压实度试验方法可采用环刀法、蜡封法、水袋法、灌砂法或核子密度湿度仪法等。其中,环刀法适用于细粒土,灌砂法适用于各类土。核子密度湿度仪应与环刀法、灌砂法等进行对比标定后才可应用。每一压实层均应检验压实度,合格后方可填筑其上一层。

2.9.2 路基填筑

路基填方取土,应根据设计要求,结合路基排水和当地土地规划、环境保护要求进行,不得任意挖取。施工取土应不占或少占良田,尽量利用荒坡、荒地,取土深度应结合地下水等因素考虑,利于复耕。原地面耕植土应先集中存放,以利再用。

路基填料应选用级配好的砾类土、砂类土等粗粒土作为填料,含草皮、生活垃圾,树根、腐殖质的土严禁作为填料。粉质土不宜直接用于填筑二级及二级以上公路的路床,不得直接用于填筑冰冻地区的路床及浸水部分的路堤。

高速、一级公路路床填料宜采用砂砾、碎石等水稳定性好的粗粒料,也可采用级配好的碎石土、砾石土等,粗集料缺乏时,可采用无机结合料改良细粒土。

对于零填路堤的路床施工时,路床范围原状土符合要求的,可直接进行成型施工。

性质不同的填料,应水平分层、分段填筑、分层压实。高填方路堤填料宜优先采用强度高、水稳性好的材料,或采用轻质材料。同一水平层路基的全宽应采用同一种填料,不得混合填筑。每种填料的填筑层压实后的连续厚度不宜小于 500 mm。填筑路床顶最后一层时,压实后的厚度应不小于 100 mm。潮湿或冻融敏感性小的填料应填筑在路基上层。强度较小的填料应填筑在下层。在有地下水的路段或临水路基范围内,宜填筑透水性好的填料。在透水性不好的压实层上填筑透水性较好的填料前,应在其表面设 2% ~4% 的双向横坡,并采取相应的防水措施。不得在透水性较好的填料所填筑的路堤边坡上覆盖透水性不好的填料。每种填料的松铺厚度应通过试验确定。每一填筑层压实后的宽度不得小于设计宽度。路堤填筑时,应从最低处起分层填筑,逐层压实;当原地面纵坡大于 12%,或横坡陡于 1:5 时,应按设计要求挖台阶,设置坡度向内并大于 4%、宽度大于 2 m 的台阶。填方分几个作业段施工时,接头部位如不能交替填筑,则先填路段应按 1:1 ~1:2 坡度分层留台阶;如能交替填筑,则应分层相互交替搭接,搭接长度不小于 2 m。选择施工机械,应考虑工程特点、土石种类及数量、地形、填挖高度、运距、气候条件、工期等因素,经济合理地确定。填方压实应配备专用碾压机具。

分层平铺有利于压实,可以保证强度不同用土按规定层次填筑。图 2.34 所示为不同用土的组合方案,其中正确方案的要点是:不同用土水平分层,以保证强度均匀;透水性差的用土,如黏性土等,一般宜填于下层,表面成双向横坡,有利于排除积水,防止水害;同一层次有不同用土时,接搭处成斜面,以保证在该层厚度范围内,强度比较均匀,防止产生明显变形。不正确的方案主要体现在:未水平分层,有反坡积水,夹有冻土块和粗大石块,以及有陡坡斜面等,其主要问题也在于强度不均匀和排水不利。此外,还应注意用土不含有害杂质(草木、有机物等)及未经处治的劣土(细粉土、膨胀土、盐渍土与腐殖土等)。桥涵、挡土墙等结构物的回填土,以砂性土为宜,应防止不均匀沉降,并按有关操作规程回填和夯实。

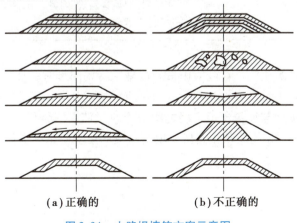

(a)正确的　　　　　(b)不正确的

图 2.34　土路堤填筑方案示意图

竖向填筑,指沿路中心线方向逐步向前深填,如图 2.35 所示。路线跨越深谷或池塘时,地面高差大,填土面积小,难以水平分层卸土,以及陡坡地段上填挖结合路基,局部路段横坡较陡或难以分层填筑等,可采用竖向填筑方案。竖向填筑的质量在于密实程度,为此宜采用必要的技术措施。如选用振动式或锤式夯击机,选用沉陷量较小及粒径较均匀的砂石填料;路堤全宽一次成型;暂不修建较高级的路面,容许短期内自然沉降稳定。此外,尽量采用混合填筑方案,即下层竖向填筑,上层水平分层,必要时可考虑参照地基加固的注入、扩孔或强夯等措施,以保证填土具有足够的密实度。

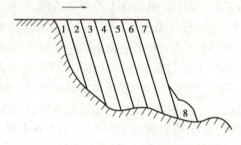

图 2.35　竖向填筑方案示意图

对于填石路堤,硬质岩石、中硬岩石可用于路堤和路床填筑;软质岩石可用于路堤填筑,不得用于路床填筑;膨胀岩石、易溶性岩石和盐化岩石不得用于路基填筑。路堤填料粒径应不大于 500 mm,并宜不超过层厚的 2/3。路床底面以下 400 mm 范围内,填料最大粒径不得大于150 mm,其中小于 5 mm 的细料含量应不小于 30%。填石料根据其饱和抗压强度分类,如表2.30 所示。

表 2.30　岩石分类表

岩石类型	单轴饱和抗振强度/MPa	代表性岩石
硬质岩石	≥60	花岗岩、闪长岩、玄武岩等岩浆岩类
中硬岩石	30～60	硅质、铁质胶结的砾岩及砂岩、石灰岩、白云岩等沉积岩类; 片麻岩、石英岩、大理岩、板岩、片岩等变质岩类
软质岩石	5～30	凝灰岩等喷出岩类; 泥砾岩、泥质砂岩、泥质页岩、泥岩等沉积岩类; 云母片岩或千枚岩等变质岩类

填石路堤应分层填筑压实。在陡峻山坡地段施工特别困难时,三级及以下砂石路面公路的下路堤可采用倾填方式填筑。岩性相差大的填料应分层或分段填筑,软质石料与硬质石料不得混合使用。填石路堤顶面与细粒土填土层之间应填筑过渡层或铺设无纺土工布隔离层。压实机械宜选用自重不小于 18t 的振动压路机。填石路堤的压实质量标准如表 2.31 所示。

表2.31 填石路堤压实质量标准

分　区	路床顶面以下深度 /m	硬质石料孔隙率 /%	中硬石料孔隙率 /%	软质石料孔隙率 /%
上路堤	0.80 ~ 1.50	≤23	≤22	≤20
下路堤	>1.50	≤25	≤24	≤22

对于高路堤和陡坡路堤,应优先安排施工,宜预留1个雨季或6个月以上的沉降期。同时在填筑过程中应进行沉降和稳定性观测。在不良地质路段的高路堤与陡坡路堤填筑,应控制填筑速率,并进行地表水平位移监测,必要时应进行地下土体分层水平位移监测。

在软土地区路堤施工时,施工计划中应考虑地基所需固结时间,填筑过程中应严格控制填筑速率,并应进行动态观测。施工期间,路堤中心线地面沉降速率24 h应不大于10 ~ 15 mm,坡脚水平位移速率24 h应不大于5 mm。

2.9.3 路堑开挖

挖方路段的路床施工时,路床范围原状土符合要求的,可直接进行成型施工。路床范围为过湿土时应进行换填处理,设计有规定时按设计厚度换填,设计未规定时按以下要求换填:高速公路、一级公路换填厚度宜为0.8 ~ 1.2 m,若过湿土的总厚度小于1.5 m,则宜全部换填;二级公路的换填厚度宜为0.5 ~ 0.8 m。高速公路、一级公路路床范围为崩解性岩石或强风化软岩时应进行换填处理,换填厚度宜为0.3 ~ 0.5 m。路床填筑的每层最大压实厚度不宜大于300 mm,顶面最后一层压实厚度应不小于100 mm。

路堑开挖方案的选择,应考虑当地地形条件、工程量大小、施工工期及能采用的机具等因素。此外,尚需考虑土层分布及其利用、废弃等情况。一般傍山开挖或填挖结合的路基,可采用分层纵挖法(图2.36)。路堑开挖可根据具体情况采用横挖、纵挖法或混合式开挖法。

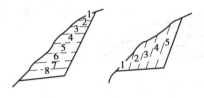

图2.36 分层纵挖法

(1)横挖法

从路堑的一端或两端按横断面全宽向前开挖,称为横挖法,适用于短而深的路堑。当路堑不深时,可以一次挖到设计高程,称单层横挖法(图2.37);路堑较深时,可分成几个台阶进行开挖,称为分层横挖法(图2.38)。分层开挖的台阶高度应视施工操作的方便和安全施工而定,用人力开挖一般宜为1.5 ~ 2 m,用机械开挖每层台阶高度可增加到3 ~ 4 m。无论自两端一次横挖到路基高程或分台阶横挖,各层均应设独立的出土通道和临时排水设施。

分层横挖使得工作面纵向拉开,多层多向出土,可以容纳较多的施工机械,能够加快开挖进度,提高工作效率。

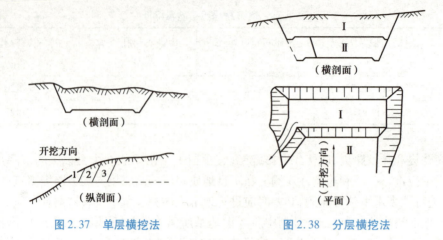

图 2.37　单层横挖法　　　　图 2.38　分层横挖法

（2）纵挖法

纵向开挖可分为分段纵挖法、分层纵挖法和通道纵挖法。

分段纵挖法适用于路堑较长、运距较远，一侧堑壁有条件挖穿（俗称开马口），可把长路堑分成几段同时开挖的路段（图 2.39）。

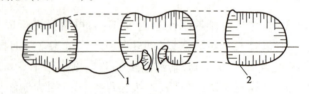

图 2.39　分段纵挖法

分层纵挖法是沿线路全宽，以深度不大的纵向分层开挖，开挖顺序如图 2.40 所示。

通道纵挖法是先沿纵向挖出通道，然后开挖两旁，如路堑较深，可分几次进行。在路幅较宽开挖面较大的重点土石方工程量集中地段，这是加快施工进度的有效开挖方法，如图 2.41 所示。

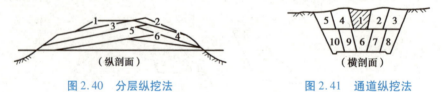

图 2.40　分层纵挖法　　　　图 2.41　通道纵挖法

（3）混合法

混合式开挖法是将横挖法、通道纵挖法混合使用，即先顺路堑方向挖通通道，然后沿横向坡面挖掘，以增加开挖坡面。在较大的挖方地段，还可沿横向再开辟工作面。

开挖施工应符合下列规定：

①可作为路基填料的土方，应分类开挖分类使用。非适用材料应按设计要求或作为弃方处理。

②土方开挖应自上而下逐级进行，不得乱挖超挖，严禁掏底开挖。

③开挖过程中，应采取措施保证边坡稳定。开挖至边坡线前，应预留一定宽度，预留的宽度应保证刷坡过程中设计边坡线外的土层不受到扰动。

④路基开挖中,基于实际情况,如需修改设计边坡坡率、截水沟和边沟的位置及尺寸等时,应及时按规定报批。边坡上稳定的孤石应保留。

⑤施工中开挖至路堑路床部分后,应及时进行路床施工,如不能及时进行,宜在设计路床顶高程以上预留至少300 mm厚的保护层。

⑥应采取临时排水措施,确保施工作业面不积水。

⑦挖方路基路床顶面终止标高,应考虑因压实而产生的下沉量,其值通过试验确定。

⑧边沟与截水沟应从下游向上游开挖。截水沟通过地面坑凹处时,应将凹处填平夯实。边沟及截水沟开挖后,应及时进行防渗处理,不得渗漏、积水和冲刷边坡及路基。

⑨对于深挖路堑,施工过程中应根据地形合理设置观测点,对其稳定性进行监测。

2.9.4　路基爆破施工

路基石方施工以往主要依靠人力施工,其效率低、进度慢且劳动强度大。目前石方工程多采用爆破施工方法,不但可以提高施工效率,也使施工技术获得重大革新。

1)基本概念

爆破是利用炸药爆炸时产生的热量和高压,使岩体及其周围介质产生破坏和移位。为了爆破某一岩体,可在岩体内或表面放置一定数量的炸药,这种炸药称为药包。药包在均质的岩体内爆炸时,爆炸力是向四周扩展的,紧靠药包部分的岩石受到的冲击挤压力最大,随着离药包距离的增大其作用力也逐渐减弱。按照岩体受爆炸波作用而破坏的程度,可以把爆炸作用范围由近到远划分成4个作用圈,即压缩圈、抛掷圈、松动圈和振动圈。其中,压缩圈范围内的岩石受到极度压缩而粉碎;抛掷圈内的岩石由于受爆炸波的冲击较大,岩石被压碎成小块并被抛掷出去;松动圈内的岩石由于受爆炸波影响较小,岩体破裂而产生松动现象;振动圈内由于受爆炸影响很小,岩体只受到振动。这些作用圈的半径分别称为压缩、抛掷、松动和振动半径,前3个圈统称为破坏圈,其半径称为破坏半径。

在一个岩体性质相同的地面下,在不同的位置和不同的深度上放置药量相等的药包。这时的地面是一个自由面,称为临空面。药包到自由面的垂直距离称为最小抵抗线长,它是岩体抵抗力最弱的一个方向。根据药包位置的不同和最小抵抗线的大小,爆破分为以下3种情况:

①当药包埋置较深,抵抗线较大时,爆破后药包周围的岩石产生粉碎和裂隙,自由面只受到振动并无破坏,这种爆破称为压缩爆破。

②当最小抵抗线减少到某一临界值时,爆破后药包以上直到表面岩石都受到破坏而松动,但无抛掷现象,这种爆破称为松动爆破。

③当最小抵抗线再减少时,爆破后岩石不但松动,而且有向四周抛出的现象,这种爆破称为抛掷爆破。

在松动爆破和抛掷爆破的情况下,从药包到临空面的上方形成一个漏斗状的爆坑,称为爆破漏斗,它由以下几个尺寸构成:最小抵抗线长,漏斗口半径和漏斗可见深度。很显然,最小抵抗线长和漏斗口半径的尺寸决定着爆破漏斗的基本形状,也反映了不同的爆破效果。通常将漏斗口半径和最小抵抗线长的比值 n 称为爆破作用指数,按爆破作用指数的大小分为如下5种情况:

①当 $n = 1$ 时,称为标准抛掷爆破,爆破后只有部分岩石抛到漏斗外面;

②当 $n>1$ 时,称为加强抛掷爆破,爆破后绝大部分岩石抛掷到漏斗外部;

③当 $0.75<n<1$ 时,称为减弱抛掷爆破,此时只有一小部分岩石抛到漏斗外面;

④当 $0.33<n<0.75$ 时,称为松动爆破;

⑤当 $n<0.33$ 时,称为压缩爆破。

其中,抛掷爆破多用于大爆破工程;定向爆破是抛掷方向、距离、数量和时间都有所控制的一种抛掷爆破;松动爆破多用在开挖路堑、巷道掘进以及采石工程等;压缩爆破多用在扩张桩基、水下压实等方面。

2)炸药及起爆方法

炸药的种类很多,在石方爆破中常用的有起爆炸药和爆破炸药两种。其中,起爆炸药是一种爆炸速度极高的烈性炸药,爆速可达 2 000 ~ 8 000 m/s,主要用于制造雷管和速燃导火索等。而爆破炸药指用于对岩石或其他介质进行爆破的炸药,其敏感性低,需在起爆炸药强力的冲击下才能爆炸,工程常用的爆破炸药有下列 4 种:

①黑色炸药:由硝酸钾(或硝酸钠)、硫黄和木炭所组成的混合物,对火星和冲击极敏感,易燃烧爆炸,怕潮湿,威力低,适用于石料开采。

②硝铵炸药:由硝酸铵、梯恩梯和少量木粉所组成的混合物,对冲击或摩擦不敏感,吸湿能力强,受潮后不能充分爆炸,常用的包括岩石铵梯炸药、露天铵梯炸药、铵油炸药等。

③胶质炸药:由硝化甘油和硝酸铵的混合物,另外混入一些木粉和稳定剂制成的。特点是对冲击、摩擦和火星都很敏感。但抗水性较强,爆炸威力大,适用于水下和硬岩石爆破。

④梯恩梯(三硝基甲苯):呈结晶粉末状,淡黄色,压制后呈黄色,熔铸块呈褐色,不吸湿,爆炸威力大。其本身含氧不足,爆炸时产生有毒的一氧化碳气体,不宜用于地下作业。

雷管是常用的起爆器材,按照雷管起爆方法的不同,常用方法分为电力起爆法、非电力起爆法。电力起爆法是用一个电器点火装置代替导火索起爆;非电力起爆法又分为火雷管起爆法、导爆索起爆法和导爆管起爆法等。

3)石方路基爆破

石方路基施工应根据岩石的类别、风化程度、岩层产状、岩体断裂构造、施工环境等因素确定开挖方案。石方深挖路堑施工,应逐级开挖、逐级按设计要求进行防护。爆破作业必须符合《爆破安全规程》(GB 6722—2014)的规定。

爆破施工组织设计应按相关规定报批。石方开挖严禁采用洞硐室爆破,近边坡部分硬质岩石宜采用光面爆破或预裂爆破等毫秒微差爆破技术。爆破法开挖石方,应先查明空中缆线、地下管线的位置,开挖边界线外可能受爆破影响的建筑物结构类型、居民居住情况等,然后制订详细的爆破技术安全方案。

石方开挖爆破宜按以下程序进行:爆破影响调查与评估→爆破施工组织设计→培训考核、技术交底→主管部门批准→清理爆破区施工现场的危石等→炮眼钻孔作业→爆破器材检查测试→炮孔检查合格→装炸药及安装引爆器材→布设安全警戒岗→堵塞炮孔→撤离施爆警戒区和飞石、震动影响区的人、畜等→爆破作业信号发布及作业→清除盲炮→解除警戒→测定、检查爆破效果(包括飞石、地震波及对施爆区内构造物的损伤、损失等)。

思考题

2.1 表征路基强度的指标有哪些？我国现行规范对其分别有什么要求？

2.2 什么是路基工作区？当路基工作区深度大于路基填土高度时应如何处理？

2.3 试述路基的主要破坏形式及原因。

2.4 什么是一般路基？什么是特殊路基？试阐述一般路基设计的主要内容。

2.5 某碎石路堑边坡高 12 m，坡率为 1∶1，实测 $\gamma = 19$ kN/m³，$c = 5$ kN/m³，$\varphi = 35°$，试求滑动面倾角，并判定是否稳定？

2.6 现有一高路堤，顶宽 8.5 m，高 23 m，路堤填料容重 $\gamma = 19.2$ kN/m³，路堤填料黏聚力 $c = 42$ kN/m²，路堤填料内摩擦角 $\varphi = 18°$；而地基土容重 $\gamma = 17.5$ kN/m³，地基土黏聚力 $c = 30$ kN/m²，地基土内摩擦角 $\varphi = 15°$，试采用简化 Bishop 法验算其稳定性。（提示：路堤上部 8 m 坡率为 1∶1.5，下部 15 m 坡率为 1∶1.75）

2.7 如图 2.42 所示，已知：$S_1 = 10$ m²，$S_2 = 27$ m²，$S_3 = 184$ m²，$AB = 32$，$BC = 7$，$CD = 5$，$c = 10$ kN/m²，$\gamma = 20$ kN/m³，$f = 0.45$，$K = 1.25$，试采用不平衡推力法判断此路堤的稳定性。

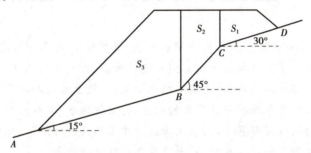

图 2.42　习题 2.7 图

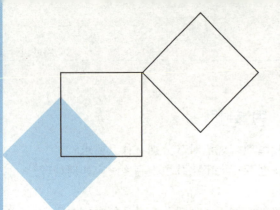

3 路基防护与加固

本章导读:

- **内容及要求** 本章内容分为路基防护和加固,其中防护主要包括坡面防护、沿河路基防护等;加固工程主要包括挡土墙类型与适用场合、挡土墙的构造与布置、挡土墙土压力计算、重力式挡土墙设计、其他类型挡土墙简介、软土地基加固等。通过本章的学习,要求熟悉和掌握路基防护与路基加固的区别,植物防护、工程防护及冲刷防护的主要措施,挡土墙的构造与布置要求,挡土墙设计要求与设计方法,土压力的计算原理和适用条件,挡土墙验算的主要内容,软土地基加固处治方法等。
- **重点** 坡面防护、冲刷防护、挡土墙的构造与布置、挡土墙土压力计算、重力式挡土墙设计。
- **难点** 防护类型的适用条件及选择、挡土墙土压力计算、重力式挡土墙设计与验算。

3.1 概述

微生物诱导
碳酸钙沉积

由岩土所填筑成的路基大多暴露于自然环境中,长期经受自然因素的作用,岩土在不利水温条件作用下,其物理、力学性质将发生变化:浸水后湿度增大,土的强度降低;岩性差的岩体,在水温变化条件下将加剧风化;路基表面在温差作用下形成胀缩循环,在湿差作用下形成干湿循环,可导致强度衰减和剥蚀;地表水流冲刷和地下水源浸入,使岩土表层失稳,易造成和加剧路基的水毁病害;沿河路堤在水流冲击、淘刷和浸蚀作用下,易遭破坏;湿软地基承载力不足,易导致路基沉陷。所有这些均取决于岩土的物理力学性质及自然因素,且与路基承受行车荷载的情况密切相关。

为保证路基稳定,除做好排水设施外,还必须根据当地条件,因地制宜地采用经济合理的防护、加固措施。

在路基防护与加固工程中,一般将防止冲刷和风化、主要起隔离作用的措施称为防护工程,如坡面防护、冲刷防护等;将防止路基或山体因重力作用而坍滑,主要起支撑作用的结构物称为加固工程,如挡土墙、边坡锚固、土钉支护及抗滑桩等。

本章主要介绍坡面防护、沿河路基防护及挡土墙等。

3.2　坡面防护

坡面防护主要是用以防护易于冲蚀的土质边坡和易于风化的岩石边坡,保护路基边坡表面免受雨水冲刷,减缓温差及湿度变化的影响,防止和延缓软弱岩土表面的风化、碎裂、剥蚀演变过程,从而保护路基边坡的整体稳定性,在一定程度上还可以兼顾路基美化和自然环境协调。坡面防护设施不承受外力作用,要求坡体稳定牢固。

边坡防护应根据边坡的土质、岩性,气候条件,水文地质条件,边坡坡率、边坡高度及当地材料、施工条件等,采取相应防护措施。坡面防护包括植物防护和工程防护,主要形式包括植草防护、浆砌片石护坡、浆砌格栅拱架护坡、挂网喷射混凝土护坡、土工格室植草护坡、喷混植生防护等。

坡面防护主要类型及适用条件如表 3.1 所示。

表 3.1　路基坡面防护工程类型及适用条件

防护类型	亚　类	适用条件
植物防护	植草或喷播植草	可用于坡率不陡于 1∶1 的土质边坡防护。当边坡较高时,植草可与土工网、土工网垫结合防护
	铺草皮	可用于坡率不陡于 1∶1 的土质边坡或全风化、强风化的岩石边坡防护
	种植灌木	可用于坡率不陡于 1∶0.75 的土质、软质岩石和全风化岩石边坡防护
	喷混植生	可用于坡率不陡于 1∶0.75 的砂性土、碎石土、粗粒土、巨粒土及风化岩石边坡防护,边坡高度不宜大于 10 m
骨架植物防护	—	可用于不陡于 1∶0.75 的土质和全风化、强风化的岩石边坡防护
工程防护	喷护	可用于坡率不陡于 1∶0.5 的易风化但未遭强风化的岩石边坡防护,高速公路、一级公路和环境景观要求高的公路不宜采用
	挂网喷护	可用于坡率不陡于 1∶0.5 的易风化、破碎的岩石边坡防护,高速公路、一级公路和环境景观要求高的公路不宜采用
	干砌片石护坡	可用于坡率不陡于 1∶1.25 的土质边坡或岩石边坡防护
	浆砌片石护坡	可用于坡度不陡于 1∶1 的易风化的岩石和土质边坡防护
	护面墙	可用于坡率不陡于 1∶0.5 的土质和易风化剥落的岩石边坡防护

3.2.1 植物防护

植物防护是一种施工简单、费用不高、效果较好的坡面防护措施。植物能覆盖表土,防止雨水冲刷,调节土的湿度,防止产生裂缝;固结土壤,避免坡面风化剥落;植物还能保护环境,美化路容。植物防护一般采用种草、铺草皮和种植灌木。高等级公路建设中,坡面植物防护往往与砌石或空心混凝土预制块(或煤渣空砖)铺筑的网格工程相结合,如图3.1所示。

(a)　　　　　　　(b)

(c)　　　　　　　(d)

图3.1　植物防护

坡面防护应选择耐旱力强、容易生长、蔓面大、根部发达、茎低矮、多年生的草本植物;选择的花草应有观赏价值。坡面防护植树中,乔木不利边坡稳定,一般不宜采用。坡面防护树种应采用根系发达、枝叶茂盛、能迅速生长的低矮灌木。

在不适宜植物生长的边坡上可采用喷混植生方式,是在坡面上铺设或置换一定厚度可适宜植物生长的土壤或混合料(包括土壤、有机质、肥料、保水材料、黏合剂、杀虫剂、植物种子等),其厚度不小于0.1 m。

3.2.2 工程防护

1)坡面处治

边坡过陡或植物不易生长的坡面,可视具体情况,选用勾缝、灌浆、抹面、喷浆、嵌补、锚固、喷射混凝土等坡面处治措施。

勾缝[图3.2(a)]与灌浆适用于岩石较坚硬、不易风化的路堑边坡防护,节理裂缝多而细者用勾缝,大而深者用灌浆。勾缝与灌浆一般用水泥砂浆,裂缝较宽、较深时可用混凝土灌注。勾缝及灌浆前应将松动石块、泥土、草木根等杂质予以清除,勾缝深度应不小于 20 mm。

抹面适用于易风化而表面比较完整,尚未剥落的岩石边坡,如页岩、泥岩、泥灰岩或千枚岩等软质岩层。抹面应均匀紧贴坡面,抹面面积较大时应留伸缩缝。对被处治坡面应进行清理,坑洼须用小石块嵌补整平,洒水湿润坡面,使砂浆与坡面结合良好。抹面完后应夯拍出浆抹光,注意洒水养生。

喷浆[图 3.2(b)]是将砂浆均匀喷射在易风化岩层的坡面上,形成一个保护层,喷浆防护厚度不宜小于 50 mm。喷浆防护坡面效果较好,施工也比较简便,但耗用水泥量较多。

(a)勾缝　　　　　　　　　　　　　　(b)喷浆

图 3.2　坡面处治

嵌补适用于补平坡面岩石中较深的局部凹坑,或者边坡上有一层较松软和易风化的岩层已被风化成凹陷时,防止岩石继续破损碎落,以保证整个边坡稳定。嵌补一般可用砌石方式完成。

锚固适用于岩石层理或构造面倾向路基、有顺层滑动的可能时采用,其做法是垂直岩面钻孔至不滑动的较完整或坚硬岩层中,将锚杆穿入,灌注混凝土使其固结,阻止不稳定的岩层下滑。

喷射混凝土与喷浆一样,适用于易风化但尚未严重风化且坡面较干燥的岩石边坡。对高而陡的边坡,上部岩层较破碎而下部岩层完整的边坡和需大面积防护的边坡,采用喷射混凝土较为经济,喷射厚度不应小于 80 mm,分 2 ~ 3 次喷射。高等级公路建设中,喷射混凝土防护坡面常与锚固钢筋配合使用,防护效果良好。

采用锚杆挂网喷浆或喷射混凝土时,其喷护厚度不应小于 0.10 m,且不应大于 0.25 m,钢筋保护层厚度不应小于 20 mm。

2)护坡及护面墙

护坡一般用于填方坡面,可用砌石或铺砌混凝土预制块、煤渣空心砖等材料构筑。护坡有满铺式、条式及网格式等多种铺筑形式。护坡用于冲刷防护时应符合防冲刷的技术要求。其中,干砌片石护坡适用于坡度缓于 1 : 1.25 的土质路堑边坡或易受地表水冲刷以及有少量地下水渗出的路段,厚度不宜小于 0.25 m,片石的厚度应不小于 150 mm,卵形和薄片不得使用。浆砌片石护坡的厚度不宜小于 0.25 m,并设置伸缩缝和泄水孔。

护面墙一般用于软质岩层或较破碎岩石挖方边坡较陡的地段,护面墙不承受墙后土体的侧压力,故所防护的边坡应无滑动或滑坍情况,挖方边坡应符合稳定要求。由于施工后的岩石路堑边坡不能完全平整,护面墙修筑前应适当清理,清理出新鲜面应及时砌筑,并注意护面墙厚度必须满足设计要求。护面墙顶部应用原土夯填或砂浆抹面,防止边坡水流冲刷及水渗入护面墙墙后引起破坏。

护面墙的单级护坡高度不宜大于 10m。护面墙基础应置于可靠地基上，对个别软弱段落，可用拱形结构跨过，如图 3.3 所示。为增加护面墙的稳定性，可分台阶设置，如图 3.4 所示。对于防护松散夹层的护面墙，最好在夹层底部土层中留出 1 m 宽的边坡平台，并予加固，如图 3.5 所示。对于岩性极不相同的挖方边坡，应根据具体情况综合考虑。如图 3.6 所示的上部软质岩石形成凹洞，可用干砌或浆砌圬工补平，以支撑其上面的岩层，坡脚则设置护面墙。

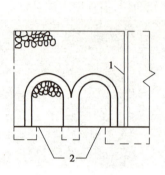

图 3.3　拱形护面墙

1—伸缩缝;2—软弱地基

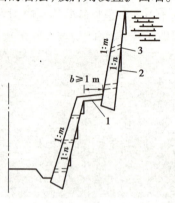

图 3.4　护面墙的平台

1—平台;2—耳墙;3—泄水孔

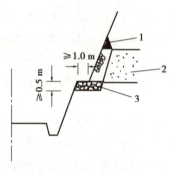

图 3.5　护面墙底设平台

1—封顶;2—松散夹层;3—平台

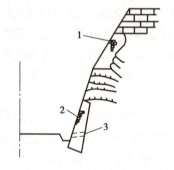

图 3.6　支补墙防护

1—支补墙;2—护面墙;3—泄水孔

3.3　沿河路基防护

沿河路基直接承受水流冲刷，为了保证路基稳定坚固，必须采取措施防止冲刷。沿河路基防护有两种类型，一种是直接防护，以加固岸坡为主;另一种是间接防护，以改变水流方向，降低流速，减少冲刷为主。设计时应根据河流特性、河道地形、地质、水文条件，采用直接加固岸坡或导流构造物改变水流性质，也可采用综合防护措施。各种沿河路基防护工程均应加强基础处理，一般应将基础埋置于冲刷深度以下不小于 1 m 或置于基岩上，如表 3.2 所示。

表 3.2　沿河路基防护工程类型及适用条件

防护类型		适用条件
植物防护		可用于允许流速小于 1.2 ~ 1.8 m/s、水流方向与公路路线近似平行、不受洪水主流冲刷的季节性水流冲刷地段防护。经常浸水或长期浸水的路堤边坡,不宜采用
砌石或混凝土护坡		可用于允许流速为 2 ~ 8 m/s 的路堤边坡防护
土工织物软体沉排、土工膜袋		可用于允许流速为 2 ~ 3 m/s 的沿河路基冲刷防护
石笼防护		可用于允许流速为 4 ~ 5 m/s 的沿河路堤坡脚或河岸防护
浸水挡土墙		可用于允许流速为 5 ~ 8 m/s 的峡谷急流和水流冲刷严重的河段
护坦防护		可用于沿河路基挡土墙或护坡的局部冲刷深度过大、深基础施工不便的路段
抛石防护		可用于经常浸水且水深较大的路基边坡或坡脚以及挡土墙、护坡的基础防护
排桩防护		可用于局部冲刷深度过大的河湾或宽浅型河流的防护
导流	丁坝	可用于宽浅型河段,保护河岸或路基不受水流直接冲蚀而产生破坏
	顺坝	可用于河床断面较窄、基础地质条件较差的河岸或沿河路基防护,以调整流水曲度和改善流态

沿河路基防护工程应与上、下游岸坡平顺衔接,端部嵌入岸壁足够的深度,防止恶化上、下游的水文条件。设置导流建筑物时,应根据河道地貌、地质、水流特性、河道演变规律和防护要求等设计导治线,并应避免农田、村庄、公路和下游路基的冲刷加剧。在山区河谷地段,不宜设置挑水导流建筑物。

3.3.1　直接防护

为防止流水直接危害沿河、滨海路堤及有关海、河堤坝护岸的堤岸边坡和护脚,必须采取一定的防止冲刷的措施。主要措施包括植物防护、石砌防护、抛石或石笼防护,以及必要的支挡结构物(如驳岸等)。

植物防护及石砌护坡的基本情况同前述坡面防护,但堤岸的冲刷主要原因是洪水急流,水位变迁不定,水流速度较大,相应的防护要求更高。因此,经常浸水或长期浸水的路堤边坡,不宜采用植物防护。

石笼防护使用范围比较广泛,可用于防护河岸或路基边坡,同时也是加陡边坡、减少路基占地宽度及加固河床、防止淘刷的常用措施。石笼可做成多种形式,常见的有箱形、扁长形及圆柱形等,如图 3.7 所示。石笼可采用重镀锌钢丝、镀锌铁丝、普通铁丝,永久工程应采用重镀锌钢丝,使用年限为 8 ~ 12 年时可采用镀锌铁丝,使用年限为 3 ~ 5 年时可采用普通铁丝石笼。石料填充物应采用质地坚硬、不易崩解和水解的片石或块石,粒径宜为 100 ~ 300 mm,粒径小于 10 mm 的石料应不超过 15%。

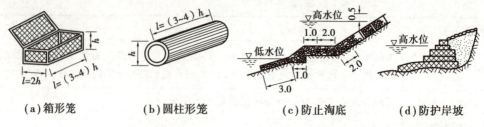

（a）箱形笼　　（b）圆柱形笼　　（c）防止淘底　　（d）防护岸坡

图 3.7　石笼防护示意图(单位:m)

抛石防护主要用于受水流冲刷的边坡和坡脚,以及挡土墙、护坡的基础等。抛石的石料尺寸,应视水深、流速和波浪情况确定。抛石防护横剖面如图 3.8 所示。抛石石料应选用质地坚硬、耐冻且不易风化崩解的石块。石料粒径应大于 300 mm, 宜用大小不同的石块掺杂抛投。抛石体边坡坡率和石料粒径应根据水深、流速和波浪情况确定,坡度应不陡于抛石石料浸水后的天然休止角。抛石厚度宜为粒径的 3 ~ 4 倍;采用大粒径时,不得小于 2 倍。

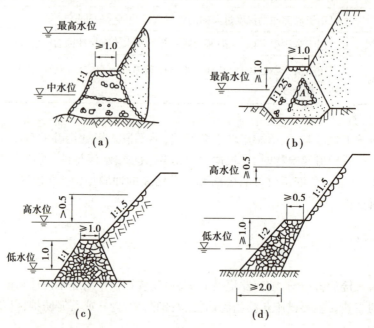

图 3.8　抛石防护(单位:m)

3.3.2　间接防护

为调节水流流速及方向,防护路基免受水流冲刷,可设置导治构造物。设置导治构造物时,应根据河道的地形、地质、水文条件和防护要求,合理规划、布设,应特别注意设置导治构造物后不使农田、村庄和上下游路基冲刷加剧。导治构造物一般可采用顺坝、丁坝、格坝等,如图 3.9 所示。设置顺坝、丁坝等导治构造物时,应注意坝身、坝头、坝根及坝基的冲刷。坝根应嵌入河岸足够深度,一般为 3 ~ 5 m,必要时与坝根连接的河岸应予以加固。

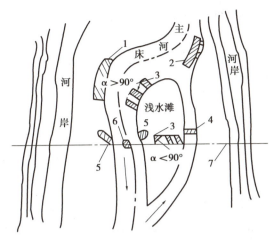

图 3.9　导治结构物综合布置示例

1—顺水坝;2—格坝;3—挑水坝(丁坝);4—拦水坝;5—导流坝;6—桥墩;7—路中线

顺坝常与水流平行,对通航河流比较适宜,多用于凹岸,起导流、束水、调整流水曲线、疏导水流的作用,顺坝起点(上游)应选择水流匀顺的过渡河段,坝根位置宜设在主流转向点的上方,且坝根应嵌入稳定河岸内不小于 3 m。当顺坝为淹没式时,可在坝后设置格坝,以便淤积及防止边坡与河岸遭受冲刷。

丁坝能将水流挑离河岸,用于改变流向、降低流速及束水归槽,改变流态,保护河岸和路基。按丁坝轴线与水流方向夹角,丁坝可分为上挑式、下挑式和正挑式。丁坝长度一般不宜大于河宽的 1/4,坝间相距一般为坝长的 1 ~ 1.25 倍,水流较平地段,可增至 3 ~ 4 倍,淹没式丁坝的下游适当长度内应进行铺砌。用于路基防护的丁坝宜采用漫水坝或潜坝,丁坝与水流方向的交角宜小于或等于 90°。丁坝断面为梯形,其尺寸及边坡坡度可参照表 3.3 确定。

表 3.3　丁坝断面尺寸及边坡坡度

类　　别	坝头顶宽 /m	坝深顶宽 /m	坝头边坡	迎水边坡	背水边坡	备　注
渗水坝	2 ~ 4	2 ~ 3	1:2.5 ~ 1:4.0	1:2.0 ~ 1:2.5	1:1.5 ~ 1:2.5	当坝高低于 3.0 m,流速较大时,坝顶宽应由计算确定
石坝	—	—	1:1.0 ~ 1:3.0	1:0.5 ~ 1:2.0	1:0.5 ~ 1:2.0	坝顶宽由计算确定(不包含浆砌片石)
石梢坝	2 ~ 4	2 ~ 3	1:2.0 ~ 1:4.0	1:1.5 ~ 1:2.5	1:1.5 ~ 1:2.5	

为防止沿河路基被冲毁,将直接冲刷路基的水流引向旁处,或者需要减少路基防护工程,或拓宽河道,或路线在短距离内多次跨越弯曲河道需裁弯取直时,为有利于布置路线或桥涵,在有条件时可采取改移河道措施。改移河道必须慎重对待,应在充分调查研究的基础上,掌握河性及其演变规律与造床作用等特点,因势利导,确保新开河道水流不重归故道,并不致影响农田水利设施和村庄、公路的使用及安全,在设计计算的基础上方可实施。

改河起点终点的位置应设在河流较稳定的河段,并与原河床顺接。新开河道的设计流量应按路基设计洪水频率计算。新开河道的断面一般不应压缩,应比照原河床状态设计河宽,与原河道稳定河宽大致相等。

改移河道施工宜在枯水期进行,一个旱季不能完成时应采取防洪措施。河道开挖应先挖好中段,然后再开挖两端。应确认新河床工程符合要求后再挖通其上游河段。利用开挖新河道的土石填平旧河道时,在新河道通流前,旧河道应保持适当的流水断面。通流时,改河上游进口河段的河床纵坡宜稍大于设计坡度。

3.4 挡土墙

挡土墙用以防止路基变形或支挡路基本身,以保证路基稳定性。挡土墙在公路工程中的运用相当广泛,既可用以稳定路堤和路堑边坡,减少挖填土石方工程量,又可用于防止水流冲刷路基,更常被用作整治滑坡、崩坍等路基病害。

挡土墙种类很多,可根据设计要求、地基承载能力及现场条件,材料供应等多种因素因地制宜,经济合理地设置与选择。挡土墙的用途有以下几点:

①降低挖方边坡高度,减少挖方数量,避免山体失稳坍滑;

②收缩路堤坡脚,减少填方数量或减少拆迁和占地面积,保证路堤稳定性;

③避免沿河路基挤缩河床,防止水流冲刷路基;

④防止山坡覆盖层下滑和抵抗滑坡。

路基在下列情况宜修建挡土墙:

①路基位于陡坡地段或岩石风化的路堑边缘地带;

②为避免大量挖方及降低边坡高度的路堑地段;

③可能产生塌方、滑坡的不良地质路段;

④水流冲刷严重或长期受水浸泡的沿河路堤地段;

⑤为节约用地减少拆迁或少占农田的地段;

⑥为保护重要建筑物、生态环境或其他特殊需要地段;

⑦桥梁、隧道与路基连接的路段。

挡土墙的类型及适用条件如表3.4及图3.10所示。

表3.4 挡土墙类型及适用条件

挡土墙类型	适用条件
重力式挡土墙	适用于一般地区、浸水地段和高烈度区的路肩、路堤和路堑等支挡工程。墙高不宜超过12 m,干砌挡土墙的高度不宜超过6 m
半重力式挡土墙	适用于不宜采用重力式挡土墙的地下水位较高或较软弱的地基上。墙高不宜超过8 m
石笼式挡土墙	可用于地下水较多的土质、风化破碎岩石路段
悬臂式挡土墙	宜在石料缺乏、地基承载力较低的填方路段采用。墙高不宜超过5 m
扶壁式挡土墙	宜在石料缺乏、地基承载力较低的填方路段采用。墙高不宜超过15 m

挡土墙类型	适用条件
锚杆挡土墙	宜用于墙高较大的岩质路堑地段。可用作抗滑挡土墙。可采用肋柱式或板壁式单级墙或多级墙。每级墙高不宜大于 8 m,多级墙的上、下级墙体之间应设置宽度不小于 2 m 的平台
锚定板挡土墙	宜使用在缺少石料地区的路肩墙或路堤式挡土墙,但不应建筑于滑坡、坍塌、软土及膨胀土地区。可采用肋柱式或板壁式,墙高不宜超过 10 m。肋柱式锚定板挡土墙可采用单级墙或双级墙,每级墙高不宜大于 6 m,上、下级墙体之间应设置宽度不小于 2 m 的平台。上下两级墙的肋柱宜交错布置
加筋土挡土墙	用于一般地区的路肩式挡土墙、路堤式挡土墙。但均不应修建在滑坡、水流冲刷、崩塌等不良地质地段。高速公路、一级公路墙高不宜大于 12 m,二级及二级以下公路不宜大于 20 m。当采用多级墙时,每级墙高不宜大于 10 m,上、下级墙体之间应设置宽度不小于 2 m 的平台
桩板式挡土墙	用于表土及强风化层较薄的均质岩石地基、挡土墙高度可较大,也可用于地震区的路堑或路堤支挡或滑坡等特殊地段的治理

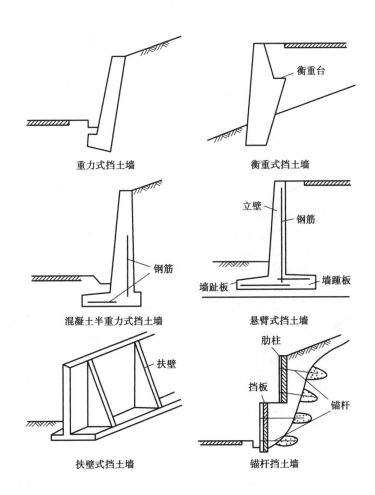

重力式挡土墙

衡重式挡土墙

混凝土半重力式挡土墙

悬臂式挡土墙

扶壁式挡土墙

锚杆挡土墙

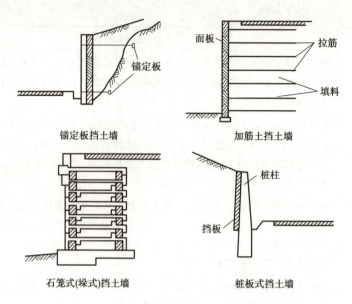

图3.10　不同类型挡土墙示意图

挡土墙按照不同的分类方法可以分成以下几类：

①按设置挡土墙的位置分类，可分为路肩墙、路堤墙、路堑墙、山坡墙等。

②按墙体材料分类，可分为石砌挡土墙、砖砌挡土墙、混凝土挡土墙、钢筋混凝土挡土墙、木质挡土墙和钢板墙等。

③按挡土墙的墙背倾角方向分类，可分为俯斜式挡土墙、仰斜式挡土墙、垂直式墙背挡土墙、折线形墙背挡土墙。

④按不同结构形式分类，其类型如表3.5所示。

表3.5　挡土墙类型

名　称	特　点	类　型
重力式挡土墙	依靠墙身自重抵抗墙后土体侧向推力（土压力），以维持土体的稳定性	直线形式 带衡重台的形式 不带衡重台的折线形式
锚定式挡土墙	通过一端埋设在破裂面外侧稳定区内的锚杆或锚定板等所提供的抗拔力或被动土抗力，支持墙面挡住下滑土体的侧向推力	锚杆式 锚定板式 桩板式
薄壁式挡土墙	依靠压在墙踵板上的填料自重，阻止墙身的倾倒，从而支挡墙后的土体	悬臂式 扶壁式 柱板式
加筋土挡土墙	利用加筋土和各种墙面材料修成的挡土墙	—
垛式、笼式挡土墙	依靠杆件（或笼）的侧限作用使墙形成一整体，以抵御墙后土体的侧向推力	垛式 笼式

其中,重力式挡土墙依靠墙身自重支撑土压力,一般多采用片块石砌筑,在缺乏石料地区有时也用混凝土修建。重力式挡墙圬工量较大,但其断面形式简单,施工方便,可就地取材,适应性较强,在公路工程中应用最为广泛。而衡重式挡土墙利用衡重台上的填料和全墙重心后移增加墙身稳定,可减小墙体断面尺寸,衡重式挡土墙面坡度较陡,下墙墙背又为仰斜,故可降低墙高,减少基础开挖工程量,避免过多扰动山体的稳定,作为路堑墙,有时还可利用台后净空拦挡山坡碎落物。

3.4.1　挡土墙的构造与布置

挡土墙的构造必须满足强度和稳定性的要求,同时考虑就地取材、结构合理、断面经济、施工养护方便与安全。

常用的重力式挡土墙、石砌挡土墙或钢筋混凝土挡土墙一般是由墙身、基础、排水设施和伸缩缝等部分组成,如图3.11所示。

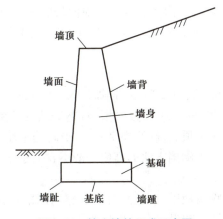

图 3.11　挡土墙的组成示意图

1)墙身

(1)墙背

挡土墙靠近回填土的一面称为墙背,根据墙背倾斜方向的不同,墙身断面形式可分为仰斜、垂直、俯斜、凸形折线式、衡重式等,如图 3.12 所示。

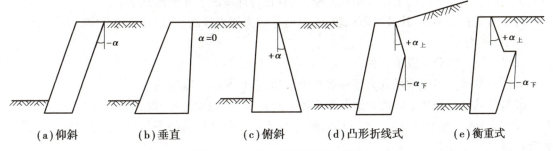

(a)仰斜　　(b)垂直　　(c)俯斜　　(d)凸形折线式　　(e)衡重式

图 3.12　石砌挡土墙断面形式图

其中,仰斜墙背所受土压力最小,垂直墙背次之。对仰斜式挡土墙而言,墙背越缓,所受土压力越小,但施工越困难,一般控制墙背坡率小于 1:0.25(14°)。因此,仰斜式墙身断面较经济,用作路堑墙时,墙背与开挖的边坡较贴合。但当地面横坡较陡时,采用仰斜式墙背会使墙高增加,断面增大。

而俯斜式墙背所受压力较大,因此墙身断面比仰斜式要大,但当地面横坡较陡时,俯斜式挡土墙可采用陡直的墙面(1:0.15~1:0.4),从而减少墙高。减缓俯斜式墙背的坡度对施工有利,但所受土压力随之增加,致使断面增大,因此墙背不宜过缓,通常控制坡率小于 1:0.4 (21°48′)。

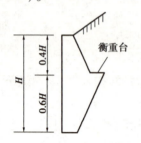

图 3.13　衡重式挡土墙示意图

对于凸形折线式墙背,下部仰斜、上部俯斜,故断面较经济。

衡重式挡土墙形式如图 3.13 所示,其墙面坡通常采用 1:0.05,上墙墙背俯斜坡比为 1:0.25~1:0.45,下墙墙背仰斜坡比为 1:0.25。上下墙的高度比采用 2:3,衡重台宽度通过计算、验算确定。

(2)墙面

墙面一般为平面,除其坡度与墙背坡度协调外,还应考虑墙趾处地面横坡度。当地面较陡时,墙面可直立或外斜 1:0.05~1:0.2;当地面较缓时,墙面可放缓,一般为 1:0.2~1:0.35,但不宜缓于 1:0.4,以免过多增加墙高。

(3)墙顶

墙顶最小宽度,浆砌挡土墙不小于 50 cm,干砌不小于 60 cm。浆砌路肩墙墙顶一般宜采用粗石料或混凝土做成顶帽,厚 40 cm。如不做顶帽,对路堤墙和路堑墙,墙顶应以大块石砌筑,并用砂浆勾缝,或用 5 号砂浆抹平顶面,砂浆厚 2 cm。干砌挡土墙墙顶 50 cm 高度内,应用 25 号砂浆砌筑,以增加墙身稳定。干砌挡土墙的高度一般不宜大于 6 m。

(4)护栏

为保证交通安全,在地形险峻地段,在过高过长的路肩墙的墙顶应设置护栏。为增加安全感,应在地形险峻地段的挡土墙顶部设置。一般墙高大于 6 m、长度大于 20 m 的路肩墙应设置护栏。为保持土路肩最小宽度,护栏内侧边缘距路面边缘的距离,二、三级路不小于 0.75 m,四级路不小于 0.5 m。

2)基础

实践证明,挡土墙的破坏大多是由于基础处理不当引起,主要包括基础形式的选择和基础埋置深度的确定。一般挡土墙采用浅基础,只有在特殊情况下才采用桩基础。

对于衡重式挡土墙,其基底面积较小,对地基承力要求较高,应设置于较坚实的地基上。

(1)基础类型

基础类型一般分为以下 6 种:

①一般基础。当地基承载力足够和挡土墙稳定时,采用一般地基。

②台阶基础。当地面陡峻而地基为完整坚硬的岩石(减少开挖)时,采用台阶基础。

③扩大基础(加宽基础)。当地基承载力不足并且墙趾处地势平坦(减小基底应力和增加倾覆稳定)时,采用扩大基础。

④钢筋混凝土基础。当地基承载力严重不足时或需要加宽值较大时或避免台阶过大时,采用钢筋混凝土基础。

⑤地基换填基础。当地基为软弱土层(淤泥、软黏土)时,采用砂砾、碎石、矿渣或灰土等材

料予以换填,扩散基底应力。

⑥拱式基础。当地基有短缺口或挖基困难,可采用拱式基础(平面方向)。

(2)基础埋置深度

应保证基底可能出现的最大应力不超过地基土层的承载力,一般埋深越大,承载力越大而且分布也更均匀;应保证基础不受冲刷;应防止基础因地基冻融而破坏。挡土墙宜采用明挖基础,基底建筑在大于5%纵向斜坡上的挡土墙,其基底应设计为台阶式。

基础的埋置深度应符合下列要求:

①当冻结深度小于或等于1 m时,基底应在冻结线以下不小于0.25 m,并应符合基础最小埋置深度不小于1 m的要求。

②当冻结深度超过1 m时,基底最小埋置深度不应小于1.25 m,并对基底至冻结线以下0.25 m深度范围的地基土采取措施,防止冻害。

③受水流冲刷时,应按路基设计洪水频率计算冲刷深度,基底应置于局部冲刷线以下不小于1 m。

④在风化层不厚的硬质岩石地基上,基底一般应置于基岩表面风化层以下;在软质岩石地基上,基底最小埋置深度不小于1 m。

⑤路堑挡土墙基底在路肩以下不小于1.0 m,并低于边沟砌体底面不小于0.2 m。

建筑在斜坡地面上的挡土墙基础前趾埋入地面的深度和距地表的水平距离,不应小于表3.6的规定,当挡土墙采用倾斜基底时,其倾斜度应符合表3.7的规定。

表3.6　斜坡地面基础埋置条件

土层类别	最小埋入深度 h/m	距地表水平距离 L/m
硬质岩石	0.60	1.50
软质岩石	1.00	2.00
土质	≥1.00	2.50

表3.7　基底倾斜度

地层类别		基底倾斜度 $\tan \alpha_0$
一般地基	岩石	≤0.3
	土质	≤0.2
浸水地基	$\mu<0.5$	0.0
	$0.5 \leq \mu \leq 0.6$	≤0.1
	$\mu>0.6$	≤0.2

注:α_0 为基底倾斜度,为基底面与水平线的夹角;μ 为基底与地基间的摩擦系数。

3)排水设施

挡土墙应设置排水措施,以疏干墙后土体和防止地面水下渗,防止墙后积水形成静水压力,减少寒冷地区回填土的冻胀压力,消除黏性土填料浸水后的膨胀压力。

排水措施主要包括:设置地面排水沟,引排地面水;夯实回填土顶面和地面松土,防止雨水及地面水下渗,必要时可加设铺砌;对路堑挡墙墙趾前的边沟应予以铺砌加固,以防边沟水渗入基础;设置墙身泄水孔,排除墙后水。

浆砌块(片)石墙身应在墙前地面以上设一排泄水孔(图 3.14)。墙高时,可在墙上部加设一排泄水孔[图 3.14(a)]。泄水孔的尺寸一般为 5 cm×10 cm、10 cm×10 cm、15 cm×20 cm 的方孔或直径为 5~10 cm 的圆孔,并应做成向墙外侧不小于 4% 的坡度;孔眼间距一般为 2~3 m,对于浸水挡土墙孔眼间距一般为 1.0~1.5 m,干旱地区可适当加大,孔眼上下错开布置。下排泄水孔出口应高出墙前地面 0.3 m;若为路堑墙,应高出边沟水位 0.3 m;若为浸水挡土墙,应高出常水位 0.3 m。为防止水分渗入地基,下排泄水孔进水口的底部应铺设 30 cm 厚的黏土隔水层。泄水孔的进水口部分应设置粗粒料反滤层,以免孔道阻塞[图 3.14(b)]。当墙背填土透水性不良或可能发生冻胀时,应在最低一排泄水孔至墙顶以下 0.5 m 的范围内铺设厚度不小于 0.3 m 的砂卵石排水层[图 3.14(c)]。干砌挡土墙因墙身透水,可不设泄水孔。

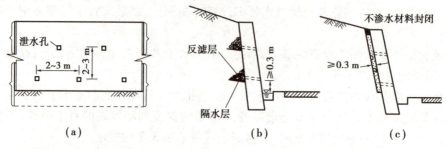

图 3.14　挡土墙排水设施示意图

一般情况下,墙身可不设防水层,但在严寒地区或附近环境水有侵蚀性时,应作防水处理。通常,对石砌挡土墙先抹一层水泥砂浆,再涂以热沥青;对混凝土挡土墙则涂以热沥青。

4)沉降缝与伸缩缝

为避免因地基不均匀沉陷而引起墙身开裂,需在地形、地基变化处设置沉降缝。为了防止圬工砌体因收缩硬化和温度变化而产生裂缝,沿墙长度方向在墙身断面变化处、与其他构造物衔接处应设置伸缩缝。

设计时,一般将沉降缝与伸缩缝合并设置,沿路线方向每隔 10~15 m 设置一道,兼起两者的作用。缝宽 2~3 cm,缝内一般可用胶泥填塞,但在渗水量大、填料容易流失或冻害严重地区,则宜用沥青麻筋或涂以沥青的木板等具有弹性的材料。沿内、外、顶三方填塞,填深不宜小于 0.15 m,当墙后为岩石路堑或填石路堤时,可设置空缝。干砌挡土墙,缝的两侧应选用平整石料砌筑,使成垂直通缝。

5)挡土墙的布置

挡土墙的布置,通常在路基横断面图和墙趾纵断面图上进行。布置前,应现场核对路基横断面图,不足时应补测;测绘墙趾处的纵断面图,收集墙趾处的地质和水文等资料。

(1)挡土墙位置的选定

路堑挡土墙大多数设在边沟旁。山坡挡土墙应考虑设在基础可靠处,墙的高度应保证墙后墙顶以上边坡的稳定。当路肩墙与路堤墙的墙高或截面圬工数量相近、基础情况相似时,应优先选用路肩墙,按路基宽布置挡土墙位置,因为路肩挡土墙可充分收缩坡脚,大量减少填方和占地。若路堤墙的高度或圬工数量比路肩墙显著降低,而且基础可靠时,宜选用路堤墙,并作经济比较后确定墙的位置。沿河路堤设置挡土墙时,应结合河流情况来布置,注意设墙后仍保持水流顺畅,不致挤压河道而引起局部冲刷。

（2）挡土墙的纵向布置

挡土墙纵向布置在墙趾纵断面图上进行,布置后绘成挡土墙正面图,如图3.15所示。

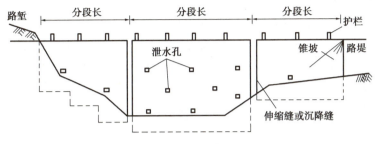

图3.15　挡土墙正面图

布置的内容如下:

①确定挡土墙的起讫点和墙长,选择挡土墙与路基或其他结构物的衔接方式。

挡土墙可采用锥坡与路堤衔接,墙端部应伸入路堤内不小于0.75 m;路堑挡土墙端部应嵌入路堑坡体内,其嵌入原地层的深度,土质地基不应小于1.5 m,风化软质岩层不应小于1.0 m,微风化岩层不应小于0.5 m。与桥台连接时,为了防止墙后回填土从桥台尾端与挡墙连接处的空隙中流出,需在台尾与挡土墙之间设置隔墙及接头墙。

路堑挡土墙在隧道洞口应结合隧道洞门、翼墙的设置做到平顺衔接;与路堑边坡衔接时,一般将墙高逐渐降低至2 m以下,使边坡坡脚不致伸入边沟内,有时也可与横向端墙连接。

②按地基及地形情况进行分段,确定伸缩缝与沉降缝的位置。

③布置各段挡土墙的基础。墙趾地面有纵坡时,挡土墙的基底宜做成不大于5%的纵坡。当地基为岩石时,为减少开挖,可沿纵向做成台阶。台阶尺寸视纵坡大小而定,但其高宽比不宜大于1:2。

④布置泄水孔的位置,包括数量、间隔和尺寸等。在布置图上注明各特征点的桩号,以及墙顶、基础顶面、基底、冲刷线、冰冻线、常水位线或设计洪水位的标高等。

（3）挡土墙的横向布置

横向布置选择在墙高最大处、墙身断面或基础形式有变异处,以及其他必须设桩号处的横断面图上进行。根据墙型、墙高及地基与填料的物理力学指标等设计资料,进行挡土墙设计或套用标准图,确定墙身断面、基础形式和埋置深度,布置排水设施等,并绘制挡土墙横断面图。

（4）平面布置

对于个别复杂的挡土墙,如高、长的沿河曲线挡土墙,应作平面布置,绘制平面图,标明挡土墙与路线的平面位置及附近地貌与地物等情况,特别是与挡土墙有干扰的建筑物的情况。沿河挡土墙还应绘出河道及水流方向、防护与加固工程等。

在以上设计图纸上,可标写简要说明。必要时可另编设计说明书,说明选用挡土墙方案的理由、选用挡土墙结构类型和设计参数的依据、对材料和施工的要求、注意事项以及主要工程数量等,如采用标准图,应注明其编号。

3.4.2 挡土墙土压力计算

1)作用在挡土墙上的力系

作用在挡土墙上的力系,按力的作用性质分为主要力系(图3.16)、附加力和特殊力。

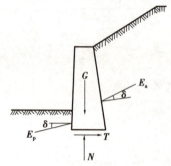

图3.16 作用在挡土墙上的力系

主要力系是经常作用于挡土墙的各种力,它包括:

①挡土墙自重 G 及位于墙上的恒载;

②墙后土体的主动土压力 E_a(包括作用在墙后填料破裂棱体上的荷载);

③基底的法向反 N 及摩擦力 T;

④墙前土体的被动土压力 E_p。

对浸水挡土墙而言,在主要力系中尚应包括常水位时的静水压力和浮力。

附加力是季节性作用于挡土墙的各种力,例如洪水时的静水压力和浮力、动水压力、波浪冲击力、冻胀压力以及冰压力等。

特殊力是偶然出现的力,例如地震、施工荷载、水流漂浮物的撞击力等。

在一般地区,挡土墙设计仅考虑主要力系,在浸水地区还应考虑附加力,而在地震区应考虑地震对挡土墙的影响。各种力的取舍,应根据挡土墙所处的具体工作条件,按最不利的组合作为设计的依据。

2)车辆荷载换算及计算参数

(1)车辆荷载换算

车辆荷载作用于挡土墙墙背填土上引起的附加土体侧压力,采用附加荷载强度(根据挡土墙高度确定)进行计算,将其换算为容重与墙后填土相同的均布土层(图3.17)。

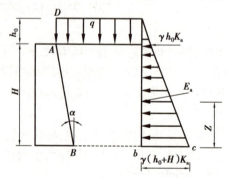

图3.17 均布荷载换算图式

换算均布土层厚度 h_0(m)可直接由挡土墙高度确定的附加荷载强度计算,即

$$h_0 = \frac{q}{\gamma}$$

式中 γ——墙后填土的容重,kN/m^3;

q——附加荷载强度,kPa,按表3.8取值。

表 3.8　附加荷载强度 q

墙高 H/m	q/kPa	墙高 H/m	q/kPa
≤2.0	20.0	≥10.0	10.0

注：$H=2.0\sim10.0$ m 时，q 由线性内插法确定。

另外，作用于墙顶或墙后填土上的人群荷载强度规定为 $3\ kN/m^2$，作用于挡土墙栏杆顶的水平推力采用 $0.75\ kN/m$，作用于栏杆扶手上的竖向力采用 $1\ kN/m$。

（2）计算参数

①填料的计算内摩擦角和容重。设计挡土墙时最好按填料的实际工作情况进行试验，并考虑一定的安全度后来确定填料的计算内摩擦角及容重。无条件试验时，可参考表 3.9 所列的经验数据选用。

表 3.9　填料的计算内摩擦角和容重参考值

填料种类		综合内摩擦角 φ_0	内摩擦角 φ	容重 γ/(kN·m⁻³)
黏性土	墙高 $H\le6$ m	35°~40°	—	17~18
	墙高 $H>6$ m	30°~35°	—	
碎石、不易风化的块石		—	45°~50°	18~19
大卵石、碎石类土、不易风化的岩石碎块		—	40°~45°	18~19
小卵石、砾石、粗砂、石屑		—	35°~40°	18~19
中砂、细砂、砂质土		—	30°~35°	17~18

注：填料容重可根据实测资料作适当修正，计算水位以下的填料重度采用浮重度。

对于路堑挡土墙，墙后除利用开挖的土石回填部分外，其余均为天然土石，因此习惯上多参考自然山坡的坡角来确定设计 φ 值。

②墙背摩擦角。影响墙背摩擦角 δ 值的因素是多方面的，主要有墙背的粗糙度（墙背越粗糙，δ 值越大）、填料的性质（φ 值越大，δ 值越大）和墙后排水条件（排水条件越好，δ 值越大）等。表 3.10 为墙背摩擦角的参考值。

表 3.10　墙背摩擦角 δ 的经验参考值

挡土墙墙背性质	填料排水情况	δ 值
墙背光滑	不良	$(0\sim1/3)\varphi$
片、块石砌体、粗糙	良好	$(1/3\sim1/2)\varphi$
干砌片、块石、很粗糙	良好	$(1/2\sim2/3)\varphi$
第二破裂面体、无滑动	良好	φ

3）一般条件下的库伦（Coulomb）主动土压力计算

土压力是挡土墙的主要设计荷载。挡土墙的位移情况不同，可以形成不同性质的土压力（图 3.18）。当挡土墙向外移动时（位移或倾覆），土压力随之减少，直到墙后土体沿破裂面下滑而处于极限平衡状态,作用于墙背的土压力称主动土压力;当墙向土体挤压移动,土压力随之增大,土体被推移向上滑动处于极限平衡状态,此时土体对墙的抗力称为被动土压力;墙处于原来位置不动,土压力介于两者之间,称为静止土压力。采用何种性质的土压力作为挡土墙设计荷载,要根据挡土墙的具体条件而定。

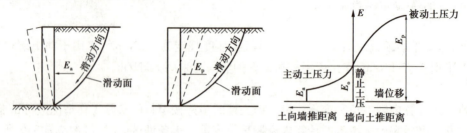

图 3.18   三种不同性质的土压力

路基挡土墙一般都可能有向外的位移或倾覆,因此在设计中按墙背土体达到主动极限平衡状态考虑,且设计时取一定的安全系数,以保证墙背土体的稳定。对于墙趾前土体的被动土压力 E_p,在挡墙基础一般埋深的情况下,考虑到各种自然力和人畜活动的作用,一般均不计,以保证偏于安全。

主动土压力计算的理论和方法,在土力学中已有专门论述,这里仅结合路基挡土墙的设计,介绍库仑土压力计算方法的具体应用。

路基挡土墙因路基形式和荷载分布的不同,土压力有多种计算图式。以路堤挡土墙为例,按破裂面交于路基面的位置不同,可分为 5 种图示:破裂面交于内边坡,破裂面交于荷载的内侧、中部和外侧,以及破裂面交于外边坡,分述如下:

(1)破裂面交于内边坡(图 3.19)

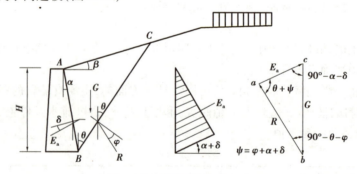

图 3.19   破裂面交于内边坡

这一图式适用于路堤式或路堑式挡土墙。图中 AB 为挡土墙墙背,BC 为破裂面,BC 与铅垂线的夹角 θ 为破裂角,ABC 为破裂棱体。棱体上作用着 3 个力,即破裂棱体自重 G、主动土压力的反力 E_a 和破裂面上的反力 R。E_a 的方向与墙背法线成 δ 角,且偏于阻止棱体下滑的方向;R 的方向与破裂面法线成 φ 角,且偏于阻止棱体下滑的方向。取挡土墙长度为 1 m 计算,作用于棱体上的平衡力三角形 abc 可得式(3.1):

$$E_a = \frac{\sin(90°-\theta-\varphi)}{\sin(\theta+\psi)} \times G = \frac{\cos(\theta+\psi)}{\sin(\theta+\psi)} \times G \tag{3.1}$$

式中:$\psi = \varphi + \alpha + \delta$。

因为 $G = \gamma AB \cdot BC \sin(\alpha+\theta)/2$,

而 $AB=H\sec\alpha,BC=\dfrac{\sin(90°-\alpha+\beta)}{\sin(90°-\theta-\beta)},AB=H\sec\alpha\dfrac{\cos(\alpha-\beta)}{\cos(\theta+\beta)}$

$$G=\frac{1}{2}\gamma H^2\sec^2\alpha\frac{\cos(\alpha-\beta)\sin(\theta+\alpha)}{\cos(\theta+\beta)}\qquad(3.2)$$

将式(3.2)代入式(3.1),得式(3.3):

$$E_a=\frac{1}{2}\gamma H^2\sec^2\alpha\frac{\cos(\alpha-\beta)\sin(\theta+\alpha)}{\cos(\theta+\beta)}\cdot\frac{\cos(\theta+\varphi)}{\sin(\theta+\psi)}\qquad(3.3)$$

令 $A=\dfrac{1}{2}H^2\sec^2\alpha\cos(\alpha-\beta)$,则:

$$E_a=\gamma A\frac{\sin(\theta+\alpha)\cos(\theta+\varphi)}{\cos(\theta+\beta)\sin(\theta+\psi)}\qquad(3.4)$$

当参数 γ、φ、δ、α、β 固定时,E_a 随破裂面的位置而变化,即 E_a 是破裂角 θ 的函数。为求最大土压力 E_a,首先要求对应于最大土压力时的破裂角 θ。取 $\dfrac{\mathrm{d}E_a}{\mathrm{d}\theta}=0$,得:

$$\gamma A\left[\frac{\cos(\theta+\varphi)}{\sin(\theta+\psi)}\cdot\frac{\cos(\theta+\beta)\cos(\theta+\alpha)+\sin(\theta+\beta)\sin(\theta+\alpha)}{\cos^2(\theta+\beta)}-\frac{\sin(\theta+\alpha)}{\cos(\theta+\beta)}\cdot\right.$$
$$\left.\frac{\sin(\theta+\psi)\sin(\theta+\varphi)+\cos(\theta+\psi)\cos(\theta+\varphi)}{\sin^2(\theta+\psi)}\right]=0$$

整理化简后得:

$$\left.\begin{array}{l}P\tan\theta+Q\tan\theta+R=0\\[4pt]\tan\theta=\dfrac{-Q\pm\sqrt{Q^2-4PR}}{2P}\end{array}\right\}\qquad(3.5)$$

式中:

$$P=\cos\alpha\sin\beta\cos(\psi-\varphi)-\sin\varphi\cos\psi\cos(\alpha-\beta)$$
$$Q=\cos(\alpha-\beta)\cos(\psi+\varphi)-\cos(\psi-\varphi)\cos(\alpha+\delta)$$
$$R=\cos\varphi\sin\psi\cos(\alpha-\beta)-\sin\alpha\cos(\psi-\varphi)\cos\beta$$

将式(3.5)求得的 θ 值代入式(3.4),即可求得最大主动土压力 E_a 值。最大主动土压力 E_a 也可用式(3.6)表示:

$$E_a=\frac{1}{2}\gamma H^2K_a=\frac{1}{2}\gamma H^2\frac{\cos2(\varphi-\alpha)}{\cos^2\alpha\cos(\alpha+\delta)\left[1+\sqrt{\dfrac{\sin(\varphi+\delta)\sin(\varphi-\beta)}{\cos(\alpha+\delta)\cos(\alpha-\beta)}}\right]^2}\qquad(3.6)$$

式中　γ——墙后填土的容重,kN/m;

φ——填土的内摩擦角(°);

δ——墙背与填土间的摩擦角(°);

β——墙后填土表面的倾角(°);

α——墙背倾角(°),俯斜墙背 α 为正,仰斜墙背 α 为负;

H——挡土墙高度,m;

K_a——主动土压力系数。

土压力的水平和垂直分力为:

$$E_x=E_a\cos(\alpha+\delta),E_y=E_a\sin(\alpha+\delta)\qquad(3.7)$$

(2)破裂面交于路基顶面(图 3.20)

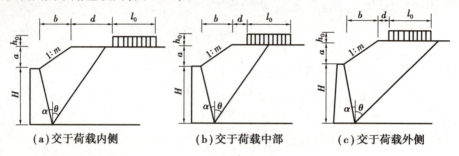

(a)交于荷载内侧　　　　　　(b)交于荷载中部　　　　　　(c)交于荷载外侧

图 3.20　破裂面交于路基顶面

①破裂面交于荷载中部[图 3.20(b)]：

破裂棱体的断面面积 S 为：

$$S = \frac{1}{2}(a+H)^2(\tan\theta+\tan\alpha)-\frac{1}{2}(b+a\tan\alpha)a+[(a+H)\tan\theta+H\tan\alpha-b-a]h_0$$

$$= \frac{1}{2}(a+H+2h_0)(a+H)\tan\theta-\frac{1}{2}ab-(b+d)h_0+\frac{1}{2}H(H+2a+2h_0)\tan\alpha \tag{3.8}$$

令 $A_0=\frac{1}{2}(a+H+2h_0)(a+H)$，$B_0=\frac{1}{2}ab+(b+d)h_0-\frac{1}{2}H(H+2a+2h_0)\tan\alpha$

则：

$$S = A_0\tan\theta-B_0$$

因此，破裂棱体所受重力为：

$$G = \gamma(A_0\tan\theta-B_0)$$

将 G 代入式(3.1)得：

$$E_a=\gamma(A_0\tan\theta-B_0)\frac{\cos(\theta+\varphi)}{\sin(\theta+\psi)} \tag{3.9}$$

令 $\mathrm{d}E_a/\mathrm{d}\theta=0$，

即 $\gamma\left[(A_0\tan\theta-B_0)\dfrac{-\sin(\theta+\psi)\sin(\theta+\varphi)-\cos(\theta+\psi)\cos(\theta+\varphi)}{\sin^2(\theta+\psi)}+\dfrac{A_0\cos(\theta+\varphi)}{\sin(\theta+\psi)\cos^2\theta}\right]=0$，经整理

化简,得：

$$\tan^2\theta+2\tan\psi\tan\theta-\cot\varphi\tan\psi-\frac{B_0}{A_0}(\cot\varphi+\tan\psi)=0$$

故：

$$\tan\theta=-\tan\psi\pm\sqrt{(\cot\varphi+\tan\psi)\left(\frac{B_0}{A_0}+\tan\psi\right)} \tag{3.10}$$

将求得的 θ 值代入式(3.9)，即可求得主动土压力 E_a。

必须指出，式(3.9)和式(3.10)具有普遍意义。因为无论破裂面交于荷载中部、荷载的内侧或外侧，破裂棱体的断面面积 S 都可以归纳为一个表达式，即

$$S = A_0\tan\theta-B_0$$

式中　A_0,B_0——边界条件系数。将不同边界条件下的 A_0 和 B_0 值代入式中，即可求得与之相应的破裂角和最大主动土压力。

②破裂面交于荷载外侧［图 3.20（c）］：

$$S=\frac{1}{2}(a+H)^2(\tan\theta+\tan\alpha)-\frac{1}{2}(b+a\tan\alpha)a+l_0h_0$$

$$=\frac{1}{2}(a+H)^2\tan\theta+\frac{1}{2}H(H+2a)\tan\alpha-\frac{1}{2}ab+l_0h_0 \tag{3.11}$$

则：

$$S=A_0\tan\theta-B_0$$

式中：

$$A_0=\frac{1}{2}(a+H)^2$$

$$B_0=\frac{1}{2}ab-l_0h_0-\frac{1}{2}H(H+2a)\tan\alpha$$

③破裂面交于荷载内侧［图 3.20（a）］：

在式（3.8）或式（3.11）中，令 $h_0=0$，则：

$$S=A_0\tan\theta-B_0$$

式中：

$$A_0=\frac{1}{2}(a+H)^2$$

$$B_0=\frac{1}{2}ab-\frac{1}{2}H(H+2a)\tan\alpha$$

（3）破裂面交于外边坡（图 3.21）

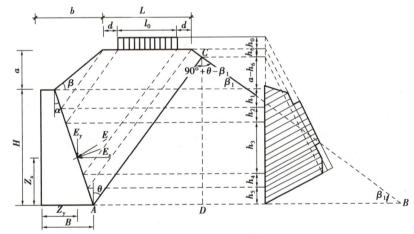

图 3.21　破裂面交于外边坡

图中：

$$AB=b+L+(H+a)\cot\beta_1-H\tan\alpha$$

$$BC=AB\frac{\sin(90°-\theta)}{\sin(90°+\theta-\beta_1)}=AB\frac{\cos\theta}{\cos(\theta-\beta_1)}$$

$$CD=BC\sin\beta_1=AB\frac{\cos\theta\sin\beta_1}{\cos(\theta-\beta_1)}$$

三角形 ABC 的面积为：

$$S_{\triangle ABC} = \frac{1}{2}AB \cdot CD = \frac{1}{2}[b+L+(H+a)\cot \beta_1 - H\tan \alpha]^2 \frac{\cos \theta \sin\beta_1}{\cos(\theta-\beta_1)}$$

破坏棱体的面积 S 为:

$$S = (H+a)(b+L) + \frac{1}{2}(H+a)^2 \cot \beta_1 - \frac{1}{2}ab - \frac{1}{2}H^2\tan \alpha + l_0 h_0 -$$

$$\frac{1}{2}[b+L+(H+a)\cot \beta_1 - H\tan \alpha]^2 \frac{\cos \theta \sin \beta_1}{\cos(\theta-\beta_1)}$$

$$= -\frac{1}{2}[b+L+(H+a)\cot \beta_1 - H\tan \alpha]^2 \frac{\cos \theta \sin \beta_1}{\cos(\theta-\beta_1)} +$$

$$\frac{1}{2}\{(H+a)[2(b+L)+(H+a)\cot \beta_1] - ab - H^2\tan \alpha\} + l_0 h_0 \qquad (3.12)$$

令:

$$A_0 = -\frac{1}{2}[b+L+(H+a)\cot \beta_1 - H\tan \alpha]^2 \sin \beta_1$$

$$B_0 = \frac{1}{2}\{(H+a)[2(b+L)+(H+a)\cot \beta_1] - ab - H^2\tan \alpha\} + l_0 h_0$$

则:

$$S = A_0 \frac{\cos \theta}{\cos(\theta-\beta_1)} + B_0$$

$$G = \gamma S = \gamma\left[A_0 \frac{\cos \theta}{\cos(\theta-\beta_1)} + B_0\right]$$

代入式(3.1),得:

$$E_a = \gamma\left[A_0 \frac{\cos \theta}{\cos(\theta-\beta_1)} + B_0\right]\frac{\cos(\theta+\varphi)}{\sin(\theta+\psi)} \qquad (3.13)$$

令 $dE_a/d\theta = 0$,即

$$\gamma\left[\left(A_0 \frac{\cos \theta}{\cos(\theta-\beta_1)} + B_0\right)\frac{-\sin(\theta+\psi)\sin(\theta+\varphi) - \cos(\theta+\psi)\cos(\theta+\varphi)}{\sin^2(\theta+\psi)} + \right.$$

$$\left.\frac{A_0\cos(\theta+\varphi)}{\sin(\theta+\psi)} \cdot \frac{-\cos(\theta-\beta_1)\sin \theta + \sin(\theta-\beta_1)\cos \theta}{\cos^2(\theta-\beta_1)}\right] = 0$$

经整理化简,得:

$$P\tan^2 \theta + Q\tan \theta + R = 0$$

$$\tan\theta = \frac{-Q \pm \sqrt{Q^2 - 4PR}}{2P} \qquad (3.14)$$

式中:

$$P = -A_0 \sin \beta_1 \sin \varphi \cos \psi + B_0 \cos(\psi-\varphi)\sin^2 \beta_1$$

$$Q = 2A_0 \sin \beta_1 \cos \varphi \cos \psi + B_0 \cos(\psi-\varphi)\sin^2(2\beta_1)$$

$$R = \cos \beta_1 \cos(\psi-\varphi)(A_0 + B_0\cos \beta_1) + A_0 \sin^2\beta_1 \cos \varphi \sin \psi$$

以上是路堤挡土墙俯斜墙背的几种计算图式,荷载是在行车道上布置的。这些公式也可以应用于其他类型的挡土墙:

①当为路肩墙时,式中 $a = b = 0$;

②对于俯斜墙背,α 取正值;垂直墙背 α 为零;仰斜墙背,α 取负值;

③当荷载沿路肩边缘布置时,取 $d = 0$。

计算挡土墙压力 E_0,首先要确定产生最大土压力的破裂面,求出破裂角 θ。但是这在事先并不知道,必须进行试算。试算时,通常先假定破裂面位置通过荷载中心,按此图式及相应的计算公式算出 θ 角,与原假定的破裂面位置作比较,看是否相符。如与假定不符,应根据计算的 θ 角重新假定破裂面,重复以上计算,直至相符为止,最后根据此破裂角计算最大主动土压力。

4)大俯角墙背的主动土压力——第二破裂面法

在挡土墙设计中,往往会遇到墙背俯斜很缓,即墙背倾斜角 α 很大的情况,如折线形挡土墙的上墙墙背,衡重式挡土墙上墙的假想墙背,如图 3.22 所示。

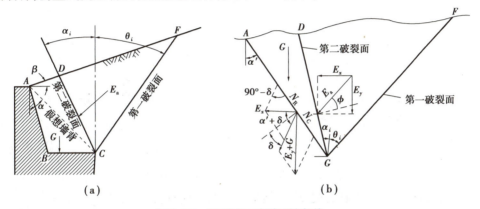

图 3.22 出现第二破裂面的条件

当墙后土体达到主动极限平衡状态时,破裂棱体并不沿墙背或假想墙背 CA 滑动,而是沿着土体的另一破裂面 CD 滑动,CD 称为第二破裂面,而远离墙的破裂面 CF 称为第一破裂面,α_i 和 θ_i 为相应的破裂角。这时,挡土墙承受着第二破裂面上的压力 E_a,E_a 是 α_i 和 θ_i 的函数。因 E_x 是 E_a 的水平分力,故可以列出以下函数关系:

$$E_x = f(\alpha_i, \theta_i) \tag{3.15}$$

为了确定最不利的破裂角 α_i 和 θ_i 及相应的主动土压力值,可以求解下列偏微分方程组:

$$\left.\begin{array}{l} \dfrac{\partial E_x}{\partial \alpha_i} = 0 \\[3mm] \dfrac{\partial E_x}{\partial \theta_i} = 0 \end{array}\right\} \tag{3.16}$$

并满足下列条件:

$$\left.\begin{array}{l} \dfrac{\partial^2 E_x}{\partial \alpha_i^2} < 0, \dfrac{\partial^2 E_x}{\partial \theta_i^2} < 0 \\[3mm] \dfrac{\partial^2 E_x}{\partial \alpha_i^2} \cdot \dfrac{\partial^2 E_x}{\partial \theta_i^2} - \left(\dfrac{\partial^2 E_x}{\partial \alpha_i \partial \theta_i}\right)^2 > 0 \end{array}\right\} \tag{3.17}$$

出现第二破裂面的条件是:

①墙背或假想墙背的倾角 α 或 α' 必须大于第二破裂面的倾角 a_i,即墙背或假想墙背不妨碍第二破裂面的出现;

②在墙背或假想墙背面上产生的抗滑力必须大于其下滑力,即 $N_R > N_G$,或 $E_x \tan(\alpha' + \delta) > E_y + G$,使破裂棱体不会沿墙背或假想墙背下滑。

第二个条件的又一表达方式为:作用于墙背或假想墙背上的土压力对墙背法线的倾角 δ' 应小于或等于墙背摩擦角 δ。

一般的俯斜式挡土墙为避免土压力过大,很少采用平缓背坡,故不易出现第二破裂面。衡重式的上墙或悬臂式墙,因系假想墙背,$\delta=\varphi$,只要满足第一个条件,即出现第二破裂面。设计时应首先判别是否出现第二破裂面,然后再用相应的公式计算土压力。

现以衡重式路堤墙墙后土体第一破裂面交于荷载内、第二破裂面交于边坡的情况为例(图3.23),说明公式的推导过程。

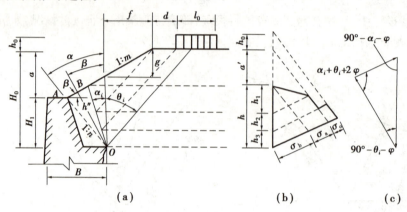

图 3.23   第二破裂面土压力公式推导图示

(1)根据边界条件,计算破裂棱体(包括棱体上的荷载)的重力 G

自衡重台后缘 O 点作表示坡线的垂线 OB,设其长度为 h'',则:

$$h''=H_1 \sec \alpha \cos(\alpha-\beta)=(m+n)H_1 \sin \beta$$

$$f=H_0 \cot \beta-h''/\sin \beta \quad g=H_0-h''/\cos \beta$$

$$G=\frac{1}{2}\gamma h''^2\left[\tan(\alpha_i-\beta)+\frac{H_0^2}{h''^2}\left(1+\frac{2h_0}{H_0}\right)\tan \theta_i+\tan \beta-\frac{fg+2(f+d)h_0}{h''^2}\right] \tag{3.18}$$

将包含变量 α_i 和 β 的两函数表示为:

$$x=\tan(\alpha_i-\beta)$$

$$y=\tan \theta_i$$

将各常数项表示为:

$$a=\tan(\varphi+\beta)$$

$$b=\tan \varphi$$

$$A=\frac{1}{2}\gamma h''^2$$

$$c=\frac{H_0^2}{h''^2}\left(1+\frac{2h_0^2}{H_0}\right)$$

$$s=\tan \beta-\frac{fg+2(f+d)h_0}{h''^2}$$

则:

$$G=A(x+cy+s) \tag{3.19}$$

（2）从力三角形求 E_a 的方程式

$$E_a = G \cdot \frac{\cos(\theta_i + \varphi)}{\sin[(\alpha_i + \varphi) + (\theta_i + \varphi)]}$$

$$E_x = E_a \cos(\alpha_i + \varphi) = \frac{G}{\tan(\alpha_i + \varphi) + \tan(\theta_i + \varphi)}$$

(3.20)

因：

$$\tan(\alpha_i + \varphi) = \tan[(\alpha_i - \beta) + (\beta + \varphi)] = \frac{x + a}{1 - ax} \quad \tan(\theta_i + \varphi) = \frac{y + b}{1 - by}$$

将以上两式及式（3.19）代入式（3.20），则：

$$E_x = A \frac{(x + cy + s)(1 - ax)(1 - by)}{(x + a)(1 - by) + (y + b)(1 - ax)}$$

(3.21)

（3）求 E_x 的最大值及相应的破裂角 α_i 和 θ_i

令 $\frac{\partial E_x}{\partial x} = 0$，经整理化简后得：

$$\frac{(x + a)(1 - by) + (y + b)(1 - ax)}{x + cy + s} = \frac{(1 - by)(1 + a^2)}{1 - ax}$$

(3.21a)

令 $\frac{\partial E_x}{\partial y} = 0$，经整理化简后得：

$$\frac{(x + a)(1 - by) + (y + b)(1 - ax)}{x + cy + s} = \frac{(1 - ax)(1 + b^2)}{c(1 - by)}$$

(3.21b)

解联立方程（3.21a）、（3.21b），得：

$$\frac{1 - ax}{1 - by} = \pm\sqrt{\frac{c(1 + a^2)}{1 + b^2}} = \pm e$$

(3.21c)

式（3.21c）中的 e 取正号还是负号，要根据 E_x 出现的最大值（即按式（3.17）的二阶偏微商）而定。计算结果 e 取正号，则式（3.21c）可写成：

$$x = \frac{1 - e(1 - by)}{a}$$

(3.21d)

代入式（3.21a），经整理化简后得：

$$y^2 + 2\left[\frac{1 + a^2}{e(a + b)} - \frac{1 - ab}{a + b}\right]y + \frac{1 - ab}{b(a + b)} + \frac{1 + a^2}{be^2(a + b)}(1 + as - 2e) = 0$$

(3.21e)

式（3.21e）为 $y = \tan\theta_i$ 的一元二次方程式，求解得：

$$\tan\theta_i = -Q \pm \sqrt{Q^2 - R}$$

(3.22)

式中：

$$Q = \frac{1}{\sqrt{1 + \frac{2h_0}{H_0}}} \csc(2\varphi + \beta)\frac{h''}{H_0} - \cot(2\varphi + \beta)$$

$$R = \cot\varphi \cot(2\varphi + \beta) + \frac{1}{1 + \frac{2h_0}{H_0}} \cdot \frac{\cos(\varphi + \beta)}{\sin\varphi \sin(2\varphi + \beta)}\left\{\frac{h''^2}{H_0^2} + \tan(\varphi + \beta)\left[\frac{2}{\sin\beta} \cdot \frac{h''}{H_0} - \cot\beta\left(1 + \frac{h''^2}{H_0^2}\right) - \right.\right.$$

$$\left. \frac{2h_0}{H_0}\left(\cot\beta - \frac{1}{\sin\beta}\cdot\frac{h''}{H_0} + \frac{d}{H_0}\right)\right] - \frac{2h''}{H_0}\sqrt{1 + \frac{2h''_0}{H_0}\cdot\frac{\cos\varphi}{\cos(\varphi+\beta)}}\right\}$$

式(3.22)中,$\tan\theta_i$ 可得两个根,有效根可取其正值中较小的一个。

将求得的第一破裂角 θ_i 代入式(3.21c),其中 $x = \tan(\alpha_i - \beta)$,可得:

$$\tan(\alpha_i - \beta) = \cot(\varphi+\beta) - \frac{\cos\varphi}{\sin(\varphi+\beta)}\cdot\frac{H_0}{h''}\sqrt{1+\frac{2h_0}{H_0}}(1 - \tan\varphi\tan\theta_i) \tag{3.23}$$

由式(3.21)和式(3.21a)或式(3.21b)可得:

$$E_x = A\frac{(1-ax)^2}{1+a^2} = \frac{1}{2}\gamma h''^2\left[1 - \tan(\varphi+\beta)\tan(\alpha-\beta)\right]^2\cos(\varphi+\beta)$$

或:

$$E_x = AC\frac{(1-by)^2}{1+b^2} = \frac{1}{2}\gamma H_0^2\left(1+\frac{2h_0}{H_0}\right)(1-\tan\varphi\tan\theta_i)^2\cos^2\varphi$$

$$E_y = E_x\tan(\alpha_i+\varphi)$$

$$E_a = E_x\sec(\alpha_i+\varphi) \tag{3.24}$$

(4)求主动土压力 E 的作用点

绘土压应力分布图,如图 3.23(b)所示。图中:

$$h = h''\sec(\beta - \alpha_i)\cdot\cos\alpha_i$$

$$a' = H_0 - h,\quad h' = a'\cot\beta$$

$$h_1 = \frac{b'-a'\tan\theta_i}{\tan\alpha_i + \tan\beta_i},\quad h_2 = \frac{d}{\tan\alpha_i+\tan\beta_i},\quad h_3 = h - h_1 - h_2$$

$$\sigma_0 = \gamma h_0 K_a$$

$$\sigma'_a = \gamma a' K_a \tag{3.25}$$

$$\sigma_h = \gamma h K_a$$

$$Z_x = \frac{\int_0^h \sigma y\,\mathrm{d}y}{\int_0^h \sigma\,\mathrm{d}y} = \frac{h^3 + a'(3h^2 - 3h_1 h + h_1^2) + 3h_0 h_3^2}{3(h^2 + 2a'h - a'h_1 - 2h_0 h_3)}$$

$$Z_y = B - Z_x\tan\alpha_i$$

各种边界条件的第二破裂面的数解公式详见有关设计手册。

5)折线形墙背的土压力计算

凸形墙背的挡土墙和衡重式挡土墙,其墙背不是一个平面而是折面,称为折线形墙背。对这类墙背,以墙背转折点或衡重台为界,分成上墙与下墙,分别按库伦方法计算主动土压力,然后取两者的矢量和作为全墙的土压力。

计算上墙土压力时,不考虑下墙的影响,按俯斜墙背计算土压力。衡重式挡土墙的上墙,由于衡重台的存在,通常都将墙顶内缘和衡重台后缘的连线作假想墙背,假想墙背与实际墙背间的土楔假定与实际墙背一起移动。计算时,先按墙背倾角 α 或假想墙背倾角 α' 是否大于第二破裂角 α_1 进行判断,如不出现第二破裂面,应以实际墙背或假想墙背为边界条件,按一般直线墙背库伦主动土压力计算;如出现第二破裂面,则按第二破裂面的主动土压力计算。

下墙土压力计算较复杂,目前普遍采用各种简化的计算方法,下面介绍两种常用的计算方法。

（1）延长墙背法

如图 3.24 所示，在上墙土压力算出后，延长下墙墙背交于填土表面 C，以 $B'C$ 为假想墙背。根据延长墙背的边界条件，用相应的库伦公式计算土压力，并绘出墙背应力分布图，从中截取下墙 BB' 部分的应力图作为下墙的土压力。将上下墙两部分应力图叠加，即为全墙土压力。

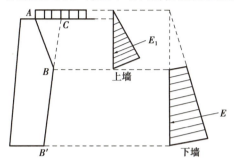

图 3.24　延长墙背法

这种方法存在一定误差。第一，忽略了延长墙背与实际墙背之间的土楔及荷载重，但考虑了在延长墙背和实际墙背上土压力方向不同而引起的垂直分力差，虽然两者能相互补偿，但未必能相互抵消。第二，绘制土压应力图形时，假定上墙破裂面与下墙破裂面平行，但大多数情况下两者是不平行的，由此存在计算下墙土压力所引起的误差。以上误差一般偏于安全，由于此法计算简便，至今仍被广泛采用。

（2）力多边形法

在墙背土体处于极限平衡条件下，作用于破裂棱体上的诸力，应构成矢量闭合的力多边形。在算得上墙土压力 E_1 后，就可绘出下墙任一破裂面力多边形。利用力多边形来推求下墙土压力，这种方法称为力多边形法。

现以路堤挡土墙下墙破裂面交于荷载范围内的情况（图 3.25）为例，说明下墙土压力的推导过程。

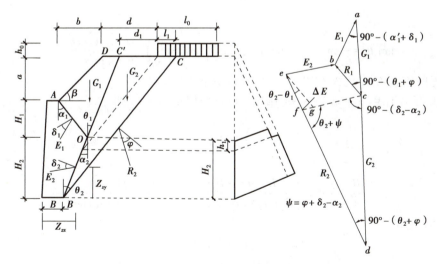

图 3.25　力多边形法

在极限平衡的条件下，破裂棱体 $AOBCD$ 的力平衡多边形为 $abed$，其中 abc 为上墙破裂棱体 $AOC'D$ 的力平衡三角形，$bedc$ 为下墙破裂棱体 $C'OBC$ 的力平衡多边形。图中 $eg \parallel bc$，$cf \parallel be$，$gf = \Delta E$。在 $\triangle cfd$ 中，由正弦定律可得：

$$E_2 + \Delta E = G_2 \frac{\sin(90° - \theta_2 - \varphi)}{\sin(\theta_2 + \psi)}$$

$$E_2 = G_2 \frac{\cos(\theta_2 + \varphi)}{\sin(\theta_2 + \psi)} - \Delta E \tag{3.26}$$

$$\psi = \varphi + \delta_2 - \alpha_2$$

挡土墙下部破裂棱体所受重力 G_2 为：

$$G_2 = \gamma(A_0 \tan \theta_2 - B_0) \tag{3.27}$$

式中：

$$A_0 = \frac{1}{2}(H_2 + H_1 + a + 2h_0)(H_2 + H_1 + a)$$

$$B_0 = \frac{1}{2}(H_2 + 2H_1 + 2a + 2h_0)H_2 \tan \alpha_2 + \frac{1}{2}(H_1 + a)^2 \tan \theta_1 + (d + b - H_1 \tan \alpha_1)h_0$$

在 $\triangle efg$ 中，有：

$$\Delta E = R_1 \frac{\sin(\theta_2 - \theta_1)}{\sin[180° - (\theta_2 + \psi)]} = R_1 \frac{\sin(\theta_2 - \theta_1)}{\sin(\theta_2 + \psi)} \tag{3.28}$$

在 $\triangle abc$ 中，上墙土压力 E_1，已求出：

$$R_1 = E_1 \frac{\sin[90° - (\alpha_1 + \delta_1)]}{\sin[90° - (\theta_1 + \varphi)]} = E_1 \frac{\cos(\alpha_1 + \delta_1)}{\cos(\theta_1 + \varphi)} \tag{3.29}$$

将 G_2 及 ΔE 代入式(3.26)，得：

$$E_2 = \gamma(A_0 \tan \theta_2 - B_0) \frac{\cos(\theta_2 + \varphi)}{\sin(\theta_2 + \psi)} - R_1 \frac{\sin(\theta_2 - \theta_1)}{\sin(\theta_2 + \psi)} \tag{3.30}$$

由上式可知，下墙土压力 E_2 计算值是试算破裂角 θ_2 的函数。为求 E_2 的最大值，可令 $\dfrac{dE_2}{d\theta_2} = 0$，得：

$$\tan \theta_2 = -\tan \psi \pm \sqrt{(\tan \psi + \cot \varphi)\left(\tan \psi + \frac{B_0}{A_0}\right) - \frac{R_1 \sin(\psi + \theta_1)}{A_0 \gamma \sin \varphi \cos \psi}} \tag{3.31}$$

将求得的破裂角 θ_2 代入式(3.30)，可求得下墙土压力 E_2。

在图 3.25 中作用于下墙的土压力图形，可近似假定 $\theta_1 = \theta_2$，即

$$\frac{h_1}{H_2} = \frac{d_1}{l_1 + d_1}$$

即

$$h_1 = \frac{H_2}{l_1 + d_1} \cdot d_1 = \frac{H_2[d + b - H_1 \tan \alpha_1 - (H_1 + \alpha) \tan \theta_1]}{(H_2 + H_1 + a) \tan \theta_2 - H_2 \tan \alpha_2 - (H_1 + \alpha) \tan \theta_1}$$

上压力作用点：

$$\left. \begin{aligned} Z_{zx} &= \frac{H_2^3 + 3H_2^3(H_1 + a + h_0) - 3h_0 h_1(2H_1 - h_1)}{3[H_2^2 + 2H_2(H_1 + a) + 2h_0(H_2 - h_1)]} \\ Z_{zy} &= B + Z_{zx} \tan \alpha_2 \end{aligned} \right\} \tag{3.32}$$

各种边界条件下折线墙背下墙土压力的力多边形法计算公式,见有关设计手册。

6)黏性土土压力计算

经典库伦理论只考虑不具有黏聚力的砂性土的土压力问题。当墙背填料为黏性土时,土的黏聚力对主动土压力的影响很大,因此应考虑黏聚力的影响。现介绍以库伦理论为基础计算黏性土主动土压力的近似方法。

(1)等效内摩擦角法

由于目前对黏性土 c、φ 值的确定还存在一些问题,尤其是土的流变性质及其对墙的影响尚不十分清楚,因此在设计黏性土的挡土墙时,通常将内摩擦角 φ 与单位黏聚力 c,换算成较实际 φ 值大的"等效内摩擦角"φ_D,按砂性土的公式来计算土压力。

可以按换算前后土的抗剪强度相等的原则或土压力相等的原则来计算 φ_D 值。通常把黏性土的内摩擦角值增大 5°~10°,或采用等效内摩擦角 φ_D 为 30°~35°。

但是,由于影响土压力数值的因素是多方面的,包括墙高、墙型、墙后填料表面荷载情况等,不可能用上述方法确定一个固定的换算关系或固定的换算值。用上述方法换算的内摩擦角,只与某一特定的墙高相适应,对于矮墙偏于安全,对于高墙则偏于危险。因此在设计高墙时,应按墙高酌情降低 φ_D 值。最好是按实际测定的 c、φ 值,采用力多边形法来计算黏性土的主动土压力。

(2)力多边形法(数解法)

当墙身向外有足够位移时,黏性土土层顶部会出现拉应力,产生竖向裂缝,裂缝从地面向下延伸至拉应力趋于零处。裂缝深度 h_c 按式(3.33)计算:

$$h_c = \frac{2c}{\gamma}\tan\left(45°+\frac{\varphi}{2}\right) \tag{3.33}$$

式中 c——填料的单位黏聚力,kPa 或 kN/m^2。

在垂直裂缝区 h_c 范围内。竖直面上的侧压力等于零,因此在此范围内不计土压力。

根据库伦理论,假设破裂面为一平面,沿破裂面的土的抗剪强度由土的内摩擦力 $\sigma\tan\varphi$ 和黏聚力 c 组成。至于墙背和土之间的黏聚力 c',由于影响因素很多,为简化计算及使用安全,可忽略不计。

现以路堤墙后破裂面交于荷载内的情况为例,介绍公式的推导方法。

图 3.26 为路堤式挡土墙。填土表面有局部荷载,其裂缝假定在荷载作用面以下产生。BD 为破裂面,破裂棱体为 $ABDEFMN$。在主动极限平衡状态下,棱体在自重 G、墙背反力 E_a、破裂面反力 R 和破裂面黏聚力 $\overline{BD}\cdot c$ 等四个力的作用下保持静力平衡,构成力多边形。从力多边形可知,作用于墙背的主动土压力应为:

$$E_a = E' - E_c \tag{3.34}$$

式中 E'——当 $c=0$ 时的土压力,从式(3.1)得:

$$E' = \frac{\cos(\theta+\varphi)}{\sin(\theta+\psi)}G$$

式中 G——棱体 $ABDEFMN$ 的自重,在如图 3.26(a)所示的情况下:

$$G = \gamma(A_0\tan\theta - B_0)$$

其中:

$$A_0 = \frac{1}{2}(H+a)^2 - \frac{1}{2}h_c^2 + h_0(H+a-h_c)$$

$$B_0 = \frac{1}{2}ab + (b+d)h_0 + \frac{H}{2}(H+2a+2h_0)\tan\alpha$$

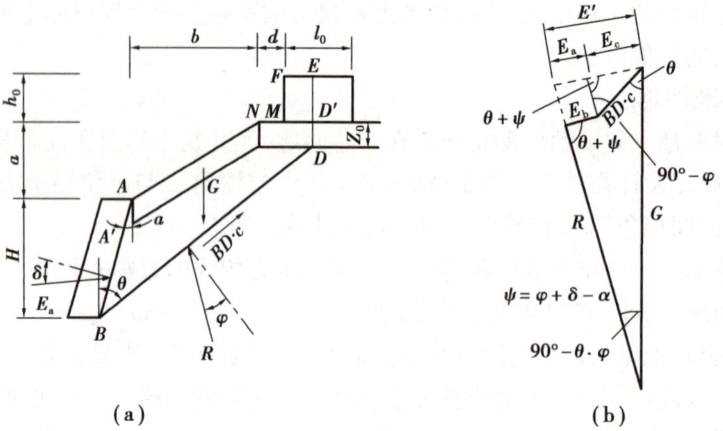

图 3.26　路堤墙黏性土主动土压力计算

将 G 的表达式代入 E' 得：

$$E' = \gamma(A_0\tan\theta - B_0)\frac{\cos(\theta+\varphi)}{\sin(\theta+\psi)}$$

$$= \gamma A_0(\tan\theta+\tan\psi)\frac{\cos(\theta+\varphi)}{\sin(\theta+\psi)} - \gamma A_0\tan\psi\frac{\cos(\theta+\varphi)}{\sin(\theta+\psi)} - \gamma B_0\frac{\cos(\theta+\varphi)}{\sin(\theta+\psi)}$$

$$= \gamma A_0\frac{\sin(\theta+\psi)}{\cos\theta\cos\psi}\cdot\frac{\cos(\theta+\varphi)}{\sin(\theta+\psi)} - \gamma(A_0\tan\psi+B_0)\frac{\cos(\theta+\varphi)}{\sin(\theta+\psi)}$$

$$= \frac{\gamma A_0}{\cos\psi}\cdot\frac{\cos(\theta+\varphi)}{\cos\theta} - \gamma(A_0\tan\psi+B_0)\frac{\cos(\theta+\varphi)}{\sin(\theta+\psi)} \tag{3.35}$$

式(3.34)中的 E_c，是由于 $\overline{BD}\cdot c$ 黏聚力的作用而减少的土压力，从图 3.26(b)中可得

$$E_c = \frac{c\cdot\cos\varphi\cdot\overline{BD}}{\sin(\theta+\psi)} = \frac{c(H+a-h_c)\cos\varphi}{\cos\theta\sin(\theta+\psi)} \tag{3.36}$$

令：

$$\frac{dE_a}{d\theta} = \frac{dE}{d\theta} - \frac{dE_c}{d\theta} = 0$$

得：

$$\frac{dE_a}{d\theta} = -\frac{\gamma A_0}{\cos\psi}\cdot\frac{\sin\varphi}{\cos^2\theta} + \frac{\gamma(A_0\tan\psi+B_0)\cos(\varphi-\psi)}{\sin^2(\theta+\psi)} +$$

$$c(H+a-h_c)\cos\varphi\frac{\cos\theta\cos(\theta+\varphi)-\sin\theta\sin(\theta+\psi)}{\cos^2\theta\sin^2(\theta+\psi)} = 0$$

将上式整理化简即可得到计算破裂角 θ 的公式：

$$\tan\theta = -\tan\psi \pm \sqrt{\sec^2\psi - D} \tag{3.37}$$

式中：

$$D = \frac{A_0 \sin(\varphi-\psi) - B_0 \cos(\varphi-\psi)}{\cos\psi\left[A_0 \sin\varphi + \dfrac{c}{\gamma}(H+a-h_c)\cos\varphi\right]}$$

将 θ 代入 E_a 的表达式,即可求得主动土压力 E_a。

对于其他边界条件下的黏性土土压力公式,可查有关设计手册。

7)不同土层的土压力计算

如图 3.27 所示,采用近似的计算方法,首先求得上一土层的土压力 E_{1a} 及其作用点高度 Z_{1x},并近似地假定:上下两土层层面平行;计算下一土层时,将上一土层视为均布荷载,按地面为一平面时的库伦公式计算,然后截取下一土层的土压应力图形为其土压力。

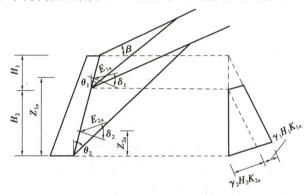

图 3.27　不同土层土压力计算

在图 3.27 中:

$$E_{2a} = \left(\gamma_1 H_1 H_2 + \frac{1}{2}\gamma_2 H_2^2\right)K_{2a} \tag{3.38}$$

式中　K_{2a}——下一土层的土压力系数。

土压力的作用点高度为:

$$Z_{2x} = \frac{H_2}{3}\left(1 + \frac{\gamma_1 H_1}{2\gamma_1 H_1 + \gamma_2 H_2}\right) \tag{3.39}$$

8)有限范围填土的土压力计算

以上各种土压力计算公式,适用于墙后填料为均质体,并且破裂面产生在填料范围内的情况。如果挡土墙修在陡坡的半路堤上,或者山坡土体有倾向路基的层面,则墙后存在着已知坡面或潜在滑动面,当其倾角陡于由计算求得的破裂面的倾角时,墙后填料将沿着陡坡面(或滑动面)下滑,而不是沿着计算破裂面下滑,如图 3.28 所示。此时作用在墙上的主动土压力为:

$$E_a = G\frac{\sin(\beta-\varphi')}{\cos(\psi-\beta)} \tag{3.40}$$

式中　G——土楔及其上荷载重;

β——滑动面的倾角,即原地面的横坡或层面倾角;

φ'——土体与滑动面的摩擦角;当坡面无地下水、并按规定挖台阶填筑时,可采用土的内摩擦角 φ';

ψ——参数,$\psi = \varphi + \alpha + \delta$。

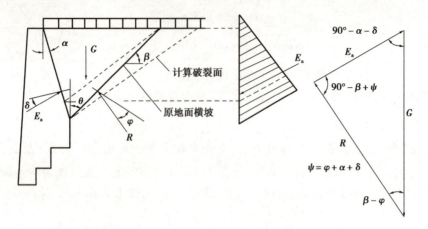

图 3.28　有限范围内填土的土压力计算

3.4.3　重力式挡土墙结构验算

挡土墙设计按"极限状态设计的分项系数法"进行。挡土墙设计应进行承载力极限状态计算和正常使用极限状态验算,以及挡土墙的抗滑稳定、抗倾覆稳定和整体稳定性验算。

承载力极限状态是当挡土墙出现以下任何一种状态,即认为超过了承载力极限状态:

①整个挡土墙或挡土墙的一部分作为刚体失去平衡;

②挡土墙构件或连接部件因材料强度超过而破坏,或因过度塑性变形而不适于继续承载;

③挡土墙结构变为机动体系或局部失去平衡。

正常使用极限状态是挡土墙出现下列状态之一时,即认为超过了正常使用极限状态:

①影响正常使用或外观变形;

②影响正常使用或耐久性的局部破坏(包括裂缝);

③影响正常使用的其他特定状态。

挡土墙构件承载能力极限状态设计采用下列表达式:

$$\left.\begin{array}{l} \gamma_0 S \leqslant R \\ R = R\left(\dfrac{R_k}{\gamma_f}, \alpha_d\right) \end{array}\right\} \tag{3.41}$$

式中　γ_0——结构重要性系数,按表 3.11 的规定采用;

　　　　S——作用(或荷载)效应的组合设计值;

　　　　R——挡土墙结构抗力函数;

　　　　R_K——抗力材料的强度标准值;

　　　　γ_f——结构材料、岩土性能的分项系数,按表 3.12 的规定采用;

　　　　α_d——结构或结构构件几何参数的设计值,当无可靠数据时,可采用几何参数标准值。

表 3.11　结构重要性系数 γ_0

墙　高	公路等级	
	高速公路、一级公路	二级及以下公路
≤5.0 m	1.0	0.95
>5.0 m	1.05	1.0

表 3.12　承载能力极限状态作用(或荷载)分项系数

情　况	荷载增大对挡土墙结构起有利作用时		荷载增大对挡土墙结构起不利作用时	
组　合	Ⅰ,Ⅱ	Ⅲ	Ⅰ,Ⅱ	Ⅲ
垂直恒载 γ_G	0.90		1.20	
恒载或车辆荷载、人群荷载的主动土压力 γ_{Q1}	1.00	0.95	1.40	1.30
被动土压力 γ_{Q2}	0.30		0.50	
水浮力 γ_{Q3}	0.95		1.10	
静水压力 γ_{Q4}	0.95		0.05	
动水压力 γ_{Q5}	0.95		1.20	

　　施加于挡土墙的作用(或荷载),按性质可分为永久作用(或荷载)、可变作用(或荷载)及偶然作用(或荷载),如表 3.13 所示。

表 3.13　荷载分类

作用(或荷载)分类	作用(或荷载)名称
永久作用(荷载)	挡土墙结构重力
	填土(包括基础襟边以上土)重力
	填土侧压力
	墙顶上的有效永久荷载
	墙顶与地表破裂面之间的有效荷载
	计算水位的浮力及静水压力
	预应力
	混凝土收缩及徐变
	基础变位影响力

续表

作用(或荷载)分类		作用(或荷载)名称
可变作用(或荷载)	基本可变作用(或荷载)	车辆荷载引起的土侧压力
		人群荷载、人群荷载引起的土侧压力
	其他可变作用(或荷载)	水位退落时的动水压力
		流水压力
		波浪压力
		冻胀压力和冰压力
		温度应力
	施工荷载	与各类挡土墙施工有关的临时荷载
偶然作用(或荷载)		地震作用力
		滑坡、泥石流作用力
		作用于墙顶护栏上的车辆碰撞力

常用作用(或荷载)组合如表 3.14 所示。

表 3.14　常用作用(或荷载)组合

组　合	作用(或荷载)名称
I	挡土墙结构重力、墙顶上的有效永久荷载、填土重力、填土侧压力及其他永久荷载组合
II	组合 I 与基本可变荷载相结合
III	组合 II 与其他可变荷载、偶然荷载相结合

注:洪水与地震力不同时考虑;冻胀力、冰压力与流水压力或波浪压力不同时考虑;车辆荷载与地震力不同时考虑。

1)挡土墙基础设计与稳定性计算

基底合力的偏心距 e_0 可按式(3.42)计算:

$$e_0 = \frac{M_d}{N_d} \tag{3.42}$$

式中　N_d——作用于基底上的垂直力组合设计值,kN/m;

M_d——作用于基底形心的弯矩组合设计值,MPa。

对挡土墙进行地基计算时,各类作用(或荷载)组合下,作用效应组合设计值计算式中的作用分项系数,除被动土压力 γ_{Q2} 采用 0.3 外,其他作用(或荷载)的分项系数规定均采用 1.0。

基底压应力 σ 应按下列公式计算:

$$|e_0| \leqslant \frac{B}{6} \text{ 时，} \quad \sigma_{1,2} = \frac{N_d}{A}\left(1 \pm \frac{6e_0}{B}\right) \tag{3.43}$$

$$|e_0| > \frac{B}{6} \text{ 时，} \quad \begin{cases} \sigma_1 = \dfrac{2N_d}{3\alpha_1}, \sigma_2 = 0 \\ \alpha_1 = \dfrac{B}{2} - e_0 \end{cases} \tag{3.44}$$

式中　σ_1——挡土墙趾部的压应力,kPa;

σ_2——挡土墙踵部的压应力,kPa;

B——基底宽度,m,倾斜基底为其斜宽;

A——基础底面每延米的面积,矩形基础为基础宽度 $B\times 1$ m。

其余符号意义同前。

基底合力的偏心距 e_0,对于土质地基不应大于 $B/6$;对于岩石地基不应大于 $B/4$。基底压应力不应大于基底的容许承载力 $[\sigma_0]$,基底容许承载力值可按现行《公路桥涵地基与基础设计规范》(JTG 3363) 的规定执行。

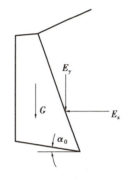

图 3.29　挡土墙抗滑稳定

2) 挡土墙抗滑稳定性验算

为保证挡土墙抗滑稳定性,应验算在土压力及其他外力作用下,基底摩阻力抵抗挡土墙滑移的能力,如图 3.29 所示。

在一般情况下:

$$[1.1G+\gamma_{Q1}(E_y+E_x\tan\alpha_0)-\gamma_{Q2}E_p\tan\alpha_0]\mu+$$
$$(1.1G+\gamma_{Q1}E_y)\tan\alpha_0-\gamma_{Q1}E_x+\gamma_{Q2}E_p>0 \tag{3.45}$$

式中　G——作用于基底以上的重力,kN,浸水挡土墙的浸水部分应计入浮力;

E_y——墙后主动土压力的竖向分量,kN;

E_x——墙后主动土压力的水平分量,kN;

E_p——墙前被动土压力的水平分量,kN,当为浸水挡土墙时,$E_p=0$;

α_0——基底倾斜角(°),基底为水平时,$\alpha_0=0$;

γ_{Q1},γ_{Q2}——主动土压力分项系数、墙前被动土压力分项系数,可按表 3.12 选用;

μ——基底与地基间的摩擦系数,当缺乏可靠试验资料时,可按表 3.15 的规定选用。

表 3.15　基底摩擦系数 μ 参考值

土基分类	μ	土基分类	μ
软塑黏土	0.25	碎石类土	0.50
硬塑黏土	0.30	软质岩石	0.40 ~ 0.06
砂类土、黏砂土、半干硬黏土	0.30 ~ 0.40	硬质岩石	0.60 ~ 0.70
砂类土	0.40		

抗滑动稳定系数 K_c 按式(3.46)计算:

$$K_c=\frac{[N+(E_x-E_p')\tan\alpha_0]\mu+E_p'}{E_x-N\tan\alpha_0} \tag{3.46}$$

式中　N——作用于基底上合力的竖向分力,kN,浸水挡土墙应计浸水部分的浮力;

E_p'——墙前被动土压力水平分量的 0.3 倍,kN;

其余符号意义同前。

3) 挡土墙抗倾覆稳定性验算

为保证挡土墙抗倾覆稳定性,需验算它抵抗墙身绕墙趾向外转动倾覆的能力(图 3.30),计

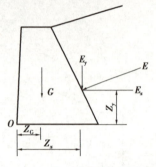

图 3.30　挡土墙的抗倾覆稳定

算如式(3.47)所示。

$$0.8GZ_G+\gamma_{Q1}(E_yZ_x-E_xZ_y)+\gamma_{Q2}E_pZ_p>0 \quad (3.47)$$

式中　Z_G——墙身重力、基础重力、基础上填土的重力及作用于墙顶的其他荷载的竖向力合力重心到墙趾的距离,m;

　　　Z_x——墙后主动土压力的竖向分量到墙趾的距离,m;

　　　Z_y——墙后主动土压力的水平分量到墙趾的距离,m;

　　　Z_p——墙前被动土压力的水平分量到墙趾的距离,m;

其余符号意义同前。

抗倾覆稳定系数 K_0 按式(3.48)计算:

$$K_0=\frac{GZ_G+E_yZ_x+E'_pZ_p}{E_xZ_y} \quad (3.48)$$

式中各符号意义同前。

在规定的墙高范围内,验算挡土墙的抗滑动和抗倾覆稳定时,稳定系数不宜小于表 3.16 的规定。

表 3.16　抗滑动和抗倾覆的稳定系数

荷载情况	验算项目	稳定系数	
荷载组合 Ⅰ、Ⅱ	抗滑动	K_c	1.3
	抗倾覆	K_0	1.5
荷载组合 Ⅲ	抗滑动	K_c	1.3
	抗倾覆	K_0	1.3
施工阶段验算	抗滑动	K_c	1.2
	抗倾覆	K_0	1.2

在验算挡土墙的稳定性时,一般均未计趾前土层对墙面所产生的被动土压力。

验算结果如不满足以上要求,则表明抗滑稳定性或抗倾覆稳定性不够,应改变墙身断面尺寸重新核算。

4)挡土墙强度验算

重力式挡土墙按承载能力极限状态设计时,在某一类作用(或荷载)效应组合下,作用(或荷载)效应的组合设计值,可按式(3.49)计算:

$$S=\Psi_{ZL}\left(\gamma_G\sum S_{Gik}+\sum\gamma_{Qi}S_{Qik}\right) \quad (3.49)$$

式中　S——作用(或荷载)效应的组合设计值;

　　　γ_G、γ_{Qi}——作用(或荷载)的分项系数,按表 3.12 采用(荷载分类见表 3.14);

　　　S_{Gik}——第 i 个垂直恒载的标准值效应;

　　　S_{Qik}——土侧压力、水浮力、静水压力、其他可变作用(或荷载)的标准值效应;

　　　Ψ_{ZL}——荷载效应组合系数,按表 3.17 采用(荷载组合见表 3.14)。

表 3.17　荷载效应组合系数 Ψ_{ZL} 值

荷载组合	Ψ_{ZL}	荷载组合	Ψ_{ZL}	荷载组合	Ψ_{ZL}
Ⅰ、Ⅱ	1.0	施工荷载	0.7	Ⅲ	0.8

挡土墙构件轴心或偏心受压时,正截面强度与稳定性按式(3.50)、(3.51)计算。

计算强度时:

$$\gamma_0 N_d \leqslant \alpha_k A R_a / \gamma_f \tag{3.50}$$

计算稳定时:

$$\gamma_0 N_d \leqslant \psi_k \alpha_k A R_a / \gamma_f \tag{3.51}$$

式中　N_d——验算截面上的轴向力组合设计值,kN;

　　　γ_0——重要性系数,按表 3.11 选取;

　　　γ_f——圬工构件或材料的抗力分项系数,按表 3.18 选取;

表 3.18　圬工构件或材料抗力分项系数 γ_f

圬工种类	受力情况	
	受压	受弯、剪、拉
石料	1.85	2.31
片石砌体、片石混凝土砌体	2.31	2.31
块石、粗料石、混凝土预应力、砖砌体	1.92	2.31
混凝土	1.54	2.31

　　　R_a——材料极限抗压强度,kN;

　　　A——挡土墙构件的计算截面面积,m²;

　　　α_k——轴向力偏心影响系数,按下式进行计算:

$$\alpha_k = \frac{1-256\left(\dfrac{e_0}{B}\right)^2}{1+12\left(\dfrac{e_0}{B}\right)^2} \tag{3.52}$$

　　　e_0——轴向力的偏心距,$e_0 = \left|\dfrac{M_0}{N_0}\right|$。挡土墙墙身或基础为圬工截面时,其轴向力的偏心距应符合表 3.19 的规定。

表 3.19　圬工结构轴向力合力的容许偏心距

荷载组合	容许偏心距
Ⅰ、Ⅱ	0.25B
Ⅲ	0.30B
施工荷载	0.33B

　　　B——挡土墙计算截面宽度,m;

M_0——在某一类作用(或荷载)组合下,作用(或荷载)对计算截面形心的总力矩,kN·m;

N_0——在某一类作用(或荷载)组合下,作用于计算截面上的轴向力的合力,kN;

ψ_k——偏心受压构件在弯曲平面内的纵向弯曲系数,按下式计算:

$$\psi_k = \frac{1}{1+\alpha_s\beta_s(\beta_s-3)[1+16(e_0/B)^2]} \tag{3.53}$$

轴心受压构件的纵向弯曲系数按表3.20选取。

表3.20 轴心受压构件纵向弯曲系数

2H/B	混凝土构件	砌体砂浆强度等级	
		M10、M7.5、M5	M2.5
≤3	1.00	1.00	1.00
4	0.99	0.99	0.99
6	0.96	0.96	0.96
8	0.93	0.93	0.91
10	0.88	0.88	0.85
12	0.82	0.82	0.79
14	0.76	0.76	0.72
16	0.71	0.71	0.66
18	0.65	0.65	0.60
20	0.60	0.60	0.54
22	0.54	0.54	0.49
24	0.50	0.50	0.44
26	0.46	0.46	0.40
28	0.42	0.42	0.36
30	0.38	0.38	0.33

β_s——$2H/B$,H为墙高,m;

α_s——与材料有关的系数,查表3.21。

表3.21 α_s系数表

圬工类型	浆砌砌体采用以下砂浆强度等级			混凝土
	M10、M7.5、M5	M2.5	M1	
α_s值	0.002	0.002 5	0.004	0.002

混凝土截面在受拉一侧配有不小于截面面积0.05%的纵向钢筋时,表3.19中的容许规定值可增加0.05B;当截面配筋率大于表3.22的规定时,按钢筋混凝土构件计算,偏心距不受限制。

表 3.22　按钢筋混凝土构件计算的受拉钢筋最小配筋率

钢筋牌号(种类)	钢筋最小配筋率	
	截面一侧钢筋	全截面钢筋
Q235 钢筋(Ⅰ级)	0.20	0.50
HRB400 钢筋(Ⅱ、Ⅰ级)	0.20	0.50

注:钢筋最小配筋率按构件的全截面计算。

5)增加挡土墙稳定性的措施

(1)增加抗滑稳定性的方法

①设置倾斜基底(图 3.31)。设置向内倾斜的基底,可以增加抗滑力和减少滑动力,从而增加了抗滑稳定性。

基底倾斜角 α_0 越大,越有利于抗滑稳定性,但应考虑挡土墙连同地基土体一起产生滑动的可能性,因此对地基倾斜度应加以控制。通常,对土质地基,不陡于 $1:5(\alpha_0 \leqslant 11°10')$,对岩石地基不陡于 $1:3(\alpha_0 \leqslant 16°42')$。

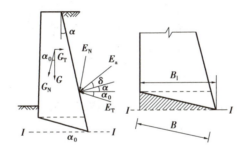

图 3.31　倾斜基底增加挡土墙抗滑稳定性

此外,在验算沿基底的抗滑稳定性的同时,还应验算通过墙踵的地基水平面(图 3.31 中 Ⅰ—Ⅰ 水平面)的滑动稳定性。

②采用凸榫基础(图 3.32)。在挡土墙基础底面设置混凝土凸榫,与基础连成整体,利用榫前土体产生的被动土压力来增加挡土墙的抗滑稳定性。

为了增加榫前被动阻力,应使榫前被动土楔不超过墙趾。同时,为了防止因设凸榫而增加墙背的主动土压力,应使凸榫后缘与墙踵的连线同水平线的夹角不超过 φ 角。因此,应将整个凸榫置于通过墙趾并与水平线成 $45°-\varphi/2$ 角线和通过墙踵并与水平线成 φ 角线所形成的三角形范围内。

当 $\beta=0$(填土表面水平)、$\alpha=0$(墙背垂直)、$\sigma=0$(墙光滑)时,榫前的单位被动土压力按朗金(Rankine)理论计算。

$$\sigma_p = \gamma h \, \tan^2(45°+\varphi/2) \approx \frac{1}{2}(\sigma_1+\sigma_3)\tan^2(45°+\varphi/2) \tag{3.54}$$

考虑到产生全部被动土压力所需要的墙身位移量大于墙身设计所允许的位移量,为工程安全所不允许,因此铁路规范规定,凸榫前的被动土压力按朗金被动土压力的 1/3 采用,即:

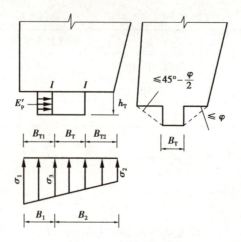

图 3.32　凸榫基础

$$e_p = \frac{1}{3}\sigma_p = \frac{1}{3}\left[\frac{1}{2}(\sigma_1 + \sigma_3)\tan^2(45° + \varphi/2)\right] \tag{3.55}$$

$$E'_p = e_p \cdot h_T$$

在榫前 B_T 前宽度内，因已考虑了部分被动土压力，故未计其基底摩擦阻力。

按照抗滑稳定性的要求，令 $K_c = [K_c]$，代入式(3.55)，即可得出凸榫高度 h_T 的计算式：

$$h_T = \frac{[K_c]E_x - \frac{1}{2}(\sigma_2 + \sigma_3)B_2 f}{e_p} \tag{3.56}$$

凸榫宽度 B_T 根据以下两方面的要求进行计算，取其大者。

①根据截面 I—I(图 3.32)上弯矩 M_T：

$$B_T = \sqrt{\frac{6M_T}{[\sigma_{WL}]}} = \sqrt{\frac{6 \times \frac{1}{2}e_p h_T^2}{[\sigma_{WL}]}} = \sqrt{\frac{3h_T^2 e_p}{[\sigma_{WL}]}} \tag{3.57}$$

②根据该截面上的剪应力：

$$B_T = \frac{e_p h_r}{[\sigma_\tau]} \tag{3.58}$$

式中　$[\sigma_{WL}]$，$[\tau]$——混凝土的容许弯拉应力和容许剪应力。

(2)增加抗倾覆稳定性的方法

为增加抗倾覆稳定性，应采取加大稳定力矩和减小倾覆力矩的办法。

①展宽墙趾。在墙趾处展宽基础以增加稳定力臂，是增加抗倾覆稳定性的常用方法。但在地面横坡较陡处，会由此引起墙高增加。

②改变墙面及墙背坡度。改缓墙面坡度可增加稳定力臂[图 3.33(a)]，改陡俯斜墙背或改为仰斜墙背可减少土压力，如图 3.33(b)、(c)所示。在地面纵坡较陡处，均需注意对墙高的影响。

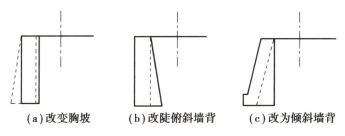

（a）改变胸坡　　　　（b）改陡俯斜墙背　　　　（c）改为倾斜墙背

图 3.33　改变胸坡及背坡

③改变墙身断面类型。当地面横坡较陡时,应使墙胸尽量陡立。这时可改变墙身断面类型,如改用衡重式墙或者墙后加设卸荷平台、卸荷板(图 3.34),以减少土压力并增加稳定力矩。

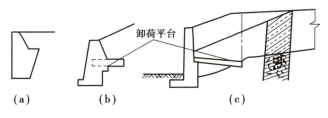

（a）　　　　　　（b）　　　　　　　　　　（c）

图 3.34　改变墙身类型措施

3.4.4　浸水挡土墙设计

设计长期或季节性浸水的挡土墙,除了按一般挡土墙考虑所作用的力系外,还应考虑水对墙后填料和墙身的影响:

①浸水的填料受到水的浮力作用而使土压力减小;

②砂性土的内摩擦角受水的影响不大,可认为浸水后不变,但黏性土浸水后抗剪强度显著降低;

③墙背与墙面均受到静水压力,在墙背与墙面静水位水平一致时,两者互相平衡;而当有一水位差时,则墙身受到静水压力差所引起的推力;

④墙外水位骤然降落,或者墙后暴雨下渗在填料内出现渗流时,填料受到渗透动水压力;

⑤墙身受到水的浮力作用,而使其抗倾覆及抗滑动稳定性减弱。

1）土压力计算

当填料为砂性土时,计算时考虑:

①浸水部分填料单位重量采用浮容重;

②浸水前后的内摩擦角不变;

③破裂面为一平面,由于浸水后破裂位置的变动对于计算土压力的影响不大,因而不考虑浸水的影响。

浸水挡土墙土压力可采用不浸水时的土压力扣除计算水位以下因浮力影响而减少的土压力,如图 3.35 所示。即:

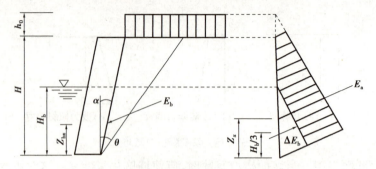

图 3.35　砂性土的浸水压力

$$E_b = E_a - \Delta E_b \tag{3.59}$$

$$\Delta E_b = \frac{1}{2}(\gamma - \gamma_b)H_b^2 K_a \tag{3.60}$$

$$\gamma_b = \gamma_d - (1-h)\gamma_w = \frac{\gamma_s - \gamma_w}{1+\varepsilon} \tag{3.61}$$

式中　γ——填料天然容重,kN/m³;

　　　γ_b——填料的浮容重,kN/m³;

　　　H_b——浸水部分墙高,m;

　　　K_a——土压力系数;

　　　γ_d,γ_s——填料的干容重和固体土粒的容重,其中 γ_s 值可采用:砂土 26.6 kN/m³,砾石、
　　　　　　卵石 26.5 ~ 28.0 kN/m³;

　　　γ_w——水的容重,$\gamma_w \approx 10$ kN/m³;

　　　n——填料的空隙率;

　　　ε——填料的孔隙比。

土压力作用位置为:

$$Z_{bx} = \frac{E_a Z_x - \Delta E_b \dfrac{H_b}{3}}{E_a - \Delta E_b} \tag{3.62}$$

当填料为黏性土时,浸水后内黏结力 C 值降低。计算时,先计算水位以上的土压力;将水位以上的土重作为荷载,计算浸水部分的土压力;取二者矢量和作为全墙的土压力。

2)静水压力

如图 3.36 所示,墙胸所受静水压力及其水平、垂直分力为:

$$\left.\begin{aligned}
P_1' &= \frac{1}{2}\gamma_w H_b'^2 \sec \alpha' \\
P_{1x}' &= \frac{1}{2}\gamma_w H_b'^2 \\
P_{1y}' &= \frac{1}{2}\gamma_w H_b'^2 \tan \alpha'
\end{aligned}\right\} \tag{3.63}$$

墙背所受静水压力及其水平、垂直分力为:

$$P_1 = \frac{1}{2}\gamma_w H_b^2 \sec \alpha$$

$$P_{1x} = \frac{1}{2}\gamma_w H_b^2 \qquad (3.64)$$

$$P_{1y} = \frac{1}{2}\gamma_w H_b'^2 \tan \alpha$$

当计算动水压力 P_3 时,$H_b - H_b'$ 段的静水压力为动水压力所代替,则墙背静水压力 P_{1x} 为:

$$P_{1x} = \frac{1}{2}\gamma_w (2H_b H_b' - H_b^2) \qquad (3.65)$$

挡土墙两侧静水压力的水平分力差为 $P_{1x} - P_{1x}'$。当墙身排水良好,墙前与墙后的水位一致时,$P_{1x} = P_{1x}'$,两者相互平衡,计算时可不予考虑。静水压力的垂直分力 P_{1y} 和 P_{1y}' 计入上浮力。

3)上浮力

作用于基底的上浮力为:

$$P_2' = \frac{1}{2}C\gamma_w (H_b + H_b')B \qquad (3.66)$$

式中 B——基底宽,m;

　　　　C——上浮力折减系数,根据墙基底面水的渗透情况而定,见表 3.23。

表 3.23　上浮力折减系数 C 值

墙基底面水的渗透情况	上浮力折减系数 C
透水的地基	1.0
不能肯定是否透水的地基	1.0
岩石地基,在基底与岩石间浇筑混凝土,认为相对不透水时	0.5

总浮力为基底上浮力与墙胸、墙背所受的静水压力垂直分力的代数和,即

$$P_2 = P_2' - P_{1y}' - P_{1y} = \frac{1}{2}\gamma_w \left[CB(H_b + H_b') - (H_b'^2 \tan \alpha' + H_b^2 \tan \alpha) \right] \qquad (3.67)$$

4)动水压力

当墙后为弱透水性填料时,由于墙外水位急剧下降,在填料内部将产生渗流,如图 3.37 所示,由此而引起的动水压力为:

$$P_3 = I_j \Omega \gamma_w \qquad (3.68)$$

式中 I_j——降水曲线的平均坡度;

　　　　Ω——产生动水压力的浸水部分,即图中的阴影部分,可近似地取梯形 $abcd$ 的面积,其中 Ω 为产生动水压力的浸水部分的面积,即

$$\Omega = \frac{1}{2}(H_b^2 - H_b'^2)(\tan \theta + \tan \alpha) \qquad (3.69)$$

动水压力 P_3 的作用点为 Ω 面积的重心,其方向平行于 I_j。透水性材料,动水压力一般很小,可忽略不计。

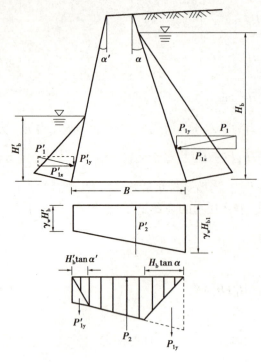

图 3.36　静水压力及上浮力

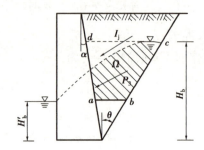

图 3.37　动水压力

5)浸水挡土墙稳定性验算

验算方法同前,只是验算时需考虑浸水挡土墙的受力特点。设计浸水挡土墙,应求算最不利水位进行验算。由于浸水对墙身及填料产生不同的影响,随着水位的涨落,墙的稳定性出现不同的变化。最高水位并不是在所有情况下都是最不利的水位;抗滑稳定系数和抗倾覆稳定系数的最小值,可能同时出现在某一水位,也可能分别出现。

因此,设计浸水挡土墙时需作反复地试算,以寻求最不利的水位。为减少计算工作量,可采用优选法。通常采用 0.618 优选法,具体可参考相关规范。

3.4.5　地震地区挡土墙设计

挡土墙修建在设计烈度为 8 度及 8 度以上的地震区,以及修筑在地震时可能发生大规模滑坡、崩塌的地段或软弱地基(如软弱黏性土层)处,抗震强度和稳定性验算要考虑破裂棱体和挡土墙身分别承受地震力的作用,将地震荷载与恒载组合,并考虑常年水位的浮力。不考虑季节性浸水的影响,其他外力(包括车辆荷载的作用)均不考虑。

地震地区挡土墙的主要震害现象包括:

①沿砌缝开裂:发生于基础不良地段(不均匀的坡积层和岩土间隔的地基),发生不均匀沉陷使墙出现拉应力;

②鼓肚变形;

③墙体倾倒。

地震地区挡土墙震害的主要原因有:

①墙身的原因:墙身或断面重心过高、墙身质量和刚度不均匀导致应力集中、墙体整体性差,抗震性能差;

②填料的原因:采用粉性土或不透水性填料,导致排水不畅;

③施工的原因:石料嵌挤不紧密或砂浆不饱满而降低挡土墙的整体强度;

④地基的原因。

一般地震地区挡土墙的防震措施主要有:

①尽量采用重心低的墙身断面形式;

②基础要坚固,尽可能置于基岩或坚硬的均质土层上;

③尽量采用浆砌片石,混凝土或钢筋混凝土修筑;

④墙体应以垂直缝分段,每段长度不宜超过 15 m,地基变化或地面高程突变处,也应设置通缝;

⑤严格控制砌筑质量,砂浆标号可提高一级采用;

⑥墙后尽量填透水性好的材料。

在挡土墙设计中,一般只考虑水平地震力,作用于破裂棱体与挡土墙重心上的最大水平地震力、土压力计算参考相关规范。

地震条件下挡土墙的验算与非地震一般条件挡土墙的验算相似,通常先按一般条件进行设计验算,然后再考虑地震荷载的作用进行抗震验算,检算项目及方法同一般条件挡土墙。

3.4.6 其他类型挡土墙

重力式挡土墙具有构造简单、施工方便和就地取材等优点,但其稳定性主要靠墙身自重来保证,因而墙身断面较大,占地较多,不能充分发挥建筑材料的强度性能,也不易实行施工的机械化与工厂化。

轻型挡土墙主要包括悬臂式挡土墙、锚杆挡土墙、锚定板挡土墙和加筋挡土墙等,常用钢筋混凝土构件组成,墙身断面较小,墙的稳定性不是或不完全是依靠本身自重来维持,因而结构较轻巧,圬工量省,占地较少,有利于机械化施工。

1)悬臂式挡土墙

钢筋混凝土悬臂式挡土墙由立臂和底板组成,具有 3 个悬臂(即立臂、趾板和踵板),同时固定在中间夹块上。墙的稳定性依靠墙身自重和踵板上的填土重量来保证,而趾板的设置又显著地增加了抗倾覆力矩的力臂,因此结构形式比较经济[图 3.38(a)],适用于石料缺乏及地基承载力较低的填方地段。

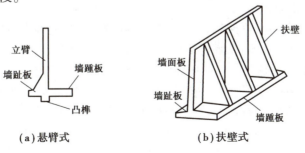

(a)悬臂式　　　　　　　　(b)扶壁式

图 3.38　悬臂式挡土墙和扶壁式挡土墙结构示意图

悬臂式挡土墙墙高一般不大于 6 m,当墙高大于 4 m 时,宜在臂前设置加劲肋。为增加抗滑稳定性、减少墙踵板长度,通常在墙踵板底部设置凸榫(防滑键)。立臂为固结于墙底板的悬臂梁,墙身较高时,宜将底部臂端截面适当加厚。墙踵板长度由全墙的抗滑稳定验算确定,踵板厚度通常为墙高的 1/12～1/10,且不应小于 30 cm;墙趾板的长度由全墙的抗倾覆、基底应力和偏心距等条件确定;凸榫高度由凸榫前土体的被动土压力满足全墙抗滑稳定要求确定,厚度应满足混凝土抗剪、抗弯的技术要求,并不宜小于 30 cm。

对于悬臂式挡土墙,通常采用朗金理论来计算通过墙踵的竖直面上的土压力,然后结合位于该竖直面与墙背间的土重,得到作用于墙土的总压力。悬臂式挡土墙的土压力,也可以采用库伦方法计算,计算时应验算是否出现第二破裂面。若条件成立,计算时假定踵板上所受的垂直力为第二破裂面以下踵板以上的土重力与主动土压力垂直分力之和,立臂则承受主动土压力的全部水平分力。根据受到的土压力,再分别计算底板宽度、厚度,立臂厚度。立臂顶部最小厚度不宜小于 20 cm。胸墙一般不做垂直坡面,以免因挡墙变形、地基不均匀沉陷及施工误差等因素的影响,造成立臂前倾。通常采用的坡率是 1∶0.02～1∶0.05。另外,挡土墙的分段长度不宜超过 20 m。

悬臂式挡土墙构造简单,施工方便,能适应较松软的地基。当墙高较大时,立臂下部的弯矩大,钢筋与混凝土用量剧增,影响这种结构形式的经济效果,此时可采用扶壁式挡土墙[图 3.38(b)]。扶壁式与悬臂式的主要区别在于墙后间隔一定距离增设了扶壁,改善了墙面板的受力状况,墙高可达 10 m。扶壁式的墙趾板和凸榫构造、墙面板厚度等与悬臂式相同,其墙身稳定性及基底应力验算同前。扶壁式挡土墙每一分段宜设 3 个或 3 个以上的扶壁。

2) 锚杆挡土墙

锚杆挡土墙是由钢筋混凝土墙面和钢锚杆组成的支挡构造物,靠锚固在稳定地层内的锚杆对墙面的水平拉力以保持墙身的稳定,多用于具有较完整岩石地段的路堑边坡支挡,分为肋柱式和板壁式两种。

肋柱式锚杆挡土墙的墙面一般是由预制的肋柱和挡土板及灌浆锚杆组成,具有较大的抗拔力,可用于路堑或路堤挡土墙;板壁式一般由钢筋混凝土板和楔缝式锚杆组成,多用于边坡防护。其中,肋柱式的锚孔直径为 100～150 mm,灌浆后杆体与锚孔孔壁粘结为一个整体,属于以黏结力为主要锚固作用的锚杆类型;而板壁式的锚孔直径为 35～50 mm,锚孔深度 4～5 m,锚杆杆端直接与锚孔接触,增大了锚杆与锚孔间的摩阻力,兼具有黏结和机械型锚杆的特点。

锚杆是锚杆挡土墙的主要受力构件,可为单根钢筋或钢丝束,锚孔直径为 100～150 mm,一般向下倾斜 15°～20°,间距不小于 2 m。锚孔内放置钢筋或钢丝束后,灌注水泥砂浆使其锚固于稳定地层,具有足够的抗拔力。

锚杆主要有楔缝式锚杆和灌浆锚杆两种,其中,楔缝式锚杆俗称小锚杆,是对锚杆施加一定压力后,使杆端楔缝的楔子张开,从而将锚杆卡紧在岩石中。锚孔一般直径为 35～50 mm,深度为 4～5 m,用普通风钻即可施工。孔内压注水泥砂浆,用来防锈和提高锚杆抗拔力。灌浆锚杆又称大锚杆,要用钻机钻孔,锚孔直径一般为 100～150 mm,锚杆插入锚孔后再灌注水泥砂浆。当用于土层时,由于土层与锚杆间的锚固能力较差,尚需采用加压灌浆或内部扩孔的方法来提高其抗拔力,称为预压锚杆或扩孔锚杆。国外还采用化学液体灌浆,利用化学液体的膨胀性来提高锚杆的抗拔能力。

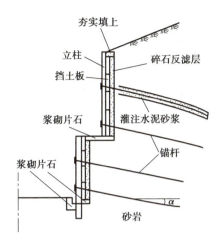

图 3.39　两级柱板式锚杆挡土墙

　　当挡土墙较高时,应布置两级或两级以上,如图 3.39 所示,两级之间设 1 ~ 2 m 宽的平台,宜用不小于 0.15 cm 的 C15 混凝土封闭,并做成向外倾斜 2% 的横坡度。每级挡土墙不宜过高,一般为 5 ~ 6 m。为便于肋柱及挡土板的安装,以竖直墙背为多。

　　决定肋柱的间距应考虑工地的起吊能力和锚杆的抗拔能力,一般可选用 2.0 ~ 3.0 m。每根肋柱视其高度可布置 2 ~ 3 层或多层锚杆,锚杆的位置应尽可能使肋柱的弯矩均匀分布,方便钢筋布置。肋柱截面多为矩形,也可设计为 T 形,底端一般做成自由端或铰接,如基础埋置较深且为坚硬岩石时,也可作为固定端。

　　挡土板一般设计成矩形或槽形,长度比肋柱间距短 10 cm 左右,以便留出锚杆位置,厚度不宜小于 30 cm。墙后应回填砂卵石等透水材料,由下部泄水孔将水排入边沟内。

3) 锚定板式挡土墙

　　锚定板挡土墙是一种适用于填方的轻型支挡结构物,由钢筋混凝土墙面、钢拉杆、锚定板以及其间的填土共同形成的一种组合挡土结构,它借助埋在填土内的锚定板的抗拔力,平衡挡土墙墙背土压力,从而改变挡土墙的受力状态,达到轻型的目的。其主要特点是结构轻、柔性大。由于其具有省料、能适应承载力较低地区的特点,在我国铁路与公路工程中已应用于路肩或路堤挡土墙和桥台,如图 3.40 所示。

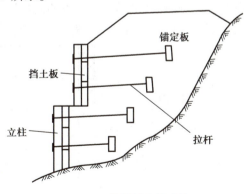

图 3.40　锚定板式挡土墙

锚定板挡土墙的结构形式和受力状态与锚杆挡土墙基本相同,都是依靠钢拉杆的抗拔力来保持墙身的稳定。它们的主要区别是:锚杆挡土墙的锚杆系插入稳定地层的钻孔中,抗拔力来源于灌浆锚杆与孔壁之间的黏结强度,而锚定板挡土墙的钢拉杆及其端部的锚定板都埋设在人工填土当中,抗拔力主要来源于锚定板前填土的被动抗力。

锚定板挡土墙主要有肋柱式和板壁式两种。肋柱式由肋柱、挡土板、锚定板、钢拉杆、连接件和填料组成,一般还需设置基础。肋柱式锚定板挡墙变形量较小,可用作路肩、路堤挡土墙。板壁式的墙面因无肋柱,外形美观,施工简便,但受力状况差于有肋柱式。

锚定板挡土墙单级墙高不宜高于6 m,双级的上、下两级间宜设平台,平台宽度不小于1.5 m,宜用不小于0.15 cm的C15混凝土封闭,并做成向外倾斜2%的横坡度。肋柱错开布设。肋柱基础可采用条形、分离式或杯座式基础,基础厚度不宜小于0.5 m,襟边宽度不宜小于0.1 m。

锚定板挡土墙的墙面由挡土板和肋柱组成。挡土板通常为钢筋混凝土矩形板或槽形板,有时也可为混凝土拱板。肋柱为钢筋混凝土矩形截面柱;当墙面采用拱板时,肋柱应具有六边形截面。肋柱长度可依据施工吊装能力决定。在墙高范围内,肋柱可设一级或多级。当采用多级肋柱时,相邻肋柱间可以顺接,也可以错台。肋柱间距多采用1.5~2.5 m。根据肋柱的长度和土压力的大小,每根肋柱上可布置单根、双根或多根拉杆。为了施工安装的方便,锚定板挡土墙一般采用竖直墙面。拉杆宜采用螺纹钢筋,钢筋直径不宜小于22 mm,也不宜大于32 mm,外设防锈保护层。每根拉杆端部的锚定板通常为单独的钢筋混凝土方形板,面积不应小于0.5 m^2。

锚定板挡墙的填料应与墙面板及锚定板的施工同步进行,分层夯实。填料宜采用砾石及细粒土,不得采用膨胀土、盐渍土、有机质土及巨粒土。

锚定板挡土墙设计包括各组成构件的设计和整体稳定性验算两部分。关于锚定板挡土墙方案的选择、土压力计算、挡土板和肋柱等构件的设计,以及钢拉杆截面设计等方法,均与锚杆挡土墙的设计原理相同。在锚定板挡土墙设计中,必须决定锚定板的极限抗拔力,选择锚定板的尺寸。在整体稳定性验算中,还要分析各个锚杆的稳定长度以及群锚的有效间距等。

4)加筋土挡土墙

加筋土挡土墙(图3.41)是由面板、筋带和填料三部分组成的复合结构,在垂直于墙面的方向,按一定间隔和高度水平地放置拉筋材料,然后填土压实,依靠填料与筋带的摩擦力来平衡面板所承受的水平土压力,从而稳定土体、保持加筋土挡土墙的内部稳定;并以这一复合结构去抵抗筋带后部一般填料所产生的土压力,起支挡作用,获得加筋土挡墙的外部稳定。

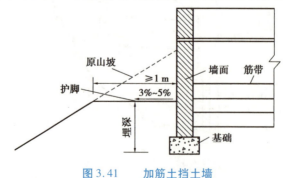

图3.41　加筋土挡土墙

拉筋材料通常为土工格栅、复合土工带或钢筋混凝土板带等。墙高大于 3 m 时,拉筋长度不宜小于 0.8 倍墙高,且不小于 5 m;墙高小于 3 m 时,拉筋长度不宜小于 3 m,且应采用等长拉筋。采用钢筋混凝土板带时,应分节预制,分节长度一般不宜大于 2 m,形状为条形或楔形,截面尺寸宽 10 ~ 25 cm,厚 6 ~ 8 cm,受力钢筋直径不小于 8 mm。钢筋混凝土板带的接长及其与面板的连接,可采用钢筋焊接或螺栓结合,结合点应作防锈处理。

墙面板一般用钢筋混凝土预制,也可采用半圆形铝板。采用钢筋混凝土预制块件时,其厚度应不小于 8 cm,形状可为十字形、六角形、L 形、矩形、槽形等,墙顶和角隅可采用异形板和角隅面板。

加筋土挡土墙属柔性结构,对地基变形适应性大,建筑高度大,适用于填土路基。它结构简单,圬工量少,与其他类型的挡土墙相比,可节省投资 30% ~ 70%,经济效益大。

加筋体墙面的平面线形可采用直线、折线和曲线,相邻墙面的内夹角不宜小于 70°。加筋体筋带一般应水平布设并垂直于面板,当一个结点有两条以上筋带时,应扇状分开。当相邻墙面的内夹角小于 90° 时,宜将不能垂直布设的筋带逐渐斜放,必要时在角隅处增设加强筋带。加筋体的横断面形式一般应采用矩形[图 3.42(a)]。当受地形、地质条件限制时,也可采用图3.42(b)或图 3.42(c)的形式。断面尺寸由计算确定。

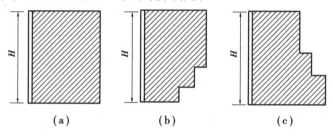

图 3.42　加筋体横断面形式

加筋体填料最好采用有一定级配的砂、砾类土,也可采用碎石土、中低液限黏性土、稳定土及满足质量要求的工业废渣,填料与筋材直接接触部分不应含有尖锐棱角的块体,填料最大粒径不应大于 100 mm。一般不宜采用高液限黏性土及其他特殊土,禁止采用腐殖土等不良土壤作填料。加筋体填料压实度要满足表 3.24 的规定。

表 3.24　加筋体填料压实度

填土范围	路槽底面以下深度/cm	压实度/%	
		高速、一级公路	二、三、四级公路
距面板 1.0 m 以外	0 ~ 80	≥96	≥96
	80 以下	>94	>93
距面板 1.0 m 以内	全部墙高	≥93	≥92

注:①表列压实度的确定系按现行《公路土工试验规程》(JTG 3430—2020)重型击实试验标准,对于三、四级公路允许采用轻型击实标准;

②特殊干旱或特殊潮湿地区,表内压实度值可减少 2% ~ 3%;

③加筋体上填土按现行《公路路基设计规范》(JTG D30—2015)执行。

加筋土挡土墙布设区域内出现层间水、裂隙水、泉涌时,应先修筑排水构造物,再做加筋土工程。浸水地区的加筋体采用渗水性良好的土作填料,在面板内侧设置反滤层或铺设透水土工织物。季节性冰冻地区的加筋体宜采用非冻胀性土作填料,否则应在墙面板内侧设置不小于0.5 m的砂砾防冻层。加筋土挡墙工程中的反滤层、透水层、隔水层等防排水设施,应按图纸要求与加筋体施工同步进行。

加筋体墙面下部应设宽不小于0.3 m、厚不小于0.2 m的混凝土基础,但如面板筑于石砌圬工或混凝土之上、地基为基岩时可不设。加筋体面板基础底面的埋置深度,对于一般土质地基不小于0.6 m,当设置在岩石上时应清除表面风化层,当风化层较厚难以全部消除时,可采用土质地基的埋置深度。浸水地区与冰冻地区的加筋体面板基础埋置深度按现行《公路桥涵地基与基础设计规范》(JTG3363)有关规定确定。

季节性冰冻地区,当基础埋深小于冻结线时,由基底至冻结线范围内的土应换填非冻胀性的中砂、粗砂、砾石等粗粒土,其中粉、黏粒含量不应大于15%。斜坡上的加筋体应设宽度不小于1 m的护脚,加筋体面板基础埋置深度从护脚顶面算起(图3.41)。

软弱地基上的加筋土工程当地基承载力不能满足要求时,应进行地基处理。可选用换填砂砾(碎)石垫层、挤密桩(砂桩、石灰桩、碎石桩)、抛石挤淤、土工织物等方法处理。当加筋体背后有地下水渗入时,可通过设置通向加筋体外的排水层。排水层采用砂砾其厚度不小于0.5 m。当加筋体顶面有渗水可能时,则要采用防渗封闭措施。非浸水加筋土工程,当基础埋深小于1.0 m时,在墙面地表处要设置宽为1.0 m的混凝土或浆砌片石散水,其表面做成向外倾斜3%~5%的横坡。

加筋土挡土墙应根据地形、地质、墙高等条件设置沉降缝,其间距对土质地基为10~30 m,岩石地基可适当增大。当设置整体式路檐板时,酌情设置伸缩缝,其间距一般与沉降缝一致。沉降缝、伸缩缝宽度一般为1~2 cm,可采用沥青板、软木板或沥青麻絮填塞。

加筋土挡土墙高度大于12 m时,填料应慎重选择。墙高的中部宜设宽度不小于1 m的错台。墙高大于20 m时,应进行特殊设计。错台顶部设不小于2%的排水横坡,用C15混凝土板防护;当采用细粒填料时,上级墙的面板基础下宜设置宽不小于1.0 m、高不小于0.5 m的砂砾或灰土垫层。

5)护肩及砌石

陡坡上的填挖结合路基,填方边坡不易填筑时,可以修筑护肩(图3.43)。护肩应用当地不易风化的片石砌筑,一般不超过2 m高,内外坡面均直立,基底向内1:5倾斜。护肩顶宽0.8(高度小于1 m)~1.0 m(高度大于1 m),护肩襟边宽度应符合表3.25的规定。护肩顶部0.5 m高度范围内最好浆砌。墙后填料宜为开山石块,基础应设在岩石或坚实粗料土上。

表3.25　襟边宽度

地基地质情况	襟边宽度/m
轻风化的硬质岩石	0.2~0.6
风化岩石或软质岩石	0.4~1.0
坚硬的粗粒土	1.0~2.0

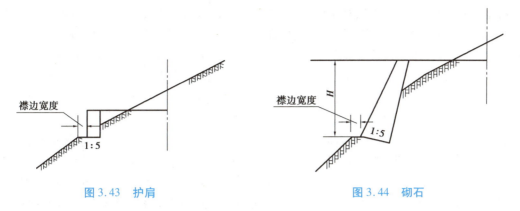

| 图 3.43 护肩 | 图 3.44 砌石 |

陡坡上的填挖结合路基,填方边坡不易填筑时,可采用砌石(图 3.44),可用于三级、四级公路。砌石应用当地不易风化的开山片石砌筑,顶宽一般不应小于 0.8 m,基底向内 1∶5 倾斜,砌石高度不宜超过 15m。砌石的襟边宽度与护肩规定相同。砌石墙体的内外坡面坡比依墙高按表 3.26 的规定采用。

表 3.26　砌石边坡坡度

编　号	高　度	内坡坡度	外坡坡度
1	≤5 m	1∶0.3	1∶0.5
2	≤10 m	1∶0.5	1∶0.67
3	≤15 m	1∶0.6	1∶0.75

受洪水影响的沿河路基砌石,应视水流冲刷情况予以加固,其基础必须设在基岩上,砌石顶部 0.5 m 高度范围内最好浆砌。墙后填料宜为开山石块,基础应设在岩石或坚实粗粒土上,高度超过 8 m 的砌石,底部 0.5 m 高度范围应用 M5 砂浆砌筑。较高的砌石应从上往下每 4 m 左右夹以 M5 砂浆砌筑的水平加强肋带,肋带高度在 0.5 m 左右。

6) 垒石、填石、石垛

山区公路在丰产石料及石方开挖地段,因地制宜设置垒石、填石或石垛等支挡构筑物,既能保证路基稳定,又能节约工程投资。

干砌垒石应有一定的设计断面,以保证其自身稳定及承受垒石体后侧压力。垒石砌体宜用 0.3~0.5 m 以上石块堆砌,基底承压力应能满足设计要求,基础底面做成向内 1∶5 倾斜,石质基底应做成台阶。

填石地段的边坡必须堆码成符合设计要求的坡比,应经过整理堆砌,严禁抛填。填石的填筑必须分层进行,每层厚度应不大于 50 cm,石块最大尺寸应小于层厚的 2/3。较大石块应大面朝下摆平放稳,石块之间要用碎石和石屑填满铺平。压实应使用重型或振动压路机分层进行,以重轮下不出现石块松动,用锹难以挖动,需用撬棍才能松动,或重锤下落下不沉及发生弹跳为止。填石高度以不超过路床面 150 cm 为宜,即路床面以下一定高度范围内应为土方填筑。

石垛可用于支撑路堤坡脚或防护路堤坡脚免受冲刷。石垛一般为干砌片石,外侧边坡坡比宜采用 1∶1,当边坡不高且用较大的平整石块砌筑时,亦可减为 1∶0.75。石垛基础应有适当的入土深度,基底应整平或挖成较宽的台阶,石块堆砌应彼此嵌紧。

石笼式挡土墙,也称为格宾挡土墙,是近年来发展起来的一致新型挡土墙结构,属于重力式块石结构。该类挡土墙是采用抗腐耐磨的低碳镀锌丝或镀锌铝合金丝编织成双绞六边形网孔的网片,根据设计要求组装成蜂巢网箱,装入块石等填充材料,并采用同质的镀锌丝或镀锌铝合金丝以一定的方式绑扎连接,形成挡土结构。石笼式挡土墙原理和重力式挡土墙相同,也是通过墙身自身重量来维持其在土压力下的稳定。它具有整体性好、柔韧性好、透水性好、适应变形能力强、抗冲刷能力强、绿化和景观效果好的优点,适用于边坡防护、护岸等工程。

石笼式挡土墙外形可采用外台阶、内台阶、宝塔式等。永久工程应采用重锁锌钢丝,使用年限为 8 ~ 12 年时,可采用镀锌铁丝;使用期限为 3 ~ 5 年时,可采用普通铁丝石笼。石笼内填充物应采用质地坚硬、不易崩解和水解的片石或块石,石料粒径宜为 100 ~ 300 mm, 小于 100 mm 的粒径不应超过 15%, 且不得用于石笼网格的外露面,空隙率不得超过 30%。石笼式挡土墙的墙背应设置一层透水土工布,以防淤堵。

3.5　软土地基加固

软土一般是含水率、孔隙比大,抗剪强度、渗透性低且压缩性、灵敏度高的黏性土的统称。软土在我国滨海平原、河口三角洲、湖盆地周围及山涧谷地均有广泛分布。在软土地基上修筑路基,若不加处理,往往会发生路基失稳或过量沉陷,导致公路破坏或不能正常使用。

软土通常划分为软黏性土、淤泥质土、淤泥、泥炭质土及泥炭 5 种类型。对软黏土地基而言,在外荷载作用下,其沉降一般都较大。在天然的软土地基上,采用快速施工修筑一般断面的路堤所能填筑的最大高度,称为极限高度。达到极限高度时,单位面积的荷重就是天然地基的极限承载力。路堤超过极限高度后,必然发生大量沉陷、坍滑,必须采取加固措施,才能保证路堤稳定与正常施工。

在确定地基加固方案时,估算沉降量是其中一项重要内容。在实际工程中,通常把软土地基的沉降分为施工期沉降、施工后沉降两部分;而施工期间的沉降量由两部分组成——初期阶段的固结沉降和后期阶段的不排水剪切沉降。

在软土地基上填筑路堤将引起路堤沉降。软土地基的沉降一部分是由地基固结所产生,另一部分是因地基侧向变形所产生。如果填土速率控制得当,地基侧向变形将处于弹性阶段;如果填土速率过快,地基可能产生局部塑性平衡区,这是由于侧向变形所引起的沉陷既有弹性变形引起的,又有超弹性变形引起的。因此,施工时应控制填土速率,避免发生超弹性变形。

软土地基处治的施工必须保证施工质量,应科学地做好施工组织设计,加强工地技术管理,严格按照有关的操作规程实施,严格执行有关安全、劳保和环境保护等规定。所有运至工地的软土地基处治材料必须分类堆放,妥善保管,按有关标准进行质量检验,不合格材料不得用于工程。软土处治施工前应做好施工期间的排水措施,对常年地表积水、水塘地段,应按设计要求先做好抽水、排淤、回填工作。施工中应遵守"按图施工"的原则和"边观察、边分析"的方法,如发现现场地质情况与设计提供资料不符或原设计的处置方法因故不能实施需改变设计时,应及时根据有关规定报请变更设计。采用新技术、新机具、新工艺、新材料、新测试方法时,必须制订不低于规范水平的质量标准和工艺要求。

当路堤稳定验算或沉降计算不能满足设计要求时,必须对软土地基进行加固处理。加固的方法有很多,主要包括地基浅层处治、排水固结法、粒料桩、加固土桩、强夯法、刚性桩复合地基等,其主要目的在于排除水分、加速固结,以提高地基承载能力,避免土的固结变形引起路堤沉降、滑移等病害。

1)地基浅层处治

地基浅层处治主要包括设置排水砂垫层、对原地基进行换填处理、设置反压护道及进行路堤加筋处理等。

(1)砂垫层

砂垫层为设置于路堤填土与软土地基之间的透水性垫层,可起排水的作用,可保证填土荷载作用下地基中孔隙水的顺利排出,从而加快地基的固结。

砂垫层材料宜采用洁净的中、粗砂,含泥量不应大于5%,并应将其中的植物、杂质除净。也可采用天然级配砂砾料,其最大粒径不应大于5 cm,砾石强度不低于四级(即洛杉矶法磨耗率小于60%)。砂垫层的厚度宜为0.5m,宽度应宽于路基边脚0.5~1.0 m。两侧端应以片石护脚或采用其他方式防护,以免砂料流失。

(2)换填

表层分布厚度小于3 m的软土,可采用换填、抛石挤淤的方法进行处治。

抛石挤淤是强迫换土的一种形式,它不必抽水挖淤,施工简便。抛石挤淤应采用不易风化的石料,片石大小随泥炭稠度而定。对于容易流动的泥炭或淤泥,片石可稍小些,但不宜小于30 cm,且小于30 cm粒径含量不得超过20%。当软土地层平坦、软土呈流动状时,抛投应沿路中线向前成等腰三角形方向投放片石,再渐次向两侧扩展。软土地层横坡陡于1∶10时,应自高侧向低侧抛投,并在低侧边部多抛投,使低侧边部约有2 m宽的平台顶面。片石抛出软土面后,应用较小石块填塞垫平,用重型机械碾压紧密,然后在其上设反滤层,再行填土。

全部开挖换填是在路堤全宽范围内将需要处理的软土层挖除,并置换好土。这种方法适用于软土层厚为3 m以内,路堤需在短期内填筑完成的情况。部分开挖换填则是仅挖除表层最软弱部分的软土,换填好土,使沉降量减少到可接受程度。

强制换填法是利用路堤填土重力将软土从路堤下向两侧或前方挤出,或者用炸药装入软土层内,通过爆破将软土从路堤下挤出。由于软土从路堤下挤出,两侧和前方的地基会隆起,影响周围环境;爆破震动则对周围环境的影响更大。因而,这种方法仅适用于对周围环境无不利后果时采用。

换填材料宜选用排水性能好,处于地下水位以下仍能保持有足够承载力的砂、砂砾及其他粗颗粒料。

(3)反压护道

反压护道是在路堤一侧或两侧填筑一定宽度和高度的护道,运用力学平衡原理,平衡路堤自重作用而产生的滑动力矩,以提高路基的稳定性。反压护道断面如图3.45所示。

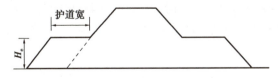

图3.45　反压护道断面图

用作反压护道填料材质及护道的高度、宽度应符合设计要求,其高度不宜超过路堤高度的

1/2。反压护道施工宜与路基同时填筑,分开填筑时,必须在路堤达到临界高度前完成反压护道施工。

反压护道压实度应达到《公路土工试验规程》(JTG 3430—2020)重型击实试验法测定的最大干密度的90%,或满足设计提出的要求。

(4)加筋路堤

土工合成材料应具有质量轻、整体连续性好、抗拉强度较高、抗腐蚀性和抗微生物侵蚀性好、施工方便等优点。用变形小、老化慢的土工合成材料作为路堤的加筋体,可以减少路堤填筑后的地基不均匀沉降,又可以提高地基承载能力,同时也不影响排水,因此可提高路基的整体性和稳定性。

应根据出厂单位提供的幅宽、质量、厚度、抗拉强度、顶破强度和渗透系数等测试数据,选用满足设计要求的土工合成材料。土工合成材料在存放以及施工铺设过程中应尽量避免长时间暴露或暴晒,以避免其性能劣化。

施工时,应在平整好的下承层上按路堤底宽断面铺设土工合成材料,摊铺时应拉直平顺,紧贴下承层,不使出现扭曲、折皱、重叠。在斜坡上摊铺时,应保持一定松紧度(可用U形钉控制)。应在路堤每边各留足够的锚固长度,回折覆裹在压实的填料面上,平整顺适,外侧用土覆盖,以免人为破坏。应保证土工合成材料的整体性。当采用搭接法连接时,搭接长度宜为30 ~ 60 cm;采用缝接法时,缝接宽度应不小于5 cm,缝接强度应不低于土工合成材料的抗拉强度。采用粘接法时,粘接宽度不应小于5 cm,粘接强度应不低于土工合成材料的抗拉强度。双层土工合成材料上、下层接缝应交替错开,错开长度应不小于0.5 m。

2)排水固结法

排水固结法主要包括砂垫层预压、袋装砂井或塑料排水板预压、真空预压或真空联合堆载预压等措施。

(1)袋装砂井

采用一定的施工方法在地基中获得按一定规律排列的孔眼,在孔眼中灌入砂袋即形成了袋装砂井。袋装砂井的主要材料是袋和砂。宜选用聚丙烯或其他适用的编织料制成袋,抗拉强度应能保证承受砂袋自重,装砂后砂袋的渗透系数应不小于砂的渗透系数。砂则宜采用渗水率较高的中、粗砂,粒径大于0.5 mm颗粒的含量宜大于50%,含泥量不应大于3%,渗透系数不应小于5×10^{-2} mm/s。

袋装砂井的主要施工机具为导管式振动打桩机,在行进方式上普遍采用的有轨道门架式、履带臂架式、吊机导架式等。袋装砂井的施工工艺流程为:整平原地面→摊铺下层砂垫层→机具定位→打入套管→沉入砂袋→拔出套管→机具移位→埋砂袋头→摊铺上层砂垫层。

袋装砂井的井距、井长、井径及灌砂率均应符合设计规定,砂井的竖直度允许偏差为1.5%。砂袋灌入砂后,露天堆放应有遮盖,切忌长时间暴晒,以免砂袋老化。砂袋入井,应用桩架吊起垂直起吊,以防止砂袋发生扭结、缩颈、断裂和砂袋磨损。砂袋留出孔口长度应保证伸入砂垫层至少30 cm,并不得卧倒。

(2)塑料排水板

塑料排水板是由芯体和滤套组成的复合体,或是由单一材料制成的多孔管道板带(无滤套)。

芯板是由聚乙烯或聚丙烯加工而成的多孔管道或其他形式的板带,应具有足够的抗拉强度和垂直排水的能力,其抗拉强度不应小于 130 kN/cm。当周围土体压力在 15 cm 深度范围内不大于 250 kPa 或在大于 15 cm 范围内不大于 350 kPa 的条件下,其排水能力应不低于 30 cm^2/s。芯板应具有耐腐蚀性和足够的柔性,保证塑料排水板在地下的耐久性并在土体固结变形时不会发生折断或破坏。

滤套一般由无纺织物制成,应具有一定的隔离土颗粒和渗透功能,应等效于 0.025 mm 孔隙,其最小自由透水表面积宜为 1 500 cm^2/m,渗透系数应不小于 5×10^{-2} mm/s。

用塑料排水板处治软土的施工工艺流程为:整平原地面→铺设下层砂垫层→机具就位→塑料排水板穿靴→插入套管→拔出套管→割断塑料排水板→机具移位→摊铺上层砂垫层。

施工现场堆放的塑料排水板应加以适当覆盖,以防暴露在空气中老化。插入过程中导轨应垂直,钢套管不得弯曲,施工中防止泥土等杂物进入套管内,一旦发现应及时清除,透水滤套不应被撕破和污染,排水板底部应有可靠的锚固措施,以免拔出套管时将芯板带出。塑料排水板留出孔口长度应保证伸入砂垫层不小于 50 cm,使其与砂垫层贯通,并将其保护好,以防机械、车辆进出时受损,影响排水效果。塑料排水板不得搭接。应采用滤套内平接的方法,芯板对扣,凹凸对齐,搭接长度不小于 20 cm,滤套包裹,用可靠措施固定。塑料排水板的板长要求不小于设计值,板距容许偏差为−15 ~ +15 cm,竖直度偏差不大于 1.5%。

(3)堆载预压

路堤填筑到超过设计标高的高度,会使软土地基受到荷载作用而加速固结沉降,从而可较早地达到路堤设计荷载下的沉降量,并减少路面铺筑后的剩余沉降量。

应用堆载预压法的主要目的是将铺筑路面后的剩余沉降量控制在容许范围内,因此往往按容许剩余沉降量、软土层的沉降−时间曲线和容许工期等因素来设计所需的堆载和放置时间等。然而,堆载量不能超过受路堤和软土层稳定状况控制的最大值。在所需堆载量大而稳定性有问题时,可结合竖向排水法一起应用,也可采用真空预压法或降低地下水位法等来达到相同的加速固结沉降和减少剩余沉降量的目的。

预压期和预压高度应根据要求的工后沉降量或地基固结度确定,一般预压期不宜小于 6 个月。预压期内地基应完成的沉降量不得小于路面设计使用年限末的沉降量与容许工后沉降之差。

真空联合堆载预压可用于高填方路段和桥头路段的软土地基处理。真空预压时,应在地基中设置砂井或塑料排水板等竖向排水体,真空预压密封膜下的真空度不宜小于 70 kPa。密封膜应采用抗老化性能好、韧性好、抗穿刺能力强的不透气材料。密封膜连接宜采用热合黏结缝平搭接,搭接宽度应不小于 15 mm。

3)粒料桩

(1)砂桩

采用一定的施工方法在地基中获得按一定规律排列的孔眼,在孔眼中灌入中、粗砂即形成砂桩。砂桩顶面应铺设砂垫层,以构成完整的地基排水系统。用作砂桩的砂,其要求同袋装砂井,也可使用含泥量小于 5% 的砂和角砾混合料。

砂桩的施工机具有振动打桩机、柴油打桩机,其成型工艺有冲击式和振动式,桩管下端装有活瓣钢桩靴。砂桩的施工工艺流程为:整平原地面→机具定位→桩管沉入→加料压密→拔管→机具移位。

桩体在施工中应确保连续、密实;在软弱黏性土中成型困难时,可隔行施工,各行中也可间隔施工。砂桩的桩长、桩径、灌砂量应符合设计要求,桩距允许偏差为-15～+15 cm,竖直度偏差应小于1.5%。实际灌砂量未达到设计用量要求时,应在原位将桩管打入,补充灌砂后复打一次,或在旁边补桩一根。

(2)碎石桩

采用砾石、碎石等散粒材料,以专用振动沉管机械或水振冲器施工形成碎石桩,碎石桩与周围地基组成复合地基。粒料桩对地基有置换、挤密和竖向排水作用。

碎石桩的填料应为未风化的干净砾石或轧制碎石,其最大粒径宜不大于50mm,含泥量不应大于5%。

施工前应按规定做成桩试验,检查冲孔、清孔、制桩时间和深度、冲水量、水压、压入碎石量及电流的变化等记录。经验证的设计参数和施工控制的有关参数作为碎石桩施工的控制指标。碎石桩的主要施工机具是振冲器、吊机或施工专用平车和水泵。其施工工艺程序为:整平原地面→振冲器就位对中→成孔→清孔→加料振密→关机停水→振冲器移位。

施工时碎石桩的桩径、桩长、灌碎石量均应符合设计要求,桩距施工允许误差为±15 cm,竖直度偏差小于1.5%。

4) 加固土桩

用某种深层拌和的专用机械,将软土地基的局部范围内用固化材料加以改善、加固,即形成加固土桩。加固土桩与桩间土形成复合地基。加固土桩的固化材料可用水泥、生石灰、粉煤灰或固化剂等,采用水泥或石灰时称为粉喷桩,采用水泥粉煤灰时称为水泥粉煤灰碎石桩(CFG桩)。

(1)粉喷桩

生石灰应采用磨细Ⅰ级生石灰,最大粒径应小于0.236 cm。生石灰应无杂质,氧化镁和氧化钙含量不应小于85%,其中氧化钙含量不低于80%。水泥宜采用强度等级不低于32.5的普通硅酸盐水泥,严禁使用过期、受潮、结块、变质的劣质水泥。施工实际使用的固化剂和外掺剂,必须通过室内试验的检验,符合设计要求后方可使用。

加固土桩施工前必须进行成桩试验,桩数不宜少于5根,以获取钻进速度、提升速度、搅拌速度、喷气压力、单位时间喷入量等参数。

施工前应丈量钻杆长度,并标上显著标志,以掌握钻杆钻入深度、复拌深度,保证设计桩长。施工工艺应按以下程序进行:整平原地面→钻机定位→钻杆下沉钻进→上提喷粉(或喷浆)强制搅拌→复拌→提杆出孔→钻机移位。

采用浆液固化剂时,固化剂浆液应严格按预定的配比拌制,浆液不得离析,不得停置过长,超过2 h的浆液应降低标号使用;泵送浆液前,管路应保持潮湿,以利输浆;供浆必须连续,拌和必须均匀;如因故停机超过3 h,为防止浆液硬结堵管,应先拆卸输浆管路,清洗后备用;搅拌机提升至地面以下1 m时宜用慢速,当喷浆口即将冒出地面时,应停止提升,搅拌数秒以保证桩头均匀密实。

采用粉体固化剂时,应严格控制粉喷标高和停粉标高,不得中断喷粉,确保桩体长度,严禁在尚未喷粉的情况下进行钻杆的提升作业;当钻头提升到地面以下不足50 cm时,送灰器应停止喷灰,并人工回填黏性土压实;桩身根据设计要求在一定深度即在地面以下1/3～1/2桩长并不小于5 m的范围内必须进行重复搅拌,使固化料与地基土均匀拌和。

粉喷桩的桩径、桩长、单桩粉喷量均应符合设计要求,应在桩体三等分段各钻取芯样一个,一根桩取 3 个试块进行强度测试,强度应不低于设计要求。桩距允许偏差为±10 cm,竖直度偏差应小于 1.5%。

(2)水泥粉煤灰碎石桩(CFG 桩)

CFG 桩的粗集料可采用碎石或砾石,泵送混合料时砾石最大粒径不宜大于 25 mm,碎石最大粒径不宜大于 20 mm。振动沉管灌注混合料时粗集料最大粒径不宜大于 50 mm。可掺入砂、石屑等细集料改善级配。水泥宜用 32.5 级普通硅酸盐水泥,粉煤灰宜采用Ⅱ级或Ⅲ级粉煤灰。

CFG 桩料的配合比应根据施工要求的坍落度和桩体的设计强度确定。桩体的设计强度应取 28d 无侧限抗压强度。CFG 桩桩体强度宜为 5~20 MPa,设计强度应满足路堤沉降与稳定的要求。用于结构物下的 CFG 桩,设计强度应满足承载力的要求。

CFG 桩直径、桩长及间距应根据设计对承载力和变形的要求、土质条件、设备能力等确定;桩端应设置在强度高的土层上,最大桩长不宜大于 30 m,桩距宜取 4~5 倍桩径。

5)强夯法

强夯法又称动力固结法,即利用起重设备反复将夯锤(一般为 100~400 kN)起吊到一定高度后自由落下(落距为 6~40 m),对地基土反复施加冲击和振动能量,将地基土夯实,从而提高地基承载力,改善地基性能。

在强夯过程中,土体气相被压缩,孔隙水被挤出,土产生液化,原土体结构产生破坏,吸附水变为自由水,此刻土的强度达到最小值。继续施加外界能量,夯击点四周形成有规则的垂直裂缝,出现涌水现象。孔隙水压力消散到小于土粒间的侧向压力时,裂缝自行闭合。随着孔隙水压力的消散,土粒间紧密接触,新吸附水层逐渐固定,导致土的抗剪强度和变形模量有大幅度的增长。

施工中,强夯的有效深度及夯击次数应根据现场试夯或当地经验确定,夯击后周围土体地面不应发生过大的隆起,也不应由于夯坑过深而发生提锤困难。夯点可采用正方形或等边三角形布置,间距宜为 5~7m。

强夯施工结束 30d 后,应通过标准贯入、静力触探等原位测试,测量地基的承载能力是否达到设计要求。

6)刚性桩复合地基

公路软土地基处理采用的刚性桩包括预应力混凝土薄壁管桩(PTC)、预应力高强混凝土管桩(PHC)、预制混凝土方桩、钻孔灌注桩、现浇薄壁筒桩等,目前应用最多的是预应力混凝土薄壁管桩。

管桩为工厂预制桩,桩外径一般为 300~500 mm,壁厚 60~100 mm,桩长标准化定制,现场施工时可以通过焊接接长。预制管桩宜采用静压方式施工,也可采用锤击沉桩方式施工。沉桩过程中应严格控制桩身的垂直度。

现浇混凝土大直径管桩的粗集料宜优先选用卵石。采用碎石时宜适当增加含砂率。集料最大粒径宜不大于 63 mm,混凝土坍落度宜为 80~100 mm。桩尖、桩帽混凝土强度等级宜不低于 C30。桩尖表面应平整、密实,桩尖内外面圆度偏差不得大于 1%,桩尖端头支承面应平整。

现浇薄壁筒桩是将双层套管打入软土地基,在双层套管间浇筑混凝土,形成大直径的筒状桩体。其直径一般为 0.8~1.5 m,壁厚 120~200 mm。

3.6　重力式挡土墙设计工程示例

　　某新建高速公路某路段填土高度较高,为了收缩坡脚、减少填方量、增强路基稳定性,拟在路堤右侧设置仰斜式路堤挡土墙,如图 3.46 所示。

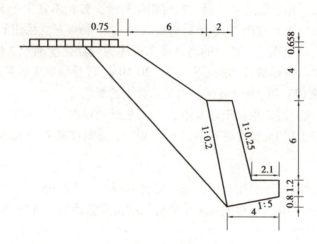

图 3.46　挡土墙断面尺寸

1)设计资料

　　拟采用浆砌片石路堤挡土墙,墙高 $H = 8$ m,墙顶填土高度 $a = 4$ m,宽 $b = 6$ m;挡土墙顶宽 2 m,底宽 $B = 4$ m,墙面坡率为 $1 : 0.25(14.04°)$,墙背坡率为 $1 : 0.2(11.31°)$,基底坡率为 $1 : 5(11.31°)$,设计荷载为公路-Ⅰ级,路基宽 $L = 26$ m,土路肩宽度 $d = 0.75$ m。

　　(1)土壤地质情况

　　填土为黏砂土,地基为黏性土。具体参数见表 3.27。

表 3.27　地基、填土参数

类　别	黏聚力 C/kPa	内摩擦角 $\varphi/(°)$	容重 $\gamma/(\mathrm{kN \cdot m^{-3}})$	墙背摩擦角 $\delta/(°)$	地基容许承载力 $[\sigma_0]/\mathrm{kPa}$	基底摩擦系数 μ
大小	20	30	19	$20\left(\frac{2}{3}\varphi\right)$	400	0.40

　　(2)墙身材料

　　采用 7.5 号砂浆片石,其性质见表 3.28。

表 3.28　墙身材料参数

类　别	容重 $\gamma_k/(\mathrm{kN \cdot m^{-3}})$	容许压应力 $[\sigma_a]/\mathrm{kPa}$	容许剪应力 $[\tau]/\mathrm{kPa}$	容许拉应力 $[\sigma_{wl}]/\mathrm{kPa}$
大小	23	500	180	150

（3）车辆荷载

根据《公路路基设计规范》（JTG D30—2015），车辆荷载简化换算为路基填土的均布土层，并采用全断面布载。

换算土层厚：$h_0 = \dfrac{q}{\gamma} = \dfrac{12.5}{19} = 0.658 \text{ m}$

式中，挡土墙的高度为 8 m，根据规范查表内插得到 $q = 12.5 \text{ kN/m}$，γ 为墙背填土容重。

2）土压力计算

对于墙趾前土体的被动土压力 E_p，在挡土墙基础一般埋深的情况下，考虑到各种自然力和人畜活动的作用，为偏于安全，一般均不计被动土压力，只计算主动土压力 E_a。

（1）破裂面计算

假设破裂面交于荷载中部，则：

$$\psi = \alpha + \delta + \varphi = -11.31° + 20 + 30 = 38.69°（墙背仰斜时，\alpha \text{ 取负值}）$$

$$A_0 = \frac{1}{2}(a + H + 2h_0)(a + H) = \frac{1}{2} \times (4 + 8 + 2 \times 0.658) \times (4 + 8) = 79.896 \text{ m}^2$$

$$B_0 = \frac{1}{2}ab + h_0(b + d) - \frac{1}{2}H(H + 2a + 2h_0)\tan \alpha$$

$$= \frac{1}{2} \times 4 \times 6 + 0.658 \times (6 + 0.75) - \frac{1}{2} \times 8 \times (8 + 2 \times 4 + 2 \times 0.658) \times (-0.2)$$

$$= 30.294 \text{ m}^2$$

$$\tan \theta = -\tan \psi + \sqrt{(\text{ctg } \varphi + \tan \psi)\left(\tan \psi + \frac{B_0}{A_0}\right)} = 0.928$$

$$\theta = \arctan 0.928 = 42.86°$$

验算破裂面是否交于荷载中部：

堤顶破裂面至墙踵

$$(H + a)\tan \theta = (8 + 4) \times 0.928 = 11.136 \text{ m}$$

荷载内缘至墙踵

$$b - H\tan \alpha + d = 6 - 8 \times (-0.2) + 0.75 = 8.35 \text{ m}$$

荷载外缘至墙踵

$$b + L - H\tan \alpha - d = 6 + 26 - 8 \times (-0.2) - 0.75 = 32.85 \text{ m}$$

因 8.35 < 11.136 < 32.85，故破裂面交于荷载中部，与原假定相符，所选用的计算公式正确。

（2）求主动土压力 E_a

$$E_a = \gamma(A_0 \tan \theta - B_0)\frac{\cos(\theta + \varphi)}{\sin(\theta + \psi)}$$

$$= 19 \times (79.896 \times 0.928 - 30.294) \times \frac{\cos(42.86 + 30)}{\sin(42.86 + 38.69)} = 248.23 \text{ kN}$$

$$E_x = E_a \cos(\alpha + \delta) = 248.23 \times \cos(-11.31 + 20) = 245.38 \text{ kN}$$

$$E_y = E_a \sin(\alpha + \delta) = 248.23 \times \sin(-11.31 + 20) = 37.50 \text{ kN}$$

（3）计算主动土压力作用点位置

查取公路设计手册《路基》，对于路堤墙：

$$h_1 = \frac{d}{\tan \theta + \tan \alpha} = \frac{0.75}{0.928 - 0.2} = 1.030 \text{ m}$$

$$h_3 = \frac{b - a \tan \theta}{\tan \theta + \tan \alpha} = \frac{6 - 4 \times 0.928}{0.928 - 0.2} = 3.143 \text{ m}$$

$$h_4 = H - h_1 - h_3 = 8 - 1.030 - 3.143 = 3.827 \text{ m}$$

$$K_1 = 1 + \frac{2a}{H}\left(1 - \frac{h_3}{2H}\right) + \frac{2h_0 h_4}{H^2} = 1 + \frac{2 \times 4}{8}\left(1 - \frac{3.143}{2 \times 8}\right) + \frac{2 \times 0.658 \times 3.827}{8^2} = 1.882$$

$$Z_y = \frac{H}{3} + \frac{a(H - h_3)^2 + h_0 h_4 (3h_4 - 2H)}{3H^2 K_1} = 2.897 \text{ m}$$

$$Z_x = B - Z_y \tan \alpha = 4 - 2.897 \times (-0.2) = 4.579 \text{ m}$$

3)墙身截面性质计算

墙身截面面积 $A = 19.7 \text{ m}^2$。

取单位长度,墙身截面重量:

$$G = A\gamma = 19.7 \text{ m}^3 \times 23 \text{ kN/m}^3 = 453.1 \text{ kN}$$

墙身重心到墙趾的水平距离 $Z_g = 3.348 \text{ m}$。

注:墙身截面积及重心至墙趾的水平距离可对挡土墙截面做辅助线分别计算。

4)挡土墙验算

(1)抗滑稳定性验算

抗滑验算公式为:

$$[1.1G + \gamma_{Q1}(E_y + E_x \tan \alpha_0) - \gamma_{Q2}E_p \tan \alpha_0]\mu + (1.1G + \gamma_{Q1}E_y)\tan \alpha_0 - \gamma_{Q1}E_x + \gamma_{Q2}E_p > 0$$

代入计算可得:

$$[1.1 \times 453.1 + 1.40 \times (37.5 + 245.38 \times 0.2) - 0] \times 0.40 + (1.1 \times 453.1 + 1.40 \times 37.5) \times 0.2 - 1.40 \times 245.38 + 0 = 14.5 > 0$$

滑动稳定系数:

$$K_c = \frac{[N + (E_x - E_p)\tan \alpha_0]\mu + E_p}{E_x - N \tan \alpha_0} = \frac{[490.6 + (245.38 - 0) \times 0.2] \times 0.40 + 0}{245.38 - 490.6 \times 0.2} = 1.47 > [K_c] = 1.3$$

故抗滑稳定性满足要求。

(2)抗倾覆稳定性验算

倾覆稳定方程:

$$0.8GZ_g + \gamma_{Q1}(E_y Z_x - E_x Z_y) + \gamma_{Q2}E_p Z_p > 0$$

$$0.8 \times 453.1 \times 3.348 + 1.4 \times (37.5 \times 4.579 - 245.38 \times 2.897) + 0 = 458.77 > 0$$

故抗倾覆稳定性满足要求。

倾覆稳定系数:

$$K_0 = \frac{GZ_g + E_y Z_x}{E_x Z_y} = \frac{453.1 \times 3.348 + 37.5 \times 4.579}{245.38 \times 2.897} = 2.376 > [K_0] = 1.5$$

故抗倾覆稳定性满足要求。

(3)基底合力偏心距验算

首先需要计算作用于基底形心的弯矩组合设计值 M_d,包括挡土墙自重产生的弯矩、土压力产生的弯矩。计算时,根据前面计算的对墙趾的力臂,可以计算对形心的力臂。

倾斜基底宽度 $B' = \dfrac{4}{\cos 11.31°} = 4.079$ m,则:

$$Z'_G = Z_G - B'/2 = 3.348 - 4.079/2 = 1.308\,5$$

$$Z'_y = Z_y + (B'/2) \times \tan \alpha_0 = 2.897 + (4.079/2) \times 0.2 = 3.304\,9$$

$$Z'_x = Z_x - B'/2 = 4.579 - 4.079/2 = 2.539\,5$$

则 $e_0 = \dfrac{M_d}{N_d} = \dfrac{(E_y Z'_x - E_x Z'_y) + G Z'_G}{(G + E_y)\cos \alpha_0 + E_x \sin \alpha_0}$

$$= \frac{37.5 \times 2.539\,5 - 245.38 \times 3.304\,9 + 453.1 \times 1.308\,5}{(453.1 + 37.5) \times \cos 11.31° + 245.38 \times \sin 11.31°}$$

$$= -0.232$$

其绝对值 $0.232 < B'/6 = 0.680$,故基底合力偏心距满足要求。

(4)基底应力验算

因为偏心距 $e_0 < B'/6 = 0.680$,所以:

$$\sigma_{1,2} = \frac{N_d}{A}\left(1 \pm \frac{6e_0}{B}\right) = \frac{(G + E_y)\cos \alpha_0 + E_x \sin \alpha_0}{4.079 \times 1}\left(1 \pm \frac{6 \times 0.232}{4.079}\right)$$

$$= \frac{(453.1 + 37.5) \times \cos 11.31° + 245.38 \times \sin 11.31°}{4.079 \times 1} \times \left(1 \pm \frac{6 \times 0.232}{4.079}\right)$$

可得:$\sigma_1 = 173.98$ kPa,$\sigma_2 = 85.50$ kPa,均小于 $[\sigma_0] = 400$ kPa。

故基底应力满足要求。

(5)挡土墙强度验算

强度计算要求:

$$\gamma_0 N_d < \frac{\alpha_k A R_k}{\gamma_k}$$

轴向力偏心影响系数为:

$$\alpha_k = \frac{1 - 256\left(\dfrac{e_0}{B}\right)^8}{1 + 12\left(\dfrac{e_0}{B}\right)^2} = \frac{1 - 256 \times \left(\dfrac{0.232}{4.079}\right)^8}{1 + 12 \times \left(\dfrac{0.232}{4.079}\right)^2} = 0.963$$

根据表 3.12 及《公路桥涵设计通用规范》,取重力分项系数 $\gamma_G = 1.0$、土压力分项系数 $\gamma_{Q1} = 1.4$(对承载不利)。

则:

$$\gamma_0 N_d = \gamma_0 \left[(\gamma_G G + \gamma_{Q1} E_y)\cos \alpha_0 + \gamma_{Q1} E_x \sin \alpha_0 \right]$$

$$= 1.05 \times \left[(1.0 \times 453.1 + 1.4 \times 37.5) \times \cos 11.31° + 1.4 \times 245.38 \times \sin 11.31° \right]$$

$$= 591.31 \text{ kN}$$

而

$$\alpha_k A \frac{R_k}{\gamma_k} = 0.963 \times 4.079 \times 1 \times \frac{500}{2.31} = 850.23 \text{ kN} > \gamma_0 N_d$$

其中,R_k 为砌体材料极限抗压强度(kPa),取 500 kPa。

故墙身强度满足要求。

（6）挡土墙稳定性验算

稳定性计算要求：

$$\gamma_0 N_d \leqslant \psi_k \frac{\alpha_k A R_k}{\gamma_k}$$

因为 $\beta_s = \frac{2H}{B} = \frac{2 \times 8}{4.079} = 3.923$，查表可得：$\alpha_s = 0.002$，该挡土墙为偏心受压，则：

$$\psi_k = \frac{1}{1 + \alpha_s \beta_s (\beta_s - 3)[1 + 16(e_0/B)^2]} = \frac{1}{1 + 0.002 \times 3.923(3.923 - 3)[1 + 16 \times \left(\frac{0.232}{4.079}\right)^2]} = 0.992,$$

计算可得：

$$\psi_k \alpha_k A \frac{R_k}{\gamma_k} = 843.43 \ \text{kN} > \gamma_0 N_d$$

综上可知，所设计的挡土墙的抗滑稳定性、抗倾覆稳定性、基底应力及合力偏心距和截面强度与稳定性的验算均满足要求。

思考题

3.1 路基防护与加固的区别是什么，具体分别有哪些类型？

3.2 试简述挡土墙有哪些类型，分别适用于什么场合？

3.3 挡土墙主要由哪些部分组成，各部分应如何设计？

3.4 重力式挡土墙稳定性验算包括哪些项目？当抗滑和抗倾覆稳定性不足时，分别可采取哪些措施？

3.5 挡土墙的埋置深度如何确定？

3.6 挡土墙设置排水措施的主要目的和作用是什么？实际工程中应如何正确设置挡土墙排水设施？

3.7 有一个俯斜路肩墙，墙高 7 m，墙背倾角 $\alpha = 15°$，墙面垂直，顶宽 0.8 m，挡土墙容重为 22 kN/m³，填土容重 $\gamma = 18$ kN/m³，$c = 0$，$\varphi = 30°$，$\delta = \varphi/2$，试计算其主动土压力，并对挡土墙进行验算（未知参数按相关规范选取）。其中挡土墙按照块体圬工考虑，为 MU40 号，砂浆为 M7.5 号。

3.8 试简述浸水挡土墙和一般挡土墙设计的主要区别是什么？

3.9 试简述常用的软基加固方法有哪些，分别的适用条件是什么？

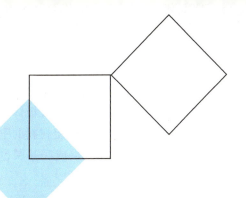

4 路面基层

> **本章导读:**
>
> ● **内容及要求**　本章主要介绍粒料类基层和无机结合料稳定基层,包括粒料类材料特点,无机结合料稳定材料的物理力学特性,石灰稳定基层、水泥稳定基层及工业废渣稳定基层的相关内容。通过本章的学习,要求熟悉和掌握粒料类基层强度构成原理、应力应变特性,无机结合料稳定材料的应力应变特性、疲劳特性、干缩及温缩特性,石灰类、水泥类和工业废渣类稳定基层的强度形成机理、混合料设计方法、施工注意事项等。
>
> ● **重点**　粒料类基层,无机结合料稳定材料干缩、温缩特性,石灰稳定材料基层强度形成原理、水泥稳定材料基层强度形成原理,无机结合料稳定材料技术要求、混合料设计与施工。
>
> ● **难点**　干缩、温缩,基层裂缝防治,强度形成原理。

4.1　概述

半刚性基层

　　路面基层,是指在路基(或功能层)表面上用高质量材料按照一定的技术措施分层铺筑而成的层状结构,其材料与质量的好坏直接影响路面的质量和使用性能。按照使用材料的不同,路面基层分为无机结合料稳定基层、粒料类基层、沥青结合料类基层和水泥混凝土类基层等。本章主要介绍粒料类基层和无机结合料稳定基层。

　　粒料类基层混合料,是用各种粒径的碎石或砾石和石屑或砂按照一定比例混合,其塑性指数和承载比满足规定要求的混合料。采用该混合料修筑的基层称为粒料类基层。

　　无机结合料稳定材料是指在碎砾石材料或土中掺入一定量的无机结合料(包括水泥、石灰或工业废渣等)和水,经拌和得到的混合料经压实与规定时间的养生后,其性能符合规定要求的材料。它具有稳定性好、强度与刚度随龄期增长、抗冻性强、本身能够自成板体的优点。但同时也具有干缩性和温缩性大、抗冲刷能力弱的缺点。由于无机结合料稳定材料的刚度介于柔性路面材料和刚性路面材料之间,常称其为半刚性材料,以此修筑的基层或底基层也称为半刚性基层(底基层)。

4.2　粒料类基层

碎石指通过石料场开采,经历破碎和筛分后形成的具有一定的棱角和不同粒径规格的石料。砾石指由暴露在地表的岩石经自然风化作用形成的常沉积在山麓或山前地带的石料,或岩石被水侵蚀破碎后经水流冲刷、搬运形成的石料,一般可分为角砾和圆砾。

石料在破碎完成后,先通过最大一档筛孔剔除超大颗粒,具有一定的自然级配,此时称为未筛分碎石。未筛分碎石再依次通过不同粒径的筛孔,可得到不同规格的碎石材料。

碎石成品的规格和石料加工厂采用的振动筛密切相关。碎(砾)石材料颗粒的直径大致为0~63 mm,按尺寸大小划分为4类:石子(9.5~63 mm)、瓜片(4.75~9.5 mm)、米石(2.36~4.75 mm)、石粉(0.075~2.36 mm)。根据碎石加工采用筛片筛孔尺寸的不同,石子又可分为不同档次规格的石料。

4.2.1　粒料类基层强度构成

碎、砾石材料属于松散介质材料,其结构强度形成的特点如下:

①矿料颗粒之间的联结强度,一般比矿料颗粒本身强度小得多。

②在外力作用下,材料首先在颗粒之间产生滑动和位移,使其失去承载能力而遭到破坏。

碎、砾石路面结构强度构成的关键是颗粒间的联结强度(注意不是黏结强度)。联结强度即是由材料的黏结力 c 和内摩阻角 φ 所表征的内摩阻力 τ,一般以库伦公式表示:

$$\tau = c + \sigma \tan \varphi \tag{4.1}$$

因此,由材料的黏结力和内摩阻角所表征的内摩阻力所决定的颗粒之间的联结强度,即构成了路面材料的结构强度。

1)纯碎石材料

纯碎石材料是按嵌挤原则产生强度,它的抗剪强度主要决定于剪切面上的法向应力和材料内摩阻角($c \approx 0$,$\tau = \sigma \tan \varphi$),由下列3项因素构成:

①粒料表面的相互滑动摩擦;

②因剪切时体积膨胀而需克服的阻力;

③因粒料重新排列而受到的阻力。

纯碎石粒料摩阻角的大小主要取决于石料的强度、形状、尺寸、均匀性、表面粗糙度以及施工时的压实程度。当石料强度高、形状接近立方体、有棱角、尺寸均匀、表面粗糙、压实度高时,则内摩阻力大。

纯碎石材料具有透水性好,不易冰冻、不易压实的特点。

2）土-碎（砾）石混合料

（1）土-碎（砾）石混合料材料强度构成

这类材料含土量小时，主要靠颗粒之间通过压实而得到嵌挤（锁结）作用；含土量较多时，按照密实原则形成强度（细料提供的黏结作用）。

（2）与强度和刚度相关的因素

材料的强度主要取决于密实度、颗粒形状和颗粒大小的分配，特别是以粗集料和细集料的比例最为重要。

（3）组成状态

按分布情况的不同，土-碎（砾）石混合料可分为 3 种不同的物理状态（图 4.1）。

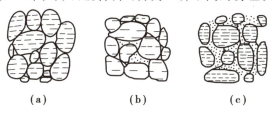

图 4.1　土-碎（砾）石混合料 3 种物理状态

第一种（嵌挤原则）：仅含有少量或者不含细料（含≤0.075 mm 的颗粒），强度与稳定性主要依靠颗粒之间摩阻力获得，密实度较低，但透水性好，不易冰冻，施工压实困难，如图 4.1（a）所示。

第二种（骨架密实原则）：含有适量的细料填满集料间的孔隙，这类混合料仍靠集料间的摩阻力获取其强度与稳定性，其抗剪强度、密实度有所提高，透水性降低，施工时易于压实，如图 4.1（b）所示。

第三种（密实原则）：细料含量过多，粗集料悬浮其中，施工时很易压实，但其密实度较低，实际上不透水，易冰冻，其强度与稳定性受水的影响很大，如图 4.1（c）所示。

（4）细粒含量对 CBR 值和密实度的影响

试验表明，随压实功能增加，碎砾石材料的密实度和 CBR 值均增加，且均存在一个最佳的细料含量。同时，细料成分对碎石集料的 CBR 值影响一般比对砾石集料的影响小，在最佳细粒含量时，碎石的 CBR 值要大于砾石的 CBR 值（碎石的内摩阻力大）。

碎砾石材料的密实度和 CBR 值随粗料粒径的增大而增大，最佳细粒含量随粒径增大而减小（粒径大时局部相对运动涉及的面大）。最佳细粒含量越多，混合料的强度和稳定性越低（粗料减少，嵌缝力减小）。

当细粒土含量少时，其塑性指数对强度的影响很小；当细粒土含量增加时，其塑性指数的影响便越来越大。因此，对于细料含量多的混合料，必须限制细料的塑性指数。

由上述分析可知，只有在已知粒径分配的情况下，密实度才可以作为衡量强度和稳定性的依据。细料含量偏多的混合料强度和稳定性大大低于细料含量偏低是由于如图 4.1（c）所示的情况，强度和稳定性受结合料的影响很大，而在图 4.1（a）的情况下，强度和稳定性受结合料的影响很小，大部分取决于大颗粒之间的接触。

室内试验和工地实践都表明，集料为碎石时，由于颗粒嵌挤作用的增强，其强度和稳定性较圆滑砾石集料好，渗透系数也高，更易排水。此外，细粒土的物理性质对混合料的强度和稳定性也有很大影响。

4.2.2　碎、砾石材料的应力-应变特性

碎、砾石材料的应力-应变特性具有明显的非线性特征,即弹性模量 E_r 随偏应力 σ_d 的增大而减小,随侧压力 σ_3 的增大而增大,如图 4.2 所示。根据大量试验,碎、砾石材料的回弹模量值可以用式(4.2)表示(三轴试验)。

$$E_r = K_1 \theta^{K_2} \tag{4.2}$$

式中　θ——三向主应力之和,kPa;

K_1,K_2——回归常数,同材料性质有关。

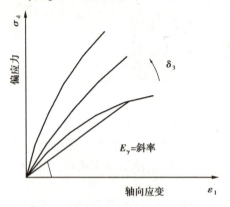

图 4.2　碎、砾石材料应力-应变关系

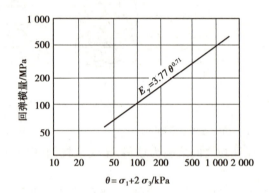

图 4.3　干的轧制集料回弹模量随主应力和的变化

图 4.3 表示某一轧制集料的回弹模量与主应力和的关系。试验还表明,应力重复次数、荷载作用时间及频率对回弹模量的影响甚小。

碎、砾石材料的模量同材料的级配、颗粒形状、表面构造、密实度和含水率等有关,一般密实度越高,模量值越大,棱角多、表面粗糙者有较高模量,一般为 100~700 MPa。泊松比取决于主应力或偏应力和平均法向应力的比值,一般可取 0.3~0.35。

碎、砾石混合料在重复应力作用下的塑性变形累积规律为(图 4.4):当应力作用次数达到 10^4 时,形变基本不发展;但当应力较大,超过材料的耐久疲劳应力,达到一定次数时,形变随作用次数而迅速发展,最终导致破坏。当偏应力较大时,塑性变形量随作用次数增加而不断增长,直至破坏。材料级配差,塑性变形大(空隙率大,粒料被压碎,空隙率变小,变形增大);细料含量小于最大密实含量时,塑性变形小(粗料的压实性差)。

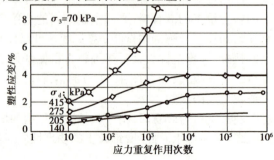

图 4.4　砾质材料在良好排水条件下塑性形变的发展

4.2.3　填隙碎石基层

填隙碎石是采用单一规格的粗碎石作为集料,形成嵌锁结构,再采用石屑作为填料,填充碎石之间的空隙,以增加其密实度和稳定性。以此来修筑基层,可以起到承受和传递交通荷载的作用。

填隙碎石用作基层时,集料的最大公称粒径应不大于 53 mm,用作底基层时,应不大于 63 mm,其颗粒组成应符合表 4.1 的规定。

表 4.1　填隙碎石颗粒组成要求

单位:%

项　次	公称粒径/mm	筛孔尺寸/mm							
		63	53	37.5	31.5	26.5	19	16	9.5
1	30 ~ 60	100	25 ~ 60	—	0 ~ 15	—	0 ~ 5	—	—
2	25 ~ 50	—	100	—	25 ~ 50	0 ~ 15	0 ~ 5	—	—
3	20 ~ 40	—	—	100	35 ~ 37	—	0 ~ 15	—	0 ~ 5

填隙碎石宜用振动压路机施工,碾压后固体体积率,对基层宜不小于 85%,对底基层宜不小于 83%。

采用干法施工时,宜使用双轮压路机初压 3 ~ 4 遍使骨料稳定就位后,再均匀撒布填隙料 2.5 ~ 3 cm 厚,重复振动碾压,并扫除局部残余的填隙料。采用湿法施工时,在撒布填隙料后,立即洒水进行碾压,直至满足压实度的要求。

4.2.4　级配碎(砾)石基层

级配碎(砾)石基层,是由各种集料(砾石、碎石)按最佳级配原理修筑而成的路面基层。由于级配碎(砾)石基层是用大小不同的材料按一定比例配合,逐级填充空隙,压实后能形成密实的结构。其强度由摩阻力和黏结力构成,具有一定的水稳性和力学强度。

级配碎(砾)石基层厚度一般为 15 ~ 20 cm,当厚度大于 20 cm 时应分两层铺筑。其中,用作基层时,其压实度不应小于 99%;用作底基层时,压实度不应小于 97%。

级配砾(碎)石基层所用材料主要为天然砾石或碎石,其形状以接近立方体或圆球形为佳,石料强度应不低于Ⅳ级(30 ~ 60 MPa);碎石材料的 CBR 标准如表 4.2 所示。

表 4.2　级配碎石材料的 CBR 强度标准

结构层	公路等级	极重特重交通	重交通	中、轻交通
基层	高速公路和一级公路	≥200	≥180	≥160
	二级及二级以下公路	≥160	≥140	≥120
底基层	高速公路和一级公路	≥120	≥100	≥80
	二级及二级以下公路	≥100	≥80	≥60

根据《公路路面基层施工技术细则》(JTG/T F20—2015)规定,其级配要求按表4.3进行控制。

表4.3　级配碎石或砾石的推荐级配范围

筛孔尺寸	G-A-1	G-A-2	G-A-3	G-A-4	G-A-5
37.5	100	—	—	—	—
31.5	100~90	100	100	—	—
26.5	93~80	100~90	95~90	100	100
19	81~64	86~70	84~72	88~79	100~95
16	75~57	79~62	79~65	82~70	89~82
13.2	69~50	72~54	72~57	76~61	79~70
9.5	60~40	62~42	62~47	64~49	63~53
4.75	45~25	45~25	40~30	40~30	40~30
2.36	31~16	31~16	28~19	28~19	28~19
1.18	22~11	22~11	20~12	20~12	20~12
0.6	15~7	15~7	14~8	14~8	14~8
0.3	—	—	10~5	10~5	10~5
0.15	—	—	7~3	7~3	7~3
0.075	5~2	5~2	5~2	5~2	5~2

注:对无塑性的混合料,小于0.075 mm的颗粒含量宜接近高限。

其中,用于高速公路和一级公路基层时,级配宜符合表4.3中级配G-A-4或G-A-5的规定;用于高速公路和一级公路底基层时,级配宜符合表4.3中级配G-A-3或G-A-4的规定;用于二级及二级以下公路的基层、底基层时,级配宜符合表4.3中级配G-A-1或G-A-2的规定。

级配碎石或砾石用作基层时,对于高速和一级公路,其最大公称粒径应不大于26.5 mm;对于二级和二级以下公路,最大公称粒径应不大于31.5 mm。用作底基层时,最大公称粒径应不大于37.5 mm。

另外,工程实践中,在二级或二级以下公路底基层常使用未筛分碎(砾)石、天然砾石和砾石土等材料。未筛分碎石、砾石的推荐级配范围见表4.4,天然砾石、砾石土的推荐级配范围见表4.5。同时,未筛分碎(砾)石、天然砾石和砾石土材料的液限不宜大于28,在潮湿多雨地区塑性指数宜小于6,其他地区宜小于9。

表4.4　未筛分碎石、砾石的推荐级配范围

单位:%

筛孔尺寸/mm	C-B-1	G-B-2	筛孔尺寸/mm	C-B-1	C-B-2
53	100		4.75	10~30	17~45
37.5	85~100	100	2.36	8~25	11~35

续表

筛孔尺寸/mm	C-B-1	G-B-2	筛孔尺寸/mm	C-B-1	C-B-2
31.5	69~88	83~100	0).6	6~18	6~21
19.0	40~65	54~84	0.075	0~10	0~10
9.5	19~43	29~59			

表4.5　天然砾石、砾石土的推荐级配范围

单位:%

筛孔尺寸/mm	53	37.5	9.5	4.75	0.6	0.075
通过质量百分率/%	100	80~100	40~100	25~85	8~45	0~15

4.3　无机结合料稳定材料物理力学特性

　　工程中常用的无机结合料稳定基层包括石灰稳定类基层、水泥稳定类基层、工业废渣稳定类基层。无机结合料稳定材料的物理力学特性包括应力-应变关系、疲劳特性、收缩(温缩和干缩)特性等。

4.3.1　无机结合料稳定材料的应力-应变特性

　　无机结合料稳定材料的重要特点之一是其强度和模量随龄期的增长而不断增长,逐渐具有一定的刚性性质。一般规定水泥稳定类材料设计龄期为3个月,石灰或二灰稳定类材料设计龄期为6个月。

　　无机结合料稳定材料应力应变特性的试验方法主要有顶面法、侧面粘贴法、夹具法和承载板法等(图4.5)。试件有圆柱体试件和梁式(分大、中、小梁)试件。试验内容为无侧限抗压强度和抗压回弹模量、劈裂强度和劈裂回弹模量、弯拉强度和弯拉回弹模量等。

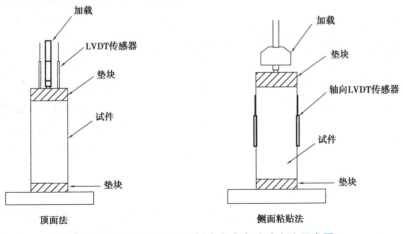

图4.5　无机结合料稳定材料应力应变试验方法示意图

无机结合料稳定材料的应力-应变特性与原材料的性质、结合料的性质和剂量及密实度、含水率、龄期、温度等有关,同时其应力-应变关系呈现出非线性特性。

4.3.2 无机结合料稳定材料的疲劳特性

材料的抗压强度是材料组成设计的主要依据,但由于无机结合料稳定材料的抗拉强度远小于其抗压强度,因此材料的抗拉强度是路面结构设计的控制指标。

抗拉强度试验方法有直接抗拉试验、间接抗拉试验和弯拉试验。常用的疲劳试验有弯拉疲劳试验和劈裂疲劳试验。在一定的应力条件下,材料的疲劳寿命取决于以下因素:

①材料的强度和刚度。强度越大,刚度越小,其疲劳寿命就越长。

②由于材料的不均匀性,疲劳方程与材料试验的变异性有关。不同的保证率(达到疲劳寿命时出现破坏的概率)得出的疲劳方程也不同。

③试验方法、试验操作的水平。

通过回归分析,可得到描述应力比和作用次数关系的疲劳方程(双对数或单对数):

$$\lg N_f = a + b \lg \sigma_f / \sigma_s \tag{4.3}$$

或

$$\lg N_f = a + b \sigma_f / \sigma_s \tag{4.4}$$

图 4.6、图 4.7 分别为二灰砂砾和水泥砂砾的应力强度比疲劳寿命曲线。

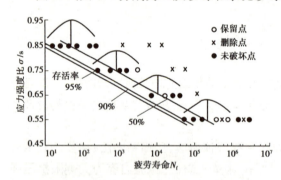

图 4.6 二灰砂砾(小梁)应力强度比疲劳寿命曲线

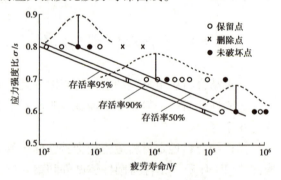

图 4.7 水泥砂砾(小梁)应力强度比疲劳寿命曲线

4.3.3 无机结合料稳定材料的干缩特性

干燥收缩是无机结合料稳定材料因内部含水率变化而引起的体积收缩现象。其基本原理为:由于混合料的水分不断减少,由此发生的毛细管作用、吸附作用、分子间力的作用、材料矿物晶体或凝胶体间层间水的作用和碳化收缩作用等引起无机结合料稳定材料体积收缩。

材料干缩特性的指标主要有干缩应变、干缩系数、干缩量、失水量、失水率和平均干缩系数等。

失水量是试件失去水分的质量(g);失水率是试件单位质量的失水量(%);干缩量是水分损失时试件的收缩量(10^{-3} mm)。干缩应变 ε_d 是水分损失引起试件单位长度的收缩量,干缩系数 α_d 是某失水量时,试件单位失水率的干缩应变。干缩应变和干缩系数可用式(4.5)、式(4.6)

进行计算。

$$\varepsilon_d = \frac{\Delta l}{l} \qquad\qquad (4.5)$$

$$\alpha_d = \frac{\varepsilon_d}{\Delta w} \qquad\qquad (4.6)$$

式中　Δl——含水率损失 Δw 时,试件的整体收缩量;

　　　L——试件的长度;

　　　α_d——干缩系数。

无机结合料稳定材料的干缩特性与结合料的类型、剂量、被稳定材料的类别、粒料含量、小于 0.6 mm 的细颗粒的含量、试件含水率和龄期等有关。

(1)材料品种、含水率与平均干缩系数的关系

试验表明:开始时含水率较高,随着水分的蒸发,干缩系数逐渐增大,在各自最大的分子吸湿含水率附近,平均干缩系数达到最大值,然后迅速减少。可见,材料中结合水的蒸发,特别是扩散层水的蒸发,对干缩系数有重要的影响。

(2)制件含水率与干缩应变的关系

混合料制件含水率越大,则材料的干缩应变越大。含水率增加 1%,干缩应变增加 23.5% ~ 80.1%。因此,控制施工时材料的含水率对于减少干缩应变具有十分重要的意义。

(3)粒料含量与平均干缩系数的关系

粒料含量多的混合料,其平均干缩系数小。因此,控制粒料含量对减少混合料的干缩应变同样具有重要的意义。

(4)龄期与平均干缩系数的关系

随龄期的增加,平均干缩系数减小,表明结构强度的形成对材料干缩系数有一定的制约作用。

(5)无机结合料剂量对干缩结果的影响

无机结合料剂量增加,干缩系数增大。因此,在保证一定强度的前提下,控制无机结合料剂量对于减少材料的干缩应变效果明显。

4.3.4　无机结合料稳定材料的温度收缩特性

无机结合料稳定材料由固相(组成其空间骨架的原材料颗粒和其间的胶结物)、液相(存在于固相表面与空隙中的水和水溶液)和气相(存在于空隙中的气体)组成,所以其外观胀缩性(温度收缩)是三相不同温度收缩性综合效应的结果。一般气相大部分与大气连通,故其影响可以忽略。固相中砂砾以上颗粒的温度收缩系数较小;粉粒以下颗粒,特别是黏土矿物的温度收缩性较大。

液相通过扩张作用、表面张力作用和冰冻作用 3 个作用过程,对温度收缩性产生影响。

材料温缩指标主要有温缩应变、温缩系数、温缩量和平均温度收缩系数。

温缩应变是温度变化引起的试件单位长度变化量,按式(4.7)计算。

$$\varepsilon_t = \frac{\Delta l}{l} \qquad\qquad (4.7)$$

式中 Δl ——温度变化引起的试件变化量；

l ——试件的长度。

平均温度收缩系数是某温度时,试件的温缩应变与试件的温度变化之比,按式(4.8)计算:

$$\overline{\alpha_t} = \frac{\varepsilon_t}{\Delta T} \tag{4.8}$$

式中 ε_t ——试件的温缩应变；

ΔT ——试件的温度变化。

无机结合料稳定材料温度收缩的大小与结合料类型和剂量、被稳定材料的类别、粒料含量、龄期等有关。

经过一定龄期的养生,无机结合料稳定材料基层上铺筑沥青面层后,基层内相对湿度略有增大,使材料的含水率趋于平衡,这时无机结合料稳定材料基层的变形以温度收缩为主。

4.4 石灰稳定材料基层

4.4.1 概述

石灰稳定材料基层是以石灰为结合料,通过加水和被稳定材料共同拌和形成的混合料,包括石灰碎石土、石灰等。其中,石灰剂量是石灰质量占全部土颗粒干质量的百分率,即石灰剂量=石灰质量/干土质量。

石灰稳定类材料不但具有较高的抗压强度,而且也具有一定的抗弯拉强度,且强度随龄期逐渐增加。因此一般可以用于各级公路路面的基层或底基层,但因其水稳定性较差不应作为高速公路或一级公路的基层。当低等级公路采用高级路面时,也不宜用石灰稳定材料做基层;在冰冻地区的潮湿路段以及其他地区的过分潮湿路段,也不宜采用石灰稳定材料做基层。

4.4.2 强度形成原理

在被稳定材料中掺入适量的石灰,并在最佳含水率下拌匀压实,使石灰与被稳定材料发生一系列的物理、化学作用。一般有 4 个方面作用:离子交换作用、结晶硬化作用、火山灰作用、碳酸化作用。

(1)离子交换作用(初期变化的原因)

被稳定材料的微小颗粒具有一定的胶体性质,它们一般都带有负电荷,表面吸附着一定数量的钠、钾、氢等低价阳离子。石灰是一种强电解质,加入石灰和水后,石灰中的钙离子与被稳定材料的钠、氢、钾离子产生离子交换作用,原来的钠(钾)土变成钙土,颗粒表面所吸附的离子由一价变成了二价,减少了颗粒表面吸附水膜的厚度,使土粒相互之间更为接近,分子引力随之增加,许多单个土粒聚成小团粒,组成一个稳定结构。其结果是塑性下降,φ 值提高。

$$CaO + H_2O \Longrightarrow Ca(OH)_2 \tag{4.9}$$

$$Ca(OH)_2 \longrightarrow Ca^{2+} + 2(OH)^- \tag{4.10}$$

$$2R^+ + Ca(OH)_2 \Longrightarrow Ca^{2+} + 2ROH \tag{4.11}$$

（2）结晶作用

熟石灰与水作用生成熟石灰结晶网格,为一种胶凝物质,具有水硬性并能在固体和水两相作用下硬化。

$$Ca(OH)_2+nH_2O \longrightarrow Ca(OH)_2 \cdot nH_2O \tag{4.12}$$

（3）火山灰作用

熟石灰的游离 Ca^{2+} 与被稳定材料中的活性 SiO_2 和 Al_2O_3 作用,生成含水的硅酸钙和铝酸钙的化学反应就是火山灰作用,其同样为胶凝物质,具有水硬性,并能在固体和水两相环境下发生硬化。

$$xCa(OH)_2+SiO_2+nH_2O \longrightarrow xCaO \cdot SiO_2(n+1)H_2O \tag{4.13}$$
$$xCa(OH)_2+Al_2O_3+nH_2O \longrightarrow xCaO \cdot Al_2O_3(n+1)H_2O \tag{4.14}$$

胶凝物质在土粒的外围形成一层稳定保护膜,填充颗粒空隙,使颗粒间产生结合料,减少颗粒间的空隙与透水性,提高密实度,这是石灰稳定材料获得强度和水稳定性的基本原因,但这种作用较为缓慢。

（4）碳酸化作用（形成后期强度的原因）

被稳定材料中的 $Ca(OH)_2$ 与空气中的 CO_2 作用生成 $CaCO_3$,是一种坚硬的结晶体,它和其生成的复杂盐类把土粒胶结起来,从而大大提高了混合料的强度和整体性。

$$Ca(OH)_2+CO_2 \longrightarrow CaCO_3+H_2O \tag{4.15}$$

石灰对被稳定材料性质带来的影响主要表现在如下 3 个方面:

①塑性:由于离子交换作用,形成团粒结构,被稳定材料的塑性指数可下降很多,塑性指数的减小主要是由于塑限的提高。

②压实性:石灰的掺加,使被稳定材料的最佳含水率增加而最大密实度降低。这主要是由于被稳定材料中水分有一部分消耗于石灰水化,因而不能用于减少颗粒间的摩擦力。石灰拌和后间隔一段时间再压实,将使混合料的塑性变化较多,这对压实是不利的。

③强度:石灰对被稳定材料的影响,最主要的是提高强度。

通过石灰与被稳定材料的一系列的相互作用,在初期表现为混合料的结团、塑性降低、最佳含水率增加和最大密实度减少等;后期主要表现为结晶结构的形成,从而提高其板体性、强度和稳定性。

4.4.3　强度影响因素

（1）土质

各种成因的土都可以用石灰来稳定,但生产实践说明,黏性土较好,其稳定的效果显著,强度也高。

①混合料的强度随土中的黏粒含量增加和塑性指数增大而增加（化学活性增强,有利于石灰与土的相互作用）,但黏粒不宜过多,否则不易粉碎、拌和,反而影响强度。

②石灰土的强度随土的 pH 值的增大而增大（在碱性较大时,有利于硅铝矿物等的解离,从而促进石灰与土之间的火山灰等化学反应的进行）。

③石灰土强度有随土中的 $CaCO_3$ 含量增大而增大的趋势（使土的黏聚力得到加强）。

④石灰土强度随土中的有机质含量增多而减小（有机质一般呈现酸性反应）。

（2）灰质

石灰应是生石灰粉或消石灰粉，对于高速公路或一级公路宜采用磨细的消石灰粉。

①钙质石灰比镁质（高镁质）石灰稳定的初期强度高（特别是剂量小时），后期效果差异不大（在剂量大时，镁质石灰优于钙质石灰）。

②石灰等级（CaO+MgO 的含量）越高时，稳定效果好。

③石灰的细度越大，稳定效果越好。生石灰反应比消石灰快。

（3）石灰剂量

石灰剂量对石灰稳定材料强度影响显著。石灰剂量较低（小于 3% ～4%）时，石灰主要起稳定作用，土的塑性、膨胀、吸水量减小，使土的密实度、强度得到改善。随剂量增加，强度和稳定性均提高。超过一定范围时，过多的石灰在土的空隙中以自由灰存在，将导致强度下降。

生产实践中常用的剂量为 8% ～14%（黏性土、粉性土）或 9% ～16%（砂性土）。剂量的确定应根据结构层技术要求进行混合料组成设计。

（4）含水率

水是石灰稳定材料的重要组成部分。它促使其发生物理化学变化，形成强度；便于拌和与压实，并且有利于养生。不同土质的石灰稳定材料有不同的最佳含水率，通过标准击实试验确定。

（5）密实度

石灰稳定材料的强度随密实度的增加而增长，实践证明，密实度每增减 1%，强度约增减 4%。而密实的石灰稳定材料，其抗冻性、水稳定性也好，缩裂现象也少。

（6）龄期

石灰稳定材料的强度具有随龄期呈现指数规律增长的特点。其强度与龄期关系可表示为式（4.16）。

$$R_t = R_i t^\beta \tag{4.16}$$

式中　R_i——一个月龄期抗压强度；

　　　R_t——t 个月龄期抗压强度；

　　　β——系数，为 0.1～0.5。

（7）养生条件

养生条件主要指温度与湿度。养生条件不同，其强度也有差异。

①高温时，物理化学反应、硬化、强度增长快；反之，强度增长慢，负温时甚至不增长。因此要求施工时温度在 5 ℃以上，并在第一次重冰冻（-3～-5 ℃）到来之前的 15～30 d 之内完成。

②在一定湿度条件下养生，强度的形成和增长较快。

4.4.4　石灰稳定材料基层缩裂防治

石灰稳定材料基层缩裂防治的措施有：

①控制压实含水率（含水率不能过多，通常为最佳含水率的 90%）。

②严格控制压实标准，尽可能达到最大压实度。

③温缩的最不利季节是材料处于最佳含水率附近，且温度在 -10～0 ℃时，因此施工应在当地气温进入 0 ℃前一个月结束。

④干缩的最不利情况是石灰稳定材料成型初期,因此要重视初期养护。

⑤施工结束后要及早铺筑面层,使石灰稳定材料的含水率不发生大变化,可减轻干缩裂缝。

4.5　水泥稳定材料基层

4.5.1　概述

水泥稳定材料是以水泥为结合料,通过加水与被稳定材料共同拌和形成的混合料,包括水泥稳定级配碎石、水泥稳定级配砾石、水泥稳定石屑、水泥稳定土、水泥稳定砂等。水泥稳定类基层具有良好的整体性、足够的力学强度、抗水性和耐冻性,可以适应各种不同的气候条件与水文地质条件,其初期强度较高,且随龄期增长而增长,因此应用范围很广。

4.5.2　强度形成原理

在被稳定材料中掺入水泥后会发生多种复杂的作用,从而改变被稳定材料的性质,主要包括:

①化学作用:如水泥颗粒的水化、硬化作用、聚合作用,以及水泥水化产物与黏土矿物之间的化学作用等。

②物理-化学作用:如黏土颗粒与水泥及水泥水化产物之间的吸附作用,微粒的凝聚作用,水及水化产物的扩散、渗透作用,水化产物的溶解和结晶作用等。

③物理作用:如土块的机械粉碎作用、混合料的拌和、压实作用等。

(1)水泥的水化作用

在水泥稳定材料中,首先发生的是水泥自身的水化反应,从而产生出具有胶结能力的水化产物,这是水泥稳定土强度的主要来源。

硅酸三钙:

$$2C_3S+6H_2O \longrightarrow C_3S_2H_3+3CH \tag{4.17}$$

硅酸二钙:

$$2C_3S+4H_2O \longrightarrow C_3S_2H_3+CH \tag{4.18}$$

铝酸三钙:

$$C_3A+6H_2O \longrightarrow C_3AH_6 \tag{4.19}$$

铁铝酸四钙:

$$C_4AF+7H_2O \longrightarrow C_4AFH_7 \tag{4.20}$$

水泥水化生成的水化产物(主要是硅酸三钙和硅酸二钙),在混合料的孔隙中相互交织搭接,将被稳定材料颗粒包覆连接起来,使其逐渐丧失了原有的塑性等性质,并且随着水化产物的增加,混合料也逐渐坚固起来。

(2)离子交换作用

Ca^{2+}的电价高于K^+、Na^+等离子,因此与电位离子的吸引力较强,从而取代了K^+、Na^+,成为反离子。同时,Ca^{2+}也因双电层电位的降低,速度加快,因而使电动电位减小、双电层的厚度减薄,使黏土颗粒之间的距离减小,相互靠拢,导致土的凝聚,从而改变土的塑性,使土具有一定的强度和稳定度。这种作用就称为离子交换作用。

(3)化学激发作用

土的矿物组成基本上都属于硅铝酸盐,当黏土颗粒周围介质的 pH 值增加(碱性增强)到一定程度时,黏土矿物中的部分 Al_2O_3 和 SiO_2 的活性将被激发出来,与溶液中的 Ca^{2+} 反应生成新的矿物,这些矿物同样具有胶凝能力,包裹着黏土颗粒表面,与水泥的水化产物一起,将黏土颗粒凝结成一个整体。因此,水泥水化生成的 $Ca(OH)_2$ 对黏土矿物的激发作用,进一步提高了水泥稳定材料的强度和水稳定性。

(4)碳酸化作用

水泥水化生成的 $Ca(OH)_2$ 还可以进一步与空气中的 CO_2 发生碳化反应并生成碳酸钙晶体。它和生成的复杂盐类把土粒胶结起来,从而提高混合料的强度和整体性。碳酸钙生成过程中产生体积膨胀,也可以对土的基体起到填充和加固作用。

4.5.3　强度影响因素

(1)土质

土的类别和性质是影响水泥稳定材料强度的重要因素,各类砂砾土、砂土、粉土和黏土均可用水泥稳定,但稳定效果不同。试验和生产实践证明,用水泥稳定级配良好的碎(砾)石和砂砾,效果最好,不但强度高,而且水泥用量少;其次是砂性土;再次之是粉性土和黏性土;重黏土难以粉碎和拌和,不宜单独用水泥来稳定。

土质对强度的影响主要包括:

①强度随土中的黏粒含量增加和塑性指数增大而降低,特别是干缩和温缩变形大。

②强度随土中的 $CaCO_3$ 含量增多而增大。

③强度随土中的有机质含量增多而减小。

④稳定级配良好的集料效果优于稳定级配不好的集料。

⑤小于 0.075 mm 的颗粒含量越多,水泥稳定混合料的强度越小。

(2)水泥成分和剂量

水泥矿物成分是决定水泥稳定材料强度的主导因素。通常情况下,硅酸盐水泥的稳定效果好,而铝酸盐水泥较差。随水泥分散度的增大,其化学活性程度和硬化能力也有所增长,使水泥稳定材料的强度得到提高。一般不采用快硬水泥或早强水泥。

试验表明:水泥稳定材料的强度随水泥剂量的增加而增长。但过多的水泥用量,虽获得强度的增加,在经济上却不一定合理,存在一个经济用量。应该注意,过多的水泥,在效果上不一定显著,且容易开裂。试验和研究证明,水泥剂量为 4% ~8% 较为合理。因此,水泥剂量应根据技术和经济两个方面的因素综合确定。

(3)含水率

含水率对水泥稳定材料强度影响很大。当含水率不足时,水泥不能在混合料中完全水化和水解,发挥不了水泥对土的稳定作用,影响强度形成。同时,含水率小,达不到最佳含水率,也影响水泥稳定材料的压实度。因此,使含水率达到最佳含水率的同时,也要满足水泥完全水化和水解作用的需要。

水泥稳定材料的含水率-密实度关系与素土一样,对于一定的压实功能,存在一个能达到最大密实度的最佳含水率。但应注意,相应于最大密实度的最佳含水率不是相应于强度最高的含水率。对于砂性土,最高强度含水率较最佳密实度的含水率小,对于黏性土则相反。

(4)施工工艺过程

水泥、土和水拌和得均匀,且在最佳含水率下充分压实,使之干密度最大,其强度和稳定性就高。水泥稳定材料从开始加水拌和到完成压实的延迟时间要尽可能短,一般要在 6 h 以内。若时间过长,则水泥凝结,在碾压时不但达不到压实度要求,而且也会破坏已结硬水泥的胶凝作用,反而使水泥稳定材料强度下降。在水泥终凝时间达不到规定要求时,可以使用一定剂量的缓凝剂,但缓凝剂的品种和具体数量应根据试验确定。

水泥稳定材料需湿法养生,以满足水泥水化形成强度的需要。养生温度越高,强度增长得越快,因此要保证水泥稳定材料养生的温度和湿度条件。

4.6　工业废渣稳定材料基层

随着工业的发展,常有大量工业废渣需要处理。利用这些废渣修路,既可解决公路建设中筑路材料来源的困难,又可为工厂解决废渣的堆放和处理问题,具有较好的环保、经济意义。

公路上常用的工业废渣有各种石灰下脚、火力发电厂的粉煤灰和煤渣、钢铁厂的高炉渣和钢渣、化肥厂的电石渣以及煤矿的煤矸石等。

粉煤灰和煤渣中含有较多的二氧化硅、氧化钙或氧化铝等活性物质。活性二氧化硅和氧化铝本身在水中不会结硬,但在饱和的 $Ca(OH)_2$ 溶液中会产生火山灰反应,生成水化硅酸钙和铝酸钙凝胶。

以水泥或石灰为结合料,以钢渣、煤渣、矿渣等为主要被稳定材料,通过加水拌和形成的混合料即为工业废渣稳定材料。它具有水硬性、缓凝性、强度高、稳定性好、成板体的优点,且强度随龄期不断增加,抗水、抗冻、抗裂且收缩性小,能适应各种气候环境和水文地质条件等,常用作高级或次高级路面的基层或底基层。

常用的工业废渣类材料包括石灰粉煤灰稳定材料、水泥粉煤灰稳定材料、石灰煤渣稳定材料、水泥煤渣稳定材料等。

4.7　无机结合料稳定材料技术要求与混合料设计

无机结合料稳定材料的组成设计包括原材料性能试验与检验、混合料目标配合比设计、混合料生产配合及设计、确定施工参数等内容。

1)原材料

(1)石灰

石灰技术要求见表 4.6、4.7。

表 4.6　生石灰技术要求

指　标	钙质生石灰			镁质生石灰			试验方法
	Ⅰ	Ⅱ	Ⅲ	Ⅰ	Ⅱ	Ⅲ	
有效氧化钙加氧化镁含量/%	≥85	≥80	≥70	≥80	≥75	≥65	T 0813
未消化残渣含量/%	≤7	≤11	≤17	≤10	≤14	≤20	T 0815
钙镁石灰的分类界限,氧化镁含量/%	≤5			>5			T 0812

表 4.7　消石灰技术要求

指　标		钙质生石灰			镁质生石灰			试验方法
		Ⅰ	Ⅱ	Ⅲ	Ⅰ	Ⅱ	Ⅲ	
有效氧化钙加氧化镁含量/%		≥65	≥60	≥55	≥60	≥55	≥50	T 0813
含水率/%		≤4	≤4	≤4	≤4	≤4	≤4	T 0801
细度	0.60 mm 方孔筛的筛余/%	0	≤1	≤1	0	≤1	≤1	T 0814
	0.15 mm 方孔筛的筛余/%	≤13	≤20	—	≤13	≤20	—	T 0814
钙镁石灰的分类界限,氧化镁含量/%		≤4			>4			T 0812

其中,高速公路和一级公路所用的石灰应不低于Ⅱ级技术要求,二级公路所用石灰应不低于Ⅲ级技术要求,二级以下公路所用石灰宜不低于Ⅲ级技术要求。对于高速公路和一级公路的基层,宜采用磨细的生石灰。二级以下公路使用等外石灰时,其有效氧化钙的含量应在 20% 以上,且其强度应满足要求。

（2）水泥

宜选用初凝时间大于 3 h、终凝时间大于 6 h 且小于 10 h 的普通硅酸盐水泥,强度等级为 32.5 或 42.5。

（3）粉煤灰

干排或湿排的硅铝粉煤灰和高钙粉煤灰等均可用作基层或底基层的结合料,其技术要求应满足表 4.8 的规定。

表 4.8　粉煤灰技术要求

检测项目	技术要求	试验方法
SiO_2、Al_2O_3 和 Fe_2O_3,总含量/%	> 70	T 0816
烧失量/%	≤20	T 0817
比表面积/$(cm^2 \cdot g^{-1})$	>2 500	T 0820
0.3 mm 筛孔通过率/%	≥90	T 0818
0.075 mm 筛孔通过率/%	≥70	T 0818
湿粉煤灰含水率/%	≤35	T 0801

另外,煤矸石、煤渣、高炉矿渣、钢渣及其他冶金矿渣等工业废渣可用于修筑公路基层或底

基层,使用前应崩解稳定,且宜通过其相关性能试验,包括强度试验、模量试验及温缩试验、干缩试验等。

工业废渣类材料作为集料使用时,其公称最大粒径应不大于 31.5 mm,颗粒组成宜有一定的级配。

(4)水

符合现行《生活饮用水卫生标准》(GB 5749)的饮用水可作为基层、底基层材料拌和与养生用水。非饮用水应进行水质检验,满足表 4.9 的要求。

表 4.9　非饮用水技术要求

项　次	项　目	技术要求	试验方法
1	pH 值	≥4.5	JGJ 63
2	Cl^- 含量/(mg·L^{-1})	≤3 500	
3	SO_4^{2-} 含量/(mg·L^{-1})	≤2 700	
4	碱含量/(mg·L^{-1})	≤1 500	
5	可溶物含量/(mg·L^{-1})	≤10 000	
6	不溶物含量/(mg·L^{-1})	≤5 000	
7	其他杂质	不应有漂浮的油脂和泡沫及明显的颜色和异味	

(5)集料

集料宜采用各种硬质岩石或砾石加工后形成额碎石,也可以直接采用天然砾石。粗集料技术要求见表 4.10,细集料技术要求见表 4.11。

表 4.10　粗集料技术要求

指　标	层　位	高速公路和一级公路				二级及二级以下公路		试验方法
		极重、特重交通		重、中轻交通		I 类	Ⅱ 类	
		I 类	Ⅱ 类	I 类	Ⅱ 类			
压碎值/%	基层	≤22	≤22	26	≤26	≤35	≤30	T 0316
	底基层	≤30	≤26	≤30	≤26	≤40	≤35	
针片状颗粒含量/%	基层	≤18	≤18	≤22	≤18	≤20	—	T 0312
	底基层	—	≤20	—	≤20	≤20	—	
0.075 mm 以下粉尘含量/%	基层	≤1.2	≤1.2	≤2	≤2	—	—	T 0310
	底基层	—	—	—	—	—	—	
软石含量/%	基层	≤3	≤3	≤5	≤5	—	—	T 0320
	底基层	—	—	—	—	—	—	

注:* 对花岗岩石料,压碎值可放宽至 25%。

表4.11 细集料技术要求

项 目	水泥稳定	石灰稳定	石灰粉煤灰综合稳定	水泥粉煤灰综合稳定	试验方法
颗粒分析	满足级配要求				T 0302/0303/0327
塑性指数[b]	≤17	适宜范围 15~20	适宜范围 12~20		T 0118
有机质含量/%	<2	≤10	≤10	<2	T 0313/0336
硫酸盐含量/%	≤0.25	≤0.8	≤0.25		T 0341

注:①水泥稳定包含水泥石灰综合稳定。

②应测定0.075 mm以下材料的塑性指数。

天然砾石材料用作高速、一级公路底基层和二级及二级以下公路基层、底基层时,其塑性指数应不大于9。

其中,对于高速和一级公路,细集料中小于0.075 mm的颗粒含量应不大于15%,二级和二级以下公路,小于0.075 mm的颗粒含量应不大于20%。

2)混合料设计

无机结合料稳定材料的组成设计主要包括根据抗压强度标准,确定集料级配组成、最佳无机结合料的剂量、混合料的最佳含水率、最大干密度等。

(1)强度标准

石灰稳定材料的强度标准应根据公路等级及层位确定,在规定温度保湿养生6 d、浸水1 d条件下的7 d无侧限抗压强度如表4.12所示。

表4.12 石灰稳定材料的强度标准

单位:MPa

使用层次	高速和一级	二级以下
基层	—	≥0.8[a]
底基层	≥0.8	0.5~0.7[b]

注:a.在低塑性材料(塑性指数小于7)地区,石灰稳定砾石土和碎石土的7 d龄期无侧限抗压强度应大于0.5 MPa(100 g平衡锥测液限)。

b.低限用于塑性指数小于7的黏性土,且低限值宜仅用于二级以下公路。高限用于塑性指数大于7的黏性土。

水泥稳定材料的7d无侧限抗压强度标准如表4.13所示。

表4.13 水泥稳定材料的强度标准

单位:MPa

结构层	公路等级	极重、特重交通	重交通	中交通
基层	高速公路和一级公路	5.0~7.0	4.0~6.0	3.0~5.0
	二级及二级以下公路	4.0~6.0	3.0~5.0	2.0~4.0

续表

结构层	公路等级	极重、特重交通	重交通	中交通
底基层	高速公路和一级公路	3.0～5.0	2.5～4.5	2.0～4.0
	二级及二级以下公路	2.5～4.5	2.0～4.0	1.0～3.0

注:①公路等级高或交通荷载等级高或结构安全性要求高时,推荐取上限强度标准;
　　②表中强度标准指的是7 d龄期无侧限抗压强度的代表值。

石灰粉煤灰稳定材料的7d无侧限抗压强度标准如表4.14所示。

表4.14　石灰粉煤灰稳定材料的强度标准

单位:MPa

结构层	公路等级	极重、特重交通	重交通	中、轻交通
基层	高速公路和一级公路	≥1.1	≥1.0	≥0.9
	二级及二级以下公路	≥0.9	≥0.8	≥0.7
底基层	高速公路和一级公路	≥0.8	≥0.7	≥0.6
	二级及二级以下公路	≥0.7	≥0.6	≥0.5

水泥粉煤灰稳定材料的7d无侧限抗压强度标准如表4.15所示。

表4.15　水泥粉煤灰稳定材料的强度标准

单位:MPa

结构层	公路等级	极重、特重交通	重交通	中、轻交通
基层	高速公路和一级公路	4.0～5.0	3.5～4.5	3.0～4.0
	二级及二级以下公路	3.5～4.5	3.0～4.0	2.5～3.5
底基层	高速公路和一级公路	2.5～3.5	2.0～3.0	1.5～2.5
	二级及二级以下公路	2.0～3.0	1.5～2.5	1.0～2.0

(2)混合料级配

水泥稳定材料的推荐级配范围按表4.16控制。其中,被稳定材料中含有一定量的碎石或砾石,且小于0.6 mm的颗粒含量小于30%时,其塑性指数可大于17,且土的均匀系数应大于5。

表4.16　水泥稳定材料的推荐级配范围

单位:%

筛孔尺寸 /mm	高速公路和一级公路的底基层或二级公路的基层	高速公路和一级公路的底基层	二级公路的基层	二级及二级以下公路的底基层
	C-A-1	C-A-2	C-A-3	C-A-4
53	—	—	100	100
37.5	100	100	90～100	—

续表

筛孔尺寸 /mm	高速公路和一级公路的 底基层或二级公路的基层	高速公路和一级公路 的底基层	二级公路的基层	二级及二级以下 公路的底基层
	C-A-1	C-A-2	C-A-3	C-A-4
31.5	90 ~ 100	—	—	—
26.5	—	—	66 ~ 100	—
19	67 ~ 90	—	54 ~ 100	—
9.5	45 ~ 68	—	39 ~ 100	—
4.75	29 ~ 50	50 ~ 100	28 ~ 84	50 ~ 100
2.36	18 ~ 38	—	20 ~ 70	—
1.18	—	—	14 ~ 57	—
0.6	8 ~ 22	17 ~ 100	8 ~ 47	17 ~ 100
0.075	0 ~ 7	0 ~ 30	0 ~ 30	0 ~ 50

注:表中水泥稳定材料不包括水泥稳定级配碎石或砾石。

其中,用于高速或一级公路的底基层时,被稳定材料的最大公称粒径应不大于31.5 mm,级配应满足表中C-A-1、C-A-2的规定;用于二级公路基层时,级配应满足表中C-A-3的规定;用于二级以下公路基层时,级配应满足表中C-A-3的规定,被稳定材料的最大公称粒径应不大于37.5 mm;用于二级或二级以下公路底基层时,级配应满足表中C-A-4的规定,且被稳定材料的最大公称粒径应不大于37.5 mm。

水泥稳定级配碎石或砾石的推荐级配范围按表4.17控制。

表4.17 水泥稳定级配碎石或砾石的推荐级配范围

单位:%

筛孔尺寸 /mm	高速公路和一级公路			二级及二级以下公路		
	C-B-1	C-B-2	C-B-3	C-C-1	C-C-2	C-C-3
37.5	—	—	—	100	—	—
31.5	—	—	100	100 ~ 90	100	—
26.5	100	—		94 ~ 81	100 ~ 90	100
19	86 ~ 82	100	68 ~ 86	83 ~ 67	87 ~ 73	100 ~ 90
16	79 ~ 73	93 ~ 88	—	78 ~ 61	82 ~ 65	92 ~ 79
13.2	72 ~ 65	86 ~ 76	—	73 ~ 54	75 ~ 58	83 ~ 67
9.5	62 ~ 53	72 ~ 59	38 ~ 58	64 ~ 45	66 ~ 47	71 ~ 52
4.75	45 ~ 35	45 ~ 35	22 ~ 32	50 ~ 30	50 ~ 30	50 ~ 30
2.36	31 ~ 22	31 ~ 22	16 ~ 28	36 ~ 19	36 ~ 19	36 ~ 19
1.18	22 ~ 13	22 ~ 13	—	26 ~ 12	26 ~ 12	26 ~ 12

筛孔尺寸 /mm	高速公路和一级公路			二级及二级以下公路		
	C-B-1	C-B-2	C-B-3	C-C-1	C-C-2	C-C-3
0.6	15~8	15~8	8~15	19~8	19~8	19-8
0.3	10~5	10~5	—	14~5	14~5	14~5
0.15	7~3	7~3	—	10~3	10~3	10~3
0.075	5~2	5~2	0~3	7~2	7~2	7~2

其中,用于高速或一级公路的时,级配应满足表中 C-B-1、C-B-2 的规定,C-B-1 宜用于基层和底基层,C-B-2 宜用于基层,混合料密实时也可以采用 C-B-3;用于二级或以下公路时,级配应满足表中 C-C-1、C-C-2、C-C-3 的规定,C-C-1 宜用于基层和底基层,C-C-2 和 C-C-3 宜用于基层,C-B-3 宜用于极重、特重交通等级的基层。

石灰粉煤灰稳定碎石或砾石的级配按表 4.18 控制。

表 4.18　石灰粉煤灰稳定级配碎石或砾石的推荐级配范围

单位:%

筛孔尺寸 /mm	高速公路和一级公路				二级及二级以下公路			
	稳定碎石		稳定砾石		稳定碎石		稳定砾石	
	LF-A-1S	LF-A-2S	LF-A-1L	LF-A-2L	LF-B-1S	LF-B-2S	LF-B-1L	LF-B-2L
37.5	—	—	—	—	100	—	100	—
31.5	100	—	100	—	100~90	100	100~90	100
26.5	95~91	100	96~93	100	94~81	100~90	95~84	100~90
19	85~76	89~82	88~81	91~86	83~67	87~73	87~72	91~77
16	80~69	84~73	84~75	87~79	78~61	82~65	83~67	86~71
13.2	75~62	78~65	79~69	82~72	73~54	75~58	79~62	81~65
9.5	65~51	67~53	71~60	73~62	64~45	66~47	72~54	74~55
4.75	45~35	45~35	55~45	55~45	50~30	50~30	60~40	60~40
2.36	31~22	31~22	39~27	39~27	36~19	36~19	44~24	44~24
1.18	22~13	22~13	28~16	28~16	26~12	26~12	33~15	33~15
0.6	15~8	15~8	20~10	20~10	19~8	19~8	25~9	25~9
0.3	10~5	10~5	14~6	14~6	—	—	—	—
0.15	7~3	7~3	10~3	10~3	—	—	—	—
0.075	5~2	5~2	7~2	7~2	7~2	7~2	10~2	10~2

其中:

①用于高速公路和一级公路基层时,石灰粉煤灰总质量宜大于混合料质量的 15%,且不大

于20%,被稳定材料公称最大粒径应不大于26.5 mm,级配宜符合表中 LF-A-2L 和 LF-A-2S 的规定。

②用于高速公路和一级公路底基层时,各档被稳定材料总质量宜不小于80%,级配宜符合表中 LF-A-1L 和 LF-A-1S 的规定。对极重、特重交通荷载等级,级配宜符合表中 LF-A-2L 和 LF-A-2S 的规定。

③用于二级及二级以下公路基层时,被稳定材料的公称最大粒径应不大于31.5 mm,其总质量宜不小于80%,并符合表中 LF-B-2L 和 LF-B-2S 的规定。

④用于二级及二级以下公路底基层时,各档被稳定材料总质量宜不小于70%,并符合表中 LF-B-1L 和 LF-B-1S 的规定。对极重、特重交通荷载等级,可选择符合表中 LF-B-2L 和 LF-B-2S 规定的材料。

水泥粉煤灰稳定材料的级配按表4.19控制。

表4.19　水泥粉煤灰稳定级配碎石或砾石的推荐级配范围

单位:%

筛孔尺寸/mm	高速公路和一级公路				二级及二级以下公路			
	稳定碎石		稳定砾石		稳定碎石		稳定砾石	
	CF-A-1S	CF-A-2S	CF-A-1L	CF-A-2L	CF-B-1S	CF-B-2S	CF-B-1L	CF-B-2L
37.5	—	—	—	—	100	—	100	—
31.5	100	—	100	—	100~90	100	100~90	100
26.5	95~90	100	95~91	100	93~80	100~90	94~81	100~90
19	84~72	88~79	85~76	89~82	81~64	86~70	83~67	87~73
16	79~65	82~70	80~69	84~73	75~57	79~62	78~61	82~65
13.2	72~57	76~61	75~62	78~65	69~50	72~54	73~54	75~58
9.5	62~47	64~49	65~51	67~53	60~40	62~42	64~45	66~47
4.75	40~30	40~30	45~35	45~35	45~25	45~25	50~30	50~30
2.36	28~19	28~19	33~22	33~22	31~16	31~16	36~19	36~19
1.18	20~12	20~12	24~13	24~13	22~11	22~11	26~12	26~12
0.6	14~8	14~8	18~8	18~8	15~7	15~7	19~8	19~8
0.3	10~5	10~5	13~5	13~5	—	—	—	—
0.15	7~3	7~3	10~3	10~3	—	—	—	—
0.075	5~2	5~2	7~2	7~2	5~2	5~2	7~2	7~2

其中:

①用于高速公路和一级公路基层时,水泥粉煤灰总质量宜大于混合料质量的12%,且不大于18%,各档被稳定材料总质量宜不小于85%,其公称最大粒径应不大于26.5 mm,级配宜符合表中 CF-A-2L 和 CF-A-2S 的规定。

②用于高速公路和一级公路底基层时,各档被稳定材料总质量宜不小于80%,级配宜符合

表中 CF-A-1L 和 CF-A-1S 的规定。对极重、特重交通荷载等级,级配宜符合表中 CF-A-2L 和 CF-A-2S 的规定。

③用于二级及二级以下公路基层时,被稳定材料的公称最大粒径应不大于 31.5 mm;其总质量宜不小于 80%,级配宜符合表中 CF-B-2L 和 CF-B-2S 的规定。

④用于二级及二级以下公路底基层时,各档被稳定材料总质量宜不小于 75%,级配宜符合表中 CF-B-1L 和 CF-B-1S 的规定,对极重、特重交通荷载等级,级配宜符合表中 CF-B-2L 和 CF-B-2S 的规定。

(3)混合料设计

①根据集料组成和规范要求,进行目标级配设计。

②制备不同无机结合料剂量的混合料试件,采用重型击实标准试验或振动压实方法,至少包括 5 个不同无机结合料剂量。确定最佳含水率、最大干密度。

③按最佳含水率与预期达到的最大干密度、压实密度要求制备试件。

④试件在规定温度保湿养生 6 d、浸水 1 d,进行无侧限抗压强度试验。进行强度试验时,平行试验的试件数量应符合规定。

根据试验结果,按式(4.21)计算强度代表值 R_d^0。

$$R_d^0 = \overline{R} \cdot (1 - Z_\alpha C_v) \tag{4.21}$$

式中 Z_α——保证率系数,高速公路和一级公路保证率为 95%,取值 1.645,二级和二级以下公路保证率为 90%,取值 1.282;

     $\overline{R}$——一组实验的强度平均值;

     C_v——一组实验的强度变异系数。

强度代表值 R_d^0 应不小于强度标准值 R_d,不满足要求时,应重新进行配合比试验。

4.8   无机结合料稳定材料基层施工

无机结合料稳定材料基层施工工序包括混合料拌和与运输、摊铺与碾压、养生等。

根据公路等级的不同,宜选择合适的基层、底基层施工工艺。对于水泥稳定或水泥粉煤灰稳定材料,宜在 2 h 内完成碾压成型;对于石灰稳定或石灰粉煤灰稳定材料,宜在当天碾压完成,最长不应超过 4 d。

无机结合料稳定材料基层、底基层的压实标准如表 4.20、4.21 所示。

表 4.20   基层材料压实标准

单位:%

公路等级		水泥稳定材料	石灰粉煤灰稳定材料	水泥粉煤灰稳定材料	石灰稳定材料
高速公路和一级公路		≥98	≥98	≥98	—
二级及二级以下公路	稳定中、粗粒材料	≥97	≥97	≥97	≥97
	稳定细粒材料	≥95	≥95	≥95	≥95

表4.21 底基层材料压实标准

单位:%

公路等级		水泥稳定材料石	灰粉煤灰稳定材料	水泥粉煤灰稳定材料	石灰稳定材料
高速公路和一级公路	稳定中、粗粒材料	≥97	≥97	≥97	≥97
	稳定细粒材料	≥95	≥95	≥95	≥95
二级及二级以下公路	稳定中、粗粒材料	≥95	≥95	≥95	≥95
	稳定细粒材料	≥93	≥93	≥93	≥93

1)混合料拌和

无机结合料稳定材料的拌和方式有厂拌和路拌法两种。

(1)厂拌法

拌和厂的场地应平整并硬化,并设置有防雨棚或材料库房。原材料需分档分仓堆放,严禁混杂,并防雨水冲刷。

应采用强制式拌和机(如双转轴桨叶式拌和机)等拌和设备进行集中拌和,并保证混合料的拌和能力和现场的摊铺能力相匹配。

在正式拌制之前,应先调试所用的拌和设备,使混合料的配比和含水率都达到规定要求。根据天气情况,加水量要略大于最佳含水率的0.5%~1%(粗粒材料),或者1%~2%(细粒材料),使混合料运至现场摊铺后碾压时的含水率能接近最佳含水率。

高速公路的基层拌和时,宜采用两次拌和的工艺,也可以采用间歇式拌和工艺,拌和时间不小于15 s,以保证混合料拌和的均匀性。

(2)路拌法

路拌工艺包括现场准备、布料及拌和等。

应先检查下承层,做好现场准备工作。可在下承层表面适当洒水湿润,但不应过分潮湿而造成泥泞。下承层应平整、坚实,具有规定的路拱。下承层为路基或者底基层时,应按照相关规定验收合格后,方可铺筑上层混合料。

在下承层上布料时,应清除表面杂物。每10~20 m挖一个小洞,使洞底高程和预定的稳定材料层地面高程相同,并在洞底做一标记,以便控制翻松及粉碎的深度。宜通过试验段确定松铺系数来控制被稳定材料的松铺深度。然后用平地机或其他合适的机具将被稳定材料均匀地摊铺在预定的宽度上,表面应力求平整,并有规定的路拱。

拌和时,可采用犁、松土机,或装有强固齿的平地机,或推土机将混合料翻松至预定深度,土块应粉碎至规定要求。材料在下承层上的堆置时间不能过长,材料运送宜比摊铺工序提前1~2 d。

石灰稳定材料还应满足如下规定:生石灰应在使用前7~10 d充分消解,消解后的石灰应保持一定的湿度,不得产生扬尘、也不可过湿成团。消石灰宜过9.5 mm筛,并尽快使用。被稳定材料宜先摊平并用两轮压路机碾压1~2遍,再人工均匀撒布石灰。

水泥稳定材料还应满足如下规定:被稳定材料应在撒布水泥的前一天进行摊铺。按计算的水泥用量,将每袋水泥按照计算的纵横间距摆放,再用刮板将水泥均匀摊开。

粉煤灰类材料还应满足如下要求:粉煤灰应避免雨淋,凝结成块时,使用前应打碎。运至现场的粉煤灰应含有足够的水分。对于石灰粉煤灰材料,应先将粉煤灰运至现场。

闷料应满足如下要求:闷料前洒水应均匀。细粒材料应经过一夜的闷料,中料和粗料可视其中细粒含量,适当缩短闷料时间。对于综合稳定材料,应将石灰和土拌和后一起闷料。对于水泥稳定材料,应在撒布水泥前闷料。

严禁在拌和层底部留有素土夹层,也应防止拌和深度过大破坏下承层表面,应设专人随时检查拌和深度。

对于石灰稳定碎石或砾石,应先将石灰和需添加的黏性土拌和均匀,然后均匀地摊铺在碎石或砾石层上,再一起拌和。对于石灰稳定塑性指数较大的土,宜先加70%~100%预定剂量的石灰拌和,闷料1~2 d,再补足需用的石灰,进行第二次拌和。

对于石灰粉煤灰稳定中、粗粒材料,应先将石灰和粉煤灰拌和均匀,均匀摊铺在材料层上,再一起拌和。

混合料拌和后应均匀、色泽一致,没有灰条、灰团和花面,且没有明显的粗细集料离析的现象。

2)混合料运输

应根据工程量的大小、运距的长短,配备足够数量的混合料运输车。车厢应干净整洁、无杂物。运距远时,运送混合料的车厢应覆盖严密,以防水分损失。

对于高速和一级公路,水泥稳定材料的运输时间不宜超过 1 h,超过 2 h 的应作为废料处理。

3)混合料摊铺与碾压

(1)摊铺机摊铺与碾压

无机结合料稳定材料在碾压成型后的摊铺厚度不宜小于 160 mm,最大厚度不宜大于200 mm。当摊铺能力和碾压厚度足够时,可适当增加碾压厚度。

采用的摊铺设备包括沥青混凝土摊铺机、稳定材料摊铺机,其功率不宜小于 120 kW。采用两台摊铺机前后作业时,前后间距不宜大于 10 m,且纵向施工面应有 300~400 mm 的重叠。在摊铺机后面应设专人消除粗细集料离析现象,及时铲除局部粗集料堆积或离析的部位,并用新料填补。对于高速公路、一级公路,摊铺过程中宜设置模板。

应配备足够的碾压设备。通常,对于双向四车道的高速公路、一级公路在半幅摊铺时,应配备不少于 4 台重型压路机;双向六车道摊铺时,应配备不少于 5 台重型压路机。碾压时应安排专人指挥,保证不漏压和产生轮迹。

采用钢轮压路机初压时,宜采用双钢轮压路机稳压 2~3 遍,再开振(激振力大于 35 t)继续碾压密实,或采用18~21 t 的三轮压路机,或采用25 t 以上的轮胎压路机碾压,最后采用双钢轮压路机收尾,消除轮迹。

采用轮胎压路机初压时,宜采用25 t 以上重型轮胎压路机稳压 1~2 遍,错轮不超过1/3 的轮迹带宽度,再采用重型振动压路机碾压密实,最后采用双钢轮压路机收尾,消除轮迹。

严禁压路机在已完成的或正在碾压的路段调头和急刹车,以保证混合料表面不受破坏。

对于水泥稳定材料,因故施工中断超过 2 h 时,或者每天施工结束时,应设置横向接缝。接缝应成直线且上下垂直,端部可设置等高的方木,紧靠已完成施工的混合料末端。在重新摊铺时,去除方木后继续摊铺混合料。

碾压过程中若出现软弹现象,应及时挖出该路段的混合料,重新换填新料碾压。碾压成型后的表面应平整、无轮迹。

(2)人工摊铺与碾压

采用人工摊铺时,可采用平地机进行整型。在直线段,平地机由两侧向路中心进行刮平;在平曲线段,平地机由内侧向外侧进行刮平。

整型后立即进行碾压,宜先用6~8t的钢轮压路机或轮胎压路机碾压1~2遍,再采用重型压路机进行碾压。在直线段和不设超高的平曲线路段,从两侧路肩向路中心碾压,且轮迹应重叠1/2轮宽,碾压次数宜为6~8遍。压路机的前两遍碾压速度宜为1.5~1.7 km/h,以后的宜为2.0~2.5 km/h。路面两侧应多压2~3遍。

严禁压路机在已完成的,或正在碾压的路段上调头和急刹车。碾压过程中,水泥稳定材料的表面应始终保持潮湿,如表层蒸发过快,应尽快洒少量的水。碾压过程中,如有"弹簧"、松散、起皮等现象,应及时翻开重新拌和(如加少量的水泥)或其他方法处理,使其达到质量要求。

在碾压过程结束之前,用平地机再终平一次,使其纵向顺适,路拱和标高符合规定要求,终平时应仔细用路拱板校正,必须将高出部分刮除,并扫出路外。

碾压应达到要求的压实度,且表面平整、无明显轮迹。

4)养生

无机结合料稳定材料碾压完成并验收合格后,应及时进行保湿养生。其养生期不宜小于7 d,养生期宜延长至上层结构开始施工前2 d。

养生可采取洒水养生、薄膜覆盖养生、土工布覆盖养生、铺设湿砂养生、草帘覆盖养生、洒铺乳化沥青等方式。

在养生期间,除洒水车外,应封闭交通,且洒水车速度不应大于40 km/h。

养生期满验收合格后,宜立即浇洒透层油,透层油可采用稀释沥青、煤沥青或乳化沥青,洒布量宜为0.3~0.6 kg/m²。

4.9 碎(砾)石路面

在我国的公路网中,在农村地区、边远地区的低等级公路上,仍然存在部分未进行铺装的路面结构。这些公路面层结构大多采用碎(砾)石材料,具体形式包括水结碎石、泥结碎石路面等,具有投资较低、可以随交通量的增加而分期改善的优点。

1)水结碎石路面

水结碎石路面是用大小不同的轧制碎石从大到小分层铺筑,经洒水碾压后而成的一种结构层。其强度是由碎石之间的嵌挤作用及碾压时所产生的石粉与水形成的石粉浆的黏结作用而形成的。水结碎石路面厚度一般为10~16 cm。

水结碎石路面的材料基本要求为:碎石应具有较高的强度(Ⅲ级以上)、韧性和抗磨耗能力;碎石应具有棱角且近于立方体,长条扁平的石料不超过10%;碎石应干净,不含泥土杂物。碎石最大粒径不得超过压实厚度的0.8倍。

水结碎石路面一般情况应全幅施工,如特殊情况需要半幅施工时,纵向接缝处理必须仔细,以保证路面质量。摊铺时,不论分一层或两层均应按压实系数1.25~1.3进行摊铺,必须仔细找平。碾压阶段及碾压次数如表 4.22 所示。

表 4.22　水结碎石路面的碾压行程次数

阶　段	压路机类型	车速/(km·h⁻¹)	行程次数	
			软石	坚石
第一阶段	轻型	头挡(1.5～2.25)	6～9(干压2～3遍后洒水)	8～11(干压2～3遍后洒水)
第二阶段	中型	头挡(1.5～2.25)	10～14(洒水)	
第三阶段	重型	二挡(2.5～3.0)	20～25(洒水)	

水结碎石的碾压质量与石料性质、形状、层厚、压路机类型和重量、碾压行程次数,以及洒水与铺撒嵌缝料的适时与否等因素有关。

2)泥结碎石路面

泥结碎石路面是以碎石作为骨料、泥土作为填充料和黏结料,经压实修筑成的一种结构。泥结碎石路面厚度一般为8～20 cm;当总厚度等于或超过15 cm时,一般分两层铺筑,上层厚6～10 cm,下层厚9～14 cm。泥结碎石路面的力学强度和稳定性不仅有赖于碎石的相互嵌挤作用,同时也有赖于土的黏结作用。

泥结碎石路面的材料基本要求为:石料等级不宜低于Ⅳ级;长条、扁平状颗粒不宜超过20%;所用黏土应具有较高的黏性,塑性指数以12～15为宜,黏土内不得含腐殖质或其他杂物。黏土用量一般不超过混合料总重的15%～18%。矿料的粒径不宜小于40 mm,并不大于层厚的0.7倍。

泥结碎石层施工方法有灌浆法、拌和法及层铺法3种。实践证明灌浆法(泥浆中水:土=1:0.8～1:1)具有较高的强度和稳定性。

3)碎(砾)石路面的养护

碎(砾)石路面养护的主要任务为:在各种交通组成和交通量的荷载作用下,使路面保持应有的强度和平整度。对路面在车辆荷载与自然因素影响下产生的病害,如沉陷、松散、坑洞、车辙及裂缝等,应进行事前预防及事后及时维修,使其经常保持良好的状态,以利于行车,并延长使用寿命。为提高碎(砾)石路面的平整度,抵抗行车和自然因素的磨损和破坏作用,通常在面层上加铺磨耗层和保护层。

(1)磨耗层

磨耗层是路面的表面部分,用以抵抗由车轮水平力和轮后吸力所引起的磨损和松散,以及大气温度、湿度变化等因素的破坏作用,并提高路面平整度。

磨耗层应具有足够的坚实性和稳定性,通常多用坚硬、耐磨、抗冻性强的级配粒料来铺筑,级配见表4.23。厚度视所用材料和交通量确定,一般不宜过薄,以免抗磨能力过低;也不宜过厚,避免材料浪费和产生车辙。

表 4.23　磨耗层矿料的级配

编　号	通过下列筛孔(mm)的质量百分率/%						小于 0.5 mm 颗粒的塑性指数	厚度/cm	适用地区
	25	20	10	5	2	0.5			
1	100	80 ~ 100	55 ~ 75	40 ~ 60	25 ~ 50	18 ~ 30	10 ~ 14	3 ~ 4	南方潮湿地区
2	—	100	75 ~ 90	50 ~ 70	38 ~ 56	18 ~ 35	10 ~ 14	2 ~ 3	南方潮湿地区
3	—	100	75 ~ 90	50 ~ 75	38 ~ 56	25 ~ 40	10 ~ 14	2 ~ 3	北方半干旱地区
4	—	100	70 ~ 85	55 ~ 70	44 ~ 55	30 ~ 45	大于 8	3 ~ 4	西北干旱地区
5	—	—	100	75 ~ 100	45 ~ 75	20 ~ 45	10 ~ 14	1 ~ 2	南方潮湿地区
6	—	—	100	80 ~ 95	60 ~ 80	35 ~ 50	10 ~ 14	2 ~ 3	北方半干旱地区
7	—	—	—	90 ~ 100	60 ~ 80	35 ~ 50	10 ~ 12	1 ~ 2	北方半干旱地区

磨耗层属面层的一部分。采用坚硬小砾石或石屑时,厚 2 ~ 3 cm;采用砂土时,厚 1 ~ 2 cm;采用软质材料时,以 3 ~ 4 cm 为宜。

施工时,先整平原路面,清除面上浮土和松散颗粒,然后洒水,将拌和好的混合料均匀铺撒,松铺系数为 1.3 ~ 1.4,最后采用轻型压路机压实。

(2)保护层

保护层用在磨耗层上面,用来保护磨耗层,减少车轮对磨耗层的磨损。加铺保护层是一项经常性措施,保护层厚度一般不大于 1 cm。

按使用材料和铺设方法的不同,保护层分为稳定保护层与松散保护层两种。前者使用含有黏土的混合料,借行车碾压,形成稳固的硬壳,黏结在磨耗层上。后者只采用粗砂或小砾石,在磨耗层上保持松散状态。

稳定保护层包括砂土混合料和砂土封面两种。

砂土混合料是指天然级配的或人工掺配的砂土混合料,其材料组成如表 4.24 所示。

表 4.24　砂土混合料材料组成

通过筛孔(mm)百分数/%				<0.5 mm 的混合料塑性指数	适用条件
10	5	2	0.5		
100	90 ~ 100	60 ~ 80	35 ~ 55	8 ~ 12	在不过分潮湿和不过于干燥且具有坚实平整面层的路段

砂土封面是用黏土封面,再撒一层砂,在湿润条件下借行车碾压形成密实的表层。砂、土体积比约为 1∶1。

松散保护层是在磨耗层上均匀铺撒粗砂或石屑,粒径 2 ~ 5 mm。在行车作用下,砂粒易被移动、带走,因此需要经常补充、回砂、扫砂,保持砂粒均匀充足。松散保护层材料按照粒径规格分为 3 种,如表 4.25 所示。

表 4.25　松散保护层材料组成

编　号	粒径规格/mm	粒径 0.5 mm 以下颗粒允许含量/%	适宜厚度范围	适用条件
1	2 ~ 5	不大于 15	5 ~ 8 mm	铺有坚实的磨耗层，并出产合适规格的材料
2	2 ~ 8	不大于 15	8 ~ 10 mm	磨耗层平整度较差或不够坚实，并出产合适规格的材料
3	5 ~ 10	不大于 15	8 ~ 12 mm	适用于西北干旱地区

碎(砾)石路面在行车作用下产生的病害和破坏现象有磨耗层破损、路面出现坑槽、车辙、松散以及搓板等。

在行车作用下，如磨耗层发生坎坷不平，可铲去凸出部分，并用同样的级配混合料补平压实。如磨耗层损坏严重，或大部分被磨坏，应先划出整齐的修补范围，清除残余部分，整平底层，洒水润湿，然后按新铺磨耗层的方法用与周围同样的混合料来铺筑。磨耗层经行车磨损而厚度逐渐减薄时，可用同样材料加铺一层。为使上下层结合良好，需先将旧磨耗层上的浮砂、泥土等扫净，然后撒铺薄层黏土，洒水扫浆，或浇洒一薄层黏土浆，将拌和好的混合料铺上，整平，洒水压实。

路面上发生坑槽和车辙后，采取下列不同方法及时修补，修补时尽量采用与原路面相同的材料。对较小较浅的坑槽和较浅的车辙，可先将坑槽和车辙内及其周围尘土杂物清除，洒水润湿，再用与原路面相同的材料拌和填补，并夯压密实。若坑槽或车辙较深、面积较大时，应划定较整齐的范围(比损坏面积稍大)，按矩形开挖，壁应垂直，深度应不小于坑槽最大深度，也不得小于修补用材料最大颗粒的 1.5 倍。挖槽后，清除槽内杂物并整平槽底，旧路面材料可过筛重用。坑槽的填补，对泥结碎石或级配路面，一般用干拌、浆拌或灌浆法来填补；对水结碎石路面，可将筛出的石料铺于槽底，再添加新石料，耙平、夯压。夯实工作应按先轻后重、先边后中的做法进行，夯实后的补坑部分应略高于原路面，以便行车继续压实。

路面出现松散多在干燥季节，主要是由保养不善等造成。当松散层厚度不大于 3 cm 时，可将松散材料扫集起来，整平路面表层，扫除泥土，洒水润湿，把扫集起来的砂石进行筛分，并添加新料的黏土洒水重拌，重铺压实。当松散厚度大于 3 cm 时，可按前述补坑方法处理，但应适当提高加铺材料的塑性指数，混合料塑性指数大于 10 时，黏土塑性指数最好大于 15。为了防止路面松散，应采取预防措施，以阻止或减轻松散现象的扩大。平时要使路面保持一定的湿润程度，以增强其稳定性。在气候干燥时应予洒水。

碎(砾)石路面当其表层材料稳定性不足时，经行车作用，往往使表层粒料发生有规则的水平位移堆积引起局部搓动形成波浪。形成波浪的原因很多，一般包括：材料级配不好，混合料中细料过多，塑性指数过低，黏结力不够，或长条扁平颗粒过多，或圆粒多，内摩阻力小，不能抵抗车轮推挤、振动作用而引起的颗粒位移；施工不当(即拌和不匀、碾压不均匀、不及时、不密实)，在铺筑磨耗层、保护层前，对原有底层未加整平即进行铺筑，造成厚薄不一致，出现不平；养护不善的原因，包括干燥不洒水，不及时扫除松散粒料和进行整平；松散保护层的粗砂颗粒大小不均，撒铺太厚，回砂、匀砂不及时或操作技术不良等。此外，路基、路面的强度不足，不能抵抗行车的破坏作用,或强度不均匀,出现不平整,都会促使路面面层波浪的形成。路面面层产生波浪后,程度轻微的可以刮平,并用相同材料修补;当波浪严重或波谷大于 5 cm 时,则应进行局部彻底翻修。

思考题

4.1 粒料类基层的强度构成原理是什么?

4.2 石灰稳定材料、水泥稳定材料的强度形成机理和主要影响因素是什么?

4.3 无机结合料稳定材料的主要物理力学特性是什么?在实际工程中应注意哪些方面的问题?

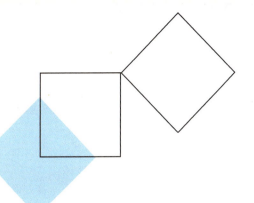

5 沥青路面

本章导读：

- **内容及要求** 本章主要介绍沥青路面基本特性、基本要求，沥青路面病害及其成因，沥青路面使用性能气候分区，沥青路面分类，沥青混合料结构与力学强度特性，沥青路面耐久性与稳定性，沥青路面材料及施工，沥青路面设计，沥青路面结构组合设计，沥青路面结构厚度设计与计算，沥青路面改建设计等。通过本章的学习，要求熟悉和掌握沥青路面的基本特点，沥青路面的病害及原因，沥青路面结构与力学特性，沥青路面材料技术要求与施工工艺，沥青路面路用性能要求，沥青路面结构特征，沥青路面结构组合设计，沥青路面设计理论与方法、设计原则、设计指标和交通荷载分析，沥青路面改建设计等。

- **重点** 沥青混合料强度与力学特性、应力应变特性，沥青混合料劲度模量，沥青路面高温稳定性、低温抗裂性、水稳定性、疲劳性能及抗老化性能，沥青混合料材料技术要求与混合料设计、沥青路面施工，沥青路面交通荷载分析，沥青路面结构组合设计，我国沥青路面设计理论与方法、设计指标及标准。

- **难点** 提高沥青路面路用性能的方法，沥青路面结构与厚度设计。

5.1 概述

5.1.1 沥青路面基本特性

永久性
沥青路面

沥青路面是指用沥青材料作结合料黏结矿料修筑面层并由各类基层和功能层所组成的路

面结构。与水泥混凝土路面相比,沥青路面具有表面平整、无接缝、行车舒适、耐磨、振动小、噪声低、施工期短、养护维修方便、适于分期修建等优点,因而获得越来越广泛的应用。

具体来说,沥青路面具有以下优势:

①具有足够的力学强度,以承受汽车荷载的作用;

②具有一定的弹性和抵抗塑性变形能力,能承受一定的应变而不破坏;

③与汽车轮胎的附着力较好,保证行车安全;

④具有很好的减振性,汽车可快速行驶且平稳无噪声;

⑤不扬尘,易冲扫和清洗;

⑥维修方便,且沥青路面材料可再生利用。

5.1.2 对沥青路面的基本要求

沥青路面面层直接承受车辆和大气因素作用,而沥青材料的物理、力学性质受到气候和荷载作用时间因素的影响很大,这是沥青路面的一个重要特点。针对这一特点,沥青路面必须满足下列基本要求。

(1)高温稳定性

为了保证沥青路面高温季节在行车荷载的反复作用下不致产生诸如波浪、推移、车辙、泛油等病害,沥青路面应具有良好的高温稳定性,以确保高温时期仍具有足够的强度与刚度。

(2)低温抗裂性

裂缝是沥青路面的主要破坏形式。由于沥青在高温时变形能力较强,而低温时变形能力差,故裂缝在低温时发生的居多。从低温抗裂性的要求出发,沥青路面在低温时应具有较大的抗变形能力,且在行车荷载及其他因素的反复作用下不致产生疲劳开裂。

(3)耐久性

沥青路面应具有抵抗温度、阳光、空气、水等各种因素作用的能力,因为在这些因素的作用下,沥青路面的性质很快恶化——失去黏性、弹性,性质变脆,导致路面松散破坏。

(4)抗滑能力

现代交通车速不断提高,对路面的抗滑性能也提出了更高的要求。沥青路面应具有足够的抗滑能力,以保证在最不利的情况下(如路面潮湿等)车辆能够高速安全行驶,而且在外界因素作用下其抗滑能力不致很快降低。

(5)防渗能力

当沥青路面防渗能力较差时,不仅影响路面本身的稳定性,而且还会影响到基层及土基的稳定性。因此,沥青路面必须具有较好的防渗能力,在潮湿多雨地区尤为重要。沥青路面的抗渗能力主要取决于沥青路面的空隙率,空隙率越大,其抗渗能力越差。

5.1.3 沥青路面病害及原因

高等级公路沥青路面常见的损坏现象有裂缝(横向、纵向及网状裂缝)、车辙、松散、剥落和表面磨光等。

（1）裂缝

裂缝是高等级公路沥青路面最主要的破坏形式，按照成因的不同可分为横向裂缝、纵向裂缝及网状裂缝3种类型。

横向裂缝是指垂直于行车方向的裂缝[图5.1(a)]。按其成因不同，横向裂缝又可分为荷载型裂缝和非荷载型裂缝两大类。荷载型裂缝是由于车辆超载严重，导致沥青层拉应力超过其疲劳强度所致，一般从沥青层底开始产生，然后逐渐向上拓展至表面。非荷载型裂缝是横向裂缝的主要形式，这种裂缝又有两种情况：沥青面层缩裂和基层反射裂缝。

沥青面层缩裂多发生在冬季。当沥青面层中的平均温度低于其断裂温度、产生的拉应力超过其在该温度时的抗拉强度时，沥青面层即发生断裂。

基层反射裂缝是指半刚性基层先于沥青面层开裂，在荷载应力与温度应力共同作用下，在基层开裂处的面层底部产生应力集中而导致面层底部开裂，而后逐渐向上扩张致使裂缝贯穿沥青面层全厚度。

非荷载型横向裂缝一般比较规则，每隔一定的距离产生一道裂缝，裂缝间距的大小取决于当地气温和沥青面层与半刚性基层材料的抗裂性能。气温高、日温差变化小、面层和基层材料抗裂性能好的路段，一般间距较大，且出现裂缝的时间也较晚。

纵向裂缝是平行于行车方向的裂缝[图5.1(b)]。产生原因有三种：一是由于沥青路面分幅摊铺时，两幅接茬处未处理好，在车辆荷载及自然因素下逐渐开裂；二是由于路基压实不均匀或由于路基受水浸蚀产生不均匀沉陷而引起；三是行车荷载（主要是重载交通）引起行车轮迹带边缘出现水平拉压力或剪应力作用，导致沥青路面表层疲劳开裂，也即 Top-Down 裂缝[图5.1(c)]。

网状裂缝（龟裂）是由于路面整体强度不足而引起，也可能是路面出现纵、横向裂缝后未及时封填，水分下渗而加剧路面的破损而引起[图5.1(d)]。沥青材料的老化也是引起网裂的原因。

（2）车辙

车辙是渠化交通引起的沥青路面损坏类型之一。车辙一般是在温度较高的季节，由于沥青混合料在车辆反复碾压下产生塑性变形累积而形成的（图5.2）。对于半刚性基层沥青路面，由于半刚性基层具有较大的刚度，路面的永久变形主要发生在沥青面层中，因此主要应从提高沥青面层材料的高温稳定性着手防治车辙。

（a）横向裂缝

（b）纵向裂缝

(c)Top-down裂缝　　　　　　　　(d)网状裂缝

图5.1　沥青路面裂缝

图5.2　沥青路面车辙

(3)松散剥落

松散剥落是指沥青从矿料表面脱落,在车辆荷载作用下沥青路面呈现出松散状态(图5.3)。其主要原因是沥青与矿料之间黏附性较差,在水或冰冻作用下,沥青从矿料表面剥离,另外也有沥青老化的原因。

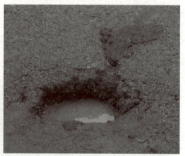

(a)沥青剥落　　　　　　　　(b)沥青混合料松散形成坑槽

图5.3　沥青路面松散、剥落

(4)表面磨光

沥青路面在使用过程中,在车轮反复滚动摩擦作用下,集料表面被逐渐磨光,有时还伴有沥青的不断上翻,从而导致沥青面层表面光滑,特别在雨季易导致安全事故的发生。表面磨光的内在原因在于集料质地软弱,缺少棱角,或者矿料级配不当,粗集料尺寸偏小,细料偏多,或沥青用量偏多等。

5.1.4 沥青路面使用性能气候分区

由于我国幅员辽阔、气候变化大,各地对沥青路面使用性能要求差别很大,为此提出了"沥青路面气候分区指标"及"沥青及沥青混合料气候分区指标"与相应的"分区图"(《公路沥青路面施工技术规范》JTG F40—2004)。

除温度外,沥青路面使用性能还与水分有关。因此,根据高温、低温、雨量 3 个主要因素的 30 年的统计资料,按照概率大体相等的原则提出分区指标的界限(表 5.1、表 5.2)及气候分区图(详见《公路沥青路面施工技术规范》(JTG F40—2004)附录 A)。

表 5.1 沥青路面气候分区指标

气候区名		温度/℃	
		最热月平均最高气温	年极端最低气温
1-1	夏炎热冬严寒		<-37.0
1-2	夏炎热冬寒	>30	-37.0 ~ -21.5
1-3	夏炎热冬冷		-21.5 ~ -9.0
1-4	夏炎热冬温		>-9.0
2-1	夏热冬严寒		<-37.0
2-2	夏热冬寒	20 ~ 30	-37.0 ~ -21.5
2-3	夏热冬冷		-21.5 ~ -9.0
2-4	夏热冬温		>-9.0
3-2	夏凉冬寒	<20	-37.0 ~ -21.5

表 5.2 沥青及沥青混合料气候分区指标

气候区名		温度/℃		雨量/mm
		最热月平均最高气温	年极端最低气温	年降水总量
1-1-4	夏炎热冬严寒干旱		<-37.0	<250
1-2-2	夏炎热冬寒湿润		-37.0 ~ -21.5	500 ~ 1 000
1-2-3	夏炎热冬寒半干		-37.0 ~ -21.5	250 ~ 500
1-2-4	夏炎热冬寒干旱		-37.0 ~ -21.5	<250
1-3-1	夏炎热冬冷潮湿	>30	-21.5 ~ -9.0	>1 000
1-3-2	夏炎热冬冷湿润		-21.5 ~ -9.0	500 ~ 1 000
1-3-3	夏炎热冬冷半干		-21.5 ~ -9.0	250 ~ 500
1-3-4	夏炎热冬冷干旱		-21.5 ~ -9.0	<250
1-4-1	夏炎热冬温潮湿		>-9.0	>1 000
1-4-2	夏炎热冬温湿润		>-9.0	500 ~ 1 000

续表

气候区名		温度/℃		雨量/mm
		最热月平均最高气温	年极端最低气温	年降水总量
2-1-2	夏热冬严寒湿润		<-37.0	500~1 000
2-1-3	夏热冬严寒半干		<-37.0	250~500
2-1-4	夏热冬严寒干旱		<250	<250
2-2-1	夏热冬寒潮湿		-37.0~-21.5	>1 000
2-2-2	夏热冬寒湿润		-37.0~-21.5	500~1 000
2-2-3	夏热冬寒半干		-37.0~-21.5	250~500
2-2-4	夏热冬寒干旱		-37.0~-21.5	<250
2-3-1	夏热冬冷潮湿	20~30	-21.5~-9.0	>1 000
2-3-2	夏热冬冷湿润		-21.5~-9.0	500~1 000
2-3-3	夏热冬冷半干		-21.5~-9.0	250~500
2-3-4	夏热冬冷干旱		-21.5~-9.0	<250
2-4-1	夏热冬温潮湿		>-9.0	>1 000
2-4-2	夏热冬温湿润		>-9.0	500~1 000
2-4-3	夏热冬温半干		>-9.0	250~500
3-2-1	夏凉冬寒潮湿	<20	-37.0~-21.5	>1 000
3-2-2	夏凉冬寒湿润		-37.0~-21.5	500~1 000

沥青路面气候分区由高温和低温组合而成(表5.1);沥青及沥青混合料气候分区由高温、低温和雨量组合而成(表5.2)。

(1)高温指标

使用最热月平均最高气温作为高温指标,将全国划分为>30 ℃(夏炎热区)、30~20 ℃(夏热区)、<20 ℃(夏凉区)共3个区。30 ℃线基本上是沿燕山、太行山、四川盆地及云贵高原边缘走向,与自然的地形、地貌走向一致,符合我国沥青路面使用的实际分界状况。

(2)低温指标

使用年极端最低气温(30年一遇预期最低值)作为使用指标,全国分为<-37 ℃、-37~-21.5 ℃、-21.5~-9 ℃、>-9 ℃共4个区。

(3)雨量指标

使用年降雨量作为分区指标,将全国分为>1 000 mm(潮湿区)、500~1 000 mm(湿润区)、250~500 mm(半干区)、<250 mm(干旱区)共4个区。1 000 mm分界线基本上位于淮河秦岭区域。

沥青路面气候分区(表5.1)为二级分区,按最热月平均最高气温和年极端最低气温把全国分为3大区,9种气候类型。每个气候类型用2个数字表示:第一个数字代表最热月平均最高气温的分级(1—>30 ℃,2—30~20 ℃,3—<20 ℃);第二个数字代表年极端最低气温的分级

(1—<-37 ℃,2—-37～-21.5 ℃,3—-21.5～-9 ℃,4—>-9 ℃)。沥青及沥青混合料气候分区(表5.2)是在沥青路面气候分区的基础上再增加一级雨量分级,即每个气候用 3 个数字表示。第 3 个数字代表年降雨量分级(1—>1 000 mm,2—500～1 000 mm,3—250～500 mm,4—<250 mm)。这 3 个数字综合定量地反映了某地的气候特征,每个因素的数字越小,表示气候因素的影响越严重。

5.1.5   沥青混合料分类

(1)按强度构成原理分类

沥青混合料按照强度构成原理可分为密实类、嵌挤类。

密实类沥青混合料按照最大密实原则来设计其级配,其强度和稳定性主要取决于混合料的黏聚力和内摩阻角。通常密实类沥青混合料的空隙率小于6%,也称为闭式混合料;对应空隙率大于6%的称为开式混合料。

嵌挤类沥青混合料通常采用颗粒尺寸较为均匀的集料,路面的强度和稳定性主要取决于集料颗粒与颗粒之间相互嵌挤产生的内摩阻力,黏聚力起次要作用。这种沥青混合料空隙率较大,易渗水。

根据空间结构中"嵌挤成分"和"密实成分"所占比例的不同,沥青混合料可分为 3 种类型(图5.4):

①悬浮密实结构:通常为连续型密级配,集料颗粒尺寸由大到小连续存在,含有大量细集料,粗集料较少,相互之间不能接触,不能形成骨架,粗集料犹如悬浮在细集料中,这种混合料黏结力较高,而内摩阻力较小。

②骨架空隙结构:通常为连续型开级配,粗集料较多,细集料较少,虽能形成骨架,但空隙较大。这种材料内摩阻力较大,黏结力较小。

③密实骨架结构:通常属于间断级配,混合料中既有一定数量的粗集料形成骨架,也有一定数量细集料填充空隙,同时具有较好的黏结力和内摩阻力。

(a)密实悬浮结构   **(b)骨架空隙结构**   **(c)密实骨架结构**

图5.4   沥青混合料典型组成结构

(2)按施工工艺分类

按施工工艺的不同,沥青混合料可分为层铺法、路拌法和厂拌法 3 类。

层铺法是用分层洒布沥青,分层铺撒矿料和碾压的方法修筑的沥青路面。其主要优点是工艺和设备简便、功效较高、施工进度快、造价较低,其缺点是路面成型期较长,需要经过炎热季节行车碾压之后路面方能成型。用这种方法修筑的沥青路面有沥青表面处治和沥青贯入式两种。

路拌法是在路上用机械将矿料和沥青材料就地拌和摊铺和碾压密实而成型的沥青面层。路拌沥青面层通过就地拌和,沥青材料在矿料中分布比层铺法均匀,可以缩短路面的成型期。但因所用的矿料为冷料,需使用黏稠度较低的沥青材料,故混合料的强度较低。

厂拌法是将规定级配的矿料和沥青材料在工厂用专用设备加热拌和,然后送到工地摊铺碾压而成型的沥青路面。厂拌法按混合料铺筑温度的不同,又可分为热拌热铺和热拌冷铺两种:热拌热铺是混合料在专用设备加热拌和后立即趁热运到路上摊铺压实,如果混合料加热拌和后储存一段时间再在常温下运到路上摊铺压实,即为热拌冷铺。厂拌法使用较黏稠的沥青材料,且矿料经过精选,因而混合料质量高,使用寿命长,但修建费用也较高。

(3)按沥青混合料技术特性分类

通常,矿料中细颗粒含量少,不含或含少量矿粉,混合料为开级配的(空隙率为10% ~ 15%),称为沥青碎石;若矿料中含有矿粉,混合料是按最佳密实级配配制的(空隙率小于10%),称为沥青混凝土。

根据沥青混合料的技术特性,沥青面层可分为沥青混凝土、热拌沥青碎石、乳化沥青碎石、沥青贯入式、沥青表面处治5种类型。此外,沥青玛蹄脂碎石及开级配沥青混合料磨耗层近年在我国也得到广泛应用。

①沥青表面处治路面:用沥青和集料按层铺法或拌和法铺筑而成的沥青路面。沥青表面处治的厚度一般为1.5 ~ 3 cm。层铺法可分为单层、双层、三层。单层厚度一般为1.0 ~ 1.5 cm,双层一般为1.5 ~ 2.5 cm,三层一般为2.5 ~ 3 cm。沥青表面处治适用于三级、四级公路的面层,旧沥青路面上加铺抗滑层、磨耗层等。

②沥青贯入式路面:用沥青贯入碎(砾)石作面层的路面。沥青贯入式路面的厚度一般为4 ~ 8 cm。当沥青贯入式的上部加铺拌和的沥青混合料时,也称上拌下贯,此时拌和层的厚度宜为3 ~ 4 cm,其总厚度宜为7 ~ 10 cm。沥青贯入式碎石路面适于二级及二级以下公路的沥青面层。

③沥青碎石(AM)路面:用沥青碎石作面层的路面。沥青碎石有时也可用作联结层。

④沥青混凝土(AC)路面:用沥青混凝土作面层的路面,其面层可由单层、双层或三层沥青混合料组成,各层组合设计应根据层厚、层位、气温、降雨量、交通量及交通组成等因素确定,以满足对沥青面层使用功能的要求。沥青混凝土常用作高等级公路的面层。

⑤乳化沥青碎石:适用于三级、四级公路的沥青面层,二级公路养护罩面以及各级公路的调平层,也可用于柔性基层。

⑥沥青玛蹄脂碎石(SMA)路面:用沥青玛蹄脂碎石混合料作面层或抗滑层的路面。沥青玛蹄脂碎石混合料(SMA)以间断级配的集料为骨架,用改性沥青、矿粉及纤维素组成的沥青玛蹄脂为结合料,经拌和、摊铺、压实而成的一种构造深度较大的抗滑面层。这种材料通过集料的骨架嵌挤提供最大摩阻力,而沥青玛蹄脂提供最大的黏结力。它具有抗滑耐磨、空隙率小、抗疲劳、高温抗车辙、低温抗开裂等优点,适用于高速公路、一级公路和其他重要公路的表面层。

⑦开级配磨耗层(OGFC):具有较强的结构排水能力,适用于多雨地区修筑沥青路面的表面层和磨耗层。

需要特别指出的是,沥青混合料类材料也可作为路面结构的基层使用,主要有两种类型,即密级配沥青稳定碎石混合料(ATB)和排水式沥青稳定碎石混合料(ATPB)。其中,密级配沥青稳定碎石混合料,也称为大粒径沥青碎石混合料,适用于基层;排水式沥青稳定碎石混合料适用于排水基层。

5.2 沥青混合料结构与力学强度特性

沥青路面面层的铺筑材料为沥青混合料,它是由沥青胶结料、石质集料及矿粉按比例在一定温度下经拌和、压实而形成的一种材料。与其他均质材料和水硬性胶结材料相比,沥青混合料的结构相对比较松散,并具有明显的颗粒性特征,因此具有独特的结构与力学特性。

5.2.1 三相体系与压实性能

沥青混合料是一种具有空间网络结构的多相体系,从宏观上,它是集料、沥青和空气所组成的三相体系。如图 5.5 所示,三相体系中,集料质量为 P_g,沥青质量为 P_e,对应体积分别为 V_g 和 V_e,空气体积为 V_v,则:

视体积:$V_a = V_v + V_e + V_g$

真体积:$V_c = V_e + V_g$

视容重:$\gamma_a = \dfrac{P_e + P_g}{V_a}$

真容重:$\gamma_c = \dfrac{P_e + P_g}{V_c}$

孔隙比:$e = \dfrac{V_v + V_e}{V_g}$

空隙率:$n = \dfrac{V_v + V_e}{V_a} \times 100\%$

剩余空隙率:$n' = \dfrac{V_v}{V_a} \times 100\%$

沥青饱和度:$S_r = \dfrac{V_e}{V_v + V_e} \times 100\%$

压实度:$K = \dfrac{\gamma_a}{\gamma_c} \times 100\%$

油石比:$a = \dfrac{P_e}{P_g} \times 100\%$

沥青用量:$b = \dfrac{P_e}{P_e + P_g} \times 100\%$

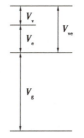

图 5.5　沥青混合料的三相体系

上述参数可以通过数学表达式相互转换。

其中,孔隙比、空隙率、剩余空隙率、沥青饱和度、压实度均可以作为表征沥青混合料压实的指标。

在给定集料级配和沥青用量的情况下,从图5.6可看出沥青混合料存在不可压实域,因此沥青混合料的压实程度是有限的。计算实际压实度时,分子为实测视容重,分母为真容重,可以通过各组成材料的配合比用量及其容重求得。

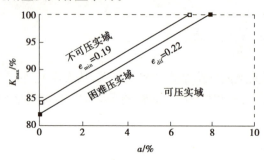

图5.6　沥青混合料的压实可行性区域

5.2.2　沥青混合料结构力学特性

压实成型后的沥青混合料是由石质集料、沥青胶结料和残余空隙所组成的一种具有空间网络结构的多相体系,其材料属性为颗粒性材料。颗粒性材料强度主要取决于内摩阻力和黏结力。对于沥青混合料,它的力学强度主要取决于集料颗粒间的摩擦力和嵌挤力、沥青胶结料的黏结性以及沥青与集料之间的黏结性等。不同级配组成的沥青混合料,具有不同的空间结构类型,也就具有不同的内摩阻力和黏力。因此,沥青混合料的结构组成对其强度构成有举足轻重的作用。

由于沥青混合料材料的颗粒性及黏弹性性质,影响沥青混合料参数的因素多种多样,有沥青品质与用量、集料性质与级配、压实度、试验温度、加载速度等。通过对材料的结构组成及强度机理的分析,有助于合理地进行沥青路面的材料组成设计和路面结构组合设计,有效地提高沥青路面的施工质量,以确保沥青路面具有良好的使用品质。

根据沥青混合料的颗粒性特征,沥青混合料的强度源于两个方面:

①由于沥青的存在产生的黏结力;

②由于集料的存在而产生的内摩阻力。

目前普遍采用摩尔-库伦理论作为分析沥青混合料强度的理论,并引入黏结力 c 和内摩擦角 φ 作为强度理论的分析指标。摩尔-库伦理论的一般表达式为:

$$f(\sigma_{ij}) = \sigma_1 - \sigma_3 - (\sigma_1 + \sigma_3) \sin \varphi - 2c \cos \varphi = 0 \tag{5.1}$$

式中　σ_1——最大主应力;

　　　σ_3——最小主应力;

　　　σ_{ij}——应力状态张量。

对于组成沥青混合料的两种原始材料——沥青和集料,通过试验研究和强度理论分析认为:对于纯沥青材料,$c \neq 0$ 而 $\varphi = 0$;对于干燥集料,$c = 0$ 而 $\varphi \neq 0$,由此形成的沥青混合料,$c \neq 0$

且 $\varphi \neq 0$，c、φ 的确定可通过如下试验获得。

（1）三轴试验

对于三轴试验，摩尔-库伦理论的表达式为：

$$\sigma_1 = \frac{1+\sin \varphi}{1-\sin \varphi}\sigma_3 + 2c\,\frac{\cos \varphi}{1-\sin \varphi} \tag{5.2}$$

同时，根据已有研究表明，σ_1 和 σ_3 有如下线性关系：

$$\sigma_1 = k\sigma_3 + b \tag{5.3}$$

从而可得：

$$\sin \varphi = \frac{k-1}{k+1}c = \frac{b}{2} \times \frac{1-\sin \varphi}{\cos \varphi} \tag{5.4}$$

（2）简单拉压试验

沥青混合料的 c、φ 值除了用三轴试验可得到外，还可通过测定无侧限抗压强度 R 和抗拉强度 r 予以换算。

当无侧限抗压时，相当于 $\sigma_3 = 0$ 及 $\sigma_1 = R$，则有：

$$R = \sigma_1 = 2c\,\frac{\cos \varphi}{1-\sin \varphi} = 2c\,\tan\left(\frac{\pi}{4}+\frac{\varphi}{2}\right) \tag{5.5}$$

当抗拉时，相当于 $\sigma_1 = 0$ 及 $\sigma_3 = -r$，则有：

$$r = -\sigma_3 = 2c\,\frac{\cos \varphi}{1+\sin \varphi} = 2c\,\cot\left(\frac{\pi}{4}+\frac{\varphi}{2}\right) \tag{5.6}$$

从而可得：

$$c = \frac{1}{2}\sqrt{Rr}\,\sin \varphi = \frac{R-r}{R+r} \tag{5.7}$$

（3）直剪试验

通过测定不同正压力水平下的抗剪强度，然后绘制库伦直线，从图中即可得到 c、φ 值，如图 5.7 所示。

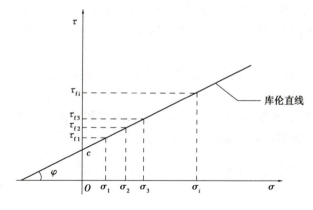

图 5.7　直剪试验曲线

5.2.3　沥青混合料应力应变特性

沥青混合料的应力-应变特性与碎石材料、水泥混凝土等材料有明显的不同。一般认为，沥青混合料是一种典型的弹、黏、塑性综合体,在低温小变形范围内接近线弹性体,在高温大变形活动范围内表现为黏塑性体,而在通常温度的过渡范围内则为一般黏弹性体。

通过对沥青混合料进行三轴压缩试验,在不变应力的作用下可以得出应变和应力作用时间的关系曲线,如图 5.8 所示。其中图 5.8(a)为施加应力比较小的情况,一部分应变(ε_0)在施荷的同时立即产生,而卸荷后这部分应变又立即消失,这是沥青混合料的弹性应变,应力与应变成正比关系。另一部分应变(ε_v)随加荷时间延长而增加,卸荷后随时间而逐渐消失,这是沥青混合料的黏弹性应变。这种现象说明,当沥青混合料受力较小且力的作用十分短暂时,基本上处于弹性状态并兼有弹黏性质。图 5.8(b)为施加应力较大的情况,这时,除了瞬时弹性应变及滞后弹性应变之外,还存在着随时间而发展的近似直线变化的黏性和塑性流动,卸荷后这部分应变不再能恢复而成为塑性应变。这说明,当沥青混合料受力较大,且力的作用时间较长时,应力-应变关系呈现出弹性、弹-黏性和弹-黏-塑性等不同性状。

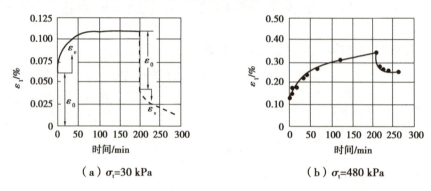

（a）σ_t=30 kPa　　　　（b）σ_t=480 kPa

图 5.8　沥青混合料压缩蠕变试验(温度 60 ℃,侧限应力 $\sigma_3 = 0$)

从普遍意义上来看,所有的沥青混合料均为非弹性体,且在其实际工作范围内主要表现为黏弹性体。材料的非弹性主要表现为它的变形在卸载后的不可恢复性(即塑性和黏性变形),以及其应力-应变关系的曲线特征。

黏弹性材料力学性能的基本特征表现在以下几个方面:

①应力-应变关系的非线性及其不可逆性。这类材料不像金属材料具有明显的屈服点(弹性极限)。

②对加载速度(时间效应)和试验温度(温度效应)的依赖性,并服从时间温度换算法则。

③具有十分明显的蠕变和应力松弛特性。

④对于线黏弹性材料,则服从 Boltzmann 线性叠加原理和复数模量原理。

在常温下,通过加、卸载及反向加载后的典型曲线如图 5.9 所示。任意一点的切向模量定义为 $E(t) = \dfrac{d\sigma(t)}{d\varepsilon(t)}$,它是时间 t 的函数。通过对切向模量的分析可以发现,黏弹性材料的应力应变曲线具有 3 个区域:

①Ⅰ—弹性区域:在加载初期的极短时间内,应变值较小,切线模量 $E(t)$ 为常数,应力应变具有线性比例关系,材料基本处于弹性工作区域,如图中 OA 段;

②Ⅱ—黏弹性区域:随着加载时间的增长,切线模量不再为常数,且减小速度逐渐加快,应力应变具有曲线特征,如图中 AB 段;

③Ⅲ—黏塑性区域:当加载时间继续延长,超过图中 B 点后,应力不再增加,此时切线模量

$E(t)=0$, σ-ε 曲线呈水平直线,如图中 BC 段,材料发生塑性流动,且应力极限值与加载速度有关,在 C 点卸载后会产生较大的永久变形,材料表现为一种塑性性质。

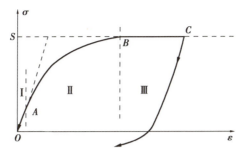

图 5.9 常温下沥青混合料的应力应变曲线

黏弹性材料的力学特性对时间与温度的依赖性具有如图 5.10 所示的关系,当试验温度一定时,给定不同的加载条件,达到相同的应变水平时,其响应表现为应力随加载速度的加快或加载时间的缩短而增大。当加载速度一定时,给定不同的试验温度,则相同时间内达到同样的应变水平时,黏弹性材料响应的应力水平随温度的升高而降低。事实上,试验温度的升高相当于慢速加载、加载时间的延长,黏弹性材料的这种特性称为时间温度换算法则。

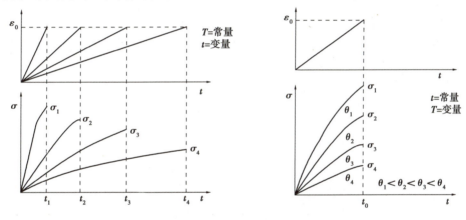

图 5.10 时间与温度对黏弹性材料的响应的影响

黏弹性材料的蠕变与松弛是指在恒载下应力与应变随时间变化的现象,是研究材料黏弹性行为最基本的方法。

蠕变是当应力为一恒定值时,应变随时间逐渐增加的现象。如图 5.11 所示,在时间 $t_0 \sim t_1$ 内,给定应力 $\sigma=\sigma_0$ 为常数,则应变会发生从 A 到 B 增大的变化,即为应变蠕变阶段;当在 $t=t_1$ 时刻,突然卸载至 $\sigma=0$ 时,应变发生瞬时回弹从 B 变化到 C,然后在 $t>t_1$ 时间里,应变又逐渐减小,把这一变化称为应变恢复(回弹)。蠕变结束后的应变恢复不可能全部完成,而必然会产生残余变形 ε_e。

应力松弛是当应变为一恒定值时,应力随时间而衰减的过程。如图 5.12 所示,在时间 $t_0 \sim t_1$ 内,给定应力 $\varepsilon=\varepsilon_0$ 为常数,则应力会发生从 A 到 B 的衰减变化,称为应力松弛;当在 $t=t_1$ 时刻,突然卸载至 $\varepsilon=0$ 时,则应力瞬时变化到 C,然后在 $t>t_1$ 时间里,应力逐渐减小至 $\sigma \to 0$,这种应力的变化称为应力消除。

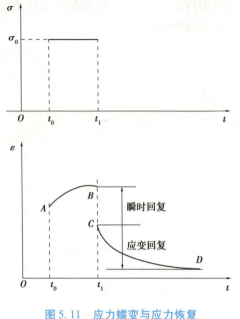

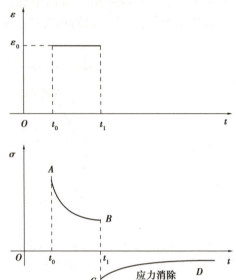

图 5.11　应力蠕变与应力恢复　　　　　图 5.12　应力松弛与应力消除

　　研究表明,对于沥青混合料,其蠕变的变化规律按蠕变现象可分为蠕变迁移、蠕变稳定和蠕变破坏 3 个阶段(图 5.13);按蠕变速度又可分为瞬时蠕变、等速蠕变和加速蠕变 3 个阶段。

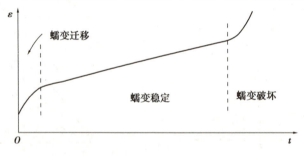

图 5.13　沥青混合料蠕变规律

5.2.4　沥青混合料模量

　　用黏弹性理论研究沥青混合料的模量时必须遵循如下基本原则:
　　①沥青混合料兼具虎克弹性与牛顿黏性的双重性质;
　　②沥青混合料的力学性质均应作为温度与时间的函数表示;
　　③将沥青混合料的性质作为"某一条件的响应"是比较合理的,宜将其描述为仅在某一条件下才具有的性质。
　　基于上述原则,在比较宽的温度及时间域中考察混合料的力学性质,其变化是有规律的,这种规律性可以用黏弹性理论加以描述,作为温度与时间的函数加以分析。
　　因为沥青路面工作在较宽的时间及温度范围内,必须同时采用数种试验方法,才能把拟考察的区域全部包括进去。例如,在处理疲劳破损时,常采用动态试验;在解决车辙问题时,常采用蠕变试验;而在分析低温缩裂时,常采用应力松弛试验。各种试验方法的基本原理与模量计算式如下。

1）常用试验方法

（1）蠕变试验

可采用拉伸、压缩和弯曲力学模式，在固定荷载作用下量测应变随时间的变化，蠕变柔量按式(5.8)计算。

$$J(t) = \frac{\varepsilon(t)}{\sigma_0} \tag{5.8}$$

（2）应力松弛试验

使试件在瞬间产生应变 ε_0，连续量测保持这一应变时的应力随时间的变化。应力松弛亦可采用拉伸、压缩和弯曲力学模式，并按式(5.9)计算松弛模量。

$$G(t) = \frac{\sigma(t)}{\varepsilon_0} \tag{5.9}$$

（3）等应变速率试验

在固定应变速率下求得应力-应变曲线，计算时可以选取能够充分确定应力-应变曲线的坐标点进行计算。该试验要求使用能够完全控制变形速率的设备，在几种应变速率下进行试验。等应变速率试验同样适合于拉伸、压缩和弯曲等不同力学模式，并由式(5.10)计算。

$$G_r(t) = \frac{d\sigma}{d\varepsilon} = \frac{1}{\varepsilon} \cdot \frac{d\sigma}{dt} \tag{5.10}$$

沥青混合料的应力-应变关系并不总是直线关系，在时间长、温度高时常常表现为曲线关系，因而，应力-应变不仅可以用 σ/ε 处理，也可以用应力-应变曲线的切线斜率来表示。按曲线斜率计算得到的是切线劲度模量，按割线斜率计算得到的是割线劲度模量。

（4）动载试验

最常用的是对试件施加正弦波荷载。对于黏弹性体测得的应变也是一个正弦波，但存在一个相位差 φ，复数模量即是两个最大幅值之比，用式(5.11)表示。

$$[E^*] = \frac{\sigma_0}{\varepsilon_0} \tag{5.11}$$

2）劲度模量

由于沥青混合料的力学特性受温度和加荷时间的影响较大，因此需要考虑温度与加荷时间对沥青混合料力学特性的影响，用劲度模量 $S_{t,T}$ 表征其应力-应变关系。

沥青混合料的劲度模量是在给定温度和加荷时间条件下的应力应变关系参数，用式(5.12)表示。

$$S_{t,T} = \left(\frac{\sigma}{\varepsilon}\right)_{t,T} \tag{5.12}$$

式中　$S_{t,T}$——劲度模量，kPa；

　　　σ——施加的应力；

　　　ε——总应变；

　　　t——荷载作用时间，s；

　　　T——混合料试验温度，℃。

沥青混合料的劲度模量实质上就是在特定温度与特定加荷时间条件下的常量参数。由图

5.14 的沥青劲度试验曲线可以看出,当加荷时间短或温度较低时,曲线接近水平,表明材料处于弹性阶段;而加荷时间很长或温度较高时,则表现为黏滞性状态;中间过渡段兼有黏弹性状态。各种温度条件下的曲线形状有相似性,只是沿横坐标方向有一个时间间隔。这表明温度对劲度的影响与加荷时间对劲度的影响具有互换性,利用这一个重要性质可以广泛研究沥青混合料的各项性能以及相互之间的关系。

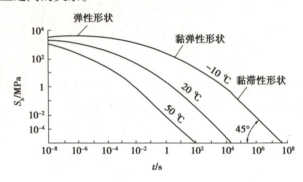

图 5.14 沥青劲度随时间和温度的变化曲线

沥青的劲度可以通过试验,运用范德波尔(Van der Poel)诺谟图确定。沥青的劲度是温度与时间的函数。当温度较低时,在短暂荷载作用下,其劲度模量趋近于弹性模量;当长期荷载作用时,劲度随时间急剧下降,在双对数坐标上呈线性关系。随着温度上升,沥青的稠度降低,其劲度模量随之减小。

沥青混合料的劲度模量可以根据当地的自然和交通条件,选择恰当的试验温度和加荷时间,用单轴压缩、三轴压缩和小梁试验方法确定。试验时除了记录各级荷载和相对应的变形之外,同时记录各级荷载的加荷时间和试验温度。模量的计算可根据定义,采用各试验方法对应的算式计算。

尽管劲度模量公式与杨氏模量公式相同,但是劲度模量是一定时间 t 和温度 T 条件下,应力与总应变的比值。其总应变包括弹性应变 ε_0、延迟弹性应变 ε_d 和残余应变 ε_v,在施加荷载的瞬间,产生弹性变形 ε_e,随着时间的增长,延迟弹性变形 ε_d 与塑性变形 ε_v 逐渐增大,变形速率逐渐衰减趋于稳定。待卸荷后 ε_e 得以瞬时回复,ε_d 随时间逐步恢复,经过相当长的时间后剩余的即是 ε_v,亦称之为永久变形。

研究表明,随着集料的掺入,沥青混合料的劲度模量 S_M 不断地增大。1969 年 Heakelom 提出了根据沥青劲度模量 S_B 计算沥青混合料的劲度模量 S_M 的公式,以集料系数 C_v 和空隙率 V_v 表示混合料的组成结构,设集料体积率 V_a 与沥青体积率 V_b 总和为 100,而集料系数 C_v 为集料体积率 V_a 所占总量的百分数,即

$$C_v = \frac{V_a}{V_a + V_b} \tag{5.13}$$

Heakelom 对密级配沥青混合料建立了沥青混合料劲度模量计算公式,该公式以空隙率 3% 为基准,并引入系数 K 对空隙率不等于 3% 的修正,即

$$S_M = S_B \left(1 + \frac{2.5}{\eta} \cdot \frac{KC_v}{1 + KC_v}\right)^n \tag{5.14}$$

式中:

$$n = 0.83 \lg \frac{4 \times 10^5}{S_B} \qquad (S_B > 100 \text{ MPa})$$

$$K = \frac{1}{1 + (V_v - 0.03)}$$

5.2.5 沥青混合料变形累积与疲劳

路面结构在整个使用寿命期内,经受着车轮荷载千百万次的重复作用。路面结构在重复荷载作用下,可能出现的破坏极限状态有两类:第一类,当路面材料处于弹塑性工作状态时,在重复荷载的作用下,将引起塑形变形累积,当累积变形超出一定限度即造成路面使用功能下降至允许限度以下,从而出现破坏极限状态;第二类,当路面材料处于弹性工作状态时,在重复荷载的作用下虽不产生塑性变形,但是结构内产生微裂缝,当微量损伤累积到一定限度时即致使路面材料出现疲劳断裂,出现破坏极限状态。变形累积与疲劳破坏这两种破坏极限的共同点就是它们的发生不仅和荷载应力的大小有关,而且同荷载应力作用次数有关。

沥青路面在高温环境中,处于弹塑性工作状态,因此更容易出现变形累积;而在低温环境中,基本上处于弹性工作状态,因此容易出现疲劳破坏。

(1)变形累积

沥青路面结构在车轮荷载重复作用下因塑性变形累积而产生的沉陷或车辙,是路面结构的主要病害。这种永久性的变形是路基、路面各结构层塑性变形的综合,它不仅同荷载的大小、作用次数以及路基土的性状有关,也受路面各结构层,特别是沥青层材料变形特性的影响。

沥青混合料在重复应力作用下的变形累积过程,可利用单轴压缩试验或重复作用三轴压缩试验来进行。两种试验方法所得的累积应变-时间关系的规律基本一致。

图 5.15 为一密实型沥青混合料经受重复三轴试验的结果,从图可以看出塑性应变随重复作用次数的增加而增加的情况。

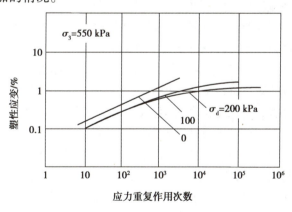

图 5.15 密实型沥青混合料的变形累积

变形累积的影响因素除了温度、施加应力大小以及加荷时间之外,同集料的形状也有关系。有棱角的集料比圆角的集料能获得较高的劲度模量,因此累积变形量较小;密实级配的沥青混合料比开级配沥青混合料的累积变形量小;此外,压实的方法、压实的程度对变形累积都有一定影响。

(2)疲劳

弹性状态的路面材料在承受重复应力作用时,可能在低于静载一次作用下的极限应力值时出现破坏,这种材料强度的降低现象称为疲劳。产生疲劳的原因主要是材料微结构不均匀诱发应力集中而出现微损伤,在重复应力作用下微量损伤累积扩大,最终导致结构破坏,这种结构破坏称为疲劳破坏。

出现疲劳破坏的重复应力值(疲劳强度),随重复作用次数的增加而降低。有些材料在重复应力作用降至某一定值之后,经受再多的重复作用次数也不会发生疲劳破坏,即疲劳强度不再下降,趋于稳定值,此稳定值称为疲劳极限。当重复应力低于此值时,理论上材料可经受无限多次的作用而不出现破坏。研究疲劳特性的主要目的是探索提高疲劳强度,延长路面使用年限,为路面设计提供参数。

沥青混合料疲劳特性的室内试验可以用简支小梁弯拉试验或圆柱体间接拉伸试验等方法进行。由于沥青混合料的劲度模量较低,在应力反复加载过程中,试件的受力状态不断发生变化,为此,根据不同的要求有两种试验方法:控制应力试验和控制应变试验。

控制应力试验,材料的疲劳破坏通常以试件出现断裂为标志。控制应变试验,并不会出现明显的疲劳破坏现象,可以以劲度模量下降到初始模量的50%作为疲劳破坏的标志。

行驶在路面上的车辆对路面施加的是轴载和接触压力,不是变形,从这个意义上来看,整个路面结构应受应力控制。因此对于较厚的沥青面层,它的强度在路面结构体系中起主要作用,宜采用控制应力的方法;而对于较薄的沥青面层,它本身不发挥承重层作用,而是随基层共同产生位移,宜采用控制应变的方法。Monismith 等提出,厚面层厚度的下限是 15 cm,薄面层厚度的上限是 5 cm,介于两者之间时可采取其中一种方法。

5.2.6　沥青混合料的强度

沥青混合料在车轮荷载和环境因素的作用下所表现出的力学强度特性,对路面使用品质和寿命有重大影响。因此,了解沥青混合料力学强度特性将有助于正确判别沥青路面各种病害的成因,并有助于正确理解沥青路面设计方法的基本原理。

为保证沥青路面结构在设计年限内正常工作,必须对其破坏机理进行研究。作为路面结构的一个层次,沥青混合料的破坏特性应从多层体系受力的角度加以分析。沥青路面面层处于三向应力状态,各点的应力状态不仅随坐标变动,且随车轮荷载的运动而变化。

对于黏弹性物体,Reiner 提出了与材料力学有所不同的破坏分类:①超过某一"强度"而引起的破坏;②超过某一"变形值"而引起的破坏;③超过某一"应力松弛状态"而引起的破坏。

分析路面的实际损坏状况可以明显看出沥青混合料抵制破坏的强度主要有 3 个方面:剪切强度、断裂强度和临界应变。另外,在沥青路面设计中,常用到的参数有沥青混合料的抗拉强度和抗弯拉强度。

(1)剪切强度

沥青混合料的剪切强度是一项重要的强度指标,沥青路面的推移、拥包、车辙等都是剪切变形的结果,由于摩尔-库伦公式反映了沥青混合料的强度与混合料内部的黏结力和内摩阻力之间的直接联系,有利于材料的组成设计。但是,由于沥青混合料在高温情况下力学性质的复杂,使得抗剪强度理论在分析高温变形破坏的应用有待进一步深入研究。

一般根据沥青结构层的三向应力状态,采用三轴试验方法,认为材料的剪切强度的特性符合摩尔-库伦公式,即 $\tau = c + \sigma \tan \varphi$。

不同的试验方法得到的黏结力 c 与内摩阻角 φ 的数值不同,但是数值的绝对值相差不大。

同样的物体,在三轴应力状态下,随 σ_3 的增大,材料由脆性破坏过渡为塑性破坏,呈现出不同的力学特性,存在一个脆性过渡到塑性的破坏临界值 σ_3,临界值的大小与材料的强度有关。

（2）断裂强度

断裂强度主要用于分析随气温下降时沥青面层收缩受阻而转化为收缩应力,当收缩应力超过极限强度所造成的缩裂问题;也可用于分析车辆紧急制动时,车轮后侧路表受到的径向拉应力引起的拉裂问题。

沥青混合料的断裂强度可由直接拉伸或间接拉伸（劈裂）试验确定。拉伸强度的规律与弯拉强度相似,但数值偏小。由于直接拉伸试验易于偏心,会对数值较小的拉伸强度产生较大的误差,因此可采用间接拉伸试验代替。直接拉伸采用长度为直径或边长的 2.5~3 倍的圆形或矩形截面的试件,间接拉伸采用高度为直径的 0.5 倍的圆柱体试件,其成型简便,且可采用钻孔取样得到试件。间接拉伸试件在承受切向拉应力的同时径向受压,其受力状态较单向受拉的直接拉伸更接近于实际路面结构受力状态。随着侧向位移测量精度的提高,间接拉伸法使用范围正在扩大。

（3）临界应变

临界应变和材料强度一样是材料组成结构的特征值,并随温度和加荷时间而有规律的变化。弯曲试验时,沥青混合料的临界应变值因温度不同而在很大范围内变化。

具有重要意义的是,临界应变不仅每一温度与加载条件下有足够的灵敏度的变化,而且对应每一破坏现象都有一个典型的数值。大量疲劳试验表明,当疲劳寿命为 $10^2 \sim 10^7$ 时,应变水平相应为 $10^{-5} \sim 10^{-3}$。满足一般使用年限要求时,应变水平约为 10^{-4} 级。当应变水平小于 10^{-5} 时,大致达到耐久极限应变,即承受行车荷载重复无限次作用而不至于产生疲劳破坏。

5.3　沥青路面稳定性与耐久性

沥青路面直接承受车辆荷载和大气因素的作用,同时沥青混合料的物理、力学性质受气候因素和时间因素的影响,为保证路面为车辆提供稳定、耐久的服务,沥青路面必须具有足够的稳定性和耐久性,即高温稳定性、低温抗裂性、水稳定性、耐疲劳性能和抗老化性能 5 种性能。其中,高温稳定性和低温抗裂性称为沥青路面的温度稳定性,水稳定性、耐疲劳性能和抗老化性能称为沥青路面的耐久性。

5.3.1　沥青路面高温稳定性

沥青路面的高温稳定性通常是指沥青混合料在荷载作用下抵抗永久变形的能力。推移、拥包、搓板、泛油等现象均属于沥青路面高温稳定性不足的表现。推移、拥包、搓板等损坏主要是由于沥青路面在水平荷载作用下抗剪强度不足引起的。而泛油是由于交通荷载作用使混合料内部集料不断挤紧、空隙率减小,最终将沥青挤压到道路表面,令路面光滑而导致抗滑能力下降。对于渠化交通的沥青路面,高温稳定性不足主要表现为车辙。

1)车辙的形成机理及影响因素

车辙主要发生在高温季节渠化交通的重交通道路上。当沥青路面采用半刚性基层时,车辙主要发生在沥青面层。纵观车辙的形成过程,可简单地分为如下 3 个阶段。

(1)初始阶段的压密过程

沥青混合料经碾压后,在高温下处于半流态的沥青及由沥青与矿粉组成的胶浆被挤进矿料间隙中,同时集料被强力排列成具有一定骨架的结构。路面在使用过程中,在汽车荷载作用下,密实过程进一步发展,在轮辙位置产生局部沉陷。

(2)沥青混合料的侧向流动

高温下的沥青混合料在轮胎荷载作用下,沥青及沥青胶浆产生流动,除部分填充混合料空隙外,还将促使沥青混合料产生侧向流动,从而使路面受载处被压缩,而轮辙的两侧向上隆起形成马鞍形车辙。

(3)矿料的重新排列及矿料骨架的破坏

高温下处于半固态的沥青混合料,由于沥青及胶浆在荷载作用下首先流动,混合料中粗细集料组成的骨架逐渐成为荷载的主要承担者,促使沥青及胶浆向富集区流动,加速了混合料网络结构的破坏,特别是沥青及胶浆过多时,这一过程会更加明显。

由此可见,车辙形成的最初原因是压密及沥青高温下的流动,最后导致骨架的失稳,从本质上讲就是沥青混合料的结构特征发生了变化。

根据车辙的形成原因,可分为 3 种类型:失稳型车辙、结构型车辙、磨耗型车辙。

①失稳型车辙:路面结构层在荷载作用下,由于内部材料产生流动,产生横向位移而发生,通常集中在轮迹带处。

②结构型车辙:由于路面结构在荷载作用下产生整体永久变形而形成。

③磨耗型车辙:由于路面结构顶层材料在车轮磨耗及自然环境因素下持续不断的损失而形成,尤其汽车使用防滑链和突钉轮胎后更易发生。

2)沥青混合料高温稳定性评价方法

沥青混合料高温稳定性的评价方法主要有:

(1)单轴压缩试验(无侧限抗压强度法)

用于沥青混合料高温稳定性评价最简便的方法是以高温(一般采用 60 ℃)抗压强度 R_T 及用常温(一般为 20 ℃)与高温时抗压强度的比值即软化系数 $K_T(R_T/R_{20})$ 来衡量。

(2)马歇尔试验

马歇尔试验以沥青混合料在 60 ℃条件下的马歇尔稳定度和流值来评价高温稳定性。其特点是试验方法简单,便于现场质量控制。马歇尔稳定度和流值与沥青混合料高温稳定性有一定的相关关系,但试验试件受力状态与实际受力状态不符,不能反映路用性能,是一项经验性指标,不能确切反映永久变形产生的机理。

(3)蠕变试验

由于马歇尔稳定度和流值是混合料稳定性的一种经验性指标,它不能确切反映永久变形产生的机理,近年来,有以蠕变试验取代它的趋势。

蠕变试验采用单轴静载、三轴静载、单轴重复加载和三轴重复加载 4 种方式进行。该方法可以判别混合料的稳定性、预估车辙量,可以指导材料的组成设计及为路面设计提供依据。

（4）轮辙试验

轮辙试验是一种模拟实际车轮荷载在路面上行走而形成车辙的工程试验方法,从广义上来说,室内小型往复轮辙试验、旋转轮辙试验、大型环道试验或直道试验等都可认为是属于轮辙试验范畴。这些试验最基本的和共同的原理就是通过采用车轮在板块状或路面表面结构上反复行走,观察和检测试块或路面结构的响应。

轮辙试验是评价沥青混合料在规定温度条件下抵抗塑性流动变形能力的有效方法。通过板块状试件与车轮之间的往复相对运动,使试块在车轮的重复荷载作用下,产生压密、剪切、推移和流动,从而产生车辙。

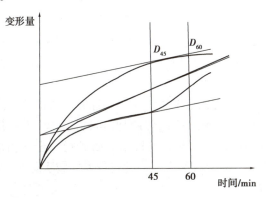

图 5.16　车辙试验中时间与变形关系曲线

从轮辙试验得到的时间-变形曲线如图 5.16 所示。由此可得到以下 3 类指标:

①任何一个时刻的总变形,即车辙深度。

②在变形曲线的直线发展期,通常是求取 45 min、60 min 的变形 D_{45}、D_{60},按照式(5.15)计算动稳定度 DS(单位:次/mm):

$$DS = \frac{(60-45) \times 42}{D_{60} - D_{45}} \times C_1 \times C_2 \qquad (5.15)$$

式中　D_{60}——试验时间为 60 min 时的试件变形量,mm;

D_{45}——试验时间为 45 min 时的试件变形量,mm;

C_1——试验机类型修正系数,曲柄连杆驱动试件的变速行走方式为 1.0,链驱动试验轮的等速行走方式为 1.5;

C_2——试件系数,试验室制备的宽 300 mm 的试件为 1.0,从路面切割的宽 150 mm 的试件为 0.8。

③变形速率 RD,它实际上是动稳定度的倒数。

（5）简单剪切试验

沥青路面混合料的高温永久变形主要是由沥青混合料的塑性剪切流动引起的,简单剪切试验就是用于直接考察沥青混合料的抗剪切流动性能。这个试验方法由土的直剪试验方法移植过来,并进一步考虑了沥青混合料的特殊性质,增加了垂直的动力荷载、围压和温度控制,可测定试件的回弹剪切模量、动力剪切模量等。该方法由美国公路战略研究计划（Strategic highway research program,SHRP）提出,试验过程中,保持试件体积不变,通过垂直传感器控制竖向位移,保证试件的高度不变。试验原理如图 5.17 所示。

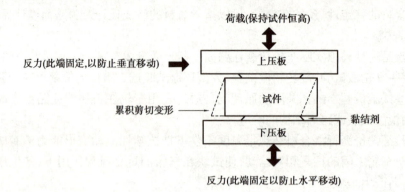

图 5.17　简单剪切试验原理

有研究表明,该方法的恒高度重复频率扫描试验能够用来评价沥青混合料面层的结构性能,而恒高度重复剪切试验能够用来预估沥青沥青混合料的车辙与永久变形性能。

(6)汉堡车辙试验

该方法和我国轮辙试验类似,也是采用钢轮在沥青混合料试件上往复行走来模拟实际行车荷载的作用。试件采用板式试件或圆柱试件两种,可同时对两个试件进行加载,试件厚度为 38～250 mm。碾压速率为 52±2 次/min。可根据需要进行设定试验温度,最高可达到 80 ℃。试验过程中实时测量试件产生的车辙深度。可设定最大加载次数为 20 000 次或者最大车辙深度达到 20 mm 时停止试验。

(7)单轴贯入试验

单轴贯入试验为我国规范推荐方法,用于评价沥青混合料高温稳定性能。试验时采用尺寸为 28.5 mm 或 42 mm 的压头作用在圆柱形试件上,取试件破坏时的强度作为贯入强度。另外可通过建立三维有限元力学模型分析抗剪性能参数的系数,计算得到沥青混合料的抗剪强度等。结果表明:单轴贯入试验指标与沥青混合料的高温稳定性存在较好的相关性,但需要结合无侧限抗压试验才能得到沥青混合料的 c、φ 值。

3)沥青路面高温稳定性技术标准

(1)沥青路面车辙的技术指标

20 世纪 70 年代,用沥青面层的车辙深度限制沥青路面永久变形的设计方法被提出。随后,世界各国根据本国的气候、交通等具体条件,提出了各自的容许车辙深度标准,如表 5.3 所示。

表 5.3　容许车辙深度标准

单位:mm

组织/国家		容许车辙深度
美国地沥青学会(AI)		13
英国		20
壳牌石油公司	高速公路	10
	一般公路	30

组织/国家			容许车辙深度
比利时	干线公路		12
	次级道路		18
中国	高速公路		10 ~ 15
	其他等级公路	交叉口	25 ~ 30
		非交叉口	15 ~ 20

（2）沥青混合料抗永久变形指标

各国道路研究人员对沥青混合料抗永久变形性能进行了大量研究之后,提出了一些指标,如表5.4所示。

表5.4　沥青混合料蠕变劲度模量极限值

研究者	温度/℃	时间/min	作用应力 σ_0/MPa	沥青混合料劲度模量/MPa
Viljoen 等（1981）	40	100	0.2	≥80
Kronfuss 等（1984）	40	60	0.1	≥50 ~ 65
Tinn 等（1983）	40	60	0.2	≥135

从表中可以看出,不同研究者采用的试验条件是不同的,得到的结果差异性也较大,因此这方面的内容有待进一步深入研究。

（3）轮辙试验标准

调查研究发现,轮辙试验的动稳定度与沥青路面的车辙深度有较好的相关性,适当控制沥青混合料的动稳定度,能铺筑具有一定抗永久变形的沥青面层。我国《公路沥青路面施工技术规范》（JTG F40—2004）和《公路沥青路面设计规范》（JTG D50—2017）规定了公路沥青混合料的动稳定度技术要求。

4）沥青路面车辙防治措施

对于失稳型车辙,通过以下办法可以减缓:确保集料的棱角、表面纹理和粗糙度;集料级配必须含有足够的矿粉;集料级配要有足够的粗颗粒;沥青结合料具有足够的黏度;集料表面沥青膜具有足够的厚度;确保沥青与集料间具有足够的黏聚力等。

对于结构型车辙,通过以下方法可以减缓:确保基层设计满足工程实践要求;基层材料满足规范要求,含有较多经破碎的颗粒;基层应充分压实;路基压实满足规范要求等。

磨耗型车辙主要是由于集料级配空隙太大以及集料周围沥青膜厚度不足而致。对此,可通过交通管制、改善混合料级配等措施来防治。

5.3.2　沥青路面低温抗裂性

沥青路面的低温抗裂性指沥青混合料抵抗温度变化（降温）产生的收缩应力的能力,主要有两种形式:一种是由于气温骤降使面层收缩,在有约束的沥青面层内产生的温度应力（随温度的下降而不断增大）超过沥青混合料的抗拉强度造成路面开裂,这类裂缝一般自上向下发展;另一种是温度疲劳裂缝,沥青混凝土经受长时间的温度循环,应力松弛性能下降,极限拉应力变小,在路面材料内部造成一定程度的温度疲劳损伤,随着温度收缩应力循环次数的增加,温度疲劳损伤将逐渐积累,结果在温度应力小于抗拉强度的情况下产生开裂。这种裂缝主要在温度变化频繁的地区发生（日平均气温并不太低,但昼夜温差大,日温度周期性变化规律明显的地区）。

1）沥青路面低温开裂机理

沥青路面的低温缩裂与温度下降引起材料的体积收缩有关。由于材料受到约束,随着温度下降,材料不能缩短,则立即产生温度应力,当该应力超过沥青混凝土的抗拉强度时,就会产生裂缝。

温度较高时,沥青混凝土表现出黏弹性性质,温度略有降低,所产生的温度应力将因应力松弛而消失。但在低温范围内,沥青混凝土主要表现为弹性性质,强度增大,但抗变形能力却因刚性增大而降低,且温度应力不会消失,就有可能产生裂缝。

2）沥青混合料低温抗裂性能的评价方法

（1）间接拉伸试验

该试验方法是在低温条件下,通过加载压条对 ϕ101.6 mm×63.5 mm 的沥青混凝土试件进行重复加载,获得沥青混合料的劈裂强度及垂直和水平变形,用于预测沥青路面的开裂情况。但水平变形量测要求精度较高。

（2）直接拉伸试验

直接拉伸试验,取试件尺寸为38.1 mm×38.1 mm×101.6 mm,试件的两端由环氧树脂粘贴在拉板上。试验系统以缓慢的拉伸速率（一般为 $2.5×10^{-3} \sim 1.2×10^{-3}$ mm/min）在低温条件下加载拉伸,通过试验得到的强度-温度关系曲线可预估开裂温度。

（3）小梁弯曲试验

在-10 ℃、加载速率50 mm/min 条件下,采用沥青混合料小梁进行弯曲试验,试件尺寸为35 mm×30 mm×250 mm,记录其破坏应变,这也是目前我国规范推荐的低温性能试验方法,要求其低温破坏应变满足表5.20所列要求。

另外还有温度应力试验、应力松弛试验、弯曲破坏试验等,也可评价沥青混合料的低温抗裂性能,在此不作详细介绍。

3）沥青路面低温开裂的预防措施

沥青路面的低温开裂受多种因素制约,就沥青材料选择和沥青混合料设计而言,应注意以下几点:注意沥青的油源,在严寒地区采用使用稠度较低、针入度较大的沥青,但同时也应满足夏季高温稳定性的要求;选用温度敏感性低的沥青有利于减小沥青路面的温度裂缝;采用吸水率低的集料,粗集料的吸水率应小于2%;采用100%轧制碎石集料拌制沥青混合料;控制沥青用量在马歇尔最佳用量±0.5%范围内;采用应力松弛性能良好的聚合物改性沥青等。

5.3.3　沥青路面水稳定性

沥青路面的耐久性主要依靠沥青与集料之间的黏附程度,水的作用破坏了沥青与集料之间的黏附性,是影响沥青路面耐久性的主要原因之一。无论是在冰冻地区,还是南方多雨地区,水损害都有可能发生。水损害发生后使得沥青与集料脱离,从而使路面出现松散、剥离、坑洞等病害,严重威胁公路的使用性能。

1)作用机理

沥青路面水损害包括两种过程:首先是水浸入沥青中使沥青黏附性减小,导致沥青混合料强度与劲度降低;其次是水进入沥青薄膜与集料之间,阻断沥青与集料的相互黏结,由于集料表面对水比对沥青具有更强的吸附力,从而使沥青与集料表面的接触面减小,使沥青从集料表面剥落。

水稳定性破坏机理的主要依据是黏附理论,黏附是指一种物体与另一种物体黏结时的物理作用或分子力作用。目前用来解释沥青与集料之间的黏附理论包括力学理论、化学反应理论、表面能理论及分子定向理论等。

影响沥青与集料之间黏结力的因素主要有:沥青与集料表面的界面张力,沥青与集料的化学组成,沥青黏性,集料表面构造,集料空隙率、集料清洁度及其含水率,集料与沥青拌和的温度等。

2)沥青路面水稳定性评价方法

沥青路面水稳定性的评价方法分为两类:
①用沥青裹附标准集料,在松散状态下浸入水中煮沸,观察沥青从集料上剥离的情况。
②使用击实试件(或路面钻芯取样),在浸水条件下,对路面结构的服务条件进行评估。
测定的方法包括:煮沸试验、浸水马歇尔试验、冻融台座试验、浸水间接拉伸试验、冻融劈裂试验、浸水车辙试验等。

(1)煮沸试验

煮沸试验为区分沥青膜剥落与未剥落提供了直观的结果,可作为最先选用的试验,也可用于施工现场的质量控制。但是沥青含量、等级、集料等级以及水煮时间均会影响试验结果,该试验只能反映黏附力损失或沥青剥落情况,但却忽略了黏聚力的损失。同时,由于该方法采用主观评价,评定结果往往因人而异。

(2)浸水马歇尔试验

浸水马歇尔试验是我国常用的评价沥青路面水稳定性的方法。该方法试验简单,易于操作,且能区分开不同沥青等级、不同性质集料水稳定性的优劣,是一种衡量沥青路面水稳定性的有效方法。

(3)冻融台座试验

冻融台座试验模拟在路面使用5年后,沥青黏结力发生的变化。标准试件用较好的单一粒径集料拌制的沥青混合料制作而成,然后放在台座上,在水中重复冻融循环,直到与路面设计寿命相关的裂纹出现为止。该试验结果用于判定混合料抗剥落能力。

(4)浸水间接拉伸试验

浸水间接拉伸试验要求试件在浸水真空压力下达到55%~80%饱和度。试验结果是通过浸水与不浸水条件下试件的间接抗拉强度比来评定。该方法应用范围广,通常具有较好的相关性。

（5）冻融劈裂试验

冻融劈裂试验方法与浸水间接拉伸试验方法相似，只是增加了冻融循环的条件，主要是为了模拟冰冻地区沥青面层的工作环境，加剧水对混合料的破坏程度。

（6）浸水车辙试验

浸水车辙试验方法是把车辙试验放在浸水条件下进行，通过浸水与不浸水条件下分别得出的动稳定度值之间的比值来评价混合料的水稳定性。

我国规范规定，沥青与集料之间的黏附性常用煮沸法检验，沥青混合料的水稳定性常用浸水马歇尔试验和冻融疲劳试验检验。其中，浸水马歇尔试验残留稳定度和冻融劈裂残留强度比须满足表5.19所列要求。

3）提高沥青路面水稳定性的措施

①完善路面结构排水系统。路面结构设计应保证地表水、地下水及时排出结构之外。

②沥青材料选择。应考虑选择黏度大的沥青和表面活性成分含量高的沥青。

③集料选择。在其他各项指标满足要求的前提下，尽量选择碱性石料，或掺加外掺剂以改善黏附性，如加入消石灰和水泥、抗剥落剂等。

④施工时保持集料干燥，无杂质，拌和充分，摊铺时不产生离析，碾压时保证达到压实要求等。

5.3.4 沥青路面疲劳性能

弹性状态的路面材料承受重复应力作用时，可能在低于静载一次作用下的极限应力值时出现破坏，这种材料强度的降低现象称为疲劳。

疲劳的出现，是由于材料微结构的局部不均匀，诱发应力集中而出现微损伤，在应力重复作用之下微量损伤逐步累积扩大，最终导致结构破坏，称为疲劳破坏。

早在1942年，O. J. Portor就注意到在小至0.5～0.75 mm的弯沉下，道路路面在车轮荷载重复作用几百万次后会遭到破坏。20世纪50年代L. W. Nijbver指出，沥青路面寿命后期出现的裂缝与行驶车辆产生的弯曲应力超过了材料的抗弯拉强度有关，强调裂缝是疲劳的结果，它取决于弯沉大小和重复作用次数。

沥青路面在使用期间，在车轮荷载和环境因素的反复作用下，长期处于应力应变交替变化的状态，致使路面结构强度逐渐下降，当荷载重复作用超过一定次数后，在荷载作用下路面内产生的应力就会超过强度下降后的结构抗力，使路面产生裂纹，产生疲劳断裂破坏。因此，沥青混合料的疲劳特性一直是沥青路面结构设计中重点考虑的问题。

荷载作用下路面结构内部各点处于不同的应力应变状态，在路面底部某点（B点），当车轮作用于其正上方时受到的是全拉应力作用，车轮驶过后应力方向旋转，量值变小，并产生剪应力。当车轮驶过一定距离后，该点则承受主压应力的作用。而路表面的点（A点）则相反，车轮驶近时受拉，车轮直接作用时受压，车轮驶过后又受拉。车辆驶过一次，就使路面表面和底部出现一次应力循环（图5.18、图5.19）。

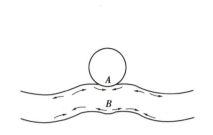
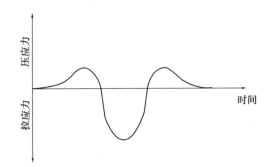

图 5.18　路面面层在车轮下的受力状态　　　图 5.19　B 点应力随时间的变化

在整个使用过程中,路面将长期处于应力应变重复循环变化的状态。由于路面材料的抗压强度远比抗拉强度大,所以裂缝通常从面层底部开始发生,后随荷载的反复作用逐渐扩展至表面,故路面疲劳设计大多数以面层底部拉应力或拉应变作为控制指标。

1)沥青混合料疲劳力学模型

沥青路面疲劳特性的研究方法一般分为三种:第一种为现象学法,即传统的疲劳理论方法,采用疲劳曲线表征材料的疲劳性质;第二种为力学近似法,即应用断裂力学原理分析疲劳裂缝的扩展规律以确定材料疲劳寿命;第三种是耗散能理论的研究方法。

现象学法研究的材料疲劳寿命包括裂缝的形成和扩展阶段,研究裂缝的扩展机理以及应力应变与疲劳寿命之间的关系和各种因素对疲劳寿命及疲劳强度的影响;而力学近似法只研究裂缝扩展阶段的寿命,认为材料一开始就有初始裂缝存在,主要只研究材料的断裂机理及裂缝扩展规律,因而不考虑裂缝的形成阶段。

在一定的重复作用次数下,材料结构出现疲劳破坏的重复应力值称为疲劳强度,相应的应力重复作用次数为疲劳寿命,可以用两种度值表示,即服务寿命与断裂寿命。

现象学法试验方法归纳起来主要有四类:第一类是实际路面在真实汽车荷载下的疲劳破坏试验,如美国 AASHTO 试验路、NCAT 试验环道,中国交通运输部试验环道等,但该方法试验耗费时间较长,且受现场气候条件影响;第二类是足尺路面结构在模拟汽车荷载作用下的疲劳试验研究,包括环道试验、直道试验及加速加载试验,它比较符合路面实际受力状态;第三类是试板试验法,有脉冲压头式、轮胎加压式、动轮轮迹式和动板轮迹式,试验时沥青块体采用橡胶垫支撑,可测量块体底部应变并检验裂缝的产生和发展,但试板法模拟的是路面二维受力状态;第四类是室内小型试件的疲劳试验研究,试件制备比较简单,试验周期较短,温度湿度等影响因素比较容易控制,但不能同时模拟路面单元的综合受力状态,与实际疲劳效应有差别。

由于前 3 类试验研究方法所耗费资金、时间比较多,难以开展,大多还是采用周期短、费用少的室内试件小型疲劳试验。

室内试件的疲劳特性可用重复弯曲或剪切进行试验,主要有旋转法、扭转法、简支三点或四点弯曲法、悬臂梁弯曲法、弹性基础梁弯曲法、直接拉伸法、间接拉伸法、三轴压力法及剪切法等。但到目前为止,各国还没有将疲劳试验作为标准试验方法纳入规范,北美大多采用梁式试件的反复弯曲疲劳试验,欧洲大多采用悬臂梯形梁试件,在其端部施加正弦反复荷载,也有采用圆柱形试件进行间接拉伸疲劳试验。

疲劳试验可采用两种试验加载模式——控制应力模式和控制应变模式,如图 5.20 所示。

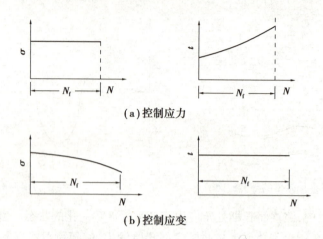

（a）控制应力

（b）控制应变

图5.20 控制应力和控制应变疲劳试验

控制应力模式是在试验过程中保持荷载或应力峰谷值不变,而应变量的增长速率不断增加,随荷载次数增加最终导致试件破坏断裂破坏,以试件完全断裂为疲劳损坏标准,采用式(5.16)表示。

$$N_f = K\left(\frac{1}{\sigma_0}\right)^n \tag{5.16}$$

控制应变模式是在试验过程中保持应变量不变,需不断调节所施加的荷载或应力值,试验中材料的劲度仍不断下降,保持不变应变量所需要的力不断减小,试件一般不会出现明显的疲劳破坏现象,可以以劲度模量下降到初始模量值的50%或更低作为疲劳破坏的标准。

$$N_f = C\left(\frac{1}{\varepsilon_0}\right)^m \tag{5.17}$$

2) 沥青路面疲劳影响因素

(1)荷载条件

材料的疲劳寿命按不同的荷载条件测定。如果在全过程中荷载条件保持不变,则称为简单荷载;如果按某种预定形式重复改变荷载条件,则称为复合荷载。复合荷载包括应力的改变和环境温度的改变。显然,相同的沥青混合料试件在承受简单荷载情况下与复合荷载所变现的疲劳反应是不同的。试件在承受简单荷载的情况下,即使初始应力和应变相同,采用的两种不同的加载模式所得出的疲劳寿命实验结果也是不同的。这是因为在控制应力加载模式中,常量应力保持不变,材料劲度逐渐减小,此时实际作用于试件的变形就要增加;而在控制应变加载模式中,为了要保持每次加载的常量应变不变,作用于试件的实际应力则应减小。

(2)材料性质

混合料劲度是影响其疲劳性能的一个重要材料参数。在控制应力加载模式中,疲劳寿命随混合料劲度的增加而增加,这是因为劲度越高,则在相同的常量应力条件下,每次重复荷载产生的应变就越小,从而混合料所能承受的荷载重复作用次数越多。但在控制应变加载模式中,疲劳寿命则随混合料劲度的增加而降低,因为在相同的常量应变条件下,劲度模量越高,每次重复作用于试件的应力就越大,因而其疲劳寿命减少。

任何影响混合料劲度的变量,如集料和沥青的性质、沥青用量、混合料的压实度和空隙率(影响十分明显),以及反映车辆行驶速度的加载时间和所处的环境条件,都会影响到疲劳寿命。

（3）环境条件

温度对疲劳寿命的影响可用混合料劲度来解释。温度在一定限度内下降时,沥青混合料的劲度增大,试件在承受一定应力条件下所产生的应变就小,从而导致较长的疲劳寿命;而在控制应变模式中,温度增加引起混合料劲度降低,使裂缝扩展速度变慢而导致疲劳寿命得以延长。

湿度同样可以使混合料劲度减小,而混合料在大气因素作用下的老化可以使其劲度增大。沥青混合料在这些因素作用下的疲劳反应可通过劲度的变化得以体现。

3) 沥青混合料疲劳寿命预估方法

世界各国都致力于研究沥青混合料疲劳寿命的预估方法,进一步用于路面结构的设计与分析,以预估沥青路面的疲劳寿命。通过大量试验明确影响沥青混合料疲劳寿命的各种因素之后,进一步研究各种因素影响疲劳寿命的规律,即可提出沥青混合料疲劳寿命的预估方法。以下是几个有代表性的预估模型。

（1）诺丁汉大学方法

诺丁汉大学(P. S. Pell 和 K. E. Copper)通过对48个路段及包括间断级配和连续级配的混合料的研究,定量分析了混合料参数对于疲劳性能的影响,主要包括沥青含量、胶结料类型、级配、集料类型、填料、温度及侧应力等,得出了在微应变为 10^{-4} 时的疲劳方程:

$$\log N_{(\varepsilon = 10^{-4})} = 4.13 \log V_B + 6.95 \log T_{R\&B} - 11.13 \tag{5.18}$$

式中　V_B——沥青体积含量百分数;

　　　$T_{R\&B}$——沥青环与球软化点。

（2）Shell 法

Shell 公司在对几种典型沥青混合料进行应变控制实验基础上,于 1978 年提出其疲劳模型,如式(5.19),并绘制为诺谟图以供使用。

$$N_f = \left(\frac{\varepsilon_t}{(0.856V_b + 1.08)S_m^{-0.36}} \right)^{-5} \tag{5.19}$$

式中　V_b——沥青含量。

（3）AI 法

AI 于 1981 年也在此基础上得出了其疲劳模型:

$$N_f = 18.4 \times 10^{[4.84(VFA - 0.69)]} \times 0.004\,325 \times \varepsilon_f^{-3.291} \times S_{mix}^{-0.854} \tag{5.20}$$

式中　VFA——沥青饱和度。

目前沥青混合料的疲劳模型众多,在现象学方法中的不同模型考虑采用不同的变量,如应变、劲度模量、温度及不同材料特性指标、不同体积特性指标等,另外还有耗散能疲劳模型、断裂力学疲劳模型等。

5.3.5　沥青路面耐老化性能

沥青材料在沥青混合料的拌和、摊铺、碾压过程中,以及沥青路面的使用过程中,都存在老化的现象。老化过程一般分为两个阶段,即施工过程中的短期老化和路面使用过程中的长期老化。沥青路面碾压成型后,沥青混合料的抗老化能力不仅与沥青材料有关,除了光、氧等自然气候条件有关外,也与沥青在混合料中所处的形态有关,如混合料空隙率大小、沥青用量等。沥青混合料的老化将导致沥青路面路用性能的降低。

1) 沥青的老化过程

沥青的耐久性是影响沥青路面使用质量和寿命的重要因素。路面铺筑时受加热作用,路面建成后受自然因素和交通荷载作用,沥青的技术性能向着不利的方向发生不可逆的变化即沥青的老化。受沥青老化的制约,沥青混合料的物理力学性能随着时间的推移逐年降低直至不能满足交通荷载的要求。

沥青的短期老化可分为如下3个阶段:

(1)运输和储存过程的老化

沥青从炼油厂到拌和场的热态运输一般在170 ℃左右,进入储油罐或池中后温度有所降低。调查资料表明,这一阶段的沥青的技术性能几乎没有变化,因此在运输过程中沥青的老化非常小。

(2)拌和过程的老化

加热拌和过程中,沥青是在薄膜状态下受到加热,比运输过程中的老化条件严重得多。沥青混合料拌和后沥青针入度降低到拌和前针入度的80% ~ 85%。因此,拌和过程中引起的沥青老化是严重的,是沥青短期老化最主要的阶段。

(3)施工期的老化

沥青混合料运到施工现场摊铺、碾压完毕,降温降至自然温度,这一过程中裹附石料的沥青薄膜仍处于高温状态,沥青的热老化依旧在进一步发展。

沥青混合料长期老化是一个漫长而复杂的过程,具有以下特点:①沥青路面使用早期针入度急剧变小,随后变化缓慢,大体发生在使用1 ~ 4年;②老化主要发生在路表与大气接触部分,在深度0.5 cm处针入度降低幅值相当大;③沥青混合料的空隙率是影响沥青老化的主要因素;④当路面中的沥青针入度减小至35 ~ 50(0.1 mm)时,路面容易产生开裂,小于25(0.1 mm)时,路面容易产生龟裂。

2) 沥青老化的试验与评价

(1)短期老化试验方法

短期老化的试验方法应体现松散混合料在拌和、储存和运输中受热而挥发和氧化的效应,以模拟沥青混合料在施工阶段的老化效果。SHRP根据以往研究,提出了3种方法:烘箱老化法、延时拌和法、微波加热法。

(2)长期老化试验方法

沥青混合料长期老化试验方法应着重体现沥青混合料压实成型试件持续氧化效应,以模拟使用期内沥青路面的老化效果。SHRP提出了3种方法:加压氧化处理、延时烘箱加热、红外线/紫外线加热。

沥青路面的抗老化性能是沥青路面耐久性的重要组成部分,虽然关于沥青老化已经有了很多研究,然而对于沥青路面的老化机理、老化过程的影响因素、老化性能的评价方法、老化性能与其他路用性能之间的关联性,以及怎样预防沥青路面的老化等一系列问题尚未得到解决,都有待进一步探求。

5.4　沥青路面材料及施工

5.4.1　原材料

沥青路面原材料主要包括沥青材料、粗集料、细集料、填料等。

1）沥青材料

（1）石油沥青

沥青路面一般采用道路石油沥青，或经过乳化、稀释、调和、改性等工艺加工处理的石油沥青产品作为结合料，有时也采用煤沥青，但是由于煤沥青对人体健康有害，已很少采用。

我国道路石油沥青采用针入度为分级指标，每一种标号的沥青均分为 A、B、C 三个等级，分别适用于不同等级的公路和不同的结构层次，如表 5.5 所示。不同标号石油沥青技术要求见《公路沥青路面施工技术规范》（JTG F40—2004）。

表 5.5　道路石油沥青的适用范围

沥青等级	适用范围
A 级沥青	各个等级的公路，适用于任何场合和层次
B 级沥青	1. 高速公路、一级公路沥青下面层及以下的层次，二级及二级以下公路的各个层次； 2. 用作改性沥青、乳化沥青、改性乳化沥青、稀释沥青的基质沥青
C 级沥青	三级及三级以下公路的各个层次

石油沥青标号与等级的选择是影响沥青路面使用性能的重要因素，一般应根据公路等级、路面类型、结构层次、气候区划和施工季节等因素，综合考虑论证后确定。如夏季温度高、高温持续时间长的地区，宜选用稠度大的沥青；对于低温寒冷地区，宜选用稠度低、低温延度大的沥青。对于重载交通路段、山区及丘陵区上坡路段、停车场等行车速度低的路段，宜采用稠度大的沥青；对于交通量小的中低级公路、旅游公路宜选用稠度较小的沥青。选择沥青时，当高温要求和低温要求相矛盾，应优先考虑满足高温性能的要求。

当沥青标号不符合使用要求时，可采用不同标号搭配成调和沥青。可根据要求，通过试验确定不同标号沥青的搭配比例。

（2）乳化石油沥青

乳化沥青能在常温条件下施工，并且具有节约能源、保护环境、简化施工等方面的优点。乳化沥青的种类主要有阳离子乳化沥青、阴离子乳化沥青和非离子乳化沥青等。按其破乳速度的不同，又可以分为快裂、中裂、慢裂 3 种。

各类乳化沥青的技术要求见《公路沥青路面施工技术规范》（JTG F40—2004）。乳化沥青适用于沥青表面处置、沥青贯入式、冷拌沥青混合料等各类路面，也可用于修补裂缝，用作透层油、黏层油和沥青封层。

选择乳化沥青时应考虑集料的品种与施工条件，阳离子乳化沥青适用于各种集料，而阴离子仅适用于碱性石料，与水泥、石灰、粉煤灰共同使用时，不宜使用阳离子乳化沥青。破乳速度的选择应考虑施工工艺和用途。拌和法施工的冷拌沥青混合料或稀浆封层,宜选用慢裂或中裂型乳化沥青;对需立即开放交通的稀浆封层,宜采用慢裂快凝型乳化沥青;对喷洒法施工的表面处治、贯入式路面,宜选用喷洒型快裂乳化沥青。乳化沥青稠度的选择也应考虑施工工艺和用途,一般用于拌合法施工时,采用较大的稠度,用于喷洒法施工时,采用稠度较小的乳化沥青。各种类型的乳化沥青有不同的适用范围(表5.6)。

表5.6 乳化沥青品种及适用范围

分　类	品种及代号	适用范围
阳离子乳化沥青	PC-1	表处、贯入式路面及下封层用
	PC-2	透层油及基层养生用
	PC-3	黏层油用
	BC-1	稀浆封层或冷拌沥青混合料用
阴离子乳化沥青	PA-1	表处、贯入式路面及下封层用
	PA-2	透层油及基层养生用
	PA-3	黏层油用
	BA-1	稀浆封层或冷拌沥青混合料用
非离子乳化沥青	PN-2	透层油用
	BN-1	与水泥稳定集料同时使用(基层路拌或再生)

(3)改性沥青

对于气候条件恶劣、交通特别繁重的地区,使用普通道路石油沥青不能满足要求时,可以使用改性沥青。使用改性沥青通常对改善沥青路面高温及低温稳定性有明显效果。

改性沥青一般采用聚合物、天然沥青或其他改性剂对基质石油沥青进行改性,改性剂一般分为3类:①热塑性橡胶类,如SBS(苯乙烯-丁二烯-苯乙烯嵌段共聚物);②橡胶类,如SBR(丁苯橡胶);③热塑性树脂类,如EVA(乙烯-乙酸乙烯共聚物)、PE(聚乙烯)。

聚合物改性沥青技术要求详见《公路沥青路面施工技术规范》(JTG F40—2004)。

2)粗集料

沥青路面所用的粗集料是指粒径大于4.75 mm(或2.36 mm)的矿料,主要有碎石、筛选砾石、轧制砾石、钢渣、矿渣等。高速公路和一级公路沥青路面的粗集料必须采用碎石或破碎砾石,不得使用筛选砾石和矿渣。粗集料应该洁净、干燥、表面粗糙、形状接近立方体,且无风化、无杂质,并具有足够的强度和耐磨性能。

粗集料按粒径大小分为14种规格(表5.7),成品碎石应按规格生产和使用。粗集料的质量应符合表5.8的规定。沥青路面面层或磨耗层所用的粗集料应选用坚硬、耐磨、抗冲击性好的碎石或破碎砾石。高速公路、一级公路选用的粗集料,其磨光值应符合表5.9的要求,以满足高速行车时抗滑等表面性能的要求。

沥青与粗集料之间应具有良好的黏附性,各气候分区要求的黏附性如表5.9所示。在黏附性达不到规定要求时,可采取提高黏附性的抗剥落措施。

表 5.7 沥青混合料用粗集料规格

规格名称	公称粒径/mm	通过下列筛孔的质量百分率/%											
		106	75	63	53	37.5	31.5	26.5	19	13.2	9.5	4.75	2.36	0.6
S1	40~75	100	90~100	—	—	0~15	—	0~5						
S2	40~60		100	90~100	—	0~15	—	0~5						
S3	30~60		100	90~100	—	—	0~15	—	0~5					
S4	25~50			100	90~100	—	—	0~15	—	0~5				
S5	20~40				100	90~100	—	—	0~15	—	0~5			
S6	15~30					100	90~100	—	—	0~15	—	0~5		
S7	10~30					100	90~100			0~15	0~5			
S8	10~25						100	90~100		0~15		0~5		
S9	10~20							100	90~100	—	0~15	0~5		
S10	10~15							100	90~100	0~15	0~5			
S11	5~15							100	90~100	40~70	0~15	0~5		
S12	5~10								100	90~100	0~15	0~5		
S13	3~10								100	90~100	40~70	0~20	0~5	
S14	3~5									100	90~100	0~15	0~3	

表 5.8 沥青混合料用粗集料质量技术要求

指 标	单 位	高速公路及一级公路		其他等级公路	试验方法
		表面层	其他层次		
石料压碎值不大于	%	26	28	30	T 0316
洛杉矶磨耗损失不大于	%	28	30	35	T 0317

续表

指 标	单 位	高速公路及一级公路		其他等级公路	试验方法
		表面层	其他层次		
表观相对密度不小于	t/m³	2.60	2.50	2.45	T 0304
吸水率不大于	%	2.0	3.0	3.0	T 0304
坚固性不大于	%	12	12	—	T 0314
针片状颗粒含量(混合料)不大于	%	15	18	20	T 0312
其中粒径大于9.5 mm 的不大于	%	12	15	—	
其中粒径小于9.5 mm 的不大于	%	18	20	—	
水洗法<0.075 mm 颗粒含量不大于	%	1	1	1	T 0310
软石含量不大于	%	3	5	5	T 0320

注:①坚固性试验可根据需要进行;
　②用于高速公路、一级公路时,多孔玄武岩的视密度可放宽至2.45 t/m³,吸水率可放宽至3%,但必须得到建设单位的批准,且不得用于 SMA 路面;
　③对S14 即3~5 规格的粗集料,针片状颗粒含量可不予要求,<0.075 mm 含量可放宽到3%。

表5.9　粗集料与沥青的黏附性、磨光值的技术要求

雨量气候区	1(潮湿区)	2(湿润区)	3(半干旱区)	4(干旱区)	试验方法
年降雨量/mm	>1 000	1 000~500	500~250	<250	
粗集料的磨光值 PSV 不小于 高速公路、一级公路表面层	42	40	38	36	T 0321
粗集料与沥青的黏附性不小于 高速公路、一级公路表面层 高速公路、一级公路的其他层次及其他等级公路的各个层次	5 4	4 4	4 3	3 3	T 0616 T 0663

3)细集料

细集料是指集料中粒径小于4.75 mm(或2.36 mm)的材料。沥青面层的细集料可采用天然砂、机制砂及石屑。细集料应洁净、干燥、无风化、无杂质,并有适当的颗粒级配,其质量应满足表5.10 的要求。

表5.10　沥青混合料用细集料质量要求

项 目	单 位	高速公路、一级公路	其他等级公路	试验方法
表观相对密度,不小于	—	2.50	2.45	T 0328
坚固性(>0.3 mm 部分)不小于	%	12	—	T 0340

项　目	单　位	高速公路、一级公路	其他等级公路	试验方法
含泥量(小于 0.075 mm 的含量)不大于	%	3	5	T 0333
砂当量不小于	%	60	50	T 0334
亚甲蓝值不大于	g/kg	25	—	T 0346
棱角性(流动时间),不小于	s	30	—	T 0345

注:坚固性试验可根据需要进行。

天然砂的规格应满足表 5.11 的要求。热拌密级配沥青混合料中,天然砂的用量不宜超过集料总量的 20% ,SMA 和 OGFC 混合料中不宜使用天然砂。当采用石英砂、海砂及酸性石料机制砂时,应采用抗剥落措施。

表 5.11　沥青混合料用天然砂规格

筛孔尺寸/mm	通过各筛孔的质量百分率/%		
	粗砂	中砂	细砂
9.5	100	100	100
4.75	90 ~ 100	90 ~ 100	90 ~ 100
2.36	65 ~ 95	75 ~ 90	85 ~ 100
1.18	35 ~ 65	50 ~ 90	75 ~ 100
0.6	15 ~ 30	30 ~ 60	60 ~ 84
0.3	5 ~ 20	8 ~ 30	15 ~ 45
0.15	0 ~ 10	0 ~ 10	0 ~ 10
0.075	0 ~ 5	0 ~ 5	0 ~ 5

采石场破碎碎石时,通过 4.75 mm(或 2.36 mm)的筛下部分石屑用作为细集料时,应杜绝泥土混入,其规格应该符合表 5.12 的要求。

表 5.12　沥青混合料用机制砂或石屑规格

规　格	公称粒径/mm	水洗法通过各筛孔的质量百分率/%							
		9.5	4.75	2.36	1.18	0.6	0.3	0.15	0.075
S15	0 ~ 5	100	90 ~ 100	60 ~ 90	40 ~ 75	20 ~ 55	7 ~ 40	2 ~ 20	0 ~ 10
S16	0 ~ 3		100	80 ~ 100	50 ~ 80	25 ~ 60	8 ~ 45	0 ~ 25	0 ~ 15

注:当生产石屑采用喷水抑制扬尘工艺时,应特别注意含粉量不得超过表中要求。

4)填料

填料的粒径小于 0.6 mm、由沥青与填料混合而成的胶浆是沥青混合料形成强度的重要因素。所以填料必须采用石灰岩或岩浆岩中的强碱性岩石等憎水性石料经磨细的矿粉。矿粉要求干燥、洁净、能自由地从矿粉仓流出,其质量应符合表 5.13 的要求。有时为提高沥青混合料的黏结力,也可掺加部分消石灰作为填料,其用量一般为矿粉总量的 1% ~ 3%。

表 5.13　沥青混合料用矿粉质量要求

项　目	单　位	高速公路、一级公路	其他等级公路	试验方法
表观相对密度 不小于	t/m³	2.50	2.45	T 0352
含水率 不大于	%	1	1	T 0103 烘干法
粒度范围<0.6 mm	%	100	100	
<0.15 mm	%	90 ~ 100	90 ~ 100	T 0351
<0.075 mm	%	75 ~ 100	70 ~ 100	
外观		无团粒结块		
亲水系数		<1		T 0353
塑性指数		<4		T 0354
加热安定性		实测记录		T 0355

5.4.2　沥青混合料设计

1)沥青混合料分类

热拌沥青混合料(HMA)适用于各个等级公路的沥青面层或基层。沥青混合料按集料公称最大粒径、矿料级配、空隙率大小分为如下几类,其中集料规格以方孔筛为准。

①密级配沥青混凝土混合料(AC)适用于各级公路沥青面层的任何层次。

②沥青玛蹄脂碎石混合料(SMA)适用于铺筑表面层、中面层或加铺磨耗层。

③半开级配沥青碎石混合料(AM),设计空隙率为 6% ~ 12%,适用于三级及三级以下公路,表面应设防水上封层。

④密级配沥青稳定碎石混合料(ATB),设计空隙率为 3% ~ 6%,也称为大粒径沥青碎石混合料,适用于基层。

⑤排水式沥青稳定碎石混合料(ATPB),设计空隙率大于 18%,适用于排水基层。

⑥排水式开级配磨耗层(OGFC),设计空隙率大于 18%,适用于高速公路排水式沥青路面磨耗层。

各类热拌沥青混合料的特征如表 5.14 所示。

表5.14 热拌沥青混合料种类

混合料	密级配			半开级配	开级配		公称最大粒径/mm	最大集料粒径/mm
	连续级配		间断级配	沥青碎石混合料	间断级配			
	沥青混凝土	沥青稳定碎石	沥青玛蹄脂碎石混合料		排水式沥青磨耗层	排水式沥青稳定碎石基层		
特粗式	—	ATB-35	—	—	—	ATPB-40	37.5	53.0
粗粒式	—	ATB-30	—	—	—	ATPB-30	31.5	37.5
	AC-25	ATB-25	—	—	—	ATPB-25	26.5	31.5
中粒式	AC-20	—	SMA-20	AM-20	—	—	19.0	26.5
	AC-16	—	SMA-16	AM-16	OGFC-16	—	16.0	19.0
细粒式	AC-13	—	SMA-13	AM-13	OGFC-13	—	13.2	16.0
	AC-10	—	SMA-10	AM-10	OGFC-10	—	9.5	13.2
砂粒式	AC-5	—	—	AM-5	—	—	4.75	9.5
设计空隙率	3%~5%	3%~6%	3%~4%	6%~12%	>18%	>18%		

注:空隙率可按配合比设计适当调整。

密级配沥青混凝土混合料(AC)按其特征筛孔通过率分为粗型密级配混合料(AC-XXC)和细型密级配混合料(AC-XXF),各级混合料关键筛孔及其通过率如表5.15所示。

表5.15 粗型和细型密级配沥青混凝土的关键性筛孔通过率

混合料类型	公称最大粒径/mm	用以分类的关键性筛孔/mm	粗型密级配		细型密级配	
			名称	关键性筛孔通过率/%	名称	关键性筛孔通过率/%
AC-25	26.5	4.75	AC-25C	<40	AC-25F	>40
AC-20	19.0	4.75	AC-20C	<45	AC-20F	>45
AC-16	16.0	2.36	AC-16C	<38	AC-16F	>38
AC-13	13.2	2.36	AC-13C	<40	AC-13F	>40
AC-10	9.5	2.36	AC-10C	<45	AC-10F	>45

2)沥青混合料的选用

选用沥青混合料种类时,应根据公路等级、交通量大小、当地气候特征、路基状况及环境条件(施工季节、施工期限、基层状况、材料供应情况、施工机具、劳力和施工技术条件),并充分考虑本地区工程建设经验,通过技术经济论证后确定。

通常情况下,沥青混合料的选用应遵循以下原则:

①沥青面层与沥青碎石基层宜采用双层或三层式结构,各层之间应联结成为整体,为此在沥青层下必须浇洒透层沥青,沥青层与沥青层之间必须喷洒黏层沥青。

②沥青路面应满足耐久、稳定、密实、安全、便于施工等多方面性能要求,并应根据施工机械、工程造价等实际情况选择沥青混合料的种类。

③表面层应具有良好的表面功能、密水、耐久、抗车辙、抗裂性能,当抗滑不满足要求时,应加铺抗滑磨耗层。

对高速公路、一级公路,为提高沥青混合料的使用性能和延长沥青路面的使用寿命,或采用普通的道路沥青不能满足使用要求时,宜对上面层或中面层沥青结合料采用改性措施,或采用SMA等特殊的矿料级配。如果需要,二级公路也可采用改性沥青或SMA结构。

沥青混合料的粒径大小宜与其相应的层位匹配。特粗式沥青混合料适用于基层,粗粒式沥青混合料适用于下面层或基层,中粒式沥青混合料适用于中面层和表面层,细粒式沥青混合料适用于表面层和薄面罩面。砂粒式沥青混合料适用于非机动车道或行人道路。

对高速公路及一级公路、重载交通的上面层和中面层,应采用粗型密级配混合料;对高速公路及一级公路的下面层、中低级公路、低交通量公路、寒冷地区公路,园林道路、行人道路等,应采用细型密级配混合料。

开级配排水式沥青混合料磨耗层(OGFC)必须采用具有特殊的高黏结性能改性沥青,下卧层应密实防水;开级配排水式沥青稳定碎石混合料基层(ATPB)下卧层应具有排水和抗冲刷的能力。

沥青路面集料的最大粒径应自上而下逐层增大,并与设计厚度匹配。对于热拌热铺密级配沥青混合料,沥青层的压实厚度不宜小于集料公称粒径的2.5倍;对高速公路和一级公路,不宜小于公称粒径的3倍;对SMA和OGFC,不宜小于公称粒径的2~2.5倍,以保证压实,减少离析。

3)沥青混合料配合比设计

沥青混合料配合比设计分为3个阶段:目标配合比设计阶段、生产配合比设计阶段、生产配合比验证阶段。

①目标配合比设计阶段:用工程实际使用的材料,通过试验计算所得的矿料级配及沥青用量为目标配合比,主要用于制定工程材料供应计划,确定拌和机各冷料仓的供料比例、进料速度并进行试拌。

②生产配合比设计阶段:材料、机具进场后,在目标配合比的基础上进行直接为生产服务的配合比设计,以目标配合比的最佳沥青用量±0.3%,以此取3个沥青用量进行马歇尔试验,通过室内试验和拌和机取样试验以确定生产配合比的最佳沥青用量,并根据生产配合比调整冷料仓和热料仓的进出料比例和速度。

③生产配合比验证阶段:拌和机按生产配合比进行试拌并铺筑试验路,同时用拌和的沥青混合料进行马歇尔试验;在试验路上钻孔取样,检验混合料的集料综合配合比和沥青用量是否在经过优选的生产配合比设计范围之内,力争接近中值。

通过验证之后,最后确定施工用的标准配合比以及各筛孔通过材料的允许波动范围,制订工程施工用的级配控制范围。下面就目标配合比设计进行详细说明。

沥青混合料配合比设计的目的是确定沥青混合料的各种原材料的品种及配比、矿料级配、最佳沥青用量。我国《公路沥青路面施工技术规范》(JTG F40—2004)明确规定,采用马歇尔试验配合比设计方法。

（1）沥青混合料的配合比设计程序

沥青混合料配合比设计应严格按照规定的程序和方法进行。其设计流程如图 5.21 所示，整个流程包括 4 个部分：

①选择混合料类型及原材料基本性能试验。

②初选配合比范围及沥青用量（初定 5 组用量）。

③按马歇尔方法成型试件、测定体积指标及马歇尔稳定度、流值，初定最佳沥青用量。

④按最初配合比进行高温抗车辙、低温稳定性与水稳定性等检验。若达不到要求，对初定配合比设计做调整，重做相关试验，直至达到要求。试验指标满足要求，则提交报告，目标配合比工作完成。

生产配合比应以目标配合比为基础，原则上可以参照上述目标配合比设计程序进行。

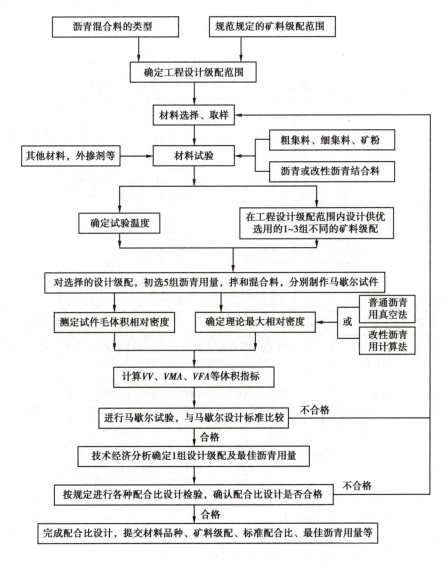

图 5.21　密级配沥青混合料目标配合比设计流程图

（2）沥青混合料设计级配范围的选择

选择级配范围应充分吸取本地区的成功经验，根据气候条件、交通条件、公路等级、路面类型、结构层次、混合料类型等因素，经详细的技术经济论证后选定。《公路沥青路面施工技术规范》(JTG F40—2004)根据各地使用经验的总结提出了有关各种混合料的级配范围，在选择混合料初选级配范围时可供参考，在这里不详细列出。

（3）沥青混合料原材料

沥青混合料原材料已经在上一节中进行了介绍，它们的选择应按照相关规定进行。

（4）马歇尔试验

沥青混合料配合比3个阶段的设计都要进行马歇尔试验。《公路沥青路面施工技术规范》(JTG F40—2004)对密级配沥青混凝土混合料、沥青稳定碎石混合料、SMA沥青混合料和OGFC沥青混合料这4种混合料马歇尔试验的试件成型条件以及技术标准均有详细的说明，如密级配沥青混凝土混合料(AC)马歇尔试验技术标准如表5.16所示，其余类型沥青混合料技术标准可参考规范。

表 5.16　密级配沥青混凝土混合料马歇尔试验技术标准（AC）

（本表适用于公称最大粒径≤26.5 mm 的密级配沥青混凝土混合料）

试验指标		单 位	高速公路、一级公路				其他等级公路	行人道路
			夏炎热区(1-1、1-2、1-3、1-4区)		夏热区及夏凉区(2-1、2-2、2-3、2-4、3-2区)			
			中轻交通	重载交通	中轻交通	重载交通		
击实次数（双面）		次	75				50	50
试件尺寸		mm	$\phi101.6 \text{ mm}×63.5 \text{ mm}$					
空隙率 VV	深约 90 mm 以内	%	3~5	4~6	2~4	3~5	3~6	2~4
	深约 90 mm 以下	%	3~6	2~4	3~6	3~6	—	
稳定度 MS 不小于		kN	8				5	3
流值 FL		mm	2~4	1.5~4	2~4.5	2~4	2~4.5	2~5
矿料间隙率 VMA /% 不小于	设计空隙率/%	相应于以下公称最大粒径(mm)的最小 VMA 及 VFA 技术要求（%）						
		26.5	19	16	13.2	9.5	4.75
	2	10	11	11.5	12	13	15
	3	11	12	12.5	13	14	16
	4	12	13	13.5	14	15	17
	5	13	14	14.5	15	16	18
	6	14	15	15.5	16	17	19
沥青饱和度 VFA/%		55~70		65~75		70~85	

注：①对空隙率大于5%的夏炎热区重载交通路段，施工时应至少提高压实度1%；

②当设计的空隙率不是整数时，由内插确定要求的 VMA 最小值；

③对改性沥青混合料，马歇尔试验的流值可适当放宽。

马歇尔试验试件的拌和温度及压实温度应按表 5.17 所示的规定选定,并与施工温度一致,改性沥青混合料试件成型温度可在此基础上提高 $10 \sim 20$ ℃。

表 5.17　热拌普通沥青混合料试件的制作温度

单位:℃

施工工序	石油沥青的标号				
	50 号	70 号	90 号	110 号	130 号
沥青加热温度	160 ~ 170	155 ~ 165	150 ~ 160	145 ~ 155	140 ~ 150
矿料加热温度	集料加热温度比沥青温度高 10 ~ 30(填料不加热)				
沥青混合料拌和温度	150 ~ 170	145 ~ 165	140 ~ 160	135 ~ 155	130 ~ 150
试件击实成型温度	140 ~ 160	135 ~ 155	130 ~ 150	125 ~ 145	120 ~ 140

进行马歇尔试验时,以预估的油石比为中值,按一定间隔(对密级配沥青混合料取 0.5%)取 5 个或 5 个以上不同的油石比,按规定方法成型试件。通过试验,测定不同油石比相关混合料的各项马歇尔试验指标:

γ——毛体积密度,g/cm^3;

VV——空隙率,%;

VMA——矿料间隙率,%;

VFA——沥青饱和度,%;

FL——流值,mm;

MS——稳定度,kN。

按如下方法确定最佳沥青用量 OAC:将马歇尔试验的结果,以油石比为横坐标,各项指标为纵坐标制成曲线如图 5.22 所示。在确定最佳沥青用量时,应保证沥青用量在容许范围内。以此图为例,沥青最佳用量 OAC 应位于 $OAC_{min} \sim OAC_{max}$ 内,同时,确定 $OAC_{min} \sim OAC_{max}$ 应涵盖各项指标的要求范围,并使毛体积密度及稳定度曲线出现峰值。

若在选择沥青用量范围时,不考虑沥青饱和度的要求范围,可以取空隙率要求范围的中值或目标空隙率所对应的沥青用量 a_1、取密度最大值所对应的沥青用量 a_2,以及稳定度最大值对应的沥青用量 a_3,取三者的平均值作为 OAC_1,即

$$OAC_1 = \frac{a_1 + a_2 + a_3}{3}$$ (5.21)

若在选择沥青用量范围时,沥青饱和度的要求范围也考虑在内,则在上式的基础上再增加沥青饱和度中值对应的沥青用量 a_4,即

$$OAC_1 = \frac{a_1 + a_2 + a_3 + a_4}{4}$$ (5.22)

求取以上各项指标符合沥青混合料技术要求的沥青用量 $OAC_{min} \sim OAC_{max}$ 的中值 OAC_2,即

$$OAC_2 = \frac{OAC_{min} + OAC_{max}}{2}$$ (5.23)

综合考虑 OAC_1 和 OAC_2,取两者平均值,即得最佳沥青用量 OAC:

$$OAC = \frac{OAC_1 + OAC_2}{2}$$ (5.24)

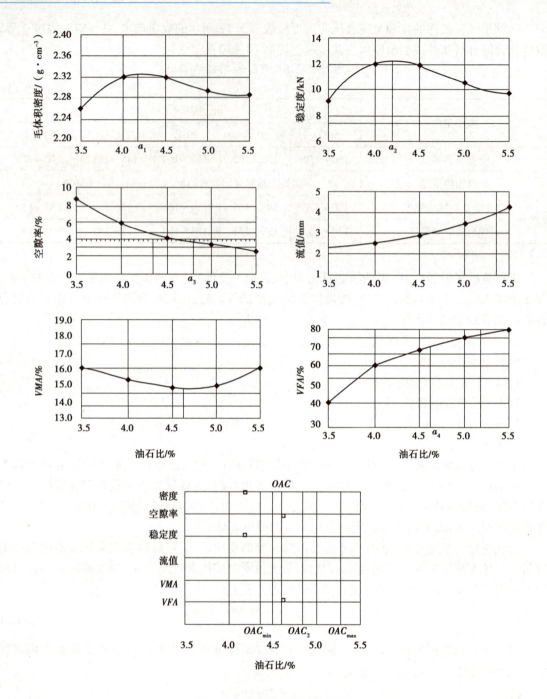

图 5.22　马歇尔试验结果示例

注:图中 a_1 =4.2%, a_2 =4.25%, a_3 =4.8%, a_4 =4.7%, OAC_1 =4.49%(由 4 个平均值确定), OAC_{min} = 4.3%, OAC_{max} =5.3%, OAC_2 =4.8%, OAC =4.64%。此例中相对于空隙率 4% 的油石比为 4.6%。

　　最后检查对应此沥青用量的各项指标是否符合各项技术标准的要求。如果不能满足,则应重新调整材料组成,重复以上试验程序,直至完全满足规定的技术标准,最后确定最佳沥青用量 OAC。

确定最佳沥青用量之后,按已经确定的配合比制作试件,进行有关高温稳定性、低温抗裂稳定性、水稳定性等各种检测,具体要求如下。

(1)高温稳定性检测

高速公路和一级公路的沥青混合料应在环境温度60 ℃、轮压0.7 MPa条件下进行车辙试验,其动稳定度应符合表5.18的要求。二级公路可参照执行。

表5.18　沥青混合料车辙试验动稳定度技术要求

气候条件与技术指标	相应于下列气候分区所要求的动稳定度/(次·mm⁻¹)									试验方法
七月平均最高气温/℃及气候分区	>30				20 ~ 30				<20	试验方法
	1. 夏炎热区				2. 夏热区				3. 夏凉区	
	1-1	1-2	1-3	1-4	2-1	2-2	2-3	2-4	3-2	
普通沥青混合料,不小于	800		1 000		600		800		600	T 0719
改性沥青混合料,不小于	2800		3200		2 000		2 400		1 800	
SMA混合料,不小于	普通沥青	1 500								
	改性沥青	3 000								
OGFC混合料,不小于	1 500(中等、轻交通荷载等级)、3 000(重及以上交通荷载等级)									

注:①气候分区的确定应符合《公路沥青路面施工技术规范》的要求;
　②当其他月份的平均最高气温高于7月时,可使用该月平均最高气温;
　③在特殊情况下,对钢桥面铺装、重载车特别多或者纵坡较大的长距离上坡路段、厂矿专用道路,可酌情提高动稳定度要求;
　④对炎热地区或特重及以上交通荷载等级公路,可根据气候条件和交通状况适当提高试验温度或增加试验荷载。

(2)水稳定性检测

在规定条件下进行浸水马歇尔试验和冻融劈裂试验,以检查沥青混合料的水稳定性。水稳定性以浸水马歇尔试验的残留稳定度以及冻融劈裂试验的残留强度比表示,应达到表5.19的要求。若达不到要求,必须采取抗剥落措施,或重新调整最佳沥青用量,或更换集料等措施,重新检验水稳定性,直到满足要求为止。

表5.19　沥青混合料水稳定性检验技术要求

沥青混合料类型	相应于以下年降雨量/mm 的技术要求/%		试验方法
	≥500	<500	
浸水马歇尔试验残留稳定度/%			
普通沥青混合料,不小于	80	75	T 0709
改性沥青混合料,不小于	85	80	
SMA混合料,不小于　普通沥青	75		
改性沥青	80		

续表

沥青混合料类型		相应于以下年降雨量/mm 的技术要求/%		试验方法
		≥500	<500	
冻融劈裂试验的残留强度比/%				
普通沥青混合料,不小于		75	70	T 0729
改性沥青混合料,不小于		80	75	
SMA 混合料,不小于	普通沥青	75		
	改性沥青	80		

(3)低温抗裂稳定性检测

二级或二级以上公路最大公称粒径不大于 19.0 mm 的沥青混合料,宜在−10 ℃的环境温度和 50 mm/min 的加载速率条件下进行小梁弯曲试验,测定破坏强度、破坏应变、破坏劲度模量,用于评价低温抗裂稳定性。不同沥青混合料的低温弯曲破坏应变应不小于表 5.20 的要求。若不满足,应调整沥青材料的品种、标号、用量重新进行试验,直到满足要求为止。

表 5.20　沥青混合料低温弯曲试验破坏应变技术要求

气候条件与技术指标	相应于下列气候分区所要求的破坏应变/με								试验方法
年极端最低气温/℃ 及气候分区	<−37.0		−21.5 ~ −37.0			−9.0 ~ −21.5		>−9.0	
	1. 冬严寒区		2. 冬寒区			3. 冬冷区		4. 冬温区	
	1-1	2-1	1-2	2-2	3-2	1-3	2-3	1-4	2-4	
普通沥青混合料 不小于	2 600		2 300			2 000			T 0715
改性沥青混合料 不小于	3 000		2 800			2 500			

季节性冻土地区高速公路和一级公路表面层沥青的低温性能还应满足如下要求:

①分析连续 10 年的年最低气温平均值,作为路面设计温度。路面设计温度提高 10 ℃的条件下,沥青弯曲梁流变实验的蠕变劲度 S 不宜大于 300 MPa,且蠕变曲线斜率 m 不宜大于 0.3。

②当蠕变劲度在 300 ~ 600 MPa,且蠕变曲线斜率大于 0.3 时,应增加沥青混合料直接拉伸试验,其断裂应变不宜小于 1%。

③以上都不满足时,采用弯曲梁流变试验和直接拉伸试验确定沥青临界开裂温度,临界开裂温度不宜高于路面低温设计温度。

(4)渗水性能检验

取轮碾机成型的车辙试验试件进行渗水试验,其渗水系数应符合表 5.21 规定的要求。若渗水系数不能满足要求应调整配合比,直到满足要求为止。对于干旱区和半干旱区可以不进行渗水试验。

表 5.21 沥青混合料试件渗水系数技术要求

级配类型		渗水系数要求/(ml·min^{-1})	试验方法
密级配沥青混凝土	不大于	120	
SMA 混合料	不大于	80	T 0730
OGFC 混合料	不小于	实测	

4)SMA 沥青混合料配合比设计

SMA 混合料的配合比设计采用马歇尔试件的体积设计方法进行。需要指出的是,马歇尔试验的稳定度和流值并不作为配合比设计接受或者否决的唯一指标。

(1)材料选择

SMA 宜采用改性石油沥青,且采用比当地常用沥青更硬标号的沥青。

(2)设计级配的确定

设计级配宜采用《公路沥青路面施工技术规范》(JTG F40—2004)推荐的级配范围。公称最大粒径等于或小于 9.5 mm 的 SMA 混合料,以 2.36 mm 作为粗集料骨架的分界筛孔,公称最大粒径等于或大于 13.2 mm 的 SMA 混合料以 4.75 mm 作为粗集料骨架的分界筛孔。

在设计级配范围内,调整各种矿料比例设计 3 组不同粗细的初试级配,3 组级配的粗集料骨架分界筛孔的通过率处于级配范围的中值、中值±3% 附近,矿粉数量均为 10% 左右。

分别计算初试级配的矿料合成毛体积相对密度 γ_{sb}、合成表观相对密度 γ_{sa}、有效相对密度 γ_{se},将每个合成级配中小于粗集料骨架分界筛孔的集料筛除,按《公路工程集料试验规程》(JTG E42—2005)的规定,用捣实法测定粗集料骨架的松方毛体积相对密度 γ_{S},计算粗集料骨架混合料的平均毛体积相对密度 γ_{CA}、各组初试级配的捣实状态下的粗集料松装间隙率 VCA_{DRC}。

按照规范方法预估 SMA 混合料适宜的油石比 P_{a},作为马歇尔试件的初试油石比。按照选择的初试油石比和矿料级配制作试件,马歇尔标准击实的次数为双面 50 次,根据需要也可采用双面 75 次,试件的毛体积相对密度由表干法测定。

计算不同沥青用量条件下 SMA 混合料的最大理论相对密度,其中纤维部分的比例不得忽略。同时计算 SMA 马歇尔混合料试件中的粗集料骨架间隙率 VCA_{mix}。

从 3 组初试级配的试验结果中选择设计级配时,必须符合 $VCA_{mix}<VCA_{DRC}$ 及 $VMA>16.5\%$ 的要求,当有 1 组以上的级配同时符合要求时,以粗集料骨架分界集料通过率大且 VMA 较大的级配为设计级配。

(3)确定沥青用量

根据所选择的设计级配和初试油石比试验的空隙率结果,以 0.2% ~0.4% 为间隔,调整 3 个不同的油石比,制作马歇尔试件,计算空隙率等各项体积指标。

进行马歇尔稳定度试验,检验稳定度和流值是否符合规范规定的技术要求。根据希望的设计空隙率,确定油石比,作为最佳油石比 OAC。所设计的 SMA 混合料应符合规范规定的各项技术标准(表 5.22)。

表 5.22 *SMA* 沥青混合料马歇尔实验配合比设计技术要求

试验项目	单位	技术要求		试验方法
		不使用改性沥青	使用改性沥青	
马歇尔试件尺寸	mm	ϕ101.6 mm×63.5 mm		T 0702
马歇尔试件击实次数[①]		两面击实 50 次		T 0702
空隙率 VV[②]	%	3 ~ 4		T 0708
矿料间隙率 VMA[②] 不小于	%	17.0		T 0708
粗集料骨架间隙率 VCA_{mix}[③] 不大于		VCA_{DRC}		T 0708
沥青饱和度 VFA	%	75 ~ 85		T 0708
稳定度[④] 不小于	kN	5.5	6.0	T 0709
流值	mm	2 ~ 5	—	T 0709
谢伦堡沥青析漏试验的结合料损失	%	不大于 0.2	不大于 0.1	T 0732
肯塔堡飞散试验的混合料损失或浸水飞散试验	%	不大于 20	不大于 15	T 0733

注:①对集料坚硬不易击碎,通行重载交通的路段,也可将击实次数增加为双面 75 次。
　　②对高温稳定性要求较高的重交通路段或炎热地区,设计空隙率允许放宽到 4.5%,VMA 允许放宽到 16.5%(SMA-16)
　　　或 16%(SMA-19),VFA 允许放宽到 70%。
　　③试验粗集料骨架间隙率 VCA 的关键性筛孔,对 SMA-19、SMA-16 是 4.75 mm,对 SMA-13、SMA-10 是 2.36 mm。
　　④稳定度难以达到要求时,容许放宽到 5.0 kN(非改性)或 5.5 kN(改性),但动稳定度检验必须合格。

(4)配合比设计检验

除规定项目外,SMA 混合料的配合比设计还必须进行谢伦堡析漏试验及肯特堡飞散试验,不符合要求的必须重新进行配合比设计。

5)OGFC 沥青混合料配合比设计

OGFC 混合料的配合比设计采用马歇尔试件的体积设计方法进行,以空隙率作为配合比设计主要指标。配合比设计后必须对设计沥青用量进行析漏试验及肯特堡试验,并对混合料高温稳定性、水稳定性等进行检验。

(1)材料选择

用于 OGFC 混合料的粗集料、细集料的质量应符合《公路沥青路面施工技术规范》(JTG F40—2004)对表面层材料的技术要求,OGFC 宜在使用石粉的同时掺用消石灰、纤维等添加剂,石粉质量应符合规范技术要求。

OGFC 宜采用高黏度改性沥青,其质量宜符合表 5.23 的技术要求。当实践证明采用普通改性沥青或纤维稳定剂后能符合当地条件时也允许使用。

表 5.23 高黏度改性沥青的技术要求

试验项目		单 位	技术要求
针入度(25 ℃,100 g,5 s)	不小于	0.1 mm	40
软化点(TR&B)	不小于	℃	80

续表

试验项目		单 位	技术要求
延度(15 ℃)	不小于	cm	50
闪点	不小于	℃	260
薄膜加热试验(TFOT)后的质量变化	不大于	%	0.6
粘韧性(25 ℃)	不小于	N.m	20
韧性(25 ℃)	不小于	N.m	15
60 ℃黏度	不小于	Pa.s	20 000

（2）确定设计矿料级配和沥青用量

按规范方法精确测定各种原材料的相对密度，其中 4.75 mm 以上的粗集料为毛体积相对密度，4.75 mm 以下的细集料及矿粉为表观相对密度。

以现行《公路沥青路面施工技术规范》(JTG F40)推荐的级配围作为设计级配，在充分参考同类工程的成功经验的基础上，在级配范围内适配 3 组不同 2.36 mm 通过率的矿料级配作为初选级配。

对每一组初选的矿料级配，计算集料的表面积。根据希望的沥青膜厚度，计算每一组混合料的初试沥青用量 P_b。通常情况下，OGFC 的沥青膜厚度宜为 14 μm。

制作马歇尔试件，用体积法测定试件的空隙率，绘制 2.36 mm 通过率与空隙率的关系曲线。根据期望的空隙率确定混合料的矿料级配，并再次按上述方法计算初始沥青用量。

以确定的矿料级配和初始沥青用量拌和沥青混合料，分别进行马歇尔试验、谢伦堡析漏试验、肯特堡飞散试验、车辙试验，各项指标应符合表 5.24 的技术要求，其空隙率与期望空隙率的差值不宜超过±1%。如不符合要求，应重新调整沥青用量拌和沥青混合料进行试验，直至符合要求为止。

表 5.24　OGFC 混合料技术要求

试验项目		单 位	技术要求	试验方法
马歇尔试件尺寸		mm	ϕ101.6 mm×63.5 mm	T 0702
马歇尔试件击实次数			两面击实 50 次	T 0702
空隙率		%	18 ~ 25	T 0708
马歇尔稳定度	不小于	kN	3.5	T 0709
析漏损失		%	<0.3	T 0732
肯特堡飞散损失		%	<20	T 0733

5.4.3　沥青路面施工与质量控制

1）洒铺法沥青路面面层的施工

用洒铺法施工的沥青路面面层，包括沥青表面处治和沥青贯入式两种。

（1）沥青表面处治

由于沥青表面处治层很薄，一般不考虑其结构增强作用，其主要作用是抵抗行车的磨耗，增强防水性，提高平整度，改善路面的行车条件。沥青表面处治宜在干燥和较热的季节施工，并应在雨季及日最高温度低于15 ℃到来以前半个月结束，使表面处治层通过开放交通压实，成型稳定。

沥青表面处治可采用拌和法或层铺法施工。采用层铺法施工时，按照洒布沥青及铺撒矿料的层次多少划分工序。单层式为洒布一次沥青，铺撒一次矿料，厚度为1.0～1.5 cm；双层式为洒布二次沥青，铺撒二次矿料，厚度为2.0～2.5 cm；三层式为洒布三次沥青，铺撒三次矿料，厚度为2.5～3.0 cm。

沥青表面处治所用的矿料，其最大粒径应与所处治的层次厚度相当。矿料的最大与最小粒径比应不大于2，介于两个筛孔之间的含量应不小于70%。沥青表面处治材料用量和质量要求如表5.25所示。

表5.25　沥青表面处治材料规格和用量

沥青种类	类型	厚度/mm	集料/(m³/1 000 m²)						沥青或乳液用量/(kg·m⁻²)			
			第一层		第二层		第三层		第一次	第二次	第三次	合计用量
			规格	用量	规格	用量	规格	用量				
石油沥青	单层	1.0	S12	7～9					1.0～1.2			1.0～1.2
		1.5	S10	12～14					1.4～1.6			1.4～1.6
	双层	1.5	S10	12～14	S12	7～8			1.4～1.6	1.0～1.2		2.4～2.8
		2.0	S9	16～18	S12	7～8			1.6～1.8	1.0～1.2		2.6～3.0
		2.5	S8	18～20	S12	7～8			1.8～2.0	1.0～1.2		2.8～3.2
	三层	2.5	S8	18～20	S12	12～14	S12	7～8	1.6～1.8	1.2～1.4	1.0～1.2	3.8～4.4
		3.0	S6	20～22	S12	12～14	S12	7～8	1.8～2.0	1.2～1.4	1.0～1.2	4.0～4.6
乳化沥青	单层	0.5	S14	7～9					0.9～1.0			0.9～1.0
	双层	1.0	S12	9～11	S14	4～6			1.8～2.0	1.0～1.2		2.8～3.2
	三层	3.0	S6	20～22	S10	9～11	S12 S14	4～6 3.5～4.5	2.0～22	1.8～2.0	1.0～1.2	4.8～5.4

当采用乳化沥青时，应减少乳液流失，可在主层集料中掺加20%以上较小粒径的集料。沥青表面处治施工后，应在路侧另备碎石或石屑、粗砂或小砾石作为初期养护用料。其中，碎石的规格为S12(5～10 mm)，粗砂或小砾石的规格为S14(3～5 mm)，其用量为2～3 m³/1 000 m²。城市道路的初期养护料，在施工时应与最后一遍料一起撒布。

沥青表面处治可采用道路石油沥青、煤沥青或乳化沥青铺筑，沥青用量按表5.25选用。当采用煤沥青时，应将表5.25中的沥青用量相应增加15%～20%，当采用乳化沥青时，乳液的品种和用量表按5.6决定，并按其中的沥青含量进行折算。

层铺法沥青表面处治施工，一般采用所谓"先油后料"法，即先洒布一层沥青，后铺撒一层矿料。以双层式沥青表面处治为例，其施工程序如下：备料→清理基层及放样→浇洒透层沥青

→洒布第一层沥青→铺撒第一层矿料→碾压→洒布第二层沥青→铺撒第二层矿料→碾压→初期养护。(单层式和三层式沥青表面处治的施工程序与双层式类似)

层铺法各工序的要求分述如下:

①清理基层。在表面处治之前,应将路面基层清扫干净,使基层的矿料大部分外露,并保持干燥。对有坑槽、不平整的路段,应先修补和填平,若基层整体强度不足,则应先予以补强。

②洒布沥青。沥青要洒布均匀,不应有空白或积聚现象,以免日后产生松散或拥包和推挤等病害。采用汽车洒布机洒布沥青时,应根据单位面积的沥青用量选定洒布机排挡和油泵机挡。洒布汽车行驶的速度要均匀。若采用手摇洒布机洒布沥青,应根据施工气温和风向调节喷头离地面的高度和移动的速度,以保证沥青洒布均匀,并应按洒布面积来控制单位沥青用量。沥青的洒布温度应根据施工气温及沥青标号选择,石油沥青的洒布温度宜为 130 ~ 170 ℃,煤沥青的洒布温度宜为 80 ~ 120 ℃,乳化沥青可在常温下洒布。当气温偏低,破乳及成型过慢时,可将乳液加温后洒布,但乳液温度不得超过 60 ℃。沥青洒布的长度应与集料撒布机的能力相配合,应避免沥青洒布后等待较长时间才洒撒布集料。

③铺撒矿料。洒布沥青后应趁热迅速铺撒矿料,按规定用量一次撒足。矿料要铺撒均匀,局部有缺料或过多处,应适当找补或扫除。矿料不应有重叠或漏空现象。当使用乳化沥青时,集料撒布应在乳液破乳之前完成。

④碾压。铺撒矿料后随即用 60 ~ 80 kN 或 80 ~ 100 kN 压路机或轮胎压路机及时碾压,乳化沥青表面处治可用轻型压路机碾压。碾压应从一侧路缘压向路中心。碾压时,每次轮迹重叠约 30 cm,碾压 3 ~ 4 遍。压路机行驶速度开始为 2 km/h,以后可适当提高。

⑤初期养护。碾压结束后即可开放交通,但应禁止车辆快速行驶(不超过 20 km/h),要控制车辆行驶的路线,使路面全幅宽度获得均匀碾压,加速处治层反油稳定成型。对局部泛油、松散、麻面等现象,应及时修整处理。

(2)贯入式沥青路面

贯入式沥青路面具有较高的强度和稳定性,其强度的构成主要依靠矿料的嵌挤作用和沥青材料的黏结力。贯入式沥青路面适用于二级及二级以下的公路、城市道路的次干路和支路。沥青贯入式层也可作为沥青混凝土路面的下面层或基层。由于沥青贯入式路面是一种多孔隙结构,为了防止水的浸入和增强路面的水稳定性,其面层的最上层必须加铺封层。沥青贯入式路面宜在干燥和较热的季节施工,并宜在雨季及日最高温度低于 15 ℃到来以前半个月结束,使贯入式结构层通过开放交通碾压成型。

沥青贯入式路面在初步碾压的矿料层上洒布沥青,再分层铺撒嵌缝料、洒布沥青和碾压,并借行车压实而成,其厚度一般为 4 ~ 8 cm。乳化沥青贯入式路面的厚度不宜超过 5 cm。当贯入式上部加铺拌和的沥青混合料面层时,路面总厚度为 6 ~ 10 cm,其拌和层的厚度宜为 2 ~ 4 cm。

沥青贯入式路面所用的集料应选择有棱角、嵌挤性好的坚硬石料,其规格和用量要求如表 5.26、表 5.27 所示。

表 5.26　沥青贯入式路面材料规格和用量

沥青品种	石油沥青					
厚度/cm	4		5		6	
规格和用量	规格	用量	规格	用量	规格	用量
封层料	S14	3~5	S14	3~5	S13(S14)	4~6
第三遍沥青		1.0~1.2		1.0~1.2		1.0~1.2
第二遍嵌缝料	S12	6~7	S11(S10)	10~12	S11(S10)	10~12
第二遍沥青		1.6~1.8		1.8~2.0		2.0~2.2
第一遍嵌缝料	S10(S9)	12~14	S8	12~14	S8(S6)	16~18
第一遍沥青		1.8~2.1		1.6~1.8		2.8~3.0
主层石料	S5	45~50	S4	55~60	S3(S4)	66~76
沥青总用量	4.4~5.1		5.2~5.8		5.8~6.4	

沥青品种	石油沥青				乳化沥青			
厚度/cm	7		8		4		5	
规格和用量	规格	用量	规格	用量	规格	用量	规格	用量
封层料	S13(S14)	4~6	S13(S14)	4~6	S13(S14)	4~6	S14	4~6
第五遍沥青								0.8~1.0
第四遍嵌缝料							S14	5~6
第四遍沥青						0.8~1.0		1.2~1.4
第三遍嵌缝料					S14	5~6	S12	7~9
第三遍沥青		1.0~1.2		1.0~1.2		1.4~1.6		1.5~1.7
第二遍嵌缝料	S10(S11)	11~13	S10(S11)	11~13	S12	7~8	S10	9~11
第二遍沥青		2.4~2.6		2.6~2.8		1.6~1.8		1.6~1.8
第一遍嵌缝料	S6(S8)	18~20	S6(S8)	20~22	S9	12~14	S8	10~12
第一遍沥青		3.3~3.5		4.4~4.2		2.2~2.4		2.6~2.8
主层石料	S2	80~90	S1(S2)	95~100	S5	40~45	S4	50~55
沥青总用量	6.7~7.3		7.6~8.2		6.0~6.8		7.4~8.5	

表 5.27　上拌下贯式路面的材料规格和用量

(用量单位:集料:m³/1 000 m²,沥青及沥青乳液:kg/m²)

沥青品种	石油沥青					
厚度/cm	4		5		6	
规格和用量	规格	用量	规格	用量	规格	用量
第二遍嵌缝料	S12	5~6	S12(S11)	7~9	S12(S11)	7~9
第二遍沥青		1.4~1.6		1.6~1.8		1.6~1.8
第一遍嵌缝料	S10(S9)	12~14	S8	16~18	S8(S7)	16~18
第一遍沥青		2.0~2.3		2.6~2.8		3.2~3.4
主层石料	S5	45~50	S4	55~60	S3(S2)	66~76

沥青品种	石油沥青		乳化沥青			
厚度/cm	7		5		6	
规格和用量	规格	用量	规格	用量	规格	用量
第四遍嵌缝料					S14	4~6
第四遍沥青						1.3~1.5
第三遍嵌缝料			S14	4~6	S12	8~10
第三遍沥青				1.4~1.6		1.4~1.6
第二遍嵌缝料	S10(S11)	8~10	S12	9~10	S9	8~12
第二遍沥青		1.7~1.9		1.8~2.0		1.5~1.7
第一遍嵌缝料	S6(S8)	18~20	S8	15~17	S6	24~26
第一遍沥青		4.0~4.2		2.5~2.7		2.4~2.6
主层石料	S2(S3)	80~90	S4	50~55	S3	50~55
沥青总用量	5.7~6.1		5.9~6.2		6.7~7.2	

沥青贯入式的主层集料最大粒径可与贯入层厚度相当。当采用乳化沥青时,主层集料最大粒径可采用厚度的 0.8~0.85 倍,数量按压实系数 1.25~1.30 计算。

沥青贯入式路面的结合料可采用黏稠石油沥青、煤沥青和乳化沥青。当采用石油沥青时,沥青用量按表 5.26 和表 5.27 选定。当采用煤沥青时,沥青用量相应增加 15%~20%,当采用乳化沥青时,乳液用量按其中的沥青含量进行折算,表 5.26 和表 5.27 所列的乳液用量适用于沥青含量 60% 的乳化沥青。乳化沥青的标号按表 5.6 选用。

贯入式沥青面层的施工程序如下:整修和清扫基层→浇洒透层或黏层沥青→铺撒主层矿料→第一次碾压→洒布第一次沥青→铺撒第一次嵌缝料→第二次碾压→洒布第二次沥青→铺撒第二次嵌缝料→第三次碾压→洒布第三次沥青→铺撒封面矿料→最后碾压→初期养护。

对沥青贯入式路面施工要求与沥青表面处治基本相同,除注意施工各工序紧密衔接不要脱节之外,还应根据碾压机具洒布沥青设备的型号和数量,安排好每一作业段的长度,力求在当天施工的路段当天完成,以免因沥青冷却而不能裹覆矿料和产生尘土污染矿料等不良后果。

适度的碾压在贯入式路面施工中极为重要。碾压不足会影响矿料嵌挤稳定,且易使沥青流失,形成层次上、下部沥青分布不均匀。但碾压过度,则矿料易于压碎,破坏嵌挤原则,造成空隙减小,使沥青难以下渗,形成泛油。因此,应根据矿料的等级、沥青材料的标号、施工气温等因素来确定各层碾压所使用的压路机质量和压实遍数。

2)拌和法沥青路面施工

(1)热拌沥青混合料路面施工

热拌沥青混合料路面的施工分为沥青混合料的拌制、沥青混合料的运输、沥青混合料的摊铺、沥青路面的压实与成型、接缝施工等内容。

①拌和。沥青混合料的拌和通常在拌和厂进行,对沥青混合料的拌和有如下要求:拌和厂应在其设计、协调配合和操作方面,都能使生产的沥青混合料符合工地配合比设计要求。拌和厂必须配备足够试验设备的实验室,能及时提供试验资料。

拌和设备应是能按用量(以质量计)分批配料的间歇式拌和机,其产量应不小于240 t/h,另配备不小于500 t以上的沥青储备仓。间隙式拌和机必须配备计算机设备,拌和过程中逐盘采集并打印各个传感器测定的材料用量和沥青混合料拌和量、拌和温度等参数,并装有温度检测系统及保温的成品储料仓。要求具有二次除尘装置,除尘设备完好,能达到环保要求。冷料仓的数量满足配合比需要,通常不少于5~6个,且具有添加纤维、抗剥落剂、消石灰或水泥等外掺剂的设备。在安装完成后应按批准的配合比进行试拌调试,直到符合要求。拌和设备的各种传感器必须定期检定,周期不少于每年一次。冷料供料装置需经标定得出集料供料曲线。热拌沥青混合料拌和质量偏差值应符合表5.28规定。

表5.28 热拌沥青混合料拌和质量允许偏差

项 目	允许偏差及范围
大于4.75 mm方孔筛的通过率	±7%
小于等于2.36 mm方孔筛的通过率	±1.5%
通过0.075 mm筛孔	±2%
沥青结合料用量	±0.2%
空隙率	5%~7%
沥青饱和度	65%~75%
马歇尔稳定度	>7.5 kN
马歇尔流值	20~40(0.1 mm)
出厂温度	在要求的施工温度范围内

拌和场地布置应远离居民区,并应符合《公路环境保护设计规范》(JTG B04—2010)的有关要求。拌和厂内的堆料场地必须硬化处理,不应将矿料直接堆放在仅整平的土地面上或仅铺一层松散碎石的场地上,场地上层应用混凝土硬化。粗、细集料应分类堆放并隔开,不应互相交错,取自不同料源的集料应分开堆放。对细集料(粒径在2.36 mm以下的石屑及砂),必须搭棚遮盖。每个料源的材料应进行抽样试验。从同一料堆不同位置取样进行筛分,每个筛孔通过量的最大误差应控制在10%(粗集料)和7%(细集料)以内,否则应将该规格的碎石混合后重新筛分。拌和时,每种规格的集料、矿粉和沥青都必须按批准的生产配合比准确计量,其计量误差应控制在规定的范围内并应预先标定。同时要求冷料仓应隔开,装料时不可混杂。

沥青混合料拌和时间根据具体情况经试拌确定,以沥青均匀裹覆集料为度。间歇式拌和机每盘的生产周期不宜少于45 s(其中干拌时间不少于5~10 s),改性沥青和SMA混合料的拌和时间应适当延长。

沥青的加热温度、矿料的加热温度、沥青混合料的出厂温度、运到施工现场的温度均应符合要求。加水泥时,加热温度应提高10 ℃。改性沥青混合料的施工温度应通过黏度试验得到黏温曲线,计算各施工环节温度,通常宜较石油沥青混合料的施工温度提高10~20 ℃。每车都应检验并记录沥青混凝土的出厂温度。所有过度加热(即沥青混合料出厂温度超过正常温度高限的30 ℃)的混合料应予以废弃。拌和后的混合料必须均匀一致,无花白、无粗细料离析和结团现象。材料的规格或配合比发生改变时,都应根据室内试验资料进行试拌。试拌时必须抽样检查混合料的沥青含量、级配组成和有关指标。

间隙式拌和机宜备有保温性能好的成品储料仓,储存过程中混合料温降不得大于 10 ℃ 且不能有沥青滴漏,普通沥青混合料的储存时间不得超过 72 h,改性沥青混合料的储存时间不宜超过 24 h,SMA 混合料只限当天使用,OGFC 混合料宜随拌随用。

②运输。厂拌沥青混合料通常用自动倾卸汽车运往铺筑现场,必须根据运送的距离和道路交通状况来组织运输。混合料运输所需的车辆数可按式(5.25)计算。

$$需要车辆数 = 1 + \frac{t_1 + t_2 + t_3}{T} + \alpha \tag{5.25}$$

式中　T——一辆车容量的沥青混合料拌和与装车所需的时间,min;

　　　t_1——运到铺筑现场所需的时间,min;

　　　t_2——由铺筑现场返回拌和厂所需的时间,min;

　　　t_3——在现场卸料和其他等待时间,min;

　　　α——备用车辆数(运输车辆发生故障或其他用途时使用)。

运料设备应用有金属底板的自卸汽车运送混合料,车厢内在未装料前应保持洁净,不得粘有杂物,可在车厢板上涂一薄层防止沥青黏结的隔离剂或防黏剂,但不得有余液积聚在车厢底部。运输车辆应备有覆盖设备,车厢四角应密封坚固。运送沥青混合料的自卸汽车,应用双层篷布、毛毡或棉毯覆盖沥青混凝土,以保温、防雨和防尘。覆盖保温用的篷布或毛毡/棉毯应扣在车厢上,使卸料过程中不需卷起。

从储料仓往自卸汽车上装料时,至少应分 3 次装料:第一次靠车厢前部,第二次靠车厢后部,第三次靠车厢中部,以平衡装料,减少混合料离析。

采用数字显示插入式热电偶温度计检测沥青混合料的出厂温度和运到现场温度,插入深度要大于 150 mm。在运料卡车侧面中部设专用检测孔,孔口距车厢底面约 300 mm。对运至铺筑现场的混合料的温度每车均要检测,并满足温度控制要求。

运至铺筑现场的混合料,应在当天或当班完成压实。已经离析或结团或在运料车辆卸料时滞留于车上的混合料,以及低于规定铺筑温度或被雨水淋湿的混合料,都应废弃。

③摊铺。沥青混合料的摊铺通常由摊铺机进行,具体要求如下:

沥青混合料摊铺设备应是自动式的,安装有可调的活动熨平板或整平组件。熨平板在需要时可以加热,能按照规定的典型横断面和设计厚度在车道宽度内摊铺,摊铺机应有振动夯板或可调整振幅的振动熨平板的组合装置,夯板与振动熨平板的频率应能各自单独地调整。

摊铺机应配备熨平板自控装置,传感器可通过基准线自动发出信号来操纵熨平板,使摊铺机能铺筑出理想的坡度和平整度。

在经验收合格的基层上,方可铺筑沥青混合料。

表面层可采用一台摊铺机摊铺,中下面层应采用两台摊铺机组成梯队联合摊铺,两台摊铺机前后的距离一般为 10~20 m。前后两台摊铺机轨道重叠 50~100 mm。上下层的搭接位置宜错开 200 mm 以上。

沥青混合料的摊铺温度应符合要求并应随沥青的标号及气温的不同通过试验确定,一般不低于 135 ℃,但加水泥时,温度应提高 10 ℃。

摊铺机开工前应提前 0.5~1 h 预热熨平板,使其温度不低于 100 ℃。

应设专人指挥运料车及时后退到摊铺机前和及时卸料,使两侧板翻起后在摊铺机受料斗中的离析料(过多粗料)未向后输送前,新料就开始卸到受料斗中。

摊铺作业过程中,分料室中的沥青混凝土应保持高度不变,并不低于螺旋分料器的轴顶或接近螺旋顶部,不应使沥青混合料时多时少。摊铺机的螺旋布料器应相应于摊铺速度调整到保持一个稳定的速度均衡地转动,两侧应保持有不少于送料器2/3高度的混合料,以减少在摊铺过程中混合料的离析。

摊铺机应以均匀的速度行驶,其摊铺的速度根据拌和机产量、施工机械配套情况及摊铺厚度、宽度、连续摊铺的长度而定,宜控制在 2 ~ 6 m/min,对改性沥青混合料宜控制在 1 ~ 3 m/min。

应尽量保证上、下两层沥青面层的连续摊铺,并防止路面污染。在施工工序安排上,沥青面层铺筑宜在交通管线施工、中央分隔带填土和边坡防护等工程完成后再开始。

沥青路面施工的最低气温应符合规范《公路沥青路面施工技术规范》(JTG F40—2004)的要求,寒冷季节遇大风降温,不能保证迅速压实时,不得铺筑沥青混合料。热拌沥青混合料的最低摊铺温度根据铺筑层厚度、气温、风速及下卧层表面温度按《公路沥青路面施工技术规范》(JTG F40—2004)执行,且不得低于表 5.29 的要求。每天施工开始阶段宜采用较高温度的混合料。

表 5.29　沥青混合料的最低摊铺温度

下卧层的表面温度/℃	相应于下列不同摊铺层厚度的最低摊铺温度/℃					
	普通沥青混合料			改性沥青混合料或 SMA 沥青混合料		
	<50 mm	(50 ~ 80) mm	>80 mm	<50 mm	(50 ~ 80) mm	>80 mm
<5	不允许	不允许	140	不允许	不允许	不允许
5 ~ 10	不允许	140	135	不允许	不允许	不允许
10 ~ 15	145	138	132	165	155	150
15 ~ 20	140	135	130	158	150	145
20 ~ 25	138	132	128	153	147	143
25 ~ 30	132	130	126	147	145	141
>30	130	125	124	145	140	139

为减少沥青混合料在摊铺过程中的离析,沥青混合料运至施工现场后,建议通过沥青转运车后再输送到摊铺机进行摊铺。沥青混合料摊铺过程中随时检查其宽度、厚度、平整度、路拱及温度,对不合格之处应及时进行调整。对外形不规则、路面厚度不同、空间受到限制以及人工构造物接头等摊铺机无法工作的地方,经批准可以采用人工铺筑混合料。沥青混合料的松铺系数应根据实际的混合料类型、施工机械和施工工艺等由试验路段的试铺试压方法或根据以往经验确定。在雨季铺筑沥青路面时,应加强气象联系,已摊铺的沥青层因遇雨未行压实的应予铲除。

④碾压。混合料摊铺后应立即进行压实作业,摊铺后压路机应紧接着碾压不得等候,特别要注意碾压温度,碾压结束时的温度不低于 90 ℃。

沥青混合料压实设备应配有钢轮式、轮胎式及振动压路机,能按合理的压实工艺进行组合压实。还应备有小型振动压(夯)实机具,以用于压路机不便压实的地方。压路机应配套,如双钢轮双驱动振动压路机(10～20 t),重型双钢轮振动压路机(19～40 t)、轮胎压路机(19～25 t),并应有足够数量。压路机的数量、规格、碾压次序、分阶段碾压温度应由试验路段确定。在正式施工时,应严格按试验路段确定的工序进行碾压。现场应设专人指挥碾压。

压路机的碾压路线及碾压方向不应突然改变而导致混合料推移。碾压区的长度应大体稳定,两端的折返位置应随摊铺机前进而推进,横向不得在相同的断面上。压路机不得在未碾压成型或冷却的路段上转向、制动或停留。同时,应采取有效的措施,防止油料、润滑脂、汽油或其他杂质在压路机操作或停放期间落在路面上。在沿着缘石或压路机压不到的其他地方,应采用振动夯板、热的手夯或机夯对混合料进行充分压实。已经完成碾压的路面,不得修补表皮。

碾压轮在碾压过程中应保持清洁,有混合料沾轮应立即清除。对钢轮可涂刷隔离剂或防黏结剂,但严禁刷柴油。当采用向碾压轮喷水(可添加少量表面活性剂)的方式时,必须严格控制喷水量且呈雾状,不得漫流,以防混合料降温过快。轮胎压路机开始碾压阶段,可适当烘烤、涂刷少量隔离剂或防黏结剂,也可少量喷水,并先到高温区碾压使轮胎尽快升温,之后停止洒水。轮胎压路机轮胎外围宜加设围裙保温。

沥青混合料的压实分初压、复压和终压(包括成型)3 个阶段,每阶段的碾压速度应符合表5.30 的要求。

表 5.30　压路机碾压速度

单位:km/h

压路机类型	初压		复压		终压	
	适宜	最大	适宜	最大	适宜	最大
钢筒式压路机	2～3	4	3～5	6	3～6	6
轮胎压路机	2～3	4	3～5	6	4～6	8
振动压路机	2～3 (静压或振动)	3 (静压或振动)	3～4.5 (振动)	5 (振动)	3～6 (静压)	6 (静压)

a. 初压。初压应紧跟摊铺机后碾压,并保持较短的初压区长度,以尽快使表面压实,减少热量散失。

初压通常严禁使用轮胎压路机,以确保面层横向平整度符合要求。当摊铺后初始压实度较大、经实践证明采用振动压路机或轮胎压路机直接碾压无严重推移而有良好效果时,可免去初压而直接进入复压工序。

通常宜采用钢轮压路机静压1～2遍。碾压时应将压路机的驱动轮面向摊铺机,从外侧向中心碾压,在超高路段则由低向高碾压,在坡道上应将驱动轮从低处向高处碾压。

初压后应检查平整度、路拱,有严重缺陷时进行修整乃至返工。

b. 复压。复压应紧跟在初压后开始,且不得随意停顿。压路机碾压段的总长度应尽量缩短,通常不超过60～80 m。采用不同型号的压路机组合碾压时,宜安排每一台压路机做全幅碾压,防止不同部位的压实度不均匀。

密级配沥青混凝土的复压宜优先采用重型的轮胎压路机进行搓揉碾压,以增加密水性,其总质量不宜小于25 t。吨位不足时宜附加重物,使每一个轮胎的压力不小于15 kN。冷态时的轮胎充气压力不小于0.55 MPa,轮胎发热后不小于0.6 MPa,且各个轮胎的气压大体相同,相邻碾压带应重叠 1/3 ~ 1/2 的碾压轮宽度,碾压至要求的压实度为止。

对粗集料为主的较大粒径的混合料,宜优先采用振动压路机复压;厚度小于 30 mm 的薄沥青层不宜采用振动压路机碾压。振动压路机的振动频率宜为 35 ~ 50 Hz,振幅宜为 0.3 ~ 0.8 mm。层厚较大时选用高频率大振幅,以产生较大的激振力,厚度较薄时采用高频率低振幅,以防止集料破碎。相邻碾压带重叠宽度为 100 ~ 200 mm。振动压路机折返时应先停止振动。

当采用三轮钢筒式压路机时,总质量不宜小于 12 t,相邻碾压带宜重叠后轮的 1/2 宽度,并不应少于 200 mm。

c. 终压。终压应紧接在复压后进行,如经复压后已无明显轮迹时可免去终压。终压可选用双轮钢筒式压路机或关闭振动的振动压路机碾压不宜少于 2 遍,至无明显轮迹为止。

d. 对初压、复压、终压段落应设置明显标志,便于司机辨认。对松铺厚度、碾压顺序、压路机组合、碾压遍数、碾压速度及碾压温度,应设专岗管理和检查,做到既不漏压也不超压。

e. SMA 路面压实。除沥青用量较低,经试验证明采用轮胎压路机碾压有良好效果外,不宜采用轮胎压路机碾压,以防将沥青结合料搓揉挤压上浮。SMA 路面宜采用振动压路机或钢筒式压路机碾压。振动压路机应遵循"紧跟、慢压、高频、低幅"的原则,即紧跟在摊铺机后面,采取高频率、低振幅的方式慢速碾压。如发现 SMA 混合料高温碾压有推拥现象,应复查其级配是否合适。

f. OGFC 混合料宜采用小于 12t 的钢筒式压路机进行碾压。

⑤接缝施工。沥青路面的各种施工缝(包括纵缝、横缝、新旧路面的接缝等)处,往往由于压实不足,容易产生台阶、裂缝、松散等病害,影响路面的平整度和耐久性,施工时必须十分注意。

A. 纵向接缝部位的施工应符合下列要求:

a. 摊铺时采用梯队作业的纵缝应采用热接缝。施工时应将已铺混合料部分留下 10 ~ 20 cm 宽暂不碾压,作为后摊铺部分的高程基准面,在最后作跨缝碾压以消除缝迹。

b. 半幅施工不能采用热接缝时,宜加设挡板或采用切刀切齐。铺另外半幅前必须将缝边缘清扫干净,并涂洒少量黏层沥青。摊铺时应重叠在已铺层上 5 ~ 10 cm,摊铺后用人工将摊铺在前半幅上面的混合料铲走。碾压时先在已压实的路面上行走,碾压新铺层 10 ~ 15 cm,然后压实新铺部分,再跨过已压实路面 10 ~ 15 cm,充分将接缝压实紧密。上下层的纵缝应错开 15 cm 以上,表层的纵缝应顺直,且宜在车道标线位置上。

c. 相邻两幅及上下层的横向接缝均应错位 1 m 以上,并采用平接缝方式。

d. 平接缝应做到紧密黏结、充分压实、连接平顺。

B. 施工可采用下列方法:

在施工结束时,摊铺机在接近端部前约 1 m 处将熨平板稍稍抬起驶离现场,用人工将端部混合料铲平后再予碾压。然后用 3 m 直尺检查平整度,趁尚未冷透时垂直铲除端部厚度不足的部分,使下次施工时成直角连接。

a. 在预定的摊铺段的末端先撒一薄层砂带,摊铺混合料后趁热在摊铺层上挖出一道缝,缝位于撒砂与未撒砂的交界处,在缝中嵌入一块与压实层厚度等厚的木板或型钢,待压实后铲除撒砂的部分,扫尽砂子,撤去木板或型钢,在端部洒黏层沥青接着摊铺。

b. 在预定摊铺段的末端先铺上一层麻袋或牛皮纸,摊铺碾压成斜坡,下次施工时将铺有麻袋或牛皮纸的部分用人工刨除,在端部洒黏层沥青接着摊铺。

c. 在预定摊铺段的末端先铺一薄层砂,再摊铺混合料,待混合料冷却后用切割机将撒砂的部分切割整齐后取走,用干拖布吸走多余的冷却水,待完全干燥后在端部洒黏层沥青接着摊铺,不得在接头有水或潮湿情况下铺筑混合料。

d. 从接缝处起继续摊铺混合料前应用3 m直尺检查端部平整度,当不符合厚度要求时,应予铲除。摊铺时应调整好预留高度,接缝处摊铺层施工结束后再用3 m直尺检查平整度,当有不符合平整度要求者,应趁混合料尚未冷却时立即处理。

e. 横向接缝的碾压应先用双轮或三轮钢筒式压路机进行横向碾压。碾压带的外侧应放置供压路机行驶的垫木,碾压时压路机应位于已压实的混合料上,伸入新铺层的宽度为15 cm。然后每压一遍向新铺混合料移动15 ~ 20 cm,直至全部压在新铺层上,再改为纵向碾压。当相邻摊铺层已经成型、同时又有纵缝时,可先用钢筒式压路机沿纵缝碾压一遍,其碾压宽度为15 ~ 20 cm,然后再沿横缝作横向碾压,最后进行正常碾压。

⑥开放交通。热拌沥青混合料路面应待摊铺层完全冷却,混合料表面的温度低于50 ℃后,方可开放交通。

(2)橡胶改性沥青路面施工

在一定高温条件下,废轮胎粉与沥青进行混合并搅拌,由于沥青材料的组成主要包含油分、树脂和沥青质三部分,当胶粉掺入热沥青后,在热能和机械力的作用下,橡胶颗粒吸收沥青中的油分而溶胀,部分恢复了生胶的性质,使橡胶颗粒重新具有一定的黏性,由原来的紧密结构变成相对疏松的絮状结构,制备后的溶胀橡胶颗粒能够均匀的悬浮分散在沥青中,基质沥青也因部分油分被吸收而变得黏稠。胶粉这种高分子聚合物,与沥青的分子结构形态、链的长短和极性等较为相似,所以两者有很好的相溶性,两者可在沥青中形成一种共轭结构,调节和改进沥青的结构力学性质。混溶后,胶粉固体颗粒呈交联网状结构,耐热性和热稳定性较好,表现为针入度降低,软化点升高。同时,胶粉又是由弹性体(天然橡胶和人工合成橡胶)、硫化剂、硫化活化剂、充填物、增固剂、油分、增塑剂和添加剂(抗氧化剂,抗臭氧剂)等组成,这种混溶改性材料不仅保持了基质沥青材料的主要物理力学性质,而且恢复了橡胶材料部分生胶的黏性和可塑性,使得改性后的沥青不但高温性能良好,而且具有较好的抗老化和低温抗裂、抗疲劳性能。

橡胶改性沥青的橡胶粉应采用公路用胶粉,细度为40 ~ 50目,且公路用胶粉必须满足相关技术要求。

橡胶改性沥青设备必须采用全过程计算机控制的自动生产设备,宜安装在拌和站现场,最好是即制即用。其热沥青入口与现场沥青储罐相连,改性沥青出口与沥青工作罐相连,胶粉改性沥青必须符合以下技术、工艺要求:

①基质沥青、改性剂(胶粉)按工艺要求的比例进行称重,其重量必须经流量传感器、压力传感器或其他传感器通过计算机进行计量,精度要符合计量标准。

②胶粉改性沥青在制作过程中,其全过程的温度监控必须由温度传感器通过计算机自动控制。

③胶粉的溶胀、剪切、发育时间,需经计算机程序严格控制,经试验合理确定稳定剂、活化剂等外掺剂的掺量,以确保胶粉改性沥青的质量稳定。

④胶粉改性沥青试生产时,整个过程必须经过严格的技术指标试验检测,特别要巡回监测

关键指标布氏黏度。当黏度的衰减导致指标超出技术要求的范围时,应及时通过计算机调整制作工艺并使其稳定后,才能连续生产。

胶粉改性沥青混合料的施工温度可通过黏度试验,得到黏温曲线,计算各施工环节温度,也可根据实践经验参考表5.31选择,通常宜较石油沥青混合料的施工温度提高10~20 ℃。

表5.31 橡胶沥青混合料的施工温度范围

单位:℃

沥青品种	胶粉改性沥青	测量部位
改性沥青现场制作温度,℃	190~210	改性沥青发育罐
成品改性沥青加热温度,不大于,℃	180	改性沥青车或成品罐
集料加热温度	195~210	加热提升斗
胶粉改性沥青混合料出厂温度	175~185	运料车
混合料最高温度(废弃温度)	195	运料车
混合料储存温度	拌和出料后降低不超过10	
摊铺温度,不低于	165	摊铺机
初压开始温度,不低于	155	摊铺层内部
复压最低温度,不低于	135	碾压层表面
碾压终了的表面温度,不低于	95	碾压表面温度
开放交通的路表温度,不高于	60	路表面

橡胶改性沥青混合料的拌制与普通沥青混合料的拌制工艺一样,但要注意的是橡胶沥青混合料的拌和温度较普通沥青混合料要高10~15 ℃。

橡胶改性沥青混合料上面层采用钢轮压路机碾压,其他面层可使用胶轮压路机复压、双钢轮压路机终压的压实工艺。碾压速度按表5.30控制。

(3)冷拌沥青混合料路面施工

冷拌沥青混合料路面适用于三级及三级以下的公路,也可用于二级公路的罩面层和各级公路沥青路面的层间联结层或整平层。在养护工程中,冷拌沥青混合料亦可用作路面修补养护。

冷拌沥青混合料在常温条件下完成拌和、摊铺、碾压等各项工序。由于施工程序简单、操作方便、节省能源,在世界各国应用范围逐渐扩大,具有较好的推广前景。

冷拌沥青混合料所用的结合料包括乳化沥青、液体沥青和改性乳化沥青等。结合料的类型与型号、标号都应根据公路等级,交通特点、气候、水文状况、施工季节、施工机具等各种因素参照规范规定,精心选择。

①冷拌沥青碎石混合料的配合比设计。乳化沥青碎石混合料可参照半开级配热拌沥青碎石混合料(AM)使用(表5.32)。乳化沥青碎石混合料的沥青用量可参照热拌沥青碎石混合料同规格标号的沥青用量减少10%~20%选定,再按乳化沥青的沥青残留物数量折算成沥青乳液用量。

表 5.32   冷拌沥青混合料的矿料级配

类型	通过下列筛孔的百分率/%											
	26.5	19.0	16.0	13.2	9.5	4.75	2.36	1.18	0.6	0.3	0.15	0.075
细粒式 LB-10				100	80~100	30~60	10~40	5~20	0~15	0~12	0~8	0~5
细粒式 LB-13			100	90~100	60~95	30~60	10~40	5~20	0~15	0~12	0~8	0~5
中粒式 LB-16		100	90~100	50~90	40~75	30~60	10~40	5~20	0~15	0~12	0~8	0~5
细粒式 LB-19	100	95~100	80~100	70~100	60~90	30~70	10~40	5~20	0~15	0~12	0~8	0~5

②冷拌沥青碎石混合料路面施工。冷拌沥青混合料应具有良好的施工和易性,混合料的拌和、运输、摊铺都应在乳液破乳之前完成。在摊铺成型之前已破乳的混合料不能使用,应予废弃。袋装乳化沥青混合料应加入适当稳定剂,以防提前破乳。包装应密封,存放时间不得超出乳液的破乳时间。

乳化沥青混合料用沥青摊铺机摊铺,一般不宜用人工摊铺。混合料摊铺后立即进行碾压。碾压工序基本上与热拌沥青混合料碾压工序类同,遵循"先轻后重,先慢后快"的原则。通常先用 60 kN 左右的轻型压路机初压 1~2 遍,再用轮胎压路机或钢筒压路机碾压 1~2 遍。当乳化沥青开始破乳,混合料由褐色变成黑色时,用 120~150 kN 轮胎压路机碾压,将水分挤出,复压2~3 遍后停止。待晾晒一段时间,水分基本蒸发后,进行复压直至压密实为止。

乳化沥青碎石混合料的上封层应在压实成型、水分完全蒸发后再铺筑。乳化沥青碎石混合料路面施工结束后宜封闭交通 2~6 h,并注意做好早期养护。

3)沥青路面施工质量控制

沥青路面施工应根据全面质量管理的要求,建立健全有效的质量保证体系,实行严格的目标管理、工序管理与岗位责任制,对施工各阶段的质量进行检查、控制、评定,达到所规定的质量标准,确保施工质量的稳定性。施工质量管理与检查验收应包括施工前、施工过程中质量管理与质量控制,以及各施工工序间的检查及工程交工后的质量检查验收。

材料质量是沥青路面质量的保证,施工前以及施工过程中材料来源或规格有变化时,必须对材料来源、材料质量、数量、供应计划、料场堆放及储存条件等进行检查。检查时应以同一料源、同一次购入并运至生产现场(或储入同一沥青罐、池)的相同规格品种的集料、沥青为一批进行检查。拌和厂及沥青路面施工机械和设备的配套情况、性能、计量精度等也应在施工前进行检查。

高速公路和一级公路在施工前应铺筑试验段。试验段的长度应根据试验目的确定,宜为100~200 m。试验段宜在直线段上铺筑,如在其他道路上铺筑时,路面结构等条件应相同,路面各结构层的试验可安排在不同的试验段上。热拌热铺沥青混合料路面试验段铺筑分试拌及试铺两个阶段,应包括下列试验内容。

①根据沥青路面各种施工机械相匹配的原则,确定合理的施工机械、机械数量及组合方式。
②通过试拌,确定拌和机的上料速度、拌和数量与时间、拌和温度等操作工艺。
③通过试铺,确定透层沥青的标号与用量、喷洒方式、喷洒温度,摊铺机的摊铺温度、摊铺速度、摊铺宽度、自动找平方式等操作工艺,压路机的压实顺序、碾压温度、碾压速度及遍数等压实工艺,以及确定松铺系数、接缝方法等。

④验证沥青混合料配合比设计结果,提出生产用的矿料配比和沥青用量。

⑤建立用钻孔法及核子密度仪法测定密度的对比关系。

⑥确定施工产量及作业段长度,制订施工进度计划。

⑦全面检查材料及施工质量。

⑧确定施工组织及管理体系、人员、通信联络及指挥方式。

施工过程中工程质量检查的内容、频度、质量标准应符合规范要求。当检查结果达不到规定的要求时,应追加检测数量,查找原因,作出处理。混合料铺筑现场必须对混合料质量及施工温度进行观测,随时检查厚度、压实度和平整度,并逐个断面确定成型尺寸。为保证高速公路和一级公路沥青路面的施工质量,对其施工质量的管理应实行动态管理的方法。

5.5 沥青路面设计

5.5.1 沥青路面结构设计理论与方法

世界各国的沥青路面设计方法,可分为经验法和力学-经验法两大类。

经验法主要通过对试验路或者使用道路的实地检测,建立路面结构(结构层组合、厚度和材料性质)、车辆荷载(轴载大小和作用次数)和路面性能三者之间的关系,如美国各州公路与运输工作者协会(AASHTO)法、加州承载比(CBR)法。

其中,美国各州公路及运输工作者协会(AASHTO)方法以20世纪50年代后期至60年代初在伊利诺伊州进行的AASHO道路试验所得到的大量试验成果为基础。1961年第一次出版了暂行指南,后来经多次修订,于1993年出版了设计指南,该方法为经验设计法的典型代表。它以路面现时耐用性指数(PSI)为设计指标,通过建立PSI与各物理量(如荷载大小、荷载重复作用次数、路面厚度等)的相关关系,得到其设计方程式。

力学-经验法是应用力学原理分析路面结构在荷载与环境作用下的力学响应量(应力、应变、位移),建立力学响应量与路面使用性能之间的关系模型,路面设计按使用性能要求,运用关系模型完成结构计算。目前国际上主要的力学-经验设计法有美国AASHTO于2002年提出的力学-经验路面设计指南(M-EPDG)、美国沥青协会(AI)设计法、壳牌(Shell)设计法等,我国现行的沥青路面设计方法也属于力学-经验法。

美国M-EPDG法的设计指标包括永久变形(或车辙)、由下而上(Bottom-up)疲劳裂缝(或龟裂)、由上而下(Top-down)疲劳裂缝(或纵向裂缝)、无机结合料稳定层疲劳损坏、温度裂缝及路面平整度(国际平整度指标IRI)等,是一种多指标的力学-经验设计法。美国沥青协会(AI)设计法通过分析路面破坏状态提出设计标准,建立路面模型并进行力学分析,通过试验获取路面材料参数,也是一种体系较为完整的力学-经验设计法。

5.5.2 设计原则

沥青路面设计应遵循以下原则:

①路面结构设计应根据使用要求及气候、水文、土质等自然条件,结合当地实践经验,将路

基路面作为一个整体考虑,进行综合设计。

②在满足交通量和使用要求的前提下,应遵循"因地制宜、合理选材、方便施工、利于养护、节约投资"的原则进行路面设计方案的技术经济比较,选择技术先进、经济合理、安全可靠的方案。

③应结合当地实践,积极推广成熟的科研成果,积极、慎重地运用行之有效的新材料、新技术、新工艺。

④路面设计方案应充分考虑沿线环境的保护、自然生态的平衡。

⑤为确保工程质量,应尽可能选择有利于机械化、工厂化施工的设计方案。

⑥对于个别地处不良地基的路段,为了适应路基沉降、稳定周期较长的特点,路面结构可以采用"一次设计、分期修建"的方案。

5.5.3　交通荷载等级

路面结构设计的目标是要求路面结构在设计年限内满足预测交通量累计标准轴载通行时,具有快速、安全、稳定的服务功能,路面结构具有相应的承载能力,结构层的应力应变满足材料容许的标准。

1)路面设计年限

路面设计年限的选择应根据公路等级、经济水平、交通荷载等级、公路在路网的功能定位、当地国民经济发展的需求以及投资条件等经综合论证后确定,通常可参考表5.33确定。

表5.33　各级公路沥青路面设计年限

公路等级及其功能	设计年限/年
高速公路、一级公路	15
二级公路	12
三级公路	10
四级公路	8

2)交通荷载等级

路面结构在设计年限内承担交通荷载的繁重程度以交通等级来划分。我国沥青路面按承担交通荷载的轻重划分为轻、中等、重和特重、极重交通。路面结构选型、结构组合设计、结构层位的确定、路面材料的选定都应充分考虑沥青路面的交通荷载等级。

设计交通荷载等级的划分标准见表5.34。

表5.34　沥青路面设计交通荷载等级

设计交通荷载等级	极重	特重	重	中等	轻
设计使用年限内设计车道累计大型客车和货车交通量(×10⁶辆)	≥50.0	50.0~19.0	19.0~8.0	8.0~4.0	<4.0

注:大型客车和货车为2类~11类车。

3)标准轴载

各个国家都根据本国国情确定标准轴载。我国路面设计以双轮组单轴载 100 kN 为标准轴载,以 BZZ-100 表示,如表 5.35 所示。

表 5.35　标准轴载 BZZ-100 各项参数

标准轴载名称	BZZ-100	标准轴载名称	BZZ-100
标准轴载 P/kN	100	轮胎接地压力 P/MPa	0.70
两轮中心距/cm	1.5d	单轮当量圆直径 d/cm	21.30

4)车辆当量设计轴载换算

车辆类型分布系数按三个水平确定,各类车辆当量设计轴载换算系数按三个水平确定,高速公路和一级公路应采用水平一,其他情况可采用水平二或水平三。

水平一为根据交通观测实测数据分析得到,通过在车道上设置称重设备,连续采集设计车道上所有 2 类~11 类车辆的类型、轴型组成及轴重数据,并按照表 1.4 对车辆进行分类。统计各类车辆单轴单胎、单轴双胎、双联轴、三联轴的数量,除以各类车辆总数量得到各类车辆中各轴型的平均轴数,如式(5.26)所示。

$$NAPT_{mi} = \frac{NA_{mi}}{NT_m} \tag{5.26}$$

式中　$NAPT_{mi}$——m 类车辆中 i 种轴型的平均轴数;

　　　NA_{mi}——m 类车辆中 i 种轴型总数;

　　　NT_m——m 类车辆总数;

　　　i——单轴单胎、单轴双胎、双联轴、三联轴;

　　　m——表 1.4 中的 2 类~11 类车。

统计 2 类~11 类车中各类车辆各种轴型在不同轴重区间出现的百分比,确定各种轴型的轴重分布系数,即轴载谱。确定轴载谱时,单轴单胎隔 2.5 kN、单轴双胎隔 4.5 kN、双联轴隔 9.0 kN、三联轴分隔 13.5 kN 划分一个轴重区间,如式(5.27)所示。

$$ALDF_{mij} = \frac{ND_{mij}}{NA_{mi}} \tag{5.27}$$

式中　$ALDF_{mij}$——m 类车辆中 i 种轴型在 j 级轴重区间的轴重分布系数;

　　　ND_{mij}——m 类车辆中 i 种轴型在 j 级轴重区间的数量;

　　　NA_{mi}——m 类车辆中 i 种轴型的数量。

水平二为根据经验数据再按照表 5.36 确定 TTC 分类,再采用该 TTC 的当地经验值。

水平三为按照表 5.36 确定 TTC 分类,再采用表 5.37 的车辆类型分布系数。

表 5.36　公路 TTC 分类标准

单位:%

TTC 分类	整体式货车比例	半挂式货车比例
TTC1	<40	>50
TTC2	<40	<50

续表

TTC 分类	整体式货车比例	半挂式货车比例
TTC3	40 ~ 70	>20
TTC4	40 ~ 70.	<20
TTC5	>70	—

表 5.37 不同 TTC 分类车辆类型分布系数

单位:%

车辆类型	2 类	3 类	4 类	5 类	6 类	7 类	8 类	9 类	10 类	11 类
TTC1	6.4.	15.3	1.4	0.0	11.9	3.1	16.3	20.4	25.2	0.0
TTC2	22. 0	23.3	2.7	0.0	8.3	7.5	17.1	8.5	10.6	0.0
TTC3	17.7	33.1	3.4	0.0	12.5	4.4	9.1	10.6	8.5	0.7
TTC4	28.8.	43.9	5.5	0.0	9.4	2.0	4.6	3.4	2.3	0.1
TTC5	10.0	42.3	14.8	0.0	22.7	2.0	2.3	3.2	2.5	0.2

按式(5.28)计算 2 类 ~ 11 类车辆各种轴型在不同轴重区间的当量设计轴载换算系数,计算时取各轴重区间中点作为该轴重区间的代表轴重。

$$EALF_{mij} = c_1 c_2 \left(\frac{P_{mij}}{P_s} \right)^b \qquad (5.28)$$

式中　P_s——设计轴载,kN;

　　　P_{mij}——m 类车辆中 i 种轴型在 j 级轴重区间的单轴轴载,对双联轴和三联轴为平均分配到每根单轴的轴重,kN;

　　　b——换算指数,分析沥青混合料层疲劳和永久变形时,$b=4$,分析路基永久变形时,$b=5$,分析无机结合料稳定层疲劳时,$b=13$;

　　　c_1——轴组系数,前后轴间距大于 3 m 时,分别按单个轴计算,轴间距小于 3 m 时,按表 5.38 取值;

　　　c_2——轮组系数,双轮组为 1.0,单轮取 4.5。

表 5.38 轴组系数取值

设计指标	轮—轴型	c_1 取值
沥青混合料层层底拉应变、沥青混合料层永久变形量	双联轴	2.1
	三联轴	3.2
路基顶面竖向压应变	双联轴	4.2
	三联轴	8.7
无机结合料稳定层层底拉应力	双联轴	2.6
	三联轴	3.8

车辆的当量设计轴载换算系数计算如式(5.29)所示。

$$EALF_m = \sum_i \left[NAPT_{mi} \sum_j (EALF_{mij} \times ALDF_{mij}) \right]$$ (5.29)

式中 $EALF_m$——m 类车辆的当量设计轴载换算系数;

$NAPT_{mi}$——m 类车辆中 i 种轴型的平均轴数;

$ALDF_{mij}$——m 类车辆中 i 种轴型在 j 级轴重区间的轴重分布系数;

$EALF_{mij}$——m 类车辆中 i 种轴型在 j 级轴重区间的当量设计轴载换算系数。

水平二和水平三,按式(5.30)确定各类车辆的当量设计轴载换算系数,其中非满载车和满载车的比例分别取当地经验值(水平二)或查表 5.39、表 5.40 取值(水平三)。

$$EALF_m = EALF_{ml} \times PER_{ml} + EALF_{mh} \times PER_{mh}$$ (5.30)

式中 $EALF_{ml}$——m 类车辆中非满载车的当量设计轴载换算系数;

$EALF_{mh}$——m 类车辆中满载车的当量设计轴载换算系数;

PER_{ml}——m 类车辆中非满载车所占百分比;

PER_{mh}——m 类车辆中满载车所占百分比。

表 5.39　2 类~11 类车辆非满载车与满载车比例

车　型	非满载车比例	满载车比例
2 类	0.80 ~ 0.90	0.10 ~ 0.20
3 类	0.85 ~ 0.95	0.05 ~ 0.15
4 类	0.60 ~ 0.70	0.30 ~ 0.40
5 类	0.70 ~ 0.80	0.20 ~ 0.30
6 类	0.50 ~ 0.60	0.40 ~ 0.50
7 类	0.65 ~ 0.75	0.25 ~ 0.35
8 类	0.40 ~ 0.50	0.50 ~ 0.60
9 类	0.55 ~ 0.65	0.35 ~ 0.45
10 类	0.50 ~ 0.60	0.40 ~ 0.50
11 类	0.60 ~ 0.70	0.30 ~ 0.40

表 5.40　2 类~11 类车辆当量设计轴载换算系数

车　型	沥青混合料层层底拉应变、沥青混合料层永久变形量		无机结合料稳定层层底拉应力		路基顶面竖向压应变	
	非满载车	满载车	非满载车	满载车	非满载车	满载车
2 类	0.8	2.8	0.5	35.5	0.6	2.9
3 类	0.4	4.1	1.3	314.2	0.4	5.6
4 类	0.7	4.2	0.3	137.6	0.9	8.8
5 类	0.6	6.3	0.6	72.9	0.7	12.4
6 类	1.3	7.9	10.2	1 505.7	1.6	17.1

车 型	沥青混合料层层底拉应变、沥青混合料层永久变形量		无机结合料稳定层层底拉应力		路基顶面竖向压应变	
	非满载车	满载车	非满载车	满载车	非满载车	满载车
7 类	1.4	6.0	7.8	553.0	1.9	11.7
8 类	1.4	6.7	16.4	713.5	1.8	12.5
9 类	1.5	5.1	0.7	204.3	2.8	12.5
10 类	2.4	7.0	37.8	426.8	3.7	13.3
11 类	1.5	12.1	2.5	985.4	1.6	20.8

5)当量设计轴载累计作用次数

根据确定的车辆当量设计轴载换算系数,按式(5.31)计算初始年设计车道日平均当量轴次 N_1。

$$N_1 = AADTT \times DDF \times LDF \times \sum_{m=2}^{11} (VCDF_m \times EALF_m) \tag{5.31}$$

式中 $AADTT$——2 轴 6 轮及以上车辆的双向年龄均交通量(辆/d);

DDF——方向系数(一般取 0.5~0.6);

LDF——车道系数(参考表 1.10 取值);

m——车辆类型编号;

$VCDF_m$——m 类车辆类型分布系数;

$EALF_m$——m 类车辆的当量设计轴载换算系数。

设计车道上当量设计轴载累计作用次数 N_e:

$$N_e = \frac{\left[(1+\gamma)^t - 1 \right] \times 365}{\gamma} \times N_1 \tag{5.32}$$

式中 N_e——设计使用年限内设计车道上的当量设计轴载累计作用次数,次;

t——设计使用年限,年;

γ——设计使用年限内交通量的年增长率,%;

N_1——初始年设计车道日平均当量轴次,次/d。

5.6 沥青路面结构组合设计

沥青路面结构组合设计应针对各种路面结构组合的力学特性、功能特性及其长期性能衰变规律和损坏特点,遵循路基路面综合设计的理念,保证路面结构的安全、耐久和全寿命周期经济合理。

沥青路面通常由沥青面层、基层、底基层和必要的功能层等多层结构组成。路面结构组合设计即按照当地设计条件(交通组成、环境、土基条件、材料特性),根据路面的基本要求和设计原则,依照弹性层状体系理论应力应变分析的结论,对不同材料组成的路面各结构层进行合理安排,确保在设计使用年限内,沥青路面承受行车荷载和自然因素的共同作用,充分发挥各结构层的最大效能,使整个路面结构满足技术经济合理的要求。

沥青路面结构组合设计应在充分吸取已有成功建设经验的基础上,遵循如下原则:

①保证路面使用品质长期稳定。在整个设计使用期内,表面抗滑安全性能、平整性、抗车辙性能等各项功能指标均稳定在允许范围内。

②路面结构层的强度、抗变形能力与各层次的力学响应相匹配。如路面在行车荷载作用下,内部产生的应力和应变随深度向下而递减。因此,要求各层的强度和抗变形能力可自上而下逐渐减小,使得各结构层材料的效能得到充分发挥。

③在设计使用年限内,路面应不发生由于疲劳导致的结构破坏,面层可进行表面功能修复。

④应采取路面结构防水、排水措施,阻止水分进入路面结构层内部。

⑤沥青结合料材料的层间应设置黏层,在沥青结合料材料层与其他材料层之间应设置封层,宜设置透层。

沥青路面结构按基层材料类型分为无机结合料稳定类基层沥青路面、粒料类基层沥青路面、沥青结合类基层沥青路面和水泥混凝土基层沥青路面四类。其中:无机结合料稳定类基层沥青路面适用于各种交通荷载等级;粒料类基层沥青路面适用于重及以下交通荷载等级;沥青结合类基层沥青路面适用于各种交通荷载等级;水泥混凝土基层沥青路面适用于重及以上交通荷载等级。

5.6.1 面层

沥青面层直接经受车轮荷载反复作用和各种自然因素影响,并将荷载传递到基层以下的结构层。因此,沥青面层应满足功能性和结构性的使用要求。沥青面层可为单层、双层、三层。双层结构分为表面层、下面层;三层结构分为表面层、中面层、下面层。

表面层应平整密实、抗滑耐磨、稳定耐久,同时应具有高温抗车辙、低温抗裂、抗老化等品质;中、下面层应具有一定的密水性、抗剥落性,抗剪强度高;下面层应具有良好的抗疲劳裂缝的性能和兼顾其他性能要求。中、下面层在抗滑性能和平整性方面要求比表面层稍低,但其他方面要求一样,特别对密实防水和抗剪切变形等方面要求较高。

面层材料类型宜按表 5.41 选用。

表 5.41 面层材料的交通荷载等级和层位

材料类型	适用交通荷载等级和层位
连续级配沥青混合料	各交通荷载等级的表面层、中面层和下面层
沥青玛蹄脂碎石混合料	极重、特重和重交通荷载等级的表面层、对抗滑有特殊要求的表面层
厂拌热再生沥青混合料	各交通荷载等级的表面层、中面层和下面层
上拌下贯沥青碎石	中等、轻交通荷载等级的面层
沥青表面处治	中等、轻交通荷载等级的表面层

对于高等级公路,一般认为密实型中粒式或细粒式沥青混凝土宜用于表面层,空隙率一般

为 3% ~6%,可以防止水害和冻害。对于重交通及以上等级路面,当普通混合料不能满足要求时,可采用 SMA 混合料或改性沥青混合料。

对抗滑、排水或降噪有特殊要求的表面层可采用开级配沥青混合料,在表面层之下应设置防水层,防水层可采用乳化沥青或改性乳化沥青等。

不同粒径沥青混合料的层厚应满足表 5.42 的要求。

表 5.42 不同粒径沥青混合料层厚

沥青混合料类型	以下集料公称最大粒径沥青混合料的层厚(mm),不小于					
	4.75	9.5	13.2	16.0	19.0	26.5
连续级配沥青混合料	15	25	35	40	50	75
沥青玛蹄脂碎石	—	30	40	50	60	—
开级配沥青混合料	—	20	25	30	—	—

从技术经济角度,也可根据表 5.43 选用沥青结构层厚度。

表 5.43 沥青混合料压实最小厚度与适宜厚度

沥青混合料类型		最大粒径 /mm	公称最大粒径 /mm	符 号	压实最小厚度 /mm	适宜厚度 /mm
密级配沥青混合料(AC)	砂粒式	9.5	4.75	AC-5	15	15 ~ 30
	细粒式	13.2	9.5	AC-10	20	25 ~ 40
		16	13.2	AC-13	35	40 ~ 60
	中粒式	19	16	AC-16	40	50 ~ 80
		26.5	19	AC-20	50	60 ~ 100
	粗粒式	31.5	26.5	AC-25	70	80 ~ 120
密级配沥青碎石(ATB)	粗粒式	31.5	26.5	ATB-25	70	80 ~ 120
		37.5	31.5	ATB-30	90	90 ~ 150
	特粗式	53	37.5	ATB-40	120	120 ~ 150
开级配沥青碎石(ATPB)	粗粒式	31.5	26.5	ATPB-25	80	80 ~ 120
		37.5	31.5	ATPB-30	90	90 ~ 150
	特粗式	53	37.5	ATPB-40	120	120 ~ 150
半开级配沥青碎石(AM)	细粒式	16	13.2	AM-13	35	40 ~ 60
	中粒式	19	16	AM-16	40	50 ~ 70
		26.5	19	AM-20	50	60 ~ 80
	粗粒式	31.5	26.5	AM-25	80	80 ~ 120
	特粗式	53	37.5	AM-40	120	120 ~ 150

续表

沥青混合料类型		最大粒径/mm	公称最大粒径/mm	符　号	压实最小厚度/mm	适宜厚度/mm
沥青玛蹄脂碎石混合料（SMA）	细粒式	13.2	9.5	SMA-10	25	25～50
		16	13.2	SMA-13	30	35～60
	中粒式	19	16	SMA-16	40	40～70
		26.5	19	SMA-20	50	50～80
开级配沥青磨耗层（OGFC）	细粒式	13.2	9.5	OGFC-10	20	20～30
		16	13.2	OGFC-13	30	30～40

需要特别注意的是,对于连续级配沥青混合料和 SMA 混合料,其结构层厚度不宜小于集料最大公称粒径的 2.5 倍;对于开级配沥青混合料的结构层厚度不宜小于集料最大公称粒径的 2 倍。

另外,沥青贯入碎石层的厚度宜为 40～80 mm,乳化沥青贯入式路面的厚度不宜超过 50 mm,上拌下贯式路面的拌和层厚度不宜小于 25 mm。沥青表面处治可分为单层、双层和三层,单层表处厚度宜为 10～15 mm,双层表处宜为 15～25 mm,三层表处厚度宜为 25～30 mm。

5.6.2　基层

沥青路面的基层主要承担向下传递全部负荷、支承面层的重要功能,同时还受到土基水温状况多变而发生的地基承载力变化的敏感性的影响,因此基层是承上启下保证路面结构耐久、稳定的承重结构层。要求基层具有足够的承载能力,抗疲劳开裂性能、足够的耐久性和水稳定性。对于粒料类基层沥青路面和沥青结合类基层,还需具有足够的抗永久变形能力。

沥青路面视基层厚度的不同,可分为上基层、下基层;按照材料与力学特性的不同,可以分为如下类型:

（1）粒料类基层和沥青结合类基层

粒料类基层属于松散类材料范畴,而沥青结合料类基层由于其力学特性与沥青面层一样都属于柔性结构,因此这两种类型的基层属于柔性基层的范围,在应力、应变传递的协调过渡方面比较顺利,其缺点在于基层本身刚度较低,因此沥青面层将承受较多的车辆荷载,在同样交通荷载作用下,沥青面层应采用较厚的结构层。

（2）无机结合料稳定类基层

无机结合料类基层属于半刚性基层,主要采用水泥、石灰或工业废渣等无机结合料,对集料作稳定处理,经过适当养生,结合料硬化之后,整个基层产生板体效应,大大提高了路面结构的整体刚度。半刚性基层沥青路面整体刚度较强,因此沥青面层的厚度可以适当减薄,由于半刚性基层承受了车辆荷载的主要部分,沥青面层因荷载引起的裂缝破坏较少。其主要缺点是它本身的收缩裂缝难以避免,基层的横向收缩裂缝容易反射至沥青面层,形成较多的横向开裂。此外,在多雨地区,半刚性基层直接铺筑在沥青面层之下,雨水不易向下渗透,造成沥青路面水损害等病害。

对于无机结合料稳定类基层,可采取如下措施减少其收缩开裂和路面反射裂缝:

①选用抗裂性好的无机结合料稳定类基层;

②增加沥青层厚度,或者在无机结合料稳定类基层上设置沥青碎石或级配碎石层;

③在无机结合料稳定类基层上设置改性沥青应力吸收层或者铺设土工合成材料。

(3)水泥混凝土基层

水泥混凝土基层属于刚性基层,采用低强度等级混凝土修筑基层混凝土板,板上铺筑沥青面层。刚性基层沥青路面的基层混凝土板承受了绝大部分车辆荷载,沥青面层的弯拉应力很小,主要考虑表面的功能效应,即满足路面平整性、抗车辙、防水、防渗等要求。刚性基层沥青路面同样存在基层收缩裂缝向上发展而形成沥青面层横向裂缝等病害的可能性。

基层结构一般较沥青面层厚,根据设计需要,可将基层分为上基层、下基层、底基层。基层和底基层材料类型可参照表5.44使用。

表5.44　基层和底基层材料的适用交通荷载等级和层位

类　型	材料类型	适用交通荷载等级和层位
无机结合料稳定类	水泥稳定级配碎石或砾石、 水泥粉煤灰稳定级配碎石或砾石、 石灰粉煤灰稳定级配碎石或砾石	各交通荷载等级的基层和底基层
	水泥稳定未筛分碎石或砾石、 石灰粉煤灰稳定未筛分碎石或砾石、 石灰稳定未筛分碎石或砾石	轻交通荷载等级的基层、 各交通荷载等级的底基层
	水泥稳定土、石灰稳定土、 石灰粉煤灰稳定土	轻交通荷载等级的基层、 各交通荷载等级的底基层
粒料类	级配碎石	重及重以下交通荷载等级的基层、 各交通荷载等级的底基层
	级配砾石、 未筛分碎石、天然砂砾、 填隙碎石	中等和轻交通荷载等级的基层、 各交通荷载等级的底基层
沥青结合料类	密级配沥青碎石、 半开级配沥青碎石、 开级配沥青碎石	极重、特重和重交通 荷载等级的基层
	沥青贯入碎石	重及重以下交通荷载等级的基层
水泥混凝土	水泥混凝土或贫混凝土	极重、特重交通荷载等级的基层

选择基层类型关系到路面结构的耐久性和长期使用性能,首先应根据路面结构所承受的交通等级进行比选,同时应考虑地基支承的可靠性以及当地水温状况和路基排水与路基稳定的可靠程度作不同方案,比较后择优选定。

考虑到交通环境工作条件,可以考虑各种基层组合使用。如地基承载力不佳、交通特别繁重、雨水集中、路基排水不良,可以考虑半刚性基层和柔性基层组合应用。用半刚性下基层和柔性上基层,一方面可提高结构承载力,减轻沥青面层荷载应力;同时能发挥柔性基层变形协调,利于渗水排水的优势,使路面始终保持良好工作状态,还可避免横向裂缝反射到面层。对于严重超载的沥青路面,除了采用组合基层之外,也可以采用配钢筋的混凝土或连续配筋混凝土板作基层的沥青路面。

基层结构的厚度主要应满足强度和刚度的设计要求,在厚度设计时应逐层进行验算。除此之外,还应考虑施工实施的可行性和材料规格对厚度的影响。一般情况下,基层的厚度应大于混合料最大粒径的4倍,同时还应考虑压实机具的功能,通常取能一次压密的最佳厚度。若基层厚度超过最佳厚度,可分几层摊铺,使得每层厚度接近最佳厚度。不同材料基层和底基层厚度宜符合表5.45的规定。

表5.45 基层和底基层厚度

材料种类	集料公称最大粒径/mm	厚度/mm,不小于
密级配沥青碎石 半开级配沥青碎石 开级配沥青碎石	19.0	50
	26.5	80
	31.5	100
	37.5	120
级配贯入碎石	—	40
贫混凝土	31.5	120
无机结合料稳定类	19.0,26.5,31.5,37.5	150
	53.0	180
填隙碎石	37.5	75
	53.0	100
	63.0	120

5.6.3 功能层

沥青路面功能层结构位于基层以下,主要用于路基状况不良的路段,以确保路面结构不受路基中滞留的自由水的浸蚀以及冻融的危害。通常认为路基处于以下状况时,应设置功能层:

①地下水位高,排水不良,路基经常处于潮湿状态的路段;
②排水不良的土质路堑,有裂隙水、泉眼等水文不良的岩石挖方路段;
③季节性冰冻地区的中湿、潮湿路段,可能产生冻胀需设防冻层的路段;

当路基处于潮湿、过湿状态,土质不良,粉土的含量高,在毛细水作用下水分将自下而上渗入底基层和基层结构,为隔断地下水源而应设置防水功能层。防水功能层应不含粉土、黏土等成分,主要采用粗砂、砂砾、矿渣等粗粒材料铺筑。在功能层以下应铺设不透水层(如透水系数低的黏土层及土工织物反滤层),防止自下而上的渗透和污染。

设置排水功能层的目的主要是排除通过路基顶面渗入的潜水、泉水和毛细上升水。排水功能层的材料规格、要求以及排水能力、结构层厚度均应满足路面结构排水设计的规定与要求,通过设计计算确定。排水功能层与路基路面排水系统的衔接、出口的设置等都应按照设计要求选定。排水功能层以下应设置土工织物反滤层,严防路基土通过地下水进入排水功能层污染结构降低排水功能。若排水功能层同时也承担着排除地面渗入路面结构的雨水的功能,则排水层与底基层的交界面上亦应设置反滤层,以防止基层材料颗粒污染排水层,影响其排水功能的发挥。

在季节性冰冻地区,当冻深较大,路基土为易冻胀土时,常常出现冻胀和翻浆。在这种路段应设置防冻功能层,以保护路面结构不受冻胀和翻浆的危害。防冻层应采用隔温性能良好、导热系数低的材料,如煤渣、矿渣、石灰煤渣稳定粒料等。防冻层厚度的确定除了路面结构总厚度应满足设计控制指标达到规范要求之外,主要应满足防止冻胀的要求,以确保路基路面在冻深范围内不会出现聚冰带。防冻厚度与路基干湿类型、路基土类、道路冻深以及路面结构材料的热物理性能有关。如按设计指标设计得出的路面结构总厚度小于防冻最小厚度时,应增设或加厚防冻功能层,以满足防冻需要的最小厚度要求。

5.6.4　沥青路面层间结合

沥青路面各结构层之间应结合紧密,不因层间滑动或松散而丧失结构的整体效应。

①无机结合料类基层和沥青结合料结构层之间宜设置封层,可采用单层层铺法表面处理或稀浆封层等,当设置改性沥青应力吸收层时,可不再设封层。

②沥青面层由两层或三层组成又不能连续摊铺时,则应在铺上层之前彻底清扫下层表面的灰尘、泥土、油污等有可能破坏层间结合的有害物质,然后设黏层沥青。极重、特重和重交通荷载等级路面的黏层宜采用改性乳化沥青、道路石油沥青或改性沥青,中等和轻交通荷载等级路面的黏层可选用乳化沥青,水泥混凝土板和沥青层之间的黏层宜采用改性沥青。

③单层表面处治封层的结合料可采用改性沥青、道路石油沥青或乳化沥青,改性沥青应力吸收层宜采用橡胶沥青。

④粒料类基层和无机结合料稳定类材料基层顶面宜设置透层,透层沥青应具有较好的渗透性,可采用稀释沥青和乳化沥青等。

⑤透层沥青、黏层沥青、单层表处封层、稀浆封层的材料规格和用量,应根据气候特点、施工季节和结构类型的不同,按《公路沥青路面施工技术规范》(JTG F40—2004)的要求选定。

5.6.5　沥青路面结构方案

在不同交通荷载等级条件下,沥青路面结构层组合及其厚度可参照表5.46—表5.51选用,也可根据当地工程经验确定。

表5.46　无机结合料稳定类基层(粒料类底基层)路面厚度范围

单位:mm

交通荷载等级	极重、特重	重	中等	轻
面层	250～150	250～150	200～100	150～20
基层(无机结合料稳定类)	600～350	550～300	500～250	450～150
底基层(粒料类)	200～150			

表5.47　无机结合料稳定类基层(无机结合料稳定类底基层)路面厚度范围

单位:mm

交通荷载等级	极重、特重	重	中等	轻
面层	250～120	250～100	200～100	150～20
基层(无机结合料稳定类)	500～250	450～200	400～150	500～200
底基层(无机结合料稳定类)	200～150			—

表5.48　粒料类基层(粒料类底基层)路面厚度范围

单位:mm

交通荷载等级	重	中等	轻
面层	350～200	300～150	200～100
基层(粒料类)	450～350	400～300	350～250
底基层(粒料类)	200～150		

表5.49　沥青结合料类基层(粒料类底基层)路面厚度范围

单位:mm

交通荷载等级	重	中等	轻
面层	150～120	120～100	80～40
基层(沥青结合料类)	250～200	220～180	200～120
底基层(粒料类)	400～300	400～300	350～250

表5.50　沥青结合料类基层(无机结合料稳定类底基层)路面厚度范围

单位:mm

交通荷载等级	极重、特重	重	中等	轻
面层	120～100	120～100	100～80	80～40
基层(沥青结合料类)	180～120	150～100	150～100	100～80
底基层(无机结合料稳定类)	600～300	600～300	550～250	450～200

表5.51　沥青结合料类基层(粒料类+无机结合料稳定类底基层)路面厚度范围

单位:mm

交通荷载等级	极重、特重	重	中等	轻
面层	120～100	120～100	100～80	80～40
基层(沥青结合料类)	240～160	180～120	160～100	100～80
底基层(粒料类)	200～150	200～150	200～150	200～150
底基层(无机结合料类)	400～200	400～200	350～200	250～150

结构层厚度应根据交通荷载等级、路基承载能力等选择。其中,交通荷载等级高、路基承载能力弱时,宜选取靠近高限的厚度,或者参照高一个交通荷载等级的路面厚度范围,反之,可靠近低限取值或参照低一个交通荷载等级的路面厚度范围。

5.7 我国沥青路面设计方法

5.7.1 我国沥青路面设计方法发展沿革

中华人民共和国成立前,由于我国路面等级较低,基本上是按经验决定厚度,曾经也采用CBR 设计法。中华人民共和国成立后,先是借用苏联的公式和参数。随后,我国沥青路面设计规范经历了 1958 年版、1966 年版、1978 年版、1987 年版、1997 年版、2006 年版及 2017 年版的逐步完善发展的过程。

1958 年规范限于当时的历史条件,基本上套用了苏联 1954 年《柔性路面设计须知》的方法,只在道路气候分区上略作调整。

1966 年规范主要纠正了苏联基本公式的错误,提出了双层和多层体系连续积分法的一套公式和参数,修订了道路气候分区图。但是该规范基本公式的体系仍然是以均匀弹性理论为基础,而且荷载是单圆图式,特别是设计指标容许相对变形值不能代表实际情况,综合安全系数 K_0 值也缺乏依据。

从 1966 年以后,经过十多年的研究工作,特别是 20 世纪 70 年代在全国较大范围内的弯沉路况调查研究工作以及国内对弹性层状体系理论的研究取得了较好的研究成果,形成了 1978 年柔性(沥青)路面设计规范的基础。有些学者认为,1978 年柔性(沥青)路面设计规范初步建立了我国柔性(沥青)路面设计体系。与 1966 年的规范相比较,1978 年规范的主要特点是:

①建立了中国道路自然区划图;
②制作了双圆双层体系弯沉值诺谟图及其综合修正系数;
③提出了多层体系弯沉计算的等效层法;
④制订了容许弯沉值的公式;
⑤提出了车辆换算公式;
⑥提出了厚度补强经验公式。

但是该规范在计算理论上仍然是双层体系,设计标准只有一个弯沉值指标,仍然只能进行厚度计算,对结构组合、材料组成设计不能起到应有的指导作用。

1987 年的柔性(沥青)路面设计规范总结吸收了自 1978 年以来的研究成果。与 1978 年规范相比较,该规范的设计体系由二层体系发展到三层体系为基础的多层体系(在应用计算机程序设计时可以用多层体系理论程序)。设计指标由单一的容许弯沉指标发展到多项指标,高等级公路路面通常以弯沉进行厚度设计,并要求对整体性材料的结构层进行抗弯拉应力验算;建立了多层体系换算公式,这在计算机还不普及的情况下,便于规范的推广应用;建立了轴载等效破坏的换算公式,初步建立了有关参数的相关关系公式。但仍存在容许弯沉指标概念不清楚、弯拉应变与弯拉应力指标适应性和合理性、计算模式和计算参数的选取等方面的不足。

为了进一步完善设计规范,1991 年 6 月由原交通部工程管理司主持召开了专家会议,决定以完善弯沉和弯拉设计指标、设计参数为目标,对轴载换算公式、设计弯沉值、沥青路面和半刚性材料疲劳规律、材料设计参数、弯沉综合修正系数以及设计方法的验证和抗冻厚度设计等 8 个专题进行了研究,提出了 1997 年版的《公路沥青路面设计规范》。新规范修正了原设计方法在容许弯沉值、容许拉应力、弯沉综合修正系数、设计参数等方面的不足;在理论计算体系上较以前的规范更加完善,且更适用于半刚性基层沥青路面的特点;在设计参数的测试上更加简便,有利于设计、施工质量的管理与监理;计算结果更加符合实际,且具有一定安全度。但是,新规范尚缺乏低温抗裂、半刚性基层材料抗冻性方面的内容,概率设计理论还未引入,钢桥面铺装的设计还是空白。

2006 年版规范较原规范,其主要变化有:

①强调按实际情况做好交通荷载分析与预测,按照全寿命周期成本的理念进行路面设计;

②采取了防治早期损坏的技术措施,加强了材料、混合料和路面结构组合设计的要求,增加了柔性基层、贫混凝土基层等设计内容;

③细化了半刚性基层混合料级配类型,调整了集料级配范围,补充了二灰稳定集料的抗冻性设计要求;

④路面厚度计算方法在参数取值和旧路补强公式上有所改进;

⑤增加了旧水泥混凝土路面加铺沥青层设计内容;

⑥补充了水泥混凝土桥面沥青铺装设计内容等。

2017 年版《公路沥青路面设计规范》的主要变化包括:

①规范了轴载谱及交通参数的调查分析方法;

②引入了温度调整系数和等效温度;

③改变了路面材料的设计参数,调整了对应的测试和取值方法;

④最大的改变是取消了路表弯沉的设计指标,增加了沥青混合料层永久变形、路基顶面竖向压应变和路面低温开裂的设计指标,同时改进了沥青混合料层和无机结合料稳定层疲劳开裂的预估模型。

2017 年版设计规范的本质是基于沥青路面使用性能的多指标设计方法。

5.7.2　可靠度与可靠度指标

沥青路面结构可靠度是路面结构在规定的时间内和规定的条件下完成预定功能的概率,要求沥青路面达到的可靠度称为目标可靠度,其衡量指标即为可靠度指标。依据我国《公路沥青路面设计规范》(JTG D50—2017),不同等级公路沥青路面结构的目标可靠度和目标可靠度指标不应低于表 5.52 的规定值。

表 5.52　目标可靠度和可靠度指标

公路等级	高速公路	一级公路	二级公路	三级公路	四级公路
目标可靠度/%	95	90	85	80	70
目标可靠指标 β	1.65	1.28	1.04	0.84	0.52

5.7.3　材料设计参数

沥青路面结构层材料设计参数的确定可分为三个水平,其中:

水平一:通过室内试验实测确定。

水平二:利用已有经验关系式确定。

水平三:参照典型数值选用。

通常,高速公路和一级公路的施工图设计宜采用水平一,其他设计阶段可采用水平二或水平三。对二级及以下公路可采用水平二或水平三。

(1)路基

路基顶面回弹模量的确定应符合《公路路基设计规范》(JTG D30—2015)的规定,顶面回弹模量应符合表5.53的规定。当不满足要求时,应采取改变填料、设置粒料类或无机结合料稳定类路基改善层,或采用石灰或水泥处理等措施提高路基顶面回弹模量。

表 5.53　路基顶面回弹模量

单位:MPa

交通荷载等级	极重	特重	重	中等、轻
回弹模量,不小于	70	60	50	40

(2)粒料类基层

基层、底基层采用级配碎石时,其 CBR 值应符合表5.54的规定。

表 5.54　级配碎石 CBR 值

结构层	公路等级	极重、特重交通	重交通	中等、轻交通
基层	高速公路、一级公路	≥200	≥180	≥160
	二级及二级以下公路	≥160	≥140	≥120
底基层	高速公路、一级公路	≥120	≥100	≥80
	二级及二级以下公路	≥100	≥80	≥60

级配砾石或天然砂砾用于基层时,CBR 值不应小于 80。级配砾石或天然砂砾用于底基层时,对于重及以上交通荷载等级,CBR 值不应小于 80;对中等交通荷载等级,CBR 值不应小于 60;对轻交通荷载等级,CBR 值不应小于 40。

粒料类材料用于高速、一级公路基层时,其最大公称粒径不宜大于 26.5 mm;底基层采用级配碎石或级配砂砾时,其最大公称粒径不宜大于 31.5 mm;底基层采用天然砂砾时,其最大公称粒径不宜大于 53 mm。对二级及以下公路的基层、底基层,粒料类材料的最大公称粒径不宜大于 53 mm。采用填隙碎石时,其最大公称粒径宜为层厚的 1/2~1/3,同时,填隙碎石用于基层时,其最大公称粒径不宜大于 53 mm,用于底基层时,其最大公称粒径不宜大于 63 mm。

级配碎石和级配砂砾中,通过 0.075 mm 筛孔的颗粒含量不宜大于 5%,不满足时,可用天然砂代替部分细集料。

粒料类材料的回弹模量测试时,在最佳含水率和与压实度对应的干密度条件下成型试件,采用重复加载三轴试验[详见《公路沥青路面设计规范》(JTG D50—2017)附录 D]得到其回弹模量值(水平一)。缺乏条件时(水平三),可参照表 5.55 取值。

表 5.55　粒料类材料回弹模量取值范围

单位:MPa

材料类型和层位	最佳含水率和与压实度要求相应的干密度条件下	经湿度调整后
级配碎石基层	200 ~ 400	300 ~ 700
级配碎石底基层	180 ~ 250	190 ~ 440
级配砾石基层	150 ~ 300	250 ~ 600
级配砾石底基层	150 ~ 220	160 ~ 380
未筛分碎石层	180 ~ 220	200 ~ 400
天然砂砾层	105 ~ 135	130 ~ 240

注:材料性能好、级配好或压实度大时取高值,反之取低值。

(3)无机结合料稳定类材料

无机结合料稳定类材料的 7 d 无侧限抗压强度应满足表 4.13—表 4.15 的要求。

无机结合料稳定类材料用于高速、一级公路基层时,其最大公称粒径不宜大于 31.5 mm;用于高速、一级公路底基层或二级及以下公路的基层时,其最大公称粒径不宜大于 37.5 mm;由于二级及以下公路底基层时,其最大公称粒径不宜大于 53 mm。

无机结合料稳定类材料的弯拉强度和弹性模量采用中间段法单轴压缩试验确定(水平一)[详见《公路沥青路面设计规范》(JTG D50—2017)附录 E],试验时对于水泥稳定类、水泥粉煤灰稳定类试件的龄期为 90 d,石灰稳定类、石灰粉煤灰稳定类试件的龄期为 180d。缺乏条件时(水平三),可参照表 5.56 取值。

表 5.56　无机结合料稳定类材料的弯拉强度和弹性模量取值范围

单位:MPa

材　料	弯拉强度	弹性模量
水泥稳定粒料、水泥粉煤灰稳定粒料、石灰粉煤灰稳定粒料	1.5 ~ 2.0	18 000 ~ 28 000
	0.9 ~ 1.5	14 000 ~ 20 000
水泥稳定土、水泥粉煤灰稳定土石灰粉煤灰稳定土	0.6 ~ 1.0	5 000 ~ 7 000
石灰土	0.3 ~ 0.7	3 000 ~ 5 000

注:结合料用量高、材料性能好、级配好或压实度大时取高值,反之取低值。

(4)沥青结合料类材料

沥青混合料应按照本章 5.4.2 的程序和要求正确进行配合比设计,其中,沥青混合料高温性能应进行规定条件下的车辙试验,其动稳定度应满足表 5.18 的要求;沥青混合料水稳定性应进行浸水马歇尔试验、冻融劈裂试验,其结果应满足表 5.19 的要求;沥青混合料低温性能应进行-10 ℃、加载速率 50 mm/min 的小梁弯曲试验,其破坏应变应满足表5.20 的要求。另外,宜采用《公路沥青路面设计规范》(JTG D50—2017)附录 F 规定的单轴贯入试验,测定沥青混合料的贯入强度。

对于无机结合料稳定类基层沥青路面、底基层采用无机结合料稳定类材料的沥青结合料基层沥青路面、及水泥混凝土基层沥青路面的沥青混合料贯入强度,应满足以下要求:

$$R_{\tau s} \geq \left(\frac{0.31 \lg N_{e5} - 0.68}{\lg[R_a] - 1.31 \lg T_d - \lg \psi_s + 2.50} \right)^{1.86} \tag{5.33}$$

式中 $\lg[R_a]$——沥青混合料层容许永久变形量,根据公路等级参照表5.60 采用,mm;

N_{e5}——设计使用年限内或通车至首次针对车辙维修的期限内,月平均气温大于 0 ℃ 的月份,设计车道的当量设计轴载累计作用次数;

T_d——设计气温,为所在地区月平均气温大于 0 ℃ 的各月份气温平均值;

ψ_s——路面结构系数,根据式(5.34)计算:

$$\psi_s = (0.52 h_a^{-0.003} - 317.59 h_b^{-1.32}) E_b^{0.1} \tag{5.34}$$

h_a——沥青混合料层厚度,mm;

h_b——无机结合料稳定层或水泥混凝土层的厚度,mm;

E_b——无机结合料稳定层或水泥混凝土层的模量,MPa;

$R_{\tau s}$——各沥青混合料层的综合贯入强度,根据式(5.35)计算:

$$R_{\tau s} = \sum_{i=1}^{n} w_{is} R_{\tau i} \tag{5.35}$$

$R_{\tau i}$——第 i 层沥青混合料的贯入强度(MPa),普通沥青混合料一般为 0.4 ~ 0.7 MPa,改性沥青混合料一般为 0.7 ~ 1.2 MPa;

n——沥青混合料的层数;

w_{is}——第 i 层沥青混合料的权重,为第 i 层厚度中点剪应力与各层厚度中点剪应力之和的比值,沥青混合料为 1 层时,w_1 取 1.0;沥青混合料为 2 层时,自上而下,w_1 取 0.48,w_2 取 0.52;沥青混合料为 3 层时,自上而下,w_1 取 0.35,w_2 取 0.42,w_3 取 0.23。

对于粒料类基层沥青路面和底基层采用粒料的沥青结合料基层沥青路面,沥青混合料贯入强度应满足以下要求:

$$R_{\tau g} \geq \left(\frac{0.35 \lg N_{e5} - 1.16}{\lg[R_a] - 1.62 \lg T_d - \lg \psi_s + 2.76} \right)^{1.38} \tag{5.36}$$

ψ_s——路面结构系数,根据式(5.37)计算:

$$\psi_s = 20.16 h_a^{-0.642} + 820916 h_b^{-2.84} \tag{5.37}$$

$R_{\tau g}$——各沥青混合料层的综合贯入强度,根据式(5.38)计算:

$$R_{\tau g} = \sum_{i=1}^{n} w_{ig} R_{\tau i} \tag{5.38}$$

w_{ig}——第 i 层沥青混合料的权重,为第 i 层厚度中点剪应力与各层厚度中点剪应力之和的比值,沥青混合料为 1 层时,w_1 取 1.0;沥青混合料为 2 层时,自上而下,w_1 取 0.44,w_2 取 0.56;沥青混合料为 3 层时,自上而下,w_1 取 0.27,w_2 取 0.36,w_3 取 0.37。

沥青混合料的动态模量应在 20 ℃、加载频率 10 Hz(面层)、5 Hz(基层)条件下进行动态压缩模量试验(水平一),或者采用式(5.39)计算沥青混合料动态压缩模量(水平二):

$$\lg E_a = 4.59 - 0.02f + 2.58G^* - 0.14P_a - 0.041V - 0.03VCA_{DRC} - 2.65 \times 1.1^{\lg G^*} \cdot f^{-0.06} - 0.05 \times$$
$$1.52^{\lg VCA_{DRC}} \cdot f^{-0.21} + 0.0031f \cdot P_a + 0.0024V \qquad (5.39)$$

式中　E_a——沥青混合料动态压缩模量,MPa;

f——试验频率,Hz;

G^*——60 ℃、10 rad/s 条件下的沥青动态剪切复数模量,kPa;

P_a——沥青混合料的油石比,%;

V——压实沥青混合料的空隙率,%;

VCA_{DRC}——捣实状态下粗集料的松装间隙率,%。

缺乏条件时(水平三),可参照表 5.57 取值。

表 5.57　沥青混合料 20 ℃ 条件下动态压缩模量取值范围

单位:MPa

沥青混合料类型	沥青种类			
	70 号道路石油沥青	90 号道路石油沥青	110 号道路石油沥青	SBS 改性沥青
SMA10、SMA13、SMA16	—	—	—	7 500 ~ 12 000
AC10、AC13	8 000 ~ 12 000	7 500 ~ 11 500	7 000 ~ 10 500	8 500 ~ 12 500
AC16、AC20、AC25	9 000 ~ 13 500	8 500 ~ 13 000	7 500 ~ 12 000	9 000 ~ 13 500
ATB25	7 000 ~ 11 000	—	—	—

注:①ATB25 为 5 Hz 条件下动态压缩模量,其他沥青混合料为 10 Hz 条件下动态压缩模量。

②沥青黏度大、级配好或空隙率小时取高值,反之取低值。

在沥青路面结构验算时,需注意:

①沥青面层应采用 20 ℃、10 Hz 条件下的动态压缩模量,沥青类基层采用 20 ℃、5 Hz 条件下的动态压缩模量。

②无机结合料稳定基层采用经调整系数(调整系数取 0.5)修正后的弹性模量。

③粒料类基层采用经湿度调整的回弹模量,湿度调整系数在 1.6 ~ 2.0 内选用。

④路基采用平衡湿度状态下并考虑干湿和冻融循环后的顶面当量回弹模量。

5.7.4　设计指标与标准

设计指标主要是从力学响应的角度提出的控制指标,应能涵盖路面结构的主要病害类型,设计控制标准是指路面结构根据设计指标的破坏过程和破坏机理所达到的极限状态。路面结构设计中结构组合若满足了控制指标的极限状态,就能保证路面结构在设计使用期内正常工作,不致出现破坏的极限状态。

(1)设计指标

为掌握沥青路面结构在车轮荷载作用下的破坏形式和病害类型,需对路面各结构层的应力应变状态进行分析。理论计算和现场调查分析结果表明:

①层位较高的水泥混凝土基层和无机结合料稳定类基层,由于刚性板体结构效应,极限拉

应力一般出现在水泥混凝土基层或无机结合料稳定类基层板的底部，产生初始裂缝并进一步发展形成断裂裂缝，从而诱发沥青面层的应力重分布，裂缝向上反射引起面层破坏。

②对于设置无机结合料稳定类下基层的路面结构，通常在下基层底部产生初始裂缝，然后向上逐渐扩展到基层和沥青面层。

③对于柔性基层沥青路面，当柔性基层材料以沥青结合料为主时，沥青结合料基层底部会承受主要的拉应力；当柔性基层材料以粒状结构为主时，粒料基层不承受拉应力，沥青面层会承受较大的拉应力。因此，柔性基层沥青路面结构的极限状态主要出现在沥青混合料层底部，形成初始裂缝并逐步扩展，最终沥青面层形成断裂裂缝。

④对于沥青混合料层以及路基，在车轮荷载的竖向压应力和剪应力作用下，会产生不可恢复的永久变形；当使用水泥混凝土或者无机结合料稳定类基层时，永久变形主要发生在沥青混合料层；当使用沥青结合料类基层或者粒料类基层时，永久变形可能会在整个结构范围内累积。

路面结构设计指标的选取应当与沥青路面结构层的主要力学响应相对应，并用于控制其主要病害的发生。因此，结合上述沥青路面结构力学分析结果及特点，我国沥青路面结构设计选用沥青混合料层层底拉应变、无机结合料稳定层层底拉应力、沥青混合料层永久变形量以及路基顶面竖向压应变作为结构设计的重要控制指标，分别用以控制沥青混合料层的疲劳开裂、无机结合料稳定层的疲劳开裂以及沥青层的永久变形。

对于季节性冻土地区，为防止路面结构的低温开裂和冻融病害，沥青面层的低温开裂指数以及路面结构的防冻厚度也是重要性能控制指标。低温开裂指数 CI 是指沥青路面竣工验收时 100 m 调查单元内横向裂缝条数，贯穿全幅的裂缝按 1 条计，未贯穿且长度超过一个车道宽度的裂缝按 0.5 条计，不超过一个车道宽度的裂缝不计入。

我国《公路沥青路面设计规范》（JTG D50—2017）规定路面结构验算时应根据路面结构组合，参照表 5.58 选择设计指标。

表 5.58 不同结构组合沥青路面设计指标

基层类型	底基层类型	设计指标
无机结合料稳定类	粒料类	无机结合料稳定层层底拉应力、沥青混合料层永久变形量
	无机结合料稳定类	
沥青结合料类	粒料类	沥青混合料层层底拉应变、沥青混合料层永久变形量、路基顶面竖向压应变
	无机结合料稳定类沥青	混合料层永久变形量、无机结合料稳定层层底拉应力
粒料类	粒料类	沥青混合料层层底拉应变、沥青混合料层永久变形量、路基顶面竖向压应变
	无机结合料稳定类	沥青混合料层层底拉应变、沥青混合料层永久变形量、无机结合料稳定层层底拉应力
水泥混凝土	—	沥青混合料层永久变形量

注：①季节性冻土地区应增加沥青面层低温开裂验算和防冻层验算。
②在沥青混合料层与无机结合料稳定层间设置粒料层时，应验算沥青混合料层疲劳开裂寿命。
③水泥混凝土基层应按现行《公路水泥混凝土路面设计规范》（JTG D40）设计。

(2)计算图式

选择单轴双轮100 kN作为标准轴载,基于双圆均布垂直荷载作用下的弹性层状连续体系理论,各设计指标应选用表5.59规定的竖向位置处的力学响应,并应按图5.23所示的计算点位置,选取A、B、C和D四点位置计算的最大力学响应量。

表5.59　各设计指标对应的力学响应及其竖向位置

设计指标	力学响应	竖向位置
沥青混合料层层底拉应变	沿行车方向的水平拉应变	沥青混合料层层底
无机结合料稳定层层底拉应力	沿行车方向的水平拉应力	无机结合料稳定层层底
沥青混合料层永久变形量	竖向压应力	沥青混合料层各分层顶面
路基顶面竖向压应变	竖向压应变	路基顶面

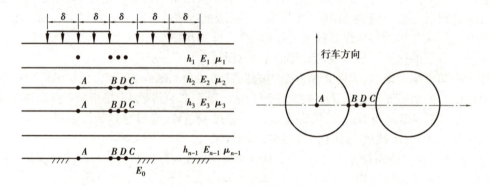

图5.23　力学响应计算点位置

根据弹性层状体系理论,沥青混合料层层底拉应变、无机结合料稳定层层底拉应力、沥青混合料层竖向压应力和路基顶面竖向压应变的计算分别如式(5.40)—式(5.43)所示。

$$\varepsilon_a = p\bar{\varepsilon}_a$$

$$\bar{\varepsilon}_a = f\left(\frac{h_1}{\delta}, \frac{h_2}{\delta} \cdots \frac{h_{n-1}}{\delta}; \frac{E_2}{E_1}, \frac{E_3}{E_2} \cdots \frac{E_0}{E_{n-1}}\right) \tag{5.40}$$

$$\sigma_t = p\bar{\sigma}_t$$

$$\bar{\sigma}_t = f\left(\frac{h_1}{\delta}, \frac{h_2}{\delta} \cdots \frac{h_{n-1}}{\delta}; \frac{E_2}{E_1}, \frac{E_3}{E_2} \cdots \frac{E_0}{E_{n-1}}\right) \tag{5.41}$$

$$p_i = p\bar{p}_i$$

$$\bar{p}_i = f\left(\frac{h_1}{\delta}, \frac{h_2}{\delta} \cdots \frac{h_{n-1}}{\delta}; \frac{E_2}{E_1}, \frac{E_3}{E_2} \cdots \frac{E_0}{E_{n-1}}\right) \tag{5.42}$$

$$\varepsilon_z = p\bar{\varepsilon}_z$$

$$\bar{\varepsilon}_z = f\left(\frac{h_1}{\delta}, \frac{h_2}{\delta} \cdots \frac{h_{n-1}}{\delta}; \frac{E_2}{E_1}, \frac{E_3}{E_2} \cdots \frac{E_0}{E_{n-1}}\right) \tag{5.43}$$

式中　ε_a——沥青混合料层底拉应变,10^{-6};

　　　$\bar{\varepsilon}_a$——理论拉应变系数;

σ_t——无机结合料稳定层的层底拉应力,MPa;

$\overline{\sigma_t}$——理论拉应力系数;

p_i——沥青混合料第 i 分层顶面竖向压应力,MPa;

$\overline{p_i}$——理论压应力系数;

ε_z——路基顶面竖向压应变,10^{-6};

$\overline{\varepsilon_z}$——理论顶面理论竖向压应变系数;

p、δ——标准轴载的轮胎接地压强(MPa)和当量圆半径(mm);

E_0——路基顶面回弹模量,MPa;

h_1、$h_2\cdots h_{n-1}$——各结构层厚度,mm;

E_1、$E_2\cdots E_{n-1}$——各结构层模量,MPa;

(3)设计标准

沥青路面在车轮反复多次作用下,沥青面层和刚性、半刚性材料层的层底拉应力超过极限,形成初始裂缝并逐步扩展至断裂的过程,属疲劳断裂损伤。因此,针对我国主要的沥青路面结构,我国《公路沥青路面设计规范》(JTG D50—2017)规定以沥青混合料层层底拉应变和无机结合料层层底拉应力为设计指标,以沥青混合料层和无机结合料层的疲劳开裂寿命为设计标准。基于沥青混合料层层底拉应变计算的沥青混合料层疲劳开裂寿命应大于基于沥青混合料层层底拉应变换算得到的设计年限内当量设计轴载累计作用次数。基于无机结合料稳定层层底拉应力计算的无机结合料稳定层疲劳开裂寿命应大于基于无机结合料稳定层层底拉应力换算得到的设计年限内当量设计轴载累计作用次数。

对于沥青路面结构,即使每一次行车荷载作用产生的残余变形量很小,但多次重复作用累积的残余变形总和也会很大,足以影响车辆的正常行驶。因此,从控制沥青路面结构永久变形角度,我国《公路沥青路面设计规范》(JTG D50—2017)要求基于设计年限内当量设计轴载累计作用次数计算的沥青混合料永久变形量应不大于表 5.60 所列的容许永久变形量。同时,路基顶面竖向压应变应小于基于设计年限内当量设计轴载累计作用次数计算获得的容许竖向压应变。

表 5.60　沥青混合料层容许永久变形量

单位:mm

基层类型	沥青混合料层容许永久变形量	
	高速、一级公路	二级、三级公路
无机结合料稳定类基层、水泥混凝土基层和底基层为无机结合料稳定类的沥青混合料基层	15	20
其他基层	10	15

对于季节性冻土地区的沥青路面结构,沥青面层低温开裂指数不宜大于表 5.61 所列数值。

表 5.61　低温开裂指数要求

公路等级	高速、一级公路	二级公路	三级、四级公路
低温开裂指数 CI,不大于	3	5	7

　　除了对上述路面使用性能设计指标的要求,高速公路、一级公路以及山岭重丘区二级和三级公路的路面在交工验收时,其抗滑技术指标应满足表 5.62 的技术要求。

表 5.62　抗滑技术要求

年平均降雨量/mm	交工检测指标值	
	横向力系数 SFC C_{60}	构造深度 TD
>1 000	≥54	≥0.55
500 ~ 1 000	≥50	≥0.50
250 ~ 500	≥45	≥0.45

注:①横向力系数 SFC C_{60}——用横向力系数测试车在 60±1 km/h 车速下测定;
　　②构造深度 TD——用铺砂法测定。

　　(4)关于弯沉指标的说明

　　我国在 2017 版之前的沥青路面设计规范一直以路表弯沉值作为设计指标。

　　路面结构的路表弯沉是路面结构在设计标准轴载作用下垂直方向的总位移。弯沉是表征路面结构总体刚度的指标。在荷载作用相同、土基支承相同的条件下,弯沉越小,表明总体刚度越大。弯沉的大小也能表征土基支承的强弱,在夏季炎热季节,沥青面层抗高温稳定性也能间接地、相对地由弯沉表征出来。以弯沉值作为设计控制指标的另一个优点是便于直接量测。因此,我国沥青路面设计方法较长时间都采用以路表弯沉作为设计控制指标。

　　在交通荷载不大、路面厚度较薄且结构单一的情况下,路表弯沉能够较好地反映路面承载能力,控制路基永久变形,把它作为设计指标是合适的。

　　但随着路面结构层厚度的增加和结构组合多样化,不同类型的路面结构,弯沉值大的并不一定比弯沉值小的使用寿命短或性能差;同时,弯沉指标不能表征路面结构内部个别结构层的某一个指标是否出现破坏极限状态;另外,弯沉与路面结构工作状态的对应关系也难以确定。因而,采用弯沉值作为评判路面结构性能优劣的依据存在不足。

　　但是,弯沉测试方法已经广为熟知,测试设备较为普及。因此,尽管我国沥青路面结构设计方法中不再以弯沉值作为设计指标,但是仍然将它作为路基和路面的交工验收指标。

　　《公路沥青路面设计规范》(JTG D50—2017)规定,路基顶面和路表的实测代表弯沉值应不超过其各自的验收弯沉值。

5.7.5　路面结构验算

　　(1)温度调整系数和等效温度

　　气温条件是影响路面性能的重要外部因素。尤其是沥青混合料,其模量对温度具有很强的依赖性。而我国当前沥青路面结构设计中,路面结构验算时,沥青混合料结构层模量取用的是 20 ℃(标准温度)条件下的试验结果。

　　为了考虑不同温度的影响,基于路面温度场的研究,我国《公路沥青路面设计规范》(JTG D50—2017)根据所在地区的气温条件、路面结构类型和结构层厚度,采用温度调整系数表征不同地区气候条件对路面结构层疲劳开裂和路基顶面竖向压应变的影响,根据所在地区的气候条件采用等效温度表征对沥青混合料层永久变形的影响。

一般分两个步骤确定温度调整系数和等效温度,首先确定基准路面结构温度调整系数和等效温度,然后进行结构层厚度和模量进行修正,得到不同结构路面的温度调整系数和等效温度。

基准路面结构是指面层、基层与路基组成的三层路面结构,一般分为粒料类基层沥青路面和无机结合料稳定类基层沥青路面两种结构形式,结构层的标准厚度和模量参数如表 5.63 所示。

表 5.63　基准路面结构

沥青面层	$h_a = 180$ mm	$E_a = 8\,000$ MPa	沥青面层	$h_a = 180$ mm	$E_a = 8\,000$ MPa
无机结合料类基层	$h_b = 400$ mm	$E_b = 7\,000$ MPa	粒料类基层	$h_b = 400$ mm	$E_b = 400$ MPa
路基	$E_0 = 100$ MPa		路基	$E_0 = 100$ MPa	

不同气温状况下基准路面结构的损坏,转换成标准温度(20 ℃)条件下基准路面结构的等效破坏,得到基准路面结构温度调整系数。部分地区各类路面结构设计指标的基准结构温度调整系数以及沥青混合料层的等效温度,可参照表 5.64 选用。其他地区的基准结构温度调整系数和沥青混合料层的等效温度,可按气温条件相近地区的系数取值,气温资料取连续 10 年的平均值。

表 5.64　各地气温统计资料及相应的基准路面结构温度调整系数和等效温度

地　名	省(自治区、直辖市)	最热月平均气温/℃	最冷月平均气温/℃	年平均气温/℃	基准路面结构温度调整系数		基准等效温度/℃
					沥青混合料层层底拉应变、无机结合料稳定层层底拉应力	路基顶面竖向压应变	
北京	北京	26.9	-2.7	13.1	1.23	1.09	20.1
济南	山东	28.0	0.2	15.1	1.32	1.17	21.8
日照	山东	26.0	-2.0	12.7	1.21	1.06	19.4
太原	山西	23.9	-5.2	10.5	1.12.	0.98	17.3
大同	山西	22.5	-10.4	7.5	1.01	0.89	15.0
侯马	山西	26.8	-2.3	13.0	1.23	1.08	19.9
西安	陕西	27.5	0.1	14.3	1.28	1.13	20.9
延安	陕西	23.9	-5.3	10.5	1.12	0.98.	17.3
安康	陕西	27.3	3.7	15.9	1.35	1.19	21.7
上海	上海	28.0	4.7	16.7	1.38	1.23	22.5
天津	天津	26.9	-3.4	12.8	1.22	1.08	20.0
重庆	重庆	28.3	7.8	18.4	1.46	1.31	23.6
台州	浙江	27.7	6.9	17.5	1.42	1.26	22.8
杭州	浙江	28.4	4.5	16.9	1.40	1.25	22.8

续表

地 名	省(自治区、直辖市)	最热月平均气温/℃	最冷月平均气温/℃	年平均气温/℃	基准路面结构温度调整系数		基准等效温度/℃
					沥青混合料层层底拉应变、无机结合料稳定层层底拉应力	路基顶面竖向压应变	
合肥	安徽	28.5	2.9	16.3	1.37	1.22	22.6
黄山	安徽	27.5	4.4	16.6	1.38	1.23	22.3
福州	福建	28.9	11.3	20.2	1.55	1.40	24.9
建瓯	福建	28.2	8.9	19.1	1.49	1.35	24.1
敦煌	甘肃	25.1	-8.0	9.9	1.10	0.97	17.6
兰州	甘肃	22.9	-4.7	10.5	1.12	0.98	17.0
酒泉	甘肃	22.2	-9.1	7.8	1.02	0.90	15.0
广州	广东	28.7	14.0	22.4	1.66	1.52	26.5
汕头	广东	28.6	14.4	22.1	1.64	1.50	26.1
韶关	广东	28.5	10.3	20.4	1.56	1.42	25.2
河源	广东	28.4	13.1	21.9	1.63	1.49	26.1
连州	广东	27.6	11.0	20.3	1.55	1.40	24.8
南宁	广西	28.4	13.2	22.1	1.64	1.51	26.3
桂林	广西	28.0	8.1	19.1	1.49	1.35	24.2
贵阳	贵州	23.7	4.7	15.3	1.31	1.15	20.1
郑州	河南	27.4	0.6	14.7	1.30	1.15	21.2
南阳	河南	27.3	1.7	15.2	1.32	1.17	21.4
固始	河南	28.1	2.6	16.0	1.36	1.21	22.3
黑河	黑龙江	21.5	-22.5	1.0	0.80	0.77	10.7
漠河	黑龙江	18.6	-28.7	-3.9	0.67	0.73	6.4
齐齐哈尔	黑龙江	23.0	-19.7	3.5	0.88	0.81	13.0
沈阳	辽宁	24.9	-11.2	8.6	1.06	0.94	16.9
大连	辽宁	24.8.	-3.2	11.6	1.16	1.02	18.2
朝阳	辽宁	25.4	-8.7	9.8	1.10	0.97	17.7
二连浩特	内蒙古	24.0	-17.7	4.8	0.92	0.84	14.2
东胜	内蒙古	21.7	-10.1	6.9	0.98	0.87	14.2
额济纳旗	内蒙古	27.4	-10.3	9.5	1.10	0.97	18.2
海拉尔	内蒙古	20.5	-24.1	0.0	0.77	0.76	9.8
科右前旗	内蒙古	20.8	-16.7	3.0	0.86	0.79	11.4

地　名	省(自治区、直辖市)	最热月平均气温/℃	最冷月平均气温/℃	年平均气温/℃	基准路面结构温度调整系数		基准等效温度/℃
					沥青混合料层层底拉应变、无机结合料稳定层层底拉应力	路基顶面竖向压应变	
通辽	内蒙古	24.3	-12.5	7.3	1.01	0.90	15.7
锡林浩特	内蒙古	21.5	-18.5	3.3	0.87	0.80	12.2
石家庄	河北	26.9	-2.4	13.3	1.24	1.10	20.3
承德	河北	24.4	-9.1	9.1	1.07	0.95	16.8
邯郸	河北	26.9	-2.3.	13.5	1.25	1.10	20.5
武汉	湖北	28.9	4.2	17.2	1.41	1.27	23.3
宜昌	湖北	27.5	5.0	17.1	1.40	1.25	22.7
长沙	湖南	28.5	5.0.	17.2	1.41	1.26	23.1
常宁	湖南	29.1	6.0	18.1	1.45	1.31	23.9
湘西	湖南	27.2	5.3	16.9	1.39	1.24	22.4
长春	吉林	23.6	-14.5	6.3	0.97	0.87	14.9
延吉	吉林	22.2	-13.1	5.9	0.95	0.86	13.9
南京	江苏	28.1	2.6	15.9	1.35	1.20	22.1
南通	江苏	26.8	3.6	15.5	1.33	1.17	21.2
南昌	江西	28.8	5.5	18.0	1.45	1.30	23.8
赣州	江西	29.1	8.3	19.6	1.52	1.38	25.0
银川	宁夏	23.8	-7.5	9.5	1.08	0.95	16.8
固原	宁夏	19.6	-7.9	6.9	0.97	0.86	13.2
西宁	青海	17.3	-7.8	6.1	0.94	0.84	11.9
海北	青海	11.3	-13.6	0.0	0.74	0.74	5.5
格尔木	青海	18.2	-8.9.	5.7	0.93.	0.83	11.9
玉树	青海	12.9	-8.0	3.5	0.85	0.78	8.2
果洛	青海	9.9	-12.9	-0.3	0.73	0.74	4.7
成都	四川	25.5	5.8	16.5	1.37	1.21	21.5
峨眉山	四川	11.7	-5.8	3.4	0.84	0.77	7.4
甘孜州	四川	13.9	-4.6	5.7	0.92	0.82	10.0
阿坝州	四川	11.0	-10.0	1.7	0.79	0.75	6.4
泸州	四川	27.0	7.6	17.9	1.43	1.28	22.9
绵阳	四川	26.2	5.5	16.7	1.38	1.22	21.9

续表

| 地 名 | 省(自治区、直辖市) | 最热月平均气温/℃ | 最冷月平均气温/℃ | 年平均气温/℃ | 基准路面结构温度调整系数 | | 基准等效温度/℃ |
					沥青混合料层层底拉应变、无机结合料稳定层层底拉应力	路基顶面竖向压应变	
攀枝花	四川	26.4	12.8	20.8	1.57	1.42	24.6
拉萨	西藏	16.2	-0.9	8.4	1.01	0.88	12.5
阿克苏	新疆	24.2	-7.7	10.6	1.13	0.99	18.0
阿勒泰	新疆	22.0	-15.4	5.0	0.92	0.84	13.4
哈密	新疆	26.3	-10.0	10.1	1.12	0.99	18.5
和田	新疆	25.7	-4.1	12.9	1.22	1.08.	20.0
喀什	新疆	25.4	-5.0	11.9	1.18	1.04	19.1
若羌	新疆	27.9	-7.2	12.0	1.19	1.06	20.2
塔城	新疆	23.3	-10.0	7.7	1.02 .	0.90	15.3
吐鲁番	新疆	32.3	-6.4	15.0	1.34	1.21	24.1
乌鲁木齐	新疆	23.9	-12.4	7.4	1.01	0.90	15.7
焉耆	新疆	23.4	-11.0	8.9	1.06	0.94	16.8
伊宁	新疆	23.4	-8.3	9.4	1.08	0.95	16.8
昆明	云南	20.3	8.9	15.6	1.30	1.13	18.7
腾冲	云南	19.9	8.5	15.4	1.29	1.12	18.5
蒙自	云南	23.2	12.7	18.8	1.46	1.29	21.9
丽江	云南	18.7	6.2	12.8	1.18	1.02	16.1
景洪	云南	26.3	17.2	22.7	1.66	1.51	25.6
海口	海南	28.9	18.4	24.6	1.77	1.65	27.9
三亚	海南	29.1	22.0	26.2	1.85	1.74	28.8
西沙	海南	29.3	23.6	27.0	1.89	1.79	29.3

当路面结构沥青面层或基层(含底基层)由两层或两层以上不同材料结构层组成时,可以按式(5.44)和式(5.45)分别换算成当量沥青面层和当量基层,从而将路面结构简化为由当量沥青面层、当量基层和路基构成的三层路面结构。对采用沥青结合料类基层的路面将基层换算至当量沥青面层,超过2层时,重复利用式(5.44)和式(5.45)自上而下逐层换算,简化为由当量沥青面层,当量基层和路基构成的三层路面结构。

$$h_i^* = h_{i1} + h_{i2} \tag{5.44}$$

$$E_i^* = \frac{E_{i1}h_{i1}^3 + E_{i2}h_{i2}^3}{(h_{i1}+h_{i2})^3} + \frac{3}{h_{i1}+h_{i2}}\left(\frac{1}{E_{i1}h_{i1}}+\frac{1}{E_{i2}h_{i2}}\right)^{-1} \tag{5.45}$$

式中 h_i^*、E_i^*——当量层厚度(mm)和模量(MPa),$i=$a 为沥青面层,$i=$b 为基层。

路面结构的温度调整系数,根据式(5.46)计算。

$$K_{Ti} = A_h A_E \hat{k}_{Ti}^{1+B_h+B_E} \tag{5.46}$$

式中 K_{Ti}——温度调整系数,$i=1$ 对应沥青混合料层疲劳开裂分析,$i=2$ 对应无机结合料稳定层疲劳开裂,$i=3$ 对应路基顶面竖向压应变分析;

$\hat{k}_{Ti}$——基准路面结构温度调整系数,按所在地查表 5.64 取用;

A_h、B_h、A_E、B_E——与面层、基层厚度和模量有关的函数,按下式计算。

沥青混合料层疲劳开裂:

$$A_E = 0.76\lambda_E^{0.09} \tag{5.47}$$
$$A_h = 1.14\lambda_E^{0.17} \tag{5.48}$$
$$B_E = 0.14\ln(\lambda_E/20) \tag{5.49}$$
$$B_h = 0.23\ln(\lambda_h/0.45) \tag{5.50}$$

无机结合料稳定层疲劳开裂:

$$A_E = 0.10\lambda_E + 0.89 \tag{5.51}$$
$$A_h = 0.73\lambda_h + 0.67 \tag{5.52}$$
$$B_E = 0.15\ln(\lambda_E/1.14) \tag{5.53}$$
$$B_h = 0.44\ln(\lambda_h/0.45) \tag{5.54}$$

路基顶面竖向压应变:

$$A_E = 0.006\lambda_E + 0.89 \tag{5.55}$$
$$A_h = 0.67\lambda_h + 0.70 \tag{5.56}$$
$$B_E = 0.12\ln(\lambda_E/20) \tag{5.57}$$
$$B_h = 0.38\ln(\lambda_h/0.45) \tag{5.58}$$

式中 λ_E——面层与基层当量模量之比,按式(5.59)计算:

$$\lambda_E = \frac{E_a^*}{E_b^*} \tag{5.59}$$

λ_h——面层与基层当量厚度之比,按式(5.60)计算:

$$\lambda_E = \frac{h_a^*}{h_b^*} \tag{5.60}$$

分析沥青混合料层永久变形量时,沥青混合料层的等效温度应按式(5.61)计算:

$$T_{pef} = T_\xi + 0.016h_a \tag{5.61}$$

式中 T_{pef}——沥青混合料层等效温度,℃;

h_a——沥青混合料层厚度,mm;

T_ξ——基准等效温度,按所在地查表 5.64 取用。

(2)沥青混合料层疲劳开裂验算

基于沥青混合料的柔性特征,一般采用沥青混合料层层底拉应变计算和控制沥青混合料层的疲劳开裂寿命。研究表明,薄沥青混合料层适宜采用常应变加载模式疲劳开裂模型,厚沥青混合料层适宜采用常应力加载模式疲劳开裂模型,介于中间厚度的沥青混合料层,需要在两者之间建立过渡关系。我国《公路沥青路面设计规范》(JTG D50—2017)在大量常应力加载模式和常应变加载模式疲劳试验的基础上,综合国内外大量加速加载试验路的疲劳数据,建立了基于沥青混合料层层底拉应变的沥青混合料层疲劳开裂寿命计算模型,如式(5.62)所示,考虑不同加载模式的过渡与转换,在该模型中引入了疲劳开裂加载模式系数。

$$N_{\mathrm{fl}} = 6.32\times10^{15.96-0.29\beta}k_ak_bk_{T1}^{-1}\left(\frac{1}{\varepsilon_a}\right)^{3.97}\left(\frac{1}{E_a}\right)^{1.58}(VFA)^{2.72} \tag{5.62}$$

式中 N_{fl}——沥青混合料层疲劳开裂寿命,以轴次计;

  β——目标可靠指数,根据公路等级按表5.50取值;

  k_{T1}——温度调整系数;

  ε_a——沥青混合料层层底拉应变,根据弹性层状理论计算计算得到,以10^{-6}计。

  k_a——季节性冻土地区调整系数,按表5.65采用内插法确定;

  k_b——疲劳加载模式系数,按式(5.63)计算:

$$k_b = \left[\frac{1+0.3E_a^{0.43}(VFA)^{-0.85}e^{0.024h_a-5.41}}{1+e^{0.024h_a-5.41}}\right]^{3.33} \tag{5.63}$$

  E_a——沥青混合料20 ℃时的动态压缩模量,MPa;

  VFA——沥青饱和度,根据沥青混合料设计结果或按现行《公路沥青路面施工技术规范》(JTG F40)的有关规定确定,%;

  h_a——沥青混合料层厚度 mm。

表5.65 季节性冻土地区调整系数

冻区	重冻区	中冻区	轻冻区	其他地区
冻结指数 $F/(℃\cdot d)$	≥2 000	2 000~800	800~50	≤50
k_a	0.60~0.70	0.70~0.80	0.80~1.00	1.00

沥青混合料层的疲劳开裂寿命应大于基于沥青混合料层层底拉应变的设计使用年限内设计车道的当量设计轴载累计作用次数。否则,应调整路面结构方案,重新验算,直至满足要求。

(3)无机结合料稳定层疲劳开裂验算

基于无机结合料稳定类材料的半刚性特征,一般采用无机结合料稳定层层底拉应力计算和控制无机结合料稳定层的疲劳开裂寿命。我国《公路沥青路面设计规范》(JTG D50—2017)在对水泥稳定砂砾、水泥稳定碎石、水泥稳定土和石灰粉煤灰稳定碎石4种常用混合料进行大量疲劳试验的基础上,建立了无机结合料稳定粒料和稳定土的疲劳开裂计算模型,见式(5.64)。

由于缺少足够的现场数据,无机结合料稳定层疲劳开裂模型的验证工作难度较大。在大量无机结合料稳定基层沥青路面结构调研基础上,归纳整理了包含公路等级、交通荷载参数和路基回弹模量等因素的不同工况下无机结合料稳定类基层沥青路面典型结构。对比调研的路面典型结构损坏状况与上述疲劳开裂模型分析结果,引入现场综合修正系数k_c以反映室内性能模型与现场疲劳开裂损坏间的差异,如式(5.64)所示。

$$N_{f2} = k_a k_{T2}^{-1} 10^{a - b\frac{\sigma_t}{R_S} + k_c - 0.57\beta} \quad (5.64)$$

式中　N_{f2}——无机结合料稳定层的疲劳开裂寿命,以轴次计;

　　　k_a——季节性冻土地区调整系数,按表 5.65 采用内插法确定;

　　　k_{T2}——温度调整系数;

　　　R_s——无机结合料稳定类材料的弯拉强度,MPa;

　　　a、b——疲劳试验回归参数,按表 5.66 确定;

　　　k_c——现场综合修正系数,按式(5.65)确定:

$$k_c = c_1 e^{c_2(h_a + h_b)} + c_3 \quad (5.65)$$

　　　c_1、c_2、c_3——参数,按表 5.67 取值;

　　　h_a、h_b——沥青混合料层和计算点以上无机结合料稳定层厚度;

　　　β——目标可靠指数,根据公路等级按表 5.52 取值;

　　　σ_t——无机结合料稳定层的层底拉应力,根据弹性层状理论计算得到,MPa。

表 5.66　无机结合料稳定层疲劳破坏模型参数

材料类型	a	b
无机结合料稳定粒料	13.24	12.52
无机结合料稳定土	12.18	12.79

表 5.67　现场综合修正系数相关参数

材料类型	新建路面结构层或改建工程既有路面结构层		改建工程加铺层	
	无机结合料稳定粒料	无机结合料稳定土	无机结合料稳定粒料	无机结合料稳定土
c_1	14.0	35.0	18.5	21.0
c_2	−0.007 6	−0.015 6	−0.01	−0.012 5
c_3	−1.47	−0.83	−1.32	−0.82

　　无机结合料稳定层的疲劳开裂寿命应大于基于无机结合料稳定层层底拉应力为指标进行轴载换算得到的设计使用年限内设计车道的当量设计轴载累计作用次数。否则,应调整路面结构组合或层厚,重新验算,直至满足要求。

　　(4)沥青混合料层永久变形量验算

　　我国《公路沥青路面设计规范》(JTG D50—2017)依据多种沥青混合料,在不同温度、轮压等条件下的大量有效车辙试验结果,建立了包含荷载作用次数、温度、竖向压应力、层厚和车辙试验永久变形量等参数的沥青混合料层永久变形预估模型,并利用国内 10 余条公路多年车辙数据和 5 个试验段车辙数据对该模型进行修正和验证。

　　考虑沥青路面不同深度处应力分布和不同沥青混合料层抗车辙性能的差异,规定分层计算永久变形量。各分层永久变形累加值与沥青混合料层总的永久变形量的差异考虑在综合修正系数 k_R 中。

对路面设计使用年限内的永久变形量进行预估时,应当使用基于沥青混合料层永久变形量指标进行轴载换算获取的设计使用年限内设计车道当量设计轴载累计作用次数,进行永久变形量计算。然而,结构分析需综合考虑路面的养护、维修工作。对交通量大、重载比例高的项目,路面设计使用年限内有时需要针对车辙进行一次或一次以上维修,此时用于计算沥青混合料层永久变形量的设计车道当量设计轴载累计作用次数为通车至首次维修的期限内当量设计轴载累计作用次数。

按照设计规范规定,首先对路面结构中的各沥青混合料层进行分层:表面层,采用 10~20 mm 作为一个分层;第二层沥青混合料层,每一分层厚度应不大于 25 mm;第三层沥青混合料层,每一分层厚度应不大于 100 mm;第四层及其以下沥青混合料层,作为一个分层。然后,根据标准条件下的车辙试验,得到各层沥青混合料的车辙试验永久变形量,按式(5.66)计算各分层的永久变形量和沥青混合料层总的永久变形量。

$$R_{a} = \sum_{i=1}^{n} R_{ai}$$

(5.66)

$$R_{ai} = 2.31 \times 10^{-8} k_{Ri} T_{pef}^{2.93} p_i^{1.80} N_{e3}^{0.48} \left(\frac{h_i}{h_0} \right) R_{oi}$$

式中 R_a——沥青混合料层永久变形量,mm;

R_{ai}——第 i 层永久变形量,mm;

n——分层数;

T_{pef}——沥青混合料层永久变形等效温度,℃;

N_{e3}——设计使用年限内或通车至首次针对车辙维修的期限内,基于沥青混合料层永久变形量指标的设计车道上当量设计轴载累次作用次数;

k_{Ri}——综合修正系数,按式(5.67)—式(5.69)计算:

$$k_{Ri} = (d_1 + d_2 \cdot z_i) \cdot 0.9731^{z_i}$$

(5.67)

$$d_1 = -1.35 \times 10^{-4} h_a^2 + 8.18 \times 10^{-2} h_a - 14.50$$

(5.68)

$$d_2 = 8.78 \times 10^{-4} h_a^2 - 1.50 \times 10^{-3} h_a + 0.90$$

(5.69)

z_i——沥青混合料第 i 分层厚度(mm),第一分层取 15 mm,其他分层为路表距分中点的深度。

h_a——沥青混合料层厚度(mm), h_a 大于 200 mm 时,取 200 mm;

p_i——沥青混合料第分层顶面竖向压应力,根据弹性层状体系理论计算得到,MPa。

验算得到的沥青混合料层永久变形量应满足表 5.60 的要求。否则,应调整沥青混合料设计直至满足要求。满足沥青混合料层容许永久变形量要求的沥青混合料,尚应满足施工技术规范要求的标准车辙试验的动稳定度要求,其永久变形量 R_0 的动稳定度可用作沥青混合料的质量要求和施工控制指标。标准车辙试验温度为 60 ℃,压强为 0.7 MPa,试件厚度为 50 mm,加载次数为 2 520 次时沥青混合料的动稳定度 DS,可根据永久变形量 R_0 按式 (5.70) 计算。

$$DS = 9365 R_0^{-1.48}$$

(5.70)

式中 DS——沥青混合料动稳定度,次/mm。

(5)路基顶面竖向压应变验算

路基顶面竖向压应变是粒料类基层沥青路面和底基层为粒料的沥青结合料类基层沥青路

面的重要设计指标。国外相关设计方法一般通过控制路基顶面竖向压应变防止路基产生过大的永久变形,并采用试验路或现场观测数据拟合竖向压应变与交通荷载参数的关系。我国粒料类基层沥青路面应用较少,缺乏足够的实测数据。为此,整理了 AASHO 试验路段的路面结构资料以及轴载作用次数等数据,建立了路基顶面竖向压应变与 100 kN 轴载作用次数间的经验关系式,经调整和修正,建立了路基顶面容许竖向压应变的计算模型,见式(5.71)。

$$[\varepsilon_z] = 1.25 \times 10^{4-0.1\beta}(k_{T3}N_{e4})^{-0.21} \tag{5.71}$$

式中 $[\varepsilon_z]$——路基顶面容许竖向压应变,10^{-6};

β——目标可靠指数,根据公路等级按表 5.52 取值;

N_{e4}——基于路基顶面压应变指标的设计使用年限内设计车道上的当量设计轴载累计作用次数;

k_{T3}——温度调整系数;

对于选定的路面结构,根据弹性层状体系理论计算出的路基顶面竖向压应变应小于容许压应变值。否则,调整路面结构方案,重新验算,直至满足要求。

(6)沥青面层低温开裂指数验算

低温开裂是季节性冻土地区沥青路面的常见病害。我国沥青路面设计规范采用经验法,分东北地区多个路段沥青性质、路面结构、路基土质类型等与路面低温开裂状况的关系,参考加拿大 Haas 模型,建立了路面低温开裂指数预估模型,见式(5.72)。

$$CI = 1.95 \times 10^{-3}S_t \lg b - 0.075(T+0.07h_a)\lg S_t + 0.15 \tag{5.72}$$

式中 CI——沥青面层低温开裂指数;

T——路面开裂设计温度,为连续 10 年年最低气温平均值,℃;

S_t——在路面低温设计温度加 10 ℃的试验温度条件下,表面层沥青弯曲梁流变试验加载 180 s 时的蠕变劲度,MPa;

h_a——沥青结合料类材料层厚度,mm;

b——路基类型参数,砂 $b=5$,粉质黏土 $b=3$,黏土 $b=2$。

沥青面层低温开裂指数值,应满足表 5.61 的低温开裂指数要求,否则应改变所选用的沥青材料,直至满足要求。

(7)防冻厚度验算

季节性冻土地区路基为中湿或潮湿状态时,应按照式 (5.73) 计算公路多年最大冻深。根据公路多年最大冻深,按表 5.68 的规定验算路面的防冻厚度,路面结构厚度小于表 5.68 规定的最小防冻厚度时,应增设防冻层,使其满足最小防冻厚度的要求。

$$Z_{max} = abcZ_d \tag{5.73}$$

式中 Z_{max}——公路多年最大冻深,mm;

Z_d——大地多年最大冻深,根据调查资料确定,mm;

a——大地冻深范围内路基、路面各层材料热物性系数,按表 5.69 确定;

b——路基湿度系数,按表 5.70 确定;

c——路基断面形式系数,根据表 5.71 按内插法确定。

表 5.68　沥青路面结构最小防冻深度

单位:mm

路基土质	基层、底基层材料类型	对应于以下公路多年最大冻深 Z_{max}(mm)和路基干湿类型的最小防冻厚度							
		中湿				潮湿			
		500~1 000	1 000~1 500	1 500~2 000	>2 000	500~1 000	1 000~1 500	1 500~2 000	>2 000
黏性土、细亚砂土	粒料类	400~450	450~500	500~600	600~700	450~550	550~600	600~700	700~800
	水泥或石灰稳定类、水泥混凝土	350~400	400~450	450~550	550~650	400~500	500~550	550~650	650~750
	水泥粉煤灰或石灰粉煤灰稳定类、沥青结合料	300~350	350~400	400~500	500~550	350~450	450~500	500~550	550~700
粉性土	粒料类	450~500	500~600	600~700	700~750	500~600	600~700	700~800	800~1000
	水泥或石灰稳定类、水泥混凝土	400~450	450~500	500~600	600~700	450~550	550~650	650~700	700~900
	水泥粉煤灰或石灰粉煤灰稳定类、沥青结合料	300~400	400~450	450~500	500~650	400~500	500~600	600~650	650~800

注:①在《公路自然区划标准》(JTJ 003—1986)中,对潮湿系数小于 0.5 的地区,Ⅱ、Ⅲ、Ⅳ等干旱地区的防冻厚度可比表中值减少 15%~20%;

②对Ⅱ区砂性土路基防冻厚度应相应减少 5%~10%;

③公路多年最大冻深大时,靠近上限取值,反之靠近下限取值。

④基层、底基层采用不同材料类型时,按厚度较大的材料类型确定。

表 5.69　路基、路面材料热物性系数 a

路基材料	黏质土	粉性土	粉土质砂	细粒土质砂黏土质砂	含细粒土质砾(砂)
热物性系数	1.05	1.10	1.20	1.30	1.35
路面材料	水泥混凝土	沥青结合料类	级配碎石	石灰粉煤灰稳定材料或水泥稳定粒料	石灰粉煤灰稳定材料土及水泥土
热物性系数	1.40	1.35	1.45	1.40	1.35

表 5.70　路基湿度系数 b

干湿类型	干燥	中湿	潮湿
潮湿系数	1.0	0.95	0.90

表 5.71 路基断面形式系数 c

填挖形式和高(深)度	路基填土高度					路基挖方高度			
	零填	<2 m	2～4 m	4～6 m	>6 m	<2 m	2～4 m	4～6 m	>6 m
断面形式系数	1.0	1.02	1.05	1.08	1.10	0.98	0.95	0.92	0.90

(8)路面结构验收弯沉值

一般要求采用落锤式弯沉仪进行路基验收,落锤式弯沉仪荷载为 50 kN, 荷载盘半径为 150 mm。路基顶面验收弯沉值 l_g 应按式 (5.74) 计算。路基顶面实测代表弯沉值 l_0 应符合式 (5.75)的要求。

$$l_g=\frac{176pr}{E_0} \tag{5.74}$$

式中 l_g——路基顶面验收弯沉值,0.01 mm;

p——落锤式弯沉仪承载板施加荷载,MPa;

r——落锤式弯沉仪承载板半径,mm;

E_0——路基顶面回弹模量,MPa;

$$l_0 \leqslant l_g \tag{5.75}$$

式中 l_0——路段内实测的路基顶面弯沉代表值 (0.01 mm),以 1～3 km 为一评定路段,按式(5.76)计算:

$$l_0=(\overline{l_0}+\beta \cdot s)K_1 \tag{5.76}$$

$\overline{l_0}$——路段内实测路基顶面弯沉平均值,0.01 mm;

s——路段内实测路基顶面弯沉值的标准差 ,0.01 mm;

β——目标可靠指标,根据公路等级,按表 5.52 取值;

K_1——路基顶面弯沉湿度影响系数,根据当地经验确定。

路表验收弯沉值 l_a 应根据设计路面结构,采用弹性层状体系理论按式 (5.77) 计算。路面结构层参数与路面结构验算时相同。路基顶面回弹模量应采用平衡湿度状态下路基顶面回弹模量乘以模量调整系数 k_1,用以协调理论弯沉与实测弯沉的差异。

$$l_a=p\bar{l}_a$$

$$\bar{l}_a=f\left(\frac{h_1}{\delta},\frac{h_2}{\delta}\cdots\frac{h_{n-1}}{\delta};\frac{E_2}{E_1},\frac{E_3}{E_2}\cdots\frac{k_1E_0}{E_{n-1}}\right) \tag{5.77}$$

式中 $\bar{l}_a$——理论弯沉系数;

k_1——路基顶面回弹模量调整系数,对于无机结合料稳定类基层沥青路面和水泥混凝土某层沥青路面,取 0.5;对于粒料类基层沥青路面和沥青结合料类基层沥青路面,当采用无机结合料稳定类底基层时,取 0.5, 否则取 1.0;

E_0——平衡湿度状态下路基顶面回弹模量,MPa;

其他符号意义同式(5.40)—式(5.43)。

路表交(竣)工时应对路表弯沉值进行检测,检测时需要考虑对弯沉进行湿度和温度修正。落锤式弯沉仪中心点弯沉代表值应符合式(5.78)的要求。

$$l_0 \leqslant l_a \tag{5.78}$$

式中　l_a——路表验收弯沉值(0.01 mm)；

　　　l_0——路段内实测路表弯沉代表值(0.01 mm)，以 1~3 km 为一个评定路段，按式(5.79)计算：

$$l_0 = (\overline{l_0} + \beta \cdot s) K_1 K_3 \tag{5.79}$$

式中　$\overline{l_a}$——路段内实测路表弯沉平均值，0.01 mm；

　　　K_1——路基顶面弯沉湿度影响系数，根据实测弯沉值通过反算得到路基模量值，再对路基模量进行修正得到结构模量值，然后得出测试状态下弯沉湿度修正系数 K_1，或者根据当地经验确定；

　　　K_3——路表弯沉温度影响系数，按式(5.80)确定：

$$K_3 = e^{[9 \times 10^{-6}(\ln E_0 - 1)h_a + 4 \times 10^{-3}](20 - T)} \tag{5.80}$$

式中　T——弯沉测定时沥青结合料类材料层中点实测或预估温度，℃；

　　　h_a——沥青结合料类材料层厚度，mm；

　　　其他符号意义同上。

5.7.6　路面结构验算流程

新建沥青路面的结构验算流程如图5.24所示，主要包括下列内容：

①根据交通数据调查以及轴载换算方法，调查分析交通参数，计算获取设计使用年限内设计车道在不同控制指标(沥青混合料层层底拉应变、沥青混合料层永久变形量、无机结合料层层底拉应力、路基顶面竖向压应变)下的当量设计轴载累计作用次数，并确定交通荷载等级。

②根据路基土类型、地下水位高度确定路基干湿类型和湿度状况，确定路基顶面回弹模量及必要的路基改善措施，并应符合规范规定。不满足要求时，应采取改变填料、设置粒料类或无机结合料稳定类路基改善层，或采用石灰或水泥处治等措施提高路基顶面回弹模量。

③根据设计要求，收集所在地区的常用路面结构组合和材料性质要求，分析影响路面结构设计的其他因素，初拟路面结构组合与厚度方案并选取设计指标。

④根据路面结构层选用的材料进行配合比设计，并检验各结构层材料的性能设计参数是否符合要求。包括无机结合料稳定类材料的无侧限抗压强度，沥青混合料的动稳定度、贯入强度、低温破坏应变和水稳定性等，季节性冻土地区的高速公路和一级公路还需要检验表面层沥青低温性能；同时检验粒料的 CBR 值。

⑤按照路面材料设计参数确定方法，依据不同水平，确定各结构层模量等设计参数。

⑥收集项目所在地区气温资料，确定各设计指标对应的温度调整系数或等效温度。

⑦采用多层弹性体系理论程序计算各设计指标的力学响应量。

⑧依据路面结构验算方法进行路面结构验算。包括沥青混合料层开裂、无机结合料稳定层疲劳开裂、沥青混合料层永久变形量、路基顶面竖向压应变以及低温开裂指数验算，验算结果不符合要求时，调整路面结构方案重新验算，直至符合为止；针对季节性冻土地区还需进行沥青路面结构最小防冻厚度验算，验算不满足要求时，应增设防冻层，使路面结构满足最小防冻厚度要求。

⑨对通过结构验算的路面结构进行技术经济分析，选定路面结构方案。

⑩计算设计路面结构的路基顶面验收弯沉值和路表验收弯沉值，用于路面交(竣)工验收。

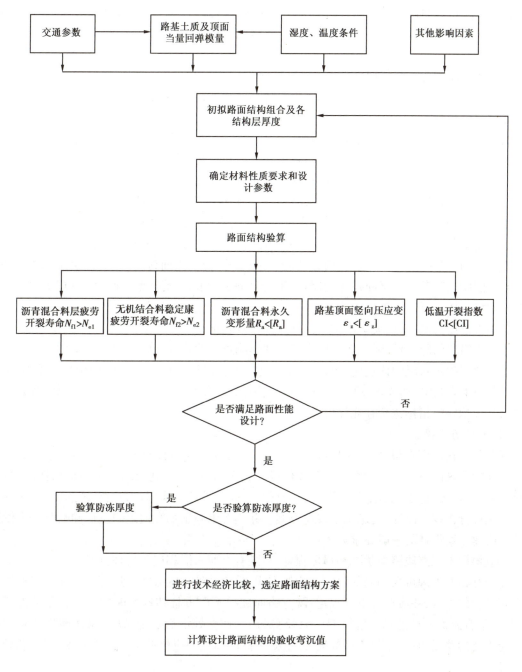

图 5.24　新建路面结构设计验算流程图

5.7.7　沥青路面改建设计

沥青路面随着使用时间的延续,其使用性能和承载能力不断降低。若路面不能满足正常行车交通的要求,则需补强或改建。当原有路面需要提高等级时,对不符合技术标准的路段应先进行线形改善,改善路段应按新建路面设计。加宽路面、提高路基、调整纵坡的路段应视具体情况按新建或改建路面设计。在原有路面上补强时,按改建路面设计。路面补强设计工作包括既有路面状况调查与分析,改建方案确定以及改建路面结构验算。

(1)既有路面状况调查与分析

对既有路面进行结构状况的调查与评定分析,其目的主要是了解路面现有结构状况和强度,据以判断是否需要加强或预估剩余使用寿命,分析路面损坏的原因及提出处理措施,提出有针对性的改建对策。

既有路面状况调查工作包括如下内容:

①收集既有路面及其排水设施设计、施工和历史养护维修情况等技术资料;

②调查分析交通量、轴载组成和增长率等交通荷载参数;

③调查路面破损状况,包括路面病害类型、严重程度、范围和数量等;

④采用落锤式弯沉仪或其他类型的弯沉仪检测既有路面结构的承载能力;

⑤采用钻芯、探坑取样、路面雷达、切割等方式,调查分析既有路面的厚度、层间结合和病害程度等情况,并取样进行室内试验,测定其模量、强度等,分析路面材料的组成及退化衰减情况;

⑥对因路基问题导致路面损坏的路段,取样调查路基的土质类型、含水率和CBR值等,分析路基的稳定性和承载力等;

⑦调查沿线气候条件、地下水位及路基路面排水状况;

⑧调查沿线的跨线桥、隧道净空要求及其他影响路面改建设计的因素。

既有路面损坏状况的评定应符合《现行公路技术状况评定标准》(JTG 5210)和《公路养护技术规范》(JTG H10)的要求,可结合路面损坏特点采用横向裂缝间距、纵向裂缝率、网裂面积率和修补面积率等指标进行补充评价。

(2)改建方案确定

基于既有路面调查与分析,经技术经济分析后,结合工程经验确定适应预期交通荷载等级和使用性能要求的改建设计方案。确定改建设计方案时,应充分利用既有路面结构性能,减少废弃材料,并积极、稳妥地再生利用既有路面材料。改建设计应采用动态设计理念,工程实施阶段逐段调查分析现场路况,动态调整改建方案。并应考虑施工期交通组织设计和临时安全设施设计。改建方案设计的一般要求如下:

①应根据不同路段路面状况和损坏程度,对既有路面采取相应的处理方案。

②既有路面处理可采用局部病害处治的方式、整体性处理的方式或局部病害处治与整体性处理相结合的方式,并应符合下列规定:既有路面破损不严重且结构性能较好的路段可参照现行《公路沥青路面养护技术规范》(JTG 5142)对局部病害处治后加铺;既有路面破损严重或结构性能不足的路段,宜采用整体性处理方式,处理深度和范围应根据路面破损程度、层位和处理工艺确定。

③改建方案应充分利用既有路面结构和材料,可视具体情况选择经局部病害处治后直接加铺一层或多层的改建方案,或者将既有路面铣刨至某一结构层或将既有路面就地再生后再加铺一层或多层的改建方案。

④既有路面存在较多裂缝时,应采取减缓反射裂缝的措施。

⑤既有路面出现因内部排水不良引起的水损害时,应改善或重置路面防排水系统。加铺层与既有路面间应采取设置黏层或封层等层间结合措施。

⑥加铺层材料组成和技术要求应符合设计参数的相应要求。再生材料技术要求应符合现

行《公路沥青路面再生技术规范》（JTG/T 5521）的有关规定。

（3）改建路面结构验算

改建路面结构验算的流程如图 5.25 所示。其验算步骤与流程与新建路面结构类似，主要区别在于，与新建路面结构相比，改建路面结构验算需要依据既有路面是否破损严重或结构性能不足来确定既有路面结构设计参数以及是否需要对既有路面结构进行验算。

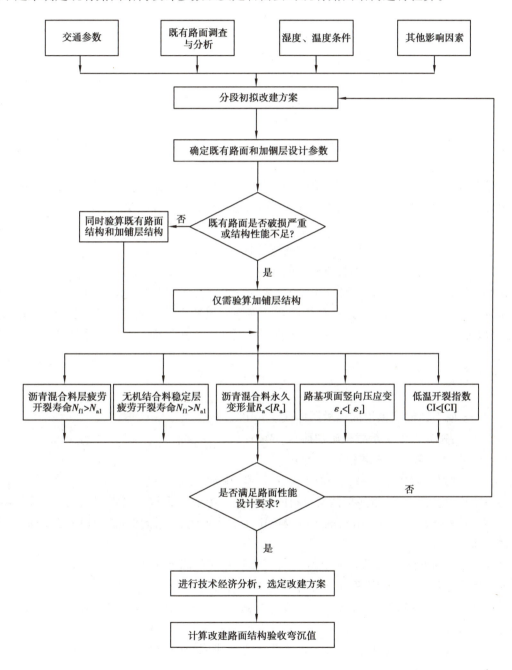

图 5.25　改建路面结构验算流程图

改建路面结构验算包括下列主要内容：

①调查分析设计使用年限内预期的交通荷载参数,计算获取设计使用年限内设计车道在不同控制指标(沥青混合料层层底拉应变,沥青混合料层永久变形,无机结合料层层底拉应力,路基顶面竖向压应变)下的当量设计轴载累计作用次数,并确定交通荷载等级。

②对既有路面技术状况进行调查和分析。充分调查和分段评估既有路面状况,分析路面损坏原因,提出针对性改建对策。

③分段初拟改建方案。根据路况调查结果,对既有路面进行分段,结合当地工程经验,分段初拟适应预期交通荷载等级和使用性能要求的改建方案。

④既有路面破损不严重且结构性能较好,采用直接加铺方案或铣刨至某一结构层再加铺方案时,应同时对既有路面结构层和加铺层进行结构验算。加铺层的设计参数应按新建路面结构确定。既有路面结构层的设计参数应按下列要求确定:

将既有路面简化为由沥青结合料类材料层、无机结合料稳定层或粒料层和路基组成的三层体系,利用弯沉盆反演或芯样实测的方法确定各层的结构模量。

既有路面无机结合料稳定层弯拉强度,宜根据现场取芯实测的无侧限抗压强度按式(5.81)计算,无条件时,可根据既有路面整体强度、基层和面层损坏状况,结合当地经验确定。

$$R_s = 0.21R_c \tag{5.81}$$

式中　R_s——无机结合料稳定类材料试件的弯拉强度,MPa;
　　　R_c——无机结合料稳定类材料试件的无侧限抗压强度,MPa。

⑤既有路面破损严重或结构性能不足时,无论采用直接加铺方案还是采用铣刨至某一结构层再加铺的方案,均应对加铺层进行结构验算。加铺面层的设计参数应按新建路面结构确定。既有路面或铣刨后留用的路面结构层不再进行结构验算,其顶面当量回弹模量应按(5.82)计算:

$$E_d = \frac{176pr}{l_0} \tag{5.82}$$

式中　E_d——既有路面结构顶面当量回弹模量,MPa;
　　　P——落锤式弯沉仪承载板施加荷载,MPa;
　　　r——落锤式弯沉仪承载板半径,mm;
　　　l_0——落锤式弯沉仪承载板中心点弯沉值(0.01 mm)。

⑥按照新建路面要求,检验加铺层材料的性能设计参数是否符合要求,如检验加铺层粒料的CBR值,无机结合料稳定类材料的无侧限抗压强度、沥青混合料的低温破坏应变、动稳定度、贯入强度和水稳定性等。

⑦收集工程所在地区气温资料,确定各设计指标相应的温度调整系数或等效温度。

⑧采用多层弹性体系理论程序计算各设计指标的力学响应量。

⑨进行路面结构验算。沥青混合料层疲劳开裂验算,无机结合料稳定层疲劳开裂验算,沥青混合料层永久变形量验算,路基顶面竖向压应变验算,低温开裂指数验算以及最小防冻厚度验算等,均应符合各自的设计标准要求,验算不满足要求时,调整路面改建方案重新验算,直至符合要求为止。

⑩对通过结构验算的路面结构进行技术经济分析,选定路面改建方案。

⑪计算改建路面结构的路表验收弯沉值,用于路面交(竣)工验收。

5.8　沥青路面结构厚度设计工程示例

（1）设计资料

本项目为新建高速公路,所在地为湖南长沙,公路区划为Ⅳ₅区,双向四车道;沿线路基土为低液限黏土,干湿类型为中湿状态;当地粗集料主要为石灰岩;交通量年平均增长率为9.5%;沥青路面设计基准期为15年。

（2）交通量计算

交通量资料如表5.72所示。

表5.72　交通量资料

车型	车轴	轴-轮型	交通量 Ni/(次·日⁻¹)
中客车 SH130	前轴	1-1	1000
	后轴	1-2	
大客车 CA50	前轴	1-1	305
	后轴	1-2	
小货车 BJ130	前轴	1-1	1900
	后轴	1-2	
中货车 CA50	前轴	1-1	550
	后轴	1-2	
中货车 EQ140	前轴	1-1	950
	后轴	1-2	
大货车 JN150	前轴	1-1	600
	后轴	1-2	
特大车日野 KB222	前轴	1-1	400
	后轴	1-2	
拖挂车五十铃	前轴	1-1	65
	后轴	3-2	

由表5.72可知,该路段每日双向交通量为5 770次/d。

由于缺乏现场载重及轴重的实测结果,本设计示例采用水平三进行分析(对于高速和一级公路,规范要求各类车辆当量设计轴载换算系数应采用水平一)。

根据表5.72,可知整体式货车比例大于70%,查《公路沥青路面设计规范》(JTG D50—2017)表 A.2.6-1 可得,属于 TTC5 分类。查表 A.2.6-2 可得 TTC5 的车辆类型分布系数 VCDFₘ,如表5.73所示。

表 5.73　车辆类型分布系数 VCDF$_m$

车辆类型	2类	3类	4类	5类	6类	7类	8类	9类	10类	11类
分布系数	9.9	42.3	14.8	0.0	22.7	2.0	2.3	3.2	2.5	0.2

非满载车和满载车的比例参照规范表 A.3.1-2 的经验值取值,如表 5.74 所示。

表 5.74　非满载车与满载车所占比例

车辆类型	非满载车	满载车
2类	85	15
3类	90	10
4类	65	35
5类	75	25
6类	55	45
7类	70	30
8类	45	55
9类	60	40
10类	55	45
11类	65	35

对 2 类～11 类车辆的当量设计轴载换算系数查表 A.3.1-3 取值。

按式(5.83)确定各类车辆的当量设计轴载换算系数。

$$EALF_m = EALF_{ml} \times PER_{ml} + EALF_{mh} \times PER_{mh} \tag{5.83}$$

式中　$EALF_{ml}$——m 类车辆中非满载车的当量设计轴载换算系数;

　　　$EALF_{mh}$——m 类车辆中满载车的当量设计轴载换算系数;

　　　PER_{ml}——m 类车辆中非满载车所占的比例;

　　　PER_{mh}——m 类车辆中满载车所占的比例。

计算可得 $EALF_m$,如表 5.75 所列。

表 5.75　各类车辆当量设计轴载换算系数计算结果

车辆类型	沥青混合料层层底拉应变 沥青混合料层永久变形	无机结合料稳定层 层底拉应力	路基顶面竖向压应变
2类	1.1	5.75	0.945
3类	0.77	32.59	0.92
4类	1.925	48.355	3.665
5类	2.025	18.675	3.625
6类	4.27	683.175	8.575
7类	2.78	171.36	4.84

车辆类型	沥青混合料层层底拉应变 沥青混合料层永久变形	无机结合料稳定层 层底拉应力	路基顶面竖向压应变
8 类	4.315	399.805	7.685
9 类	2.94	82.14	6.68
10 类	4.47	212.85	8.02
11 类	5.21	346.515	8.32

计算初始年设计车道日平均当量轴次 N_1:

$$N_1 = AADTT \times DDF \times LDF \times \sum_{m=2}^{11} (VCDF_m \times EALF_m) \tag{5.84}$$

式中 $AADTT$——2 轴 6 轮及以上车辆的双向年平均日交通量(辆/d);

DDF——方向系数;

LDF——车道系数;

m——车辆类型编号;

$VCDF_m$——m 类车辆类型分布系数;

$EALF_m$——m 类车辆的当量设计轴载换算系数。

取方向系数为 0.55,车道系数 0.8,计算可得:

$N_{11} = 5\,770 \times 0.55 \times 0.8 \times 2.060 = 5\,229.9$(沥青混合料层底拉应变、永久变形);

$N_{12} = 5\,770 \times 0.55 \times 0.8 \times 197.86 = 502\,326.97$(无机结合料稳定层层底拉应力);

$N_{14} = 5\,770 \times 0.55 \times 0.8 \times 3.68 = 9\,342.78$(路基顶面竖向压应变);

计算设计车道上的当量设计轴载累计作用次数 N_e:

$$N_e = \frac{[(1+\gamma)^t - 1] \times 365}{\gamma} N_1 \tag{5.85}$$

式中 N_e——设计使用年限内设计车道上的当量设计轴载累计作用次数,次;

t——设计使用年限,年;

γ——设计使用年限内交通量的年平均增长率,%;

N_1——初始年设计车道日平均当量轴次,次/d。

经过计算,可得:

①验算沥青混合料层疲劳开裂时:设计使用年限内设计车道上的当量设计轴载累计作用次数 $N_{e1} = 5.83 \times 10^7$。

②验算无机结合料稳定层疲劳开裂时:设计使用年限内设计车道上的当量设计轴载累计作用次数 $N_{e2} = 5.60 \times 10^9$。

③验算沥青混合料层永久变形量时:通车至首次针对车辙维修的期限内(按 10 年考虑)设计车道上的当量设计轴载累计作用次数 $N_{e3} = 2.97 \times 10^7$。

④验算路基顶面竖向压应变时:设计使用年限内设计车道上的当量设计轴载累计作用次数 $N_{e4} = 1.04 \times 10^8$。

设计使用年限内设计车道累计大型客车和货车交通量为 2.83×10^7。

由此可知,路面设计交通荷载等级为特重交通荷载等级。

(3)土基回弹模量的确定

按照《公路路基设计规范》(JTG D30—2015),新建公路模量设计值应按式(5.86)确定:

$$E_0 = K_s K_\eta M_R \tag{5.86}$$

式中　E_0——平衡状态下路基回弹模量设计值,MPa;

　　　K_s——路基回弹模量湿度调整系数;

　　　K_η——干湿循环或冻融循环条件下路基土模量折减系数(0.7~0.95),折减系数取0.95;

　　　M_R——标准状态下路基动态回弹模量,MPa。

查《公路路基设计规范》(JTG D30—2015)附录B表B-1得,低液限黏土路基标准状态下回弹模量 M_R 取85 MPa。

本设计路段属于 IV_5 区,TMI值取50,查《公路路基设计规范》(JTG D30—2015)附录D计算可得中湿类路基的回弹模量湿度调整系数为0.75。

由公式(5.86)计算可得中湿状态下的路基回弹模量设计值:

$$E_0 = 85 \times 0.95 \times 0.75 = 60.6 \text{ MPa} \geqslant [E_0] = 60 \text{ MPa}$$

满足特重交通荷载等级的路基顶面回弹模量要求。

(4)初步拟定路面结构及参数确定

根据项目所在地的水文地质、气候条件、交通、路用材料因素,结合已有工程经验与典型结构,参照《公路沥青路面设计规范》(JTG D50—2017)表4.4.2、表4.4.5、表4.5.2及附录C初拟沥青路面结构及各结构层厚度,并在沥青混合料层之间设改性乳化沥青黏层,在水泥稳定碎石基层和沥青层之间设碎石封层、乳化沥青透层。

路面结构方案为:4 cm细粒式沥青混凝土(SBS改性沥青AC-13)+6 cm中粒式沥青混凝土(SBS改性沥青AC-20)+8 cm粗粒式沥青混凝土(A-70#沥青AC-25)+20 cm水泥稳定碎石上基层+20 cm水泥稳定碎石下基层+20 cm水泥稳定碎石底基层。

各结构层参数如表5.76、表5.77所示。其中,沥青混合料车辙试验变形深度 R_0 取沥青混合料在试验温度为60 ℃、压强为0.7 MPa、加载次数为2 520次时的车辙试验永久变形量。

表5.76　沥青结构层参数

结构层材料	动态压缩模量 /MPa	泊松比	动稳定度 /次·mm^{-1}	永久变形量 R_0/mm	贯入强度 R_{τ_s}/MPa
SBS改性 AC-13	11 000	0.25	5 000	1.53	1.0
SBS改性 AC-20	11 500	0.25	4 000	1.78	0.8
A-70#AC-25	10 000	0.25	1 500	3.45	0.6

注:①沥青混合料贯入强度根据《公路沥青路面设计规范》条文5.5.8的推荐,普通沥青混合料一般为0.4~0.7 MPa,改性沥青混合料一般为0.7~1.2 MPa;

　　②永久变形量根据 $DS = 9\ 365 R_0^{-1.48}$ 反算得到。

表 5.77 基层结构层参数

结构层材料	层位	弯拉强度/MPa	弹性模量/MPa	泊松比
水泥稳定碎石	上/下基层	1.8	12 000	0.25
水泥稳定碎石	底基层	1.5	9 000	0.25

注:取水泥稳定碎石结构层模量调整系数为0.5,表中为调整后的模量值。

本方案采用无机结合料稳定类基层、无机结合料稳定类底基层,参考《公路沥青路面设计规范》(JTG D50—2017)表 6.2.1,只需要验算无机结合料稳定层层底拉应力和沥青结合料层永久变形量两个设计指标。

(5)温度调整系数与等效温度

查《公路沥青路面设计规范》(JTG D50—2017)附录 G 表 G.1.2,该项目处于湖南地区,可得:基准结构的温度调整系数(用于沥青混合料层层底拉应变、无机结合料稳定层层底拉应力)为1.41、基准结构的温度调整系数(用于路基顶面竖向压应变)为1.26,基准等效温度 $T_\xi = 23.1\ ℃$。

当路面结构的面层和基层(含底基层)由两种或两种以上的材料组成时,需要换算为当量沥青面层和当量基层。换算过程如下:

当量面层厚度:

$$h_{a1}^* = h_{a1} + h_{a2} = 40 + 60 = 100\ \text{mm}$$

$$h_a^* = h_{a1}^* + h_{a3} = 100 + 80 = 180\ \text{mm}$$

首先换算上、中面层模量:

$$E_{a1}^* = \frac{E_{a1} h_{a1}^3 + E_{a2} h_{a2}^3}{(h_{a1} + h_{a2})^3} + \frac{3}{h_{a1} + h_{a2}} \left(\frac{1}{E_{a1} h_{a1}} + \frac{1}{E_{a2} h_{a2}} \right)^{-1}$$

$$= \frac{11\ 000 \times 40^3 + 11\ 500 \times 60^3}{(40 + 60)^3} + \frac{3}{40 + 60} \times \left(\frac{1}{11\ 000 \times 40} + \frac{1}{11\ 500 \times 60} \right)^{-1}$$

$$= 11\ 248.2\ \text{MPa}$$

再换算上中面层当量模量、下面层模量:

$$E_a^* = \frac{E_{a1}^* h_{a1}^{*3} + E_{a3} h_{a3}^3}{(h_{a1}^* + h_{a3})^3} + \frac{3}{h_{a1}^* + h_{a3}} \left(\frac{1}{E_{a1}^* h_{a1}^*} + \frac{1}{E_{a3} h_{a3}} \right)^{-1}$$

$$= \frac{11\ 248.2 \times 100^3 + 10\ 000 \times 80^3}{(100 + 80)^3} + \frac{3}{100 + 80} \times \left(\frac{1}{11\ 248.2 \times 100} + \frac{1}{10\ 000 \times 80} \right)^{-1}$$

$$= 10\ 598.3\ \text{MPa}$$

因上、下基层材料、模量相同,故可把上、下基层视为一层,只需换算上、下基层和底基层。

当量基层厚度:

$$h_b^* = h_{b12} + h_{b3} = 400 + 200 = 600\ \text{mm}$$

当量基层模量:

$$E_b^* = \frac{E_{b12} h_{b12}^3 + E_{b3} h_{b3}^3}{(h_{b12} + h_{b3})^3} + \frac{3}{h_{b12} + h_{b3}} \left(\frac{1}{E_{b12} h_{b12}} + \frac{1}{E_{b3} h_{b3}} \right)^{-1}$$

$$= \frac{12\ 000 \times 400^3 + 9\ 000 \times 200^3}{(400 + 200)^3} + \frac{3}{400 + 200} \times \left(\frac{1}{12\ 000 \times 400} + \frac{1}{9\ 000 \times 200} \right)^{-1}$$

$$= 10\ 434.3\ \text{MPa}$$

可得：$\lambda_E = \dfrac{E_a^*}{E_b^*} = 1.016$，$\lambda_h = \dfrac{h_a^*}{h_b^*} = 0.3$

沥青混合料层疲劳开裂相关参数：

$$A_E = 0.76\,\lambda_E^{0.09} = 0.761$$

$$A_h = 1.14\,\lambda_h^{0.17} = 0.929$$

$$B_E = 0.14\ln\left(\frac{\lambda_E}{20}\right) = 0.14 \times \ln\left(\frac{1.016}{20}\right) = -0.417$$

$$B_h = 0.23\ln\left(\frac{\lambda_h}{0.45}\right) = 0.23 \times \ln\left(\frac{0.3}{0.45}\right) = -0.093$$

无机结合料稳定层疲劳开裂相关参数：

$$A_E = 0.10\lambda_E + 0.89 = 0.992$$

$$A_h = 0.73\lambda_h + 0.67 = 0.889$$

$$B_E = 0.15\ln\left(\frac{\lambda_E}{1.14}\right) = 0.15 \times \ln\left(\frac{1.016}{1.14}\right) = -0.017$$

$$B_h = 0.44\ln\left(\frac{\lambda_h}{0.45}\right) = 0.44 \times \ln\left(\frac{0.3}{0.45}\right) = -0.178$$

路基顶面竖向压应变相关参数：

$$A_E = 0.006\lambda_E + 0.89 = 0.896$$

$$A_h = 0.67\lambda_h + 0.70 = 0.901$$

$$B_E = 0.12\ln\left(\frac{\lambda_E}{20}\right) = 0.12 \times \ln\left(\frac{1.016}{20}\right) = -0.358$$

$$B_h = 0.38\ln\left(\frac{\lambda_h}{0.45}\right) = 0.38 \times \ln\left(\frac{0.3}{0.45}\right) = -0.154$$

路面结构的温度调整系数：

$$k_{T1} = A_h A_E \hat{k}_{T1}^{1+B_h+B_E} = 0.929 \times 0.761 \times 1.41^{1-0.093-0.417} = 0.837$$

$$k_{T2} = A_h A_E \hat{k}_{T2}^{1+B_h+B_E} = 0.889 \times 0.992 \times 1.41^{1-0.017-0.178} = 1.163$$

$$k_{T3} = A_h A_E \hat{k}_{T2}^{1+B_h+B_E} = 0.901 \times 0.896 \times 1.26^{1-0.154-0.358} = 0.904$$

计算沥青混合料层永久变形量时的沥青混合料层等效温度：

$$T_{\text{pef}} = T_\xi + 0.016 h_a = 23.1 + 0.016 \times 180 = 25.98\ \text{℃}$$

（6）无机结合料稳定层疲劳开裂验算

无机结合料稳定层疲劳寿命计算式：

$$N_{f2} = k_a k_{T2}^{-1} 10^{a - b\frac{\sigma_t}{R_s} + k_c - 0.57\beta} \tag{5.87}$$

该路段处于非季节性冻土地区，查规范表 B.1.1 取 $K_a = 1.0$。a 和 b 为疲劳试验回归参数，查规范表 B.2.1-1 确定，$a = 13.24$，$b = 12.52$。β 为可靠度系数根据公路等级按规范表 3.0.1 确定，$\beta = 1.65$。

k_c 为现场综合修正系数，计算如下，其中，c_1、c_2、c_3 查表 B.2.1-2 确定。

对上基层层底：

$$k_c = c_1 e^{c_2(h_a+h_b)} + c_3 = 14 \times e^{-0.007\,6\times(180+200)} - 1.47 = -0.69$$

对下基层层底：

$$k_c = c_1 e^{c_2(h_a+h_b)} + c_3 = 14 \times e^{-0.007\,6\times(180+400)} - 1.47 = -1.30$$

对底基层层底：

$$k_c = c_1 e^{c_2(h_a+h_b)} + c_3 = 14 \times e^{-0.007\,6\times(180+600)} - 1.47 = -1.43$$

层底拉应力 σ_t 由弹性层状体系计算程序计算可得：

上基层层底拉应力：

$$\sigma_t = 0.014 \text{ MPa}, N_{f2} = 2.8 \times 10^{11}$$

下基层层底拉应力：

$$\sigma_t = 0.073\,6 \text{ MPa}, N_{f2} = 2.64 \times 10^{10}$$

底基层层底拉应力：

$$\sigma_t = 0.111\,7 \text{ MPa}, N_{f2} = 7.44 \times 10^9$$

注：计算基层、底基层疲劳寿命时，弯拉强度分别采用基层、底基层对应的弯拉强度值。

设计使用年限内无机结合料层的疲劳寿命大于设计车道的当量轴载累计作用次数 N_{e2}，满足规范要求。

(7)沥青混合料层永久变形量验算

根据规范附录 B.3 的规定，将沥青混合料层分为 7 个分层，其中，表面层按 15 mm、15 mm、10 mm 分为三层，中面层按 20 mm 分为三层，下面层按 80 mm 分为一层。

采用弹性层状体系计算程序分别计算在标准轴载作用下各分层顶部的竖向压应力 p_i。

计算相关参数：

$$d_1 = -1.35 \times 10^{-4} h_a^2 + 8.18 \times 10^{-2} h_a - 14.50 = -4.15$$

$$d_2 = 8.78 \times 10^{-7} h_a^2 - 1.50 \times 10^{-3} h_a + 0.90 = 0.66$$

根据 $k_{Ri} = (d_1 + d_2 \cdot z_i) \cdot 0.9731^{z_i}$，可计算得到自第 1—7 层的综合修正系数，见表 5.78。

根据式(5.88)计算各分层永久变形量：

$$R_{ai} = 2.31 \times 10^{-8} k_{Ri} T_{pef}^{2.93} P_i^{1.80} N_{e3}^{0.48} \left(\frac{h_i}{h_0}\right) R_{0i} \tag{5.88}$$

计算结果见表 5.78。

表 5.78　沥青混合料层永久变形计算结果

分层编号	分层厚度/mm	竖向压力/MPa	修正系数/k_{Ri}	永久变形/mm
1—1	15	0.7	3.82	1.15
1—2	15	0.698	5.79	1.73
1—3	10	0.684	7.30	1.40
2—1	20	0.667	7.38	3.16
2—2	20	0.614	6.23	2.30
2—3	20	0.545	4.75	1.41
3	80	0.474	1.94	3.48
合计				14.63

根据计算结果可知,沥青混合料层永久变形量总和:$R_a = 14.63$ mm<15 mm,满足规范要求。

考虑整个设计使用年限内,沥青混合料永久变形量总和:$R_a = 20.23$ mm>15 mm,不满足规范要求,说明设计的路面结构运营10年左右时,需要进行车辙维修。

(8)贯入强度验算

沥青混合料的综合贯入强度应满足如下要求:

$$R_{\tau_s} = \sum_{i=1}^{n} w_{is} R_{\tau_i} \geqslant \left(\frac{0.31 \lg N_{e5} - 0.68}{\lg[R_a] - 1.31 \lg T_d - \lg \psi_s + 2.50} \right)^{1.86} \quad (5.89)$$

其中,w_{is}为第i层沥青混合料的权重,沥青混合料层位为3层时,w_1、w_2和w_3分别取0.35、0.42和0.23。

公路所在地区月平均气温大于0 ℃的月份数为12个月,据此计算得到对应于沥青混合料贯入强度验算时,设计使用年限内设计车道累计轴载作用次数$N_{e5} = 5.83 \times 10^7$。

根据公路等级查规范表3.0.6-1,可得沥青混合料层容许永久变形量$[R_a] = 15$ mm。

查规范附录G,可得项目所在地月平均气温大于0 ℃的各月份平均气温为17.2 ℃。

路面结构系数ψ_s计算:

$$\psi_s = (0.52 h_a^{-0.003} - 317.59 h_b^{-1.32}) E_b^{0.1}$$
$$= (0.52 \times 180^{-0.003} - 317.59 \times 600^{-1.32}) \times 10\,434.30^{0.1} = 1.119$$

计算可得沥青混合料层综合贯入强度,见表5.79。

表5.79　沥青混合料层综合贯入强度计算结果

沥青混合料层	第i层沥青混合料的贯入强度 R_{τ_i}/MPa	第i层沥青混合料权重 w_{is}	综合贯入强度 R_{τ_s}/MPa
SBS改性AC-13	1	0.35	0.35
SBS改性AC-20	0.8	0.42	0.336
70号道路石油沥青AC-25	0.6	0.23	0.138
沥青混合料层综合贯入强度R_{τ_s}			0.824

计算得到:

$$\left(\frac{0.31 \lg N_{e5} - 0.68}{\lg[R_a] - 1.31 \lg T_d - \lg \psi_s + 2.50} \right)^{1.86} = \left(\frac{0.31 \lg(5.83 \times 10^7) - 0.68}{\lg 15 - 1.31 \times \lg 17.2 - \lg 1.119 + 2.50} \right)^{1.86} = 0.755 \text{ MPa}$$

因此,所选路面结构及材料满足沥青混合料贯入强度的要求。

(9)验收弯沉值计算

①路基顶面验收弯沉值按照式(5.90)计算。

$$l_g = \frac{176 pr}{E_0} \quad (5.90)$$

采用落锤式弯沉仪进行验收,荷载盘半径为150 mm,荷载为50 kN,计算承载板荷载:

$$p = \frac{50 \times 10^3}{\pi \times 0.15^2} = 0.707 \text{ MPa}$$

计算路基顶面验收弯沉值时,采用路基平衡湿度状态下的顶面当量回弹模量,即只考虑温度调整系数,不考虑干湿与冻融循环作用后的模量折减系数,当弯沉检测时路基与平衡湿度存在差异时,需进行适度修正。本设计示例中,路基标准状态下回弹模量取 85 MPa,回弹模量湿度调整系数 K_s 取 0.75,则平衡湿度状态下的回弹模量 E_0 为 63.75 MPa,代入相关参数计算可得:

$$l_g = \frac{176 \times 0.707 \times 150}{63.75} = 292.8(0.01 \text{ mm})$$

②路面顶面验收弯沉值计算。路基模量采用平衡湿度状态下的回弹模量×路基顶面回弹模量调整系数(无机结合料基层结构取 0.5),即 63.75×0.5=31.875 MPa。根据设计的路面结构,采用单圆荷载弹性层状体系理论计算荷载盘下中心弯沉值。

采用拟定的路面结构以及各层结构模量值,根据弹性层状体系计算程序计算得到路表验收弯沉值 $l_a = 18.597(0.01 \text{ mm})$。

(10)沥青混合料层疲劳开裂验算

沥青混合料层的疲劳寿命按式(5.91)计算。

$$N_{f1} = 6.32 \times 10^{15.96-0.29\beta} k_a k_b k_{T1}^{-1} \left(\frac{1}{\varepsilon_a}\right)^{3.97} \left(\frac{1}{E_a}\right)^{1.58} (VFA)^{2.72} \tag{5.91}$$

式中,沥青混合料饱和度取 65%,疲劳加载模式系数 k_b:

$$k_b = \left[\frac{1+0.3E_a^{0.43}(VFA)^{-0.85}e^{0.024h_a-5.41}}{1+e^{0.024h_a-5.41}}\right]^{3.33}$$

$$= \left[\frac{1+0.3 \times 10\ 000^{0.43} \times 65^{-0.85} \times e^{0.024 \times 180-5.41}}{1+e^{0.024 \times 180-5.41}}\right]^{3.33} = 0.611$$

采用弹性层状体系计算程序得到层底拉应变 $\varepsilon_a = 2.982(\times 10^{-6})$,代入可得:

$$N_{f1} = 6.32 \times 10^{15.96-0.29 \times 1.65} \times 1 \times 0.611 \times 0.837^{-1} \times \left(\frac{1}{2.982}\right)^{3.97} \times \left(\frac{1}{10\ 000}\right)^{1.58} \times (65)^{2.72}$$

$$= 7.46 \times 10^{12}$$

由此可知,计算得到的沥青层疲劳寿命远大于设计车道的当量轴载作用次数 N_{e1},满足规范要求,这也是这种路面结构不需要进行该项内容验算的原因。

(11)路基顶面竖向压应变验算

路基顶面容许竖向压应变按式(5.92)计算:

$$[\varepsilon_z] = 1.25 \times 10^{4-0.1\beta}(k_{T3}N_{e4})^{-0.21} \tag{5.92}$$

代入计算可得:

$$[\varepsilon_z] = 1.25 \times 10^{4-0.1 \times 1.65} \times (0.904 \times 1.04 \times 10^8)^{-0.21} = 180.96(\times 10^{-6})$$

因此,采用弹性层状体系计算程序得到路基顶面竖向压应变 $\varepsilon_z = 28.085(\times 10^{-6})$,也远小于其容许竖向压应变,满足规范要求。

(12)低温开裂指数、防冻厚度验算

略。

(13)结论

对拟定的路面结构经验算,其无机结合料稳定层疲劳、沥青层永久变形和贯入强度均满足规范要求。

但在整个设计使用年限内,沥青混合料永久变形不满足规范要求,设计的路面结构在运营 10 年左右时就需要进行车辙维修。

另外,本项目路面结构只需验算无机结合料稳定层疲劳、永久变形等。为便于熟悉计算过程,本示例也进行了沥青层疲劳寿命和路基顶面竖向压应变的验算。对于其他路面结构形式,其验算可按同样方法进行。

思考题

5.1 沥青路面的优缺点有哪些?

5.2 沥青混合料按结构分为哪几种类型? 各种结构类型有何特点?

5.3 和其他材料相比较,沥青混合料材料具有哪些明显不同的特性?

5.4 沥青路面的稳定性和耐久性包括哪些方面? 试述其基本原理与影响因素,分别采用什么方法进行评价? 并分析如何提高沥青路面的稳定性和耐久性?

5.5 沥青混凝土路面结构组合设计应注意什么问题?

5.6 沥青路面设计为何要采用多指标进行控制设计? 分别控制沥青路面哪种破坏? 每个指标的设计标准是什么?

5.7 试述新建沥青路面的设计方法、原理、主要指标及基本步骤。

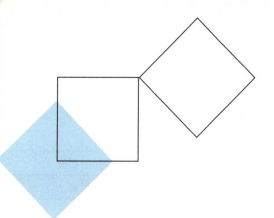

6 水泥混凝土路面

本章导读:

● **内容及要求** 本章主要介绍水泥混凝土路面基本特点、水泥混凝土路面分类、水泥混凝土路面构造、水泥混凝土路面材料与施工、水泥混凝土路面设计、水泥混凝土路面应力分析、水泥混凝土路面结构组合设计、我国水泥混凝土路面结构及板厚设计等。通过本章的学习,要求熟悉和掌握水泥混凝土路面基本特性,水泥混凝土路面各结构层特点与功能,接缝类型、功能与构造,水泥混凝土路面材料要求与配合比设计、水泥混凝土路面施工,水泥混凝土路面结构特征,荷载应力和温度应力分析,水泥混凝土路面结构组合设计,我国水泥混凝土路面设计理论与方法、设计指标及标准,配筋设计及加铺层设计等。

● **重点** 水泥混凝土路面分类与构造,水泥混凝土路面材料要求与施工工艺,水泥混凝土路面应力分析方法,水泥混凝土路面结构组合设计,水泥混凝土路面设计方法、设计原则、设计指标和标准、交通荷载分析及厚度设计,水泥混凝土路面加铺设计。

● **难点** 水泥混凝土路面应力分析,水泥混凝土路面结构与厚度设计。

6.1 概述

水泥混凝土路面,即路面结构的面层采用水泥混凝土材料修筑的路面。与其他类型的路面相比,混凝土路面具有以下优点:

(1)强度高

混凝土路面具有很高的抗压强度和较高的抗弯拉强度以及抗磨耗能力。

装配式
水泥路面

（2）稳定性好

混凝土路面的水稳定性、热稳定性均较好,特别是它的强度能随着时间的延长而逐渐提高,不存在沥青路面的"老化"现象。

（3）耐久性好

由于混凝土路面的强度和稳定性好,所以它经久耐用,一般能使用20~40年,而且它能通行包括履带式车辆等在内的各种运输工具。

（4）有利于夜间行车

混凝土路面色泽鲜明,能见度好,对夜间行车有利。

但是,混凝土路面也存在一些缺点,主要有以下几方面:

①对水泥和水的需要量大。修筑0.2 m厚、7 m宽的混凝土路面,每1 000 m要耗费水泥400~500 t和水约250 t,尚不包括养生用的水在内,这给水泥供应不足和缺水地区带来较大困难。

②有接缝。混凝土路面一般要修筑许多接缝,这些接缝不但会增加施工和养护的复杂性,而且容易引起行车跳动,影响行车的舒适性。接缝又是路面的薄弱点,如处理不当,将导致路面板边和板角处破坏。

③开放交通较迟。一般混凝土路面完工后,需要经过28 d的保湿养生,才能开放交通,如需提前开放交通,则需要采取特殊措施。

④修复困难。混凝土路面损坏后,开挖很困难,修补工作量也大,且影响交通。

6.2 水泥混凝土路面分类

水泥混凝土路面的类型包括普通混凝土路面、钢筋混凝土路面、连续配筋混凝土路面、预应力混凝土路面、碾压混凝土路面、装配式混凝土路面和钢纤维混凝土路面等。

（1）普通水泥混凝土路面

普通混凝土路面,是指除接缝区和局部范围（边缘和角隅）外,不配置钢筋的混凝土路面。这也是目前采用最广泛的混凝土路面结构形式,通常简称为混凝土路面。

普通混凝土路面的一个主要特点是纵向、横向设置有接缝,以缓解、降低水泥混凝土材料的热胀冷缩变形给路面带来的影响,不致使混凝土板产生开裂或挤胀破坏。但接缝也是普通混凝土路面的薄弱环节,一方面接缝的存在造成相邻板块的不连续,若施工处理不当,将影响相邻板块承受荷载的能力存在差异,或者一侧板块的荷载不能很好地传递到相邻板块,而导致混凝土板应力增大。另一方面,接缝在使用一段时间后,如果填缝料老化、丧失,路表水极易渗入到结构层内部,特别是在基层表面。在行车荷载反复作用下,该位置产生动水压力,将导致基层料冲刷、松散和脱空,继而会出现唧泥、错台等病害,严重影响了水泥混凝土路面的耐久性。

（2）连续配筋混凝土路面

连续配筋混凝土路面在路面纵向配有足够数量的不间断连续钢筋,以抵制混凝土路面板因纵向收缩而产生横向裂缝。因此,连续配筋混凝土路面不设横向胀缝与缩缝,形成完整和平坦的行车表面,改善了行车平稳性,同时增加了路面板的整体强度。连续配筋混凝土路面适宜用于高速公路和一级公路以及交通量特别大的重载道路。

连续配筋混凝土路面并非完全没有横向裂缝,只是由于混凝土的收缩变形受连续钢筋约束,收缩应力为钢筋承担并使横向裂缝分散在更多的部位,通常间距为1.5~4.0 m,即使存在裂缝,但是由于钢筋的约束,使之依然保持紧密接触,裂缝宽度极其微小,通常肉眼无法看清,这种微小的裂缝不致破坏路面的整体连续性、行车平稳性。

（3）钢筋混凝土路面

钢筋混凝土路面结构中配置钢筋的目的并非为增加板体的抗弯拉强度而减薄面板的厚度,配筋的目的主要是控制混凝土面板在产生裂缝之后保持裂缝紧密接触,裂缝宽度不会扩张。因此,钢筋混凝土路面主要适用于各种容易引起路面板裂缝的情况,如下:

①路面板的平面尺寸过大或形状不规则,如路面板长度大于10~20 m。

②地基软弱,虽经处理,但仍有可能产生明显的不均匀沉降而导致面板支承不均匀。

③路面板下埋设地下设施,路面板上开设检查口等情况。

由于钢筋混凝土路面配筋的目的不在于提高路面板的抗弯拉强度,因此路面板的厚度采用与不配筋的普通混凝土路面相同的设计厚度。

钢筋混凝土路面纵横向钢筋宜采用相同的直径,钢筋网的最小间距应大于混凝土的最大粒径的2倍,钢筋的搭接长度宜大于直径的35倍。钢筋网应设在面板顶部以下1/3~1/2的板厚范围内,横向钢筋位于纵向钢筋之下。外侧钢筋中心距接缝或自由边的距离一般为100~150 mm。保护层最小厚度不小于50 mm。

钢筋混凝土路面的横向接缝间距（路面板长度）可通过技术经济论证后确定,通常如接缝间距延长,则钢筋用量要增加,接缝间距太短,则接缝数量增加,对行车平顺性不利。一般情况下取接缝间距为10~20 m,最大不超过30 m。横向接缝按缩缝形式设置,并设置传力杆。

（4）钢纤维混凝土路面

在混凝土中掺入一些低碳钢、钢纤维或其他纤维（如塑料纤维、纤维网等）,即成为一种均匀而多向配筋的钢纤维混凝土。施工时一般在混凝土中掺入1.0%~1.2%（体积比）的钢纤维,钢纤维长度宜为25~60 mm,直径为0.4~0.7 mm,实践表明,钢纤维长度与直径的最佳比值为50~70。钢纤维混凝土路面可用一般混凝土路面的施工方法来铺筑,不需要特殊的机具设备。在搅拌钢纤维混凝土的过程中,应保证钢纤维均匀分布、不致成团。

钢纤维混凝土的物理力学性能如抗疲劳强度、防裂缝的能力比普通混凝土要好,因此与普通混凝土路面相比,钢纤维混凝土路面厚度可以减薄35%~45%,而缩缝间距可以增至15~20 m,此时可以不设胀缝与纵缝。

（5）碾压混凝土路面

碾压混凝土是一种通过振动碾压工艺达到高密度、高强度的干硬性水泥混凝土,与普通水泥混凝土相比,具有水泥用量少、施工速度较快、能较早开放交通等特点。由于碾压水泥混凝土表面平整度、抗滑性能和耐磨性能等问题,很少直接将其作为路面面层。但如采用碾压水泥混凝土作底面层,上覆沥青混凝土组成的复合式路面结构,则能有效地发挥两种路面材料的优势,具有整体强度高、平整度好、抗滑耐磨、造价较低和行车舒适等特点。

（6）复合式混凝土路面

复合式混凝土路面是指路面板采用上下两层由不同混凝土材料组成的混凝土路面板。

新建道路的混凝土面板一般按单层式建造,只有当缺乏品质良好的材料时,才考虑采用双层式混凝土路面板,即利用当地品质较差的材料修筑板的下层,而用品质较好的材料铺筑板的上层,以降低造价。在改建旧混凝土路面时,有时在其上加铺一层新混凝土面层,这样也形成双层式混凝土路面结构。根据双层混凝土路面上下层板之间结合程度的不同,有结合式、分离式和部分结合式3种形式。

①结合式。上下层混凝土板牢固结合,成为一整体。新建路面时,上下层混凝土连续施工,即可做成结合式。改建路面时,将下层板表面凿毛、洗净晾干,并喷刷高标号水泥浆(水灰比为0.4~0.5)或环氧树脂等黏结剂,随即铺筑新混凝土面层。对于这种结合形式,下层板的裂缝和接缝将会反射到上层板内,因此要求上下层板的接缝必须对齐,并采用同样的接缝形式和缝隙宽度。这种结合形式适用于下层板完整无裂缝或虽有一些裂缝但不再发展的情况。支立模板时,可采用混凝土块顶撑或利用旧路面板的接缝钻孔插入钢钎固定的方法。

②分离式。上下层混凝土板之间铺以一定厚度的隔离层,可防止下层板的裂缝和接缝反射到上层板内。因此,分离式双层混凝土路面板不要求上下层板的接缝对齐。当下层板严重破碎时,也可采用这种形式。新铺混凝土面层的厚度不宜小于0.12 m。施工立模时可采用穿孔插钎固定模板,也可采用预制混凝土块顶撑模板的方法固定模板。

③部分结合式。改建路面时,先对原有混凝土板表面进行清理,然后再浇筑上层板。由于上下层板之间存在部分结合,下层板上的裂缝与接缝通常仍会反射到上层板内,所以上下层板的接缝位置应相同,但其形式和宽度不要求完全相同。旧面层的结构损坏不太严重且已经修复时,可采用这种结合形式。

(7)装配式混凝土路面

装配式混凝土路面是在工厂把混凝土预制成块,再运输至现场进行装配的路面形式。其优点是:混凝土板可以全天候生产,不受外界环境因素影响;工厂化的集中生产,更容易保证其施工质量;在现场的施工进度较快,装配完成后即可通车,无须养生;同时损坏后易于拆换维修。其缺点是:接缝多、整体性较差、行车易颠簸跳动。因此,它适用于城市道路、厂矿道路、停车站场等,在公路上应用较少。根据实际需要,预制的混凝土块可采用不同的尺寸和形状。

(8)混凝土预制块路面

混凝土预制块路面是指采用混凝土预制块铺筑的路面形式,它具有结构形式简单、价格低廉、便于修复的优点,广泛应用于人行道、广场道路、街区道路、货运堆场、停车场等。混凝土预制块通常有矩形和嵌锁块形,相比装配式混凝土路面,其预制块的尺寸更小。

6.3　水泥混凝土路面构造

6.3.1　路基和基层

1)路基

理论分析表明,通过刚性面层和基层传到路基上的压力很小,一般不超过0.05 MPa。因此,混凝土板下似乎不需要有坚强的路基支承。然而,如果路基的稳定性不足,在水温变化的影响下出现较大的变形,特别是不均匀沉陷,则将给混凝土面板带来很不利的影响。实践证明,由于路基支承不均匀,使面板在受荷时底部产生过大的弯拉应力,将导致混凝土路面被破坏。因此,混凝土路面的路基必须密实、稳定和均匀。路基一般要求处于干燥或中湿状态,对潮湿状态或强度与稳定性不符合要求的路基必须进行处理。

路基的不均匀支承,可能由下列因素造成:

(1)不均匀沉陷

湿软地基未达充分固结,土质不均匀,压实不充分,填挖结合部以及新老路基交接处处理不当。

(2)不均匀冻胀

季节性冰冻地区,土质不均匀(对冰冻敏感性不同),路基潮湿条件变化。

(3)膨胀土

在过干或过湿(相对于最佳含水率)时压实,排水设施不良等。

控制路基不均匀支承的常用方法有:①将不均匀的土掺配成均匀的土;②控制压实时的含水率接近于最佳含水率,并保证压实度达到要求;③加强路基排水,对于湿软地基,则应采取加固措施;④加设功能层,以缓和可能产生的不均匀变形对面层的不利影响。

2)基层

水泥混凝土面层下设置基层的目的如下:

①防唧泥。混凝土面层如直接铺筑在路基上,由于路基土塑性变形量大,细料含量多和抗冲刷能力低而极易产生唧泥现象。铺设基层后,可减轻以至消除唧泥的产生。但未经处治的砂砾基层,其细料含量和塑性指数不能太高,否则仍会产生唧泥。

②防冰冻。在季节性冰冻地区,用对冰冻不敏感的粒状多孔材料铺筑基层,可以减少路基的冰冻深度,从而减轻冰冻的危害。

③减少路基顶面的压应力,并减轻路基不均匀变形对面层的影响。

④防水。在湿软土基上,铺筑开级配粒料基层,可以排除从路表面渗入面层板下的水分以及隔断地下毛细水上升。

⑤为面层施工(如立侧模,运送混凝土混合料)提供方便。

⑥提高路面结构的承载能力,延长路面的使用寿命。

因此,除非土基本身就是良好级配的砂砾类土,而且是排水条件良好的轻交通道路之外,都应设置基层。同时,基层应具有足够的强度和稳定性。理论计算和实践都已经证明,采用整体性好、具有较高弹性模量的材料修筑基层(如贫混凝土、沥青混凝土、水泥稳定碎石、石灰粉煤灰稳定碎石、级配碎石等),可以确保混凝土路面良好的使用特性,延长路面的使用寿命。如果基层出现较大的塑性变形累积(主要在接缝附近),面层板将与之脱空,支承条件恶化,从而增加板的应力;同时,若基层材料中含有过多的细料,还将促使其产生唧泥和错台等病害。

基层厚度以 20 cm 左右为宜。基层宽度应比混凝土路面板每侧各宽出 25 ~ 35 cm(采用小型机具或轨道式摊铺机施工)或 50 ~ 60 cm(采用滑模摊铺机施工),或与路基同宽,以供施工时安装模板,并防止路面边缘渗水至土基而导致路面破坏。

在冰冻深度大于 0.5 m 的季节性冰冻地区,为防止路基可能产生的不均匀冻胀对混凝土面层的不利影响,路面结构应有足够的总厚度,以便将路基的冰冻深度约束在有限的范围内。路面结构的最小总厚度,随冰冻线深度、路基的潮湿状况和土质而异,其数值可参考表 6.1 选定。超出面层和基层厚度的总厚度部分可用基层下的功能层(防冻层)来补足。

表6.1 水泥混凝土路面的最小防冻厚度

单位:m

路基干湿类型	路基土质	当地最大冰冻深度			
		0.50~1.00	1.01~1.50	1.51~2.00	>2.00
中湿路基	低、中、高液限黏土	0.30~0.50	0.40~0.60	0.50~0.70	0.60~0.95
	粉土,粉质低、中液限黏土	0.40~0.60	0.50~0.70	0.60~0.85	0.70~1.10
潮湿路基	低、中、高液限黏土	0.40~0.60	0.50~0.70	0.60~0.90	0.75~1.20
	粉土,粉质低、中液限黏土	0.45~0.70	0.55~0.80	0.70~1.00	0.80~1.30

6.3.2 水泥混凝土面板

轮载作用于中部时,路面板所产生的最大应力约为轮载作用于板边部的2/3,因此,早期的面层板的横断面曾采用过中间薄两边厚的形式,以适应荷载应力的变化。但是厚边式路面给土基和基层的施工带来不便,而且使用经验也表明,在厚度变化转折处,易引起板的折裂。因此,目前国内外常采用等厚式断面的混凝土板。

混凝土面板应保证表面平整、耐磨、抗滑。混凝土面板的平整度以3 m直尺量测为准。3 m直尺与路面表面的最大间隙,高速公路和一级公路的一般路段不应大于3 mm,其他各级公路不应大于5 mm。混凝土面板的抗滑标准以构造深度为指标,高速公路和一级公路不应低于0.7 mm,其他各级公路不应低于0.5 mm。

混凝土路面的排水应根据公路等级、地形、地质、气候、年降雨量、地下水等条件,结合路基排水进行设计,使之形成良好的排水系统,确保排水畅通、路基路面稳定和行车安全。

高速公路和一级公路的路面排水一般由路肩排水、中央分隔带排水和路面表面渗入水的排除等组成。水泥混凝土路面的使用经验表明,路肩必须设置边坡与板底连通的排水盲沟,以利于将路面板接缝处的渗水排出路肩。

6.3.3 接缝构造与布置

混凝土面层是由一定厚度的混凝土板组成,它具有热胀冷缩的性质。由于一年四季气温的变化,混凝土板会产生不同程度的膨胀与收缩。而在一昼夜中,白天气温升高,混凝土板顶面温度较底面温度高,这种温度差会使板的中部形成隆起的趋势。夜间气温降低,板顶面温度较底面温度低,会使板的周边和角隅发生翘起的趋势[图6.1(a)]。这些变形会受到板与基础之间的摩阻力和黏结力,以及板的自重、车轮荷载等的约束,致使板内产生过大的应力,造成板的断裂[图6.1(b)]或拱胀等破坏。

由于翘曲引起的裂缝,将板体分割为两块,但是板体尚不致完全分离,倘若板体温度均匀下降引起收缩,则将两块半体拉开[图6.1(c)]从而失去荷载传递作用。

为避免这些缺陷,混凝土路面不得不在纵横两个方向设置许多接缝,把整个路面分割成许多板块,于是产生了许多横缝与纵缝。

（a）温度差引起的变形

（b）温度差引起板的开裂

（c）温度均匀下降引起板的断裂

图 6.1 混凝土由于温度变化引起的变形及破坏

横向接缝是垂直于行车方向的接缝,共有 3 种:缩缝、胀缝和施工缝。缩缝保证板因温度和湿度的降低而收缩时沿该薄弱断面缩裂,从而避免产生不规则的裂缝。胀缝保证板在温度升高时能部分伸张,从而避免产生路面板在热天的拱胀和折断破坏,同时胀缝也能起到缩缝的作用。另外,应在混凝土每天完工以及雨天或其他原因不能继续施工时,尽量在胀缝处收工。如不可能,也应在缩缝处收工,并按施工缝的构造形式制作接缝。

无论哪种形式的接缝,板体都不可能是完全连续的,其传递荷载的能力均无法达到连续板体的要求,而且任何形式的接缝都不免要漏水。因此,对各种形式的接缝,都必须提供相应的传荷与防水设施。

1）横缝

横向接缝的间距（即板长）按面层类型和厚度选定。普通水泥混凝土板长一般为 4~6 m,面层板的长宽比不宜超过 1.35,平面尺寸不宜大于 25 m²;碾压混凝土或钢纤维混凝土板长一般为 6~10 m;钢筋混凝土板长一般为 6~15 m,面层板的长宽比不宜超过 2.5,平面尺寸不宜大于 45 m²。

（1）施工缝

每日施工结束或因临时原因中断施工时,必须设置横向施工缝,其位置应尽可能选在缩缝或胀缝处。设在缩缝处的施工缝,应采用加传力杆的平缝形式,其构造如图 6.2 所示;设在胀缝处的施工缝,其构造与胀缝相同,其构造如图 6.5 所示。

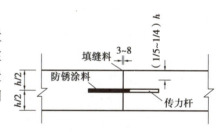

图 6.2 横向施工缝构造

（2）缩缝

横向缩缝可等间距或变间距设置,采用假缝形式。

极重、特重和重交通荷载公路的横向缩缝,中等和轻交通荷载公路邻近胀缝或自由端部的 3 条横向缩缝,以及收费广场的横向缩缝,应采用设传力杆假缝形式,其构造如图 6.3（a）所示。其他情况可采用不设传力杆假缝形式,其构造如图 6.3（b）所示。传力杆的设置应不妨碍混凝土板自由伸缩,钢筋表面应覆以防锈涂料。

对于缩缝传力杆的设置问题,一般认为:对低交通量道路,当缩缝间距小于 4.5~6.0 m 时,可不设传力杆;对大交通量道路,任何时候都应该设置传力杆。

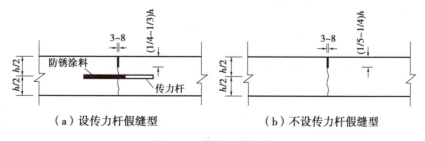

（a）设传力杆假缝型　　　　　　（b）不设传力杆假缝型

图 6.3 横向缩缝构造

横向缩缝顶部应锯切槽口,设置传力杆时槽口深度为面层厚度的 1/4 ~ 1/3,不设置传力杆时槽口深度为面层厚度的 1/5 ~ 1/4。槽口宽度应根据施工条件、填缝料性能等因素而定,通常可取宽度为 3 ~ 8 mm,槽内填塞填缝料。二级及二级以下公路的槽口可一次锯切成型,高速和一级公路槽口宜二次锯切成型,增设宽 7 ~ 10 mm 的浅槽口,槽口下部设置背衬垫条,上部用填缝料灌填,其构造如图 6.4 所示。

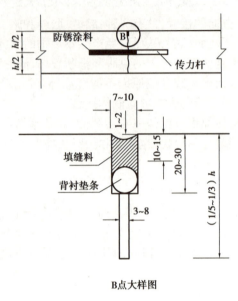

图 6.4　浅槽口构造

(3)胀缝

在邻近桥梁或其他固定构造物处或与其他道路相交处应设置横向胀缝。设置的胀缝条数,视膨胀量大小而定,胀缝宽宜为 20 mm,缝内设置填缝板和可滑动的传力杆,传力杆的尺寸、间距和要求,与缩缝传力杆相同,胀缝的构造如图 6.5 所示。

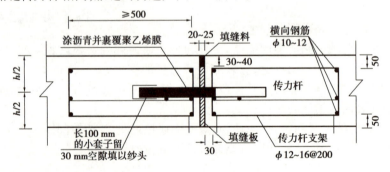

图 6.5　胀缝构造

(4)传力杆

传力杆应采用光圆钢筋。其尺寸和间距可按表 6.2 选用,最外侧传力杆距纵向接缝或自由边的距离为 150 ~ 250 mm。

表 6.2 传力杆尺寸和间距

单位:mm

面层厚度	传力杆直径	传力杆最小长度	传力杆最大间距
220	28	400	300
240	30	400	300
260	32	450	300
280	32～34	450	300
≥300	34～36	500	300

2)纵缝

纵向接缝是指平行于路面行车方向的接缝,其布设应视路面总宽度、行车道及硬路肩宽度以及施工铺筑宽度而定,间距(即板宽)可在 3.0～4.5 m 内选用。

一次铺筑宽度小于路面宽度时,应设置纵向施工缝。纵向施工缝采用设拉杆平缝形式,上部应锯切槽口,深度为 30～40 mm,宽度为 3～8 mm,槽内灌塞填缝料,构造如图 6.6(a)所示。

一次铺筑宽度大于 4.5 m 时,应设置纵向缩缝。纵向缩缝采用设拉杆假缝形式,锯切的槽口深度应大于施工缝的槽口深度。采用粒料基层时,槽口深度应为板厚的 1/3;采用半刚性基层时,槽口深度应为板厚的 2/5。其构造如图 6.6(b)所示。

碾压混凝土面层一次摊铺宽度大于 7.5 m 时,应设置纵向缩缝。缩缝构造如图 6.6(b)所示,钢纤维混凝土面层的摊铺宽度小于 7.5 m 时,可不设纵向缩缝。

行车道路面与混凝土硬路肩之间的纵向接缝必须设置拉杆。

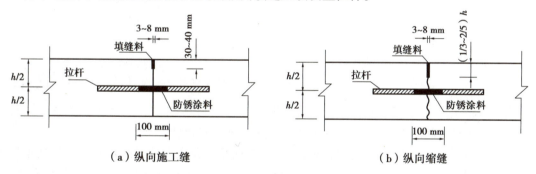

（a）纵向施工缝   （b）纵向缩缝

图 6.6 纵缝构造

纵缝应与路线中线平行。在路面等宽的路段内或路面变宽路段的等宽部分,纵缝的间距和形式应保持一致。路面变宽段的加宽部分与等宽部分之间,应以纵向施工缝隔开。加宽板在变宽段起终点处的宽度不应小于 1 m。

拉杆应采用螺纹钢筋,设在板厚中央,并应对拉杆中部 100 mm 范围内进行防锈处理。拉杆的直径、长度和间距,可参照表 6.3 选用。施工布设时,拉杆间距应按横向接缝的实际位置予以调整,最外侧的拉杆距横向接缝的距离不得小于 100 mm。

连续配筋混凝土面层的纵缝拉杆可由板内横向钢筋延伸穿过接缝代替。

表 6.3　拉杆直径、长度和间距

单位:mm

面层厚度/mm	到自由边或未设拉杆纵缝的距离/m					
	3.00	3.50	3.75	4.50	6.00	7.50
200～250	14×700×900	14×700×800	14×700×700	14×700×600	14×700×500	14×700×400
≥260	16×800×800	16×800×700	16×800×600	16×800×500	16×800×400	16×800×300

注:拉杆尺寸表示方法为直径×长度×间距。

3)纵横缝的布置

纵缝与横缝一般做成垂直正交,使混凝土板具有90°的角隅。纵缝两旁的横缝一般成一条直线。实践证明,如横缝在纵缝两旁错开,将导致板产生从横缝延伸出来的裂缝(图6.7)。在交叉口范围内,为了避免板块形成锐角并使板的长边与行车方向一致,大多采用辐射式的接缝布置形式(图6.8)。

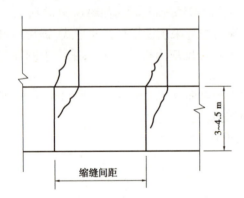

图 6.7　横缝错开时引起的裂缝

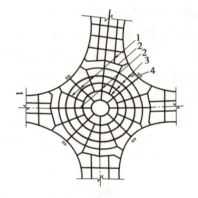

图 6.8　交叉口接缝布置图
1—纵缝(企口式);2—胀缝;3—缩缝;4—进水口

两条道路正交时,各条道路宜保持本身纵缝的连贯,而相交路段内各条道路的横缝位置应按相对道路的纵缝间距作相应变动,保证两条道路的纵横缝垂直相交,互不错位。

两条道路斜交时,主要道路宜保持纵缝的连贯,而相交路段内的横缝位置应按次要道路的纵缝间距作相应变动,保证与次要道路的纵缝相连接。相交道路弯道加宽部分的接缝布置,应不出现或少出现错缝和锐角板。当出现错缝、锐角时,宜加设防裂钢筋、角隅补强钢筋。

在次要道路弯道加宽段起终点断面处的横向接缝,应采用胀缝形式。膨胀量大时,应在直线段连续布置2～3条胀缝。

目前在国内外有关工程中,采取横缝与纵缝交叉成80°左右的斜角的方式,同时传力杆仍然与路中线平行布设,其目的是使车辆通过时,每次只有一个(或一组)后轮跨越接缝,减轻由于共振作用所引起的行车跳动的幅度,同时也可缓和板伸张时的顶推作用。

当采用等厚式板时,或混凝土板纵、横向自由边缘下的基础有可能产生较大的塑性变形时,应在其自由边缘和角隅处设置边缘钢筋和角隅钢筋等两种补强钢筋。

4）端部处理

混凝土路面与桥涵、通道及隧道等固定构造物相衔接的胀缝无法设置传力杆时，可在毗邻构造物的板端部内配置双层钢筋网；或在长度为 6～10 倍板厚的范围内逐渐将板厚增加20%，如图6.9所示。

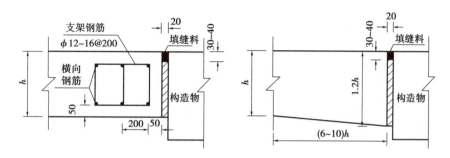

图6.9 邻近构造物胀缝构造

混凝土路面与桥梁相接，桥头设有搭板时，应在搭板与混凝土面层板之间设置长 6～10 m 的钢筋混凝土面层过渡板。后者与搭板间的横缝采用设拉杆平缝形式，与混凝土面层间的横缝采用设传力杆胀缝形式。膨胀量大时，应连续设置 2～3 条设传力杆胀缝。当桥梁为斜交时，钢筋混凝土板的锐角部分应采用钢筋网补强。

桥头未设搭板时，宜在混凝土面层与桥台之间设置长 10～15 m 的钢筋混凝土面层板；或设置由混凝土预制块面层或沥青面层铺筑的过渡段，其长度不小于 8 m。

连续配筋混凝土面层与其他类型路面或构造物相连接的端部，应设置锚固结构。端部锚固结构可采用钢筋混凝土地梁或宽翼缘工字钢梁接缝等形式。

钢筋混凝土地梁依据路基土的强弱一般采用 3～5 个，梁宽 400～600 mm，梁高 1 200～1 500 mm，间距为 5 000～6 000 mm。地梁与连续配筋混凝土面层连成整体，其构造如图6.10所示。

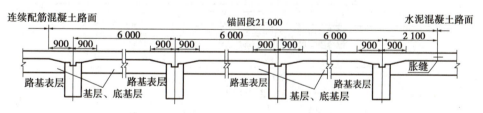

（a）锚固段的纵断面（地梁应贯穿路面全宽）

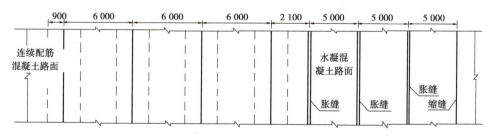

（b）锚固段与毗邻板的平面图

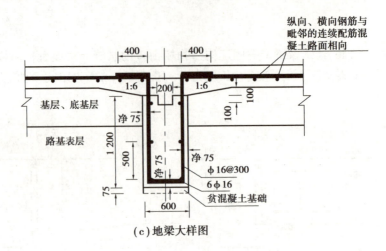

(c)地梁大样图

图6.10　钢筋混凝土地梁锚固

　　宽翼缘工字钢梁的底部锚入钢筋混凝土枕梁内,工字钢梁的尺寸、锚入深度依据连续配筋混凝土路面厚度选择,枕梁一般长3 000 mm、厚200 mm;钢梁腹板与连续配筋混凝土面层端部间填入胀缝材料。其构造如图6.11所示。

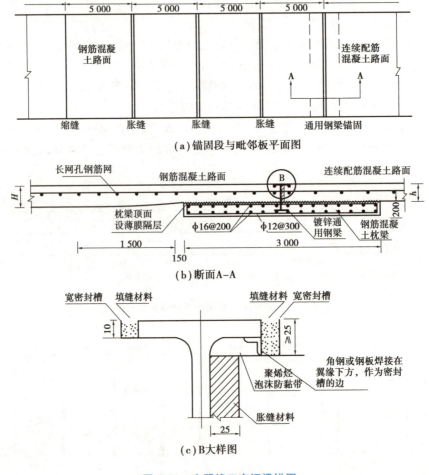

(a)锚固段与毗邻板平面图

(b)断面A—A

(c)B大样图

图6.11　宽翼缘工字钢梁锚固

5）接缝填封材料

胀缝接缝板应选用能适应混凝土板膨胀收缩、施工时不变形、复原率高和耐久性好的材料。高速和一级公路宜选用泡沫橡胶板、沥青纤维板；其他等级公路也可选用木材类或纤维类板。

接缝填缝料应选用与混凝土接缝槽壁黏结力强，回弹性好、适应混凝土板收缩、不溶于水、不渗水、高温时不流淌、低温时不脆裂、耐老化、有一定抵抗砂石嵌入的能力，以及便于施工操作的材料。高速公路、一级公路宜选用硅酮类、聚氨酯类填缝料；二级及以下公路可选用聚氨酯类、橡胶沥青类或改性沥青类填缝料。

6.3.4　特殊部位混凝土路面处理

混凝土路面与沥青路面相接时，其间应设置至少 3 m 长的过渡段。过渡段的路面采用两种路面呈阶梯状叠合布置，其下面铺设的变厚度混凝土过渡板的厚度不得小于 200 mm，如图 6.12 所示。过渡板顶面应设横向拉槽，保证沥青层与过渡板的良好黏结。过渡板与混凝土面层相接处的接缝内设置直径 25 mm、长 700 mm、间距为 400 mm 的拉杆。混凝土面层毗邻该接缝的 1~2 条横向接缝应设置胀缝。

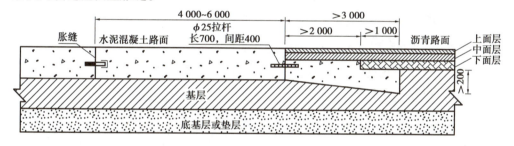

图 6.12　混凝土路面与沥青路面相接段的构造布置

6.4　水泥混凝土路面材料与施工

6.4.1　原材料

路面用水泥混凝土混合料相对于其他工程结构水泥混合料应具有更高的品质要求。由于路面面层除了承受动荷载的冲击、磨耗和反复弯曲作用之外，还受到大气温度、湿度反复变化的影响。因此，面层混凝土混合料必须具有较高的抗弯拉强度和耐磨性能、良好的耐冻性以及尽可能低的膨胀系数，此外还应该有适当的施工和易性。原材料的质量是混凝土混合料与混凝土路面工程质量的重要保障。

水泥混凝土路面的原材料包括水泥、粗集料、细集料、水、外加剂及接缝材料、养生材料等。

1）水泥

水泥作为混凝土的胶结料，是混凝土成分中最重要的部分。极重、特重、重交通荷载等级公路面层水泥混凝土应采用旋窑生产的道路硅酸盐水泥、硅酸盐水泥、普通硅酸盐水泥，中、轻交通荷载等级公路面层水泥混凝土可采用矿渣硅酸盐水泥。高温期施工宜采用普通型水泥,低温期施工宜采用早强水泥。各龄期实测抗折强度、抗压强度应符合表 6.4 的要求。

表 6.4　面层水泥混凝土用水泥各龄期的实测强度值

混凝土设计弯拉强度标准值/MPa	5.5		5.0		4.5		4.0	
龄期/d	3	28	3	28	3	28	3	28
水泥实测抗折强度/MPa≥	5.0	8.0	4.5	7.5	4.0	7.0	3.0	6.5
水泥实测抗压强度/MPa≥	23.0	52.5	17.0	42.5	17.0	42.5	10.0	32.5

　　各交通荷载等级公路面层水泥混凝土用水泥的成分应符合表 6.5 的规定,物理指标应符合表 6.6 的规定。

表 6.5　各交通荷载等级公路面层水泥混凝土用水泥的成分要求

项　次	水泥成分	极重、特重、重交通荷载等级	中、轻交通荷载等级
1	熟料游离氧化钙含量/%≤	1.0	1.8
2	氧化镁含量/%≤	5.0	6.0
3	铁铝酸四钙含量/%	15.0~20.0	12.0~20.0
4	铝酸三钙含量/%≤	7.0	9.0
5	三氧化硫含量/%≤	3.5	4.0
6	碱含量 $Na_2O+0.658K_2O$/%≤	0.6	怀疑集料有碱活性时,0.6;无碱活性时,1.0
7	氯离子钙含量/%≤	0.06	0.06
8	混合材种类	不得掺窑灰、煤矸石、火山灰、烧黏土、煤渣,有抗盐冻要求时不得掺石灰岩粉	

注:三氧化硫含量在硫酸盐腐蚀场合为必测项目,无腐蚀场合则为选测项目。氯离子含量在配筋混凝土和钢纤维混凝土面层中为必测项目,水泥混凝土面层为选测项目。

表 6.6　各交通荷载等级公路面层水泥混凝土用水泥的物理指标要求

项　次	水泥物理性能		极重、特重、重交通荷载等级	中、轻交通荷载等级
1	出磨时安定性		雷氏夹和蒸煮法检验均必须合格	蒸煮法检验必须合格
2	凝结时间/h	初凝时间≥	1.5	0.75
		终凝时间≤	10	10
3	标准稠度需水量/%≤		28.0	30.0
4	比表面积/(m²·kg⁻¹)		300~450	300~450

项　次	水泥物理性能	极重、特重、重交通 荷载等级	中、轻交通 荷载等级
5	细度(80 μm 筛余)/% ≤	10.0	10.0
6	28 d 干缩率/% ≤	0.09	0.10
7	耐磨性/(kg·m^{-2})	2.5	3.0

2) 粗集料

水泥混凝土混合料中的粗集料(>4.75 mm)宜选用质地坚硬、耐久、干净的碎石、破碎卵石或卵石。极重、特重、重交通荷载等级公路面层混凝土用粗集料质量不应低于表 6.7 中 Ⅱ 级要求;中、轻交通荷载等级公路面层水泥混凝土可使用 Ⅲ 级粗集料。

表 6.7　碎石、破碎卵石和卵石质量标准

项　次	项　目	技术要求		
		Ⅰ 级	Ⅱ 级	Ⅲ 级
1	碎石压碎值/% ≤	18.0	25.0	30.0
2	卵石压碎值/% ≤	21.0	23.0	26.0
3	坚固性(按质量损失计)/% ≤	5.0	8.0	12.0
4	针片状颗粒含量(按质量计)/% ≤	8.0	15.0	20.0
5	含泥量(按质量计)/% ≤	0.5	1.0	2.0
6	泥块含量(按质量计)/% ≤	0.2	0.5	0.7
7	吸水率(按质量计)/% ≤	1.0	2.0	3.0
8	硫化物及硫酸盐含量(按 SO$_3$ 质量计)/% ≤	0.5	1.0	1.0
9	洛杉矶磨耗损失/% ≤	28.0	32.0	35.0
10	有机物含量(比色法)	合格	合格	合格
11	岩石抗压强度/MPa ≥ 岩浆岩	100		
	变质岩	80		
	沉积岩	60		
12	表观密度/(kg·m^{-3}) ≥	2 500		
13	松散堆积密度/(kg·m^{-3}) ≥	1 350		
14	空隙率/% ≤	47		
15	磨光值/% ≥	35.0		
16	碱活性反应	不得有碱活性反应或疑似碱活性反应		

粗集料应根据混凝土配合比的公称最大粒径分为 2~4 个单粒级的集料,并掺配使用。其

级配范围应该符合表6.8的要求。

表6.8　粗集料级配范围

方孔筛尺寸/mm		2.36	4.75	9.50	16.0	19.0	26.5	31.5	37.5
级配类型		累计筛余(以质量计)/%							
合成级配	4.75~16.0	95~100	85~100	40~60	0~10				
	4.75~19.0	95~100	85~95	60~75	30~45	0~5	0		
	4.75~26.5	95~100	90~100	70~90	50~70	25~40	0~5	0	
	4.75~31.5	95~100	90~100	75~90	60~75	40~60	20~35	0~5	0
单粒级级配	4.75~9.5	95~100	80~100	0~15	0				
	9.5~16.0		95~100	80~100	0~15	0			
	9.5~19.0		95~100	85~100	40~60	0~15	0		
	16.0~26.5			95~100	55~70	25~40	0~10	0	
	16.0~31.5			95~100	85~100	55~70	25~40	0~10	~0

各种面层水泥混凝土配合比的不同种类粗集料公称最大粒径宜符合表6.9的要求。

表6.9　各种面层水泥混凝土配合比的不同种类粗集料公称最大粒径

单位:mm

交通荷载等级		极重、特重、重		中、轻	
面层类型		水泥混凝土	纤维混凝土配筋混凝土	水泥混凝土	碾压混凝土砌块混凝土
最大公称粒径	碎石	26.5	16.0	31.5	19.0
	破碎卵石	19.0	16.0	26.5	19.0
	卵石	16.0	9.5	19.0	16.0

采用再生粗集料时,其可以用于中、轻交通荷载等级的公路。再生粗集料可以单独或掺配使用,但应通过配合比试验验证,确定混凝土性能满足设计要求。再生粗集料用于水泥混凝土时,其最大公称粒径为26.5 mm,用于碾压混凝土、砌块混凝土时,其最大公称粒径为19.0mm。再生粗集料的具体技术要求可参考《公路水泥混凝土路面施工技术细则》(JTG/T F30—2014)。

3)细集料

水泥混凝土细集料应使用质地坚硬、耐久、洁净的天然砂或机制砂。极重、特重、重交通荷载等级公路面层混凝土用天然砂质量标准不应低于表6.10中Ⅱ级要求;中、轻交通荷载等级公路面层水泥混凝土可使用Ⅲ级天然砂。

表6.10 天然砂的质量标准

项次	项目	技术要求		
		Ⅰ级	Ⅱ级	Ⅲ级
1	坚固性(按质量损失计)/% ≤	6.0	8.0	10.0
2	含泥量(按质量计)/% ≤	1.0	2.0	3.0
3	泥块含量(按质量计)/% ≤	0	0.5	1.0
4	氯离子含量(按质量计)/% ≤	0.02	0.03	0.06
5	云母含量(按质量计)/% ≤	1.0	1.0	2.0
6	硫化物及硫酸盐含量(按SO₃质量计)/% ≤	0.5	0.5	0.5
7	海砂中的贝壳类物质含量(按质量计)/% ≤	3.0	5.0	8.0
8	轻物质含量(按质量计)/% ≤	1.0		
9	吸水率/% ≤	2.0		
10	表观密度/kg·m⁻³ ≥	2 500.0		
11	空隙率/% ≤	45.0		
12	松散堆积密度/kg·m⁻³ ≥	1 400.0		
13	有机物含量(比色法)	合格		
14	碱活性反应	不得有碱活性反应或疑似碱活性反应		
15	结晶态二氧化硅含量/% ≥	25.0		

天然砂的级配范围宜符合表6.11的规定。面层水泥混凝土使用的天然砂细度模数宜为2.0~3.7。

表6.11 天然砂的推荐级配范围

砂分级	细度模数	方孔筛尺寸/mm(试验方法依据 JTG E42—2005/T0327)							
		9.5	4.75	2.36	1.18	0.60	0.30	0.15	0.075
		通过各筛孔的质量百分率/%							
粗砂	3.1~3.7	100	90~100	65~95	35~65	15~30	5~20	0~10	0~5
中砂	2.3~3.0	100	90~100	75~100	50~90	30~60	8~30	0~10	0~5
细砂	1.6~2.2	100	90~100	85~100	75~100	60~84	15~45	0~10	0~5

机制砂宜采用碎石作为原料,并用专用设备生产。极重、特重、重交通荷载等级公路面层混凝土用机制砂质量标准不应低于表6.12中Ⅱ级要求;中、轻交通荷载等级公路面层水泥混凝土可使用Ⅲ级机制砂。

表 6.12　机制砂的质量标准

项　次	项　目		技术要求		
			Ⅰ 级	Ⅱ 级	Ⅲ 级
1	机制砂母岩的抗压强度/MPa ≥		80.0	60.0	30.0
2	机制砂母岩的磨光值 ≥		38.0	35.0	30.0
3	机制砂单粒级最大压碎指标/% ≤		20.0	25.0	30.0
4	坚固性(按质量损失计)/% ≤		6.0	8.0	10.0
5	氯离子含量(按质量计)/% ≤		0.01	0.02	0.06
6	云母含量(按质量计)/% ≤		1.0	2.0	2.0
7	硫化物及硫酸盐含量(按 SO_3 质量计)/% ≤		0.5	0.5	0.5
8	泥块含量(按质量计)/% ≤		0	0.5	1.0
9	石粉含量 /% <	MB 值<1.40 或合格	3.0	5.0	7.0
		MB 值>1.40 或不合格	1.0	3.0	5.0
10	轻物质含量(按质量计)/% ≤		1.0		
11	吸水率/% ≤		2.0		
12	表观密度/(kg·m⁻³) ≥		2 500.0		
13	松散堆积密度/(kg·m⁻³) ≥		1 400.0		
14	空隙率/% ≤		45.0		
15	有机物含量(比色法)		合格		
16	碱活性反应		不得有碱活性反应或疑似碱活性反应		

机制砂的级配范围宜符合表 6.13 的规定。面层水泥混凝土使用的机制砂细度模数宜为 2.3~3.1。

表 6.13　机制砂的推荐级配范围

机制砂分级	细度模数	方孔筛尺寸/mm(试验方法依据 JTG E42—2005/T 0327)						
		9.5	4.75	2.36	1.18	0.60	0.30	0.15
		水洗法通过各筛孔的质量百分率/%						
Ⅰ 级	2.3~3.1	100	90~100	80~95	50~85	30~60	10~20	0~10
Ⅱ、Ⅲ 级	2.8~3.9	100	90~100	50~95	30~65	15~29	5~20	0~10

4)水

通常饮用水可以直接作为混凝土搅拌和养护用水。非饮用水应进行水质检验,并符合表 6.14 的要求。同时还应与蒸馏水进行水泥凝结时间和水泥胶砂强度的对比试验,对比试验的水泥初凝与终凝时间差均不应大于 30 min,水泥胶砂 3 d 和 28 d 强度不应低于蒸馏水配制强度的 90%。

表 6.14　非饮用水质量标准

项　次	项　目	钢筋混凝土及钢纤维混凝土	素混凝土
1	pH 值≥	5.0	4.5
2	Cl^- 含量/$(mg \cdot L^{-1})$≤	1 000	3 500
3	SO_4^{2-} 含量/$(mg \cdot L^{-1})$≤	2 000	2 700
4	碱含量/$(mg \cdot L^{-1})$≤	1 500	1 500
5	可溶物含量/$(mg \cdot L^{-1})$≤	5 000	10 000
6	不溶物含量/$(mg \cdot L^{-1})$≤	2 000	5 000
7	其他杂质	不应有漂浮的油脂和泡沫,不应有明显的颜色和异味	

5)外加剂

外加剂已经成为水泥混凝土混合料的重要组分。外加剂的种类有很多,比如缓凝剂、减水剂、早强剂等。水泥混凝土外加剂产品的质量标准除应符合国家和行业现行相关标准外,还应符合《公路水泥混凝土路面施工技术细则》(JTG/T F30—2014)的要求。

6)接缝材料

接缝材料按使用性能分为接缝板和填缝料两类。接缝板要求能适应混凝土面板的膨胀与收缩,且施工时不变形、耐久性良好。填缝料要求能与混凝土面板缝壁黏结力强,且材料的回弹性好,能适应混凝土面板的膨胀与收缩,不溶于水、不渗水、高温时不溢出,低温时不脆裂和耐久性好。其质量应该满足《公路水泥混凝土路面施工技术细则》(JTG/T F30—2014)的要求。

7)养生材料

水泥混凝土路面施工完成需保湿养生,宜采用养护剂。养护剂由石蜡、适宜的高分子聚合物和适量的稳定剂、增白剂经胶体磨制成水溶液,不得采用以水玻璃为主要成分的养护剂。养护剂宜为白色胶体乳液,不宜为无色透明的乳液。

水泥混凝土面板还可采用节水保湿养护膜,养护膜应由高分子吸水保水树脂和不透水塑料面膜制成。高温期施工时,宜选用白色反光面膜的节水保湿养护膜;低温期施工时,宜采用黑色或蓝色吸热面膜的产品。

养护剂和养护膜的质量应符合《公路水泥混凝土路面施工技术细则》(JTG/T F30—2014)的规定。

6.4.2　水泥混凝土配合比设计

混凝土路面用混凝土混合料的配合比设计是工程质量保障的关键。我国《公路水泥混凝土路面施工技术细则》(JTG/T F30—2014)明确规定,混凝土路面混合料的配合比设计应该满足强度、工作性、耐久性三项技术要求,同时应兼顾经济性。不同的混凝土路面采用不同的施工工艺,施工时对混合料配合比设计均有不同的要求。现以普通水泥混凝土混合料配合比设计为例,介绍设计过程与关键问题。

1)混凝土配合比的技术要求

(1)混凝土的弯拉强度

不同交通等级的混凝土路面应具有不同的弯拉强度要求。我国《公路水泥混凝土路面设计规范》(JTG D40—2011)明确规定混凝土弯拉强度标准为强制性条文,必须严格执行。各个交通等级的混凝土及钢纤维混凝土弯拉强度标准值如表6.15所示。

表6.15 水泥混凝土弯拉强度标准值

交通荷载等级	极重、特重、重	中等	轻
水泥混凝土的弯拉强度标准值/MPa	≥5.0	4.5	4.0
钢纤维混凝土的弯拉强度标准值/MPa	≥6.0	5.5	5.0

混凝土强度标准以28 d弯拉强度标准值f_r为准,其28 d弯拉强度的均值按式(6.1)计算:

$$f_c = \frac{f_r}{1-1.04C_v} + ts \tag{6.1}$$

式中　f_c——面层水泥混凝土配制28 d弯拉强度均值,MPa;

　　　f_r——设计弯拉强度标准值,MPa;

　　　s——弯拉强度试件样本的标准差,MPa;

　　　t——保证率系数(表6.16);

　　　C_v——弯拉强度变异系数(表6.17)。

表6.16 保证率系数 t

公路等级	判别概率	样本数 n/组			
		6～8	9～14	15～19	≥20
高速	0.05	0.79	0.61	0.45	0.39
一级	0.10	0.59	0.46	0.35	0.30
二级	0.15	0.46	0.37	0.28	0.24
三、四级	0.20	0.37	0.29	0.22	0.19

表6.17 变异系数 C_v 的范围

弯拉强度变异水平等级	低	中	高
弯拉强度变异系数 C_v 的范围	$0.05 \leqslant C_v \leqslant 0.10$	$0.10 < C_v \leqslant 0.15$	$0.15 < C_v \leqslant 0.20$

(2)混凝土工作性

混凝土的工作性是指混合料在特定施工工艺装备条件下在规定的时间内能否达到规定要求的密实程度和均匀性的一项技术指标,通常用坍落度或振动黏度系数来表征。混合料的工作性与施工工艺和施工装备有直接关系。

碎石混凝土滑模摊铺时的坍落度宜为10～30 mm,卵石混凝土滑模摊铺时的坍落度宜为5～20 mm,振动黏度系数宜为200～500 N·s/m²;三辊轴机组摊铺时,拌合物的现场坍落度宜为20～40 mm;小型机具摊铺时,拌合物的现场坍落度宜为5～20 mm。

（3）混凝土的耐久性

混凝土的耐久性主要受冻融和腐蚀环境的影响，因此在冰冻地区以及海风、酸雨、除冰盐或硫酸盐影响环境内的混凝土路面和桥面，在使用硅酸盐水泥时，应掺加一定的外加剂（如引气剂）以增强耐久性。其含气量应符合表 6.18 的要求。

表 6.18 拌和机出口拌合物含气量均值及允许偏差范围

单位：%

公称最大粒径/mm	无抗冻要求	有抗冻要求	有抗盐冻要求
9.5	4.5±1.0	5.0±0.5	6.0±0.5
16.0	4.0±1.0	4.5±0.5	5.5±0.5
19.0	4.0±1.0	4.0±0.5	5.0±0.5
26.5	3.5±1.0	3.5±0.5	4.5±0.5
31.5	3.5±1.0	3.5±0.5	4.0±0.5

为了防止海风、酸雨、除冰盐或硫酸盐等腐蚀混凝土路面和桥面，可使用矿渣水泥，不宜单独使用硅酸盐水泥，或掺入粉煤灰等材料。各级公路面层水泥混凝土最大水灰（胶）比和最小单位水泥用量应符合表 6.19 的规定。最大单位水泥用量不宜大于 420 kg/m^3。

表 6.19 各级公路面层水泥混凝土最大水灰（胶）比和最小单位水泥用量

公路等级		高速、一级	二级	三、四级
最大水灰（胶）比		0.44	0.46	0.48
有抗冰冻要求时最大水灰（胶）比		0.42	0.44	0.46
有抗盐冻要求时最大水灰（胶）比[①]		0.40	0.42	0.44
最小单位水泥用量 /(kg·m^{-3})	52.5 级	300	300	290
	42.5 级	310	310	300
	32.5 级	—	—	315
有抗冰冻、抗盐冻要求时最小单位水泥用量 /(kg·m^{-3})	52.5 级	310	310	300
	42.5 级	320	320	315
	32.5 级	—	—	325
掺粉煤灰时最小单位水泥用量 /(kg·m^{-3})	52.5 级	250	250	245
	42.5 级	260	260	255
	32.5 级	—	—	265
有抗冰冻、抗盐冻要求时掺粉煤灰混凝土最小单位水泥用量/(kg·m^{-3})	52.5 级	265	260	255
	42.5 级	280	270	265

注：①处在海风、酸雨、除冰盐或硫酸盐等腐蚀环境中或在大纵坡等加减速车道上，最大水灰（胶）比宜比表中数值降低 0.01 ~ 0.02。
②掺粉煤灰，并有抗冻、抗盐要求时，面层不应使用 32.5 级水泥。

严寒与寒冷地区面层水泥混凝土的抗冻等级应满足表 6.20 的要求。

表 6.20 各级公路面层水泥混凝土抗冻等级要求

公路等级		高速、一级		二、三、四级	
试件		基准配合比	现场取芯	基准配合比	现场取芯
抗冻等级(F) ≥	严寒地区	300	250	250	200
	寒冷地区	250	200	200	150

注:严寒地区指当地最冷月平均气温低于−8 ℃的地区,寒冷地区指当地最冷月平均气温在−8 ~ −3 ℃的地区。

各等级公路面层水泥混凝土磨损量应符合表 6.21 的规定。

表 6.21 各级公路面层水泥混凝土磨损量要求

公路等级	高速、一级	二级	三、四级
磨损量(kg/m²)≤	3.0	3.5	4.0

2)水泥混凝土配合比设计

水泥混凝土配合比设计包括目标配合比设计和施工配合比设计两个阶段。目标配合比设计应确定水泥用量、集料用量、水灰(胶)比、外加剂掺量,纤维混凝土还应确定纤维掺量。施工配合比应通过拌和楼试拌确定拌和参数。

水泥混凝土配合比设计可采用正交试验法进行,应符合下列规定:

①试验可变因素应根据混凝土的性能要求和材料变化情况根据经验确定。水泥混凝土可选水泥用量、用水量、砂率或粗集料填充体积率 3 个因素;掺粉煤灰的混凝土可选用水量、基准胶材总量、粉煤灰掺量、粗集料体积填充率 4 个因素。每个因素至少选 3 个水平,并宜选用 L_9 正交表安排试验方案。

②对正交结果进行直观及回归分析,回归分析的考察指标应包括坍落度、弯拉强度、磨损量。有抗盐、抗冻要求的地区还应包括抗冻等级和抗盐冻性。

③满足要求的正交配合比,即为目标配合比。

二级及二级以下公路可采用经验公式法。采用经验公式法时,按如下步骤进行:

(1)水灰(胶)比的确定

混合料的水灰比可根据集料类型的不同,按下列公式进行计算:

碎石或碎(砾)石混凝土:

$$\frac{W}{C} = \frac{1.5684}{f_c + 1.0097 - 0.3595 f_s} \quad (6.2)$$

砾石混凝土:

$$\frac{W}{C} = \frac{1.2816}{f_c + 1.5492 - 0.4709 f_s} \quad (6.3)$$

式中 $\frac{W}{C}$——水灰比;

f_c——拟配制的混凝土 28 d 弯拉强度平均值,MPa;

f_s——水泥实测 28 d 抗折强度,MPa。当掺入粉煤灰时,应计入超量取代法代替水泥的那一部分粉煤灰用量,用水胶比 $\dfrac{W}{C+F}$ 代替 $\dfrac{W}{C}$ 进行计算。当其大于表 6.19 的值时,按照表 6.19 取值。

(2)砂率的确定

砂率应根据其细度模数和粗集料种类,按表 6.22 取值。

表6.22　水泥混凝土的砂率

细度模数		2.2~2.5	2.5~2.8	2.8~3.1	3.1~3.4	3.4~3.7
砂率 S_p/%	碎石	30~34	32~36	34~38	36~40	38~42
	卵石	28~32	30~34	32~36	34~38	36~40

注:①相同细度模数时,机制砂的砂率宜偏低限取用;
②破碎卵石可在碎石和卵石之间插值取值。

(3)单位用水量的确定

混凝土的单位用水量直接影响工作性指标,可根据粗集料的种类和坍落度要求,用以下公式进行计算:

碎石:
$$W_0 = 104.97 + 0.309 S_L + 11.27 \frac{C}{W} + 0.61 S_p \tag{6.4}$$

卵石:
$$W_0 = 86.89 + 0.370 S_L + 11.24 \frac{C}{W} + 1.00 S_p \tag{6.5}$$

掺加外加剂的混凝土单位用水量:
$$W_{0w} = W_0 \left(1 - \frac{\beta}{100}\right) \tag{6.6}$$

式中　W_0——不掺外加剂与掺合料混凝土的单位用水量,kg/m³;
　　　S_L——坍落度,mm;
　　　S_p——砂率,%;
　　　$\dfrac{C}{W}$——灰水比;
　　　W_{0w}——掺外加剂混凝土的单位用水量,kg/m³;
　　　β——所用外加剂剂量的实测减水率,%。

按上述计算得到的单位用水量与表 6.23 进行比较,若超过表中规定值时,应通过采用减水率更高的外加剂降低单位用水量。

表6.23　面层水泥混凝土最大单位用水量

单位:kg/m³

施工工艺	碎石混凝土	卵石混凝土
滑膜摊铺机摊铺	160	155
三辊轴机组摊铺	153	148
小型机具摊铺	150	145

(4)单位水泥用量的确定

单位水泥用量按式(6.7)计算:

$$C_0 = \left(\frac{C}{W}\right) W_0 \tag{6.7}$$

式中 C_0——单位水泥用量,kg/m。

(5)混合料集料用量的确定

集料用量可按密度法或者体积法计算。按密度法计算时,混凝土单位质量可取 2 400 ~ 2 450 kg/m^3;按照体积法计算时,应计入设计含气量。经计算得到的配合比,应验算粗集料填充体积率。粗集料填充体积率不宜小于 70%。

施工期间,料堆的实际含水率发生变化时,应实测粗、细集料的实际含水率,并对粗、细集料的称量和加水量作出调整,以保持基准配合比不变。

在水泥混凝土配合比设计中,当掺用矿渣粉或硅灰等掺合料时,配合比设计应采用等量取代水泥法,掺量应通过试验确定,并扣除水泥中相同数量的矿渣粉或硅灰;当掺用粉煤灰时,宜按照超量取代法进行,取代水泥的部分应扣除等量水泥量,超量部分应代替砂,并折减用砂量。

Ⅰ、Ⅱ级粉煤灰的超量取代系数可按照表 6.24 选取,粉煤灰最大掺量,对Ⅰ型硅酸盐水泥不宜大于 30%,Ⅱ型硅酸盐水泥不宜大于 25%,道路硅酸盐水泥不宜大于 20%。

表 6.24 粉煤灰的超量取代系数

粉煤灰等级	Ⅰ	Ⅱ	Ⅲ
超量取代系数	1.1 ~ 1.4	1.3 ~ 1.7	1.5 ~ 2.0

其他类型的水泥混凝土如纤维混凝土、碾压混凝土等的设计方法可参照规范进行。

6.4.3 水泥混凝土路面施工与质量控制

水泥混凝土路面的施工工序可按图 6.13 实施。

1)施工准备

(1)人员准备

在摊铺开始前,施工单位应对施工、试验、机械、管理等岗位的技术人员和各工种技术工人进行培训,未经培训的人员不得单独上岗操作。

(2)材料

施工单位应安排专人负责材料的准备工作。施工前,应根据设计要求、建设规模和施工经验,就近对水泥、砂石、水、粉煤灰等材料的质量、供应量、运距等方面进行调查。在保证工程质量的前提下,充分利用当地材料,以降低工程造价。水泥应查验出厂质量报告单,抽样检验水泥的细度、凝结时间、安定性及 3 d、7 d 和 28 d 的抗压强度。其中有一项不满足设计要求的,则禁止使用。新出厂的水泥至少存放 7 d 后方可使用,如受潮结块,禁止使用。砂、石材料应抽样检查含泥量、有害物质含量、坚固性、针片状颗粒含量和磨耗值等。如有不满足使用要求的,采取措施处理符合要求后方可使用,否则,另选材料。不得使用海水、严重污染或含有害物质的水作为拌和与养护用水。同时,拌和用水应不影响混凝土的和易性和凝结时间、强度及其发展,不降低耐久性和不污染混凝土表面等。外加剂应进行化学成分和剂量适应性检验。化学成分不适应者,不得使用。剂量不适应者,可通过试验确定最佳剂量,也可根据使用经验来确定。粉煤灰使用前应查阅等级检验报告并抽样试验,测定粉煤灰混凝土的弯拉强度、工作性、抗磨性、抗冻性等技术指标,合格后方可使用。

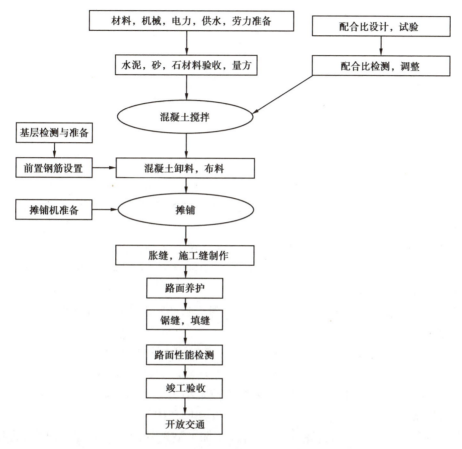

图 6.13　水泥混凝土路面施工工序简图

（3）机械设备

施工前,必须对搅拌楼、运输车辆、布料机、三轴仪、拉毛养生机等施工机械,经纬仪、水准仪或全站仪等测量基准线仪器,以及人工辅助施工的振捣棒、整平梁、模板等机具、工具及试验仪器进行全面的检查、调试、校核、标定、维修、保养,并确保试运行正常。对主要设备的易损零部件应有适量储备。

（4）下卧层

面层施工前,应对下卧层进行评定,必须保证下卧层的平整度、高程等指标符合要求。摊铺前,必须将下卧层表面清扫干净,并洒水湿润,若下卧层表面被泥土等污染,应用洒水车冲洗干净。

（5）模板安装

下卧层验收合格后,应进行路面施工段的水准复测和补测以及中线的复测,核对原有中线桩和补测丢失的中桩。钢模板应根据测量的标高进行准确安装稳固、牢靠。模板安装完毕后,应检查其安装准确与否。模板安装完毕后,确保模板的稳定,保持混凝土路面边缘形状与标高准确,保证路面的平整度。

(6)夹层与封层施工

水泥混凝土板下设置有沥青混合料夹层、热沥青封层、土工布封层、薄膜封层时,应在下卧层准备好、清除表面浮土及碎石等杂物后进行,并在施工模板或基准线安装前完成。封层应与基层表面粘贴固定,损坏的封层应及时修补。

2)施工

(1)设备

①采用滑模摊铺施工。混凝土的搅拌、运输、表面整修与纹理制作等设备必须与其相配套,搅拌机的生产率和混凝土运输生产能力必须与摊铺速度合理配套。

混凝土拌和机必须采用强制式搅拌机,设有骨料配料系统、供水系统、外加剂加入装置和水泥及粉煤灰供应系统。

搅拌站的生产能力应保证摊铺均衡地、不停顿地作业,其生产能力不宜小于 200 m^3/h。采用多台搅拌机组合时,必须保证新拌混凝土的质量均衡性。搅拌站应有备用搅拌机和发电机组,应保证搅拌、清洗、养生用水的供应,并保证水质。应配备足够的试验设备和人员,以对混凝土的质量进行检验与控制。

新拌混凝土的运输应采用 10~20 t 的大吨位自卸汽车为主,辅以汽车式混凝土搅拌运输车。自卸车的车斗要平整、光滑,不渗漏,后挡板应关闭严密,不漏浆,不变形。运料时应加盖,以防水分蒸发,每天应对运输车辆检查清洗。

②采用人工摊铺施工。采用配有自动质量计量设备的间歇式强制搅拌机,搅拌机的规格和品牌尽可能统一。

需配备插入式振捣棒、平板振动器和振动梁。插入式振捣棒的直径为 50~70 mm,振动频率为 150~200 Hz,功率应不小于 1.1 kW。平板振动器的振动频率为 50~60 Hz,功率不小于 2.2 kW。振动梁的振动频率为 50~100 Hz,功率应不小于 1.1 kW,应具有足够的刚度。

需配备提浆滚杠、叶片式或圆盘式抹面机、3 m 刮尺和抹刀。

需配备容积为 2~4 m^3 的自卸汽车来运输(车厢平整光滑、不露浆,运输车辆的装载质量不小于 5 t),辅以容积为 4.9~11.8 m^3 的搅拌车。

配备钢筋加工工具(如钢筋锯断机、折弯机、电焊机),测量仪器(如水准仪、经纬仪),搅拌机的配套机具(如装载机、供水泵),及切缝机、灌缝机、洒水车、人行工作桥和发电设备等。

(2)钢筋设置

①混凝土路面、桥面和搭板所用钢筋网、传力杆、拉杆等钢筋应符合国家有关标准的技术要求,所用钢筋应顺直,不得有裂纹、断伤、刻痕、表面油污和锈蚀。传力杆钢筋加工应锯断,不得挤压切断;断口应垂直、光圆,用砂轮打磨掉毛刺,并加工成 2~3 mm 的圆倒角。

②施工缝和纵缝处外露的普通钢筋和补强钢筋宜进行防锈处理。

(3)混凝土的搅拌与运输

①各种规格的集料应分开堆放和供料,取自不同料源的集料应分开堆放,每个料源的材料要进行抽样试验,并报经批准。

②搅拌站的计量系统在工地安装之后,应进行检定、校正,经验收合格后方可正式投入生产。

③混凝土拌合物的拌和时间应根据搅拌机的性能和拌合物的和易性确定。搅拌最短时间,

即材料全部进入拌和,至拌合物开始出料的连续搅拌时间,对强制式搅拌一般不应小于35~40 s,加入粉煤灰的水泥混凝土的搅拌时间应比不掺的延长15~25 s,纤维混凝土的搅拌时间应比普通水碾混凝土的延长20~30 s,碾压混凝土的搅拌时间应比普通水碾混凝土的延长15~20 s。

④对搅拌站的大型搅拌机的生产性验证,应根据试验室提供的配合比试拌,进行混凝土和易性、含气量、弯拉强度三项检验,并从每台搅拌机试拌时的初期、中期和后期分别取样制作试件,以检验各台搅拌机拌制混凝土的均匀性。

⑤每天应对混凝土的生产进行全面的监督,并要求进行多台搅拌机的实际配料记录和材料使用统计;对机械操作参数以及搅拌混凝土生产时间、数量等记录进行统计,并作定期分析,以提高混凝土生产质量的均匀性。

⑥混凝土拌合物从搅拌机出料后,运至铺筑地点进行摊铺完毕的最长允许时间,由试验室根据水泥初凝时间、施工气温以及坍落度试验结果确定,如表6.25所示。在气温不同的条件下,可以采用外掺剂来调节初凝时间。

表6.25 混凝土拌合物出料到运抵现场允许最长时间

施工气温/(℃)	滑模摊铺/h	三辊轴机组、小型机具摊铺/h	碾压铺筑/h
5~9	1.5	1.20	1.0
10~19	1.25	1.0	0.8
20~29	1.0	0.75	0.6
30~35	0.75	0.40	0.4

⑦自卸汽车装运混凝土拌合物时,不得漏浆,并应防止离析。在夏季或冬季施工时,自卸车厢上应加遮盖。混凝土出料时应注意移动自卸汽车,避免离析。出料时的卸料高度不得超过2.0 m。

(4)混凝土的摊铺

①采用滑模摊铺施工。摊铺时,宜采用侧向进料方式,可采用经同意的侧向布料机或其他侧向进料设备。同时,在布料机械出现故障时,应有相应的应急措施,对布料机上的易损零部件应有储备。

在摊铺时,应保证混凝土板的板厚、密实度、平整度及饰面质量。

在摊铺的开始阶段,应测量校核路面标高、厚度、宽度、中线、横坡等技术参数,并及时进行调整,保证所铺的路面满足要求。

摊铺速度宜为0.75~2.5 m/min,应保持匀速。摊铺时应随时观察新拌混凝土的级配和稠度情况,并根据其稠度调整摊铺的速度和振捣频率,摊铺后的混凝土表面应无麻面、漏浆现象。如有少量麻面、气泡、边角塌陷等,应及时用人工修整,如缺陷严重,应立即对摊铺工序加以调整。经调整后仍不能克服的,应立即停机,查出原因,清除弊端后方可继续工作。

在摊铺施工过程中,要求供料与摊铺速度密切协调,尽可能减少停机次数。若出现新拌混凝土供应不上的情况,摊铺停工等待时间不得超过30 min,在30 min内,应每隔10 min开动振捣棒振动2 min;超过30 min时,应做施工缝。

施工时要求尽量保证连续施工,以减少横向缝的数量。当遇实际情况不得不中断施工时,其间距不宜小于 200 m。

下列情况下不能进行摊铺:准备工作不充分;气温低于 5 ℃或高于 35 ℃;正在下雨或估计 4 h 内有雨;其他认为不能摊铺的情况。

②采用人工摊铺施工。混凝土拌合物摊铺前,应对模板的位置及支撑稳固情况,传力杆、拉杆的安设等进行全面检查;修复破损基层,并洒水润湿;用厚度标尺板全面检测板厚与设计值相符,方可开始摊铺。

专人指挥自卸车,尽量准确卸料。

人工布料应用铁锹反扣,严禁抛掷和搂耙,以防离析。人工摊铺混凝土拌合物的坍落度应控制在 5 ~ 20 mm,拌合物松铺系数宜控制在 $K = 1.10 \sim 1.25$,料偏干,取较高值;反之,取较低值。

因故造成 1 h 以上停工或达到 2/3 初凝时间,致使拌合物无法振实时,应在已铺筑好的面板端头设置施工缝,废弃不能被振实的拌合物。

(5)混凝土的振捣

①插入式振捣棒振实。在待振横断面上,每车道路面应使用至少 3 根振捣棒,组成横向振捣棒组,沿横断面连续振捣密实,并应注意路面板底、内部和边角处不得欠振或漏振。

振捣棒在每一处的持续时间,应以拌合物全面振动液化、表面不再冒气泡和泛水泥浆为限,不宜过振,也不宜少于 30 s。振捣棒的移动间距不宜大于 500 mm;至模板边缘的距离不宜大于 200 mm。应避免碰撞模板、钢筋、传力杆和拉杆。

振捣棒插入深度宜离基层 30 ~ 50 mm,振捣棒应轻插慢提,不得猛插快拔,严禁在拌合物中推行和拖拉振捣棒振捣。

振捣时,应辅以人工补料,应随时检查振实效果、模板、拉杆、传力杆和钢筋网的移位、变形、松动、漏浆等情况,并及时纠正。

②振动板振实。在振捣棒已完成振实的部位,可开始用振动板纵横交错两遍全面提浆振实,每车道路面应配备 1 块振动板。

振动板移位时,应重叠 100 ~ 200 mm,振动板在一个位置的持续振捣时间不应少于 15 s。振动板必须由两人提拉振捣和移位,不得自由放置或长时间持续振动移位控制,以振动板底部和边缘泛浆厚度(3±1)mm 为限。

缺料的部位,应辅以人工补料找平。

③振动梁振实。每车道路面宜使用 1 根振动梁。振动梁应具有足够的刚度和质量,底部应焊接或安装深度 4 mm 左右的粗集料压实齿,保证(4±1)mm 的表面砂浆厚度。

振动梁应垂直路面中线沿纵向拖行,往返 2 ~ 3 遍,使表面泛浆均匀平整。在振动梁拖振整平过程中,缺料处应使用混凝土拌合物填补,不得用纯砂浆填补,料多的部位应铲除。

(6)整平饰面

每车道路面应配备 1 根滚杠(双车道两根)。振动梁振实后,应拖动滚杠往返 2 ~ 3 遍提浆整平。第一遍应短距离缓慢推滚或拖滚,以后应较长距离匀速拖滚,并将水泥浆始终赶在滚杠前方。多余水泥浆应铲除。

拖滚后的表面宜采用 3 m 刮尺,纵横各 1 遍整平饰面,或采用叶片式或圆盘式抹面机往返 2 ~ 3 遍压实整平饰面。抹面机每车道路面配备不宜少于 1 台。

在抹面机完成作业后,应进行清边整缝,清除黏浆,修补缺边、掉角。应使用抹刀将抹面机留下的痕迹抹平,当烈日暴晒或风大时,应加快表面的修整速度,或在防雨篷遮阴下进行。精平饰面后的面板表面应无抹面印痕,致密均匀,无露骨,平整度应达到规定要求。

（7）表面修整

混凝土摊铺、捣实、刮平作业完成后,应用批准的饰面设备进一步整平,使混凝土表面达到要求的坡度和平整度。

饰面作业时,不得在混凝土表面洒水或撒水泥粉,当烈日暴晒或干旱风吹时,宜在遮阴棚下进行。

接缝和路表面不规则处必要的人工修整作业,应选用较细的碎石混合料,严禁使用纯砂浆找平,并在工作桥上进行,工作桥不得支撑在尚未达到强度要求的混凝土上。

修整作业应在混凝土仍保持塑性和具有和易性的时候进行,以确保从路表面清除水分和浮浆。表面低洼处不得填以表面的浮浆,而必须用新制混凝土填补与修整。

对于细观纹理的施工,在混凝土仍具有塑性时,可采用叠合布片拉毛,或竹扫帚扫出细观纹理。对于宏观构造的施工,应按照要求采用刻槽（极重、特重和重交通荷载等级）或拉槽（中、轻交通荷载等级）的方式,制作路表的宏观构造,以保证混凝土路面的抗滑要求。

（8）混凝土养生

混凝土浇筑作业完成后,应开始养生并进行防护。

采用喷洒养护剂的方式进行养护时,应采用专用的养生剂喷洒,养护剂的品种和数量应满足规范的要求,并应均匀喷洒两遍,面板两侧也应喷洒。养生剂的喷洒量必须以在混凝土表面形成完全封闭的薄膜为度,然后再用塑料薄膜覆盖或加盖麻袋进行湿治养生。养生应根据气温状况和混凝土类型确定最短养生时间,如普通水灰比混凝土在 $10 \sim 19$ ℃的条件下,养生时间为14 d,或实测混凝土强度大于设计强度的80%后可停止养生。

3）水泥混凝土面层接缝施工

水泥混凝土面层接缝包括纵向接缝和横向接缝。纵向接缝又包括纵向缩缝和纵向施工缝；横向接缝又包括横向缩缝、横向施工缝和横向胀缝。

（1）纵向缩缝

当一次摊铺两个车道宽度时,路面应设置纵向缩缝,并采用假缝拉杆型构造。设置拉杆时,滑模摊铺机可配置拉杆插入装置,切缝深度为板厚的1/3,槽口深度应不小于7 cm,切缝宽度为 $6 \sim 8$ mm。

（2）纵向施工缝

拉杆采用螺纹钢筋,设在板厚中央。施工时,拉杆间距可按横向接缝的实际位置予以调整,最外侧的拉杆距横向接缝的距离不小于100 mm。

传力杆采用光面钢筋,最外侧传力杆距纵向接缝或自由边的距离为 $150 \sim 250$ mm。

（3）横向缩缝

采用传力杆的假缝型,传力杆可由滑模摊铺机的自动插入装置在摊铺时插入,也可使用钢筋加强支架前置法施工。传力杆无涂层一侧绑扎,并正反交错布置,钢筋定位支架应有足够的刚度,准确牢固定位传力杆。在机械摊铺前,使用手持振捣棒振实传力杆高度以下的混凝土拌合物。

（4）横向施工缝

每次连续摊铺结束或摊铺中断且中断时间超过 $30 \sim 40$ min 时,应设置横向施工缝。横向施工缝应尽量设在胀缝处,如有困难也应设在缩缝处,并与路中线垂直,采用平缝加传力杆型。

(5)横向胀缝

胀缝施工时,应预先在基层上设置胀缝钢筋支架,传力杆一端焊接在支架上,另一端涂满沥青并置于支架上,并在两个支架之间置放胀缝板。支架和胀缝板应准确牢固地锚固在基层上。布料后,用手持振捣棒振实胀缝板两侧的混凝土。

4)水泥混凝土路面施工质量控制

施工单位应随时对施工质量进行自检,高速公路和一级公路应实行实时动态质量管理,检查结果应及时归档。拌和楼生产的混合料,除应满足所用机械的可摊铺性之外,还应重点检查混合料的均匀性和各项质量参数的稳定性。施工现场对各级公路混凝土路面的铺筑质量应该符合规范要求,对于路面平整度、混凝土抗弯拉强度和路面板厚度应严格控制。

其他类型水泥混凝土路面施工的具体要求可参见《公路水泥混凝土路面施工技术细则》(JTG/T F30—2014)。

6.5　水泥混凝土路面设计

6.5.1　水泥混凝土路面设计理论与方法

水泥混凝土路面从结构分类来看,属于岩土工程的地基结构物,因此,混凝土路面结构设计理论与方法是随着结构工程设计理论与岩土结构设计理论的发展而不断发展并完善。20 世纪 20 年代至 50 年代,威斯特卡德、霍格、舍赫捷尔、波米斯特以及柯岗等人在混凝土路面应力分析和设计方法方面的贡献为当代混凝土路面设计方法奠定了基础。总的来讲,目前世界各国的混凝土路面设计方法都是以弹性地基板的荷载应力、温度应力分析方法为基本理论,以混凝土面板的弯拉应力作为极限状态和设计控制指标。

在荷载图式方面,最早采用静力作用点荷载,后来采用了静力作用均布面荷载(如圆形、椭圆形、圆头矩形荷载等)。美国波特兰水泥协会(PCA)设计法最早提出了混凝土疲劳断裂的概念,设计荷载改用多次重复作用静荷载,混凝土的极限控制指标用疲劳极限应力表示。20 世纪 60 年代后提出了荷载动力影响问题,考虑荷载的振动和移动效应,在设计方法中引入动力响应系数。

在地基模量方面,一般采用温克勒地基模量和弹性半空间均质地基模型,至今仍然是世界各国设计方法的基础。在研究探索中也有提出采用黏弹性地基、双参数地基、多层地基、非线性弹性地基等模型,但是由于数学概念的复杂性和参数测定的困难,至今在设计方法中均未采纳。

在路面板的形态方面,威斯特卡德最早提出了温克勒地基上矩形板在特定加载位置上荷载应力的求解方法。后来提出了半空间弹性地基上无限大圆板的求解方法。20 世纪 70 年代随着计算机应用和有限元分析法的推广,提出了有限尺寸板在各种模型地基支撑下,任意荷载位置的荷载应力求解方法,以及各种不同边界传力条件下的解算方法。

20 世纪 80 年代工程结构设计提出以概率法替代定值法,引入可靠度概念,对于混凝土路面设计,引入可靠度后的设计方法仍然以路面板的极限疲劳弯拉应力作为极限状态指标。结构分析的理论基础与分析方法仍然没有本质的变化。

目前国际主要的设计方法有美国 AASHTO 设计法、美国波特兰水泥协会(PCA)设计法等。其中,美国 AASHTO 设计法为 1993 年版《路面设计指南》手册的内容,以 AASHTO 试验路段为基础,以现时耐用性指数(PSI)作为衡量路面使用性能的指标。波特兰水泥协会(PCA)设计法于 1984 年提出,以温克勒地基上弹性薄板理论为基础,考虑水泥混凝土路面的使用年限,以临界荷位产生的荷载应力及其疲劳强度作为设计指标进行设计。

6.5.2 水泥混凝土路面结构特征、病害与设计标准

水泥混凝土路面主要是以水泥混凝土板承受荷载的结构层。由于水泥混凝土板的弹性模量及力学强度大大高于基层和路基的相应模量和强度,交通荷载应力在其内部沿深度消散很快,从而基层承受的应力很小,起着支承作用。由于水泥混凝土为脆性材料,其抗弯拉强度远低于抗压强度,在车轮荷载作用下易产生弯拉断裂破坏。此外,由于板顶面和底面的温差会使板产生温度翘曲应力,板的平面尺寸越大,翘曲应力也越大。并且,由于水泥混凝土材料的脆性,混凝土板对路基和基层的不均匀支承非常敏感,也容易在车轮荷载的多次重复作用下产生过大的弯拉应力而遭破坏。为使路面能够经受车轮荷载的多次重复作用,抵抗温度翘曲应力,并对地基支承条件有较强的适应能力,混凝土板必须具有足够的抗弯拉强度和厚度。

水泥混凝土路面在行车荷载和环境因素作用下可能出现的破坏类型主要有断裂、唧泥、错台、拱起、接缝挤碎等。从以上几种主要破坏类型可以看出,影响混凝土路面使用性能的因素是多方面的,如轮载、温度、水分、基层、接缝构造、材料以及施工和养护情况等。从保证路面结构承载能力的角度,混凝土路面结构设计应以防止面层板断裂为主要设计标准;从保证汽车行驶性能的角度,应严格控制接缝两侧的错台量。断裂、错台的成因是多方面的,因此,混凝土路面设计必须从多方面采取措施来保证它的使用寿命。

混凝土路面在经受车轮荷载重复作用的同时,还经受大气温度周期性变化的影响。因此,混凝土路面板的疲劳破坏不仅与荷载重复作用次数有关,而且与温度周期性变化产生的温度翘曲应力重复作用有关。因此,为防止两种因素综合作用下路面板产生疲劳开裂,必须使荷载疲劳应力与温度疲劳翘曲应力之和不超过混凝土的抗弯拉强度。

另外,为防止路面板在交通荷载中的最重轴重(路面上通行的车辆荷载中可能出现的最大轴载,一次性作用,轴载大于 100 kN)和最大温度梯度(所在地区最大温度梯度在临界荷位产生的最大翘曲应力)的综合作用下不产生断裂,必须使最大荷载应力和最大温度翘曲应力之和不超过混凝土的抗弯拉强度。

临界荷位是指水泥混凝土板内最重荷载应力与最大温度应力之和、或荷载疲劳应力与温度疲劳应力之和最大的位置,一般在面板纵缝边缘中部的位置。基层板的临界荷位和面板相同。

6.5.3 水泥混凝土路面结构设计内容与设计原则

水泥混凝土路面结构设计包括如下内容:

(1)路面结构层组合设计

水泥混凝土路面结构层的组合设计,应根据交通繁重程度,结合当地环境条件和材料供应

情况,选择安排混凝土路面的结构层层次(包括路基、功能层、基层和面层)、各层结构材料类型和结构层厚度等。技术先进、工程经济合理的路面结构组合设计方案,能保证混凝土面板在设计使用期内能承受预期交通的作用,提供良好的路面品质。

(2)混凝土面板厚度设计

混凝土面层板厚度设计,应按照设计标准的要求,确定满足设计年限内使用要求所需的混凝土面层的厚度。

(3)混凝土面板的平面尺寸与接缝设计

根据混凝土面层板的荷载应力和温度应力进行板的平面尺寸设计,确定接缝的位置、间距,设计接缝的构造,确定拉杆、传力杆的设置方案,并采取有效措施提高接缝的传荷能力。

(4)路肩设计

高速公路和一级公路中间带和路缘带的路肩、硬路肩的结构应与行车道的混凝土路面相同,并与行车道部分的混凝土板浇筑成整体。

(5)配筋设计

普通混凝土路面除局部位置外不需设置钢筋,其配筋设计主要包括边缘钢筋、角隅钢筋的布置和设计。另外,对于连续配筋与钢筋混凝土路面,需进行配筋设计。

(6)排水设计

重点针对水泥混凝土路面的路表、中央分隔带、结构内部等进行排水设计,并和路基排水综合考虑,形成一个有机、统一的排水系统。同时进行排水系统的水力水文验算,以及确定排水设施构造及尺寸等。

水泥混凝土路面结构设计原则包括:

①应根据使用要求及气候、水文、土质等自然因素,密切结合本地区实践经验进行路面结构的设计,保证工程的质量与耐久性。

②在满足交通量与使用要求的前提下,应遵循因地制宜、合理选材、方便施工、利于养护、节约投资的原则进行混凝土路面设计方案的比较,选择技术先进、经济合理、安全可靠的方案。

③应结合当地实践基础,积极推广成熟的科研成果,积极、慎重地运用行之有效的新材料、新工艺、新技术,以达到确保工程质量与耐久性的目的。

④路面设计方案应充分考虑沿线环境的保护,自然生态的平衡。

⑤为确保工程质量,应尽可能选择有利于机械化、工厂化施工的设计方案。

6.5.4 水泥混凝土路面交通荷载与等级

水泥混凝土路面结构设计的目标是要求路面结构在设计基准期内满足预测交通量累计标准轴载通行时,具有快速、安全、稳定的服务功能,路面结构具有相应的承载能力,路面板的弯拉应力满足疲劳极限应力的容许标准。

(1)混凝土路面设计基准期

路面设计基准期是计算路面结构可靠度时,考虑各项基本度量与时间关系所取用的基准期限,也可理解为保证路面结构达到规定可靠度指标的有效时间。

混凝土路面设计基准期与公路等级有关,可根据公路在路网中的定位、当地国民经济发展的需求以及投资条件等因素,经综合论证后确定,通常可参照表6.26确定。

表 6.26　公路混凝土路面设计基准期参考值

公路等级	设计基准期/年
高速公路、一级公路	30
二级公路	20
三级公路	15
四级公路	10

对水泥混凝土路面进行结构分析时,以 100 kN 单轴-双轮组荷载作为设计轴载。

(2)交通调查

可利用当地交通量观测站的观测和统计资料,或者通过实地设立站点进行交通量观测和统计,获取所设计公路的初期年平均日交通量(双向)及其车辆类型组成数据。由于轻型车对混凝土路面的疲劳损伤可以不计,因此将统计的年平均日交通量中的 2 轴 4 轮以下的轻型客货车辆所占交通量剔除不计,从而得到设计基准期初期的年平均日货车交通量(双向)。

公路通行车辆在横断面上的分布是不均匀的,根据统计规律,车道数不同,分布概率也不一样,为安全考虑,将分布概率集中的车道作为设计车道。因此,上述调查获得的双向年平均日货车交通量,还应乘以方向系数(通常为 0.5 ~ 0.6)和车道分布系数(表 1.10),才能得到设计车道在设计基准期初期的年平均日货车交通量 ADTT(单向)。

可依据公路等级、功能及所在地区的经济和交通运输发展情况,通过调查分析,预估设计基准期内的货车交通量增长趋势,确定设计基准期内货车交通量的年平均增长率 g_r。

(3)轴载调查与分析

可通过实地设立站点进行各类车辆的轴型调查和轴重测定,或者利用该地区或相似类型公路已有称重站的车型、轴型和轴重测定统计资料,获取设计公路的车辆类型、轴型和轴重组成数据,以及最重轴载和货车中占主要份额特重车型轴载。

各类车辆按轴型称重和统计时,可采用以轴型为基础的轴载当量换算系数法计算分析设计车道使用初期的设计轴载日作用次数。随机统计 3 000 辆 2 轴 6 轮及以上车辆中单轴、双联轴和三联轴等不同轴型出现的单轴次数,分别称取其单轴轴重。可按单轴轴重级位统计整理后得到轴载谱,按式(6.8)计算确定不同轴重级位的设计当量换算系数。

$$k_{p,i} = \left(\frac{P_i}{P_s}\right)^{16} \tag{6.8}$$

式中　$k_{p,i}$——不同单轴轴重级位 i 的设计轴载当量换算系数;

　　　P_i——单轴级位 i 的轴重,kN;

　　　P_s——设计轴载重,kN。

依据单轴轴载谱和相应的设计轴载当量换算系数,即可按式(6.9)计算得到设计车道使用初期的设计轴载日作用次数:

$$N_s = ADTT \frac{n}{3000} \sum_i (k_{p,i} \times p_i) \tag{6.9}$$

式中　N_s——设计车道的设计轴载日作用次数,[轴次/(车道·日)];

　　　$ADTT$——设计车道的年平均日货车交通量,[辆/(车道·日)];

N——随机调查 3 000 辆 2 轴 6 轮及以上车辆中出现的单轴总轴数;

p_i——单轴轴重级位 i 的频率(以分数计)。

以车辆类型为基础进行各种轴型的轴载称重和统计时,可采用车辆当量轴载系数法计算分析设计车道使用初期的设计轴载日作用次数。

可将 2 轴 6 轮以上车辆分为整车、半挂和多挂 3 类,每类车再按轴数细分,分别按车型称重后得到单轴轴载谱。可由式(6.8)和式(6.10)计算得到各类车辆的设计轴载当量换算系数。

$$k_{p,k} = \sum_i k_{p,i} p_i \tag{6.10}$$

式中 $k_{p,k}$——k 类车辆的设计轴载当量换算系数;

p_i——k 类车辆的单轴轴重级位 i 的频率(以分数计);

依据调查所得的车辆类型组成数据,可按式(6.11)计算确定设计车道使用初期的设计轴载日作用次数。

$$N_s = ADTT \times \sum_k (k_{p,k} \times p_k) \tag{6.11}$$

式中 p_k——k 类车辆的组成比例(以分数计);

(4)设计轴载累计作用次数 N_e

设计基准期内混凝土路面设计车道临界荷位处所承受的设计轴载累计作用次数 N_e,可以通过式(6.12)计算确定。

$$N_e = \frac{N_s \times [(1+g_r)^t - 1] \times 365}{g_r} \times \eta \tag{6.12}$$

式中 N_e——设计基准期内设计车道所承受的设计轴载累计次数,轴次/车道;

t——设计基准期,年;

g_r——基准期内货车交通量年平均增长率(以百分数计);

η——临界荷位处的车辆轮迹横向分布系数,按表 6.27 选用。

表 6.27 车辆轮迹横向分布系数

公路等级		纵缝边缘处
高速公路、一级公路、收费站		0.17 ~ 0.22
二级及二级以下公路	行车道宽>7 m	0.34 ~ 0.39
	行车道宽≤7 m	0.54 ~ 0.62

注:车道、行车道较窄,交通量较大时,取高值;反之,取低值。

(5)混凝土路面交通等级

水泥混凝土路面设计基准期内设计车道临界荷位所承受的设计轴载累计作用次数分为 5 级,如表 6.28 所示。

表 6.28 公路混凝土路面交通分级

交通荷载等级	极重	特重	重	中等	轻
设计基准期内设计车道承受设计轴载累计作用次数 $N_g/(\times 10^4)$	>1×10⁶	1×10⁶ ~ 2 000	2 000 ~ 100	100 ~ 3	<3

6.5.5 材料设计参数

在设计水泥混凝土路面结构时,土和粒料的回弹模量应采用重复加载三轴试验测定;无机结合料稳定材料的弹性模量应采用单轴压缩试验测定,其中水泥稳定类的试件龄期为 90 d、石灰粉煤灰类的试件龄期为 180 d;沥青混合料动态模量应采用单轴压缩试验测定。

缺乏试验条件时,可参考规范根据经验数值取值。

路基的回弹模量如表 6.29 所示,并按路床顶面距地下水位的距离查取路基的湿度调整系数(表 6.30),二者相乘得到路基的回弹模量值。

表 6.29 路基回弹模量经验参考值

土 组	取值范围/MPa	代表值/MPa
级配良好砾(GW)	240 ~ 290	250
级配不良砾(GP)	170 ~ 240	190
含细粒土砾(GF)	120 ~ 240	180
粉土质砾(GM)	160 ~ 270	220
黏土质砾(GC)	120 ~ 190	150
级配良好砂(SW)	120 ~ 190	150
级配不良砂(SP)	100 ~ 160	130
含细粒土砂(SF)	80 ~ 160	120
粉土质砂(SM)	120 ~ 190	150
黏土质砂(SC)	80 ~ 120	100
低液限粉土(ML)	70 ~ 110	90
低液限黏土(CL)	50 ~ 100	70
高液限粉土(MH)	30 ~ 70	50
高液限黏土(CH)	20 ~ 50	30

注:①对于砾和砂,D_{60}(通过率为60%时的颗粒粒径)大时,模量取高值;D_{60} 小时,模量取低值。

②对于其他含细粒的土组,小于 0.075 mm 颗粒含量大和塑性指数高时,模量取低值;反之,模量取高值。

表 6.30 路基回弹模量湿度调整系数

土 组	路床顶距地下水位的距离/m					
	1.0	1.5	2.0	2.5	3.0	4.0
细粒质砾(GF) 土质砾(GM、GC)	0.81 ~ 0.88	0.86 ~ 1.00	0.91 ~ 1.00	0.96 ~ 1.00	—	—
细粒质砂(SF) 土质砂(SM、SC)	0.80 ~ 0.86	0.83 ~ 0.97	0.87 ~ 1.00	0.90 ~ 1.00	0.94 ~ 1.00	—

续表

土 组	路床顶距地下水位的距离/m					
	1.0	1.5	2.0	2.5	3.0	4.0
低液限粉土(ML)	0.71 ~ 0.74	0.75 ~ 0.81	0.78 ~ 0.89	0.82 ~ 0. 97	0.86 ~ 1.00	0.94 ~ 1.00
低液限黏土(CL)	0.70 ~ 0.73	0.72 ~ 0.80	0.74 ~ 0.88	0.75 ~ 0.95	0.77 −1.00	0.81 ~ 1.00
高液限粉土(MH) 高液限黏土(CH)	0.70 ~ 0.71	0.71 ~ 0.75	0.72 ~ 0.78	0.73 ~ 0.82	0.73 ~ 0.86	0.74 ~ 0.94

注:①小于 0.075 mm 颗粒含量大和塑性指数高时,调整系数取低值;反之,调整系数取高值。

②当表中调整系数最大值为 1.00 时,调整系数取高值。

基层和底基层材料的弹性模量,可参照表 6.31、表 6.32 取值。

表 6.31　粒料类基层和底基层材料回弹模量经验参考值

单位:MPa

材料类型	取值范围	代表值
级配碎石(基层)	200 ~400	300
级配碎石(底基层)	180 ~250	220
未筛分碎石	180 ~220	200
级配砾石(基层)	150 ~300	250
级配砾石(底基层)	150 ~220	190
天然砂砾	105 ~135	120

表 6.32　无机结合料类基层和底基层材料弹性模量经验参考值

单位:MPa

材料类型	7 d 浸水抗压强度	试件模量	收缩开裂后模量	疲劳破坏后模量
水泥稳定类	3.0 ~6.0	3 000 ~ 14 000	2 000 ~ 2 500	300 ~ 500
	1.5 ~3.0	2 000 ~ 10 000	1 000 ~ 2 000	200 ~ 400
石灰、粉煤灰稳定类	≥0.8	3 000 ~ 14 000	2 000 ~ 2 500	300 ~ 500
	0.5 ~0.8	2 000 ~ 10 000	1 000 ~ 2 000	200 ~ 400
石灰稳定类	≥0.8	2 000 ~4 000	800 ~2 000	100 ~ 300
	0.5 ~0.8	1 000 ~2 000	400 ~1 000	50 ~ 200
开级配水泥稳定碎石(CTPB)	≥4.0	1 300 ~1 700		

沥青混合料类基层的动态模量参照表 6.33 取值。

表 6.33　沥青混合料类基层材料动态模量经验参考值

材料类型	条　件	取值范围/MPa
沥青混凝土（AC-10）	20 ℃，10 Hz，90 A、110 A，空隙率7%，沥青用量6%	4 700～5 600
沥青混凝土（AC-16）		4 500～5 400
沥青混凝土（AC-25）		4 000～5 000
密级配沥青碎石（ATB-25）		3 500～4 200
开级配沥青稳定碎石（ATPB）	20 ℃，沥青用量2.5%～3.5%	600～800

6.6　水泥混凝土路面应力分析

水泥混凝土路面的应力分析一般以弹性地基上的薄板为基本力学模型。弹性地基包括温克勒地基、弹性半空间地基与弹性层状体系地基，前两种地基模型较常用。

水泥混凝土路面铺筑在基层上，在行车荷载和自然环境因素作用下，具有以下物理力学特点：

①混凝土的强度和模量远大于基层和路基强度和模量；

②水泥混凝土本身的抗压强度远大于抗折强度；

③基层表面与路面板间摩擦力较小；

④板块厚度相对于平面尺寸较小，板块在荷载作用下的挠度（竖向位移）很小；

⑤混凝土板在自然条件下，存在沿板厚方向的温度梯度，会产生翘曲现象，如果受到约束，会在板中产生翘曲应力；

⑥荷载多次重复作用，温度梯度也反复变化，混凝土板有疲劳现象。

根据以上特点，在进行板体受力分析时要注意：

①混凝土的强度远大于基层和路基模量和强度，这就决定了基层、路基的模量、强度参数变化对整个结构的应力分布情况影响不大，这时可以将下层结构看作统一材料（介质）的弹性体（地基）。

②水泥混凝土本身的抗压强度远大于抗折强度，实际工程中，板块往往因为抗折强度不足，发生断裂（而不是压碎），这与以上力学特点相吻合。这同时确定了水泥混凝土路面板块厚度设计时，应按抗折强度作为主要标准。

③基层表面与路面板间摩擦力较小，在力学模型中，可以将摩擦力忽略，从而得到了板块与基层间完全光滑的联结条件，也就是板块和弹性地基间只传递竖向应力，而不传递水平面上的应力。

④板块厚度相对于平面尺寸较小，板块在荷载作用下的挠度（竖向位移）很小，可以采用小挠度弹性薄板理论。

⑤混凝土板在自然条件下，存在沿板厚方向的温度梯度，会产生翘曲现象，如果受到约束，会在板中产生翘曲应力。某种温度梯度下的温度翘曲应力最大值应出现在板块变形受到地基摩阻力完全限制的时候，也就是板与地基始终保持接触时。

⑥荷载多次重复作用，温度梯度也反复变化，混凝土板有疲劳现象，设计时要考虑荷载疲劳

应力和温度疲劳应力两种应力的综合作用。

6.6.1　小挠度弹性薄板理论

水泥混凝土路面板的刚度远大于基层和路基的刚度。在车轮荷载作用下,它具有良好的扩散荷载能力,因此所产生的弯曲变形远小于其厚度,可用小挠度薄板理论进行分析。

1)小挠度弹性薄板的基本假设

如果板的厚度远小于板的平面尺寸就称为薄板,薄板厚度一半处、平行于板表面的平面称为中面。薄板受到垂直于板面荷载作用时,中面各点沿 z 方向的位移远小于板的厚度,称为小挠度薄板,相应的理论称为小挠度薄板理论。通常,水泥混凝土路面(道面)符合小挠度薄板理论的基本假定。

弹性薄板基本假设如下:

①垂直于中面方向形变分量 ε_z 极其微小,可以略去不计。因此有如下关系:

$$\varepsilon_z = \frac{\partial w}{\partial z} = 0, 且 \ w = w(x,y) \tag{6.13}$$

②垂直于中面的法线,在弯曲变形后均保持为直线并垂直于中面,因而无横向剪切应变,即

$$\gamma_{zx} = \gamma_{zy} = 0 \tag{6.14}$$

③中面上各点无平行于中面的位移,即

$$(U)_{z=0} = (V)_{z=0} = 0 \tag{6.15}$$

由第②和第③点假设,应用几何方程可得到应变与竖向位移的关系式:

$$\left. \begin{array}{l} \varepsilon_x = -z \dfrac{\partial^2 W}{\partial x^2} \\[2mm] \varepsilon_y = -z \dfrac{\partial^2 W}{\partial y^2} \\[2mm] \varepsilon_{yx} = -2z \dfrac{\partial^2 W}{\partial x \partial y} \end{array} \right\} \tag{6.16}$$

对于弹性地基薄板,板与地基的联系又采用了如下假设:

①在变形过程中,板与地基的接触面始终吻合,即板面与地基表面的竖向位移是相同的;

②在板与地基的两接触面之间没有摩擦力(可以自由滑动),即接触面上的剪应力视为零。

2)板挠曲面微分方程

从板上割取长和宽各为 dx 和 dy 高为 h 的单元,作用于单元上的内力和外力如图 6.14 所示。

根据单元的平衡条件 $\sum M_x = 0$, $\sum M_y = 0$ 可以导出当表面作用竖向荷载 p,地基对板底面作用竖向反力 q 时,板中心挠曲面的微分方程为:

$$D \nabla^2 \nabla^2 W = p - q \tag{6.17}$$

式中　∇^2——拉普拉斯算子,即$\nabla^2 = \dfrac{\partial^2}{\partial x^2} + \dfrac{\partial^2}{\partial y^2}$;

　　　D——板的弯曲刚度,即 $D = \dfrac{E_c h^3}{12(1-\mu_c^2)}$;

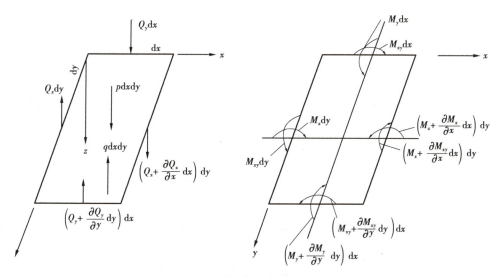

图 6.14　弹性地基板微分单元受力分析

E_c,μ_c——分别为板的弹性模量和泊松比；

W——板的挠度；

h——板的厚度。

荷载 p 及反力 q 如同竖向位移 W 一样,均为平面坐标(x,y)的函数,如图 6.15 所示。

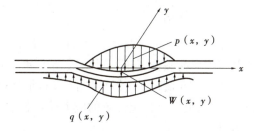

图 6.15　弹性地基板受荷时的弯曲

在求得板的挠度 W 后,即可由下式计算板的应力：

$$\left.\begin{array}{l} \sigma_x = -\dfrac{E_c z}{1-\mu_c^2}\left(\dfrac{\partial^2 W}{\partial x^2}+\mu_c\dfrac{\partial^2 W}{\partial y^2}\right) \\[4mm] \sigma_y = -\dfrac{E_c z}{1-\mu_c^2}\left(\dfrac{\partial^2 W}{\partial y^2}+\mu_c\dfrac{\partial^2 W}{\partial x^2}\right) \end{array}\right\} \tag{6.18}$$

$$\tau_{xy} = -\dfrac{E_c z}{1+\mu_c^2}\dfrac{\partial^2 W}{\partial x \partial y} \tag{6.19}$$

对上式进行积分,则可得到截面上的弯矩和扭矩：

$$\left.\begin{array}{l} M_x = -D\left(\dfrac{\partial^2 W}{\partial x^2}+\mu_c\dfrac{\partial^2 W}{\partial y^2}\right) \\[4mm] M_y = -D\left(\dfrac{\partial^2 W}{\partial y^2}+\mu_c\dfrac{\partial^2 W}{\partial x^2}\right) \\[4mm] M_{yz} = -D(1+\mu_c)\dfrac{\partial^2 W}{\partial x \partial y} \end{array}\right\} \tag{6.20}$$

在微分方程(6.17)中有两个未知数,即位移 W 和地基反力 q,因此必须建立附加方程将 W 和 q 联系起来,才能求得其解 W。目前主要有两种地基受力变形假设,即温克勒地基假设和弹性半空间体地基假设,从而产生了两种求解弹性地基板应力和位移的方法。

6.6.2　温克勒地基板荷载应力分析

温克勒地基是以反应模量 K 表征的弹性地基,它假设地基上任意一点的反力仅同该点的挠度成正比,而与其他点无关,即

$$q(x,y) = KW(x,y) \tag{6.21}$$

式中　K——地基反力模量,MPa/m。

威斯特卡德于 1925 年最先运用温克勒地基上无限大板或无限大弹性地基薄板模型,推导了由于荷载作用引起的混凝土板荷载应力公式。之后,经过多次修正和理论上的不断完善,威斯特卡德荷载应力公式在水泥混凝土路面设计中得到广泛应用。

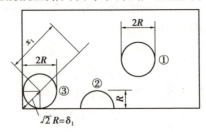

图 6.16　威斯特卡德解的计算荷载位置

威斯特卡德研究了 3 种典型临界荷载位置下板的最大挠度和最大应力。这 3 种荷载位置为板中(图 6.16 荷位 1)、板边(图 6.16 荷位 2)、板角(图 6.16 荷位 3)。

威斯特卡德经过推导,提出了以上 3 个特定位置的应力计算公式。

(1)荷载作用于板中(荷位 1)

荷载引起的最大拉应力计算公式为:

$$\sigma_i = 1.1(1+\mu_c)\left(\lg\frac{l}{R}+0.2673\right)\frac{P}{h^2} \tag{6.22}$$

该最大拉应力出现在荷载中心处的板底。

式中,$l = \left[\dfrac{E_c h^3}{12(1-\mu_c^2)K}\right]^{\frac{1}{4}}$,称为相对刚性半径。

(2)荷载作用于板边(荷位 2)

荷载引起的最大拉应力计算公式为:

$$\sigma_c = 2.116(1+0.54\mu_c)\left(\lg NM\frac{l}{R}+0.08975\right)\frac{P}{h^2} \tag{6.23}$$

该最大拉应力出现在荷位下板底。

(3)荷载作用于板角(荷位 3)

荷载引起的最大拉应力计算公式为:

$$\sigma_c = 3\left[1-\left(\frac{\sqrt{2}R}{l}\right)^{0.6}\right]\frac{P}{h^2} \tag{6.24}$$

该最大拉应力出现在板表面,距板角点距离为 x_1 的45°分角线上:

$$x_1 = 2\sqrt{\delta_1 l} \qquad \delta_1 = \sqrt{2}R$$

1930年美国在阿灵顿进行了混凝土路面足尺试验,通过试验,对上述应力计算公式进行了修正。

(1)荷载作用于板中

板中荷位最大拉应力公式忽略了竖向应力 σ_z 的影响,并假定任何垂直于中面的直线在弯曲以后仍然为直线。如果作用在面板上的力不出现集中现象,荷载半径 R 与 h 厚度相差不大,则以上的假定是符合实际的。如果 R 同 h 相比,小于某一限度,则以上的假定不再符合实际,应按照厚板理论进行计算,或采用当量半径 b 取代实际半径 R 来考虑这一影响,b 和 R 的关系按下式确定,如图6.17所示,即

当 $R<0.5h$ 时:

$$b = \sqrt{1.6R^2 + h^2} - 0.675\ h \tag{6.25}$$

当 $R \geqslant 0.5h$ 时:

$$b = R \tag{6.26}$$

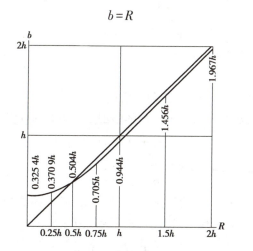

图6.17 R、b 和 h 的关系

(2)荷载作用于板边

在没有翘曲的情况下,对于常用的轮载,实测应力与威斯特卡德理论计算结果一致;假如 R 值较大,则实测应力略大于威斯特卡德理论计算结果;假如 R 较小,则实测应力略小于威斯特卡德理论计算结果,但差异很小。在白天有翘曲的情况下,对于常用的轮载,实测应力略大于威斯特卡德理论计算结果。在夜晚有翘曲的情况下,对于常用的轮载,实测应力明显大于威斯特卡德理论计算结果。

板与地基保持接触时,不需要进行修正;而与地基脱空时,凯利(E. F. Kelley)提出了修正公式($R<0.5\ h$ 时也要进行板中荷位时类似的修正):

$$\sigma_c = 2.116(1+0.54\mu_c)\left(\lg\frac{l}{R} + \frac{1}{4}\lg\frac{R}{2.54}\right)\frac{P}{h^2} \tag{6.27}$$

(3)荷载作用于板角

在正常气候条件下,在白天,板角向下翘曲,板体与地基保持接触的条件下,实测应力与威斯特卡德理论计算结果完全一致。可是,在夜间,当角隅向上翘曲时,实测应力比威斯特卡德理

论公式计算结果高出许多,凯利提出角隅修正公式:

$$\sigma_c = 3\left[1 - \left(\frac{R}{l}\right)^{1.2}\right]\frac{P}{h^2} \tag{6.28}$$

6.6.3 弹性半空间体地基板荷载应力分析

弹性半空间地基是以弹性模量和泊松比表征的弹性地基。它假设地基为一各向同性的弹性半无限体。地基在荷载作用范围内及影响所及的以外部分均产生变形,其顶面上任一点的挠度不仅同该点的压力有关,也同其他各点的压力有关,即

$$q(x,y) = f[W(x,y)] \tag{6.29}$$

根据霍格(A. H. A. Hogg)理论,无限大地基上无限大圆板上作用轴对称竖向荷载 $q(r)$ 时,竖向位移表达式为:

$$W(r) = \frac{2(1-\mu_s^2)}{E_s}\int_0^\infty \overline{q}(\xi)J_0(\xi_r)\,\mathrm{d}\xi \tag{6.30}$$

式中 $\overline{q}(\xi)$——反力函数的零阶 Hankel 变换式;

$J_0(\xi_r)$——零阶一类 Bessel 函数;

ξ——任意参变量;

E_s, μ_s——分别为地基的弹性模量和泊松比。

对于外荷载与弹性地基本身属于轴对称的情况下,式(6.30)变为:

$$D\nabla^2\nabla^2 W(r) = p(r) - q(r) \tag{6.31}$$

式中 ∇^2——拉普拉斯算子,即 $\nabla^2 = \dfrac{\mathrm{d}^2}{\mathrm{d}r^2} + \dfrac{1}{r}\dfrac{\mathrm{d}}{\mathrm{d}r}$;

$W(r), p(r), q(r)$——分别为随坐标变化的挠度、荷载与反力。

因此,可得轴对称条件下的径向、切向弯矩表达式为:

$$\left. \begin{aligned} M_r &= -D\left(\frac{\mathrm{d}^2}{\mathrm{d}r^2} + \frac{\mu_c}{r}\frac{\mathrm{d}}{\mathrm{d}r}\right)w(r) \\ M_t &= -D\left(\frac{1}{r}\frac{\mathrm{d}}{\mathrm{d}r} + \mu_c\frac{\mathrm{d}^2}{\mathrm{d}r^2}\right)w(r) \end{aligned} \right\} \tag{6.32}$$

将 $w(r)$ 表达式代入小挠度弹性薄板公式得到 $q(r)$ 和 $w(r)$ 表达式:

$$\left. \begin{aligned} q(r) &= \int_0^\infty \frac{\overline{P}(\xi)J_0(\xi_r)}{1+\alpha^{-3}\xi^3}\xi\,\mathrm{d}\xi \\ w(r) &= \frac{2(1-\mu_s^2)}{E_s}\int_0^\infty \frac{\overline{P}(\xi)J_0(\xi_r)}{1+\alpha^{-3}\xi^3}\xi\,\mathrm{d}\xi \end{aligned} \right\} \tag{6.33}$$

式中 $\overline{P}(\xi)$——荷载函数的零阶 Hankel 变换式;

α——弹性特征系数,$\alpha = \dfrac{1}{h}\left[\dfrac{6E_s(1-\mu_c^2)}{E_c(1-\mu_s^2)}\right]^{1/3}$;

μ_c, μ_s——分别为水泥混凝土和基础的泊松比;

E_c, E_s——分别为水泥混凝土和基础的弹性模量;

h——板厚。

从而解得圆形均布荷载下,板在单位宽度内产生的最大弯矩(图6.18):

$$M_r = M_t = \frac{CP(1+\mu_c)}{2\pi\alpha R} = \overline{M}_0 P \qquad (6.34)$$

荷载圆离计算点一定距离时,可将其视为作用在圆心的集中力,距其 r 处板在单位宽度内的弯矩图(6.19)为:

$$\left.\begin{array}{l} M_t = (A + \mu_c B)P = \overline{M}_t P \\ M_r = (B + \mu_c A)P = \overline{M}_r P \end{array}\right\} \qquad (6.35)$$

式中　M_r——单位板宽内的轴向弯矩,MN·m/m;

　　　M_t——单位板宽内的切向弯矩,MN·m/m;

　　　P——作用在板上的荷载,MN;

　　　C——随 αR 值变化的系数,即:$C = \int_0^\infty \frac{tJ_1(\alpha Rt)}{1+t^3}\mathrm{d}t$,$J_1(\alpha Rt)$ 为第一类一阶贝塞尔函数;

　　　A,B——随 αR 值变化的系数,其中:$A = \frac{1}{2\pi\alpha r}\int_0^\infty \frac{tJ_1(\alpha Rt)}{1+t^3}\mathrm{d}t$,$B = \frac{1}{2\pi}\int_0^\infty \left[J_0(\alpha rt) - \frac{tJ_1(\alpha rt)}{\alpha rt} \right]$

　　　$\frac{t^2}{1+t^3}\mathrm{d}t$;

　　　$J_0(\alpha rt)$——第一类零阶贝塞尔函数;

　　　t——任意参变量;

　　　α——与板的弯曲刚度有关的弹性特征系数,即

$$\alpha = \sqrt[3]{\frac{E_s}{2D(1-\mu_s^2)}} = \frac{1}{h}\sqrt[3]{\frac{6E_s(1-\mu_c^2)}{E_c(1-\mu_s^2)}} ;$$

　　　R——车轮荷载当量圆半径,m;

　　　r——弯矩求解点与荷载圆心的距离,m;

　　　h——板厚,m;

　　　E_c,E_s——混凝土和基础的弹性模量,MPa;

　　　μ_c,μ_s——混凝土和基础的泊松比。

　　　M_0——取 μ_c 为0.15时均布荷载位置下的弯矩系数,其值随 αR 变化,可由表6.34查得;

　　　M_r,M_t——距离集中荷载作用点 r 处的轴向和切向弯矩系数,其值随 αr 变化,可由表
　　　　　　6.35查得,μ_c 取值0.15。

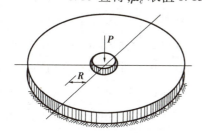

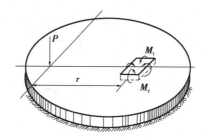

图6.18　在无限大圆板上的圆形均布荷载图　　**图6.19　距离集中荷载作用点为 r 处的弯矩**

应该指出,在上述理论中所称的无限大圆形薄板,应符合下列条件:

$$S = 3\frac{1-\mu_c^2}{1-\mu_s^2}\frac{E_s R_B^3}{E_c h^3} \geq 10 \qquad (6.36)$$

式中　S——板的刚性指数;

　　　　R_B——与板面积相等的圆形板的半径,m;

　　　其余符号意义同前。

表 6.34　C 与 $\overline{M}_0$ 系数值

αR	C	$\overline{M}_0$	αR	C	$\overline{M}_0$
0.02	0.045 3	0.414 6	1.4	0.333 6	0.043 6
0.04	0.076 7	0.351 0	1.5	0.322 8	0.039 4
0.06	0.102 9	0.313 9	1.6	0.311 3	0.035 6
0.08	0.125 7	0.287 6	1.7	0.299 4	0.032 2
0.1	0.146 0	0.267 2	1.8	0.287 2	0.029 2
0.2	0.223 1	0.204 2	1.9	0.275 0	0.026 5
0.3	0.274 9	0.167 7	2.0	0.262 7	0.024 0
0.4	0.310 7	0.142 2	2.2	0.238 5	0.019 8
0.5	0.335 4	0.122 8	2.4	0.215 3	0.016 4
0.6	0.351 7	0.107 3	2.6	0.193 5	0.013 6
0.7	0.361 5	0.094 5	2.8	0.173 2	0.011 3
0.8	0.366 2	0.083 8	3.0	0.154 7	0.009 4
0.9	0.366 9	0.074 6	3.2	0.137 8	0.007 9
1.0	0.364 4	0.066 7	3.4	0.122 7	0.006 6
1.1	0.359 3	0.059 8	3.6	0.109 1	0.005 5
1.2	0.352 1	0.053 7	3.8	0.097 0	0.004 7
1.3	0.343 5	0.048 4	4.0	0.086 3	0.003 9

表 6.35　A、B、$\overline{M}_r$、$\overline{M}_t$ 系数表

αr	A	B	$\overline{M}_r$ 系数	$\overline{M}_t$ 系数	αr	A	B	$\overline{M}_r$ 系数	$\overline{M}_t$ 系数
0.02	0.360 3	0.280 8	0.334 9	0.402 4	1.4	0.037 9	-0.016 5	-0.010 8	0.035 4
0.04	0.305 2	0.225 7	0.271 5	0.339 1	1.5	0.034 2	-0.017 8	-0.012 7	0.031 5
0.06	0.272 9	0.193 5	0.234 4	0.301 9	1.6	0.031 0	-0.018 6	-0.013 9	0.028 2
0.08	0.250 1	0.170 7	0.208 2	0.275 7	1.7	0.028 0	-0.019 2	-0.015 0	0.025 1
0.1	0.232 4	0.153 0	0.187 9	0.255 4	1.8	0.025 4	-0.019 5	-0.015 7	0.022 5
0.2	0.177 5	0.098 8	0.125 4	0.192 3	1.9	0.023 0	-0.019 6	-0.016 2	0.020 1
0.3	0.145 8	0.068 1	0.090 0	0.156 0	2.0	0.020 9	-0.019 5	-0.016 4	0.018 0

αr	A	B	$\overline{M}_r$ 系数	$\overline{M}_t$ 系数	αr	A	B	$\overline{M}_r$ 系数	$\overline{M}_t$ 系数
0.4	0.123 6	0.047 3	0.065 8	0.130 7	2.2	0.017 3	-0.018 9	-0.016 3	0.014 5
0.5	0.106 8	0.032 0	0.048 0	0.111 6	2.4	0.014 3	-0.017 9	-0.015 8	0.011 6
0.6	0.093 3	0.020 3	0.034 3	0.096 3	2.6	0.011 8	-0.016 8	-0.015 0	0.009 3
0.7	0.082 2	0.011 2	0.023 5	0.083 9	2.8	0.009 8	-0.015 4	-0.013 9	0.007 5
0.8	0.072 9	0.004 0	0.014 9	0.073 5	3.0	0.008 2	-0.014 1	-0.012 9	0.006 1
0.9	0.064 9	-0.001 7	0.008 0	0.064 6	3.2	0.006 9	-0.012 7	-0.011 7	0.005 0
1.0	0.058 0	-0.006 2	0.002 5	0.057 1	3.4	0.005 7	-0.011 4	-0.010 5	0.004 0
1.1	0.052 0	-0.009 8	-0.002 0	0.050 5	3.6	0.004 8	-0.010 2	-0.009 5	0.003 3
1.2	0.046 7	-0.012 7	-0.005 7	0.044 8	3.8	0.004 1	-0.009 1	-0.008 5	0.002 7
1.3	0.042 0	-0.014 9	-0.008 6	0.039 8	4.0	0.003 4	-0.008 0	-0.007 5	0.002 2

一般现场浇筑的混凝土路面均能符合上述条件,故不需验算。同时,只有当荷载中心点与板边距离大于 $1.5/\alpha$ 时,才能用式(6.34)和式(6.35)进行计算。

当单后轴汽车的两侧后轮同时作用在板上时,由于两组车轮相距较远,其中,一组后轮对另一组后轮下板所引起的附加弯矩相对来说是很小的,一般可不予考虑。

至于两组后轮中央处板所承受的弯矩要较一组后轮下板所产生的弯矩小很多,一般也不予计算。所以对单后轴车的两组后轮,通常仅按双轮胎的一组后轮的均布荷载来计算板的最大弯矩。

当荷载相等而形成对称的多组车轮作用在一块板上时,例如双后轴汽车的四组后轮,平板挂车的多组后轮以及飞机起落架上的两组或四组轮子等,则应选其中一组轮子作为主轮,按圆形均布荷载计算所受到的最大弯矩 M_0;对其他各组轮子则按集中荷载计算其在主轮轮隙中心下板所承受的附加轴向弯矩 M_r 和切向弯矩 M_t,然后把 M_r 和 M_t 按下式换算为 x 向弯矩和 y 向弯矩,如图6.20所示。

$$\left. \begin{aligned} M_x &= M_r\cos^2\beta + M_t\sin^2\beta \\ M_y &= M_r\sin^2\beta + M_t\cos^2\beta \end{aligned} \right\} \tag{6.37}$$

式中　M_x,M_y——换算得的板在单位宽度上的 x 向弯矩和 y 向弯矩,MN·m/m;

　　　　β——集中荷载作用点与主轮轮隙中心连线同 x 轴的夹角,(°)。

最后,把所有轮子对板所引起的 x 向弯矩和 y 向弯矩分别叠加起来,得出 $\sum M_x$ 和 $\sum M_y$。

例如,如图6.20所示的4轮组中,选1号轮作为主轮,按圆形均布荷载计算弯矩;对2、3、4号三组轮子,按集中荷载计算弯矩,则总弯矩为:

$$\left. \begin{aligned} \sum M_x &= (M_{01} + M_{r2} + M_{r3}\cos^2\beta + M_{t3}\sin^2\beta + M_{t4}) \\ \sum M_y &= (M_{01} + M_{t2} + M_{r3}\sin^2\beta + M_{t3}\cos^2\beta + M_{r4}) \end{aligned} \right\} \tag{6.38}$$

工程实践中采用的混凝土路面板基本上都属于有限尺寸的矩形板,并非无限大板。对于弹性地基上有限尺寸的板中、板边和板角作用车轮荷载时,求解相应位置的挠度和弯矩(属于非对称轴课题),在数学计算上有很大困难,至今尚未得出解析表达式。在《公路水泥混凝土路面设计规范》(JTG D40—2011)中,提出了采用有限元法分析荷载作用下板的极限应力值,并给出了应力回归计算公式和诺谟图。

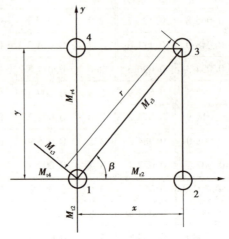

图 6.20　对称的多组车轮荷载作用在一块板上的弯矩计算图示

6.6.4　弹性半空间地基双层板混凝土路面荷载应力分析

在工程实践中,经常有采用双层板的水泥混凝土路面。从力学模型来考虑,弹性地基双层板按层间接触状态主要分为两类:①上、下层完全分离,接触面假定为完全光滑;②上、下层密切结合,接触面假定为完全连续。

(1)弹性地基上分离式双层板

弹性地基分离式双层板与单层薄板解法一样。列出两层板的弯曲刚度 D_2 与 D_1,即

$$\left. \begin{aligned} D_2 &= \frac{E_2 h_2^3}{12(1-\mu_2^2)} \\ D_1 &= \frac{E_1 h_1^3}{12(1-\mu_1^2)} \end{aligned} \right\} \tag{6.39}$$

令 $D = D_2 + D_1$,则:

$$l = \sqrt[3]{\frac{2D(1-\mu_0^2)}{E_0}} = \sqrt[3]{\frac{(1-\mu_0^2)}{6E_0}\left(\frac{E_2 h_2^3}{1-\mu_2^2} + \frac{E_1 h_1^3}{1-\mu_1^2}\right)} \tag{6.40}$$

用单层板同样的方法求解,可得出分离式双层板上下层板承受的总弯矩为上下层各自承受的弯矩之和,即

$$\left. \begin{aligned} M_r &= M_{r2} + M_{r1} = -(D_2 + D_1)\frac{\mathrm{d}^2\omega}{\mathrm{d}r^2} - (\mu_2 D_2 + \mu_1 D_1)\frac{1}{r}\frac{\mathrm{d}\omega}{\mathrm{d}r} \\ M_\theta &= M_{\theta2} + M_{\theta1} = -(\mu_2 D_2 + \mu_1 D_1)\frac{\mathrm{d}^2\omega}{\mathrm{d}r^2} - (D_2 + D_1)\frac{1}{r}\frac{\mathrm{d}\omega}{\mathrm{d}r} \end{aligned} \right\} \tag{6.41}$$

当 $\mu_1 = \mu_2 = \mu$ 时:

$$\left. \begin{aligned} M_r &= -(D_2 + D_1)\left(\frac{\mathrm{d}^2\omega}{\mathrm{d}r^2} + \frac{\mu}{r}\frac{\mathrm{d}\omega}{\mathrm{d}r}\right) \\ M_\theta &= -(D_2 + D_1)\left(\mu\frac{\mathrm{d}^2\omega}{\mathrm{d}r^2} + \frac{1}{r}\frac{\mathrm{d}\omega}{\mathrm{d}r}\right) \end{aligned} \right\} \tag{6.42}$$

由此可以得出：

$$
\left.\begin{aligned}
M_{r2} &= \frac{D_2}{D}M_r = \frac{E_2 h_2^3}{E_2 h_2^3 + E_1 h_1^3}M_r \\[2mm]
M_{r1} &= \frac{D_1}{D}M_r = \frac{E_1 h_1^3}{E_2 h_2^3 + E_1 h_1^3}M_r \\[2mm]
M_{\theta 2} &= \frac{D_2}{D}M_\theta = \frac{E_2 h_2^3}{E_2 h_2^3 + E_1 h_1^3}M_\theta \\[2mm]
M_{\theta 1} &= \frac{D_1}{D}M_\theta = \frac{E_1 h_1^3}{E_2 h_2^3 + E_1 h_1^3}M_\theta
\end{aligned}\right\}
\tag{6.43}
$$

从上式可见，弹性地基分离式双层板的两层板间的弯矩分配与两层板的刚度分配有关，计算时只需分别计算 D_2、D_1，然后按 $D = D_2 + D_1$ 计算弯矩。

（2）弹性地基上结合式双层板

弹性地基上结合式双层板的求解较分离式双层板复杂。由于上下两层板完全紧密结合，如同单层板一样工作时两层板只有一个中面，该中面的位置可根据作用于两板横断面上内力之和为零求得。当 $\mu_1 = \mu_2 = \mu$ 时，合力为零的条件可表示为：

$$
-\frac{E_2^2}{1-\mu^2}\left(\frac{\mathrm{d}^2\omega}{\mathrm{d}r^2}+\frac{\mu}{r}\frac{\mathrm{d}\omega}{\mathrm{d}r}\right)\int_{-h_0}^{-(h_0-h_2)}z\mathrm{d}z - \frac{E_1}{1-\mu^2}\left(\frac{\mathrm{d}^2\omega}{\mathrm{d}r^2}+\frac{\mu}{r}\frac{\mathrm{d}\omega}{\mathrm{d}r}\right)\int_{-(h_0-h_2)}^{h_1-(h_0-h_2)}z\mathrm{d}z = 0
\tag{6.44}
$$

则：

$$
E_2\int_{-h_0}^{-(h_0-h_2)}z\mathrm{d}z + E_1\int_{-(h_0-h_2)}^{-h_1-(h_0-h_2)}z\mathrm{d}z = 0
\tag{6.45}
$$

积分后得出：

$$
h_0 = \frac{E_1 h_1^2 + 2E_1 h_1 h_2 + E_2 h_2^2}{2(E_1 h_1 + E_2 h_2)}
\tag{6.46}
$$

因此：

$$
\left.\begin{aligned}
D &= \frac{E_1\left[(h_1+h_2-h_0)^3-(h_2-h_0)^3\right]+E_2\left[(h_2-h_0)^3+h_0^3\right]}{3(1-\mu^2)} \\[3mm]
l^3 &= \frac{2(1-\mu_0^2)}{3(1-\mu^2)E_0}\left\{E_1\left[(h_1+h_2-h_0)^3-(h_2-h_0)^3\right]+E_2\left[(h_2-h_0)^3+h_0^3\right]\right\}
\end{aligned}\right\}
\tag{6.47}
$$

由此，可用单层板同样的方法求解结合式双层板的总弯矩。当计算上层板拉应力时，取 $z = h_2 - h_0$；当计算下层板拉应力时，取 $z = h_1 + h_2 - h_0$。上下层弯拉应力公式如下：

$$
\left.\begin{aligned}
\sigma_{r2} &= \frac{E_2(h_2-h_0)}{(1-\mu^2)D}M_r \\[2mm]
\sigma_{r1} &= \frac{E_1(h_1+h_2-h_0)}{(1-\mu^2)D}M_r \\[2mm]
\sigma_{\theta 2} &= \frac{E_2(h_2-h_0)}{(1-\mu^2)D}M_\theta \\[2mm]
\sigma_{\theta 1} &= \frac{E_1(h_1+h_2-h_0)}{(1-\mu^2)D}M_\theta
\end{aligned}\right\}
\tag{6.48}
$$

从上式可见,双层结合板中,上下层板的最大弯拉应力取决于各自的弹性模量取值和板厚大小。此外还有部分结合式双层板,分析原理类似,在此不作介绍。

6.6.5 水泥混凝土路面温度应力分析

水泥混凝土路面板在不同深度处的温度,随气温变化而变化。这种变化使得水泥混凝土板出现膨胀和收缩变形,当变形受到约束时,板内就会产生胀缩应力和翘曲应力。

1)胀缩应力

平面尺寸很大的板,其板内任意一点在温差影响下的应变:

$$\left.\begin{aligned} \varepsilon_x &= \frac{1}{E}(\sigma_x - \mu\sigma_y) + \alpha\Delta t \\ \varepsilon_y &= \frac{1}{E}(\sigma_y - \mu\sigma_x) + \alpha\Delta t \end{aligned}\right\} \tag{6.49}$$

式中 ε_x、ε_y——分别为板纵向和横向应变;

σ_x、σ_y——分别为板纵向和横向的温度应力,MPa;

α——水泥混凝土的温度线膨胀系数,约为 $1 \times 10^{-5}/°C$;

Δt——板温差,°C。

当受到地基摩阻力作用时,在温度升降时板中心点不能产生平面位移,则 $\varepsilon_x = \varepsilon_y = 0$,此时其应力为:

$$\sigma_x = \sigma_y = -\frac{E\alpha\Delta t}{1-\mu} \tag{6.50}$$

板边缘中部或窄长板,则 $\varepsilon_x = 0, \sigma_y = 0$,有:

$$\sigma_x = -E_c\alpha\Delta t \tag{6.51}$$

为了减少收缩应力,在混凝土板内设置各种接缝,板被划分为有限尺寸的板块。这时板的自由收缩受到板与基础的摩阻力的约束,此摩阻力随板的自重而变。因变形受阻产生的板内最大应力出现于板长的中央,其值可近似按式(6.52)计算。

$$\sigma_t = \gamma \cdot f \cdot \frac{L}{2} \tag{6.52}$$

式中 γ——混凝土容重,约为 $0.024\ MN/m^3$;

L——板长,m;

f——板与基础之间的摩擦系数,同基础类型、板的位移量和位移反复情况等因素有关,一般为 $1.0 \sim 2.0$。

板划分为有限尺寸板块后,因收缩而产生的应力很小,可不予考虑。

2)翘曲应力

由于混凝土板、基层和路基的导热性能较差,当气温变化较快时,使板顶面与底面产生温度差,因而板顶与板底的胀缩变形大小也就不同。当气温升高时,板顶面温度较其底面高,板顶膨胀变形较板底大,则板中部隆起;相反,当气温下降时,板顶面温度较其底面低,板顶收缩变形较板底大,因而板的边缘和角隅翘起,如图6.21所示。由于板的自重、地基反力和相邻板的钳制作用,使部分翘曲变形受阻,从而使板内产生翘曲应力。

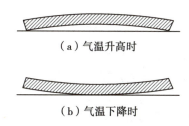

（a）气温升高时

（b）气温下降时

图 6.21　混凝土路面的翘曲变形

威斯特卡德在对温克勒地基上的板作翘曲应力分析时的进一步假定：

①温度沿板断面呈线性变化；

②板与地基始终保持接触。

这样，得到有限尺寸板沿板长和板宽方向上的翘曲应力解答（板长 L，板宽 B）：

$$\left.\begin{array}{l} \sigma_x = \dfrac{E_c \alpha \Delta t}{2} \cdot \dfrac{C_x + \mu_c C_y}{1 - \mu_c^2} \\[3mm] \sigma_y = \dfrac{E_c \alpha \Delta t}{2} \cdot \dfrac{C_y + \mu_c C_x}{1 - \mu_c^2} \end{array}\right\} \tag{6.53}$$

板边中点：

$$\sigma_x = \frac{E_c \alpha \Delta t}{2} \cdot C_x \tag{6.54}$$

式中　Δt——板顶面与底面温度差，℃；

　　　C_x，C_y——与 L/l 或 B/l 有关的系数，其值可从图 6.22 的曲线 3 查取，也可按下式计算：

$$C_x \text{ 或 } C_y = 1 - \frac{2 \cos \lambda \operatorname{ch} \lambda}{\sin 2\lambda + \operatorname{sh} 2\lambda}(\tan \lambda + \operatorname{th} \lambda) \tag{6.55}$$

计算 C_x 时，$\lambda = \dfrac{L}{\sqrt{8}\, l}$，计算 C_y 时，$\lambda = \dfrac{B}{\sqrt{8}\, l}$；$l$ 为板的相对刚性半径。其余符号意义同前。

板顶面与板底面的温度差通常表示为板的温度梯度乘以板厚，即 $\Delta t = T_g h$。近年来，我国在实测的基础上提出了各公路自然区划内混凝土路面板的最大温度梯度计算值 T_g，如表 6.36 所示。

表 6.36　水泥混凝土面板的温度梯度值

公路自然区划	Ⅱ、Ⅴ	Ⅲ	Ⅳ、Ⅵ	Ⅶ
温度梯度 $T_g/(℃ \cdot m^{-1})$	83 ~ 88	90 ~ 95	86 ~ 92	93 ~ 98

注：①海拔高时取高值，湿度大时取低值。

　　②表中数值为板厚 $h = 22$ cm 时的温度梯度值。

弹性板空间体地基上板的翘曲应力，目前尚无解析解，可采用有限元法计算板内翘曲应力。

按照温克勒地基板计算翘曲应力的假设，采用有限元法计算了弹性半空间体地基上板的翘曲应力。根据所得结果，绘出图 6.22 的曲线 1 和 2。此时板的刚性半径计算公式为：

$$l = h \sqrt[3]{\frac{E_c(1 - \mu_s^2)}{6 E_{tc}(1 - \mu_c^2)}} \tag{6.56}$$

式中　E_{tc}——弹性半空间体地基的计算回弹模量，MPa。

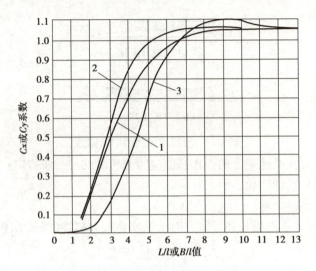

图 6.22　板温度翘曲应力系数值

1—弹性半空间体地基板中;2—弹性半空间体地基板边;3—温克勒地基板中

6.7　水泥混凝土路面结构组合设计

水泥混凝土路面的结构组合设计,应根据公路技术等级、交通荷载、路基支承条件以及当地温度和湿度状况,选择和组合与之相适应的水泥混凝土路面结构,并满足预定的使用性能要求。其中,路面结构层的力学特性及其组成材料应满足各自的功能要求,应充分考虑结构层的层间结合以及组合结构的协调和平衡,应采取有效措施,排除入渗地表水,并有效防止基层的冲刷。

6.7.1　面层

水泥混凝土面层应具有足够的强度和耐久性,提供抗滑、耐磨和平整的表面。

一般采用接缝设置传力杆的普通水泥混凝土。面层的平面尺寸较大或形状不规则,路面结构下埋有地下设施,高填方、软土地基、填挖交界段的路基有可能产生不均匀沉降时,应采用接缝设置传力杆的钢筋混凝土面层。其他面层类型可依据适用条件按表 6.37 选用。

表 6.37　水泥混凝土路面面层类型选择

面层类型		适用条件
连续配筋混凝土面层		高速公路
复合式面层	密级配沥青混合料上面层	极重、特重交通荷载的高速公路
	连续配筋混凝土下面层 设传力杆普通混凝土下面层	
碾压混凝土面层		二级及二级以下公路
钢纤维混凝土面层		标高受限制路段、混凝土加铺层
混凝土预制块面层		二级及二级以下公路桥头引道沉降未稳定段、服务区停车场

普通混凝土、钢筋混凝土、碾压混凝土或连续配筋混凝土面层所需的厚度,可依据交通荷载等级、公路等级和参数变异水平等级,参照表 6.38 所示参考范围,并按规定计算确定。

表 6.38　水泥混凝土面层厚度的参考范围

交通荷载等级	极重	特重			重		
公路等级	—	高速	一级	二级	高速	一级	二级
变异水平等级	低	低	中	低　中	低	中	低　中
面层厚度/mm	≥320	320 ~ 280	300 ~ 260	280 ~ 240	270 ~ 230	260 ~ 220	
交通荷载等级	中等				轻		
公路等级	二级		三、四级		三、四级		
变异水平等级	高	中	高	中	高	中	
面层厚度/mm	250 ~ 220	240 ~ 210	230 ~ 200		220 ~ 190	210 ~ 180	

除混凝土预制块面层外,各种混凝土面层的计算厚度应满足要求。面层设计厚度依据计算厚度加 6 mm 磨耗层后,按 10 mm 向上取整。

钢纤维混凝土面层的厚度按钢纤维掺量确定,钢纤维体积率为 0.6% ~ 1.0% 时,其厚度为普通混凝土面层厚度的 0.75 ~ 0.65 倍。特重或重交通荷载时,其最小厚度为 180 mm;中等或轻交通荷载时,其最小厚度为 160 mm。

复合式路面的沥青混凝土上面层的厚度一般不小于 40 mm。混凝土下面层的计算厚度应满足要求。连续配筋混凝土下面层与沥青上面层之间需设置黏结层。

路面表面须采用拉毛、拉槽、压槽或刻槽等方法筑做表面构造,其构造深度在交工验收时应满足表 6.39 的要求。

表 6.39　各级公路混凝土面层的表面构造深度要求

单位:mm

公路等级	高速、一级公路	二、三、四级公路
一般路段	0.70 ~ 1.10	0.50 ~ 1.00
特殊路段	0.80 ~ 1.20	0.60 ~ 1.10

注:①特殊路段——对于高速和一级公路系指立交、平交或变速车道等处,对于其他公路系指急弯、陡坡、交叉口或集镇附近;
　　②年降雨量 600 mm 以下的地区,表列数值可适当降低。

新建高速公路和一级公路的路表平整度应满足国际平整度指数(IRI)不大于 2.0 m/km 的要求,二级公路应满足国际平整度指数(IRI)不大于 3.2 m/km 的要求。

混凝土预制块可采用异形块或矩形块。预制块的长度为 200 ~ 250 mm,宽度为 100 ~ 125 mm,长宽比通常为 2:1。预制块的厚度为 100 ~ 120 mm。预制块下稳平层(垫砂)厚度为 30 ~ 50 mm。

6.7.2　基层

基层和底基层应具有足够的抗冲刷能力和适当的刚度。依据交通荷载等级、材料供应条件和结构层组合要求,参照表 6.40 选用基层和底基层的组成材料种类。

表 6.40　适宜于各交通荷载等级的基层和底基层类型

交通荷载等级	基层类型	底基层类型
极重、特重	贫混凝土、碾压混凝土	级配碎石、水泥稳定碎石、石灰-粉煤灰稳定碎石
	沥青混凝土	
重	密级配沥青稳定碎石	
	水泥稳定碎石	
中等、轻	级配碎石	未筛分碎石、级配砾石或不设
	水泥稳定碎石、石灰-粉煤灰稳定碎石	

承受极重、特重或重交通荷载的路面,基层下须设置底基层。承受中等或轻交通荷载时,可不设底基层;而基层采用无机结合料稳定类材料,而上路床由细粒土组成时,须在基层下设置粒料类底基层。

基层采用无机结合料类材料时,其底基层宜选用小于 0.075 mm 的颗粒含量少于 7% 的粒料类材料。

潮湿多雨地区,路基由低透水性细粒土组成的高速和一级公路或者承受极重或特重交通荷载的二级公路,宜设置由开级配沥青稳定碎石或开级配水泥稳定碎石组成的排水基层。排水基层下应设置由密级配粒料或水泥稳定碎石组成的不透水底基层。底基层顶面宜铺设沥青类封层或防水土工织物。

贫混凝土或碾压混凝土基层上应铺设沥青混凝土夹层,层厚不宜小于 40 mm。无机结合料稳定碎石基层上应设置封层,封层可采用单层沥青表面处治或稀浆封层等,层厚不宜小于 6 mm。

各种基层和底基层的结构层适宜厚度,按所选集料的公称最大粒径和压实效果的要求而定,可参照表 6.41 选用。基层或底基层的设计层厚超出相应材料的适宜层厚范围时,一般需分层铺设和压实。

表 6.41　水泥混凝土路面基层和底基层材料的结构层适宜厚度

材料种类		适宜层厚/mm
贫混凝土、碾压混凝土		120 ~ 200
无机结合料稳定粒料		150 ~ 200
沥青混凝土(AC)	集料公称最大粒径 9.5 mm	25 ~ 40
	集料公称最大粒径 13.2 mm	35 ~ 65
	集料公称最大粒径 16 mm	40 ~ 70
	集料公称最大粒径 19 mm	50 ~ 75
密级配沥青稳定碎石(ATB)	集料公称最大粒径 19 mm	
开级配沥青稳定碎石(ATPB)	集料公称最大粒径 26.5 mm	75 ~ 100
开级配水泥稳定碎石(CTPB)		100 ~ 150

材料种类	适宜层厚/mm
级配碎石(优质碎石)	100~200
级配碎石(未筛分碎石)、级配砾石或碎砾石	

贫混凝土或碾压混凝土基层的计算厚度应满足要求。基层设计厚度依据计算厚度按10 mm向上取整。

开级配沥青碎石或水泥稳定碎石排水基层的计算厚度应满足排出表面水设计渗入量的需要。排水基层的设计厚度依据计算厚度按10 mm向上取整后再增加20 mm。

基层的宽度应比混凝土面层每侧至少宽出300 mm(小型机具施工时)或650 mm(滑模式摊铺机施工时)。硬路肩采用混凝土面层时,基层的结构与厚度应与行车道相同。

碾压混凝土基层应设置与混凝土面层相对应的接缝。贫混凝土基层弯拉强度超过1.5 MPa时,应设置与面层相对应的横向缩缝;而一次摊铺宽度大于7.5 m时,应设置纵向缩缝。

6.7.3 路基及功能层

路基应稳定、密实、均质,为路面结构提供均匀的支承。

按照交通荷载等级,路床顶的综合回弹模量值应分别不低于40 MPa(轻交通荷载)、60 MPa(中等或重交通荷载)和80 MPa(特重或极重交通荷载)。对于不能满足综合回弹模量值要求的路床,应采取更换填料、增设粒料层或低剂量无机结合料稳定层等措施。

路基填料应满足下述要求:

①高液限黏土及含有机质的细粒土不能用作高速和一级公路的路床填料或二级和二级以下公路的上路床填料;

②高液限粉土及塑性指数大于16或膨胀率大于3%的低液限黏土不能用作高速和一级公路的上路床填料;

③因条件限制而必须采用上述土作为填料时,应掺加水泥、粉煤灰或石灰等结合料进行改善。

④路基设计标高宜使其湿度状况处于干燥或中湿状态。高地下水位地段,在不能提升路堤高度而路床顶综合回弹模量值不满足要求时,应选用粗粒土或低剂量无机结合料稳定土作为路床或上路床填料。在路基工作区底面接近或低于地下水位时,除采用上述更换填料措施外,还应采用设置排水渗沟等降低地下水位措施。

⑤在季节性冰冻地区,当冰冻线深度达到路基的易冻胀土层时,在易冻胀土层上需设置防冻层,或选用不易冻胀土置换冰冻线深度范围内的易冻胀土。

⑥水文地质条件不良的土质路堑,应采取地下排水措施。

⑦对路堤下的软弱地基进行加固处治后,其工后沉降量应满足现行《公路路基设计规范》中相关条款的要求。

⑧填挖交替或新老填土交替路段,应在路床顶部填筑均质的压实土层或无机结合料稳定

土层。

⑨岩石或填石路床顶面应铺设整平层。整平层可采用碎石、低剂量水泥稳定粒料等,其厚度视路床顶面不平整程度而定,最小厚度不小于 100 mm。

在下列情况可在路基顶面设置功能层:

①季节性冰冻地区,路面结构厚度小于最小防冻厚度要求时,可设置防冻层。

②水文地质条件不良的土质路堑,路床土湿度较大时,宜设置排水层。

功能层的宽度应与路基同宽,其最小厚度为 150 mm。防冻层和排水层宜采用碎石、砂砾等颗粒材料。

6.8　我国水泥混凝土路面设计方法

6.8.1　水泥混凝土路面设计方法发展沿革

从 20 世纪 50 年代至今,我国水泥混凝土路面设计理论与方法不断改进,曾经于 1958 年、1966 年、1984 年、1994 年、2002 年、2011 年颁布过 6 个版本的设计规范。

1966 年版《公路路面设计规范》,对水泥混凝土路面的设计方法及设计参数,基本上沿用了苏联 20 世纪 50 年代的研究成果,它在理论上有明显的缺陷,在设计参数上缺乏我国的实测数据。1985 年执行的《公路水泥混凝土路面设计规范》(JTJ 012—1984)较 1966 年版《公路路面设计规范》有了很大的不同,采用了弹性半无限体地基上的薄板理论,按有限元分析得出应力计算方法和图表,所采用的主要设计参数为我国的实测数据。1994 年版《公路水泥混凝土路面设计规范》(JTJ 012—1994)则是在 1984 版的基础上进行了进一步改进,取得了很大的提升。

2002 年版《公路水泥混凝土路面设计规范》(JTG D40—2002)是针对《公路水泥混凝土路面设计规范》(JTJ 012—94)的修订,以提高水泥混凝土路面的设计质量和适应我国公路水泥混凝土路面建设不断发展的需要。其主要内容包括水泥混凝土路面结构组合设计、接缝设计、混凝土配筋设计、加铺层结构设计等。与原规范比,它主要增加了路面结构可靠度设计和水泥混凝土路面上加铺沥青面层设计方法,充实了连续配筋混凝土面层配筋计算方法,细化了路面结构组合和材料组成及性质参数要求,修改了旧混凝土路面调查和评定方法,补充了交通分析方法。

2011 版《公路水泥混凝土路面设计规范》(JTG D40—2011)是针对《公路水泥混凝土路面设计规范》(JTG D40—2002)发布实施以来存在的一些技术指标已不满足需要而修订的。在修订过程中,主要增加了混凝土板极限断裂的验算标准和贫混凝土及碾压混凝土基层的疲劳断裂设计标准;考虑特种车辆和专用道路结构设计增加了极重交通荷载等级;改进了接缝设计及填缝材料的选型;完善了连续配筋的裂缝间距和裂缝宽度两个设计指标的计算公式;提高了混凝土板错台量和接缝传荷能力的评级标准;完善了材料设计参数经验参考值。

6.8.2　水泥混凝土路面结构可靠度设计与极限状态方程

为使结构设计更加合理和反映实际情况,以及施工控制和质量检验的需要,各设计参数变异性对结构功能的影响必须加以定量的研究,可靠性理论为其提供了理论基础和分析手段。

结构可靠度定义为:在规定的时间内和规定的条件下,结构能够完成预定功能的概率。从可靠度一般定义出发,路面可靠度可定义为:在设计使用年限内,在将遇到的环境条件和交通荷载作用下,路面能够发挥其预期功能的概率。

我国水泥混凝土路面按可靠度方法进行设计。路面结构的目标可靠度是在满足高等级公路行驶安全和舒适性要求的前提下,考虑道路初建费用、养护费用与用户费用对目标可靠度的影响后综合确定的。通常采用"校准法"来确定目标可靠度。所谓"校准法",就是对按现行规范或设计方法所设计的路面进行隐含可靠度的分析。以这些隐含可靠度作为目标可靠度,则所设计的路面结构具有与原确定设计方法相同的可靠度水平。它接纳了以往多年的工程设计和使用经验,包含了与原有设计方法相等的可接受性和经济合理性。

综合分析和考虑我国水泥混凝土路面设计的隐含可靠度情况及国外分析数据,不同等级公路的路面结构设计安全等级及相应的设计基准期、可靠度指标和目标可靠度列于表6.42。

表6.42　可靠度设计标准

公路等级	高速	一级	二级	三级	四级
安全等级	一级		二级	三级	
设计基准期/年	30	20	15	10	
目标可靠度/%	95	90	85	80	70
目标可靠指标	1.645	1.28	1.04	0.84	0.52

各安全等级路面的材料性能和结构尺寸参数的变异水平可分为低、中、高三级,按公路等级,以及所采用的施工技术和所能达到的施工质量控制和管理水平,确定变异水平等级和相应的变异系数,高速公路、一级公路的变异水平等级宜为低级,二级公路的变异水平等级应不大于中级。有困难时,可按表6.43规定的主要设计参数变异系数范围选择相应的变异系数。

表6.43　变异系数 C_v 的范围

变异等级水平	低	中	高
水泥混凝土弯拉强度	$0.05 \leqslant C_v \leqslant 0.10$	$0.10 < C_v \leqslant 0.15$	$0.15 < C_v \leqslant 0.20$
基层顶面当量回弹模量	$0.15 \leqslant C_v \leqslant 0.25$	$0.25 < C_v \leqslant 0.35$	$0.35 < C_v \leqslant 0.55$
水泥混凝土面层厚度	$0.02 \leqslant C_v \leqslant 0.04$	$0.04 < C_v \leqslant 0.06$	$0.06 < C_v \leqslant 0.08$

在路面结构可靠性设计中,为了能考虑各设计参数变异性影响,可以通过引入一个可靠度系数,将可靠度概念应用到考虑荷载应力和温度应力综合疲劳作用的路面结构设计方法中。路面结构可靠度系数 γ_r 定义为疲劳方程求得的最大允许应力 $[\sigma_p + \sigma_t]$ 与实际最大应力 $\sigma_p + \sigma_t$ 之比($\gamma_r = \dfrac{[\sigma_p + \sigma_t]}{\sigma_p + \sigma_t}$),如表6.44所示。理论分析表明:对路面结构本身而言,可靠度主要取决于水泥混凝土的弯拉(抗折)强度 σ_s 和弯拉模量 E_c、面板厚度 h 及基层顶面的当量回弹模量 E_t。在可靠度 R 一定时, γ_r 的大小取决于各参数的变异水平。

表 6.44　可靠度系数 r_r 参考值

变异水平等级	目标可靠度/%			
	95	90	85	80 ~ 70
低	1.20 ~ 1.33	1.09 ~ 1.16	1.04 ~ 1.08	—
中	1.33 ~ 1.50	1.16 ~ 1.23	1.08 ~ 1.13	1.04 ~ 1.07
高	—	1.23 ~ 1.33	1.13 ~ 1.18	1.07 ~ 1.11

　　我国水泥混凝土路面结构设计以面层板在设计基准期内,在行车荷载和温度梯度综合作用下,不产生疲劳断裂作为设计标准;并以最重轴载 P_m 和最大温度梯度综合作用下,不产生极限断裂作为验算标准。

　　路面结构的极限状态方程式如式(6.57)所示。

$$\left.\begin{array}{l} r_r(\sigma_{pr}+\sigma_{tr}) \leqslant f_r \\ \gamma_r(\sigma_{p,max}+\sigma_{t,max}) \leqslant f_r \end{array}\right\} \tag{6.57}$$

式中　r_r——可靠度系数,依据所选目标可靠度及变异水平等级及变异系数确定;

　　　σ_{pr}——面层板在临界荷位处产生的行车荷载疲劳应力,MPa;

　　　σ_{tr}——面层板在临界荷位处产生的温度梯度疲劳应力,MPa;

　　　$\sigma_{p,max}$——最重轴载在临界荷位处产生的最大荷载应力,MPa;

　　　$\sigma_{t,max}$——所在地区最大温度梯度在临界荷位处产生的最大温度翘曲应力,MPa;

　　　f_r——水泥混凝土弯拉强度标准值,MPa。

　　贫混凝土或碾压混凝土基层应以设计基准期内行车荷载不产生疲劳断裂作为设计标准,极限状态方程式如下:

$$\gamma_r \sigma_{bpr} \leqslant f_{br} \tag{6.58}$$

式中　σ_{bpr}——基层内产生的行车荷载疲劳应力,MPa;

　　　f_{br}——基层材料弯拉强度标准值,MPa。

　　水泥混凝土的设计强度采用28d龄期的弯拉强度。各交通荷载等级要求的混凝土弯拉强度标准值不得低于表6.45的规定。

表 6.45　混凝土弯拉强度标准值 f_r

交通等级	极重、特重、重	中等	轻
水泥混凝土弯拉强度标准值/MPa	≥5.0	4.5	4.0
钢纤维混凝土弯拉强度标准值/MPa	≥6.0	5.5	5.0

6.8.3　混凝土板应力分析及厚度设计

　　水泥混凝土路面结构分析采用弹性地基板理论,除粒料类基层外,其他基层与混凝土面层应按分离式双层板模型进行结构分析。粒料类基层及各类底基层和垫层,应与路基一起视作多层弹性地基,以地基顶面当量回弹模量表征。

按基层和面层类型和组合的不同,路面结构分析可分别采用下述力学模型:

①弹性地基单层板模型——适用于粒料类基层上混凝土面层,旧沥青路面加铺混凝土面层;面层板以下部分按弹性地基处理。

②弹性地基双层板模型——适用于无机结合料类基层或沥青类基层上混凝土面层,旧水泥混凝土路面上加铺分离式混凝土面层;面层和基层或者新旧面层作为双层板,基层底面以下或者旧面层底面以下部分按弹性地基处理。

③复合板模型——适用于两层不同性能材料组成的面层或基层复合板。旧混凝土路面上加铺结合式混凝土面层,两层不同性能材料组成的层间黏结的面层,作为弹性地基上的单层板或者弹性地基上双层板的上层板;无机结合料类基层或沥青类基层与无机结合料类底基层组成的基层,作为弹性地基上双层板的下层板。

混凝土面层板的临界荷位位于纵缝边缘中部。基层板的临界荷位与面层板相同。

1)弹性地基单层板荷载应力

设计轴载在面层板临界荷位处产生的荷载疲劳应力按式(6.59)计算确定。

$$\sigma_{pr} = k_r k_f k_c \sigma_{ps} \tag{6.59}$$

式中 σ_{pr}——设计轴载在面板临界荷位处产生的荷载疲劳应力,MPa;

　　　k_r——考虑接缝传荷能力的应力折减系数,采用混凝土路肩时,$k_r = 0.87 \sim 0.92$(路肩面层与路面面层等厚时取低值,减薄时取高值),采用柔性路肩或土路肩时,$k_r = 1.0$;

　　　k_c——考虑计算理论与实际差异以及动载等因素影响的综合系数,按公路等级查表6.46确定;

　　　k_f——考虑设计基准期内荷载应力累计疲劳作用的疲劳应力系数;按式(6.61)确定;

　　　σ_{ps}——设计轴载在四边自由板临界荷位处产生的荷载应力,MPa,按式(6.60)计算确定。

$$\left. \begin{array}{l} \sigma_{ps} = 1.47 \times 10^{-3} r^{0.70} h_c^{-2} \times P_s^{0.94} \\[2mm] r = 1.21 (D_c/E_t)^{1/3} \\[2mm] D_c = \dfrac{E_c h_c^3}{12(1 - v_c^2)} \end{array} \right\} \tag{6.60}$$

式中 r——混凝土面层板的相对刚度半径,m;

　　　h_c, E_c, v_c——混凝土面层板的厚度(m)、弯拉弹性模量(MPa,可按表6.47选用)和泊松比;

　　　P_s——设计轴载的单轴重,kN;

　　　D_c——混凝土面层板的截面弯曲刚度,MN·m;

　　　E_t——板底地基当量回弹模量,MPa,分新建公路与旧路改建两类,分别按式(6.63)与式(6.64)—式(6.66)计算确定。

表6.46 综合系数 k_c

公路等级	高速公路	一级公路	二级公路	三、四级公路
k_c	1.15	1.10	1.05	1.00

表 6.47　水泥混凝土强度和弹性模量经验参考值

弯拉强度/MPa	1.5	2.0	2.5	3.0	3.5	4.0	4.5	5.0	5.5
抗压强度/MPa	7	11	15	20	25	30	36	42	49
抗拉强度/MPa	0.89	1.21	1.53	1.86	2.20	2.54	2.85	3.22	3.55
弹性模量/GPa	15	18	21	23	25	27	29	31	33

$$k_f = N_e^{\lambda} \tag{6.61}$$

式中　N_e——设计基准期内设计轴载累计作用次数;

λ——材料疲劳系数,普通混凝土、钢筋混凝土、连续配筋混凝土,$\lambda = 0.057$;碾压混凝土和贫混凝土,$\lambda = 0.065$;钢纤维混凝土按式(6.62)计算。

$$\lambda = 0.053 - 0.017 \rho_f \frac{l_f}{d_f} \tag{6.62}$$

式中　ρ_f——钢纤维的体积率,%;

l_f——钢纤维的长度,mm;

d_f——钢纤维的直径,mm。

新建公路的板底地基当量回弹模量值 E_t 按式(6.63)计算。

$$\left. \begin{array}{l} E_t = \left(\dfrac{E_x}{E_0} \right)^{\alpha} E_0 \\ \alpha = 0.86 + 0.26 \ln h_x \\ E_x = \sum_{i=1}^{n} (h_i^2 E_i) \Big/ \sum_{i=1}^{n} h_i^2 \\ h_x = \sum_{i=1}^{n} h_i \end{array} \right\} \tag{6.63}$$

式中　E_0——路床顶面的回弹模量,MPa;

E_x——粒料层的当量回弹模量,MPa;

h_x——粒料层的总厚度,m;

n——粒料层的层数;

α——与粒料层总厚度 h_x 有关的回归系数;

E_i——第 i 结构层的回弹模量,MPa;

h_i——第 i 结构层的厚度,m。

在旧沥青混凝土路面上铺筑水泥混凝土面层时,原沥青混凝土路面顶面的地基综合当量回弹模量 E_t 可根据落锤式弯沉仪(荷载 50 kN,承载板半径 150 mm)的中心点弯沉的测定结果按式(6.64),或根据贝克曼梁(后轴重 100 kN 的车辆)的弯沉测定结果按式(6.65)计算确定。

$$E_t = 18\ 621 / \omega_0 \tag{6.64}$$

$$E_t = 13\ 739 \omega_0^{-1.04} \tag{6.65}$$

$$\omega_0 = \overline{\omega} + 1.04 s_w \tag{6.66}$$

式中　ω_0——路段代表弯沉值,0.01 mm;

$\overline{\omega}$——路段弯沉平均值,0.01 mm;

s_w——路段弯沉的标准差,0.01 mm。

最重轴载在面层板临界荷位处产生的最大荷载应力,按式(6.67)计算。

$$\sigma_{p,max} = k_r k_c \sigma_{pm} \tag{6.67}$$

式中 $\sigma_{p,max}$——最重轴载 P_m 在面层板临界荷位处产生的最大荷载应力,MPa;

σ_{pm}——最重轴载 P_m 在四边自由板临界荷位处产生的最大荷载应力(MPa),按式(6.60)计算,式中的设计轴载 P_s 改为最重轴载 P_m,以单轴计(kN)。

2) 弹性地基单层板温度应力

在面层板临界荷位处产生的温度疲劳应力按式(6.68)计算确定:

$$\sigma_{tr} = k_t \sigma_{t,max} \tag{6.68}$$

式中 σ_{tr}——面层板临界荷位处的温度疲劳应力,MPa;

k_t——考虑温度应力累计疲劳作用的疲劳应力系数,按式(6.69)计算确定。

$$k_t = \frac{f_r}{\sigma_{t,max}} \left[a_t \left(\frac{\sigma_{t,max}}{f_r} \right)^{b_t} - c_t \right] \tag{6.69}$$

式中 a_t, b_t, c_t——回归系数,按所在地区的公路自然区划查表6.48确定。

$\sigma_{t,max}$——最大温度梯度时面层板产生的最大温度应力,MPa,按式(6.70)计算确定。

$$\sigma_{t,max} = \frac{\alpha_c E_c h_c T_g}{2} B_L \tag{6.70}$$

式中 α_c——混凝土的温度线膨胀系数,根据粗集料的岩性按表6.51取用;

T_g——公路所在地50年一遇的最大温度梯度,查表6.36取用;

B_L——综合温度翘曲应力和内应力作用的温度应力系数,可按式(6.71)确定。

$$\left. \begin{aligned} B_L &= 1.77 e^{-4.48h_c} C_L - 0.131(1 - C_L) \\ C_L &= 1 - \frac{\sin ht \cos t + \cos ht \sin t}{\cos t \sin t + \sin ht \cos ht} \\ t &= \frac{L}{3r} \end{aligned} \right\} \tag{6.71}$$

式中 C_L——混凝土面层板的温度翘曲应力系数;

L——面层板的横缝间距,即板长,m;

r——面层板的相对刚度半径,m。

表6.48 回归系数 a_t、b_t 和 c_t

系数	公路自然区划					
	II	III	IV	V	VI	VII
a_t	0.828	0.855	0.841	0.871	0.837	0.834
b_t	1.323	1.355	1.323	1.287	1.382	1.270
c_t	0.041	0.041	0.058	0.071	0.038	0.052

3) 弹性地基双层板荷载应力

面层板或上面层板的荷载疲劳应力 σ_{pr} 应按式(6.59)计算。其中,荷载疲劳应力系数 k_f、应力折减系数 k_r 和综合系数 k_c 的确定方法,与单层板相同;设计轴载在上层板临界荷位处产生的荷载应力 σ_{ps} 按式(6.72)确定。

$$\left. \begin{array}{l} \sigma_{\mathrm{ps}} = \dfrac{1.45 \times 10^{-3}}{1 + D_{\mathrm{b}}/D_{\mathrm{c}}} r_{\mathrm{g}}^{0.65} h_{\mathrm{c}}^{-2} P_{\mathrm{s}}^{0.94} \\[3mm] r_{\mathrm{g}} = 1.21 \left[(D_{\mathrm{c}} + D_{\mathrm{b}})/E_{\mathrm{t}} \right]^{1/3} \\[3mm] D_{\mathrm{b}} = \dfrac{E_{\mathrm{b}} h_{\mathrm{b}}^3}{12(1 - v_{\mathrm{b}}^2)} \end{array} \right\} \tag{6.72}$$

式中　r_{g}——双层板的总相对刚度半径，m；

　　　$h_{\mathrm{b}}, E_{\mathrm{b}}, \nu_{\mathrm{b}}$——下层板的厚度(m)、弯拉弹性模量(MPa)和泊松比；

　　　D_{b}——下层板的截面弯曲刚度，MN·m；

　　　$h_{\mathrm{c}}, D_{\mathrm{c}}$——上层板的厚度(m)和截面弯曲刚度(MN·m)。

贫混凝土或碾压混凝土基层板或者下面层板的荷载疲劳应力，按式(6.73)计算。其中，荷载疲劳应力系数 k_{f} 和综合系数 k_{c} 的确定方法与单层板的确定方法相同；设计轴载 P_{s} 在下层板临界荷位处产生的荷载应力按式(6.73)计算。

$$\left. \begin{array}{l} \sigma_{\mathrm{bpr}} = k_{\mathrm{f}} k_{\mathrm{c}} \sigma_{\mathrm{bps}} \\[3mm] \sigma_{\mathrm{bps}} = \dfrac{1.41 \times 10^{-3}}{1 + D_{\mathrm{c}}/D_{\mathrm{b}}} r_{\mathrm{g}}^{0.68} h_{\mathrm{b}}^{-2} P_{\mathrm{s}}^{0.94} \end{array} \right\} \tag{6.73}$$

式中　σ_{bpr}——下层板的荷载疲劳应力，MPa；

　　　σ_{bps}——设计轴载 P_{s} 在下层板临界荷位处产生的荷载应力，MPa。

最重轴载在上层板临界荷位处产生的最大荷载应力按式(6.67)计算。其中，应力折减系数 k_{r} 和综合系数 k_{c} 应按式(6.59)确定；最重轴载在四边自由板临界荷位处产生的最大荷载应力按式(6.72)计算，式中的设计轴载 P_{s} 改为最重轴载 P_{m}(以单轴计，kN)。

4)弹性地基双层板温度应力

上层板的温度疲劳应力 σ_{tr}、最大温度翘曲应力 $\sigma_{\mathrm{t,max}}$、综合温度翘曲应力和内应力作用的温度应力系数 B_{L} 的计算式与单层板的相同，而温度翘曲应力系数按式(6.74)确定。下层板的温度疲劳应力不需计算分析。

$$\left. \begin{array}{l} C_{\mathrm{L}} = 1 - \left(\dfrac{1}{1+\xi} \right) \dfrac{\sin ht \cos t + \cos ht \sin t}{\cos t \sin t + \sin ht \cos ht} \\[3mm] t = \dfrac{L}{3 r_{\mathrm{g}}} \\[3mm] \xi = -\dfrac{(k_{\mathrm{n}} r_{\mathrm{g}}^4 - D_{\mathrm{c}}) r_{\beta}^3}{(k_{\mathrm{n}} r_{\beta}^4 - D_{\mathrm{c}}) r_{\mathrm{g}}^3} \\[3mm] r_{\beta} = \left[\dfrac{D_{\mathrm{c}} D_{\mathrm{b}}}{(D_{\mathrm{c}} + D_{\mathrm{b}}) k_{\mathrm{n}}} \right]^{\frac{1}{4}} \\[3mm] k_{\mathrm{n}} = \dfrac{1}{2} \left(\dfrac{h_{\mathrm{c}}}{E_{\mathrm{c}}} + \dfrac{h_{\mathrm{b}}}{E_{\mathrm{b}}} \right)^{-1} \end{array} \right\} \tag{6.74}$$

式中　ξ——与双层板结构有关的参数；

　　　γ_{β}——层间接触状况参数，m；

　　　k_{n}——面层与基础之间竖向接触刚度，上下层之间不设沥青混凝土夹层或隔离层时按式(6.74)计算，设沥青混凝土夹层或隔离层时，取 3 000 MPa/m。

5）复合板应力

面层复合板的荷载疲劳应力和最大荷载应力计算,与单层板或上层板完全相同,只需用面层复合板的截面弯曲刚度 $\overline{D}_c$ 和等效厚度 $\overline{h}_c$ 替代单层板或上层板的弯曲刚度 D_c 和厚度 h_c 即可,板的相对刚度半径 r 或 r_g 应依据面层复合板弯曲刚度 $\overline{D}_c$ 重新计算,面层复合板弯曲刚度 $\overline{D}_c$、等效厚度 $\overline{h}_c$ 按式（6.75）计算。

$$\left.\begin{aligned}\overline{D}_c &= \frac{E_{c1}h_{c1}^3+E_{c2}h_{c2}^3}{12(1-\nu_{c2}^2)}+\frac{(h_{c1}+h_{c2})^2}{4(1-\nu_{c2}^2)}\left(\frac{1}{E_{c1}h_{c1}}+\frac{1}{E_{c2}h_{c2}}\right)^{-1}\\ \overline{h}_c &= 2.42\sqrt{\frac{\overline{D}_c}{E_{c2}d_x}}\\ d_x &= \frac{1}{2}\left[h_{c2}+\frac{E_{c1}h_{c1}(h_{c1}+h_{c2})}{E_{c1}h_{c1}+E_{c2}h_{c2}}\right]\end{aligned}\right\} \tag{6.75}$$

式中　E_{c1},h_{c1}——面层复合板上层的弯拉弹性模量（MPa）和厚度（m）;

$\quad\quad E_{c2}$——面层复合板下层的弯拉弹性模量,MPa;

$\quad\quad \nu_{c2},h_{c2}$——面层复合板下层的泊松比和厚度,m;

$\quad\quad d_x$——面层复合板中性轴至下层底部的距离,m。

面层复合板的疲劳温度应力计算和疲劳温度应力系数与单层板相同。最大温度应力 $\sigma_{t,max}$ 应按式（6.76）计算。

$$\left.\begin{aligned}\sigma_{t,max} &= \frac{\alpha_c T_g E_{c2}(h_{c1}+h_{c2})}{2}B_L\zeta\\ \zeta &= 1.77-0.27\ln\left(\frac{h_{c1}E_{c1}}{h_{c2}E_{c2}}+18\frac{E_{c1}}{E_{c2}}-2\frac{h_{c1}}{h_{c2}}\right)\end{aligned}\right\} \tag{6.76}$$

式中　B_L——面层复合板的温度应力系数,按式（6.71）计算,其中,面层板厚度 h_c 取面层复合板的总厚度（$h_{c1}+h_{c2}$）,式（6.71）中温度翘曲应力系数 C_L,单层板时按式（6.71）计算,双层板时按式（6.74）确定。

$\quad\quad \zeta$——面层复合板的最大温度应力修正系数。

基层复合板的弯曲刚度按式（6.77）计算。以此弯曲刚度计算双层板的荷载应力和温度应力。

$$\left.\begin{aligned}D_{b0} &= D_{b1}+D_{b2}\\ \sigma_{bpr} &= \frac{\overline{\sigma}_{bpr}}{1+D_{b2}/D_{b1}}\end{aligned}\right\} \tag{6.77}$$

式中　D_{b0}——基层复合板的弯曲刚度,MN·m;

$\quad\quad D_{b1},D_{b2}$——基层和底基层的弯曲刚度（MN·m）,分别按基层和底基层的厚度 h_{b1} 和 h_{b2} 以及弹性模量 E_{b1} 和 E_{b2},由式（6.72）计算得到。

$\quad\quad \overline{\sigma}_{bpr}$——按式（6.73）计算得到的基层复合板的名义荷载应力,其中,以基层厚度 h_{b1} 替代式中基层厚度 h_b,以复合板弯曲刚度 D_{b0} 替代式中基层板弯曲刚度 D_b。

基层为贫混凝土或碾压混凝土时,复合板中基层的荷载疲劳应力 σ_{bpr} 应按式（6.77）计算。其他类型基层不需要进行荷载疲劳应力计算。

6) 混凝土路面板厚度计算的流程

水泥混凝土路面设计首先进行路面结构组合设计,即根据公路等级、交通等级和目标可靠度等初步选定路面结构组合,即选定面层混凝土板、基层、底基层、路床的材料类型和厚度。面层混凝土板可参考规范,根据公路等级、交通等级和变异水平等级选定适宜的初估厚度。

按照初拟路面结构的组合情况,选择相应的结构分析模型。

参照如图6.23所示的混凝土路面板厚度计算流程,分别计算混凝土面层板(单层板或双层板的面层板)的最重轴载产生的最大荷载应力、设计轴载产生的荷载疲劳应力、最大温度梯度产生的最大温度应力及温度疲劳应力。

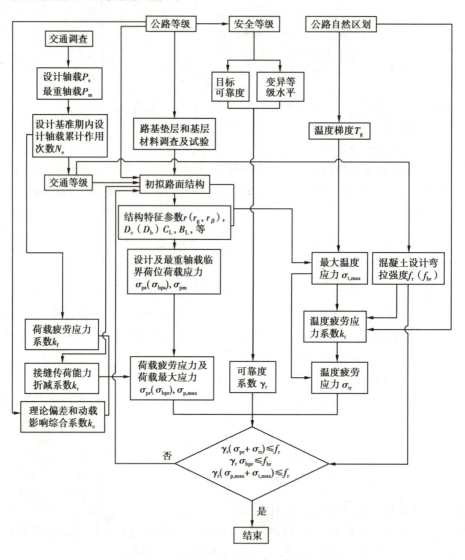

图 6.23　混凝土路面板厚度设计流程图

当荷载疲劳应力与温度疲劳应力之和与可靠度系数的乘积,小于且接近于混凝土弯拉强度标准值,同时,最大荷载应力与最大温度应力之和与可靠度系数的乘积,小于混凝土弯拉强度标准值,初选厚度可作为混凝土板的计算厚度。

贫混凝土或碾压混凝土基层或者双层板的下层板,需计算其荷载疲劳应力,并检算荷载疲劳应力与可靠度系数的乘积是否小于其材料的弯拉强度标准值。

若不能同时满足式(6.57)和式(6.58),则应改选混凝土面层板厚度或(和)调整基层类型或(和)厚度,重新计算,直到同时满足。

计算厚度加 6 mm 磨损厚度后,应按 10 mm 向上取整,作为混凝土面层的设计厚度。

6.8.4 混凝土面板配筋设计

混凝土面板配筋设计包括普通混凝土面层配筋设计、钢筋混凝土面层配筋设计和连续配筋混凝土面层配筋设计。

1)普通混凝土面层配筋设计

普通混凝土面层基础薄弱的自由边缘、接缝为未设传力杆的平缝、主线与匝道相接处或与其他类型路面相接处,可在面层边缘的下部配置钢筋。可选用 2 根直径为 12~16 mm 的螺纹钢筋,置于面层底面之上 1/4 厚度处并不小于 50 mm,间距为 100 mm,钢筋两端向上弯起。如图 6.24 所示。

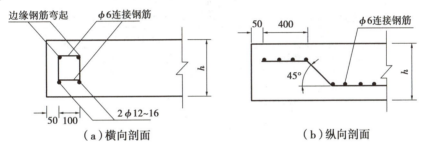

图 6.24　边缘钢筋布置

承受极重、特重或重交通的水泥混凝土面层的胀缝、施工缝和自由边的角隅以及承受极重交通的水泥混凝土面层缩缝的角隅,宜配置角隅钢筋。可选用 2 根直径为 12~16 mm 的螺纹钢筋,置于面层上部,距顶面不小于 50 mm,距边缘为 100 mm,如图 6.25 所示。

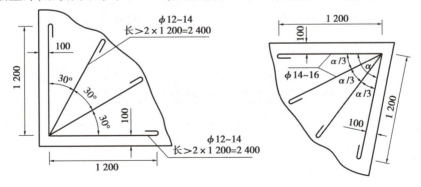

图 6.25　角隅钢筋布置

混凝土面层下有箱形构造物横向穿越,其顶面至混凝土面层底面的间距小于 800 mm 时,在构造物顶宽及两侧各 $1.5H+1.5$ m 且不小于 4 m 的范围内,混凝土面层内应布设双层钢筋网,上下层钢筋网应分别设置在距面层顶面和底面 1/4~1/3 厚度处,如图 6.26 所示。构造物顶面至面层底面的距离在800～1 600 mm时,应在上述长度范围内的混凝土面层中布设单层钢筋网。钢筋网应设在距顶面1/4～1/3厚度处,如图6.27所示。钢筋直径宜为12 mm,纵向钢筋间距宜为100 mm,横向钢筋间距宜为200 mm。配筋混凝土面层与相邻混凝土面层之间应设置设传力杆的缩缝。

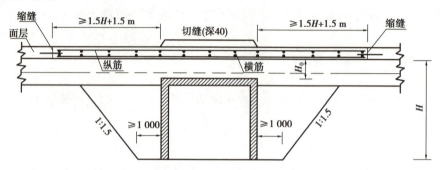

图 6.26　箱形构造物横穿公路处的面层配筋($H_0 < 800$ mm)

H—面层底面到构造物底面的距离;H_0—面层底面到构造物顶面的距离

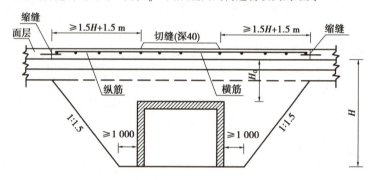

图 6.27　箱形构造物横穿公路处的面层配筋($H_0 = 800 \sim 1\,600$ mm)

H—面层底面到构造物底面的距离;H_0—面层底面到构造物顶面的距离

混凝土面层下有圆形管状构造物横向穿越,其顶面至面层底面的距离小于1 200 mm时,在构造物两侧各1.5H+1.5 m,且不小于4 m的范围内,混凝土面层内应布设单层钢筋网,钢筋网应设在距层顶面1/4～1/3厚度处,如图6.28所示。钢筋尺寸和间距及传力杆接缝设置与前面相同。

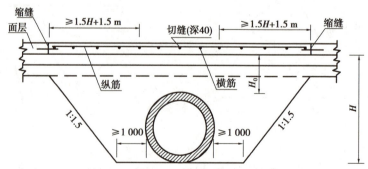

图 6.28　圆形管状构造物横穿公路处的面层配筋($H_0 < 1\,200$ mm)

H—面层底面到构造物底面的距离;H_0—面层底面到构造物顶面的距离

2）钢筋混凝土面层配筋

钢筋混凝土面层的配筋量应按式（6.78）确定。

$$A_s = \frac{16L_s h\mu}{f_{sy}} \tag{6.78}$$

式中　A_s——每延米混凝土面层宽（或长）所需的钢筋面积，mm^2；

　　　　L_s——计算纵向钢筋时，为横缝间距，m；计算横向钢筋时，为无拉杆的纵缝或自由边之间的距离，m；

　　　　h——面层厚度，mm；

　　　　μ——面层与基层之间的摩阻系数；

　　　　f_{sy}——钢筋的屈服强度，MPa。

纵向和横向钢筋宜采用相同或相近的直径，直径差不应大于 4 mm。钢筋的最小直径和最大间距，应符合表 6.49 的规定。钢筋的最小间距宜为集料最大粒径的 2 倍。

表 6.49　钢筋最小直径和最大间距

单位：mm

钢筋类型	最小直径	纵向钢筋最大间距	横向钢筋最大间距
光圆钢筋	8	150	300
螺纹钢筋	12	350	600

钢筋布置应符合下列要求：

①纵向钢筋应设在面层顶面下 1/3 ~ 1/2 厚度内，在不影响施工的情况下宜设在接近面层顶面下 1/3 厚度处。

②横向钢筋应位于纵向钢筋之下。

③纵向钢筋的搭接长度宜大于 35 倍钢筋直径，搭接位置应错开，各搭接端连线与纵向钢筋的夹角应小于 60°。

④边缘钢筋至纵缝或自由边的距离宜为 100 ~ 150 mm。

3）连续配筋混凝土面层配筋

连续配筋混凝土面层的纵向配筋量应按下述要求确定：

①纵向钢筋埋置深度处的裂缝缝隙平均宽度不大于 0.5 mm。

②横向裂缝的平均间距不大于 1.8 m。

③钢筋所承受的拉应力不超过其屈服强度。

④满足上述要求所需的纵向配筋率，中等交通荷载等级宜为 0.6% ~ 0.7%，重交通荷载等级宜为 0.7% ~ 0.8%，特重交通荷载等级宜为 0.8% ~ 0.9%，极重交通荷载等级宜为 0.9% ~ 1.0%。冰冻地区路面的配筋率宜高于一般地区 0.1%。具体计算方法如下。

（1）横向裂缝平均间距

横向裂缝平均间距按式（6.79）计算确定。

$$L_d = \frac{f_t - C\sigma_0\left(1 - \frac{2\zeta}{h_c}\right)}{\dfrac{\mu\gamma_c}{2} + \dfrac{\sigma_{cg}\rho}{c_1 d_s}} \tag{6.79}$$

$$\sigma_0 = \frac{E_c \varepsilon_{td}}{2(1-v_c)}$$

$$\varepsilon_{td} = \alpha_c h_c \beta_h T_g + \varepsilon_\infty (0.245 e^{-5.3k_1 h_c})$$

$$\beta_h = 4.81 h_c^2 - 5.42 h_c + 1.96$$

$$\varepsilon_\infty = a_1 (1.51 \times 10^{-4} \omega_0^{2.1} f_c^{-0.28} + 270) \times 10^{-6}$$

$$\sigma_{cg} = 0.234 f_c$$

$$c_1 = 0.577 - 9.5 \times 10^{-9} \frac{\ln \varepsilon_{t\zeta}}{\varepsilon_{t\zeta}^2} + 0.198 L_d \times (\ln L_d + 3.67)$$

$$\varepsilon_{t\zeta} = \alpha_c \Delta T_\zeta + \varepsilon_{sh}$$

$$\varepsilon_{sh} = \varepsilon_\infty (1 - \varphi_a^3)$$

式中　　L_d——横向裂缝平均间距，m；

f_t——混凝土抗拉强度，MPa，可按表 6.47 选用；

f_c——混凝土抗压强度，MPa，可按表 6.47 选用；

ζ——钢筋埋置深度，m；

h_c——混凝土面层厚度，m；

γ_c——混凝土容重，kN/m^3，一般可取为 24 kN/m^3；

μ——混凝土面层与基层间的摩阻系数，可按表 6.50 选用；

d_s——纵向钢筋直径，m；

ρ——纵向钢筋配筋率，为钢筋横断面面积 A_s 与混凝土横断面面积 A_c 的比值，%；

σ_0——温度和湿度变形完全受约束时的翘曲应力，MPa；

E_c——混凝土弹性模量，MPa，按表 6.47 选用；

v_c——混凝土泊松比，一般可取为 0.15～0.18；

ε_{td}——无约束时混凝土面层顶面与底面间的最大当量应变差；

α_c——混凝土线膨胀系数（1/℃），可按表 6.51 选用；

T_g——混凝土面层顶面与底面间的最大负温度梯度，℃/m，可参照该地区最大温度梯度的 1/4～1/3 取用；

β_h——混凝土面层厚度不等于 0.22 m 时的温度梯度厚度修正系数；

ε_∞——无约束条件下混凝土的最大干缩应变；

a_1——养生条件系数，水中或盖麻布养生时，$a_1 = 1.0$；采用养生剂养生时，$a_1 = 1.2$；

ω_0——混凝土单位用水量，N/m^3；

k_1——与气候区和最小空气湿度有关的系数，道路位于公路自然区划 Ⅱ、Ⅳ 和 Ⅴ 区，$k_1 = 0.4$；位于 Ⅲ、Ⅵ 和 Ⅶ 区，$k_1 = 0.68$；

C——翘曲应力系数，按式（6.71）计算，采用 $t = 1.29/\gamma$ 计算确定；

γ——面层板的相对刚度半径，m；

σ_{cg}——混凝土与钢筋间的最大黏结应力；

c_1——混凝土与钢筋之间的黏结-滑移系数，计算时由于式中含有未知量 L_d，计算需采用迭代方式进行，先假设 $L_d = L_{ds}$，计算出 c_1 和相应的 L_d，如果 $|L_d - L_{ds}| < 0.005$，计算结束；否则，令 $L_{ds} = L_d$，重新计算，直到满足为止；

$\varepsilon_{t\zeta}$——钢筋埋置深度处的混凝土最大总应变;

ΔT_{ζ}——钢筋埋置深度处混凝土温度与硬化时温度的最大温差,℃,可近似取为路面施工月份日最高气温的月平均值与一年中最冷月份日最低气温的月平均值之差;

ε_{sh}——无约束条件下钢筋埋置深度处混凝土干缩应变;

φ_a——年平均空气相对湿度,%。

表 6.50　混凝土面层与基层间的摩阻系数经验参考值

基层材料	取值范围	代表值
级配碎石、级配砾石或碎砾石	0.5~4.0	2.5
沥青混凝土、沥青碎石	2.5~15	7.5
无机结合料稳定粒料	3.5~13	8.9
贫混凝土、碾压混凝土	3.0~20	8.5

表 6.51　水泥混凝土线膨胀系数经验参考值

粗集料类型	石英岩	砂岩	砾石	花岗岩	玄武岩	石灰岩
水泥混凝土线膨胀系数(10^{-6}/℃)	12	12	11	10	9	7

(2)纵向钢筋埋置深度处的横向裂缝缝隙平均宽度

纵向钢筋埋置深度处的横向裂缝缝隙平均宽度按式(6.80)计算确定。

$$\left.\begin{array}{l} b_j = 1\,000 L_d\left(\varepsilon_{sh}+\alpha_c\Delta T_{\zeta}-\dfrac{c_2 f_t}{E_c}\right) \\ c_2 = a+\dfrac{b}{17\,000 f_c}+6.45\times10^{-4}\dfrac{c}{L_d^2} \\ a = 0.761+1\,770\varepsilon_{t\zeta}-2\times10^6\varepsilon_{t\zeta}^2 \\ b = 9\times10^8\varepsilon_{t\zeta}+149\,000 \\ c = 3\times10^9\varepsilon_{t\zeta}^2-5\times10^6\varepsilon_{t\zeta}+2\,020 \end{array}\right\} \tag{6.80}$$

式中　b_j——钢筋埋置深度处的横向裂缝缝隙平均宽度,mm;

c_2——与混凝土和钢筋之间的黏结-滑移特性有关的系数;

其他参数的含义与计算裂缝间距时相同。

(3)纵向钢筋应力

纵向钢筋应力按式(6.81)计算确定。

$$\sigma_s = 2f_t\frac{E_s}{E_c}-E_s\left[\Delta T_{\zeta}(\alpha_c-\alpha_s)+\varepsilon_{sh}\right]+\frac{0.234f_c L_d}{d_s c_1} \tag{6.81}$$

式中　σ_s——裂缝处纵向钢筋应力,MPa;

E_s——钢筋弹性模量,MPa;

α_s——钢筋的线膨胀系数(1/℃),通常 $\alpha_s=9\times10^{-6}$/℃;

其他参数的意义与计算裂缝间距时相同。

（4）纵向钢筋配筋率计算步骤

①初拟配筋率 ρ，按式（6.79）计算横向裂缝平均间距 L_d。当 $L_d>1.8$ m 时，应增大配筋率，重复上述计算至符合要求。

②按式（6.80）计算裂缝缝隙平均宽度 b_j。当 $b_j \leq 0.5$ mm 时，满足要求；否则应增大配筋率，重复上述计算至符合要求。

③按式（6.81）计算钢筋应力 σ_s。当 σ_s 不大于钢筋屈服强度时满足要求，否则应增大配筋率，重复上述计算至符合要求。

④综合上述 3 项计算结果，最终确定配筋率，并进一步确定钢筋根数。在满足钢筋间距要求的条件下，宜选用直径较小的钢筋。

连续配筋混凝土面层的纵向和横向钢筋均应采用螺纹钢筋，直径宜为 12～20 mm。钢筋布置应满足如下要求：

①纵向钢筋距离面层顶面不宜小于 90 mm，最大深度不应大于 1/2 面层厚度。纵向钢筋间距不应大于 250 mm，也不应小于集料最大粒径的 2.5 倍。纵向钢筋的焊接长度不宜小于 10 倍（单面焊）或 5 倍（单面焊）钢筋直径，焊接部位应错开，各焊接端连线与咨询钢筋夹角应小于 60°。

②边缘钢筋至纵缝或自由边的距离宜为 100～150 mm。

③横向钢筋应位于纵向钢筋之下，其间距宜为 300～600 mm。横向钢筋宜斜向设置，与纵向钢筋夹角可取 60°。

6.8.5 加铺层结构设计

路面随着使用年限的增加，特别是使用至基准期期末，各项使用性能指标下降，不再能满足行车的需求，或者由于交通、环境条件变化，对路面提出新的要求时，路面结构需要进行改建、加固。其工作大致包括旧路调查评定、改建方案确定、加铺层设计计算 3 个部分。

1）路面损坏状况调查评定

（1）总体情况调查

从总体出发，调查公路修建和养护技术资料：路面结构和材料组成、接缝构造及养护历史等；已承受的交通荷载及预计的交通需求：交通量、轴载组成及增长率等。详细调查沿线自然环境条件：沿线气候条件、地下水位以及路基和路面的排水状况等。沿线跨线桥以及隧道的净空要求。

（2）路面损坏状况调查评定

旧混凝土路面的损坏状况应采用断板率和平均错台量两项指标评定。断板率的调查和计算可按《公路水泥混凝土路面养护技术规范》（JTJ 073.1—2001）的规定进行。应采用错台仪量测接缝两侧板边的高程差，量测点的位置在错台严重车道的右侧边缘内 300 mm 处，以调查路段内各条接缝高程差的平均值表示该路段的平均错台量。根据这两项指标，将路面损坏状况分为 4 个等级，如表 6.52 所示。

表 6.52 路面损坏状况分级标准

等　级	优良	中	次	差
断板率/%	≤5	5 ~ 10	10 ~ 20	>20
平均错台量/mm	≤3	3 ~ 7	7 ~ 12	>12

（3）接缝传荷能力和板底脱空状况调查评定

旧混凝土面层板的接缝传荷能力和板底脱空状况宜采用落锤式弯沉仪进行调查评定。接缝的传荷能力以接缝传荷系数来衡量。传荷系数按式（6.82）计算。

$$k_j = \frac{w_u}{w_1} \times 100 \qquad (6.82)$$

式中　k_j——接缝传荷系数，%；

　　　w_u——未受荷板接缝边缘处的弯沉值，0.01 mm；

　　　w_1——受荷板接缝边缘处的弯沉值，0.01 mm。

旧混凝土面层的接缝传荷能力分为 4 个等级，分级标准见表 6.53。

表 6.53 接缝传荷能力分级标准

等　级	优良	中	次	差
接缝传荷系数	≥80	60 ~ 80	40 ~ 60	<40

板底脱空可根据面层板角隅处的多级荷载弯沉测试结果，并综合考虑唧泥和错台发展程度以及接缝传荷能力进行判别，也可采用雷达、声波检测仪器检测板底脱空状况。

（4）旧混凝土路面结构参数调查

旧混凝土面层厚度的标准值可根据钻孔芯样的量测高度，按式（6.83）计算确定。

$$h_e = \bar{h}_e - 1.04 S_h \qquad (6.83)$$

式中　h_e，$\bar{h}_e$，S_h——旧混凝土面层量测厚度的标准值、均值和标准差，mm。

旧混凝土面层的弯拉强度标准值可采用钻孔芯样的劈裂试验测定结果，按式（6.84）计算确定。

$$\left. \begin{array}{l} f_{sp} = \bar{f}_{sp} - 1.04 s_{sp} \\ f_r = 1.87 f_{sp}^{0.87} \end{array} \right\} \qquad (6.84)$$

式中　f_r——旧混凝土面层的弯拉强度标准值，MPa；

　　　f_{sp}——旧混凝土面层的劈裂强度标准值，MPa；

　　　$\bar{f}_{sp}$——旧混凝土面层的劈裂强度测定值的均值，MPa；

　　　s_{sp}——旧混凝土面层的劈裂强度测定值的标准差，MPa。

旧混凝土路面基层顶面的当量回弹模量标准值，宜采用落锤式弯沉仪（设计荷载 100 kN、承载板半径 150 mm）量测板中荷载作用下的弯沉曲线，由式（6.85）确定。

$$E_t = 100 e^{3.60 + 24.03 w_0^{0.057} - 15.63 SI^{0.222}}$$

$$SI = \frac{w_0 + w_{300} + w_{600} + w_{900}}{w_0} \qquad (6.85)$$

式中　E_t——基层顶面的当量回弹模量标准值，MPa；

　　　SI——路面结构的荷载扩散系数；

w_0——荷载中心处的弯沉值,μm;

w_{300},w_{600},w_{900}——距离荷载中心 300 mm、600 mm 和 900 mm 处的弯沉值,μm。

2)加铺方案选择

根据使用要求及旧混凝土路面的综合评定结果,可选用分离式或结合式水泥混凝土加铺及沥青混凝土加铺方案,并经技术经济比较后确定。

当旧混凝土路面的损坏状况和接缝传荷能力评定等级为优良,面层板的平面尺寸及接缝布置合理,路拱横坡符合要求时,可采用结合式混凝土加铺方案、分离式混凝土加铺方案或沥青混凝土加铺方案。

当旧混凝土路面的损坏状况和接缝传荷能力评定等级为中等以上时,或者新旧混凝土板的平面尺寸不同、接缝形式或位置不对应或路拱横坡不一致时,可采用分离式混凝土加铺方案或沥青混凝土加铺方案。

当旧混凝土路面的损坏状况和接缝传荷能力评定等级为次等以上时,可采用沥青混凝土加铺方案。

加铺时必须对旧水泥混凝土路面进行处治,应更换破碎板,修补和填封裂缝,压浆填封板底脱空,磨平错台,清除旧混凝土面层表面的松散碎屑、油迹或轮胎擦痕,剔除接缝中失效的填缝料和杂物,并重新封缝。

加铺时,对于检测有明显板底脱空的路段,应采用压浆材料填封板底脱空,浆体材料应具备流动性好、早期强度高、无离析、无泌水、无收缩等特性。

当旧水泥混凝土面层损坏状况严重时,宜选用打裂压稳方案或碎石化方案处治旧混凝土路面,根据公路等级和交通状况,将处治后的旧路面用作改建路面的基层或底基层。

打裂压稳改建方案,打裂后应使75%以上的旧混凝土板产生不规则开裂,相邻裂缝形成的块状面积为 0.4 ~ 0.6 m²;碎石化改建方案,破碎后应使75%以上的旧混凝土板破碎成最大尺寸小于 400 mm 的颗粒。

3)加铺层结构设计

(1)分离式混凝土加铺层结构设计

在旧混凝土面层与加铺层之间应设置隔离层。隔离层材料宜选用沥青混凝土,厚度不宜小于 40 mm;分离式混凝土加铺层的接缝形式和位置,应按新建混凝土面层的要求布置;加铺层可采用普通混凝土、钢纤维混凝土、钢筋混凝土和连续配筋混凝土。普通混凝土、钢筋混凝土和连续配筋混凝土加铺层的厚度不宜小于 180 mm;钢纤维混凝土加铺层的厚度不宜小于 140 mm。加铺层和旧混凝土面层应力分析,应按分离式双层板进行,在此不再赘述。

(2)结合式混凝土加铺层结构设计

结合式混凝土加铺层结构宜采用铣刨、喷射高压水或钢珠、酸蚀等方法,打磨清理旧混凝土面层表面,并在清理后的表面涂敷黏结剂,使加铺层与旧混凝土面层结合成整体。结合式加铺层厚度不宜小于 80 mm。加铺层的接缝形式和位置应与旧混凝土面层的接缝完全对应和对齐,加铺层内可不设拉杆或传力杆。加铺层和旧混凝土板的应力分析,应按结合式双层板进行,在此不再赘述。

(3)沥青加铺层结构设计

沥青加铺层可设单层或双层沥青面层,至少有一层采用密级配沥青混合料,可根据需要设置调平层,在路面边缘宜设置内部排水系统。沥青加铺层与原水泥混凝土面板之间宜洒布改性沥青,加强层间结合,避免层间滑移。应根据气温、荷载、旧混凝土路面承载能力、接缝传荷能力等合理选用下列减缓反射裂缝的措施：

①增加沥青加铺层的厚度；

②在加铺层沥青混合料中掺加纤维及橡胶等改性剂；

③在旧混凝土板顶面或加铺层内设置应力吸收层、聚酯玻纤布或者土工织物夹层；

④沥青加铺层下层采用大粒径沥青碎石。

沥青加铺层厚度应兼顾混合料的公称最大粒径相匹配和减缓反射裂缝的要求确定。高速公路和一级公路的最小厚度宜为 100 mm，其他等级公路的最小厚度宜为 80 mm。沥青混合料的组成设计应按照《公路沥青路面施工技术规范》(JTG F40—2004)进行。

沥青加铺层下旧混凝土板的应力分析应按有沥青上面层的混凝土板应力分析，包括荷载应力分析和温度应力分析，具体分析如下。

①荷载应力分析：有沥青上面层的混凝土板的临界荷位，为板的纵向边缘中部。设计轴载 P_s 在临界荷位处产生的荷载疲劳应力 σ_{pr} 按式(6.59)计算确定。其中，应力折减系数、荷载疲劳应力系数和综合系数的确定方法，与无沥青上面层时完全相同。设计轴载 P_s 和最重轴载 P_m 在有沥青上面层的混凝土板临界荷位处产生的荷载应力和最大荷载应力按式(6.86)计算。

$$\left.\begin{array}{l}\sigma_{psa} = (1 - \zeta_a h_a)\sigma_{ps} \\ \sigma_{pma} = (1 - \zeta_a h_a)\sigma_{p,max}\end{array}\right\} \qquad (6.86)$$

式中 σ_{psa}——设计轴载 P_s 在有沥青上面层的混凝土板临界荷位处产生的荷载应力，MPa；

σ_{pma}——最重轴载 P_m 在有沥青上面层的混凝土板临界荷位处产生的荷载应力，MPa；

ζ_a——系数，可由图 6.29 查取；

h_a——沥青上面层厚度，cm；

σ_{ps}——设计轴载 P_s 在无沥青上面层的混凝土板临界荷位处产生的荷载应力，MPa，按式(6.60)计算；

$\sigma_{p,max}$——最重轴载 P_m 在无沥青上面层的混凝土板临界荷位处产生的荷载应力，MPa 按式(6.67)计算。

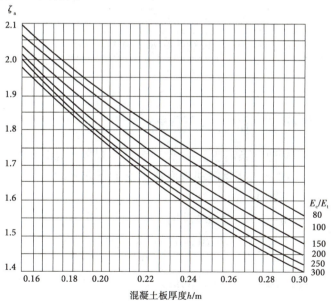

图 6.29   系数 ζ_a 图

②温度应力分析:有沥青上面层的混凝土板临界荷位处温度疲劳应力和最大温度梯度时混凝土板最大温度应力按式(6.87)确定。

$$\left.\begin{aligned} \sigma_{tra} &= (1+\zeta_a' h_a)\sigma_{tr} \\ \sigma_{tma} &= (1+\zeta_a' h_a)\sigma_{t,max} \end{aligned}\right\} \tag{6.87}$$

式中　σ_{tra}——有沥青上面层的混凝土板临界荷位处温度疲劳应力,MPa;

　　　σ_{tma}——有沥青上面层的混凝土板临界荷位处在最大温度梯度时的温度应力,MPa;

　　　ζ_a'——系数,可由图6.30查取;

　　　σ_{tr}——无沥青上面层的混凝土板在临界荷位处产生的温度疲劳应力,MPa,按式(6.68)计算;其中,计算混凝土板最大温度翘曲应力 $\sigma_{t,max}$ 时,其最大温度梯度 T_g 值(表6.36)乘以考虑沥青上面层厚度影响的修正系数 ζ_t,其数值见表6.54;

　　　$\sigma_{t,max}$——最大温度梯度在无沥青上面层的混凝土板临界荷位处产生的最大温度应力,MPa 按式(6.70)计算。

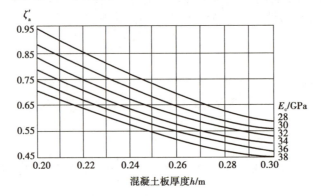

图6.30　系数 ζ_a' 图

表6.54　有沥青上面层的混凝土板的温度梯度修正系数 ζ_t

h_a/m	0.02	0.04	0.06	0.08	0.10	0.12	0.14	0.16	0.18	0.20
温度梯度修正系数 ζ_t	1.13	0.96	0.82	0.70	0.59	0.51	0.43	0.37	0.31	0.27

6.9　水泥混凝土路面板厚设计工程示例

公路自然区划Ⅳ区拟新建一条高速公路,土质为低液限黏土,路床顶面距地下水位2.0 m,日标准轴载作用次数642.01次(已通过轴载换算),交通量年平均增长率为8.3%。设计轴载 $P_s = 100$ kN,最重轴载 $P_m = 180$ kN。

取轮迹横向分布系数 $\eta = 0.22$,设计基准期30年,计算得 N_e 为:

$$N_e = \frac{N_s \times [(1+g_r)^t - 1] \times 365}{g_r} \times \eta = \frac{642.01 \times [(1+0.083)^{30} - 1] \times 365}{0.083} \times 0.22 = 617.143 \times 10^4 \text{ 次}$$

因此,根据《公路水泥混凝土路面设计规范》(JTG D40—2011)表3.0.7,该段路属于重交通等级。

（1）拟定路面结构

施工变异水平取低等级。根据高速公路重交通荷载等级和低变异水平等级，普通混凝土面层厚度为 0.28 m，基层为 0.20 m 水泥稳定碎石（5%），底基层为 0.20 m 水泥稳定碎石（4%）。单向路幅宽度为 2×3.75 m（行车道）+3 m（硬路肩），行车道面板平面尺寸取 5.0 m×3.75 m，纵缝为设置拉杆的平缝，横缝为设置传力杆的假缝。硬路肩面层采用与行车道等厚的混凝土，并设置拉杆与行车道板相连。

根据规范，该路面结构属于弹性地基双层板模型。其中水稳碎石底基层和路基作为弹性地基，水泥混凝土板和水稳碎石基层作为分离式双层板。

（2）路面材料参数确定

查《公路水泥混凝土路面设计规范》（JTG D40—2011）中表 3.0.8 和附录 E.0.3，取普通混凝土面层的弯拉强度标准值为 5.0 MPa，相应的弯拉弹性模量与泊松比分别为 31 GPa、0.15。砾石粗集料混凝土的线膨胀系数 $\alpha_c = 11 \times 10^{-6}/℃$。

查规范表 E.0.1-1，取低液限黏土回弹模量为 90 MPa。查表 E.0.1-2，取距地下水位 2.0 m 时的湿度调整系数为 0.85。由此，路床顶综合回弹模量取为 90×0.85＝76.5 MPa。查附录表 E.0.2-1，水泥稳定碎石基层弹性模量为 3 000 MPa，泊松比为 0.20，水泥稳定碎石底基层弹性模量为 2 000 MPa，泊松比为 0.20。

按规范式（B.2.4-1）—式（B.2.4-4）计算板底地基综合回弹模量如下：

$$E_x = \sum_{i=1}^{n}(h_i^2 E_i) \Big/ \sum_{i=1}^{n} h_i^2 = \frac{h_1^2 E_1}{h_1^2} = 2\ 000\ \text{MPa}$$

$$h_x = \sum_{i=1}^{n} h_i = h_1 = 0.20\ \text{m}$$

$$\alpha = 0.26 \ln h_x + 0.86 = 0.26 \times \ln 0.20 + 0.86 = 0.442$$

$$E_t = \left(\frac{E_x}{E_0}\right)^{\alpha} E_0 = \left(\frac{2\ 000}{76.5}\right)^{0.442} \times 76.5 = 323.70\ \text{MPa}$$

混凝土面层板的弯曲刚度 D_c、半刚性基层板的弯曲刚度 D_b、路面结构总相对刚度半径 r_g 为：

$$D_c = \frac{E_c h_c^3}{12(1-\nu_c^2)} = \frac{31\ 000 \times 0.28^3}{12 \times (1-0.15^2)} = 58.015\ \text{MN} \cdot \text{m}$$

$$D_b = \frac{E_b h_b^3}{12(1-\nu_b^2)} = \frac{3\ 000 \times 0.20^3}{12 \times (1-0.20^2)} = 2.083\ \text{MN} \cdot \text{m}$$

$$r_g = 1.21\left(\frac{D_c + D_b}{E_t}\right)^{\frac{1}{3}} = 1.21 \times \left(\frac{58.015 + 2.083}{323.70}\right)^{\frac{1}{3}} = 0.69\ \text{m}$$

（3）荷载应力

标准轴载和极限荷载在临界荷位处产生的荷载应力为：

$$\sigma_{ps} = \frac{1.45 \times 10^{-3}}{1 + D_b/D_c} r_g^{0.65} h_c^{-2} p_s^{0.94} = \frac{1.45 \times 10^{-3}}{1 + \dfrac{2.083}{58.015}} \times 0.69^{0.65} \times 0.28^{-2} \times 100^{0.94} = 1.064\ \text{MPa}$$

$$\sigma_{pm} = \frac{1.45 \times 10^{-3}}{1 + D_b/D_c} r_g^{0.65} h_c^{-2} p_m^{0.94} = \frac{1.45 \times 10^{-3}}{1 + \dfrac{2.083}{58.015}} \times 0.69^{0.65} \times 0.28^{-2} \times 180^{0.94} = 1.849\ \text{MPa}$$

计算面层荷载疲劳应力、面层最大荷载应力为:

$$\sigma_{pr} = k_r k_f k_c \sigma_{ps} = 0.87 \times 2.438 \times 1.15 \times 1.064 = 2.595 \text{ MPa}$$

$$\sigma_{p,max} = k_r k_c \sigma_{pm} = 0.87 \times 1.15 \times 1.849 = 1.850 \text{ MPa}$$

式中,应力折减系数 $k_r = 0.87$,综合系数 $k_c = 1.15$,疲劳应力系数 $k_f = N_e^\lambda = 2.438$。

(4)温度应力

查规范表 3.0.10,最大温度梯度取 $T_g = 88$ ℃/m,计算温度翘曲应力和内应力的温度应力系数 B_L。

$$k_n = \frac{1}{2} \left(\frac{h_c}{E_c} + \frac{h_b}{E_b} \right)^{-1} = \frac{1}{2} \times \left(\frac{0.28}{31\,000} + \frac{0.20}{3\,000} \right)^{-1} = 6\,605 \text{ MPa/m}$$

$$r_\beta = \left(\frac{D_c D_b}{(D_c + D_b) k_n} \right)^{\frac{1}{4}} = \left[\frac{58.015 \times 2.083}{(58.015 + 2.083) \times 6\,605} \right]^{\frac{1}{4}} = 0.132$$

$$\xi = -\frac{(k_n r_g^4 - D_c) r_\beta^3}{(k_n r_\beta^4 - D_c) r_g^3} = -\frac{(6\,605 \times 0.69^4 - 58.015) \times 0.132^3}{(6\,605 \times 0.132^4 - 58.015) \times 0.69^3} = 0.180$$

$$t = \frac{L}{3 r_g} = \frac{5.0}{3 \times 0.69} = 2.415$$

$$C_L = 1 - \left(\frac{1}{1+\xi} \right) \frac{\sin h(t) \cos(t) + \cos h(t) \sin(t)}{\cos(t) \sin(t) + \sin h(t) \cos h(t)} = 1.011$$

$$B_L = 1.77 e^{-4.48 h_c} \times C_L - 0.131 \times (1 - C_L) = 1.77 \times e^{-4.48 \times 0.28} \times 1.011 - 0.131 \times (1 - 1.011) = 0.512$$

计算面层最大温度应力:

$$\sigma_{t,max} = \frac{\alpha_c E_c h_c T_g}{2} B_L = \frac{11 \times 10^{-6} \times 31\,000 \times 0.28 \times 88}{2} \times 0.512 = 2.151 \text{ MPa}$$

计算温度疲劳应力系数 k_t:

$$k_t = \frac{f_r}{\sigma_{t,max}} \left[\alpha_t \left(\frac{\sigma_{t,max}}{f_r} \right)^{b_t} - c_t \right] = \frac{5.0}{2.151} \left[0.841 \times \left(\frac{2.151}{5.0} \right)^{1.323} - 0.058 \right] = 0.506$$

则温度疲劳应力为:

$$\sigma_{tr} = k_t \sigma_{t,max} = 0.506 \times 2.151 = 1.088 \text{ MPa}$$

(5)结构极限状态校核

参考规范条文说明表 3.1,一级安全等级、低变异水平下,目标可靠 95% 的可靠度系数取 $\gamma_r = 1.20$。

$$\gamma_r (\sigma_{pr} + \sigma_{tr}) = 1.20 \times (2.595 + 1.088) = 4.420 \leqslant f_r = 5.0 \text{ MPa}$$

$$\gamma_r (\sigma_{p,max} + \sigma_{t,max}) = 1.20 \times (1.850 + 2.151) = 4.801 \leqslant f_r = 5.0 \text{ MPa}$$

经验算,拟定的普通混凝土面层厚度为 0.28 m,基层为 0.20 m 水泥稳定碎石,底基层为 0.20 m 组成的路面结构,可以承受设计基准期内设计轴载荷载和温度梯度的综合疲劳作用,以及最重轴载和最大温度梯度的一次综合极限作用。取水泥混凝土面层设计厚度为 0.29 m。

粒料基层上混凝土面板厚度计算、碾压混凝土上混凝土面板厚度计算及面层复合板等的计算算例可参考规范条文说明附录 B。

思考题

6.1 水泥混凝土路面的优缺点有哪些?

6.2 水泥混凝土路面为什么要设置接缝？接缝的种类有哪些？各类接缝的作用是什么？

6.3 水泥混凝土路面结构组合设计应注意什么问题？

6.4 我国水泥混凝土路面的设计标准是什么？试述我国水泥混凝土路面设计理论、设计指标与设计方法。

6.5 水泥混凝土路面设计中，为什么要考虑基层顶面当量回弹模量？

6.6 在沥青路面设计与水泥混凝土路面设计中，对于交通荷载及换算分别是如何考虑的？

6.7 试述传力杆和拉杆的区别，应分别如何设置？

6.8 如何有效增进水泥混凝土路面的排水？

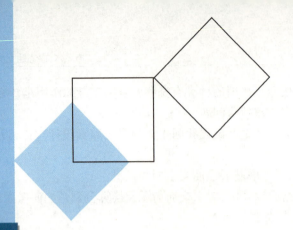

路基路面排水设计

本章导读:

- **内容及要求** 本章主要介绍公路排水的目的、任务及原则,路界地表排水,路面表面排水,路界地下排水,路面内部排水,桥面排水及路基路面综合排水等。通过本章的学习,要求熟悉和掌握排水设计的原则,路界地表排水设施及设计、地下排水设施及设计、路面结构内部排水设计、中央分隔带排水设计、路面边缘排水设计、排水基层设计、路基路面综合排水系统设计及相关水力水文计算等。
- **重点** 路界地表排水,路面表面排水,路界地下排水,路面内部排水,水力水文计算。
- **难点** 路面表面及内部排水,水力水文计算。

7.1 概述

7.1.1 排水目的及任务

路基路面的强度与稳定性和水的关系十分密切。路基路面的病害有多种,形成病害的因素也很多,但水的作用是主要因素之一,因此在路基路面设计、施工和养护的全过程中,必须十分重视路基路面的防水、排水。

根据水源的不同,影响路基路面的水流可分为地面水和地下水两大类。

地面水包括大气降水(雨和雪)以及海、河、湖、水渠及水库水。地面水对路基产生冲刷和渗透,冲刷可能导致路基整体稳定性受损害,形成水毁现象。渗入路基土体的水分,使土体过湿而降低路基强度。

地下水包括上层滞水、潜水及层间水等,它们对路基的危害程度因条件不同而异。轻者能使路基湿软,降低路基强度;重者会引起冻胀、翻浆或边坡滑坍,甚至导致整个路基沿倾斜基底滑动。

水对路面的危害可以表现为:降低路面材料的强度,在水泥混凝土路面的接缝和路肩处造成唧泥;对于沥青路面,水使沥青从石料表面剥落造成各种病害;移动荷载作用下引起的唧泥和高压水冲刷,造成路面基层承载能力下降;在冻胀地区,融冻季节水会引起路面承载能力的普遍下降。

路基、路面排水的任务,一方面是将路基范围内的水分排出至路界以外,使路基湿度保持到一定的限度以内, 使路基常年处于干燥状态;另一方面是把降落在路界范围内的表面水有效汇集并迅速排出路界,并把路界外可能流入的地表水拦截在路界范围外,以减少地表水对路基和路面的危害,以及对行车安全的不利,确保路基及路面具有足够的强度与稳定性。

路基设计时, 必须考虑将影响路基稳定性的地面水,排除和拦截于路基用地范围以外,并防止地面水漫流、滞积或下渗。对于影响路基稳定性的地下水,则应予以隔断、疏干和降低,并引导至路基范围以外的适当地点。

路基施工中,首先应校核全线路基排水系统的设计是否完备和妥善,必要时应予以补充或修改,应重视排水工程的质量和使用效果。此外,应根据实际情况与需要,设置施工现场的临时性排水措施,以保证路基土石方及附属结构物在正常条件下进行施工作业,消除路基基底和土体内与水有关的隐患,保证路基工程质量,提高施工效率。

路基养护中,应定期对公路沿线排水设施检查与维修,以保证排水设施正常使用,水流畅通,并根据实际情况不断改善路基排水条件。

7.1.2 排水设计一般原则

①排水设施要因地制宜、全面规划、合理布局、综合治理、讲究实效、注意经济,并充分利用有利地形和自然水系。一般情况下,设置的排水沟渠宜短不宜长,以使水流不过于集中,做到及时疏散,就近分流。

②各种排水沟渠的设置,应注意与农田水利相配合,必要时可适当地增设涵管或加大涵管孔径,以防农业用水影响路基稳定。路基边沟一般不应用作农田灌溉渠道,两者必须合并使用时,边沟的断面应加大,并予以加固,以防水流危害路基。

③设计前必须进行调查研究,查明水源与地质条件,重点路段要进行排水系统的全面规划,考虑路基排水与桥涵布置相配合,地下排水与地面排水相配合,各种排水沟渠的平面布置与竖向布置相配合,综合设计路基路面排水。对于排水困难和地质不良的路段,还应与路基防护加固工程相配合,并进行特殊设计。

④排水设计要注意防止附近山坡的水土流失,尽量不破坏天然水系,不轻易合并自然沟溪和改变水流性质,尽量选择有利地质条件布设人工沟渠。对于重点路段的主要排水设施及土质松软和纵坡较陡地段的排水沟渠,应注意必要的防护与加固。

⑤要结合当地水文条件和公路等级等具体情况进行排水设计,注意就地取材,以防为主,既要稳固适用,又必须讲究经济效益。

⑥为了减少水对路面的破坏作用,应提高路面结构的抗水害能力,尽量阻止水进入路面结构,并采取良好的排水措施,迅速排除路面结构内的积水。

7.2 路界地表排水

路界地表排水的目的是把降落在路界范围内的表面水有效地汇集并迅速排除出路界,同时把路界外可能流入的地表水拦截在路界范围外,以减少地表水对路基和路面的危害以及对行车安全的不利。

路界地表排水包括路(桥)面表面、中央分隔带、坡面和由公路毗邻地带或交叉道路流入路界内的表面水的排除。应采取防、排、截相结合的综合措施,并应做好与桥涵、隧道排水系统的衔接。路界地表水不宜流入桥面、隧道内,不宜利用隧道内部排水系统排除路界地表水。

路界地表排水设施的布设应充分利用地形和天然水系,做好进出口位置的选择和处理;避免出现堵塞、溢流、渗漏、淤积、冲刷等现象,危害路基、路面和毗邻地带。路界地表排水设施的地基应密实稳定,结构形式应与地基条件相匹配。必要时,应采取有效措施防止地基变形引起的排水设施破坏。路界地表排水设计应与坡面防护工程设计综合考虑。应采取有效措施防止坡面岩土由于冲刷导致的失稳。

7.2.1 坡面排水

坡面排水包括路堤坡面、路堑坡面和倾向路界的自然坡面的排水。

常用的坡面排水方式,包括边沟、截水沟、排水沟、跌水与急流槽等,必要时还有渡槽、倒虹吸及积水池等。这些排水设施分别设在路基的不同部位,各自的排水功能、布置要求和构造形式均有所差异。坡面排水设施的径流量计算,对高速公路、一级公路应采用 15 年,其他等级公路应采用 10 年的重现期内任意 30 min 的最大降雨强度。各类地表水沟沟顶应高出设计水位0.2 m 以上。

1)边沟

边沟设置在挖方路基的路肩外侧或低路堤的坡脚外侧,多与路中线平行,用以汇集和排除路基范围内和流向路基的少量地面水。平坦地面填方路段的路旁取土坑,常与路基排水设计综合考虑,使之起到边沟的排水作用。

边沟的横断面形式,有梯形、矩形、三角形及流线形等,如图 7.1 所示。路堤地段的坡脚外侧边沟横断面一般采用梯形,梯形边沟内侧边坡为 1:1.0~1:1.5。石方路段或路堑路段的边沟宜采用矩形横断面,其内侧边坡直立,坡面应采用浆砌片石防护,外侧边坡坡度与挖方边坡坡度相同。高速公路、一级公路挖方路段的矩形边沟,在不设护栏的地段,应设置带泄水孔的钢筋混凝土盖板或钢筋加强的复合材料盖板。少雨浅挖地段的土质边沟可采用三角形横断面,其内侧边坡宜采用 1:2~1:3,外侧边坡坡度与挖方边坡坡度相同。三角形边坡的水流条件较差,流量较大时沟深宜适当加大。

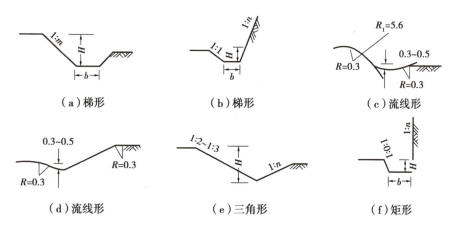

（a）梯形　　　　　　　　（b）梯形　　　　　　　　（c）流线形

（d）流线形　　　　　　　（e）三角形　　　　　　　（f）矩形

图 7.1　边沟的横断面形式示意图（单位：m）

梯形边沟的底宽与深度为 0.4 ~ 0.6 m，水流少的地区或路段，取低限或更小，但不宜小于 0.3 m；降水量集中或地势偏低的路段，取高限或更大一些。流线型边沟，是将路堤横断面的边角整修圆滑，可以防止路基旁侧积沙或堆雪，适用于沙漠或积雪地区的路基。

边沟的排水量不大，一般不需要进行水文和水力计算，依据沿线具体条件，选用标准横断面形式。边沟紧靠路基，通常不允许其他排水沟渠的水流引入，也不能与其他人工沟渠合并使用。

边沟不宜过长，尽量使沟内水流就近排至路旁自然水沟或低洼地带，必要时设置涵洞，将边沟水横穿路基从另一侧排出。边沟的纵坡（出水口附近除外）一般与路线纵坡一致。边沟出水口的间距，应结合地形、地质条件及桥涵和天然沟渠位置，经水力计算确定。梯形、矩形边沟不宜超过 500 m；多雨地区不宜超过 300 m；三角形和碟形边沟不宜超过 200 m。平坡路段，边沟宜保持不小于 0.3% 的纵坡。特殊情况容许采用 0.1% 的纵坡，但边沟出口间距宜缩短。在边沟出口附近以及排水困难路段，如回头曲线和路基超高较大的平曲线等处，边沟应进行特殊设计。

边沟可采用浆砌片石、浆砌卵石和水泥混凝土预制块防护。砌筑用的砂浆强度，对于高速公路、一级公路采用 M7.5，其他等级公路采用 M5。边沟出水口附近，水流冲刷比较严重，必须慎重布置和采取相应措施。

图 7.2 是路堑与高路堤衔接处的边沟排水布置图，由于边沟泄出水流流向路堤坡脚处，两者高差大，必须因地制宜，根据地形与地质等具体条件，将出水口延伸至坡脚以外，以免边沟水冲刷填方坡脚。

边沟水流流向桥涵进水口时，为避免边沟流水产生冲刷，应作适当处置，图 7.3 是涵洞进口设置窨井的一例。此外还应根据地形等条件，在桥涵进口前或在其他水流落差较大处，设置急流槽与跌水等结构物，将水流引入桥涵或其他指定地点。

当边沟水流流至回头曲线处，一般边沟水较满，且流速较大，此时宜顺着边沟方向沿山坡设置引水沟，将水引至路基范围以外的自然沟中，或设急流槽或涵洞等结构物，将水引下山坡或路基另一侧，以免对回头曲线路段产生冲刷。

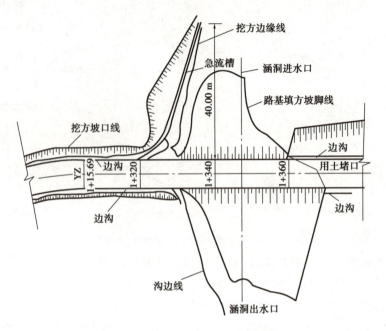

图7.2　路堑与高路堤的边沟出口布置

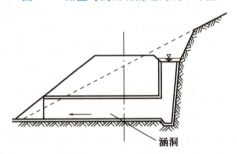

图7.3　边沟泄水流入涵洞前窨井剖面图(单级跌水)

2)截水沟

截水沟又称天沟,一般设置在挖方路基边坡坡顶上方,或山坡路堤上方的适当地点,用以拦截并排除路基上方流向路基的地面径流,减轻边沟的水流负担,保证挖方边坡和填方坡脚不受流水冲刷。降水量较少或坡面坚硬和边坡较低的路段,其冲刷影响不大,可以不设截水沟;反之,如果降水量较多,且暴雨频率较高,山坡覆盖层比较松软,坡面较高,水土流失比较严重的地段,必须设置截水沟,必要时可设置两道或多道截水沟。

图7.4是路堑段挖方边坡上方设置的截水沟示例之一,图中距离 d 一般应大于 5 m,地质不良地段可取 10 m 或更大。截水沟下方一侧,可堆置挖沟的土方,要求做成顶部向沟倾斜2%的土台。路堑上方设置弃土堆时,截水沟的位置及断面尺寸如图7.5所示。

山坡填方路段可能遭到上方水流的破坏作用,此时必须设截水沟,以拦截山坡水流保护路堤。如图7.6所示,截水沟与坡脚之间要有不小于 2 m 的间距,并做成2%的向沟倾斜横坡,确保路堤不受水害。

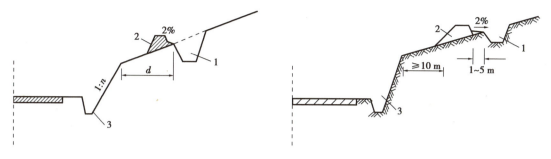

图 7.4 挖方路段截水沟示意图	图 7.5 挖方路段弃土堆与截水沟关系图
1—截水沟;2—土台;3—边沟	1—截水沟;2—弃土堆;3—边沟

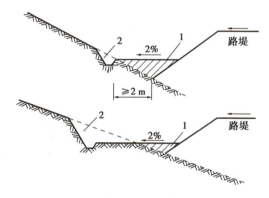

图 7.6 填方路段上的截水沟示意图

1—土台;2—截水沟

截水沟的横断面形式,一般为梯形,沟的边坡坡度,因岩土条件而定,一般采用 1：1.5 ～ 1：1.0,如图 7.7 所示。沟底宽度 b 不小于 0.5 m,沟深 h 按设计流量而定,也不应小于 0.5 m。

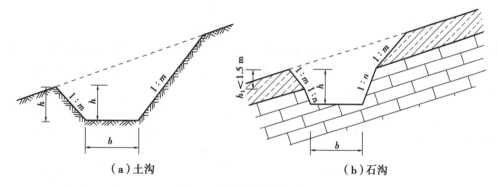

（a）土沟　　　　　　　　（b）石沟

图 7.7 截水沟的横断面图例

截水沟的位置,应尽量与绝大多数地面水流方向垂直,以提高截水效能和缩短沟的长度。截水沟应保证水流畅通,就近引入自然沟内排出,必要时配以急流槽或涵洞等泄水结构物将水流引入指定地点。截水沟水流不应引入边沟,当必须引入时,应增大边沟横断面,并进行防护。沟底应具有 0.3% 以上的纵坡,沟底和沟壁要求平整密实,不滞流、不渗水,必要时予以加固和铺砌。截水沟的长度以 200 ～ 500 m 为宜,截水沟长度超过 500 m 时,宜在中间适当位置处增设泄水口,通过急流槽（管）分流引排,泄水口间距以 200 ～ 500 m 为宜。

3）排水沟

排水沟的主要用途在于引水,将路基范围内各种水源的水流(如边沟、截水沟、取土坑、边坡和路基附近积水),引至桥涵或路基范围以外的指定地点。当路线受到多段沟渠或水道影响时,为保护路基不受水害,可以设置排水沟或改移渠道,以调节水流,整治水道。

排水沟的横断面,一般采用梯形,尺寸大小应经过水力水文计算选定。用于边沟、截水沟及取土坑出水口的排水沟,横断面尺寸根据设计流量确定,底宽与深度不宜小于 0.5 m,土沟的边坡坡度为 1∶1.5~1∶1。

排水沟的位置,可根据需要并结合当地地形等条件而定,离路基尽可能远些,距路基坡脚不宜小于 2 m,平面上应力求直捷,需要转弯时亦应尽量圆顺,做成弧形,其半径不宜小于 10~20 m,连续长度宜短,一般不超过 500 m。

排水沟水流注入其他沟渠或水道时,应使原水道不产生冲刷或淤积。通常应使排水沟与原水道两者成锐角相交,即交角不大于 45°,有条件可用半径 $R=10b$(b 为沟顶宽)的圆曲线朝下游与其他水道相接,如图 7.8 所示。

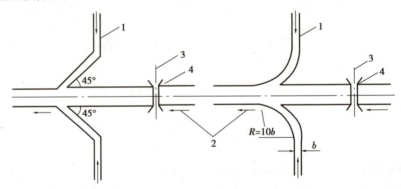

图 7.8　排水沟与水道衔接示意图

1—排水沟;2—其他渠道;3—路基中心线;4—桥涵

排水沟应具有合适的纵坡,以保证水流畅通,流速不致太大而产生冲刷,也不致太小而形成淤积,宜通过水文水力计算择优选定。一般情况下,可取 0.5%~1.0%,不小于 0.3%,也不宜大于 3%。若纵坡大于 3%,应采取相应的加固措施。

排水沟渠的加固类型有多种,表 7.1 所列为土质沟渠各种加固类型,图 7.9 为沟渠加固横断面图。设计时可结合当地条件,根据沟渠土质、水流速度、沟底纵坡和使用要求等而定。

表 7.1　沟渠加固类型

形　式	名　称	铺砌厚度/cm
简易式	平铺草皮	单层
	竖铺草皮	叠铺
	水泥砂浆抹平层	2~3
	石灰三合土抹平层	3~5
	黏土碎(砾)石加固层	10~15
	石灰三合土碎(砾)石加固层	10~15

形　式	名　　称	铺砌厚度/cm
干砌式	干砌片石	15～25
	干砌片石砂浆勾缝	15～25
	干砌片石砂浆抹平	20～25
浆砌式	浆砌片石	20～25
	混凝土预制块砖砌水槽	6～10

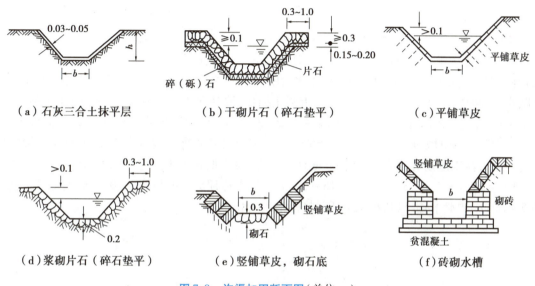

（a）石灰三合土抹平层　　　（b）干砌片石（碎石垫平）　　　（c）平铺草皮

（d）浆砌片石（碎石垫平）　　　（e）竖铺草皮，砌石底　　　（f）砖砌水槽

图7.9　沟渠加固断面图（单位:m）

沟渠加固类型与沟底纵坡有关,表7.2可供设计时参照使用。

表7.2　加固类型与沟底纵坡关系

纵坡/%	<1	1～3	3～5	5～7	>7
加固类型	不加固	1. 土质好,不加固 2. 土质不好,简易加固	简易加固或干砌式加固	干砌式或浆砌式加固	浆砌式加固或改用跌水

4）跌水与急流槽

跌水与急流槽是路基地面排水沟渠的特殊形式,用于纵坡大于10%,水头高差大于1.0 m的陡坡地段。由于纵坡陡、水流速度快、冲刷力大,要求跌水与急流槽的结构必须稳固耐久,通常应采用浆砌块石或水泥混凝土预制块砌筑,并具有相应的防护加固措施。

跌水的构造,有单级和多级之分,沟底有等宽和变宽之别。单级跌水适用于排水沟渠连接处,由于水位落差较大,需要消能或改变水流方向。图7.10表示路基边沟水流通过涵洞排泄时,采用单级跌水(相当于雨水井)的示例。较长陡坡地段的沟渠,为减缓水流速度,并予以消能,可采用多级跌水,图7.11即为示例。多级跌水底宽和每级长度,可以采用各自相等的对称形,也可根据实地需要,做成变宽或不等长度与高度。

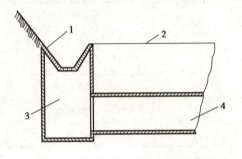

图 7.10　边沟与涵洞单级跌水连接图
1—沟;2—路基;3—跌水井;4—涵洞

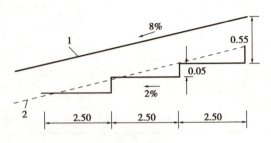

图 7.11　多级跌水纵剖面图(单位:m)
1—沟顶线;2—沟底线

　　按照水力计算特点,跌水的基本构造可分为进水口、消力池和出水口三个组成部分,如图7.12 所示。各个组成部分的尺寸,由水力计算而定。一般情况下,如果地质条件良好,地下水位较低,设计流量小于 $1.0 \sim 2.0$ m³/s,跌水台阶(护墙)高度 p 最大不超过 2 m。常用的简易多级跌水,台高 $0.4 \sim 0.5$ m,护墙用石砌或混凝土结构,墙基埋置深度为水深 a 的 $1 \sim 1.2$ 倍,并不小于 1 m,且应深入冰冻线以下,石砌墙厚 $0.25 \sim 0.3$ m。消力池起消能作用,要求坚固稳定,底部具有 $1\% \sim 2\%$ 的纵坡,底厚 $0.3 \sim 0.35$ m,壁高应比计算水深至少大 0.2 m,壁厚与护墙厚度相仿。消力池末端设有消力槛,槛高 c 依计算而定,要求低于池内水深,约为护墙高度的 $1/5 \sim 1/4$,即 $c = (0.2 \sim 0.25)p$,一般取 $c = 15 \sim 20$ cm。消力槛顶部厚度为 $0.3 \sim 0.4$ m,底部预留孔径为 $5 \sim 10$ cm 的泄水孔,以利水流中断时排泄池内的积水。

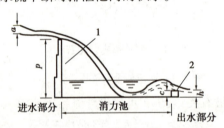

图 7.12　跌水构造示意图
1—护墙;2—消力槛

　　跌水两端的土质沟渠,应注意加固,保持水流畅通,不致产生水流冲刷或淤积,以充分发挥跌水的排水效能。

　　急流槽的纵坡,比跌水的平均纵坡更陡,结构的坚固稳定性要求更高,是山区公路回头曲线沟通上下线路基排水及沟渠出水口的一种常见排水设施。急流槽主体部分的纵坡依地形而定,坡率一般可达 67%(1:1.5),如果地质条件良好,需要时还可更陡,但结构要求更严,造价也相应提高,设计时应通过比较而定。

　　急流槽多用砌石(抹面)和水泥混凝土结构,也可利用岩石坡面挖槽。如临时急需时,可就近取材,采用竹木结构。

　　急流槽的构造如图 7.13 所示。按水力计算特点,由进口、主槽(槽身)和出口三部分组成。

　　急流槽的进出口与主槽连接处,因沟槽横断面不同,为了能平顺衔接,可设过渡段,其进水口与沟渠泄水口之间宜采用喇叭口形式连接,并作铺砌处理,出水口处应设消能设施。急流槽

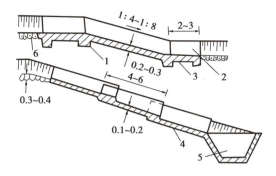

图 7.13　急流槽构造示意图(单位:m)

1—耳墙;2—消力池;3—混凝土槽底;4—钢筋混凝土槽底;5—横向沟渠;6—砌石护底

底面宜设置防滑平台或凸榫。

急流槽各个部分的尺寸依水力计算而定。对于设计流量不超过 1 m³/s,槽底倾斜为 1 : 1.5 ~ 1 : 1 的小型结构,可参照图 7.13。急流槽的基础必须稳固,端部及槽身每隔 2 ~ 5 m,在槽底设耳墙埋入地面以下。槽身较长时,宜分段砌筑,每段长 5 ~ 10 m,预留伸缩缝,并用防水材料填缝。

急流槽可采用矩形断面等形式,槽深不应小于 0.2 m,槽底宽度不应小于 0.25 m。采用浆砌片石时,矩形断面槽底厚度不应小于 0.2 m,槽壁厚度不应小于 0.3 m。

5)倒虹吸与渡水槽

当水流需要横跨路基,同时受到设计高程的限制,可以采用管道或沟槽,从路基底部或上部架空跨越,前者称为倒虹吸,后者称为渡水槽,分别相当于涵洞和渡水桥,两者属于路基地面排水的特殊结构物,并且大多是配合农田水利所需而采用。

倒虹吸的设置往往是因路基横跨原有沟渠,且沟渠水位高于路基设计高程,不能按正常条件设置涵洞,此时采用倒虹吸是可行的方案之一,图 7.14 是其中的一种。

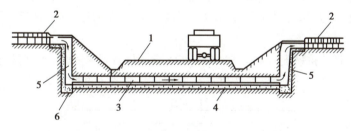

图 7.14　竖井式倒虹吸布置图

1—路基;2—原沟渠;3—洞身;4—垫层;5—竖井;6—沉淀池

倒虹吸是借助上下游沟渠水位差,利用势能迫使水流降落,经路基下部管道流向路基另一侧,再复升流入下游水渠。由于所设管道为有压管道,竖井式倒虹吸的水流多次垂直改变方向,水流条件较差,结构要求较高,容易漏水和淤塞,且难以清理和修复,应尽量不用或少用,使用时需合理设计,进行水力计算,选择最佳设计方案,并要求保证施工质量,使用时要经常检查维修。

倒虹吸管道有箱形和圆形两种,以水泥混凝土和钢筋混凝土结构为主,临时性简易管道可用砖石结构,永久性或急需时也可改用钢铁管道。管道的孔径为 0.5 ~ 1.5 m,管道附近的路基填土厚度,一般不小于 1 m,以免行车荷载压力过于集中,严寒地区也可赖以防冻。考虑到倒虹吸的泄水能力有限,以及为了施工和养护方便,管道亦不宜埋置过深,以填土高度不超过 3 m 为宜。

倒虹吸管道两端设竖井,井底高程低于管道,起沉淀泥沙与杂物作用,也可改用斜管式或缓坡式,以代替竖井式升降管,此时水流条件有所改善,但路基用地宽度增大,管道长度增加。为减少堵塞现象,设计时要求管道内水流速度不小于 1.5 m/s,并在进口处设置沉沙池和拦泥栅,如图 7.15 所示。

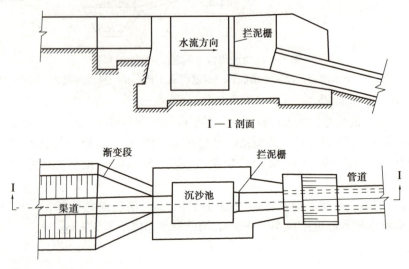

图 7.15　倒虹吸管上游进口构造图

倒虹吸管进口处所设的沉沙池,是位于原沟渠与管道之间的过渡段,池底和池壁采用砌石抹面或混凝土,厚度为 0.3~0.4 m(砌石),或 0.25~0.3 m(混凝土),池的容量以不溢水为度。水流经过沉沙池后,水中仍含有细粒泥沙或轻质漂浮物,可设网状拦泥栅予以清除,确保虹吸管道不致堵塞,但拦泥栅本身容易被堵塞,需经常清理,以保证水流畅通,避免沉沙池和沟渠溢水而危害路基。倒虹吸的出口,也应设过渡段与下游沟渠平顺衔接,应对原有土质沟渠进行适当加固。

渡水槽相当于渡水桥(图 7.16),原水道与路基设计标高相差较大,如果路基两侧地形有利,或当地确有必要,可设简易桥梁,架设水槽或管道从路基上部跨越,以沟通路基两侧的水流。

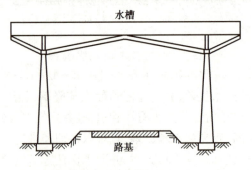

图 7.16　渡水槽图例

渡水槽的架设应满足公路对净空与美化的要求,其构造与桥梁相似,但主要作用是沟通水流,故除应在结构上具有足够强度外,在效能上应满足排水的要求,其中包括进出口的衔接,以及防止冲刷和渗漏等。

为降低工程造价,槽身过水横断面一般均较两端的沟渠横断面小,槽中水流速度相应有所提高,因此进出口段应注意防止冲刷和渗漏。进出水口处设置过渡段,如图7.17所示,根据土质情况,分别将槽身两端伸入路基两侧地面2~5 m,而且进出水口过渡段宜长一些,以防淤积。如果主槽较短,可取槽身与沟渠的横断面相同,沟槽直接衔接,可不设过渡段。水流横断面不同时,过渡段的平面收缩角为10°~15°,据此可确定过渡段的有关尺寸。与槽身连接的土质沟渠,应予以防护加固,其长度至少是沟渠水深的4倍。

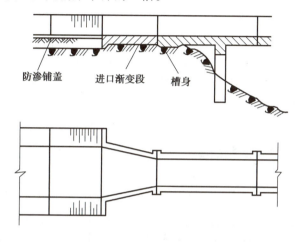

图7.17　渡水槽进出口布置图

6)蒸发池

气候干旱、排水困难地段,可利用沿线的集中取土坑或专门设置蒸发池排除地表水。

蒸发池与路基边沟(或排水沟)间应设排水沟连接。蒸发池边缘与路基边沟距离不应小于5 m,面积较大的蒸发池不得小于20 m。池中水位应低于排水沟的沟底。

蒸发池的容量应以一个月内路基汇流入池中的雨水能及时完成渗透与蒸发作为设计依据。每个蒸发池的容水量不宜超过200~300 m³,蓄水深度不应大于1.5~2 m。蒸发池的设置不应使附近地面形成盐渍化或沼泽化。

7.2.2　路面表面排水

路面表面排水的主要任务是迅速把降落在路面和路肩表面的降水排走,以免造成路面积水而影响行车安全。路面表面排水设计应遵循下列原则:

①在路堤较高且边坡坡面未做防护易受水流冲刷路段,或者坡面虽已采取防护措施但仍有可能受到冲刷时,应沿路肩外侧边缘设置拦水带,汇集路表水,然后通过泄水口和急流槽集中排除。

②在路线纵坡平缓、汇水量不大、路堤较低且边坡坡表面不易受到冲刷的路段,以及设置了具有截、排水功能的骨架护坡的高填方路段,可采用路面横向分散漫流的方式排除路面表面水。

③设置拦水带汇集路面表面水时,拦水带过水断面内的水面,在高速公路及一级公路上不得漫过右侧车道外边缘,在二级及二级以下公路上不得漫过右侧车道中心线。当硬路肩宽度较窄、汇水量大或拦水带形成的过水断面不足时,可采用沿土路肩设置U形路肩边沟等措施加大

过水断面。路肩边沟宜采用水泥混凝土等预制件铺筑。

④路堑地段路表水应通过横向排流的方式汇集于边沟内。

当路基横断面为路堤时，可采用两种方式排除路表水：一种是让路表水以横向漫流形式向路堤坡面分散排放；另一种方式是在路肩外侧边缘放置拦水带，将将路表水汇集在拦水带同路肩铺面（或者路肩和部分路面铺面）组成的浅三角形过水断面内，然后通过相隔一定间距设置的泄水口和急流槽集中排放至路堤坡脚外。两种排水方式的选择，主要根据路表水是否对路堤坡面造成冲刷危害。在汇水量不大，路堤不高，路线纵坡平缓，坡面耐冲刷能力强的情况下，应优先采用横向分散漫流排放的方式。而在表面水有可能冲刷路堤坡面的情况下，则采用将路面表面水汇集在拦水带内，通过泄水口和急流槽集中排放的方式。

拦水带可由沥青混凝土现场浇筑，或者由水泥混凝土预制块铺砌而成。采用水泥混凝土预制块拦水带时，应避免预制块影响路面内部水的排泄。拦水带的横断面尺寸可参考图7.18，拦水带的顶面应略高于过水断面的设计水面高（水深）。

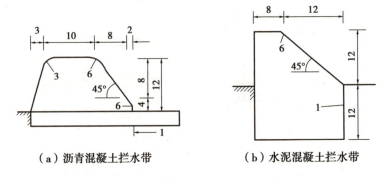

（a）沥青混凝土拦水带　　　　（b）水泥混凝土拦水带

图7.18　拦水带横断面参考尺寸（单位：cm）

拦水带泄水口的间距应根据过水断面的水面宽度和泄水口的泄水能力计算确定，宜为 25～50 m；高速公路、一级公路车道较多时，宜采用较小的泄水口间距。

拦水带的泄水口可设置成喇叭口式。设在纵坡路段上的泄水口为提高泄水能力，宜做成不对称的喇叭口，喇叭口上游方向与下游方向的长度之比不宜小于3∶1，上游方向渐变段最小半径不宜小于900 mm，下游方向最小半径不宜小于600 mm，并在硬路肩边缘的外侧设置逐渐变宽的低凹区。其平面布置可参照图7.19。

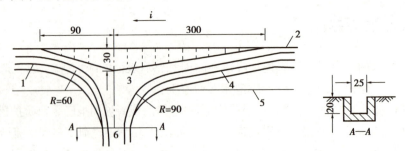

图7.19　纵坡坡段上拦水带不对称泄水口的平面布置（单位：cm）

1—水流流向；2—硬路肩边缘；3—低凹区；4—拦水带顶；5—路堤边坡坡顶；6—急流槽

在纵坡路段上的开口式泄水口，其泄水量随开口长度 L_i、低凹区的宽度 B_w 和下凹深度 h_a 以及过水断面的纵向坡度 i_z 和横向坡度 i_h 而变化（图7.20）。具体计算参考相关规范。

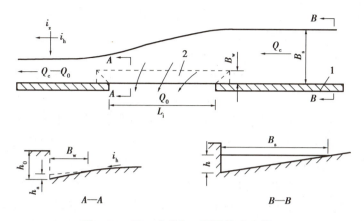

图 7.20 开口式泄水口周围的水流状况

1—拦水带或缘石;2—低凹区

7.2.3 中央分隔带排水

中央分隔带排水是高速公路及一级公路地表排水的重要内容,应根据分隔带宽度、绿化和交通安全设施的形式和分隔带表面的处理方式等因素选择不同的排水方式。我国《公路排水设计规范》(JTG/T D33—2012)将中央分隔带排水划分为如下 3 种类型。

①宽度小于 3 m 且表面采用铺面封闭的中央分隔带排水,降落在分隔带上的表面水排向两侧行车道,其坡度与路面的横坡度相同(图 7.21)。在超高路段上,可在分隔带上侧边缘处设置缘石或泄水口,或者在分隔带内设置缝隙式圆形集水管或碟形混凝土浅沟和泄水口(图 7.22),以拦截和排泄上侧半幅路面的表面水。

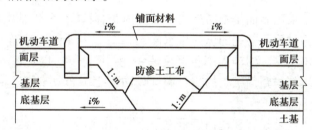

图 7.21 设铺面中央分隔带排水示意图

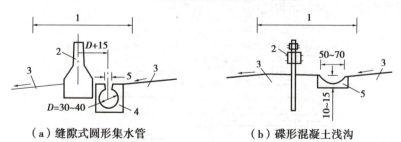

（a）缝隙式圆形集水管　　　　（b）碟形混凝土浅沟

图 7.22 超高路段上设置缝隙式圆形集水管或碟形混凝土浅沟(单位:cm)

1—中央分隔带;2—护栏;3—铺面;4—缝隙式圆形集水管;5—碟形混凝土浅沟

缘石过水断面的泄水口可采用开口式、格栅式或组合式;碟形混凝土浅沟的泄水口采用格栅式。格栅铁条应平行于水流方向,孔口的净泄水面积应占格栅面积的1/2以上,泄水口间距和截流量计算以及断面尺寸等可通过计算选取。

②宽度大于3 m且表面未采用铺面封闭的中央分隔带排水,降落在分隔带上的表面水汇集在分隔带中央的低洼处,并通过纵坡排流到泄水口或横穿路界的桥涵水道中。分隔带的横向坡度不得陡于1∶6;分隔带的纵向排水坡度,在过水断面无铺面时不得小于0.25%,有铺面时不得小于0.12%。当水流速度超过地面的最大允许流速时,应在过水断面宽度范围内对地面土进行防冲刷处理,做成三角形或U形断面的水沟。防冲刷层可采用石灰或水泥稳定土,或者采用浆砌片石铺砌,层厚10~15 cm。当中央分隔带内的水流流量过大或流速超过允许范围处,或者在分隔带低凹区的流水汇集处,应设置格栅或泄水口,并通过排水管引排到桥涵或路界外。格栅可以同周围地面齐平,也可适当降低,并在其周围一定宽度范围内形成低凹(图7.23),以增加泄水能力。

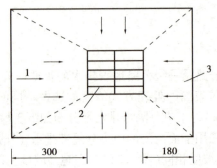

图7.23 中央分隔带格栅式泄水口布置(单位:cm)

1—上游;2—隔栅;3—低凹区

③表面无铺面且未采用表面排水措施的中央分隔带,降落在分隔带上的表面水下渗,由分隔带内的地下排水设施排除。常用的纵向排水渗沟如图7.24所示,应隔一定间距通过横向排水管将渗沟内的水排出路界。渗沟周围包裹反滤织物(土工布),以免渗入水携带的细粒将渗沟堵塞。渗沟上的回填料与路面结构的交界面铺设防渗土工布隔离层。横向排水管宜采用直径100~200 mm的塑料管。

中央分隔带排水渗沟宜设置在通信管道之下,渗沟顶面与回填土之间应设置反滤层,渗沟两侧及底部应设置防水层。

中央分隔带回填土与路面结构之间应设置防水层。

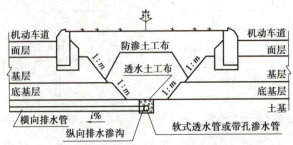

图7.24 无铺面中央分隔带排水示意图

在我国,通常采用较窄的中央分隔带,仅在中间设预留车道时才采用较宽的中央分隔带。各地在选用排水设施类型时,并未拘泥于以分隔带宽度限值作为唯一的依据,而是结合地区和工程需要确定,形式是多样的。因此,上述分类中的宽度标准并不是绝对的。

7.3　路界地下排水

路基及边坡土体中的上层滞水,或埋藏很浅的潜水称为地下水。当地下水影响路基路面强度或边坡稳定时,应设置暗沟(管)、渗沟和检查井等地下排水设施。

常用的路基地下排水设施有盲沟、渗沟、渗水隧洞和渗井等,其特点是排水量不大,主要是以渗流方式汇集水流,并就近排出路基范围以外。对于流量较大的地下水,应设置专用地下管道予以排除。由于地下排水设施埋置在地面以下,不易维修,在路基建成后又难以查明失效情况,因此要求其牢固有效。

应根据地下水类型、含水层埋藏深度、地层渗透性、地下水对环境的影响,并考虑与地表排水设施协调等,选用适宜的地下排水设施,并应符合以下规定:

①有地下水出露的挖方路基、斜坡路堤、路基填挖交替地段,当地下水埋藏浅或无固定含水层时,宜采用渗沟。

②赋存有地下水的坡面,当坡体土质潮湿、无集中的地下水流但危及路基安全时,宜设置边坡渗沟或支撑渗沟。

③当地下水埋藏深或为固定含水层时,可采用渗水隧洞、渗井。渗井宜用于地下含水层较多、但路基水量不大且渗沟难以布置的地段。

④路基基底范围有泉水外涌时,宜设置暗沟(管)将水引排至路堤坡脚外或路整边沟内。

⑤当坡面有集中地下水时,可设置仰斜式排水孔。

1)盲沟

相对于地面排水的明沟而言,暗沟又称盲沟,具有隐蔽工程的含义。从盲沟的构造特点出发,由于沟内分层填以大小不同的颗粒材料,利用渗水材料透水性将地下水汇集于沟内,并沿沟排泄至指定地点,此种构造相对于管道流水而言,习惯上称为盲沟,在水力特性上属于紊流。

图 7.25 所示为一侧边沟下面所设的盲沟,用以拦截流向路基的层间水,防止路基边坡滑坍和毛细水上升危及路基的强度和稳定性。

图 7.26 是路基两侧边沟下面均设盲沟,用以降低地下水位,防止毛细水上升至路基工作区范围内,形成水分积聚而造成冻胀和翻浆,或土基过湿而降低强度等。

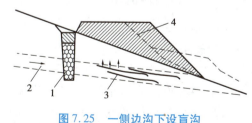

图 7.25　一侧边沟下设盲沟
1—盲沟;2—层间水;3—毛细水;4—可能滑坡线

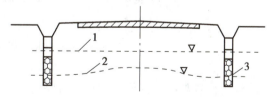

图 7.26　两侧边沟下设盲沟
1—原地下水位;2—降低后地下水位;3—盲沟

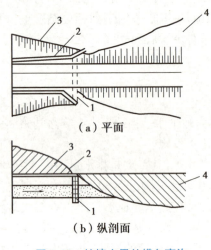

图 7.27 挖填交界处横向盲沟

1—盲沟;2—边沟;3—路堑;4—路堤

图 7.27 是设在路基挖方与填方交界处的横向盲沟,用以拦截和排除路堑下面层间水或小股泉水,保持路堤填土不受水害。以上所述的盲沟,沟槽内全部填满颗粒材料,可以理解为简易盲沟,其构造比较简单,横断面呈矩形,也可做成上宽下窄的梯形,沟壁倾斜度约 1:0.2,底宽 b 与深度 h 大致为 1:3,深 1~1.5 m,底宽 0.3~0.5 m。盲沟的底部中间填以粒径较大(3~5 cm)的碎石,其空隙较大,水可在空隙中流动。粗粒碎石两侧和上部,按一定比例分填(层厚约 10 cm)以较细粒径的粒料。盲沟顶部和底面,一般设有厚 30 cm 以上的不透水层,或顶部设有双层反铺草皮。简易盲沟的排水能力较小,不宜过长,沟底具有 1%~2% 的纵坡,出水口底面高程应高出沟外最高水位 20 cm,以防水流倒渗。寒冷地区的暗沟,应做防冻保温处理或将暗沟设在冻结深度以下。

2)渗沟

采用渗透方式将地下水汇集于沟内,并通过沟底通道将水排至指定地点,此种地下排水设施统称为渗沟,它的作用是降低地下水位或拦截地下水,其水力特性是紊流,但在构造上与盲沟有所不同。渗沟有 3 种结构形式(盲沟式、渗洞、渗水隧洞),如图 7.28 所示。盲沟式渗沟与前述简易盲沟相似,但构造更为完善,当地下水流量较大,要求埋置更深时,可在沟底设洞或管,前者称为渗洞,后者称为渗水隧洞。

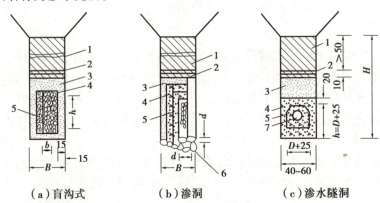

(a)盲沟式   (b)渗洞   (c)渗水隧洞

图 7.28 渗沟结构图式(单位:cm)

1—黏土夯实;2—双层反铺草皮;3—粗砂;4—石屑;
5—碎石;6—浆砌片石沟洞;7—预制混凝土管

渗沟的位置与作用视地下排水的需要而定,和盲沟相比较,渗沟的尺寸更大,埋置更深,而且要进行水力计算确定尺寸。公路路基中,浅埋的渗沟为 2~3 m,深埋时可达 6 m 以上。渗沟底部设洞或管,底部结构相当于顶部可以渗水的涵洞。图 7.29 是洞式渗沟结构示例之一,其洞宽 b 约 20 cm,高 20~30 cm;盖板用条石或混凝土预制板;板长约为 $2b$,板厚 $P \geq 15$ cm,并预留渗水孔,以便渗入沟内的水汇集于洞内排出。洞身要求埋入不透水层内,如果地基软弱还应铺设砂石基础;洞身埋在透水层中时,必要时在两侧和底部加设隔水层,以达到排水的目的。洞底设置不小于0.5%的纵坡,使积水通畅排出。

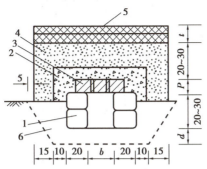

图 7.29　洞式渗沟结构示意图(单位:cm)

1—浆砌块石;2—碎砾石;3—盖板;4—砂;5—双层反铺草皮或土工布;6—基础

当排除地下水的流量更大,或排水距离较长,可考虑采用管式渗沟。渗沟底部埋设的管道,一般为陶土或混凝土的预制管,管壁上半部留有渗水孔,渗水孔交错排列,设于边沟下的管或渗沟,如图 7.30 所示。管的内径 D 由水力计算而定,一般为 0.4 ~ 0.6 m,管底设基座。对于冰冻地区,为防止冻结阻塞,除管道埋在冰冻线以下外,必要时采取保温措施,管径也宜较大一些。

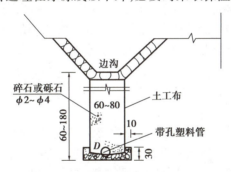

图 7.30　管式渗沟(单位:cm)

3)渗井

渗井属于立式地下排水设施,当地下存在多层含水层,其中影响路基的上部含水层较薄,排水量不大,且平式渗沟难以布置,采用立式(竖向)排水,设置渗井,穿过不透水层,将路基范围内的上层地下水,引入更深的含水层中去,以降低上层的地下水位或全部予以排除。图 7.31 为圆形渗井的结构与布置示例。渗井的平面布置、孔径与渗水量,按水力计算而定,一般为直径 1 ~ 1.5 m 的圆柱形,也可是边长为 1 ~ 1.5 m 的方形。井深视地层构造情况而定,井内由中心向四周按层次,分别填入由粗而细的砂石材料,粗料渗水,细料反滤。填充料要求筛分冲洗,施工时需用铁皮套筒分隔填入不同粒径的材料,要求层次分明,不得粗细材料混杂,以保证渗井达到预期排水效果。

鉴于渗井施工不易,单位渗水面积的造价高于渗沟,一般尽量少用。有时,因路基含水率较大,严重影响路基、路面的强度,其他地下排水设备不易布置且造价较高,此时渗井可作为排水方式之一,设计时应进行分析比较,有条件地选用。

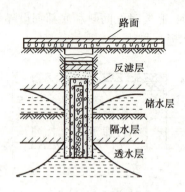

图7.31　渗井结构与布置图例

7.4　路面内部排水

路面工程的实践证明了路面内部排水的重要性。水泥混凝土路面需设置各种接缝,而沥青路面在使用期间又会出现各种裂缝、松散及坑槽等病害。降落在路面表面的水会通过路面接缝或裂缝及松散等病害处或者沥青路面面层空隙下渗到路面结构内部。此外,公路两侧有滞水时,水分也可能从侧向渗入路面结构内部。路面内部排水系统的设计通常需满足三个方面的要求:一是各项设施应具有足够的泄水能力,排除渗入路面结构内的自由水;二是自由水在路面结构内的渗流时间不能太长,渗流路径也不能太长;三是排水设施要有较好的耐久性。

7.4.1　路面内部排水

水可以通过路面接缝、裂缝、路面表面和路肩渗入路面,或是由高水位地下水、截断的含水层和当地泉水进入路面结构,被围封在路面结构内的水分产生的有害影响可归纳如下:

①浸湿各结构层材料和路基土,易造成无黏结粒状材料和路基土的强度降低。

②使混凝土路面产生唧泥,随之出现错台、开裂破坏。

③进入空隙的自由水在行车荷载的作用下,会形成高孔隙水压力和高流速的水流,引起路面基层的细颗粒产生唧泥。

④在冰冻深度大于路面厚度的地方,高地下水位会造成冻胀,并在冻融期间降低承载能力。

⑤水使冻胀土产生不均匀冻胀。

⑥与水经常接触将使沥青混合料松散剥落,影响沥青混凝土耐久性。

当路基土为低透水性(渗透系数不大于 10^{-5} cm/s),而两侧路肩外也由这种土填筑时,路面结构便类似于被安置在封闭的槽式"浴盆"内,进入路面结构内的水分,无法向下或向两侧迅速渗出,长时间积滞在路面结构内部。特别是位于凹形竖曲线底部、低洼河谷地、曲线超高断面内侧,以及立体交叉的下穿路段,在这些位置,由于地表径流或地下水汇集,进入结构内的自由水不仅数量大,而且停滞时间久。

大量的路面损坏状况调查和路面使用经验表明,进入路面结构内的自由水是造成或加速路面损坏的重要原因。国外的一些对比分析和试验段观察结果表明,设有排水基层的路面,其使用寿命要比未设的提高30%(沥青混凝土路面)和50%(水泥混凝土路面)左右。因而,采用内部排水设施所增加的资金投入,可以很快从路面使用性能的提高、使用寿命的增加和养护工作的减少中得到补偿。

美国在 20 世纪 60 年代末和 70 年代初通过调查和经验总结,认识到路面内部排水的重要性,在 1973 年由联邦公路局组织制订了路面结构内部排水系统设计指南,以引导和推动公路部门采用路面内部排水措施。到 1996 年,经过 20 余年的使用经验和研究成果的积累,进一步在 AASHTO 路面结构设计指南中,把排除渗入路面结构内水分所需的时间和一年内路面结构处于水饱和状态的时间比例作为指标,在路面设计中作为一项设计因素予以考虑。在美国,路面内部排水系统现在已成为一项常用的措施,一些州的路面通用结构断面设计图中也作了相应的规定。

我国《公路排水设计规范》(JTG/T D33—2012)建议遇有下列情况时,应设置路面内部排水系统。

①年降水量为 600 mm 以上的湿润多雨地区,路床由渗透系数不大于 10^{-4} mm/s 的细粒土填筑的高速、一级公路或重要的二级公路。

②路基两侧有滞水,可能渗入路面结构内。

③重冰冻地区,路床为粉性土的潮湿路段。

④现有公路路面改建或路基改善工程,需排除积滞在路面结构内的水。

同时规定,路面内部排水系统设计应符合下列要求:

①路面内部排水系统中各项排水设施的泄水能力均应大于渗入路面结构内的水量的 2 倍,且下游排水设施的泄水能力应超过上游排水设施的泄水能力。

②渗入水在路面结构内的最大渗流时间,冰冻地区不应超过 1 h,其他地区不应超过 2 h(重交通)~4 h(轻交通)。渗入水在路面结构内的渗流路径长度不宜超过 45~60 m。

③各项排水设施不应被渗流从路面结构、路基或路肩中带来的细料堵塞,以保证系统的排水能力不随时间推移而很快降低。

路表渗入路面结构的水量,按路面类型分别由下列公式计算:

水泥混凝土路面:

$$Q_i = I_c\left(n_z + n_h\frac{B}{L}\right) \tag{7.1}$$

沥青路面:

$$Q_i = I_a B \tag{7.2}$$

式中　Q_i——纵向每延米路面结构表面水的渗入量,m³/(d·m);

　　　I_c——每延米水泥混凝土路面接缝或裂缝的表面水设计渗入率,m³/(d·m),可按 0.36 m³/(d·m)取用;

　　　I_a——每平方米沥青路面的表面水设计渗入率,m³/(d·m²),可按 0.15 m³/(d·m²)取用;

　　　B——单向坡度路面的宽度,m;

　　　L——水泥混凝土路面的横缝间距(即板长),m;

　　　n_z——B 长度范围内纵向接缝和裂缝的条数(包括路面与路肩之间的接缝),对不设置中央分隔带的双向横坡路段,公路路脊处的接缝(全幅中间接缝)按 0.5 条计;对设置中央分隔带的非超高路段,路面与中央分隔带间的接缝按 1 条计;

　　　n_h——L 长度范围内横向接缝和裂缝的条数。

进入路面结构内的自由水,可通过向路基下部渗流而逐渐排走。渗流的速度随路基土的渗透性和地下水位的高度而异,可以利用达西渗流定律,以不同渗透性的路基土的排水时间进行

计算分析。自由水在排水层内的渗流时间按下列公式计算:

$$
\left.
\begin{aligned}
t &= \frac{L_s}{3\,600 v_s} \\
L_s &= B\sqrt{1+\frac{i_z^2}{i_h^2}} \\
v_s &= \frac{1}{n_e}k_b\sqrt{i_z^2+i_h^2}
\end{aligned}
\right\}
\tag{7.3}
$$

式中　t——渗流时间,h;

L_s——渗流路径长,m;

v_s——渗流速度,m/s;

k_b——透水材料的渗透系数,m/s;

n_e——透水材料的有效空隙率;

B——排水层的宽度,m;

i_z——路线纵坡;

i_h——路面横坡。

7.4.2　路面边缘排水

　　路面边缘排水是由沿路面边缘设置的透水性填料集水沟、纵向排水沟、横向出水管和过滤织物组成的排水系统。该系统将渗入路面结构内的自由水,先沿路面结构层间空隙或某一透水层次横向流入纵向集水沟和排水管,再由横向出水管排引出路基。这种方案常用于基层透水性小的水泥混凝土路面,特别是用于改善排水状况不良的旧水泥混凝土路面。水泥混凝土面层板的边缘和角隅处,由于温度和湿度梯度引起的翘曲变形作用以及地基的沉降变形,常出现板底面与基层顶面出现脱空。下渗的路表水易积聚在这些脱空内,促使唧泥和错台等损坏出现。设置边缘排水系统,便于将面层—基层—路肩界面处积滞的自由水排离路面结构。而对于排水状况不良的旧水泥混凝土路面,采用边缘排水设施方案,可以在不改变原路面结构的情况下改善其排水状况,从而提高原路面的使用性能和使用寿命。然而,自由水在路面结构层内沿层间渗流的速率要比向下渗流的速率慢许多倍,并且部分自由水仍有可能被阻封在路面结构内,因此边缘排水系统的渗流时间较长,工程中可根据实际排水要求确定合适的排水方式。边缘排水系统的常用形式如图7.32所示。

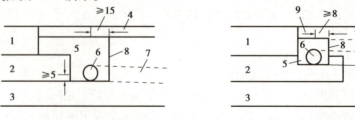

　　（a）新建路面边缘排水系统　　　　　　（b）改建路面边缘排水系统

图7.32　边缘排水系统(单位:cm)

1—面层;2—基层;3—垫层;4—路肩面层;5—集水沟;

6—排水管;7—出水管;8—反滤织物;9—回填路肩面层

纵向排水管通常选用聚氯乙烯(PVC)或聚乙烯(PE)塑料管。排水管设三排槽口或孔口，其开口总面积不小于 42 cm^2 每延米。管径按设计流量由水力计算确定，通常在 70～150 mm 内选用。排水管的埋设深度，应保证不被车辆或施工机械压裂，并应超过当地的冰冻深度，在非冰冻地区，新建路面时，排水管管底通常与基层底面齐平；改建路面时，管中心应低于基层顶面。排水管的纵向坡度宜与路线纵坡相同，但不宜小于 0.3%。

横向出水管选用不带槽或孔的聚氯乙烯塑料管，管径与排水管相同。其间距和安全位置由水力计算并考虑邻近地面高程和公路纵横断面情况确定，一般在 50～100 m 内选用。出水管的横向坡度不宜小于 5%。埋设出水管所开挖的沟，需用低透水材料回填。出水管的外露端头用镀锌铁丝网或格栅罩住。出水口的下方应铺设水泥混凝土防冲刷垫板或者对泄水道的坡面进行浆砌片石防护，以防止水流冲刷路基边坡和影响植物生长。出水水流应尽可能排引至排水沟或涵洞内。

透水性填料由水泥处治开级配碎石组成，其空隙率为 15%～20%。粗集料最大粒径不大于 31.5 mm，粒径 4.75 mm 以下的细粒含量不应超过 16%，粒径 2.36 mm 以下的细粒含量不应超过 6%。为避免带孔排水管被堵塞，透水性填料中通过率为 85% 的粒径应比排水管槽口宽或孔口直径大 1～1.2 倍。水泥处治集料的配合比，应按透水性要求和施工的要求，通过试配确定。

集水沟底面的最小宽度，对新建路面，不应小于 30 cm；对改建路面，应能保证排水管两侧各有至少 5 cm 宽的透水填料。透水填料的底面和外侧围以反滤织物，以防垫层、基层和路肩内的细粒侵入而堵塞填料空隙或管孔。反滤织物可选用由聚酯类、尼龙或聚丙烯材料制成的无纺织物如土工布等，能透水，但细粒土不能随水透过。

7.4.3　排水基层

根据排水的需要，可以采用排水基层或排水功能层，其中排水基层设置在面层以下，排水功能层设置在路基顶面。

(1)排水基层

工程中可直接在面层下设置透水性排水基层，在其边缘设置纵向集水沟和排水管以及横向出水管等，组成排水基层排水系统(图 7.33)，采用透水性材料做基层，使渗入路面结构内的水分，先通过竖向渗流进入排水层，然后横向渗流进入纵向集水和排水管，再由横向出水管排引出路基。由于自由水进入排水层的渗流路径短，在透水性材料中渗流的速率快，因此排水基层的排水效果要比边缘排水系统要好。一般在新建路面时采用此方案，排水基层设在面层下，作为路面结构的基层或基层的一部分，共同承受车辆荷载的作用。

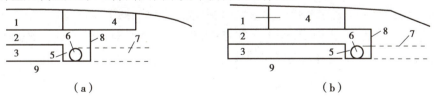

图 7.33　排水基层排水系统

1—面层；2—排水基层；3—不透水垫层；4—路肩面层或水泥混凝土路肩面层；
5—集水沟；6—排水管；7—出水管；8—反滤织物；9—路基

排水基层也可采用横贯路基整个宽度的形式,不设纵向集水沟和排水管以及横向出水管。渗入排水层内的自由水,横向渗流,直接排泄到路基坡面外。这种形式便于施工,但其主要缺点是排水层在坡面出口处易生长杂草或被其他杂物堵塞,从而严重影响排水效率,积滞在排水层内的自由水不能及时排出、导致路面结构出现损坏。

在一些特殊地段,如连续长纵坡坡段、曲线超高过渡段和凹形竖曲线段等,排水层内渗流的自由水有可能被堵封或者渗流路径超过 45~60 m。在这些地段,应增设横向排水管以拦截水流,缩短渗流长度。

排水基层的透水性材料可以采用经水泥或沥青处治,或者未经处治的开级配碎石。未经水泥或沥青处治的碎石,在施工摊铺时易出现离析,在碾压时不易压实稳定,并且易在施工机械行驶下出现推移变形,因而一般情况下不建议作为排水基层。

排水基层的集料应选用洁净、坚硬的碎石,其压碎值不得大于 28%,粒径 4.75 mm 以下细料的含量不得大于 10%。混合料级配应满足透水性要求,且渗透系数不得小于 300 m/d。水泥处治碎石的水泥用量不得少于 160 kg/m³,其 7 d 浸水抗压强度不得低于 3 MPa。沥青处治碎石的沥青用量可为集料烘干质量的 2.5%~4.5%。材料的透水性同集料的颗粒组成情况有关,空隙率大的组成材料,其渗透系数也大,需通过透水试验确定。

纵向集水沟布置在路面横坡的下方。行车道路面采用双向路拱横坡时,在路面两侧都应设置纵向集水沟。集水沟的内侧边缘可设在行车道面层边缘处,但有时为了避免排水管被面层施工机械压裂,或者避免路肩铺面受集水沟沉降变形的影响,将集水沟向外侧移出 60~90 cm。路肩采用水泥混凝土铺面时,集水沟内侧边缘可外移到路肩面层边缘处。

排水基层下必须设置不透水层或反滤层,以防止表面水下渗浸湿路基,同时防止路基土中的细粒进入排水基层而造成堵塞。

排水基层厚度应根据所需排放的水量和基层材料的渗透系数计算确定,并满足最小厚度的要求。采用沥青处治碎石时,最小厚度不得小于 60 mm;采用水泥处治碎石时,最小厚度不得小于 80 mm;采用级配碎石时,最小厚度不得小于 120 mm。排水基层的宽度应根据面层施工需要确定,宜超出面层宽度 300~900 mm。

(2)排水功能层

排水功能层按路基全宽设在其顶面。潮湿路基中的自由水上移到排水功能层内后,向两侧横向渗流。路基为路堤时,水向路基坡面外排流;路基为路堑或半路堑时,挖方坡脚处须设置纵向集水沟、排水管和横向排水管。

排水功能层一方面要能渗水,另一方面要防止渗流带来的细粒堵塞透水材料。为此,在材料级配组成上要满足关于透水和反滤要求,这些要求的应用如图 7.34 所示。图中,5 为路基土的级配曲线,D_{15}、D_{50}、D_{85} 分别表示通过率为 15%、50%、85% 时对应的粒径。图中所示的阴影部分 6,即为符合这些要求的排水功能层的级配范围。

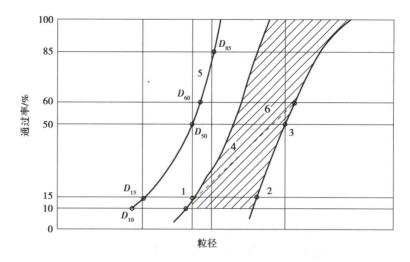

图 7.34　符合渗透和反滤要求的材料级配设计

1—不小于 $5D_{15}$；2—不大于 $5D_{85}$；3—不大于 $25D_{50}$；4—$(D_{60}/D_{10}) \leqslant 20$；

5—级配曲线；6—符合反滤要求的排水功能层级配范围

7.5　桥面排水

为了迅速将降落在桥面上的雨水收集并排出桥梁之外,防止雨水积滞于桥面影响行车安全以及雨水渗入梁体而影响桥梁的耐久性,在桥梁设计时,需要对桥面进行排水设计。通常,在桥面上除设置纵横坡排水外,桥面需要设置一定数量的泄水口和泄水管道,以便组成一个完整的排水系统。

桥面排水系统应与桥梁结构及桥下排水条件相适应,避免水流下渗对桥梁结构耐久性造成影响。大桥和特大桥的桥面排水系统尚应与桥面铺装设计相协调。

7.5.1　桥面排水要求

桥面横坡是重要的桥面排水设施之一。桥面表面水首先靠桥面横坡和纵坡组成的合成坡排向行车道两侧,然后汇集于由缘石或护栏和桥面组成的过水断面内。桥面的横坡越大,行车道上水流速度越大,雨水排出得就越快,对桥面水毁和行车安全的影响就越小。但当横坡增大到一定程度时,由于侧向倾斜会影响乘客乘车的舒适程度,甚至会引起车辆滑移与侧翻。因此,桥面的横坡一般要经过综合考虑确定,不能单纯地只考虑排水。

桥面横向排水坡度宜与路面横坡度一致,当设有人行道时,人行道应设置倾向行车道 0.5% ~1.5% 的横坡。桥面纵坡为 2% ~2.5% 时,能保证车辆在桥面的行车稳定程度以及乘客的乘车舒适程度没有太大的变化,但一般选择 2% 。对于年降雨量较大或者短时间降雨强度很大的地区可以采用大于 2% 的桥面横坡。当行车道大于两条时,可以适当增大右侧车道横坡坡度,以减小过水断面宽度,有利于雨水快速的排出桥面,提高行车安全性,但最大横坡不宜大于 4% 。对于竖曲线内的桥面,在凹形竖曲线底部以及凸形顶部其纵坡很小,可能出现低于

0.3%的平坡桥面,此时,可以适当增大桥面行车道的横坡坡度,以利于桥面水及时排出。当桥面纵坡小于 0.5%时,宜在桥面铺装较低侧边缘设置纵向渗沟排水系统。

对于未设超高的桥面,桥面路拱设置方式为沿着桥面行车道中心向两侧设置双向横坡,有超高的桥面横坡为单向横坡。桥面横坡坡度应与同等级道路横坡度相同。

桥面排水对桥下通行有影响时,桥面水通过横坡和纵坡排入泄水口后,应汇集到纵向排水管或排水槽中,通过设在墩台处的竖向排水管排入地面排水设施或河流中。

竖向排水管出口处应设置排水沟,并适当加固,避免冲刷和漫流。

7.5.2　泄水口

桥面泄水口的作用是收集行车道流下的水并将其直接排出桥外,或者流注到排水管等其他排水系统再将其排出桥外,泄水口一般设置在桥面行车道的外边缘处,对于设置有人行道的桥面,泄水口应设置在人行道内侧。一般用水力计算的方法布置桥面泄水口,要求其间距不得超过 20 m。泄水口在布设时还应遵循一些原则:

①对于凹形竖曲线的桥面,曲线底部应至少设置一个泄水口,并在其前后 3 m 或者前后高差相差 0.6 m 处设泄水口。

②对于容易受水侵蚀的桥面伸缩缝处,应在其前面布置不少于一个泄水口。

③竖曲线高处的桥面由于其纵坡较大,利于排水,其间距可以适当增大,但不宜大于 20 m。对于存在超高的桥面,泄水口应设置在弯道内侧,泄水口间距应适当缩小。对于山区公路上的桥面泄水口,其间距一般为 5 ~ 10 m。

泄水口可为圆形或矩形。圆形泄水口的直径宜为 150 ~ 200 mm;矩形泄水口的宽度宜为 200 ~ 300 mm,长度宜为 300 ~ 400 mm。泄水口顶部应采用格栅盖板,其顶面宜比周围桥面铺装低 5 ~ 10 mm。

对于公路桥梁,常常采用圆形泄水口,垂直地将水排出桥面。泄水口的排水能力取决于其截留率及曲线底部排水量,截留率及排水量的大小与泄水口自身的形状及水流的状态有关系。泄水口的排水能力控制着排水管乃至整个排水系统的转移水量,如果选择的泄水口截留率不足或者其位置的设置不合理,都有可能导致桥面水流不能及时排出,形成桥面积水,影响行车安全甚至引发严重的交通事故。

7.5.3　泄水管、排水管及泄水槽

为了迅速排除桥面积水,防止雨水积滞于表面并渗入梁体而影响桥梁的耐久性,在桥梁设计时除了通过纵横坡排水外要有一个完整的排水系统。排水系统由多个泄水管组成。泄水管的布置与桥面纵坡和桥梁长度有关。通常当桥面纵坡大于 2%,而桥长小于 50 m 时,一般能保证从桥头引道上排水,桥上就可以不设泄水管。此时,可在引道两侧设置流水槽,以免雨水冲刷引道路基。当桥面纵坡大于 2%,但桥长超过 50 m 时,为防止雨水积滞,桥面上宜每隔 12 ~ 15 m 设置一个泄水管。当桥面纵坡小于 2%时,一般则宜每隔 6 ~ 8 m 设置一个泄水管。另外,在桥梁伸缩缝的上游方向应增设泄水管,在凹曲线的最低点及其前后 3 ~ 5 m 处也应各设置一个

泄水管。

高速公路和一级公路,一般采用直径为 150 mm 的泄水管,间距为 4~5 m。泄水管可沿行车道两侧左右对称排列,也可交错排列。泄水管也可布置在人行道下面。

混凝土梁式桥的泄水管道主要有以下几种形式:

①金属泄水管:适用于具有防水层的铺装结构。使用效果好,但结构较为复杂。

②钢筋混凝土泄水管:适用于不设防水层而采用防水混凝土的铺装构造上。构造比较简单,可以节省钢材。

③横向排水孔道:适用于对于跨径不大,不设人行道的小桥。做法简便,但因孔道坡度平缓,易于淤塞。

④闭式排水系统:适用于城市桥梁、立交桥及高速公路上的桥梁。

对于不能用泄水口直接将桥面积水排出桥外的桥梁,需要设置排水管或者泄水槽。其作用是将泄水口截留的桥面径流水引到其他排水系统中。排水管和泄水槽一般设置在悬臂板的外侧或护栏内,排水管通常采用铸铁管、PVC 管或复合材料管,内径不宜小于 150 mm。需伸入铺装结构内部的部分应做成孔隙状,其周围的桥面板应配置补强钢筋网。泄水槽宜采用铝、钢或玻璃钢材料,其横截面应为矩形或 U 形,宽度和深度均不宜小于 200 mm。

纵向排水管或排水槽的坡度不得小于 0.5%。桥梁伸缩缝处的纵向排水管或排水槽应设置可伸缩的柔性套筒。寒冷地区的竖向排水管,其末端宜距地面 500 mm 以上。

伸缩缝结构应能避免桥面水下落至梁端、盖梁和墩台等结构上(避免导致梁端、盖梁和墩台混凝土的腐蚀、酥松、脱落、开裂和钢筋锈蚀等诸多病害)。伸缩缝两侧的现浇混凝土应采取浇筑微膨胀混凝土、抗渗混凝土等防渗漏的措施,避免雨水下渗影响到梁端、盖梁和墩台等桥梁结构。

7.5.4 桥(涵)台和支挡构造物排水

桥(涵)台台背和支挡构造物墙背宜采用透水性材料回填,严寒地区和浸水挡土墙应采用透水性材料回填。桥(涵)台和路肩挡土墙回填料表面应采取在回填区外设置拦截地表水流入的沟渠、回填料顶面夯实或铺设不透水层等措施防止地表水渗入。

台背或墙背回填透水性材料时,应在台身或墙身设置泄水孔排水。回填料透水性不良、回填区渗水量大或有冻胀可能时,可选用下列排水措施:

①在台背或墙背与回填料之间设置由透水性材料组成的连续排水层。排水层的厚度应不小于 300 mm,其顶部应采用 300~500 mm 厚的黏土等不透水材料进行封闭。

②沿台背或墙背铺设排水板等土工复合排水材料。以排除填土积水为主时,复合排水材料可满铺或以 1~2 m 的间距沿台背或墙背布设;以排除地下渗水为主时,应通过有关流量计算确定排水材料的布设间距和数量。

③沿台背或墙背的底部纵向设置内径为 100~150 mm 的软式透水干管,每隔 2~3 m 竖向设置内径 50~80 mm 的软式透水支管。

④在填料内根据实际需要设置若干层水平向排水夹层。夹层厚度不应小于 300 mm。

泄水孔可采用塑料管或铸铁管等,直径宜为 50~100 mm,安置时应向下倾斜 3%~5%,进水口处应采取反滤和防堵措施。泄水口间距宜为 2～3 m，上下排交错布置，最低一排出水口应高出墙前地面、常水位或边沟内设计水位 300 mm 以上。挡土墙墙趾应采取防止泄水孔水流冲刷地表或基础的措施。

挡土墙的背面有地下水渗入时，应在后部和底部增加排水层。排水层可采用级配碎石或级配砂砾，厚度不宜小于 0.5 m，必要时可在进水面铺设土工织物反滤层，防止淤塞。

7.6　路基路面排水综合设计

大量的公路损坏调查结果和使用经验表明：公路建设质量与使用寿命的关键在于排水，进入路面结构内的自由水是造成或加速路面损害的重要原因。路表雨水如果不能迅速排除，就会通过接缝、裂缝大量下渗，使路面结构内部的含水率增加、甚至使结构层材料处于浸泡状态，将直接导致结构层材料强度和刚度的降低。地下水的毛细上升也会危害路基的结构强度和稳定。

因此，路基路面排水的主要任务是：必须采取有效措施，隔绝路基路面范围内雨水的下渗，并迅速汇集排出至路基范围以外；排除路基路面结构层内的渗入水；阻挡向路基汇集的路基范围以外的地表水；隔绝地下水的毛细上升等。

在公路排水设计中，路基路面的各种排水方法通常主要只针对某一水源、以满足某一方面要求为目的。在实际工程中，由于自然条件、路线布置及其他人为因素的不同，情况往往比较复杂，因此应根据公路等级、降水量、地形、地貌、地质及水文地质条件等因素，将各种排水设施综合运用，进行路基路面排水综合设计，做到"拦、截、疏、排"有机结合，使其构成一个完整、畅通的排水体系，发挥各类排水设施作用，将水迅速排除出公路范围之外，确保路基路面的稳定和行车安全。

排水综合设计，包括地面排水与地下排水设施的协调配合、路面排水设施与路基排水设施及其与桥涵等泄水结构物的合理布置、排水工程与边坡防护加固工程的相互配合、路基排水与沿线农田水利规划及其他有关基本建设项目之间的相互配合等。

路基路面排水综合设计的主要原则和方法如下：

①流向路基的地面水和地下水，需要在路基范围以外的地点设置截水沟、排水沟或渗沟等进行拦截，并引至指定的地点；路基范围内的水源，分别采用边沟、渗沟渗井及排水沟予以排除。路基排水需要横跨路基时，尽量利用拟设的桥涵，必要时设置涵洞、倒虹吸或渡槽。水流落差较大时，应设置跌水或急流槽。

②对于明显的天然沟槽，一般宜依沟设涵，不必勉强改沟与合并。对于沟槽不明显的漫流，应在上游设置束流设施，加以调节，汇集成沟后导流排除。对于较大的水流，注意因势利导，不可轻易改变流向，必要时配以防护工程进行分流或束流。

③为提高截流效果，减少工程量，地面沟渠宜大体沿等高线布置，短水流通畅沟渠弯道处应以圆曲线相连，减少水流的冲击力。

④各排水沟渠地基应稳固，不得渗漏或滞留，并有适当的纵坡。沟槽的基底及沟壁，必要时应予以加固，不得溢水渗水，防止损害路基。

⑤路基边沟汇集的水和截水沟拦截的流向路基边坡的水，或通过地下排水管道汇集的水等，则通过排水沟、跌水及急流槽，或排水管道排至桥涵，或直接排至天然水系。

⑥坡面设置浆砌片石截水沟,截水沟的水流入坡面急流槽中再流入边沟或涵洞、河流中。坡面以下山体的地下水通过坡面防护或挡墙中的泄水孔流入边沟中,或在地下水位较低处,在边沟下设置纵向盲沟拦截向路基中渗入的地下水。

⑦地下水可以通过盲沟、竖井等地下排水设施汇集或拦截,排至水位较低的地表排水设施或地下水层中,或直接排出路界之外。

⑧在临河路段,根据设计洪水位和设计降雨重现期等对易受河水冲刷的路基高度范围的边坡进行防水处理,采用浆砌片石或水泥混凝土挡墙等防护设施。

⑨在经过水田等软基路段,采用设置排水层拦截地下水或采用横向盲沟降低地下水位,然后将地下水汇集排到排水沟或附近河流中。

⑩路面表面水通过路拱横坡、路肩排水系统和中央分隔带排水系统,或排至路基边沟,或排至地下排水管道等地下排水系统,或直接排出路界之外。

⑪路面内部水通过设计隔水层或水泥处治碎石路肩排水系统,配合路基边坡急流槽排至边坡外的排水沟中,或直接排至边沟或桥涵的排水设施中。

总之,路基路面排水综合设计,必须事先做好调查工作,查明水源和有关现状,在全面调查沿线水文、气象、地形、地质、环境敏感区等建设条件的基础上,根据公路功能、等级,确定排水设计原则,提出总体布置方案,划分排水段落,分段确定路线和主要构造物排水方案和排水路线。同时进行必要的水力水文计算,并进行效益分析与经济核算,使公路的排水成为一个完整的综合排水系统,将不同水源的水迅速、顺畅地排出路界之外。

7.7　水力水文计算

1)设计流量

流量是路基路面排水设计的基本依据,其大小与汇水面积、洪水频率、汇水区域内的地形、地貌及植被等因素有关,可按式(7.4)计算。

$$Q = 16.67\psi qF \tag{7.4}$$

式中　Q——设计流量,m^3/s;

　　　q——设计重现期和降雨历时内的平均降雨强度,mm/min;

　　　ψ——径流系数;

　　　F——汇水面积,km^2。

设计重现期如表7.3所示,径流系数按汇水区域内的地表种类由表7.4确定。当汇水区域内有多种类型的地表时,应分别为每种类型选取径流系数后,按相应的面积大小取加权平均值。

表7.3　设计降雨的重现期

单位:年

公路等级	路面和路肩表面排水	路界内坡面排水
高速公路、一级公路	5	15
二级及二级以下公路	3	10

表7.4 径流系数 ψ

地 表	径流系数 ψ	地 表	径流系数 ψ
沥青混凝土路面	0.95	陡峻的山地	0.75 ~ 0.90
水泥混凝土路面	0.90	起伏的山地	0.60 ~ 0.80
透水性沥青路面	0.60 ~ 0.80	起伏的草地	0.40 ~ 0.65
粒料路面	0.40 ~ 0.60	平坦的耕地	0.45 ~ 0.60
粗粒土坡面和路肩	0.10 ~ 0.30	落叶林地	0.35 ~ 0.60
细粒土坡面和路肩	0.40 ~ 0.65	针叶林地	0.25 ~ 0.50
硬质岩石坡面	0.70 ~ 0.85	水田、水面	0.70 ~ 0.80
软质岩石坡面	0.50 ~ 0.75		

坡面汇流历时可按式(7.5)计算确定：

$$t_1 = 1.445 \left[\frac{m_1 L_p}{\sqrt{i_p}} \right]^{0.467} \qquad L_s \leqslant 370 \text{ m} \tag{7.5}$$

式中　t_1——坡面汇流历时，min；

　　　m_1——地表粗度系数，按地表情况查表7.5确定；

　　　L_p, i_p——坡面汇流的长度(m)和坡度。

表7.5 地表粗度系数 m_1

地表状况	粗度系数 m_1	地表状况	粗度系数 m_1
沥青路面、水泥混凝土路面	0.013	牧草地、草地	0.40
光滑的不透水地面	0.02	落叶树林	0.60
光滑的压实土地面	0.10	针叶树林	0.80
稀疏草地、耕地	0.20		

计算沟管内汇流历时，先在断面尺寸、坡度变化点或者有支沟(支管)汇入处分段，分别计算各段的汇流历时后再叠加而得，即

$$t_2 = \sum_{m=1}^{n} \left(\frac{l_m}{60 v_m} \right) \tag{7.6}$$

式中　t_2——沟管内汇流历时，min；

　　　n, m——分段数和分段序号；

　　　l_m——第 m 段的长度，m；

　　　v_m——第 m 段沟管的平均流速，m/s。

沟管的平均流速按式(7.7)近似估算：

$$V_m = 20 i_m^{0.6} \tag{7.7}$$

式中　i_m——第 m 段沟管的平均坡度。

当地气象站有10年以上自记雨量计资料时，可利用气象站观测资料按式(7.8)整理分析

得到设计重现期的降雨强度:

$$q = \frac{a}{t+b} \qquad (7.8)$$

式中　t——降雨历时,min;

　　　a,b——地区性参数。

当地缺乏自记雨量计资料时,可利用标准降雨强度等值线图和有关转换系数,按式(7.9)计算降雨强度:

$$q = c_p c_t q_{5,10} \qquad (7.9)$$

式中　$q_{5,10}$——5年重现期和10 min降雨历时的标准降雨强度,mm/min,按公路所在地区查取,可由《公路排水设计规范》(JTG/T D33—2012)图9.1.7-1查得;

　　　c_p——重现期转换系数,为设计重现期降雨强度q_p同标准重现期降雨强度q_5的比(q_p/q_5),按公路所在地区由表7.6查取;

　　　c_t——降雨历时转换系数,为降雨历时t的降雨强度q_t同10 min降雨历时的降雨强度q_{10}的比值(q_t/q_{10}),按公路所在地区的60 min转换系数c_{60},由表7.7查取,c_{60}则按公路所在地区查取,可由《公路排水设计规范》(JTG/T D33—2012)图9.1.7-2查得。

表7.6　重现期转换系数 c_p

地　　区	重现期 p/年			
	3	5	10	15
海南、广东、广西、云南、贵州、四川、山东、湖南、湖北、福建、江西、安徽、江苏、浙江、上海、台湾	0.86	1.00	1.17	1.27
黑龙江、吉林、辽宁、北京、天津、河北、山西、河南、山东、四川、西藏	0.83	1.00	1.22	1.36
内蒙古、陕西、甘肃、宁夏、青海、新疆(非干旱区)	0.76	1.00	1.34	1.54
内蒙古、陕西、甘肃、宁夏、青海、新疆(干旱区*)	0.71	1.00	1.44	1.72

注:* 干旱区约相当于5年一遇10 min降雨强度小于0.5 mm/min的地区。

表7.7　降雨历时转换系数 c_t

c_{60}	降雨历时 t/min										
	3	5	10	15	20	30	40	50	60	90	120
0.30	1.40	1.25	1.00	0.77	0.64	0.50	0.40	0.34	0.30	0.22	0.18
0.35	1.40	1.25	1.00	0.80	0.68	0.55	0.45	0.39	0.35	0.26	0.21
0.40	1.40	1.25	1.00	0.82	0.72	0.59	0.50	0.44	0.40	0.30	0.25
0.45	1.40	1.25	1.00	0.84	0.76	0.63	0.55	0.50	0.45	0.34	0.29
0.50	1.40	1.25	1.00	0.87	0.80	0.68	0.60	0.55	0.50	0.39	0.33

设计径流量的计算可参照图7.35所示流程进行。

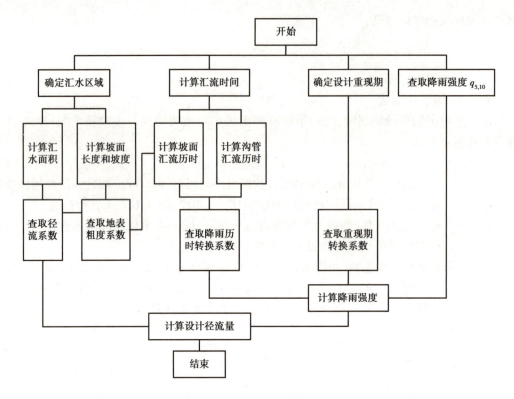

图 7.35　设计径流量计算过程框图

2)沟管水力计算

对于具有规则形状的沟渠断面,以及纵坡较缓的沟底,流量与流速按等速流的关系式为:

$$v = C\sqrt{Ri} \tag{7.10}$$

$$Q = \omega \cdot v = \omega \cdot C\sqrt{Ri} \tag{7.11}$$

式中　v——水流的断面流速,m/s;

　　　Q——通过一定断面的流量,m^3/s;

　　　ω——过水断面的面积,m^2;

　　　R——水力半径,m;

　　　i——水力坡降,在等速的条件下,可认为与沟底纵坡相同;

　　　C——流速系数,通过试验按规定公式计算。

流速系数又称径流系数,主要是取决于水流条件,如沟渠、管道或地表等及其粗糙程度,要求在试验的基础上,确立计算公式。各国有所不同,对于路基排水而言,我国普遍采用式(7.12)。

$$C = \frac{1}{n}R^y \tag{7.12}$$

式中　n——水路断面的粗糙系数,其值与沟渠表层的材料有关,常用值见表7.8;

　　　R——水力半径,m;

　　　y——与 R 及 n 有关的指数,三者关系如下:

$$y = 2.5\sqrt{n} - 0.13 - 0.75\sqrt{R}(\sqrt{n} - 0.10) \tag{7.13}$$

表7.8　人工渠道的粗糙系数 n 和 $1/n$ 数值表

编　号	沟槽槽壁特征	n	$1/n$
1	最好的水泥敷面(含1/3细砂),安设和结合良好的干净(新)陶管	0.011	90.9
2	极干净的水管,极好的混凝土	0.012	83.3
3	良好的砖砌筑物,正常情况下的污水管	0.013	76.9
4	中等情形的渠道混凝土	0.014	66.7
5	中等砖砌筑物,中等情形的块石护面	0.015	71.4
6	良好块石砌筑物,旧(碎)砖砌筑物,较粗的混凝土,非常光滑并开挖平整的岩石	0.017	58.8
7	由紧密的黄土和紧密的小卵石做成的沟渠(一切都在良好的情况下)	0.018	55.6
8	中等的(足够满意的)块石砖砌物,碎石铺面,在岩石中整齐开挖的渠道,由黄土、紧密的卵石、紧密的土做成的渠道,并被淤泥掩盖(正常情形)	0.020	50
9	由紧密黏土做成的渠道,由黄土、卵石和土做成的渠道,养护和修理都超过一般水平的土渠	0.022 5	44.4
10	良好的干砌渠道,养护和修理中等的土渠,在极有利条件下的河流(河床清洁顺直、水流畅无崩塌和深潭)	0.025	40
11	养护和修理低于一般标准的土渠	0.027 5	36.4

为了避免沟渠产生泥沙淤积,设计时应保证沟渠内的水流具有一定的流速。沟渠的容许最小流速同水中所含的泥沙粒径有关,可按下列经验公式计算:

$$v_{min} = \alpha R^{\frac{1}{2}} \tag{7.14}$$

式中　α——与所含土粒有关的系数,见表7.9;

　　　R——水力半径,m。

表7.9　α 系数表

水中含土类	α 值
粗砂	0.65 ~ 0.77
中砂	0.58 ~ 0.64
细砂	0.41 ~ 0.45
极细砂	0.31 ~ 0.41

为使沟渠不致冲刷成害,沟渠内的最大流速应予限制。容许最大流速 v_{max}(单位:m/s),见表7.10的试验数值。表中建议值适用于水流深度 $h = 0.4 ~ 1.0$ m,否则应乘以下列修正系数: $h < 0.4$ m时,系数为0.85; $h > 1.0$ m时,系数为1.25; $h > 2.0$ m时,系数为1.40。

表 7.10　容许流速表

沟渠类型	容许最大设计流速 $v_{max}/(\mathrm{m \cdot s^{-1}})$
粗砂及粉土质砂	0.8
黏土质砂	1.0
高液限黏土	1.2
石灰岩及砂岩	4.0
草皮护面	1.6
干砌片石	2.0
浆砌片石	3.0
混凝土	4.0

水流断面面积 ω 及其流速与流量,同断面形式及水力半径、湿周等水力要素有关。沟渠断面主要是梯形和矩形,并有两侧边坡对称与不对称之分,其尺寸有底宽 b、水深 h 及平均边坡率 m。水力要素中的湿周 χ,是指流水对沟底与两侧的接触长度,而水力半径 R 则为水流断面积 ω 与湿周之比 χ,即 $R = \dfrac{\omega}{\chi}$。据此可得下列各水力要素关系式:

$$\omega = bh + mh^2 \tag{7.15}$$

$$\chi = b + Kh \tag{7.16}$$

$$R = \frac{\omega}{\chi} \tag{7.17}$$

式中　m——沟渠边坡坡率,对于矩形,$m = 0$,对称梯形,$m = m_1 = m_2$;对于不对称梯形,$m = \dfrac{1}{2}(m_1 + m_2)$;

K——断面系数,对于矩形,$K = 2$;对称梯形,$K = 2\sqrt{1+m^2}$;对于不对称梯形,$K = \sqrt{1+m_1^2} + \sqrt{1+m_2^2}$。

最佳水力断面又称经济断面,是指在固定设计流量的条件下,按容许最大流速通过时,所得面积为最小的水流断面。

分析上述有关公式不难得知,在固定条件下(即 Q_s、v、C 与 m 等参数不变),如果能使设计的沟渠断面具有最小的 χ 值,则可实现最佳水力断面的目的。现在以对称梯形沟渠为准,最佳水力断面的水力要素推证如下。

式(7.15)移项,代入式(7.16),得:

$$\chi = \frac{\omega}{h} + Ah \tag{7.18}$$

此时,$A = 2\sqrt{1+m^2} - m$,m 是已知值,A 为常数,χ 是 h 的函数。欲使得 χ 值最小,取 $\dfrac{\mathrm{d}\chi}{\mathrm{d}h} = 0$,得:

$$h = \sqrt{\frac{\omega}{A}} \tag{7.19}$$

代入式(7.15),可得沟渠底宽 b 与水深 h 的最佳比例为:

$$\frac{b}{h} = 2\left(\sqrt{1+m^2} - m\right) \tag{7.20}$$

据此,可得不同边坡坡率 m 条件下沟渠的最佳宽深比,如表7.11所示,可供设计沟渠面时参考。

表 7.11　水力最佳断面的宽深比

边坡坡率 m	0	0.25	0.5	0.75	1.00	1.25	1.50	2.00	3.00
b/h	2	1.56	1.24	1.00	0.83	0.70	0.61	0.47	0.32

将式(7.19)再代入式(7.18),得最佳断面时湿周为:

$$\chi_0 = 2\sqrt{\omega}\left(2\sqrt{1+m^2} - m\right)^{\frac{1}{2}} \tag{7.21}$$

由此可得:

$$R_0 = \frac{1}{2}\sqrt{\frac{\omega}{A}} = \frac{1}{2}h \tag{7.22}$$

运用式(7.21)及上述 $A = K - m$,由基本关系式(7.10)得知最佳断面条件下的容许最大流速 v_0,即

$$v_0 = B(\omega)^{0.5y+0.25} \tag{7.23}$$

$$B = \frac{i^{0.5}}{n}\left(\frac{1}{2\sqrt{K-m}}\right)^{y+0.5} \tag{7.24}$$

因为流量等于面积与流速的乘积,在已知设计流量和流速时,令式(7.23)中 ω 为 ω_0,可得最佳断面的面积表达式,即

$$\omega_0 = \left(\frac{Q_s}{B}\right)^{\frac{1}{0.5y+1.25}} \tag{7.25}$$

思考题

7.1 公路排水的水源有哪些? 它们对公路分别有什么不利影响?

7.2 试述公路排水的目的及意义是什么。

7.3 路界地表坡面排水的主要方式有哪些?

7.4 路面表面排水包括哪几个方面的内容? 对于高速公路中央分隔带排水,应该怎么合理设计?

7.5 为什么要进行路面结构的内部排水? 可以采取哪些措施?

8 路基路面养护与管理

本章导读：

- **内容及要求** 本章主要介绍公路养护与管理的分类和内涵，路基技术状况评定与养护，路面技术状况评定，路面养护对策，路面病害及防治，路面养护管理系统等。通过本章的学习，要求熟悉和掌握公路技术状况指数含义，公路性能评价指标和检测方法，沥青路面和水泥路面常见病害及处治方法。

- **重点** 路基技术状况评定与养护，路面技术状况评定，路面结构承载能力、路面损坏状况、行驶质量、抗滑性能的检测与评定，路面病害及防治。

- **难点** 路面技术状况指数，路面病害及防治。

路面智能
养护管理技术

8.1 概述

公路建成通车后，在较长时间的运营过程中，公路自身使用功能不断下降，各种病害也日益严重。为保证公路的行驶功能，合理和及时的养护就显得十分重要。关键在于如何采取科学合理的养护技术，优化公路养护管理，延长公路使用寿命。因此，公路的养护和管理是公路工程中一项重要内容。

对于公路出现的早期病害，若能够及时采取合理的养护措施，可以防止公路微小病害的进一步扩大，使公路经常保持原有的技术状态和标准，减少由于公路及其设施维护不当给使用者带来的意外损害，从而提高公路的社会效益和经济效益。

公路养护的基本任务是：

①贯彻"预防为主、防治结合"的方针，加强预防性养护，提高公路的抗灾害能力。

②加强公路及其沿线设施的基本技术状况调查，及时发现和消除隐患。

③保持公路及其沿线设施良好的技术状况,及时修复损坏部分,保障公路行车安全、畅通、舒适。

④吸收和采用新技术、新工艺、新材料、新设备,采取科学的技术措施,不断提高公路养护质量,有效延长公路的使用寿命,降低路桥设施的全寿命周期成本,提高养护资金使用效益。

⑤加强公路的技术改造,以适应公路交通事业的不断发展。

在《公路养护技术规范》(JTG H10—2018)中,公路养护的分类是按照其工程性质、技术复杂程度和规模大小来进行的,分为小修保养、中修工程、大修工程、改建工程4类:

①小修保养:对公路及其沿线设施经常进行维护保养和修补其轻微损坏部分的作业。

②中修工程:对公路及其沿线设施的一般性损坏部分进行定期的修理加固,以恢复公路原有技术状况的工程。

③大修工程:对公路及其沿线设施的较大损坏进行周期性的综合修理,以全面恢复到原技术标准的工程。

④改建工程:对公路及其沿线设施因不适应现有交通量增长和荷载需要而进行的全线或逐段提高技术等级指标,显著提高其通行能力的较大工程项目。

在《公路养护技术规范》(JTG H10—2009)中,对公路养护工程的分类进行了修改。新的方法分为两大类,即日常养护和养护工程,养护工程可分为预防养护、修复养护、专项养护和应急养护工程。

①日常养护:主要指对公路范围内的管理基础设施进行的日常巡查、保养、小修和养护系统管理等工作。其工程规模和原小修工程较为接近。

②预防养护:主要指在公路基础设施尚未发生破坏、有轻微损坏或病害迹象时,为预防病害的发生或延缓病害的发展或恢复其服务功能而采取的主动养护措施。

③修复养护:主要指当公路基础设施局部出现明显损坏,或局部丧失服务功能时,为恢复良好技术状况而进行的功能性、结构性修复或定期更换。其工程规模和原中修工程较为接近。

④专项养护:是指为恢复、保持或提升公路基础设施服务功能而集中实施的完善增设、加固改造、拆除重建或灾后恢复重建工程。其工程规模和原大修工程较为接近。

⑤应急养护:是指当公路基础设施因突发自然灾害和事故灾难等造成损毁或引发重大安全隐患时,为恢复通行、消除安全隐患而实施的应急抢通、抢修和保通工程。

公路养护工作的主要内容包括路况检查、路况评定、养护决策、养护设计、养护作业和养护质量检验评定等,并应符合下列规定:

①路况检查应包括日常巡查、经常检查、定期检查、长期监测、专项检查和应急检查等。

②路况评定应包括一般性判定、技术状况评定和专项评定等。

③养护决策应包括数据采集、分析和预测,养护需求分析和养护决策分析等内容。

④养护设计应包括养护工程技术方案设计和施工图设计等。

⑤养护作业应包括日常养护和各类养护工程作业。

⑥养护质量检验评定应包括日常养护质量的定期验收和养护工程项目质量检验评定。

路况评定是公路养护工作的一项重要内容,为了解和掌握公路使用性能的变化情况,必须对公路技术状况进行科学的评定、分析,以便及时采取各种养护和改建措施,延缓其衰变或恢复公路的使用性能。

公路技术状况采用公路技术状况指数 MQI 和相应分项指标表示,MQI 和相应分项指标的值域为 0~100。

公路技术状况分为优、良、中、次、差 5 个等级,具体如表 8.1 所示。

表 8.1　公路技术状况等级划分标准

评价等级	优	良	中	次	差
MQI 及各项分项指标	≥90	≥80, <90	≥70, <80	≥60, <70	<60

公路技术状况评价包括路面(PQI)、路基(SCI)、桥隧构造物(BCI)和沿线设施(TCI)4 个部分内容,通常以 1 000 m 的路段长度为基本评定单元。

公路技术状况指数 MQI 按式(8.1)计算。

$$MQI = \omega_{PQI}PQI + \omega_{SCI}SCI + \omega_{BCI}BCI + \omega_{TCI}TCI \tag{8.1}$$

式中　ω_{PQI}——PQI 在 MQI 中的权重,取值为 0.70;

　　　ω_{SCI}——SCI 在 MQI 中的权重,取值为 0.08;

　　　ω_{BCI}——BCI 在 MQI 中的权重,取值为 0.12;

　　　ω_{TCI}——TCI 在 MQI 中的权重,取值为 0.10。

公路技术状况各分项指标分为优、良、中、次、差 5 个等级,具体如表 8.2 所示。

表 8.2　公路技术状况分项指标等级划分标准

评定指标	优	良	中	次	差
SCI、PQI、BCI、TCI	≥90	≥80, <90	≥70, <80	≥60, <70	<60
PCI、RQI、RDI、PBI、PW1、SRI、PSSI	≥90	≥80, <90	≥70, < 80	≥60, <70	< 60

注:①高速公路路面损坏状况指数 PCI 等级划分标准,"优"应为 PC1≥92,"良"应为 80≤PCl <92,其他保持不变。

　　②水泥混凝土路面行驶质量指数 RQI 等级划分标准,"优"应为 RQI≥88,"良"应为 80≤RQI <88,其他保持不变。

公路养护应经常保持各项基础设施处于良好技术状况。各类养护工程应达到的技术质量标准应符合表 8.3 的规定。

表 8.3　养护工程技术质量标准

总体及单位工程	公路总体	路基	路面
高速公路	优	优	优
一、二、三、四级公路	不低于良	不低于良	不低于良

8.2　路基技术状况评定与养护

8.2.1　路基技术状况评定

路基是公路的基本组成部分,路基和路面一起,共同承受行车荷载与自然因素的作用。路基是路面的基础,可为路面结构长期承受汽车荷载提供重要的保证。路基的强度与稳定性将直接影响路面的使用性能,路面的损坏通常又和路基的排水不畅、路基构筑物的损坏有关。因此,有必要对路基工程工作性能进行评价,从而为路基养护工作提供决策依据。

《公路路基养护技术规范》(JTG 5150—2020)中将路基的损坏分为路肩病害、路堤与路床病害、边坡病害、防护及支挡结构物病害、排水设施病害等五类,对各类损坏又分为不同具体的病害类型,并明确了对应的扣分标准。

路基技术状况采用路基技术状况指数 SCI 进行评价,以 1000m 路段长度为一个基本评定单元,按式(8.2)计算。

$$SCI = VSCI \times \omega_V + ESCI \times \omega_E + SSCI \times \omega_S + RSCI \times \omega_R + DSCI \times \omega_D \tag{8.2}$$

式中　VSCI——路肩技术状况指数;

　　　ESCI——路堤与路床技术状况指数;

　　　SSCI——边坡技术状况指数;

　　　RSCI——既有防护及支挡结构物技术状况指数;

　　　DSCI——排水设施技术状况指数;

　　　ω_V——VSCI 在 SCI 中的权重,取值为 0.1;

　　　ω_E——ESCI 在 SCI 中的权重,取值为 0.2;

　　　ω_S——SSCI 在 SCI 中的权重,取值为 0.25;

　　　ω_R——RSCI 在 SCI 中的权重,取值为 0.25;

　　　ω_D——DSCI 在 SCI 中的权重,取值为 0.2。

其中,VSCI、ESCI、SSCI 、RSCI、DSCI 可用式(8.3)计算。

$$XSCI = 100 - \sum GD_{iX} \times \omega_{iX} \tag{8.3}$$

式中　X——V、E、S、R、D 等 5 类路基设施;

　　　GD_{iX}——第 i 类 X 设施病害的总扣分,按表 8.4 取值;

　　　ω_{iX}——第 i 类 X 设施病害的权重,具体参照《公路路基养护技术规范》(JTG 5150—2020)。

表 8.4　路基病害扣分标准

序　号	分　项	病害名称	扣分标准	备　注
1	路肩	路肩或路缘石缺损	5	每 20 m 为一处,不足 20 m 按处计
2		阻挡路面排水	10	
3		路肩不洁	2	
4	路堤与路床	杂物堆积	5	每 20 m 为一处,不足 20 m 按一处计
5		不均匀沉降	20	
6		*开裂滑移	50	
7		冻胀翻浆	20	

续表

序 号	分 项	病害名称	扣分标准	备 注
8	边坡	坡面冲刷	5	每 20 m 为一处,不足 20 m 按一处计,当边坡高度超过 20 m 时,扣分加倍。当岩质边坡或黄土路基边坡出现局部碎落崩塌后,坡面形成坑洞、缺陷等,但不影响路基边坡整体稳定和通行安全的,可不扣分
9		碎落崩塌	20	
10		*局部坍塌	50	有滑塌或有明显安全隐患的计为一处,当边坡高度超过 20 m 时,扣分加倍。
11		*滑坡	100	—
12	既有防护及支挡结构物	表观破损	10	每 20 m 为一处,不足 20 m 按处计
13		排(泄)水孔淤塞	20	以构造物伸缩缝(含沉降缝)为自然段落,30% 及以上排水孔出现排水不畅计为一处
14		局部损坏	20	每 20 m 为一处,不足 20 m 按一处计
15		*结构失稳	100	按既有防护及支挡结构物单独评价
16	排水设施	排水设施堵塞(含涵洞)	5	每 20 m 为一处,不足 20 m 按处计,独立涵洞计为一处
17		排水设施损坏(不含涵洞)	10	
18		排水设施不完善	0	—

公路路基技术状况分为优、良、中、次、差五个等级。路基技术状况等级划分标准应符合表 8.5 的规定。

表 8.5　路基技术状况等级划分标准

评价指标	评定等级				
	优	良	中	次	差
SCI	≥90	≥80,<90	≥70,<80	≥60,<70	< 60
VSCI、ESCI、SSCI、RSCI、DSCI	≥90	≥80,< 90	≥70,<80	≥60,<70	

公路部门进行路基调查后,计算路基技术状况指数,可对路基使用状态进行评价,并建立相应的路基养护对策。

8.2.2　路基养护

为保证路基的坚实稳定,必须及时对路基进行养护、维修与改善。路基养护包括日常养护和养护工程。路基养护工作对象包括公路用地范围内的路肩、路堤与路床、边坡既有防护及支挡结构物、排水设施、特殊路基等。路基养护工作内容包括路况调查与评定、养护决策、日常养护、养护工程设计、养护工程施质量验收跟踪观测和技术管理等。

（1）养护质量要求

路基各部分的养护质量要求具体为：

①路肩：表面密实平整、清洁、无杂物、无杂草；路肩宽度符合设计要求，边缘顺直、无缺损；横坡符合设计要求，与路面衔接平顺，不阻挡路面排水；路缘石完好、无缺损。

②路堤与路床：无明显不均匀沉陷；无开裂滑移；无冻胀、翻浆。

③边坡：坡面平整，无冲沟、无松散、无杂物；坡度符合设计要求；边坡稳定。

④既有防护及支挡结构物：无沉陷、无开裂、无移位，沉降缝、伸缩完好；表面平整、无脱空；排水孔无堵塞、无损坏。

⑤排水设施：无杂物、无淤塞、无冲刷；纵坡适度、排水畅通；进出口状况完好、无积水。

（2）路基日常巡查

路基的日常巡查可分为一般巡查和专项巡查。

路基的一般巡查频率每周不宜少于一次，遇特殊气候、突遇特殊气候、突发灾害等情况，应适当增加巡查频率。一般巡查可用目测方式，也可用目测与量测相结合的方式，应包括下列主要工作内容：

①检查路肩是否存在缺损、阻挡排水，是否存在杂草、杂物。

②检查路堤是否存在杂物堆积，是否存在沉陷、冻胀翻浆。

③目测边坡是否存在冲刷、缺口，坡面是否存在杂草、杂物，坡体是否存在松动、碎落、崩塌、局部坍塌。

④检查既有防护及支挡结构物是否存在表面破损、勾缝脱落、杂草、杂物，是否存在排（泄）水孔堵塞，是否存在局部损坏。

⑤查看排水设施是否存在堵塞、破损等。

路基的专项巡查主要对高边坡、既有防护及支挡结构物、排水设施等的病害进行实地查看与量测，做好路基专项巡查记录。其中，路基的专项巡查应在年度公路网级的路基技术状况调查基础上，每半年进行一次。对最近一次路基技术状况指数或任一分项指标评定为"次、差"的路段，其专项巡查频率每月不少于一次。包括下列主要工作内容：

①查看边坡坡顶和坡面是否存在裂缝以及裂缝的发展情况；边坡面是否存在岩体风化松散、局部坍塌、滑坡。

②检查既有防护及支挡结构物是否存在变形、滑移、开裂；基础是否存在积水、冲刷、空洞等。

③查看排水设施的水是否通畅、有效，是否损坏、不完善。

（3）路基养护工程设计要求

路基养护工程设计宜采用施工图一阶段设计，对于技术特别复杂的，可采用技术设计和施工图设计两阶段设计。路基养护工程设计宜按数据采集、病害数据采集、病害诊断、技术设计和施工图设计的基本流程进行。

路基养护工程设计应综合考虑路面现状、交通运行等因素，优先选用对路面损坏小和交通干扰少的技术方案。

（4）路基病害处治

对于路堤与路床的病害处治，通常可采用换填改良、注浆、复合地基、钢管抗滑桩、增加综合排水设施及设置土工合成材料等。其中复合地基又包括碎石桩、水泥搅拌桩、CFG桩(水泥粉煤灰碎石桩)、预制管桩等措施。

对于边坡的病害处治,可采用坡面防护、冲刷防护、挡土墙、设置锚固、抗滑桩、削方减载、堆载反压及棚洞等措施。

对既有防护工程及支挡结构物的病害处治,通常采用修复、拆除重建、补栽植物、重新挂网喷浆等措施。

对支挡结构物的病害处治,可针对挡土墙的不同病害表现,采取增设支撑墙、加大截面、锚固、抗滑桩加固及拆除重建等措施。具体做法为:

①锚固法:适用于水泥混凝土或钢筋混凝土挡土墙,采用直径大于25 mm的高强螺纹钢筋做锚杆,采用水泥砂浆固定锚杆。

②套墙加固法:在原挡土墙外侧加宽基础、加厚墙体,应注意新旧基础、墙体的结合。

③增建支撑墙加固法:在挡土墙外侧每隔一段间距增建支撑墙。

(5)排水设施养护

路基排水设施应保持排水畅通。如有冲刷、堵塞和损坏,应及时疏通、修复或加固。路基排水设施断面尺寸和纵坡应符合原设计标准规定。对暗沟、渗沟等隐蔽性排水设施,应加强检查,防止淤塞,如有淤塞,应及时修理、疏通。

应在春融特别是汛前,对排水设施进行全面检查、疏浚,及时排除堵塞物,疏导水流,保证排水设施流畅通。暴雨后也要重点检查,如有冲刷、损坏,应及时维修加固。

排水设施设置需兼顾排水与行车安全。边沟横断面形式可采用三角形、浅碟形、梯形或矩形等。穿村镇、弯道、路堑边坡等路段的排水沟可设置盖板,其他路段的宽深边沟可增设护栏、示警桩等设施。

8.3 路面技术状况评定

路面结构在汽车和自然因素的反复作用下,其使用性能会发生改变,由此路面结构逐渐出现破坏,并最终导致其不能满足使用性能的要求(图8.1)。

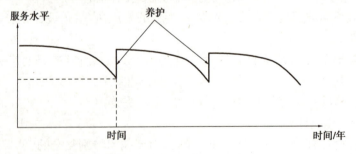

图8.1 路况随时间的变化曲线

在路面使用过程中,必须采取相应的养护、补强和改建措施,使路面的使用性能得到部分恢复,甚至提高。

为了了解和掌握路面使用性能的变化情况,以便及时采取各种养护和改建措施,延缓其衰变或恢复其性能,必须定期对路面的使用性能进行评定。路面使用性能包括功能、结构和安全3个方面。

路面功能是路面为道路使用者提供的舒适程度。路面结构是指路面的物理状况,包括路面损坏状况和结构承载能力。路面安全是指路面的抗滑能力。功能和安全方面的使用性能是道路使用者所关心的内容,道路管理部门则更注重结构方面的使用性能。路面使用性能的3个方面既有区别又有一定的联系。

8.3.1　路面破损状况

路面结构的损坏状况,反映了路面结构在行车和自然因素作用下保持完整性或完好的程度。新建或改建的路面,都需采取日常养护措施进行保养,以延缓路面损坏的出现;而在路面结构出现损坏后,应及时采取相应的维修措施以减缓损坏的发展速度;当路面损坏状况恶化到一定限度后,便需采取改建或重建措施以恢复或提高其结构完好程度。因而,路面结构损坏的发生和发展同路面养护和改建工作密切相关。

路面结构出现损坏,会在不同程度上影响路面的平整度。因而,可以通过平整度指标在一定程度上反映路面的损坏状况。然而,平整度的好坏还与路面施工质量等因素有关,并且主要反映道路使用者的要求和利益。因此,路面结构损坏状况是道路管理部门所关注的,据以鉴别需进行养护和改建的路段和选择宜采取的措施。

路面结构的损坏状况,需从3个方面进行描述:①损坏类型;②损坏严重程度;③出现损坏的范围或密度。综合这3个方面,才能对路面结构的损坏状况作出全面的估计。

1)损坏类型

促使路面出现损坏的原因是多方面的(荷载、环境、施工、养护等),因为结构损坏所表现出的形态和特征也是多种多样的。各种损坏对路面结构完好程度和路面使用性能有不同程度的影响,需相应采取不同的养护或改建对策。因此,进行路面结构损坏状况调查前,要依据损坏的形态、特征和肇因对损坏进行分类,并对每一类损坏规定明确的定义。

公路常遇到的主要损坏类型,可按损坏模式和影响程度的不同而分为如下4大类(表8.6):

①裂缝或断裂类——路面结构的整体性因裂缝或断裂而受到破坏;

②永久变形类——路面结构虽仍保持整体性,但形状在各种因素的作用下产生较大的变化;

③表面损坏类——路面表层部分出现的局部缺陷,如材料的散失或磨损等。

④接缝损坏类——水泥混凝土接缝及其邻近范围出现的局部损坏。

表8.6　路面损坏分类

类　型	沥青路面	类　型	水泥路面
裂缝或断裂	纵向裂缝	裂缝或断裂	纵向裂缝
	横向裂缝		横向裂缝
	龟裂		斜向裂缝
	块裂		角隅裂缝
	温度裂缝	永久变形	沉陷
	反射裂缝		隆起

续表

类　型	沥青路面	类　型	水泥路面
永久变形	车辙	表面损坏	纹裂或起皮
	波浪拥包		
	沉陷		
	隆起		坑洞
表面损坏	泛油	接缝损坏	填缝料损坏
	松散		接缝碎裂
	坑槽		拱起
	磨光		唧泥
	露骨		错台

2）损坏分级

各种路面损坏都有产生和发展的过程，在这一过程中，处于不同阶段的损坏，对于路面使用性能有不同程度的影响。例如，裂缝初现时，缝隙细微，边缘处材料完整，因而对行车舒适性的影响极小，裂缝间也尚有较高的传荷能力；而发展到后期，缝隙变得很宽，边缘处严重碎裂，行车出现较大颠簸，裂缝间已几乎无传荷能力。因此，为了区别同一种损坏对路面使用性能的不同影响程度，对各种损坏需按其影响的严重程度划分为若干等级（一般为2～3个等级）。

对于断裂或裂缝类损坏，分级时主要考虑对结构整体性影响的程度，可采用缝隙宽度、边缘碎裂程度、裂缝发展情况等指标表征。对于变形类损坏，主要考虑对行车舒适性的影响程度，可采用平整度作为指标进行分级。对于表面损坏类，往往可以不分级。具体指标和分级标准，可根据各地区的特点和其他考虑经过调查分析后确定。损坏严重程度分级的调查，往往通过目测进行。为了使不同调查人员得到大致相同的判别，对分级的标准要有明确的定义和规定。

各种损坏出现的范围，对于沥青路面和砂石路面，通常按面积、长度或条数量测，除以被调查子路段的面积或长度后，以损坏密度计（以%或 $\sum \dfrac{条数}{子路段长}$ 表示）。而对于水泥混凝土路面，则调查出现该种损坏的板块数，以损坏板块数占该子路段总板块数的百分率计。

3）损坏调查

损坏调查通常由调查小组沿线通过目测进行。调查人员鉴别调查路段上出现的损坏类型和严重程度并丈量损坏范围后，记录在调查表格上。同一个调查路段上如出现多种损坏或多种严重程度，应分别计量和记录。

目测调查很费时，如果调查的目的不是确定养护对策和编制养护计划，则可采用抽样调查的方法，不必对整个路网的每一延米的各种损坏都进行调查。通常，可采取每千米抽取其中100 m长的路段代表该千米的方法，但每次调查都要在同一路段上进行，以减少调查结果的变异性和保证各次调查结果的可比性。

4）损坏状况评价

每个路段的路面可能出现各种不同类型、严重程度和范围的损坏。为了使各路段的损坏状况或程度可以进行定量比较,需采用一项综合评价指标,把这3个方面的状况和影响综合起来。通常采用的是扣分法。选择一项损坏状况度量指标,以百分制或十分制计量。对于不同的损坏类型、严重程度和范围规定不同的扣分值,按路段的损坏状况累计其扣分值后,以剩余的数值表征或评价路面结构的完好程度。

8.3.2 路面行驶质量

路面的基本功能是为车辆提供快速、安全、舒适和经济的行驶表面。路面行驶质量反映路面满足这一基本功能的能力。

路面行驶质量的好坏,同路面表面的平整度特性、车辆悬挂系统的振动特性、人对振动的反应或接受能力三方面因素有关。从路面状况的角度,影响路面行驶质量的主要因素是路面平整度。

路面平整度可定义为路面表面诱使行驶车辆出现振动的高程变化。路面不平整所引起的车辆振动,会对车辆磨损、燃油消耗、行驶舒适、行车速度、路面损坏和交通安全等多方面产生直接影响。因此,采用平整度是度量路面行驶质量的一项性能指标。

1)平整度测定方法

有多种路面平整度测定方法和仪器。它们可划分为两大类型:①断面类平整度测定;②反应类平整度测定。

(1)断面类平整度测定

断面类平整度测定是直接沿行驶车辆的轮迹量测路面表面的高程,得到路表纵断面,通过数学分析后采用综合统计量作为其平整度指标。属于这一类的方法,主要有:

①水准测量。采用水准仪和水准尺沿轮迹测路面表面的高程,由此得到精确的路表纵断面。这是一种测定结果较稳定的简便方法,但测量速度很慢,很费工。

②梁式断面仪。用3 m长的梁(或直尺)连续量测轮迹处路表同梁底的高程差,由此得到路表纵断面。这种方法较水准测量的测定速度要快些。

③惯性断面仪。在测试车车身安置竖向加速度计,以测定行驶车辆的竖向位置变化。车身同路表面之间的距离,利用激光、超声等传感器进行测定。两方面测定结果叠加后,便可得到路表面纵断面。

断面类平整度测定方法的主要优点是可直接得到轮迹带路表面的实际断面,依据它可以对路面平整度的特性进行分析。而其主要缺点是,对于前两种方法来说,测定速度太慢,不宜用于大范围的平整度数据采集;对于惯性断面仪来说,仪器精密度高,操作和维修技术要求高,因而其应用受到了限制。

(2)反应类平整度测定

反应类平整度测定系统是在主车或拖车上安装传感器和显示器,可以传感和累积车辆以一定速度驶经不平路表面时悬挂系统的竖向位移量。显示器记下的测定值,通常是一个计数数值,每计一个数相应于一定的悬挂系位移量。

反应类平整度测定系统的优点是操作简便,可用于大范围内的路面平整度快速测定。然而,由于这类测定系统是对路面平整度的一个间接度量,其测定结果同测试车辆的动态反应状况有关,也即随测试车辆机械系统的振动特性和车辆行驶的速度而变化。因而,它存在3项主要缺点:①时间稳定性差——同一台仪器在不同时期测定的结果,会因车辆振动特性随时间的变化而不一致;②转换性差——不同部门测定的结果,由于所用测试车辆振动特性的差异而难以进行对比;③不能给出路表的纵断面。

为克服上述第一项缺点,需经常对测定仪器进行标定。标定路段的平整度采用断面类平整度测定方法测定。测定仪器在标定路段上的测定结果与标准结果建立回归关系,即为标定曲线。利用此曲线,可将不同时期的测定结果进行转换。

为克服上述第二项缺点,需寻找一个通用的平整度指标,以便把不同仪器或不同部门测定的结果,统一转换成以这个通用指标表示的平整度值。这样,它们就能够进行相互比较。

2) 国际平整度指数

反应类平整度仪测定的结果,通常以车辆行驶一段距离后的累积计数值表示($\sum$ 计数/km)。如果把每一种反应类平整度仪的计数以相应的悬挂系竖向位移量表示,则测定结果可表示为 m/km,它反映了单位行驶距离内悬挂系的累积竖向行程。这是一个类似于坡度的单位,称作平均调整坡(ARS)。

以 ARS 作为指标表示测定结果时,不同反应类平整度仪测定之间可以建立良好的相关关系,但这种关系只能在测定速度相同的条件下才能成立,因而,必须按速度分别建立回归方程。

国际平整度指数(IRI)是一项标准化的平整度指标。它同反应类平整度测定系统类似,但是采用数学模型模拟 1/4 车(即单轮,类似于拖车)以规定速度(80 km/h)行驶在路面上,分析具有特定特征参数的悬挂系在行驶距离内由于动态反应而产生的累积竖向位移量。分析结果也以 m/km 表示。因而,这一指标与反应类仪器的 ARS 相似,称作参照平均调整坡(RARS30)。

上述分析过程已编成电算程序。在量测到路表纵断面的高程资料后,便可利用此程序计算该段路面平整度的国际平整度指数 IRI 值。对标定路段的平整度,按上述方法用国际平整度指数表征,而后同反应类平整度仪的测定结果建立标定曲线,则使用此类标定曲线便可克服反应类平整度仪转换性差的缺点。

3) 行驶质量评价

如前所述,路面行驶质量同路表面的不平整度、车辆的动态响应和人的感受能力三方面因素有关。因而,不同的乘客乘坐同一辆车行驶在同一个路段上,由于各人对行驶舒适性的要求和对颠簸的接受能力不同,对该路段的行驶质量会作出不同的评价。

由于评价带有个人主观性,为了避免随意性,于是提出了主客观相结合的评价方法。一方面邀请具有不同代表性的乘客,分别按各人的主观意见进行评分,而后汇总大家的评价,以平均评分值代表众人的评价。另一方面对各评价路段进行平整度量测。通过回归分析建立主观评分同客观量测结果的相关关系。由此建立的评价模型,便可用来对路面行驶质量进行较统一的评价。

对行驶质量的评价可以采用5分或10分评分制。评分小组的成员应能覆盖对行驶舒适性有不同反应的各类人员(不同职业、年龄、社会经济和文化背景等)。所选择的评分路段,其平整度和路面类型应能覆盖可能遇到的范围和情况。

评分时所乘坐的车辆,应选择其振动特性具有代表性的试验车。整个评分过程中,采用相同的试验车和行驶速度。整理各评分路段的主观评分和客观量测结果后,通过回归分析可建立线性或非线性的评价模型,利用评价模型可以对路面行驶质量的好坏作出相应的评价。然而,还需要建立行驶质量的标准,以衡量该评价对使用性能最低要求的满足程度。

行驶质量标准的制定,一方面依赖于乘客对行驶舒适性的要求,另一方面在很大程度上受经济因素的制约。标准定得过高,会使路网内许多路段的路面需采取改建措施,从而提高所需的投资额。

乘客对路面舒适性的要求,可以通过在评分表中列入不可接受、可接受和难以确定 3 种意见供评分者选择,而后汇总其意见得出。例如,图 8.2 所示为依据评分者在打分时选择的 3 种意见的比例绘制的频率曲线。由分布频率为 50% 的水平线同可接受和不可接受两条分布曲线的交点,可以确定行驶质量的上下限标准:完全可以接受的最低标准(图中 $RQI=2.9$)和完全不可以接受的最高标准(图中 $RQI=2.2$)。

按上述方法得到的标准,虽然在一定程度上也反映了乘客在经济方面的考虑,但仍需按当地的经济条件分析这一标准的可接受程度,而后再作出抉择。

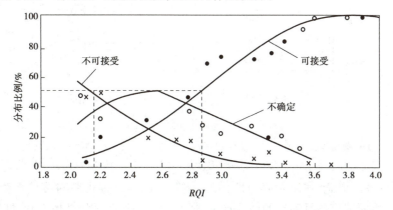

图 8.2　行驶质量标准的确定

我国公路路面行驶质量采用三米直尺、连续式平整度仪、车载式颠簸累积仪、激光平整度仪、手推式断面仪等进行检测,对应指标分别为:最大间隙、位移值标准差、颠簸累积值 VBI、国际平整度指数 IRI 指标。

8.3.3 路面抗滑性能

路面抗滑性能是指车辆轮胎受到制动时沿路表面滑移所产生的抗滑能力。通常,抗滑性能被看作路面的表面特性,并定义为:

$$f=\frac{F}{W} \tag{8.4}$$

式中　f——摩阻系数;

　　　F——作用于路表面的摩阻力;

　　　W——垂直于路表面的荷载。

然而,笼统地说路面具有某一摩阻系数值是不确切的。应该对轮胎在路面上的滑移条件给予规定。在不同的条件和测定方法下,可以得到不相同的摩阻系数值。因此,需规定标准的测定方法和条件。

1)测定方法

(1)路面纵向摩擦系数测定仪

这种仪器是在牵引车不停且快速行驶下进行测定的,其外形、结构与功能分别如图8.3、图8.4所示。

图8.3 路面纵向摩擦系数测定仪外形图

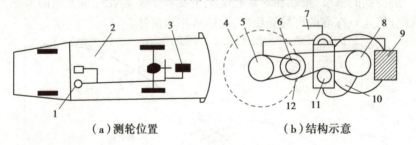

(a)测轮位置   (b)结构示意

图8.4 纵向摩擦系数测定仪结构功能图

1—操纵盘;2—车底;3—测轮;4—汽车后轮;5—汽车后轴;6—变速轮;
7—液压操纵;8—测轮齿;9—压重;10—传力管;11—换速拉杆;12—齿轮

根据物体摩擦的概念,在测轮降至路面的一刹那,路面摩擦力就对测轮产生了物理作用。此时,与测轮连接的传感器对测轮的滑滚计力,那么此时的滑滚平均摩擦系数,即为在该测速与温度下的摩擦系数值。路面摩擦力越大,则相应的摩擦系数越大,反之,摩擦系数越小。路面摩擦系数用式(8.5)表示:

$$f_{vm} = \frac{F_m}{P} \tag{8.5}$$

式中 f_{vm}——路面纵向摩擦系数,以小数计。因为测速可以控制,因此在公式中未介入速度因子;

      F_m——在一定测速与温度下传感器对测轮的纵向拉力,即单位摩擦力,kN 或 MPa;

      P——测轮对路面的单位压力,kN 或 MPa。

快速摩擦系数测定仪所测的路面摩擦系数呈锯齿线分布。快速摩擦系数测定时的测速影响测轮接触路面面积。测轮随测速(牵引车速度)的加大,轮胎在路面上的印迹逐渐变小。测速为 0 km/h 时,印迹为 100%;当测速为 60 km/h 时,印迹只达到零速时的 64%,测速达到 120 km/h 时,印迹只有零速时的 4%。因此,在快速测轮中必须注意,一种测速对应一种印迹,不能互用。实际上,这种互用的状态均由电脑自身控制。由于测轮正压力为单位面积的压重,摩擦力也为单位面积的力,因此,最终触地面积互相抵消,计算的摩擦系数在路面的一定范围内应该是一个常数。

(2)路面横向摩擦系数测定车

前面讲的是纵向摩擦系数的测定,即测量小轮与道路纵线平行。但从安全的角度看,国内外也在探求路面横向摩擦系数值的测定。横向摩擦系数测定仪的结构与纵向摩擦系数测定仪相仿,只要将测量小轮改为与纵向成20°角就成为横向摩擦系数测定车。本节介绍 SCRIM 型的横向摩擦系数测定车,主要组成如图8.5所示。

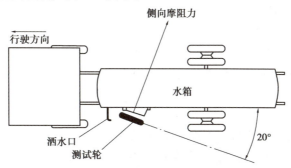

图 8.5 横向摩擦系数测定车机构示意图

按照仪器设备技术手册或使用说明书对测定系统进行标定,检查时,必须在关闭发动机的情况下进行。标定按 SFC 值 10、20、30 等不同档次进行,满量程为 100 时的示数误差不得超过 ±2。

测试前应检查横向摩擦系数测定车系统的各项参数是否符合要求、检查外部警告标志是否正常,并将贮水罐储满水;将测试轮安装紧固且保持在升起的位置上;将记录装置处于正常使用状态;安装足够的打印纸;打开记录系统预热不少于 10 min。

根据需要确定采用连续测定或断续测定的方式、每千米测定的长度。选择并设定"计算区间",即输出一个测定数据的长度。标准的计算区间为 20 m,根据要求也可选择为 5 m 或 10 m。根据要求设定为单轮测试或双轮测试。输入所需的说明性预设数据,如测试日期、路段编号、里程桩号等。然后发动车辆驶向测试地段。

在测试路段起点前约500 m处停住,开机预热不少于 10 min。降下测试轮,打开水阀检查水流情况是否正常及水流是否符合需要,检查仪表各项指数是否正常,然后升起测试轮,将车辆驶向测试路段,提前 100~200 m 降下测试轮。测定车的车速可根据公路等级的需要选择,除特殊情况外,标准车速为 50 km/h,测试过程中必须保持匀速。进入测试段后,按开始键开始测试。在显示器上监视测试运行变化情况,检查速度、距离有无反常波动,当需要标明特征(如桥位、路面变化等)时,操作功能键插入到数据流中,整千米里程桩也应作相应的记录。

测定的摩擦系数数据存储在计算机中,摩擦系数测定车 SCRIM 系统配有专门数据程序软件,可计算和打印出每一个计算区间的摩擦系数值、行程距离、行驶速度、统计个数、平均值及标准差,同时还可打印出摩擦系数的变化图。可根据要求,将摩擦系数在 0~100 内分成若干区间,作出各区间的路段长度占总测试里程百分比的统计表。

该方法表征路面抗滑性能采用横向力系数 SFC,按式(8.6)计算。

$$SFC = \frac{F_s}{W} \tag{8.6}$$

式中 F_s——作用在试验轮胎上的侧向摩阻力,N;

W——作用在轮胎上的垂直荷载,N。

(3)制动距离法

以一定速度在潮湿路面上行驶的4轮小客车或轻化车,当4个车轮被制动时,车辆减速滑移到停止的距离,可用以表征非稳态的抗滑性能,以制动距离数 SDN 表示式(8.7):

$$SDN = \frac{v^2}{225L_s}$$

(8.7)

式中　v——刹车开始作用时车辆的速度,km/h;

　　　L_s——滑移到停车的距离,m。

测试路段应为材料组成均匀、磨耗均匀和龄期相同的平直路段。测试前和每次测定之间,先洒水润湿路表面到完全饱和。制动速度以 64.4 km/h 为标准速度。也可采用其他速度,但不宜低于 32 km/h。

(4)锁轮拖车法

装有标准试验轮胎的单轮拖车由汽车拖拉,以要求的测定速度在洒水润湿的路面上行驶。抱锁测试轮,通过测定牵引力确定在载重和速度不变的状态拖拉测试轮时作用在轮胎和路面间的摩阻力。以滑移指数 SN 表征路面的抗滑性能式(8.8):

$$SN = F/W \times 100$$

(8.8)

式中　F——作用在试验轮胎上的摩阻力,N;

　　　W——作用在轮上的垂直荷载,N。

轮上的载重为 4 826 N,标准测试速度为 64.4 km/h。牵引力由力传感器量测,速度由第五轮仪量测。

(5)可携式摆式仪法

可携式摆式仪是一种主要在室内量测路面材料表面摩阻特性的仪器,也可用于野外量测局部路面范围的抗滑性能。

摆式仪的摆锤底面装一橡胶滑块,当摆锤从一定高度自由下摆时,滑动面同试验表面接触。由于两者间的摩擦而损耗部分能量,使摆锤只能回摆到一定高度。表面摩阻力越大,回摆高度越小。通过量测回摆高度,可以评定表面的摩阻力。回摆高度直接从仪器上读得,以抗滑值 BPN 表示。

2)抗滑性能评价

影响路面抗滑性能的因素有路面表面特性(细构造和粗构造)、路面潮湿程度和行车速度。

路表面的细构造是指集料表面的粗糙度,它随车轮的反复磨耗作用而逐渐被磨光。通常采用石料磨光值 PSV 表征其抗磨光的性能。细构造在低速(30~50 km/h 以下)时对路表抗滑性能起决定作用,而高速时起主要作用的是粗构造。粗构造是由路表外露集料间形成的构造,其功能是使车轮下的路表水迅速排除,以避免形成水膜,它由构造深度表征其性能。

路表面应具有的最低抗滑性能,视道路状况、测定方法和行车速度等条件而定。各国根据对交通事故率的调查和分析,以及同路面实测抗滑性能间建立的对应关系,制定有关抗滑指标的规定。有的国家除了规定抗滑性能的最低标准外,还对石料磨光值和构造深度的最低标准作出了规定。

我国采用构造深度 TD 或横向力系数 SFC 表征路面抗滑性能,可以采用手工铺砂法、电动铺砂法及激光构造深度仪测定构造深度;采用横向力系数测试车测定横向力系数。

8.3.4　路面结构承载能力

路面结构承载能力,是指路面在达到预定的损坏状况之前还能承受的行车荷载作用次数,或者还能使用的年数。

　　路面结构的承载能力同损坏状况有着内在联系。在使用过程中,路面的承载能力逐渐下降,与此同时损坏逐步发展。承载能力低的路面结构,其损坏的发展速度迅速;承载能力接近于临界状态时,路面的损坏达严重状态,此时必须采取改建措施(如设置加铺层等)以恢复或提高其承载能力。

　　路面结构承载能力的测定,可分为破损类和无破损类两种。前者从路面各结构层内钻取试样,试验确定其各项计算参数,通过同设计标准相比较,估算其结构承载能力。无破损类测定则通过路表的无破损弯沉测定,估算路面的结构承载能力。

1)弯沉测定

　　路表面在荷载作用下的弯沉量,可以反映路面结构的承载能力。路面的结构破坏可能是由于过量的竖向变形所造成,也可能是由于某一结构层的断裂破坏所造成。对于前者,采用最大弯沉值表征结构承载能力较合适;对于后者,则采用路表弯沉盆的曲率半径表征其承载能力更为合适。因而,理想的弯沉测定应包含最大弯沉值和弯沉盆两方面。

　　(1)静态弯沉仪

　　静态弯沉仪是量测缓慢加载时路表的最大弯沉值。这一阶段使用的弯沉量测仪器主要有:贝克曼梁弯沉仪、承载板试验加载量测系统、路面曲率仪及拉克鲁瓦弯沉仪。1953年,WASHO道路试验中首次采用贝克曼梁,标志着这一阶段的开始。它利用装有砂石的卡车为加载工具,测量车辆缓慢移动后路表的回弹弯沉。由于结构简单,使用方便,且在WASHO试验路上获得了近6万个弯沉数据,形成了一套比较完整的测试方法,所以这一简单的梁式装置在世界各国公路界得到了广泛的应用。自动弯沉仪(如拉克鲁瓦弯沉仪)是在贝克曼梁基础上发展起来的静态弯沉设备,其特点是实现了自动加载、自动读数,测试速度有了较大提高。

　　梁式弯沉仪的主要缺点有:

　　①支点会产生变形;

　　②加载车另一个后轮和前面的轮组有影响;

　　③精度差,整个过程基本上均由人工操作,精度得不到保证,只能在广泛的经验修正的基础上用于路面承载能力评定;

　　④不能模拟正常行车荷载,只能得到车辆缓慢移动所产生的最大回弹弯沉,与实际情况有差异;

　　⑤测速慢,对交通干扰大,不适于大范围的路网普查及长期观测。

　　由于影响承载能力的变量众多,可以预料各测点的弯沉值会有较大的变异。因而,通常采用统计方法对每一路段的弯沉值进行统计处理,以路段的代表弯沉值表征该路段的承载能力。

　　路段的代表弯沉值 l_0 可按式(8.9)确定:

$$l_0 = (\bar{l}_0 + \lambda\sigma)K_1K_2K_3 \tag{8.9}$$

式中　$\bar{l}_0$——路段各测点弯沉的平均值,即

$$\bar{l}_0 = \sum_{i=1}^{n} l_i/n \tag{8.10}$$

式中　σ——该路段弯沉测定标准偏差,即

$$\sigma = \sqrt{\frac{\sum_{i=1}^{n}(l_i - \overline{l}_0)^2}{n-1}} \tag{8.11}$$

式中 λ——控制保证率的系数,保证率为50%时,$\lambda=0$;保证率为90%时,$\lambda=1.282$;保证率为95%时,$\lambda=1.64$;保证率为97.7%时,$\lambda=2.00$;

      n——该路段的测点数;

      K_1——季节影响系数;

      K_2——湿度影响系数;

      K_3——温度影响系数。

沥青面层的劲度随温度而变,路基的模量随湿度而变。因此,弯沉测定结果同测定时路面结构的温度和湿度状况有关。通常以20 ℃作为沥青路面的标准测定温度,以最不利潮湿或春融季节作为测定时期。对于在其他环境条件下测定的结果,应作温度和湿度修正。

(2)稳态动力弯沉仪

稳态动力弯沉仪是以一定的方式给路面施加正弦振动荷载,由分布于路表的一组传感器获取此稳态荷载作用下的弯沉盆信息,以分析路面的动态刚度。这类弯沉仪主要有 Dynaflect、Road Rater 及 Vibrator 等,它们都是先靠自重对路表施加较大的静力预压,然后通过内置偏心振子对路面施加稳态动力荷载,与静力荷载叠加后共同作用于路面,记录路面在稳态振动下的动态弯沉盆。

这类弯沉仪的主要优点是:不需要固定的参考点,而是使用惯性基准点;测速及精度均显著提高。同时,稳态动力弯沉仪的缺点也比较明显:①为避免偏心振子跳离路面,需要预加较大的静载,周期性动载幅值小于静载的1/2,改变了路面的应力状态;②施加的荷载水平较低,不能代表实际行车荷载的作用;③荷载的频率特性与行车荷载的冲击作用差异较大。因此,稳态动力弯沉仪不能很好地模拟实际行车荷载对路面的作用,且一种型号的弯沉仪施加荷载幅值和周期都是固定的。

(3)脉冲动力弯沉仪

脉冲动力弯沉仪是指 FWD(图8.6),即 "Falling Weight Deflectormeter" 的缩写,意为落锤式弯沉仪,其原理是通过落锤对路面施加冲击荷载,荷载时程和动态弯沉盆均由相应的传感器测定,荷载大小由落锤质量和起落高度控制。20 世纪 60 年代,法国首先提出冲击式动力弯沉仪的初步设想,70 年代后期丹麦和瑞典首先研制成 FWD。20 世纪 80 年代以后,美国、英国和日本等相继引进和仿制了这种弯沉仪。

研究表明,FWD 的冲击荷载与时速 60~80 km 的车辆对路面产生的荷载相似,可以较好地模拟行车荷载作用,并且测速快、精度高,因此自 20 世纪 80 年代初以来,FWD 在国际上得到日益广泛的应用,至今已有 50 多个国家和地区引进了 FWD。美国联邦公路局经过对比分析,确认 FWD 是较理想的路面承载能力评定设备,并选为实施 SHRP 计划中路面强度评定部分的重要设备;壳牌石油公司也已正式将 FWD 的应用纳入壳牌路面设计手册。

2)结构承载能力评价

不同路面结构具有不同的路表弯沉值,因此不能单独从最大弯沉值大小来判断路面结构的剩余寿命。同时,路面结构的承载能力会在使用过程中逐渐下降,反映在弯沉值变化上,则为路段的代表弯沉值随时间(轴载作用次数)的增加而逐渐增大。随着弯沉值的增长,路面逐渐出

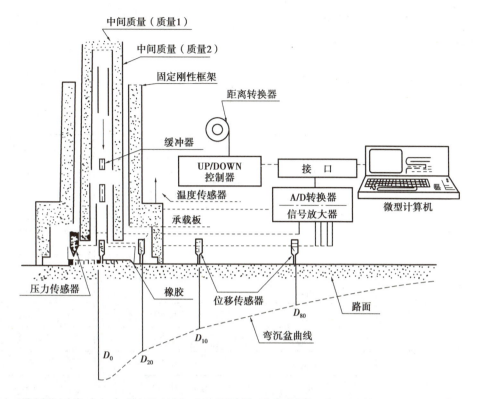

图 8.6   落锤弯沉仪示意图

现车辙变形和裂缝等损坏。定义某种程度的损坏作为临界状态,相应于这种损坏状况的路面弯沉值,即为路面结构的极限承载能力。为此,要判断现有路面结构的承载能力(剩余寿命),除了由测定得到代表弯沉值外,还必须知道路面结构类型、路面损坏状况以及到调查测定时路面已承受的标准轴载作用次数。利用由动态弯沉测定得到的弯沉曲线,可以分别计算确定各结构层的弹性模量值。而后,配合由钻孔得到的结构层厚度数据,便可利用有关路面结构设计图表或公式计算确定路面结构的承载能力。

利用沥青路面的弯沉值同标准轴载累计作用次数和路面损坏临界状态间的关系曲线,可按路段的代表弯沉值和路面已承受的标准轴载累计作用次数,确定现有路面结构的剩余寿命。

8.3.5   路面技术状况指数

路面技术状况指数 PQI 包括:路面损坏状况指数 PCI、路面行驶质量指数 RQI、车辙深度指数 RDI、路面跳车指数 PBI、路面抗滑性能指数 SRI、路面结构强度指数 PSSI、路面磨耗指数 PWI 等 7 个指标。其中,沥青路面技术状况评定包括:路面损坏、平整度、车辙、跳车、磨耗、抗滑及结构强度等 7 项内容,水泥混凝土路面包括:路面损坏、平整度、跳车、磨耗和抗滑等 5 项内容。

路面技术状况指数 PQI 按式(8.12)计算:

$$PQI = \omega_{PCI}PCI + \omega_{RQI}RQI + \omega_{RDI}RDI + \omega_{PBI}PBI + \omega_{SRI}SRI + \omega_{PWI}PWI + \omega_{RSSI}PSSI \quad (8.12)$$

式中 ω_{PCI}——PCI 在 PQI 中的权重;

ω_{RQI}——RQI 在 PQI 中的权重;

ω_{RDI}——RDI 在 PQI 中的权重;

ω_{PBI}——PBI 在 PQI 中的权重;

ω_{SRI}——SRI 在 PQI 中的权重;

ω_{PWI}——PWI 在 PQI 中的权重;

ω_{PSSI}——PSSI 在 PQI 中的权重;

上述权重取值如表 8.7 所示。

表 8.7　PQI 分项指标权重

路面类型	权　　重	高速、一级公路	二、三、四级公路
沥青路面	ω_{PCI}	0.35	0.60
	ω_{RQI}	0.30	0.40
	ω_{RDI}	0.15	—
	ω_{PBI}	0.10	—
	$\omega_{SRI}(\omega_{PWI})$	0.10	—
	ω_{PSSI}	—	—
水泥混凝土路面	ω_{PCI}	0.50	0.60
	ω_{RQI}	0.30	0.40
	ω_{PBI}	0.10	—
	ω_{SRI}	0.10	—

其中,路面结构强度指数 PSSI 应依据抽检数据单独评定,不参与 PQI 计算。

(1)路面损坏状况指数 PCI

路面损坏状况指数 PCI 按式(8.13)计算:

$$PCI = 100 - a_0 DR^{a_1} \tag{8.13}$$

$$DR = 100 \times \frac{\sum_{i=1}^{i_0} \omega_i A_i}{A} \tag{8.14}$$

式中　DR——路面破损率,%;

A_i——第 i 类路面损坏的累计面积,m^2;

A——路面检测或调查的面积,m^2;

ω_i——第 i 类路面损坏的权重或换算系数,沥青路面按表 8.8 取值,水泥混凝土路面按表 8.9 取值;

i——路面损坏类型,包括损坏程度(轻、中、重);

i_0——损坏类型总数,沥青路面取 21,水泥混凝土路面取 20;

a_0——沥青路面采用 15.00,水泥混凝土路面采用 10.66;

a_1——沥青路面采用 0.412,水泥混凝土路面采用 0.461;

表8.8　沥青路面损坏类型、权重及换算系数

类型 i	损坏名称	损坏程度	计量单位/m²	权重 ω_i（人工调查）	换算系数 ω_i（自动化检测）
1	龟裂	轻	面积	0.6	1.0
2		中		0.8	
3		重		1.0	
4	块状裂缝	轻	面积	0.6	1.0
5		重		0.8	
6	纵向裂缝	轻	长度×0.2 m	0.6	2.0
7		重		1.0	
8	横向裂缝	轻	长度×0.2 m	0.6	2.0
9		重		1.0	
10	沉陷	轻	面积	0.6	1.0
11		重		1.0	
12	车辙	轻	面积×0.4 m	0.6	—
13		重		1.0	
14	波浪拥包	轻	面积	0.6	1.0
15		重		1.0	
16	坑槽	轻	面积	0.8	1.0
17		重		1.0	
18	松散	轻	面积	0.6	1.0
19		重		1.0	
20	泛油	—	面积	0.2	0.2
21	修补	—	面积或长度×0.2 m	0.1	0.1(0.2)

注：①人工调查时，应将条状修补的调查长度乘以影响宽度(0.2 m)换算成面积；
②自动化检测时，块状修补的换算系数为0.1，条状修补的换算系数为0.2。

表8.9　水泥混凝土路面损坏类型、权重及换算系数

类型 i	损坏名称	损坏程度	计量单位/m²	权重 ω_i（人工调查）	换算系数 ω_i（自动化检测）
1	破碎板	轻	面积	0.8	1.0
2		重		1.0	

续表

类型 i	损坏名称	损坏程度	计量单位/m²	权重 ω_i（人工调查）	换算系数 ω_i（自动化检测）
3	裂缝	轻	长度×1.0 m	0.6	10
4		中		0.8	
5		重		1.0	
6	板角断裂	轻	面积	0.6	1.0
7		中		0.8	
8		重		1.0	
9	错台	轻	长度×1.0 m	0.6	10
10		重		1.0	
11	拱起	—	面积	1.0	1.0
12	边角剥落	轻	长度×1.0 m	0.6	10
13		中		0.8	
14		重		1.0	
15	接缝料损坏	轻	长度×1.0 m	0.4	6
16		重		0.6	
17	坑洞	—	面积	1.0	1.0
18	唧泥	—	长度×1.0 m	1.0	10
19	露骨	—	面积 m²	0.3	0.3
20	修补	—	面积或长度×0.2 m	0.1	0.1(0.2)

注:①人工调查时,应将条状修补的调查长度乘以影响宽度(0.2 m)换算成面积;
②自动化检测时,块状修补的换算系数为0.1,条状修补的换算系数为0.2。

（2）路面行驶质量指数 RQI

路面行驶质量指数 RQI 用式（8.15）计算：

$$RQI = \frac{100}{1 + a_0 e^{a_1 IRI}} \qquad (8.15)$$

式中　IRI——国际平整度指数,m/km。

a_0——高速公路和一级公路采用0.026,其他等级公路采用0.018 5;

a_1——高速公路和一级公路采用0.65,其他等级公路采用0.58。

（3）车辙深度指数 RDI

车辙深度指数 RDI 按式（8.16）计算：

$$\mathrm{RDI} = \begin{cases} 100 - a_0 RD & (RD \leqslant RD_a) \\ 60 - a_1(RD - RD_a) & (RD_a < RD \leqslant RD_b) \\ 0 & (RD > RD_b) \end{cases} \tag{8.16}$$

式中　RD——车辙深度,mm;

　　　RD_a——车辙深度参数,采用 10 mm;

　　　RD_b——车辙深度限值,采用 40 mm;

　　　a_0——模型参数,采用 1.0;

　　　a_1——模型参数,采用 3.0。

（4）路面磨耗指数 PWI

路面磨耗指数 PWI 按式（8.17）计算:

$$PWI = 100 - a_0 WR^{a_1} \tag{8.17}$$

$$WR = 100 \times \frac{MPD_C - \min(MPD_L, MPD_R)}{MPD_C} \tag{8.18}$$

式中　WR——路面磨耗率,% ;

　　　a_0——模型参数,采用 1.696;

　　　a_1——模型参数,采用 0.785;

　　　MPD_C——路面构造深度基准值,采用无磨损的车道中线路面构造深度,mm;

　　　MPD_L——左轮迹带的路面构造深度,mm;

　　　MPD_R——右轮迹带的路面构造深度,mm;

（5）路面抗滑性能指数 SRI

路面抗滑性能用路面抗滑性能指数评价,按式（8.19）计算:

$$SRI = \frac{100 - SRI_{min}}{1 + a_0 e^{a_1 SFC}} + SRI_{min} \tag{8.19}$$

式中　SFC——横向力系数;

　　　SRI_{min}——标定参数,采用 35.0;

　　　a_0——模型参数,采用 28.6;

　　　a_1——模型参数,采用 -0.105。

（6）路面结构强度指数 PSSI

路面结构强度指数 PSSI 按式（8.20）计算:

$$PSSI = \frac{100}{1 + a_0 e^{a_1 SSR}} \tag{8.20}$$

$$SSR = \frac{l_0}{l} \tag{8.21}$$

式中　SSR——路面结构强度系数,为路面标准弯沉值与路面实测弯沉代表值之比;

　　　l——路面实测弯沉代表值,0.01 mm;

　　　l_0——路面弯沉标准值,0.01 mm;

　　　a_0——模型参数,采用 15.71;

　　　a_1——模型参数,采用 -5.19。

(7)路面跳车指数 PBI

路面跳车指数 PBI 按式(8.22)计算:

$$PBI = 100 - \sum_{i=1}^{i_0} a_i PB_i \qquad (8.22)$$

式中　PB_i——第 i 类程度的路面跳车;

　　　a_i——第 i 类程度的路面跳车单位扣分,按表 8.10 取值;

　　　i——路面跳车类型;

　　　i_0——路面跳车类型总数,取为 3。

表 8.10　路面跳车扣分标准

类型 i	跳车程度	计量单位	单位扣分
1	轻度		0
2	中度	处	25
3	重度		50

上述各分项指标也可分为优、良、中、次、差 5 个等级,分级标准如表 8.2 所示,其他具体要求可参照《公路技术状况评定标准》(JTG 5210—2018)。

8.4　路面养护一般对策

路面养护应经常保证路面结构承载能力和技术状况良好、路面无明显病害、车辆行驶舒适、安全。

路面日常养护应加强日常巡查和保养工作,及时清除路面积雪、积水、积冰和杂物等,及时修补路面局部轻微损坏。路面预防性养护应在路面技术状况指数尚为优良、出现轻微病害或病害隐患时,适时、主动采取减缓路面老化、提高路面抗滑和耐磨性能等措施。当全路段路面出现明显病害或较大损坏时,应及时组织专项检查和评定,采取相应的工程措施。

其中:路面结构强度为优良,但高速和一级公路其他路况指数为中及以下、二级及以下公路其他路况指数为次及以下时,应实施修复养护工程;路面结构强度为中及以下时,高速和一级公路应实施专项养护,二级及以下公路根据病害严重程度应实施修复养护或专项养护工程。

8.4.1　沥青路面养护

沥青路面养护分为日常养护和养护工程。日常养护包括日常巡查、日常保养和日常维修;养护工程包括预防养护、修复养护、专项养护和应急养护。

沥青路面养护工作内容包括路况调查与评价、养护决策、日常养护、养护工程设计、养护工程施工、养护工程质量验收、跟踪观测和技术管理。沥青路面路况调查与评价包括损坏调查、技术状况检测和技术状况评价,应定期进行技术状况检测与评价,及时更新公路路面技术状况数据信息。

通过养护,公路网级沥青路面技术状况指数 PQI,对高速公路应大于 90;一级和二级公路应大于85;三级和四级公路应大于80。其分项指标应满足表8.11的要求,否则应安排日常维修、养护工程或改扩建工程,恢复沥青路面技术状况。其中,沥青路面技术状况指数PQI及其分项指标评价为优、良的路段,可进行日常养护、预防性养护或修复养护;对任一分项指标评价为中及以下的路段,应进行修复养护。

表8.11　沥青路面技术状况分项指标要求

路况指标	高速公路	一级及二级公路	三级及四级公路
PQ1	≥80	≥75	≥70
PCI	≥80	≥75	≥70
RQI	≥80	≥75	≥70
RDI	≥75	≥70	—
SRI	≥75	≥70	—

当沥青路面发生局部病害或局部结构性损坏时,应采取功能性罩面或结构性补强等措施,修复后路面技术状况指数各项指标应接近或达到原设计标准。

当沥青路面发生全面性结构性损坏,采用功能性罩面或结构性补强等措施难以恢复良好技术状况时,应实施专项养护工程进行翻修、改建或重建。

(1)日常养护

沥青路面应保持干净、整洁,及时清除杂物、积水。及时发现并处治裂缝、坑槽、松散、沉陷、车辙等病害,与原路面接合的界面应顺直、紧密、耐久,达到平整、美观的效果。

日常巡查主要应检查沥青路面病害,以及容易诱发路面病害或影响通行的积水、积雪、积冰、污染物、散落物、路障等情况。

日常保养的主要内容包括:清除路面泥土杂物、污染物、散落物等;排除路面积水,疏通路面排水;清除路面积雪、积冰、积沙等;实施路面夏季洒水降温作业等。

日常维修应根据路面损坏及病害产生原因、路面结构类型、使用年限、气温等采取相应的病害处治措施。处治病害包括裂缝、坑槽、车辙、沉陷、波浪拥包、松散、泛油等。

(2)预防性养护

沥青路面预防养护,是为防止病害发生或轻微病害扩展、减缓路面使用性能衰减、提升服务功能而预先主动采取的路面养护措施。

为保证沥青路面良好使用性能,应综合考虑各方面因素,根据路况检测数据与检查情况、养护资金、养护目标等进行科学的预防养护决策,确定是否满足预防性养护条件。同时,应基于路面技术状况、养护资金规模等现实情况确定适宜的预防养护时机,这也是影响预防养护经济性和有效性的关键,一般可采用路况触发法和时间触发法确定。

沥青路面预防养护实施后应达到下列效果:

①封闭路面表面细小裂缝与裂隙,提高路面的防水性能;

②防止路面表面松散,延缓路面的老化;

③提供表面磨耗层,提高路面的耐磨性能;

④保持或提高路面的抗滑性能。

沥青路面预防养护技术可分为封层、罩面、就地热再生等不同类型,具体技术措施主要包括灌缝、贴缝、雾封层、薄层罩面、超薄罩面、封层罩面及就地热再生等。不同预防养护技术措施适用的公路技术等级和交通荷载等级应符合表 8.12 的规定。

表 8.12　不同预防养护技术适用的公路技术等级和交通荷载等级

场　合		预防养护技术								
		雾封层[a]	碎石封层、纤维封层	稀浆封层	微表处	复合封层[b]	薄层罩面	超薄罩面	封层罩面	就地热再生
公路技术等级	高速公路	√	×	×	√	√	√	√	√	√
	一级公路	√	×	×	√	√	√	√	√	√
	二级公路	√	√	√	√	√	√	△	√	√
	三级公路	√	√	√	△	√	√	√	√	√
	四级公路	√	√	√	△	√	√	△	√	×
交通荷载等级	极重	△	△	×	√	√	√	√	√	√
	特重	△	△	×	√	√	√	√	√	√
	重	√	△	△	√	√	√	√	√	√
	中	√	√	√	√	√	√	√	√	√
	轻	√	√	√	√	√	√	√	√	√

注:①√—适用,△—可用,×—不适用。

②不含砂雾封层不适用于高速公路和一级公路。

③复合封层中,碎石封层或纤维封层加铺微表处适用于二级及二级以上公路,适用于各交通荷载等级情况;碎石封层加铺稀浆封层适用于二级及二级以下公路,适用于重及以下交通荷载等级情况。

不同预防性养护技术措施适应的路面功能状况如表 8.13 所示。

表 8.13　不同预防性养护技术适应的路面功能状况

路面功能状况	预防养护技术								
	雾封层	碎石封层、纤维封层	稀浆封层	微表处	复合封层	薄层罩面	超薄罩面	封层罩面	就地热再生
抗滑损失	×	√	√	√	√	√	√	√	√
路面渗水	√	√	√	√	√	√	√	√	△
路面磨耗	×	√	√	√	√	√	√	√	√
沥青老化	√	√	√	√	√	△	△	△	△
路面不平整	×	×	×	×	×	△	×	△	△

注:√—适用,△—可用,×—不适用。

（3）修复养护

应根据沥青路面公路等级、路面技术状况、交通量大小、预期寿命等因素，合理确定沥青路面修复养护目标。同时应根据沥青路面主要损坏类型进行养护设计和方案比选，采取罩面、结构性补强等措施。并满足如下要求：有效处治原路面或下承层的各类病害；保证与原路面或下承层、新旧界面的粘结防水及其搭接平顺；工程实施后，路面技术状况指数各项指标应接近或达到原设计标准。

（4）绿色养护

沥青路面养护应积极推广并采用节能减排、低碳环保的绿色养护技术。主要措施包括沥青路面的再生利用、温拌沥青路面、降噪沥青路面、钢渣等工业废料的应用，以及油改气、低碳排放施工等技术。

沥青混合料再生技术有现场热再生、厂拌热再生、现场冷再生、厂拌冷再生等形式。其中，沥青路面养护工程的面层材料优先选用厂拌热再生方式；沥青路面表面功能恢复宜选用就地热再生方式；沥青路面基层材料宜选用就地冷再生或厂拌冷再生方式；面层与基层符合就地利用宜选用全深式就地再生方式。

8.4.2　水泥路面养护

水泥混凝土路面养护应符合下列要求：做好预防性、经常性的保养和破损修补，保持路面处于良好的技术状况与服务水平，并应保持路容整洁，定期进行清扫保洁。

日常巡查是对水泥混凝土路面外观状况进行的日常巡视检查。主要检查拱起、沉陷、错台等病害，以及路面油污、积水、结冰等诱发病害的因素和可能妨碍交通的路障。

水泥混凝土路面出现轻微损坏时，其预防性养护应采取下列一种或多种组合措施：

①路段内填缝料损坏比例达到15%及以上时，应更换30%以上的填缝料；填缝料损坏比例达到50%及以上，或填缝料达到使用寿命时，应全部更换。

②路面出现裂缝时，应及时进行裂缝密封处理。

③因基层冲刷、路床软弱、路基不均匀沉降等造成路面局部脱空或错台等病害时，可分别采取板底灌浆、路床加固灌浆或填充灌浆等加固措施。灌浆处理后错台尚未完全消除的，应进行磨平或整平处理。

④路面结构内部存在积水时，应增设路面结构内部排水系统或边缘排水系统。因积水导致路床软化时，应对路床进行灌浆加固处理。

当水泥混凝土路面出现非结构性损坏时，应进行非结构性修复，并应符合下列规定：

①路面抗滑性能不足时，可采取机械硬刻槽、抛丸、化学处理或金刚石纵向铣刨等措施。

②路面抗滑性能和平整度均不足时，可采取聚合物水泥砂浆罩面或薄层沥青混凝土罩面等措施。

③路面出现坑洞时，应采用低收缩干硬性混凝土或补偿收缩快通混凝土等及时进行修复。

④路面出现较大范围脱空或错台时，应及时处理。

当水泥混凝土路面出现结构性损坏时，应采取一种或多种组合措施，单项修复措施包括植筋补强、设置隔离缝、补设传力杆或拉杆、全深度补块、拱起修复，以及结合式加铺、直接式加铺或沥青混凝土加铺等。同一路段有多块面板出现较大面积损坏时，宜采用大块预制拼装修复技术。

当水泥混凝土路面发生全面性结构性损坏,采用结构性修复措施难以恢复良好技术状况时,应实施专项工程进行全面加铺补强、改建或重建。

8.5 路面病害及防治

8.5.1 沥青路面病害及防治

1)沥青路面破坏分类

沥青路面的破坏主要分为两类,一类为结构性破坏,指路面结构的整体或组成部分的破坏,发生破坏后不能承受车辆荷载的作用;另一类为功能性破坏,指由于沥青路面某一项指标衰减或损坏,导致其功能不能满足要求,如路面不平整或表面抗滑性能下降,导致车辆行驶的舒适性、安全性不能满足要求。对于功能性破坏,可通过相关养护技术措施进行恢复。而对于结构性破坏,往往需要进行彻底翻修。沥青路面的具体病害类型如表 8.6、表 8.8 所示。

2)沥青路面病害及防治

(1)泛油

泛油大多是由于混合材料中沥青用量偏多,沥青稠度太低等引起的。但有时也可能由于低温季节施工,表面嵌缝料散失过多,待气温变暖后,在行车作用下矿料下挤,沥青上泛,表面形成油斑引起的。一般采用撒布碎石或粗砂后、再碾压密实的方式进行处治。

(2)波浪拥包

在行车水平力的作用下,如果沥青面层材料的抗剪强度不足,则易产生波浪、拥包。这类病害大多是由于所用的沥青稠度偏低,用量偏多,或因混合料级配不好,细料偏多而产生。此外,沥青面层较薄,以及面层与基层的界面黏结较差,也易产生波浪、拥包。

根据波浪拥包产生的原因(面层原因、基层原因等),可采用局部铣刨、局部铣刨重铺、就地热再生、整体铣刨重铺的方式进行处治。

(3)裂缝

沥青路面的裂缝主要有横向裂缝、纵向裂缝及网状裂缝等。

横向裂缝主要是由于荷载、沥青面层温度收缩和半刚性基层的干缩引起。横向裂缝可分为荷载型裂缝和非荷载型裂缝两大类。荷载型裂缝是由于车辆荷载作用,致使沥青面层或半刚性基层内产生的拉应力超过其疲劳强度而产生裂缝;非荷载型裂缝有两种情况:沥青面层温度型裂缝和基层反射型裂缝。

纵向裂缝可分为两种情况,一种情况是由于路基压实度不均匀,路面不均匀沉陷而引起。另一种情况是沥青面层分幅摊铺时,两幅接茬未处理好,在行车载荷作用下易形成纵缝,有时车辙边缘也会有纵向裂缝。

网状裂缝也称为龟裂,如图 8.7 所示,它是指裂缝纵横交错成网的情况。

裂缝的处治可采用灌缝、贴缝、带状修补的方式,重度裂缝位置应进行补强或彻底翻修。

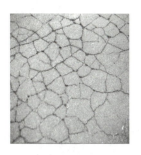

图 8.7　路面裂缝

（4）松散、坑槽

导致沥青路面出现松散、坑槽的主要原因有：①材料的原因，如沥青黏结力差，集料含水率过大、含泥量超标等，这些因素将极易导致沥青膜从集料颗粒表面脱落，使混合料丧失黏结力；②施工不规范的原因，如施工时温度太高或太低、施工过程中沥青混合料产生离析等，将导致沥青老化、压实度达不到要求；③自然环境因素的影响，如日照、紫外线等使沥青老化，降雨使水分渗透进入混合料内部等。

通常沥青路面松散病害发生在使用初期，发展至后期则极易形成坑槽病害。沥青路面出现裂缝尤其是形成网裂，对其未及时进行养护也会导致坑槽病害的产生，如图 8.8 所示。

图 8.8　坑槽

因施工不良造成的松散，可采用扫除表面松散料后、喷洒沥青及撒布碎石或粗砂碾压密实的方法。因沥青老化造成的松散，可采取封层养护或者就地热再生的措施。对于坑槽一般采用开窗修补的方式，根据病害发生的位置，确定开挖范围与开挖深度，挖除坑槽内的松散料，再采用和原结构相同的沥青混合料填补并压实。

（5）车辙

根据成因，车辙分为结构型车辙、磨耗型车辙、失稳型车辙和压密型车辙。

其中：结构型车辙是由于荷载的作用，发生在沥青面层以下包括路基在内的各结构层的永久变形。这种车辙宽度较大，两侧没有隆起现象，横断面呈凹形。磨耗型车辙是由于车辆不断地磨损路面而形成，多发于北方使用防滑链条及埋钉轮胎的地区。失稳型车辙（图 8.9）是在高温条件下，经车轮碾压反复作用，荷载应力超过沥青混合料的稳定度极限，使流动变形不断累积形成的。这种车辙在车轮作用部位下凹，另外也使得车道两侧发生向上隆起，在弯道处还明显向外推挤，车道线或停车线因此可能成为变形的曲线。压密型车辙是指开放交通后，混合料在荷载作用下进一步压密形成的车辙。

图8.9　车辙

应根据车辙产生的原因、类型、范围及严重程度,采取局部填充处治,或大范围直接填充、就地热再生、铣刨重铺等措施。

(6)啃边

在行车作用和自然因素的影响下,沥青路面边缘不断缺损,参差不齐,路面宽度减小,这种现象被称为啃边。产生啃边的原因是路面过窄,行车压到路面边缘而造成缺损,边缘强度不足,路肩太高或太低,雨水冲刷路面边缘都会造成啃边。对啃边的处治方法有:设置路缘石、加宽路面、加固路肩等。

沥青路面病害的具体处治措施可参照《公路沥青路面养护技术规范》(JTG 5142—2019)的相关规定。

8.5.2　水泥路面病害及防治

1)水泥混凝土病害分类

水泥混凝土路面常见的病害有两大类,一是水泥混凝土板损坏,二是接缝破损。其具体病害类型如表8.6、表8.9所示,主要包括:

(1)水泥混凝土板破坏

水泥混凝土板破坏是指水泥混凝土公路在使用一段时间后,公路表面因各种原因引起的质量病害,主要体现在表面裂缝和贯通裂缝这两方面。表面裂缝是指水泥混凝土路面表面的裂缝,贯通裂缝则是指贯穿整个水泥混凝土板块厚度的裂缝。

①纵向裂缝。由于路基体填料、施工方法不当等,导致路基不均匀沉降,使路面板在自重和行车压力作用下产生与路线走向平行或基本平行的裂缝。

②横斜向裂缝。由于水泥混凝土失水干缩、冷缩、切缝不及时等原因,导致水泥混凝土路面产生垂直于路线方向的有规则的裂缝。

③断角。断角常由于胀、缩缝或施工缝填料选择不当,或者填缝料失效,造成路表水沿缝隙不渗,尤其是当板下基层排水不畅,或基层材料细料过多,基层材料耐冲刷性较差时,在车辆荷载反复作用下,真空吸力就会使板角处产生唧泥,板下被冲刷掏空,造成板角应力集中,从而导致路面板出现断角(图8.10)。

④交叉裂缝和破碎板。交叉裂缝和破碎板是水泥混凝土路面的一种严重破坏形式,对行车的安全和舒适性产生较大的影响。公路运输超载严重,路面板厚度不足或强度偏低,板底脱空基层松散或强度不够,土基的不均匀沉降、地下水位过高、路基液化等都可能会导致路面板出现交叉裂缝或破碎板(图8.11)。另外,当路面出现纵向、横向、斜向等各种裂缝时,如果养护不及时,路表水沿缝隙进入基层或路基,导致基层和路基浸水软化,在重载反复作用下,裂缝会进一步扩展,如此循环,久而久之,路面就会产生交叉裂缝,甚至出现破碎现象。

图 8.10　水泥路面板断角

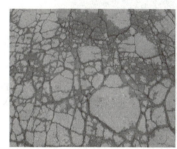

图 8.11　交叉裂缝和破碎板

（2）接缝破坏

接缝是水泥混凝土路面的薄弱环节,出现病害的概率大,类型也多。接缝类病害的发生范围虽然是局部的,但往往会引起板块出现断裂,造成使用寿命迅速降低。

①接缝挤碎。接缝挤碎是指邻近接缝或裂缝数十厘米宽度范围内,出现未扩展至整个板厚的裂缝或者混凝土分裂碎块。接缝挤碎主要是由于接缝施工不当(接缝不垂直、上宽下窄,传力杆、拉杆设置不当等),或者填缝料剥落、挤出、老化等原因;同时如果接缝内被硬石子阻塞,当混凝土伸胀时,混凝土板的上部产生集中压应力,在超过混凝土的抗剪强度时,板即发生剪切挤碎;接缝处两端混凝土强度不一致,由于传力杆的作用,同样会造成混凝土板破碎现象,但这种情况一般在普通路段上比较少见,多出现在构造物接头部位。此外,板边混凝土振捣不密实,强度降低,或者接缝中渗入水后,导致基层、路基软弱和唧泥,造成沿接缝边缘处板底小范围的脱落,在行车荷载反复作用下,也会导致接缝出现碎裂。

②唧泥和板底脱空。唧泥和板底脱空病害是指接缝或边缘下的基层细料被渗入并滞留在板底的有压水从缝中或边缘处唧出,并由此造成板底面与基层顶面出现局部范围脱空。接缝填缝料失效、基层材料不耐冲刷、接缝传荷能力差和重载反复作用是引起唧泥的主要原因。公路

排水系统不完善如路面横坡设置不当或路基排水不畅时,路基、路面被水浸泡时也会使路面产生唧泥现象(图8.12),进而出现板底脱空。另外,由于基层材料局部松散,路基土压实不均匀或基底不均匀沉降同样会导致板底出现脱空。

图8.12 唧泥

③错台。错台不但会降低行车舒适性,还会造成路面面板开裂等其他病害。产生错台的原因有:雨水沿接缝渗入基层,在行车荷载作用下产生唧泥,同时相邻块之间产生抽吸作用,使细料向后方板移动、堆集、造成前板低,后板高的错台现象(图8.13);基层不均匀的沉陷;基础抗冲刷能力较差,基层表面采用砂或石屑等松散细料。

图8.13 错台

2)水泥路面病害防治

(1)接缝修补

填缝料的修复办法较为简单,主要是将旧填缝料和接缝清干净,重新灌入新填缝料,其关键是保证填缝料的更换,应做到饱满、密实、黏接牢固,保持接缝完好,表面平顺,清缝、灌缝宜采用专用机具。同时,填缝料更换宜选在春秋两季,或在当地年气温居中且干燥的季节进行。

(2)裂缝修补

混凝土路面的裂缝情况比较复杂,修补时要根据具体的情况采取相应的修补措施,对混凝土路面裂缝的修补可采用压注灌浆法、扩缝灌浆法、直接灌浆法和条带罩面法、全深度补块法。各种修补方法的适用条件如下:

①压注灌浆法:适合于宽度在0.8 mm以下的非扩展性的表面裂缝修补。

②扩缝灌浆法:适合于宽度小于3 mm的轻微裂缝修补。

③直接灌浆法:适合于非扩展性裂缝的修补。

④条带罩面法:适合于贯穿全厚的大于3 mm小于15 mm的中等裂缝的修补。

⑤全深度补块法:适合于宽度大于15 mm的严重裂缝的修补。全深度补块分集料嵌锁法、刨挖法、设置传力杆法。

⑥龟裂处理方法：对于表面裂缝较多及表面龟裂，可采用以下方法进行修补，即把裂缝划为一个施工面，将施工面中的裂缝凿成一块 3~6 cm 的凹槽，清理干净混凝土碎屑后，浇筑修补混凝土。

（3）孔洞坑槽修补

孔洞、坑槽主要是由于混凝土材料中夹带块木、纸张和泥块等杂物所致，影响行车的舒适性。其修补应根据不同情况采取相应的措施，对个别的坑洞，应清除洞内杂物，用水泥砂浆等材料填充，达到平整密实；对较多坑洞且连成一片的，应采取薄层修补方法进行修补；低等级公路中面积较大，深度在 3 cm 以内成片的坑洞，可用沥青混凝土进行修补。

（4）错台的处治

水泥混凝土路面错台的处置方法，可根据板块错台的高度采取相应的修补方法，具体如下：

①磨平法：错台高度小于等于 10 mm，可采用磨平机磨平，或人工凿平。

②填补法：高差大于 10 mm 的严重错台，可采用沥青砂或水泥混凝土进行处治。

（5）板体拱起处治

当胀缝的上部被硬物堵塞，缝两旁的板体因受热伸长而引起板拱起时，应立即用大切缝机将板拱起的部分切除，使相邻板放平，并在缝隙内灌填缝料。

（6）路面磨光处治

为了改善水泥混凝土路面的防滑性能，可采用刻槽机对磨光的路面进行刻槽处理。

（7）板下封堵

板下封堵是指对水泥混凝土路面板下和基层、功能层中的细小空隙进行灌浆，以加固现有路面的技术。在修复水泥混凝土路面时，采用板下封堵的目的是恢复对路面结构的支承，它是通过向这些空隙灌浆而实现的。灌浆时要施加一定的压力，而施加的压力不应使路面板抬升。板下封堵作为一种预防性维护措施，应在板角刚出现支承丧失的情况就尽快地进行。

（8）加铺面层

①加铺水泥混凝土面层。在旧水泥混凝土路面上加铺水泥混凝土路面层的方法有结合式、直接式及分离式 3 种。结合式加铺层是指对旧水泥混凝土板采取一定技术处理后，使加铺层与旧水泥混凝土板完全黏接在一起，这时可认为层间的相对水平移为零，即连续接触，结合式加铺层水泥混凝土厚度一般不小于 10 cm。直接式加铺层是指加铺层直接铺筑在清扫和清洗之后的旧水泥混凝土板上，层间不做任何的处理，加铺层水泥混凝土路面厚度不小于 14 cm。分离式加铺层是指加铺层与旧水泥混凝土板之间设置一层隔离层，通常采用沥青砂或沥青混凝土，加铺层水泥混凝土层厚一般小于 18 cm。

②加铺沥青混凝土面层。在旧水泥混凝土路面上加铺沥青混凝土路面层的方法有直接加铺和碎石化后加铺两种方式。直接加铺适用于旧水泥板板角弯沉较小，板间传荷能力较好的情况，加铺之前还需对旧板的板缝进行清灌缝处理。

对于旧板板角弯沉值偏大、板间传荷能力较差的水泥混凝土路面，宜采用将旧水泥板碎石化后进行加铺的方法，可有效预防加铺的沥青面层出现反射裂缝。常见的破碎方法有：多边形钢轮压路机碾压破碎[图 8.14(a)]、多锤头设备破碎[图 8.14(b)]、门刀式设备破碎[图 8.14(c)]、共振式设备破碎[图 8.14(d)]等方法。

（a）多边形钢轮碾压设备

（b）多锤头破碎设备

（c）门刀式破碎设备

（d）共振式破碎设备

图 8.14　水泥混凝土路面破碎设备

8.6　路面养护管理系统简介

8.6.1　概述

路面管理系统的概念最早起源于 20 世纪 70 年代加拿大的路面养护管理工作。自 20 世纪 70 年代以来，美国、西欧、日本及一些发展中国家和地区也根据各自的实际情况相继开发和实施了路面管理系统。我国对路面管理系统的研究开始于 20 世纪 80 年代中期。"七五"和"八五"期间，许多单位对路面管理系统进行了较广泛的研究和推广应用工作。

公路是经济社会发展的重要基础设施，在现代物资流通和市场运作中都占有重要的地位。而路面在使用过程中，由于受到车轮荷载以及环境因素的不断作用，其使用性能将不断降低，从而导致车辆的运行费用（包括耗油、轮胎和保修材料的消耗以及行程时间等）不断增加。因此，在路面使用期内，需要继续投入大量资金用于养护或改建，使之保持一定的性能。很多养护技术相对成熟的国家一直致力于在路面使用年限中对路面使用性能进行不间断的调查和研究，通过对未来年限使用性能变化的预测得出与之相适应的养护方案。在确定实际的养护方案的过程中，能够使路网的使用品质保持在良好的状态。

事实证明：维持路网性能和服务水平的有效工具是路面管理系统。路面管理系统就是结合路面使用性能预测的结果，满足用户最小的投入和最大的效益比的养护决策工具。它主要解决在哪些路段需要养护（which）、什么时候养护（when）、采取何种措施养护的问题（what），称为"3W"问题。

路面管理系统可分为网级管理和项目级管理两个层次，以分别适应不同的管理层次的需求。网级管理系统的范围，适用于一个地区（省、市）的公路网或一大批工程项目；而项目级管理系统仅针对一个工程项目,它的主要任务是为管理部门对某一工程进行技术决策时提供对策,以选择费用最佳的方案。网级管理包括的内容有:分析路况、规划路网、优化排序、经济分析、计划实施。项目级管理包括的主要内容有:路面结构分析、寿命周期费用分析、经济评价、优化排序、方案实施。从以上分析可以发现,路面管理系统无论是网级还是项目级,均包含以下因素:

①道路使用性能状况日常检查和数据库管理系统——采集、存储、处理、检索路面管理系统所需的各种数据。

②使用性能评价模型——依据采集得到的数据,选择能反映道路结构设计特点、功能特点、服务特点、管理特点的指标,按照一定的标准进行评定,其结果是进行道路设施养护对策分析、需求分析以及项目优化排序的重要依据。

③养护对策模型——依据技术状况,综合考虑技术、材料、环境、经济等因素,选择技术先进、经济合理的对策方案。

④设施使用性能预估模型——从资源合理分配的角度出发,结合上述的各个模型考虑道路设施在寿命周期内的费用与效益情况,采用多目标决策和数学规划原理,将有限的道路养护资金合理分配到道路中去,以尽可能提供最好服务水平的道路设施。它是进行项目规划和排序的重要依据之一。

实施路面管理系统的重要意义在于可以帮助管理部门改善所要作出的决策,扩大决策范围,为决策的效果及时提供反馈信息,以积累管理经验,并保证管理部门内部的协调一致。但需要说明的是,路面管理系统只是一种辅助决策工具,它是为相关管理人员部门的决策提供依据和进行项目分析的工具,其本身并不进行决策。其主要功能主要包括:

①可通过采集到的客观资料说明路面现状,以便及时采取相应的措施解决存在的问题。

②可迅速、及时查询有关管理信息、数据、资料等,利用客观数据分析解决日常管理工作中遇到的问题,提高决策的科学性和效率。

③可以利用具有一定可靠度的预估模型,预测未来路面状况的发展变化、可能采取的养护和改建对策。

④可以客观数据为依据,分析不同投资水平对路段、路网状况和服务水平的影响。

⑤为科学、合理、有效地分配有限的资金和资源提供费用—效益最佳方案。

⑥可合理评价各种设计方案,为选择费用—效益最佳方案提供分析工具。

⑦利用采集到的数据,考察、评价设计、施工和养护效果,为改善和更新不合理的设计、施工、养护方法提供客观、科学的依据。

⑧路面管理系统的实施将带来管理方式和观念上的更新。

8.6.2　路面管理系统的数据库

路面管理系统涉及路面的规划、设计、施工、评价和相关研究工作。因此,与上述工作相关的数据库就成为路面管理系统的核心(图 8.15)。表 8.14 简要地表示了数据库所包含的各类数据及其在养护和维修中的应用。

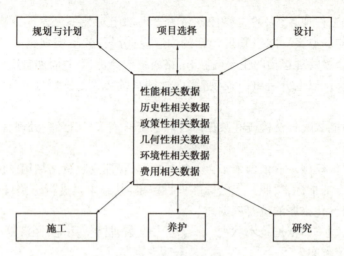

图8.15　路面养护管理系统的核心——数据库

表8.14　路面数据类型及其内容

性能相关数据		几何相关数据	
不平整度	R	断面尺寸	R
表面磨损	R+M	曲率	R
弯沉	R	横坡	R
摩擦系数	R+M	坡度	R
各层材料特性	R	路肩	R+M
历史相关数据		环境相关数据	
养护历史	R+M	排水	R+M
施工历史	R+M	气候(温度、降雨量、冰冻)	R
交通量	R+M		
事故	R+M		
政策相关数据		费用相关数据	
财政预算	R+M	造价	
可供选择的养护和维修方案	R+M	养护费用	
		维修费用	
		用户费用	

注:R表示修复需求数据;M表示养护需求数据;R+M表示修复和养护需求数据。

为了实现路面管理系统的目标,为路面养护和修复对策提供支持,施工和养护历史数据对于路面模型的开发至关重要。不断收集得到的路面资料为开发、更新、评价在规划和设计中使用的路面模型提供了基础。路面施工资料包括材料的质量信息,如混凝土的抗弯强度、沥青混凝土的密实度等。路面养护资料包含所有影响使用的养护工作,如封缝、补坑、表面剥落等。高效的养护将使得使用周期大于设计周期成为可能。

使用性能评价的主要目的是确定路面结构现有状况。下面常用的 4 项关键测试可以用来确定路面状况：

①不平整度(与行车舒适性有关)；

②表面破损；

③弯沉(与结构承载能力有关)；

④表面摩擦(与安全有关)。

上述 4 项指标和养护、用户费用一起被作为路面的管理系统的输出参数,即它们是确定路面是否令人满意的变量。这些输出变量多数在设计阶段就应被预测,并且在路面服务期间予以结束。如果有足够的资金进行修复,则一个新的服务周期又重新开始。

8.6.3 路面损坏的预测模型

为了预估路网中某些路段的服务年限,有必要预测路面评价指标的变化规律,从而进行维护需求的分析和评价。图 8.16 表明了损坏预测模型的预测过程以及修复方案的比选。

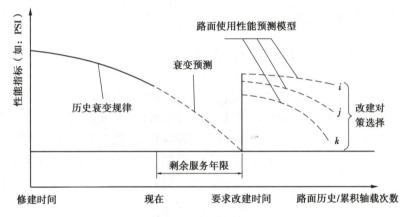

图 8.16 路面使用性能预测模型及改建对策选择

为了建立路面损坏预测模型,必须具备这些基本条件:①满足需求的数据库;②包含影响路面损坏的所有重要因素;③认真选择能代替实际情况的预测模型的形式;④合理评价模型精度的标准。

路面预测模型可分为两种基本类型:确定型和概率型。确定型模型可以用于结构基本响应的确定等。根据不同的工作目的,常用的模型又可分为以下 4 类:

①纯力学模型:通常是结构响应类模型,如应力、应变和弯沉等。

②力学经验模型:通过回归方程建立路面响应参数与实测的结构性或功能性损坏(如弯沉和不平整度)的关系。

③回归模型:由观测或实测得到的结构性或功能性的相关变量与一个或多个独立变量,如路基强度、轴载分布、路面厚度及其材料特性和环境因素以及他们之间的相互作用的关系。

④主观模型:用转移过程模型"捕捉"经验,如开发损坏预测模型。

式(8.23)即为一个理想经验模型用于预测路面开裂百分率的一个示例。该方程研究了 63 个沥青路面试验段,把线弹性作为路面材料的本构关系,计算了包括路表弯沉、沥青层底部的水平拉应力或拉应变,路基上部的承载压力和应变。通过回归分析建立了这些响应与路面开裂的关系。其相关系数 $R^2 = 0.54$，标准误差为 15.4。

$$CR = -8.70 - 0.258 HST \cdot \lg N + 1.006 \cdot 10^{-7} HST \tag{8.23}$$

式中　CR——路面开裂的百分比；

　　　HST——沥青层底部水平拉应力，$10 \ N/cm^2$；

　　　N——累积当量单轴荷载，ESAL。

直接回归模型适合于需要长期数据库的情况，如超过 25 年用于开发路面损坏模型的相关数据，包括路面的不平整度、表面破损、交通、弯沉等各项因素。

式(8.24)是美国有关部门利用直接回归方法，以常规粒料基层为研究对象得到的乘车舒适性指数(RCI)的回归方程。回归方程的相关系数是 0.84，标准误差为 0.38。

$$RCI = -5.998 + 6.780 \cdot \ln(RCI_B) - 0.162 \cdot \ln(AGE^2 + 1) + 0.185 \cdot AGE -$$
$$0.084 \cdot AGE \cdot \ln(RCI_B) - 0.093 \cdot \nabla AGE \tag{8.24}$$

式中　RCI——某年的乘车舒适性指数；

　　　RCI_B——先前的 RCI；

　　　AGE——龄期(年)；

　　　∇ AGE——分段龄期，可分别取 1，2，3，4。

8.6.4　决定需求维修年和实施维修年

在拥有足够资金的前提下，改建已达到最大容许破坏程度的路段的年份就是实施维修年，此时维修需求年和实施维修年是一致的。但是如果资金不足，特别是路网中其他路段享有更高的优先权时，实施维修年将被推迟。相反，对于某些特殊路段，如交通荷载较重的路段，将需要提前实施维修年，这能产生显著的经济效益。图 8.17 简要给出了实施维修年随需求维修年而变化的概念。

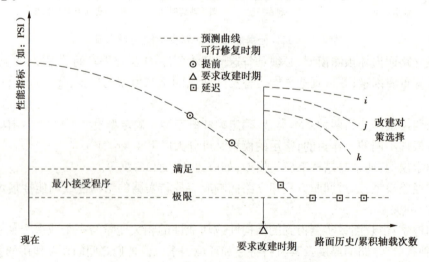

图 8.17　路面改建的预测时间及实施时间

另一种改变需求维修年及可能的实施维修年的方法是改变最低容许路面损坏程度标准。目的是把实施维修年限制在一个比较实用和经济的范围内。例如，边疆地区提前实施维修年对于已经出现某些破坏的路面可以起到预防性养护作用。另一方面，过分推迟实施维修年将可能耗费日益增长的过量的维修费用。同样，它也会限制原本可行的设加铺层或重建的方案。

损坏预测模型的可靠性会影响到对需求年和实施维修年的正确确定。因此，损坏预测模型应根据实际情况进行定期修正。预测年限也应控制在一定的时间范围内，以便预测模型能与交通量等相关变量保持较好的一致性。

思 考 题

8.1 公路技术状况评定方法是什么？其评定指标包括哪些？分别如何进行测定？

8.2 沥青路面和水泥路面的常见病害分别有哪些？是由什么原因导致的？如何防治？

参考文献

[1] 中华人民共和国行业标准. JTG B01—2014 公路工程技术标准[S]. 北京:人民交通出版社,2014.

[2] 中华人民共和国行业标准. JTG B02—2013 公路工程抗震规范[S]. 北京:人民交通出版社,2013.

[3] 中华人民共和国行业标准. JTG B04—2010 公路环境保护设计规范[S]. 北京:人民交通出版社,2010.

[4] 中华人民共和国行业标准. JTG D30—2015 公路路基设计规范[S]. 北京:人民交通出版社,2015.

[5] 中华人民共和国行业推荐性标准. JTG/T 3610—2019 公路路基施工技术规范[S]. 北京:人民交通出版社,2019.

[6] 中华人民共和国行业标准. JTG D50—2017 公路沥青路面设计规范[S]. 北京:人民交通出版社,2017.

[7] 中华人民共和国行业标准. JTG F40—2004 公路沥青路面施工技术规范[S]. 北京:人民交通出版社,2004.

[8] 中华人民共和国行业标准. JTG E20—2011 公路工程沥青及沥青混合料试验规程[S]. 北京:人民交通出版社,2011.

[9] 中华人民共和国行业标准. JTG D40—2011 公路水泥混凝土路面设计规范[S]. 北京:人民交通出版社,2011.

[10] 中华人民共和国行业推荐性标准. JTG/T F30—2014 公路水泥混凝土路面施工技术细则[S]. 北京:人民交通出版社,2014.

[11] 中华人民共和国行业标准. JTG 3420—2020 公路工程水泥及水泥混凝土试验规程[S]. 北京:人民交通出版社,2020.

[12] 中华人民共和国行业推荐性标准. JTG/T F20—2015 公路路面基层施工技术细则[S]. 北京:人民交通出版社,2015.

[13] 中华人民共和国行业标准. JTG E51—2009 公路工程无机结合料稳定材料试验规程[S]. 北京:人民交通出版社,2009.

[14] 中华人民共和国行业标准. JTG 3430—2020 公路土工试验规程[S]. 北京:人民交通出版

社,2020.

[15] 中华人民共和国行业推荐性标准. JTG/T D33—2012 公路排水设计规范[S].北京:人民
交通出版社,2012.

[16] 中华人民共和国行业标准. JTG 5150—2020 公路路基养护技术规范[S].北京:人民交通
出版社,2020.

[17] 中华人民共和国行业标准. JTG H10—2009 公路养护技术规范[S].北京:人民交通出版
社,2018.

[18] 中华人民共和国行业标准. JTG 5210—2018 公路技术状况评定标准[S].北京:人民交通
出版社,2018.

[19] 中华人民共和国行业标准. JTG H20—2007 公路技术状况评定标准[S].北京:人民交通
出版社,2007.

[20] 中华人民共和国行业标准. JTG 5142—2019 公路沥青路面养护技术规范[S].北京:人民
交通出版社,2019.

[21] 中华人民共和国行业推荐性标准. JTG/T 5142-01—2021 公路沥青路面预防养护技术规
范[S].北京:人民交通出版社,2021.

[22] 中华人民共和国行业推荐性标准. JTG/T 5521—2019 公路沥青路面再生技术规范[S].北
京:人民交通出版社,2019.

[23] 中华人民共和国行业推荐性标准. JTG/T F31—2014 公路水泥混凝土路面再生利用技术
细则[S].北京:人民交通出版社,2014.

[24] 中华人民共和国行业标准. JTG F80-1—2017 公路工程质量检验评定标准[S].北京:人
民交通出版社,2017.

[25] 中华人民共和国行业标准. JTG 5220—2020 公路养护工程质量检验评定标准(第一册 土
建工程)[S].北京:人民交通出版社,2020.

[26] 中华人民共和国行业标准. JTG 3450—2019 公路工程路基路面现场测试规程[S].北京:
人民交通出版社,2019.

[27] 中华人民共和国行业标准. JTJ 002—1987 公路工程名词术语[S].北京:人民交通出版
社,1987.

[28] 中华人民共和国行业标准. JTJ 003—1986 公路自然区划标准[S].北京:人民交通出版
社,1986.

[29] 中华人民共和国行业标准. JTG D60—2015 公路桥涵设计通用规范[S].北京:人民交通
出版社,2015.

[30] 中华人民共和国行业标准. JTG 3363—2019 公路桥涵地基与基础设计规范[S].北京:人
民交通出版社,2020.

[31] 中华人民共和国行业标准. JTG C20—2011 公路工程地质勘察规范[S].北京:人民交通出
版社,2011.

[32] 中华人民共和国行业标准. JTG C30—2015 公路工程水文勘测设计规范[S].北京:人民交
通出版社,2015.

[33] 中华人民共和国行业推荐性标准. JTG/T D31-02—2013 公路软土地基路堤设计与施工技
术细则[S].北京:人民交通出版社,2013.

[34] 中华人民共和国行业推荐性标准. JTG/T D31-04—2012 多年冻土地区公路设计与施工技术细则[S].北京:人民交通出版社,2012.

[35] 中华人民共和国行业推荐性标准. JTG/T D32—2012 公路土工合成材料应用技术细则[S].北京:人民交通出版社,2012.

[36] 中华人民共和国国家标准. GB 1589—2016 汽车、挂车及汽车列车外廓尺寸、轴荷及质量限值[S].北京:中国标准出版社,2016.

[37] 方左英.路基工程[M].北京:人民交通出版社,1987.

[38] 方福森.路面工程[M].2 版.北京:人民交通出版社,1987.

[39] 朱照宏,王秉纲,郭大智.路面力学计算[M].北京:人民交通出版社,1985.

[40] 朱照宏,许志鸿.柔性路面设计理论和方法[M].上海:同济大学出版社,1987.

[41] 林绣贤.柔性路面结构设计方法[M].北京:人民交通出版社,1988.

[42] 沙庆林.沥青路面[M].北京:人民交通出版社,1988.

[43] 沙庆林.高等级公路半刚性基层沥青路面[M].北京:人民交通出版社,1999.

[44] 沙庆林.高速公路沥青路面早期破坏现象及预防[M].北京:人民交通出版社,2001.

[45] 姚祖康.水泥混凝土路面设计[M].合肥:安徽科学技术出版社,1999.

[46] 姚祖康.铺面工程[M].上海:同济大学出版社,2001.

[47] 姚祖康.公路排水设计手册[M].北京:人民交通出版社,2002.

[48] 沈金安.改性沥青与 SMA 路面[M].北京:人民交通出版社,1999.

[49] 沈金安.沥青及沥青混合料路用性能[M].北京:人民交通出版社,2001.

[50] 沈金安.国外沥青路面设计方法汇总[M].北京:人民交通出版社,2004.

[51] 沈金安.高速公路沥青路面早期破坏分析及防治对策[M].北京:人民交通出版社,2004.

[52] 王秉纲,邓学钧.路面力学数值计算[M].北京:人民交通出版社,1992.

[53] 王秉纲.水泥混凝土路面设计与施工[M].北京:人民交通出版社,2004.

[54] 张登良.沥青路面[M].北京:人民交通出版社,1998.

[55] (美)黄仰贤.路面分析与设计[M].余定选,齐诚,译.北京:人民交通出版社,1998.

[56] 邓学钧,黄晓明.路面设计原理与方法[M].北京:人民交通出版社,2001.

[57] 邓学钧,陈荣生.刚性路面设计[M].2 版.北京:人民交通出版社,2005.

[58] 邓学钧.路基路面工程[M].3 版.北京:人民交通出版社,2008.

[59] 张肖宁.沥青路面施工质量控制与保证[M].北京:人民交通出版社,2009.

[60] 张起森.高等路面结构设计理论与方法[M].北京:人民交通出版社,2005.

[61] 李宇峙,邵腊庚.路基路面工程检测技术[M].北京:人民交通出版社,2003.

[62] 交通部第二公路勘察设计院.公路设计手册 路基[M].3 版.北京:人民交通出版社,2021.

[63] 姚祖康.公路设计手册 路面[M].3 版.北京:人民交通出版社,2006.

[64] 黄卫,钱振东.高等水泥混凝土路面设计理论与方法[M].北京:科学出版社,2000.

[65] 黄卫,钱振东.高等沥青路面设计理论与方法[M].北京:科学出版社,2001.

[66] 黄晓明.路基路面工程[M].6 版.北京:人民交通出版社,2021.

[67] 黄晓明.路面设计原理与方法[M].4 版.北京:人民交通出版社,2021.

[68] 沙爱民.半刚性路面材料结构与性能[M].北京:人民交通出版社,1998.

[69] 何兆益.路基路面工程[M].重庆:重庆大学出版社,2001.

［70］潘玉利.路面管理系统原理［M］.北京:人民交通出版社,1998.

［71］郑传超,王秉纲.道路结构力学计算［M］.北京:人民交通出版社,2003.

［72］孙立军.沥青路面结构行为理论［M］.北京:人民交通出版社,2005.

［73］付智.水泥混凝土路面施工与养护技术［M］.北京:人民交通出版社,2003.

［74］刘朝晖.连续配筋混凝土复合式沥青路面［M］.北京:人民交通出版社,2012.

［75］张洪亮.连续配筋混凝土路面［M］.北京:人民交通出版社,2021.

［76］田波.水泥混凝土路面铺面工程［M］.北京:人民交通出版社,2021.

［77］《中国公路学报》编辑部.中国路面工程学术研究综述·2020［J］.中国公路学报,2020,33
（10）:1-66.

［78］《中国公路学报》编辑部.中国路基工程学术研究综述·2021［J］.中国公路学报,2021,34
（3）:49.